정치교육의 이해

정치교육의 이해

Understanding Political Education

진시원 · 홍익표 · 오승호 · 변진언 · 이혜경 · 장혜미 · 김동규 · 최유진

부산대학교출판문화원

책을 내며

정치교육, 이대로 좋은가?

정치는 공동체의 다양한 구성원들이 서로의 차이를 드러내고 조정하고 최종 결정을 내리는 행위를 말한다. 따라서 정치가 제 기능을 수행하지 못하면, 공동체 구성원 개개인 간의 갈등은 조정되지 못한 채 증폭되기 쉽고 공동체는 갈등의 장으로 전락하기 쉽다.

지금 우리나라는 바로 이런 상황에 빠져있다. 정치가 순기능이 아니라 역기능을 하고 있다. 안 좋은 정치가 안 좋은 공동체를 만들고, 안 좋은 공동체 안에서 구성원 개개인은 심각한 갈등으로 불행의 늪에 빠져있는 것이다.

정치가 제 기능을 수행하는 좋은 정치가 되려면 정치교육은 필수적이고 불가피하다. 정치교육이 제대로 잘 이루어지면, 주권자 국민과 그 대리인인 정치인들은 서로의 차이를 합리적으로 조정하고 대화와 합의를 통해 최종 결정을 내리며 거기에 승복할 가능성이 높아진다. 이렇게 정치교육이 잘 이루어지는 국가 공동체는 갈등에 빠져 길을 잃고 퇴행하기 어려우며, 이런 공동체 안에서 살아가는 개개인들은 심각한 갈등에 빠져 불행하기만 하기 어렵다.

그런데 우리 국가 공동체와 국민들은 정치교육에 무관심하다. 아니 무관심한 것이 아니라 오히려 정치교육을 무시하고 경시하고 축소하고 있다. 특히 학생들을 성적순으로 줄 세우기 위한 국영수 중심의 능력주의 교육으로 인해 사회교육은 오랜 기간 동안 계속 축소 되어왔고, 이렇게 약화 된 사회교육 안에서 정치교육은 그 내용과 수업시수 면에서 더 심각한 타격을 받아왔다. 참으로 안타깝고 한탄스러운 우리 정치교육의 현실인 것이다.

정치교육, 왜 필요한가?

우리 사회는 과도한 경쟁과 능력주의 분배 원칙 그리고 지나치게 집중적인 국영수 중심 교육이 지배하는 사회다. 그런데 이러한 경쟁과 능력주의, 국영수 중심 교육이 우리 국가 공동체와 국민을 행복하게 만들어 주었는가? 그렇다고 판단하는 국민은 거의 없을 듯하다. 정치는 공동체 구성원들이 서로의 차이를 드러내고 조정하고 최종 결정을 내리는 행위이다. 이런 정치를 경쟁 논리와 능력주의 사회정의관 만으로 수행한다면 어떤 일이 벌어질까? 그런 정치공동체가 오래 견고하게 잘 유지되기를 기대하고, 구성원들이 그런 공동체에 자발적으로 일체감을 느끼고 충성심을 바치기를 기대하는 것은 한마디로 어불성설이다. 공동체는 구성원 간의 경쟁만으로 유지되지 않는다. 공동체는 개인만의 공간이 아니라 개인들이 서로 경쟁하고 공존하는 공간이다. 공동체는 경쟁뿐 아니라 신뢰와 협력도 필요로 하는 것이다. 또 공동체는 능력주의만으로 유지되기 어렵다. 공동체 구성원들은 타고난 능력과 운에서 저마다 다르다. 따라서 타인에 대한 배려와 나눔 없이 일방적으로 능력주의만을 추구한다면, 공동체는 빈부 격차와 차별로 인해 심각한 갈등과 분열에 봉착하기 쉽다.

교육은 어떠한가? 우리 교육은 학생들을 성적순으로 줄 세우기 위한 국영수 중심의 능력주의 교육에 다름 아니다. 그런데 이런 교육만으로는 공동체 구성원들의 신뢰와 협력, 배려와 나눔의 의식과 태도를 제대로 키워내기 어렵다. 성적순으로 줄 세우는 능력주의 교육은 공존이 아니라 경쟁과 선택을 가속화 하는 교육이기 때문이다.

사회교육 특히 정치교육은 경쟁과 능력주의뿐 아니라 공존을 위한 신뢰와 협력, 배려와 나눔까지 함께 잘 가르치고 배울 수 있는 교육이다. 정치는 개인과 개인, 개인과 집단, 집단과 집단 간의 다양한 차이를 표출하고 조정하고 최종 결정을 내리는 행위다. 차이를 표출한다는 것은 개인과 집단의 다양한 선호와 이해관계가 서로 경쟁하는 행위이고, 차이를 조정한다는 것은 이러한 경쟁에 신뢰와 협력, 배려와 나눔을 더해 결과적으로 일종의 경쟁과 공존의 균형을 맞추는 행위이다. 그리고 그것의 결과물이 바로 최종 결정인 것이다. 이런 정치를 가르치고 배우는 정치교육은 작금의 우리 사회 같은 다원주의적인 갈등 사회에 더없이 필요하고 적합한 교육이다.

정치교육, 어떻게 할 것인가?

정치교육을 어떻게 할지 고민하는 것은 정치교육의 내용과 방법을 고민하는 것이다. 이 책은 정치교육의 핵심 내용을 민주주의, 인권, 주권자, 헌법, 권력·권위·정당성, 이데올로기, 정의, 선거, 미디어, 환경과 지속가능발전, 국제정치, 분쟁 등으로 규정하고, 이 다양한 핵심 주제들을 각 장에서 하나씩 개념과 이론 및 사례를 중심으로 설명하였다. 이 책은 정치교육의 방법 또한 가볍지 않게 다루고 있다. 여러 글 중에서 자신의 주제와 관련된 다양한 교육 방법을 소개하는 글도 상당수 있으며, 과거와 현재의 교육과정이나 교과서 분석을 바탕으로 교육 방법의 문제점을 지적하고 대안을 제시하는 글도 다수 존재한다. 저자들은 정치교육이 최소한 이런 내용과 방법을 중심으로 포괄적이고 체계적으로 이루어져야 한다고 본다. 작금의 정치교육이 이런 방향으로 재편되어야 할 필요가 있다는 것이다.

저자들은 민주시민교육, 다문화교육, 세계시민교육, 평화교육, 국제이해교육도 중요한 정치교육의 내용이라고 본다. 이 책에서 이들 주제를 다루지 않은 이유는 필자들이 이미 다른 책들에서 이들 주제를 집중적으로 다루었기 때문이다. 필자들의 민주시민교육, 다문화교육, 국제이해교육 관련 책들을 참고하시기 바란다.

정치교육을 확대하고 강화해야 한다.

정치교육을 확대하고 강화해야 한다. 정치 관련 과목을 늘이고 수업 시간을 늘려야 한다. 그것은 우리 국가 공동체를 좋은 공동체로 만들고, 우리 국민들을 갈등과 혐오와 불행의 덫에서 구해내는 장기적이지만 가장 효과적이고 효율적인 방안이다. 정치교육의 필요성과 중요성은 더 이상 이론의 여지가 없다. 실천만이 남은 것이다.

집필자 일동.

2024년 8월.

목 차

1장.
정치교육

홍익표

"우리는 상대적이고 상호 관계적이다. 결국 인간 공동체로서 어떻게 공존과 상호 존중의 영역을 넓히고 제도화할 것인가가 문제다. 여기서 가장 중요한 것이 정치와 교육이다. … 가장 근본적으로는 정치와 권력을 가치 및 도덕과 연결하도록 해야 한다. … 인간들은 잘못된 정치 방향을 거부해야 한다. 또 국가와 사회의 주요 기관들은 시민들이 그렇게 하도록 교육해야 한다."(존 던)

"과학기술 분야에서는 유능하지만, 비판적으로 생각하고 자기를 성찰하고 다른 사람들의 인간성과 다양성을 존중할 능력을 잃은 사람들의 나라가 된다면 끔찍할 것이다. … 따라서 다음을 목표로 삼는 교육과정상의 노력을 지원하는 일은 지금 당장 매우 시급하다. 그 목표란 스스로 추론할 수 있고, 다르고 이질적인 것을 저항해야 할 위협이 아니라 탐험하고 이해하라는 권유로 보면서 자신의 정신을, 나아가 시민성을 함양하는 자신의 능력을 확장할 수 있는 시민을 배출하는 것이다."(마사 누스바움)

I. 어떤 정치교육인가?

정치교육은 공동체 구성원들에게 정치에 대한 이해를 돕고 민주주의 가치와 태도를 내재화하며 이를 통해 정치참여를 증진하는 것을 목적으로 행해지는 교육을 가리킨다.[1] 정치교육이란 용어는 20세기 초에 독일에서 처음으로 사용된 데서 보여지듯이 그 역사가 오래되었다. 독일의 경우, 정치교육은 비슷한 내용의 여러 용어 중에서 가장 빈번하고 광범위하게 사용되고 있으며, 다른 용어들은 부차적이거나 보조적인 차원에서 주로 사용될 뿐이지 이를 완전히 대체한 용어로 사용되지 않는다(홍익표,

2021: 297~298). 여기서 알 수 있듯이 정치교육이라는 용어는 독일적인 맥락에서 배태되고 발전된 것이고 이후 '민주주의의 물결'이 전 세계적으로 확산되면서 다른 국가와 지역에서도 널리 수용되어 왔다. 그러나 한국 사회에서는 권위주의의 유산, 정치에 대한 사회적 편견[2] 등의 요인으로 인해 민주시민교육이 정치교육이라는 용어를 대체해왔다. 여기에는 분단국 현실에서 교육을 행하는 기관들 스스로 교육이 체제 홍보나 특정 이념의 정치적 주입으로 오인될 수 있기 때문에 정치교육이라는 용어를 피한 측면도 있다. 그렇지만 한국 사회가 민주주의라는 세계적 흐름에서 벗어나 다시 낡고 시대착오적인 권위주의로 퇴행할 수는 없다. 세계적으로 민주주의 이행의 성공적인 사례로 꼽히고 여러 영역에서 선진국의 문턱에 이르렀다고 평가받는 한국에서는 이제 민주주의의 확산과 심화가 추진되어야 한다. 이 과정에서 요구되는 것이 바로 제대로 된 정치교육이다. 이를 위해 선행되어야 하는 것이 바로 정치교육이라는 제 이름을 붙여주는 일이다. 이는 정치교육에 대해 심도 깊게 논의하고 선진 정치교육의 사례를

---

1 정치교육에 대한 이러한 개괄적 정의는 정치교육의 내용이 민주시민교육과 상당한 교집합을 갖는다는 것을 가리킨다. 여기서 민주시민교육을 정치질서 내지 체제의 안정을 강조하는 협의의 개념이 아닌 시민적 자질의 육성을 강조하는 광의의 개념으로 볼 때 정치교육과의 접촉면은 훨씬 넓어진다. 과거 우리에게는 민주시민교육이 반공교육이나 국민윤리교육 등의 이름으로 권위주의 체제의 유지를 위해 악용되곤 했던 시기가 있었고, 지금도 일부 보수세력은 민주시민교육을 아예 백안시하거나 실시하더라도 협의의 범주에 머물러야 한다고 주장한다. 현재 한국 사회에서는 민주시민교육의 정의와 내용에 대한 합의는 부재한 채 민주시민교육이 각개약진식으로 실시되고 있다. 이런 상황에서도 여러 학자들에 의해 민주시민교육의 다양성을 하나로 묶어주는 공통의 내용에 대한 의미 있는 탐구와 제안이 행해지고 있다. 이 책의 저자들 역시 민주시민교육을 '주권의 명확한 소지자이자 실질적인 행사자로서 자신이 소속된 공동체에 대한 주인 의식과 태도를 지닌 좋은 시민을 양성하는 교육'으로 보고, 새로운 민주시민교육의 내용이 무엇이어야 하는지에 대해 체계적으로 분석한 바 있다. 이에 대해서는 진시원·홍익표·오승호(2021) 참조.

2 오랜 기간 권위주의 통치가 지속되었고 민주주의로의 이행 이후에도 여전히 권위주의 유산이 곳곳에 남아있는 한국 사회에는 정치에 대한 부정적 편견이 널리 퍼져 있다. 정치인들은 항상 패거리를 이뤄 움직이고, 정당들은 이념과 정책이 큰 차이가 없어 '그 나물에 그 밥'이며, 정치계에서 툭하면 비리 사건이 불거지는 데서 보여지듯이 정치는 더럽고 혐오스런 것이라는 게 대표적이다. "밖에 나가 정치 이야기하는 데는 끼지 말아라"는 한국인들에게 널리 알려진 처세술의 하나이기도 하다. 정치적 환멸과 무관심으로 이어지게 마련인 이러한 현상은 성장하면서 온전한 정치교육을 접해보지 못한 세대에게 더욱 뚜렷하게 나타나는 경향이 있다. 인터넷과 SNS에 익숙하고 집단적이고 공공적인 아젠다보다는 개인의 능력과 이해를 우선시하는 경향이 있는 젊은 세대 중에서는 정치를 지루하고 재미없는 '꼰대들의 놀음'이라 치부하는 이들도 많다. 빈약하고 실망스럽기 그지없는 한국 정치의 현실에 비추어 볼 때 이러한 인식은 모두 틀린 것이라고도 할 수 없다. 문제는 많은 이들이 정치를 불신하고 실망을 드러냄으로 인해 초래되는 폐해와 부작용이다. 그 대표적인 것이 정당 기능의 약화와 의회정치의 굴절이다. 이는 대중들의 이해와 선호를 돌보지 않는 세력들이 전횡을 일삼으면서 어렵사리 이뤄낸 민주적 개혁의 성과들을 훼손시키는 것을 가능하게 하였다. 이런 현실에서 정치는 사회에 존재하는 다양한 갈등을 조정하고 민주적 합의를 통해 공공선을 추구하는 '가능성의 예술'이 아니라, 사회적 강자들이 권력을 획득하고 개별적이고 특수한 이해관계를 충족하는 수단이 될 수밖에 없다. 한국 사회에는 '정치의 실종'이 너무 오래 지속되고 있다.

탐구하며 그 바람직한 대안을 사회적으로 모색하는 과제를 수반한다.

이러한 정치교육은 국가별로 시대적 배경과 사회적 조건에 따라 매우 다양한 형태로 행해지고 있다. 여기서 알 수 있는 것처럼 정치교육은 다양성을 특징으로 해야 하고 민주적으로 실시되어야 한다는 점에 대해 이견을 제시하는 사람은 별반 없다. 획일적이고 일방적인 교육은 민주 국가의 정치교육이라 할 수 없기 때문이다. 중요한 것은 "어떤 정치교육인가"이다. 이는 교육의 목표와 내용이 무엇인가를 따져봐야 한다는 말이다. 이와 관련해서는 다양한 견해가 존재하지만 그 중에서도 대부분의 학자들이 동의하는 것은 정치교육이 '민주주의 학습(Demokratie-Lernen)'을 핵심 내용으로 한다는 점이다. 이는 민주주의를 국가적 차원에서뿐만 아니라 생활세계 영역에서 사람들 간의 행동 방식까지 구체적으로 고찰한다는 것을 의미한다(Volker Reinhardt, 2017: 203). 이런 관점에서 보면 민주주의라는 개념은 단순히 규칙적 경쟁과 포괄적 정치참여, 시민적·정치적 자유를 내용으로 하는 민주주의만을 지칭하는 것이 아니라 정치제도를 비롯해 경제, 문화 등 다양한 수준과 영역에 걸치는 것을 의미한다.

이와 같이 최소 기준이 아니라 최대 기준을 충족시키는 민주주의를 우리는 '온전한 민주주의(full democracy)'라 칭할 수 있다. 지금 이곳에서 우리가 처한 상황을 돌아본다면 우리가 지향해야 할 민주주의 형태는 바로 이러한 민주주의라고 할 수 있다. 온전한 민주주의는 단지 경쟁과 참여를 충족시키는 정치체제로서보다는 다양한 수준과 영역에서 보다 많은 사회구성원들의 적극적 자유와 실질적 평등을 가능하게 하는 제도적 장치이다. 이와 같은 견해는 민주주의가 권력의 자의적 간섭으로부터 개인의 권리를 보호하는 데 그 기초가 있다고 주장하는 자유주의자들의 견해를 넘어 개인들이 "자신들의 삶의 조건, 즉 자기들에게 유용한 기회를 만들거나 제한하는 구조를 결정하는 데 있어 자유롭고 평등해야 한다"(David Held, 1988: 304)는 시각에 근거해 민주주의를 이해하는 것을 의미한다. 따라서 바람직한 정치교육 역시 온전한 민주주의를 지향하는 교육이 되어야 한다. 물론, 정치교육은 어떤 고정된 내용만을 갖지는 않는다. 핵심 내용을 유지하되 시대와 장소에 따라 그 내용을 유연하게 달리하는 것이 필요하다. 예를 들어, 민주화, 세계화, 정보화가 초래한 격변하는 세계에서 타당하고 적실성이 있는 정치교육은 어떤 것인지를 늘 캐묻고 토론하는 것이 요구된다고 할 수 있다.

한국의 경우를 살펴보자. 한국은 지난 수십 여 년 동안 진행된 압축적 산업화에 성공한 결과 국민소득과 경제성장률, 교역량 등 각종 경제지표가 선진국의 형태를 띠게 되었다. 사람들은 산업화 이전에 비해 더욱 큰 부와 풍요를 누리게 되었다. 그러나 압축적 산업화의 이면에는 다른 현상도 존재한다. 예를 들어, 민주주의 이행 이후의 혼란스러운 정치, 신자유주의 세계화의 압력이 초래한 사회의 신자유주의적 재편과 불평등의 심화, 여전히 해소되지 않고 있는 분단 현실과 냉전의 유산 등이 바로 그것이다. 이 중에서 불평등은 정부 주도하에 추진된 경제성장 정책이 불균형 성장 전략에 입각했던 까닭에 그 과실이 모든 계층과 지역의 사람에게 골고루 돌아가지 않아서 생겨난 것이다.

이행 이후의 민주주의도 불완전하다. 아래로부터 압력을 행사해 강압적이고 부패한 정권을 교체한 경험이 쌓이면서 대중들의 민주주의 의식은 고양되었지만 이에 조응하는 제도는 여전히 갖춰지지 않고 있다. 이는 최대주의적 관점에서 보면 민주주의의 내용은 여전히 불충분하며 그 수준도 그리 높지 않다는 것을 보여준다. 외형적으로는 절차적이고 형식적인 민주주의가 유지되고 법의 지배가 관철되는 듯 보이지만 사회 각 영역의 내부를 들여다보면 예외 없이 민주주의와는 거리가 있는 권위주의적 메커니즘이 강하게 작동되고 있음을 알 수 있다. 이는 한국에서 근대에 이르는 고유한 경로가 민주주의보다는 권위주의에 더 가까웠다는 것을 알려준다. 온갖 영역에서 뿌리를 내리고 민주주의의 확산과 공고화를 가로막고 있는 권위주의는 베헤모스와 같은 괴물에 비유될 수 있다. 그런 점에서 보면 한국에서 인권과 민주주의를 내용으로 하는 근대의 정치적 프로젝트는 여전히 미완성 상태라고 판단된다(홍익표, 2018: 15).

이와 관련하여 우리가 참조할 만한 데이터는 영국의 경제 전문지 <더 이코노미스트> 산하의 연구·분석 기관인 <더 이코노미스트 인텔리전스 유닛(EIU)>에서 매년 발표하고 있는 민주주의 지수이다. EIU는 민주주의가 실제 작동하는 수준을 측정하고자 선거 과정과 다원주의, 정부의 기능, 정치 참여, 정치문화, 시민의 자유의 다섯 가지 영역으로 나누어 민주주의의 수준을 조사하고 있다. 2015년 이후 한국은 '흠결 있는 민주주의(flawed democracy)' 국가로 분류되다가 2020년 이후 다시 완전한 민주주의 국가로 올라섰지만 2022년 보고서에서는 순위가 전년도 대비 8단계가 떨어지는 등 다시 쇠퇴할 조짐을 보이고 있다. 이와 관련하여 EIU는 다음과 같이 지적하고 있다.

> "수년 간의 대립적 정당 정치는 한국의 민주주의에 타격을 주었다. 정치에 대한 이분법적 해석은 합의를 형성하고 타협할 공간을 축소했고, 종종 정책 결정을 마비시켰다. 정치인들은 합의점을 찾고 시민들의 삶을 개선하기 위해 노력하기보다는 경쟁자들을 제거하는 데 정치적 에너지를 집중한다. 이러한 정치적 대립 구도의 반복은 한국의 민주주의 지수에서 정치문화 항목에 악영향을 미쳤다. 국민들은 점점 민주 정치에 환멸을 느끼고, 공직자들에 대한 신뢰를 잃으면서, 민주주의 지수에도 부정적인 영향을 미쳤다."(https://www.blueroofpolitics.com/post/south-korean-democracy-backslides-in-eiu-survey)

이러한 지적이 나오게 된 것은 최근 한국의 정치 상황이 다시 권위주의적 행태로 퇴보하는 것과 관련이 있다. 대화와 타협을 통한 합의 모색이라는 정치의 본령은 온데간데없고, '법대로'를 외치며 상대 당 정치인과 시민사회 활동가, 노동운동가들을 기득권 카르텔, 불법과 폭력집단으로 드러내놓고 편을 가르고 낙인찍어 공격하는 것은 민주 정치와 거리가 멀다. 집권 세력을 형성하고 있는 정치인과 관료는 공정과 상식, 법치, '국민을 위한 것' 등의 언사를 반복적으로 구사하지만, 반대 세력 전체를 반국가세력으로 호칭하고 적대적 대결을 부추기는 행태나 여당 대표 경선에 노골적으로 개입한 사례에서 보듯이 민주주의와 정치에 대한 이들의 인식은 지극히 편향되고 저급하다. 그러다 보니 민주주의 규칙을 깨트리고 규범을 어기는 일도 적지 않게 일어나고 있다. 무엇보다 민주 국가의 지도자로서 마땅히 갖춰야 하는 태도나 자세는 정치적 상대를 적이 아니라 경쟁자로 존중한 바탕 위에서 열린 대화와 공정한 숙의 과정을 통해 국민적 합의와 통합을 지향하는 것이라고 할 수 있다. 이 과정을 통해서만 좋은 정치와 온전한 민주주의가 가능할 수 있는 것이다.[3]

한편, 이 보고서에서 기복 없이 높은 민주주의 지수를 기록하는 국가들은 노르웨

이와 스웨덴, 뉴질랜드, 핀란드, 덴마크 등인데 이들은 권력이 분산되어 있고 따라서 의회나 선거를 우회한 강력한 지도자가 없으며, 소수 세력도 정치과정에 대한 접근이 자유로운 특징이 있다. 또한 민주주의에 대한 신뢰와 지지 정도가 매우 높으며, 군이나 기술관료에 의한 권위주의 지배는 민주주의에 반하는 것이라는 확고한 인식이 널리 퍼져 있다. 이와 같이 권력이 분산되고 이를 뒷받침하는 관용과 민주적 문화가 뿌리내린 점은 여전히 한국과 큰 차이가 있다.

이들 선진 민주국가들에서 알 수 있듯이 민주주의는 제도를 바꾼다고 해결되지 않는다. 온전한 민주주의에 조응하는 민주적 문화가 시민들 사이에 뿌리내려야 된다. 그런데 현실은 어떤가? 주위를 돌아보면 불공정한 경쟁과 무분별한 개발에 집착하고 그것을 '자연스럽고, 당연하며, 마땅히 그래야 할 과정'이라 생각하는 사람들이 비일비재하다. 이렇게 된 데는 무엇보다도 교육이 그 책임이 크다. 교육은 자본의 원리가 개입되어서는 안 되는 공적 영역이지만 현실은 그 반대이다. 마땅히 배워야 할 인류 보편의 가치는 도외시한 채 오로지 진학과 취업만을 지상과제로 삼고 학생들을 무한경쟁의 소용돌이로 몰아넣는 것이 한국 교육의 현실이다. 대학이 돈벌이의 수단으로 전락했고, 초중고생마저 사교육 시장으로 내몰린 지 오래다. 극심한 입시경쟁의 부작용으로 능력주의를 맹신하고 배제와 차별을 자연스럽게 받아들이는 학생도 많다. 헝가리 출신의 경제학자인 칼 폴라니(Karl Polanyi)는 20세기 중반 맹목적 시장주의를 인간과 자연 그리고 사회 자체를 파괴하는 '악마의 맷돌'이라고 비판한 바 있다(칼 폴라니, 2009). 학생들은 인간성, 사회성, 공공성을 제대로 배우지 못하고 있다. 교육이 무한경쟁과 승자독식을 부추기면서 단순히 잘 먹고 잘사는 것을 위해 돈을 벌고 부자 되는 것 외에 다른 가치를 알지 못하는 '괴물'을 키우는 것은 아닌지 뼈아프게 성찰해야 한다. 결과적으로 불평등을 확대하고 불공정을 초래할 뿐인 경쟁 위주의 교육에서 공공적인 가치와 보편적인 이상을 공유하고 이를 내면화하는 데 주안점을 둔 교육으로 내

---

3 이와 더불어 한국 사회에 만연한 진영논리에 입각한 무조건적 반대와 혐오의 문화, 자질이 결여된 사람들끼리 경쟁한 후 다수결 승자가 권력을 독식하게 만드는 낡은 선거제도와 제왕적 대통령제 역시 한국의 민주주의 발전을 가로막는 걸림돌이라는 점에서 바뀔 필요가 있다.

용이 바뀌어야 한다.

프랑스의 사회학자인 피에르 부르디외(Pierre Bourdieu)의 주장은 한국의 현실에 대입해도 그 적실성이 크다. 그에 의하면 학교 문화는 합법화된 지배계급 문화의 대표적인 사례에 속한다. 어떠한 것이 교과목으로 선택되거나 배제되는 데에는 어떠한 합리적인 기준도 없으며 규율 역시 계급문화의 산물로서 선택적으로 성립된다. 학생을 평가하는 기준은 지배계급이 만들어낸 사회적 기준들이며 교육을 통해 이러한 기준에 이의 없이 동의하도록 만든다는 것이다. 부르디외는 이러한 환경적 요인에 익숙할수록 성공하기가 유리하다는 점을 감안할 때 지배계층의 자녀들은 성공에 있어 유리한 조건을 가지고 있는 것이며, 이는 사회적 재생산을 쉽게 이루어지도록 한다고 지적한다. 그와 동시에 사회적 불평등으로 인해 발생한 불평등한 결과를 공정한 경쟁의 결과로 인식시킴으로써 문화적 재생산에 정당성을 부여하는 역할 역시 담당케 한다는 것이다(피에르 부르디외 외, 2000).

교육이 단지 '동의를 조작'해 내는 데서 벗어나지 못한다면 학생들은 자유로우며 독립적으로 사고하는 능력을 갖추지 못하게 될 것이다. 인류 역사를 돌아보면 권력자들이 어떻게 사고하고 행동하는지 냉정하게 살펴보는 능력을 대중들이 잃어버리면 그 공백은 불가피하게 가짜뉴스와 선전 선동에 대한 취약성으로 연결되기 마련이라는 것을 알 수 있다. 독일 출신의 정치이론가인 한나 아렌트(Hannah Arendt)가 『예루살렘의 아이히만(Eichmann in Jerusalem: A Report on the Banality of Evil)』에서 거듭 강조했듯이 자신의 생각과 활동을 의식적으로 자각하고 비판적으로 검토하는 인간의 정신활동인 사유의 무능력은 말하기와 판단의 무능력으로 이어지고, 이는 그저 명령에 복종한 수동적 관료인 오토 아돌프 아이히만(Otto Adolf Eichmann)의 사례처럼 '악의 원천'이 될 수 있다(Hannah Arendt, 2006: 49).[4] 아렌트가 악에 대해 탁월한 고찰을 한 지 벌써 60여 년이 넘었지만 우리 주위에는 여전히 사유하지 않는 '크고 작은 아이히만'이 숱하게 눈에 띈다.

---

4 '순전한 무사유(sheer thoughtlessness)', '무사유와 악의 기괴한 상호의존성'에 대해서는 Hannah Arendt(2006). pp.287~288.

같은 맥락에서 미국의 철학자인 마사 누스바움(Martha Nussbaum)은 다양성에 대한 감수성과 감정이입을 추구하고, 혐오와 배제를 지양하는 교육을 주창한다. 비판력, 이해력, 상상력을 토대로 한 '자유교육'에서 연원하는 인간성을 계발하는 교육이 필요하다는 것이다. 1997년에 발간된 『인간성 계발하기: 자유교육 개혁을 위한 고전의 변론(Cultivating Humanity. A Classical Defense of Reform in Liberal Education)』의 결론에서 누스바움은 다음과 같이 경고한다. "과학기술 분야에서는 유능하지만, 비판적으로 생각하고 자기를 성찰하고 다른 사람들의 인간성과 다양성을 존중할 능력을 잃은 사람들의 나라가 된다면 끔찍할 것이다. 우리가 (훌륭한 시민이 되기 위해 알아야 할 것을 학생들에게 가르치는) 저 선생들의 노력을 지원하지 않는다면, 우리는 그런 재앙 같은 나라에 살게 될 것이다. 따라서 다음을 목표로 삼는 교육과정상의 노력을 지원하는 일은 지금 당장 매우 시급하다. 그 목표란 스스로 추론할 수 있고, 다르고 이질적인 것을 저항해야 할 위협이 아니라 탐험하고 이해하라는 권유로 보면서 자신의 정신을, 나아가 시민성을 함양하는 자신의 능력을 확장할 수 있는 시민을 배출하는 것이다"(마사 누스바움, 2018: 439~440).

누스바움이 지적한 교육의 목표와 한국의 교육 현실 사이에는 그 괴리가 사뭇 크다. 한국의 교육 현실은 열악하기 그지없다고 지적된다. 민주주의와 인권, 정의, 평화 등과 같은 인류 보편적 가치는 입시 위주의 교육 현실에서 제대로 교육되지 못하고 있다. 일찍이 미국의 교육학자이자 언어학자인 도날도 마세도는 "생각 없이 외우기만 잘하는, 비판적인 사고를 포기한, 자신의 틀에 맞추는...그 신성한 체제 연장에 꼭 필요한 이념적 특성을 주입하기 위해 알려준 것 외에는 아무것도 해서는 안 되는 것으로 아는" 이른바 착한 학생들에게 상을 주도록 설계된 학교를 만든다고 비판한 바 있다(하워드 진·도날도 마세도, 2008: 32). 이는 한국의 현실에도 정확히 부합한다. 학교가 복종심을 높이고 독립적인 사고의 가능성을 차단하며 통제와 강제의 시스템 내에서 제도적인 역할을 수행하고 있는 것이다.[5] 획일적인 문화에 복종하는 것, 그것을 따르지 않았을 때의 두려움은 중·고교 시절 학습된다. 위계를 강조하는 문화 속에서 평등하고 민주적인 관계는 형성되기 힘들다(박민영, 2017: 31~33). 지식, 기술, 덕목을 가르치고 배우는 활동인 교육이 행해지는 곳인 학교가 중요한 까닭은 교육활동을 통해 인간의 가치를 높이고 사회가 민주적으로 유지·발전되도록 하기 때문이다. 그러기 위해서 학교는 학생들을 민주주의적 가치와 태도를 내면화한 공동체의 구성원으로 기르는 것이 요구된다. 그러나 현실은 권위주의적으로 학교를 운영하고 학생들에게 획일적인 문화를 강요할 뿐이다.

> "나는 우리 아이들이 학교에서 자동인형으로 길들어가는 것을 두고 볼 수 없다. 나쁜 사회(모든 사람이 사람답게 살지 못한 사회. 사람답게 살기 위해 있어야 할 것<자유, 평등, 우애, 협동, 사랑>이 없거나 없어야 할 것<억압, 착취, 전쟁, 불화, 공포, 이기심, 탐욕, 증오>이 있는 사회)에서 그 사회가 좋다고 여기는 것을 고스란히 받아들여 자기 것으로 삼은 아이들은 자라서 나쁜 사회의 가장 완강한 수호자가 될 것이고, 나쁜 사회를 좋은 사회로 바꾸려는 노력을 꺾는 데 혈안이 될 것이다. 오늘날 학교 교육은 정도의 차이는 있으나 모두 나쁜 사회를 망가지지 않게 만드는 가장 효율적인 도구가 되어 있다. 기성세대와 생각이 다르고 하는 짓이 낯선 아이들은 사고를 통제하고 손발을 묶고 있다. 나는 우리 아이들이 비판의식에 충만한 파괴자들로 자라야 한다고 믿는다. 있어야 할 것이 없으면 만들어내고, 없어야 할 것이 있으면 없애버리는 용기를 지닌 아이들로 자라야 한다."(윤구병, 2000)

2020년 국회에서 공직선거법이 개정되면서, 만 18세 고등학생도 투표권을 행사할 수 있게 됐다. 이로 인해 10여만 명이 넘는 '교복 입은 유권자'가 생겨났지만, 선거교육을 비롯한 학교 정치교육은 매우 빈약한 실정이다. 입시 위주의 교육으로 정치교육이 주변화되다 보니 학생들은 정치에 대한 올바른 이해와 권리의식을 갖출 수 없었

---

5 이에 대한 가장 적절한 비판은 김상봉이 『도덕교육의 파시즘: 노예도덕을 넘어서』에서 제기했다. 예를들어 다음 글을 보라. "일반적으로 모든 사회적 악은 피해자들의 방관과 침묵 및 굴종 속에서 독버섯처럼 창궐한다. 따라서 우리가 사회를 진정으로 도덕적인 사회 건강한 사회로 만들기 원한다면 타인과 공동체를 위한 양보와 희생을 가르치는 것만큼 타인이나 국가가 자기에게 가하는 불의에 대해 용기 있게 저항하는 것을 자유로운 인간의 마땅한 의무로서 가르치지 않으면 안 된다. 그러나 한국의 도덕 교과서는 희생과 봉사의 도덕을 가르친다면서 학생들을 양순하지만 비겁하고 비굴한 노예들로 기를 뿐, 자기를 지키고 불의에 저항하는 용기 있고 당당한 자유인으로 기르는 데는 아무런 관심도 기울이지 않는다."-김상봉(2005). pp.39~40.

다. 이른바 '교실 정치화'에 대한 과도한 우려로 정치교육의 실시를 무조건 백안시하는 세력도 존재한다.[6] 정치적 중립성을 핑계로 교사들까지도 정치활동을 금지해야 한다는 목소리도 크다. 기존 질서를 유지하고 재생산하기 위해 학생들에게 지배적 이데올로기를 주입해서 수동적 존재로 만들려는 교육은 시대에 뒤떨어진 교육이다. 학생들을 정치에 대한 이해와 권리의식을 갖춘 주체로 키우는 교육이 필요하다. 왜 정치교육이 필요하고 무엇을 어떻게 가르칠 것인지에 대해 활발하게 사회적 논의가 전개되어야 하고 사회적 합의 또한 모색되어야 한다.

민주주의적 사고와 행동 및 생활양식을 내재화한 참된 민주주의자를 길러냄으로써[7] 누스바움과 마세도가 경고한 위험을 예방할 수 있다는 점에서 정치교육의 중요성은 매우 크다. 이 점에 주목해서 이 글은 학교를 중심으로 온전한 민주주의에 조응하는 정치교육의 내용을 구체적으로 검토해 보고 그 바람직한 방향을 제시하고자 한다. 글에서 고찰할 정치교육은 한국에서 본격적으로 실시되지 않은 데서 새롭거나 그것을 채택하고 실행할 만한 가치가 크다는 점에서 바람직한 것이라고 판단되는 것들 위주로 선택했다. 아울러서 이 글에서는 "어떤 정치교육이 필요한가", "정치교육이 지향해야 할 바람직한 노선은 무엇인가", "독일과 같은 선진 민주주의 국가에서 정치교육의 최근 추세는 어떠한가", "이들 국가의 경험이 우리에게 주는 교훈은 무엇인가", 그리고 "한국 현실에서 정치교육이 어떻게 자리 잡고 뿌리내릴 수 있을까"와 같은 물음에 대해서도 나름의 답을 제시하고자 한다.

---

6 '교실의 정치화'가 우려된다는 주장들은 학생들에게 정치와 선거에 대한 두려움과 혐오를 키울 수 있는 데다, 교사들에게 아예 "입을 닫으라"는 식의 분위기를 조성할 수 있다는 점에서 문제로 지적된다. 대표적으로 한국교원단체총연합회는 "고3 학생들이 학교 안팎에서 선거운동, 정치활동이 가능해져, 교실의 정치장화와 학생들의 선거법 위반 등 갈등과 피해로 학교 현장이 혼란에 휩싸일 상황"이라며 "학교에서 누구든지 선거운동·정치활동을 금지·제한하는 법 개정이 필요하다"고 주장한다. 중앙선거관리위원회도 지난 12일 "고등학교의 정치화 및 학습권·수업권 침해 등 교육 현장의 혼란이 우려된다"며 개정 공직선거법에 대한 '입법 보완'을 주문해 논란을 키웠다. 그러나 '교실의 정치화'란 말은 그 실체가 모호하다. 교육 현장에선 "'교실의 정치화' 담론은 기본적으로 '학생 유권자'를 미성숙한 존재로, 또 정치를 혐오의 대상으로 보는 기성세대의 시각을 드러낸 것"이라고 지적한다. 『한겨레』 2020년 1월 20일.

7 제대로 된 민주주의자야말로 진정한 평화주의자, 환경주의자가 될 수 있다. 이런 까닭에 정치교육은 충실한 민주주의자, 평화주의자, 환경주의자를 양성하는 교육이라야 한다. 그렇지만 현실은 민주주의와 공화주의에 기초한 헌정질서를 훼손하고, 경기를 부양한다는 구실로 각종 토건사업을 일으켜 생태계를 마구 파괴하며, '보편적 가치를 공유한 협력파트너'라면서 전쟁을 일으킨 군국주의 일본에 자발적으로 동조하는 반민주주의자, 반환경주의자, 반평화주의자가 적지 않다.

II. 민주주의 학습으로서의 정치교육

정치교육은 민주주의 학습을 그 핵심 내용으로 한다. 그러나 정치교육에서 학습의 대상인 민주주의의 내용은 시대의 변화에 부응해 탄력적으로 조정될 필요가 있다. 학교 정치교육에서 민주주의가 올바로 거론되고 학습되기 위해서는 우선 민주주의란 무엇이고 왜 필요한가에 대한 정확한 이해가 필요하다. 여러 교과목에 민주주의 관련 내용이 포함되어 있지만 지금 여기의 실제 현실과는 거리가 먼 다른 나라의 정치 이야기거나 과거의 역사를 서술해 놓은 것이 대부분이다. 이것을 배우는 학생들도 그나마 교과서에 쓰여 있는 내용조차도 본인들이 다니고 있는 학교에서는 제대로 지켜지지 않는다는 사실을 잘 알고 있다. 입시 위주의 강도 높은 수업이 행해지는 학교, 위계적인 질서 속에서 비민주적으로 운영되는 학교에서는 교사와 학생에게 민주주의에 대해 말하고 이를 요구하는 것을 가로막기 십상이다. 특히 설립자의 전횡에 대한 민주적 통제 장치가 전혀 갖춰지지 않은 사립학교는 그 정도가 더 심하다. 민주주의 교육을 뿌리내리고 건강하게 키워 열매를 맺게 해야 할 학교라는 토양은 척박하고 황량하기가 이루 말할 수 없는 실정인 것이다. 이러한 현실에 대한 한 고등학교 교사의 지적을 들어보자.

"학교는 학벌을 향한 무한경쟁과 과도한 학습, 극심한 서열화와 양극화, 비민주적인 학교 운영 등 더께로 가득하다. 완고하다 못해 철옹성 같다. 대체 어디서부터 손을 대야 할지 막막할 지경이다. 정권이 바뀔 때마다 교육개혁이 공약의 맨 윗자리를 차지했지만, 매번 흐지부지됐고 되레 퇴행하기도 했다. 그러다 보니 이젠 교육개혁이라는 당위를 학생들조차 양치기 소년의 거짓말쯤으로 여기고 있다... (학생들은) 조변석개하는 입시제도와 개정된 교육과정을 숱하게 경험했지만 그때마다 '실험 대상자'였을 뿐, 학교생활은 나아진 것이 없다... 승자독식의 사회구조보다 더 중요한 원인으로 학생과 교사 모두 깊은 무력감에 빠져 학교의 변화를 스스로 이끌어 낼 만한 힘이 없다. 언제부터인지는 모르지만, 학교가 외부의 자극이나 압력 없이는 좀처럼 움직이지 않는 '좀비'가 돼버렸다."(민들레 편집실 엮음, 2020: 113~114)

그러나 현실이 잿빛일지라도 그럴수록 우리는 민주주의를 외치고 통제에만 익숙한 고루한 기득권자들을 향해 민주주의의 피켓을 들어야 한다. 순응하는 삶에 머무른다면 결코 변화는 일어나지 않는다. 현실이 불만족스럽다면 스스로 변화의 주체임을 깨닫고 뜻을 같이하는 사람들과 연대해 권리확보를 위한 투쟁에 나서야 한다. 이를 위한 위대한 여정의 시작은 어려서부터 부모와 교사 등 기성세대로부터 민주주의를 제대로 배운 적이 없는 학생들에게 민주주의를 제대로 가르치고 이를 실천으로 이어지도록 돕는 것이다. 정치교육의 주된 기관인 학교에서 제대로 된 토론과 논쟁을 배우고 민주적 합의를 이끌어 내는 방법을 익혀야 한다. 이들 경험을 통해 다수의 사람들에게 민주주의를 내면화하도록 해야 하는 것이다.

이 과정에서 민주주의 학습과 실천을 막는 각종 요인들을 공론화해서 민주주의 교육에 맞는 방향으로 개선해야 한다. 시스템과 문화가 잘못되어 있다면 이를 바꾸기 위한 개혁 플랜을 짜야 한다. 각종 법률과 제도가 진정한 민주주의 교육을 가로막는다면 이를 개선하기 위한 로드맵을 마련할 필요가 있다. 가장 바람직한 것은 민주주의 교육을 아예 학교와 교육 당국의 책무로 정하는 것이다. 교육의 주체이기도 한 교사들의 무관심과 역량 부족 문제가 걸림돌이라면 이를 해결하도록 지속적인 연수와 인센티브 부여 같은 정책이 마련되어야 한다. 지루하고 따분한 입시과목으로서의 교과서용 정치가 아니라 청소년들이 흥미를 갖고 적극 참여할 수 있는 교육 아이템과 방식의 개발도 뒤따라야 한다. 예를 들어, 게임을 민주주의 교육과 연계시키는 것도 고려해 볼 만하다. 이를 통해 청소년들은 '수험 기계'나 권리가 유예된 미래세대에 머무르지 않고, 당당한 '교복 입은 시민'으로 변모하게 될 것이다. 이러한 바탕 위에서야 청소년들이 대의제 민주주의 과정뿐만 아니라 대의제도를 벗어난 직접행동에 활발하게 참여할 수 있다. 미래의 '세련된 시민'이라는 열매는 학교 정치교육에서 그 뿌리가 잘 내리도록 씨앗을 잘 심어야 수확을 얻을 수 있는 것이다.

"시민은 민주공화국의 주권자로 자유롭고 평등한 권리를 갖고 정치에 참여하는 공민을 가리킨다. 밀(John Stuart Mill), 로크(John Locke), 토크빌(Alexis de Tocqueville)을 비롯한 정치사상가들은 민주주의가 작동되려면 공중(the public)이 세련화(sophistication)되어야 한다고 주장했다. 여기서 세련화란 시민들이 대표의 행위에 영향력을 행사하거나 통제할 수 있도록 정치 시스템의 방식에 대해 이해하고 있을 뿐만 아니라 다원주의, 표현의 자유, 소수자 권리와 같은 민주주의적 이상들에 대해 깊은 신념을 공유하는 것을 의미한다. 세련되고 공동체와 관련된 일에 적극적으로 관여하는 민주적 공중이야말로 민주주의 성공에 필수요건이라는 것이다. 바로 이런 공중을 '슈퍼 시민'이라 부른다."(러셀 J. 달톤, 2010: 47-50)

무릇 정치교육은 슈퍼 시민의 육성에 그 목표를 두고 진행되어야 한다. 이를 위해 선행되어야 하는 것은 민주주의의 역사와 특징에 대해 제대로 이해하도록 돕는 교육이다. 바람직한 민주주의 제도와 이념을 하나로 정해놓고 이를 학생들에게 강요하는 것은 가장 나쁜 형태의 정치교육이기 때문에 피해야 한다. 사회적 쟁점과 민주주의의 관련성을 이해시키고, 이를 해결하기 위한 메커니즘으로서 다양한 민주주의 모델들을 비교·평가할 수 있게 해야 하는 것이다. 무엇보다 민주주의 학습을 통해 민주주의가 내 삶과 사회를 어떻게 나아지게 하는지 확실히 알게 되는 것이 중요하다. 이는 민주주의가 사회갈등을 어떻게 해결하거나 완화하는지를 알게 하는 것이다. 이는 학교 재학 중에는 정치교육의 유인이 되고 학교를 졸업해 성인이 되어서도 정치참여에 대한 지속적 관심을 갖고 참여하게 하는 계기로 작동할 것이다. 민주주의의 이해와 관련해서는 다음과 같은 존 킨(John Keane)의 지적이 유용하다.

"민주주의라는 것은 그저 사람들이 스스로 통치하는 것이라고 단순하게 이해할 수도 있지만, 동시에 이 개념에는 급진적 요소가 담겨있다. 즉 민주주의는 인간이 서로 평등한 존재로서 이 땅위에서 어떻게 함께 살아갈지를 두고 스스로 결정을 내리는 데 필요한 각종 제도를 발명하고 활용할 수 있는 존재라고 가정한다... 민주주의라는 작은 꿈속에는 큰 믿음이 담겨있다. 즉 인간이라는 유한한 존재들이 서로 동등한 존재에서 토론이나 회의체를 스스로 조직할 수 있고, 그 안에서 잠시 다른 활동을 멈추고 어떤 대상에 대해 시간을 두고 함께 생각할 수 있으며, 그리고 나서 행동 방침을 결정할 수 있다는 것이다. 이런 의미에서 민주주의는 소름 끼칠 정도로 굉장한 발명품이었다. 사실상 인류 역사에 나타난 최초의 '인간적인' 통치 형태였던 것이다."(존 킨, 2017: 18)

민주주의의 역사와 의미에 대한 정확한 이해도 중요하다. 원래 인민들이 통치하는 지배 방식을 일컫는 용어인 '데모크라티아,' 즉 민주주의는 오랜 역사적 기원을 지닌다. 호주의 정치학자인 존 킨이 쓴 『민주주의의 삶과 죽음: 대의 민주주의에서 파수꾼 민주주의로』에 따르면 민주주의의 기원은 고대 그리스가 아니라 대략 기원전 2500년에 지리적으로 오늘날 '중동'이라고 불리는 지역에서 시작되었다고 한다. '데모크라티아'라는 단어의 뿌리를 살펴보면, 그리스 고전 시대보다 700년에서 1,000년 정도 앞선 미케네 문명 시기의 '선형문자 B' 기록물에서 기원을 찾을 수 있다. 즉 미케네와 펠로폰네소스 반도의 도시국가들을 중심으로 하여 발달했던 후기 청동기 시대(기원전 1500년~기원전 1200년)가 그 기원이라는 것이다. 회의체를 기반으로 하는 민주주의의 등불이 처음 밝혀진 곳은 '오리엔트(동방)' 지역이었다. 이때 '오리엔트'는 현재의 지리적 명칭으로 보자면 시리아, 이라크, 이란 지역을 가리킨다.

킨은 고대 아테네가 "서양 문명의 발상지이며 민주주의의 요람"이라는 현시대의 믿음이 19세기 유럽에서 형성된 일종의 신화에서 비롯된 것이라고 주장한다. 킨은 고대 그리스 지역에서 나타난 자치적 회의체의 전통은 초기 이슬람 세계에서도 발견된다고 지적한다. 세계의 여러 민족이 고대의 회의체 민주주의 형태에서 벗어나 대의제 정부의 세계로 넘어가는 과정에서 이슬람은 귀중한 교량 역할을 했다. 그런 회의체의 예로는 '와크프'와 '모스크'가 있었으며, 경제 분야에는 통치자로부터 법적으로 독립된 '샤리카'라는 일종의 공동 경영 조직이 있었다. 그리스 민주주의 시대의 아고라와 프닉스를 합쳐놓은 것처럼, 모스크는 지역 공동체의 회의체들이 모여 시끌벅적하게 공적 업무를 수행하는 공공장소 구실을 했다. 모스크는 회의체 민주주의의 정신을 전하는 강력한 매개체였다. 이곳에는 누구나 접근할 수 있었다. 젊은이와 늙은이, 부자와 가난한 자, 남자와 여자가 모두 동등하게 환영받는 곳이었다(존 킨, 2017:

205~233).

이어서 민주주의가 꽃핀 지역은 잘 알려진 대로 고대 그리스였다. 민주주의의 어원도 그리스어인 인민(demos)과 통치(kratos)의 합성어에서 유래한다. 페르시아 전쟁을 거치면서 그리스인들은 공동체와 평등에 대한 의식을 갖게 되었고, 도시의 모든 자유 시민들이 민회에 직접 출석하여 투표하는 민주정을 확립하였다. 우리에겐 아테네가 잘 알려져 있지만, 코린토스 사람들이 세운 도시국가인 암브라키아 역시 민회를 기반으로 하는 민주정을 아테네보다 먼저 실시한 흥미로운 사례이다(존 킨, 2019: 164~165). 기원전 462년부터 429년까지 아테네를 통치했던 페리클레스가 펠로폰네소스 전쟁의 첫 해 겨울 동안 희생된 자들을 위해서 행했던 추도 연설에는 민주주의의 이상에 대한 완전하고 적극적인 주장이 담겨있다. 오리엔트의 전제주의에 대한 응답이었던 그리스의 민주주의는 그러나 노예, 여자, 외국인 거류자, 이민 노동자 등 사적 재산권에 기초한 노예제 사회에서 노동을 담당하는 사람들에게는 정치적 권리를 부여하지 않았다. 그러다 보니 플라톤처럼 데모스를 시민과 외국인 등이 분별없이 뒤섞인 무리로 보고 민주주의를 부정적으로 묘사하는 사람도 나왔다.

이후 민주주의는 누가 인민이고, 통치는 무엇을 의미하며, 그 범위는 어떠한가 등을 둘러싸고 시기와 장소에 따라 다양하게 정의되면서 격렬한 논란을 겪었다. 데모스는 지식, 재산, 혈통, 그리고 다수라는 개념과 중첩되며 다양하게 정의되었다. 크라토스 역시 동등한 권리를 갖는 시민들에 의한 직접 통치부터 일부 혹은 전원이 선거에 의해 선출되는 대표들로 구성되는 의회를 통한 간접 통치 등 다양한 형태가 존재해 왔다. 그런 까닭에 많은 정치학자들은 민주주의를 측정하는 공동의 기준에 맞춰 민주주의의 합의된 정의를 찾으려 노력해 왔다. 상이한 장소와 문화에서 민주주의의 상이한 가능성과 의미를 찾는 것은 이들 학자들에게 상당한 도전이 되고 있다. 이러한 도전의 핵심 요소는 민주주의의 한계(threshold) 기준과 연속성(continuum)이라 할 수 있다. 여기서 한계는 민주주의와 비민주주의 사이의 경계를 말하며, 연속성은 한 국가, 혹은 다른 단위에서 얼마나 많은 민주주의가 존재하느냐를 다룬다(Michael Saward, 2003: 86).

다양한 유형의 민주주의 가운데 오늘날 지배적인 것으로 자리 잡은 민주주의는 대의제 민주주의이다. 그런 까닭에 정치교육에서도 대의제 민주주의 제도의 특징과 그 한계에 대한 평가가 비중 있게 다뤄져야 한다. 인민이 그들 자신에 의해 정기적으로 선출되는 대표자를 통해 궁극적 통제권을 행사하는 대의제 민주주의는 근대에 들어와 서유럽에서 확립되었지만, 역사는 게르만족의 자유민 총회까지 소급된다. 예를 들어, 북유럽에 거주했던 바이킹 자유인들은 600년에서 1000년 사이에 팅(Ting)이라 불리는 재판 회의를 유지하였다. 팅의 모임에서 자유민들은 분쟁을 해결하고 법을 토론하고 승인하거나 기각하였으며 종교의 변화에 대한 제안을 결정했고 심지어 왕을 선출하거나 승인하였다. 이러한 전통은 15세기 스웨덴의 릭스다그(Riksdag)와 같은 근대적 대의제 의회제도로 발전하였다. 네덜란드와 플랑드르에서도 통치자들은 동의를 구할 목적으로 도시와 중요 사회계급에서 선출된 대표자들의 모임을 소집하였다. 이와 같은 모임은 오늘날 의회제도의 전통과 관행, 사상들의 맹아적 형태라 할 수 있다(로버트 달, 1999: 35-39). 영토가 확대되고 사회가 복잡해짐에 따라 직접민주주의 제도를 운용하는 것이 점차 불가능해지면서 선거를 통해 선출된 대표에게 의사결정의 권리를 양도, 위임하는 대의제 민주주의 체제가 발달하게 되었다.

일반적으로 대의제는 인민들이 대표자로 하여금 그들을 대신하여 정부의사나 정부정책 등을 결정하게 하는 제도로, 대의민주제, 간접민주제, 국민대표제, 의회민주제라고도 한다. 대의제에서는 복수의 정당이 선거를 통해 사회의 다양한 이익과 갈등을 표출하고 조직해 정부와 국회를 구성한다. 여기서 선거는 시민사회의 다양한 정책 선호를 정부의 정책 형성에 연결시키는 중요한 매개체라 할 수 있다. 역사적으로 대의제에 관한 이론은 존 스튜어트 밀(John Stuart Mill)에 의해 확립되었다. 밀은 『대의제정부론(Considerations on Representative Government)』에서 '이상적으로 최선의 정체'는 인민이 '그들 자신에 의해 정기적으로 선출되는 대표자를 통해 궁극적 통제권을 행사하는' 대의민주제로 이뤄진다고 한다. 대의민주제는 중앙 권력이 감시 통제될 수 있는 메커니즘을 제공하고, 이성과 토론의 중심 및 자유의 감시자로 활동하는 광장의회를 확립하며, 선거 경쟁을 통해서는 지도자 자질로서 전체의 최대 이익을 위한 예지를 갖춘 사람을 선출한다는 것이다. 이러한 밀의 주장은 국가의 최소 간섭을 보장하는 것이 자기 개발의 가능성을 극대화하고 개인 자유를 보호하는 최선의 방법이라는 그의 자유주의적 사상에 기초한다고 할 수 있다.

따라서 대의제 민주주의 체제하에서 시민들은 자신의 대표를 통해 간접적으로 지배한다. 보통사람들이 자신들의 삶, 더 나아가 자신들이 속한 공동체의 삶에 대해 이성적인 결정을 내릴 능력이 있다는 확신이야말로 민주적 사고의 변함없는 토대를 이룬다. 그러나 공공 결정에 참여할 권리를 모든 시민에게 부여하는 아테네의 고전적 관행이 가능했던 건 시민들이 모두 한곳에 모일 수 있을 만큼 도시국가의 규모가 비교적 작았기 때문이다. 현대국가들은 규모상 이런 관행의 실시가 불가능하다. 그러다 보니 시민들이 자신들을 대신해서 법과 정책에 관한 결정을 내릴 정치적 대표를 선출하는 대의제 민주주의가 지배적 형태로 자리 잡게 되었다. 여기서 염두에 둬야 할 점은 직접 민주주의를 현대 정치 일반에 적용하는 것이 현실적으로 거의 불가능하거나 비효율적이라서 간접적 요소를 내용으로 하는 대의제 민주주의가 채택된 것이지, 직접 민주주의 자체가 옳거나 그르다는 평가로 인해 그렇게 된 것은 아니라는 점이다. 비록 뿌리를 내리지 못하고 있지만 주민발안, 주민투표, 주민소환 등의 직접 민주주의 제도도 현대 민주주의의 핵심인 것이다. 이것은 직접 민주주의가 오히려 더 중요한 의사결정에 적용됨을 보여주며, 민주주의에서 직접민주주의를 배제할 수 없음을 잘 나타낸다. 만약 '절차적 정당성'의 대의제 민주주의와 '인민주권'의 직접민주주의가 서로 부딪치면 마땅히 직접민주주의가 우월적 지위를 갖게 된다. 그렇지 않으면 4·19 혁명, 5·18 광주민중항쟁, 6·10 직선제 쟁취 민주항쟁 등의 국민 저항이 폄훼될 수 있다(안병길, 2010: 137~138).

그런 점에서 현대 민주주의가 대의제 민주주의를 바탕으로 삼은 것은 맞지만 현대 민주주의를 단순히 대의제 민주주의로 등치하는 것은 정확하지 않다. 대의제 민주주의는 선거라는 수단을 통해 시민들의 집단적 의사를 확인하고 그 집단적 의사를 시민들의 대표를 통해 실현하는 것, 즉 시민들이 자신의 대표를 통해 지배하는 민주주의를 말한다. 대의제 민주주의 하에서 집단적 의사를 확인하는 기본적 장치는 선거이다. 선거를 통해 대표가 선출됨으로써 시민들의 집단적 의사가 확인되고 그들에게 집단적 의사의 실현이 위임된다. 그런 점에서 대의제 민주주의는 시민들의 직접적인 참여나 시민들 간의 대면적 심의가 아닌 투표를 통해 시민들의 집단적 의사가 확인되는 선호집합적 민주주의(aggregate democracy)인 것이다. 이는 평등한 시민들의 자유로운 집단적 선택의 결과가 바로 국민의 의사이며 이런 집단적 선택이 정치적 공동체의 복지를 극대화하는 점과 일치할 때 정당화된다는 사회적 선택이론의 가정에 근거하고 있다(임혁백, 2000: 158-159).

그런데 대의제 민주주의가 과연 제대로 실현될 수 있는지에 대해서는 의문이 제기되었다. 무엇보다 대의제 민주주의의 대표 원리는 '어떻게 대표하는가'와 '누구를 대표하는가'를 둘러싸고 많은 논쟁을 유발하였다. 특히 시민들의 의사가 왜곡되거나 자율성이 침해되고, 대표가 집단의 대표만을 대변할 뿐 소수는 의사결정 과정에서 대표되지 못하며, 소수의 지배적인 권력 단이 형성될 수 있다는 한계를 표출하였다. 앤드류 헤이우드는 대의제 민주주의는 기껏해야 제한적이고 간접적인 민주주의 형태라고 한다(앤드류 헤이우드, 2007: 308). 애로우(Kenneth Arrow)가 언급한 '불가능성의 정리(impossibility theorem)'는 대의제 민주주의의 한계를 보다 설득력 있게 설명한다. 그에 따르면 대의제 민주주의에는 인민의 의사가 사회적 선택으로 제대로 표출되는가의 문제가 존재한다고 한다. 민주주의가 실현되기 위해서는 모든 시민의 선호가 고려 대상이 되어야 하고(범위의 무제한), 집단적 복지의 극대화가 선택되어야 하며(파레토 최적), 시민들의 선택은 독립적이어야 하고(무관한 대안으로부터의 독립성), 어느 누구의 선호도 지배적이어서는 안 된다(비독재성)는 공리적인 조건들을 만족시켜야 하는데 이를 모두 만족시키는 사회적 선택은 존재하지 않는다는 것이다(임혁백, 2000: 159).

그렇다면 어떤 민주주의가 정치교육에서 강조되고 비중 있게 학습되어야 하는가? 우선 정치교육은 참여민주주의(participatory democracy)와 불가분의 관계를 맺고 있다. 정치교육은 정치에 대한 이해와 판단 능력을 고양함으로써 정치참여를 활성화하는 데 그 목적이 있기 때문이다. 오늘날 지배적 유형의 민주주의로 자리 잡은 대의

제 민주주의의 대표 원리는 대표의 방법과 범위를 둘러싸고 많은 논쟁을 유발하였을 뿐만 아니라 기존의 정치 질서에 결코 완전하고 충분하게 착근되지도 못했다. 특히 대의제 민주주의는 시민들의 의사가 왜곡되거나 자율성이 침해되고, 대표가 집단의 대표만을 대변할 뿐 소수는 의사결정 과정에서 대표되지 못하며, 소수의 지배적인 권력 집단이 형성될 수 있다는 한계를 표출하였다. 대의제 민주주의의 핵심 기제인 정당 정치도 정당 구조가 점차 관료화되고 권위주의화 되면서 시민들의 정치참여를 배제하거나 왜곡시키고 있다.

대의제 민주주의가 이와 같이 각종 폐해를 드러내면서 그 대안으로 부각되기 시작한 것이 바로 참여민주주의이다. 물론 민주주의라는 개념은 그 자체에 참여를 내포하고 있다. 도덕적 차원에서 정치과정에의 참여를 자유와 자기 계발을 위한 방도라고 본 밀처럼 근대의 여러 사상가는 참여를 민주주의의 중요한 요소로 보았다. 규칙적이고 공정한 선거를 통한 참여는 경쟁, 그리고 시민적·정치적 권리의 보장과 더불어 오늘날에도 민주주의에 관한 최소한의 조건으로 간주하고 있다. 그러나 오늘날의 대의제 민주주의는 이러한 참여가 형식화되면서 다양한 시민들의 의사를 공적인 의사결정에 제대로 전달하고 반영하지 못한다는 비판에 직면하게 되었다. 참여민주주의는 1960년대에 신좌파 운동의 슬로건에서 비롯되었다. 이들은 학교와 공장, 지역 공동체, 그리고 국가행정에서 억압적 관료주의와 위계적 권위구조를 거부하고 자유로운 직접 참여와 적극적인 개입을 주장하였다. 신좌파의 특징 중의 하나는 민주주의적 과정을 확대하고 개인이 지닌 권리를 규제하기보다는 확대하는 것이라고 할 수 있다. 신좌파 내에서는 엄격한 민주주의 원칙들이 규범으로 지켜졌고, 아래로부터의 참여민주주의라는 원칙이 커다란 집회에서부터 최소 규모의 행동위원회에 이르기까지 그 상호관계를 규정했다. 산업화와 도시화를 바탕으로 한 사회변동은 일상생활을 파편화하면서 소외의식을 증대시켰고 정치적 참여를 주요한 주제로 떠오르게 하였다. 정부의 결정 과정에 시민들의 실질적인 참가가 이루어져야 한다는 인식이 1960년대와 70년대에 광범하게 확산되었고 이에 따라 서구의 국가들에서는 여러 형태의 시민적 앙가주망 운동이 전개되었다. 1960년대 말부터 독일에서 출현한 시민운동단체들(Bürgerinitiativen)이 전개한 운동은 그 대표적인 사례라 할 수 있다(홍익표·진시원, 2015: 209~210).

우리는 정보화 시대에 살고 있다. 그런 점에서 정치교육에서는 인터넷과 SNS를 기반으로 정치참여를 고취하는 것이 필요하다. 현재 전 세계적으로 SNS는 사회적 소통을 도울 뿐만 아니라 경제적 거래를 돕고, 정치적 변동을 초래하는 등 엄청난 지각변동을 가져오고 있다. 소셜미디어는 시민들로부터 정치지도자에게로 메시지를 전달하는 전달자로서 정치커뮤니케이션에서 중요한 역할을 담당한다. 특정한 목적을 이루기 위해 정치인과 정치행위자들이 행하는 커뮤니케이션은 물론이고, 평범한 SNS 이용자와 같은 비정치인들에 의해서도 다양한 형태로 정치행위자들에게 제시되는 커뮤니케이션이 활발하게 벌어지고 있다. 이는 인터넷을 중심으로 정치 커뮤니케이션이 점차 다층화되고 있음을 말한다. 여기서도 전통적인 방식의 홈페이지, 이메일, 웹진을 활용한 인터넷 정치커뮤니케이션이 퇴조하고 웹 2.0이라고 할 수 있는 새로운 방식의 참여 지향적 미디어(participatory media)가 점차 확산되었다. 인터넷 상에서 단지 정보를 모아 보여주기만 하는 데서 나아가 인터넷만 있다면 어느 곳에서나 데이터를 생성, 저장, 공유하고 상거래도 가능케 하는 개방과 참여로 특징되는 인터넷 환경이 만들어지고 있는 것이다. 웹 2.0은 소수의 정치인이나 거대언론이 주도하던 정치과정에 일반 대중들도 직접 참여할 수 있게끔 정치환경을 변화시켰다. 쌍방향적 의견교환이 가능하게 된것이다. 최근에는 인공지능과 블록체인 기술을 토대로 맞춤형 정보를 제공하는 웹3.0으로 발전하고 있다(홍익표, 2019: 383~384). SNS가 확산되면서 한국 사회도 변화하고 있다. 소통 자체를 목적으로 하는 SNS의 확산은 그동안 정치의 무관심층이었던 젊은 층을 변화시키고 있다. 등록금과 취업난에 분노하고, 전셋값과 교육비에 불안한 삶을 살아가는 이들 세대는 SNS의 주이용자이기도 하다. 변화를 요구하는 젊은 층들이 SNS에서의 의견 공유를 통해 투표장에 나오고 있다. SNS를 통한 젊은 층의 자발적 선거운동이 투표를 견인하기도 한다.

최근에는 게임을 통한 민주주의 학습도 시도되고 있다. 이는 게임을 통해 차별이나 성평등 같은 민주주의와 인권 관련 주제들을 실제 생활에서 체득하려는 운동이다.

게임만 할 뿐만 아니라 비슷한 관심을 가진 사람들이 오프라인 커뮤니티를 구축해 연관된 활동을 하기도 한다. 대표적 사례가 2015년 스웨덴에서 시작되어 독일과 벨기에 등 유럽의 7개국에서 활동하는 비정부기구인 '청년공화국(The Young Republic)'이다. 이들이 내세우는 가치는 기본권, 자유, 민주주의, 법의 지배, 평등이며, 기본권과 자유를 보호하기 위한 도구로서 민주주의를 신뢰하며, 파시즘, 독재, 신정정치에 반대한다. 주된 활동으로 유럽에 거주하는 젊은 난민들이 그들의 새로운 공동체에서 민주적 참여, 시민 앙가주망, 사회통합 활동 등에 적극적으로 참여할 수 있도록 지원한다(https://unoy.org/member/the-young-republic/).

미국의 아이시빅스(iCivics) 활동도 있다. 아이시빅스는 미국의 첫 여성 연방 대법관 샌드라 데이 오코너(Sandra Day O'Connor)가 제작한 게임으로 매력적인 게임을 통해 청소년들에게 민주주의를 이해할 수 있고 시민참여를 활성화하도록 고무하기 위해 개발되었다. 청소년들은 다양한 게임들을 통해 이론적인 시민 지식을 실생활에서 적용할 수 있도록 변환하고, 정부가 어떻게 일을 하는지를 체험하면서 배울 수 있다. 예를 들어, 게임을 통해 획득한 '시민 포인트'를 주차 요금에서 환급되거나 레크리에이션 서비스를 받을 수 있는 무료 이용권을 받을 수 있게 하는 것이다. 그리고 카운티 워크(Counties Work) 라는 게임은 시장이나 시의원 등 공직자 역할을 맡아 공원이나 주거지를 만드는 등 지방정부의 역할을 자연스럽게 이해할 수 있게 한다(민들레 편집실, 2020: 122~124).

인터넷 기술이 일상의 민주주의를 가능케 하는 현실도 주목할 만하다. 인터넷을 통한 자유로운 의사결정에 많은 사람들이 적극적 의지로 참여하는 일이 증가하고 있다. 대표적인 것이 벤 나이트(Ben Knight)가 설립한 루미오(Loomio, www.loomio.org)는 유럽 해적당, 스페인 포데모스 등 신생 정치세력이 가장 애용하는 온라인 플랫폼 중 하나다. 시민이 희망하는 주제로 관심 있는 사람들과 온라인을 통해 토론할 수 있으며 찬성, 기권, 반대, 차단 기능으로 의견을 모을 수 있고 모두의 의견을 통해 의사결정한다. 탈집중화된 리더십, 수평적 시민참여, 숙의적 토론과 협력적 의사결정 시스템을 핵심으로 하는 '인터넷 시대의 자율 공동체 민주주의'를 가능케 한다고 평가된다(이진순 외, 2016: 131~150).

정치교육은 최근 들어 대의제 민주주의의 한계를 보완하는 또 다른 민주주의 유형으로 언급되는 심의민주주의(deliberative democracy)에 부합하는 형태의 수업을 강화할 필요가 있다. 심의민주주의는 정치적 대표자들이 의사결정을 독점하는 대의제 민주주의와는 달리 시민들과 대표들이 이성적인 성찰과 판단에 근거하여 자신들의 판단, 선호, 관점을 타인과 토론하는 과정에서 '심의적 전환'이 일어나서 공공의 합의에 도달할 수 있다는 점을 강조한다. 이러한 심의민주주의는 특히 풀뿌리 단위에서 조직화 되지 않은 시민들 간의 갈등을 해결하는 데에 유용하다고 평가된다. 이는 심의민주주의가 정치의 목표를 개인의 합리적 선택으로 한정 짓는 것으로부터 가능한 모든 사람들의 토론에 의한 결정으로 전환할 것을 요구하기 때문이다.

시민들이 토의한 결과를 권력 행사에 연결하는 심의민주주의는 고대 그리스의 아테네 민주주의를 작동시키는 근본 원리였다. 오늘날 아테네 민주주의가 남긴 가장 빛나는 유산은 배심원 재판에 남아있다. 배심제도는 민주주의와 사법 정의라는 두 개념으로부터 유래되었는데 재판절차에 민주주의 가치를 불어 넣고, 권력으로부터 사회 통념을 보호하고, 국민에게 법률 교육을 행한다고 지적된다. 배심재판은 정치적 사건뿐만 아니라 일반 사건에서도 국가권력, 사회 지배 세력, 판사의 편견에 대항하는 마지막 보루였다. 영국에서 배심제도는 민중들이 전제군주에 저항하고 투쟁하여 획득한 인권 보호의 마지막 방패였다. 식민지 미국인에게 배심재판은 영국의 압제에 저항하는 수단이었다. 이들은 사법권과 과욕을 부리는 의회를 견제하고 균형을 이루기 위해 형사 및 민사소송에서 배심재판은 필수적이라고 믿었다. 배심제도는 오늘날에도 정치권력에 의한 법치주의 왜곡, 부자들에 의한 법질서 훼손, 법해석을 빙자한 법관들의 통치에 저항하는 최후의 수단이다(오현철, 2018: 70~74).

위르겐 하버마스(Jürgen Habermas)는 1992년에 발간된 담론적 법이론과 민주주의적 법치국가 이론을 다룬 책인 『사실성과 타당성(Faktizität und Geltung)』에서 절차적 민주주의 개념으로서의 토의 정치에 대한 논의를 전개했다.[8] 하버마스는 누가 집합적 결정을 내릴 수 있는 권한을 가지며, 어떤 절차들이 적용되어야 하는지를 확정하는 일군의 규칙을 통해 민주주의를 특징짓는 것은 민주주의에 대한 최소주의적 정의라고 지적한다. 이는 국민국가를 통해 조직된 서구형 사회 속에 이미 존재하는 정치체계의 규범적 내용을 표현하지만 이런 조작적 정의로는 법이론의 재구성적 시각에서 제시되는 민주적 절차의 규범적 내용을 모두 담아내지 못한다고 한다(위르겐 하버마스, 2000: 369). 그러면서 하버마스는 가능한 한 광범위하게 사회제도 속에 반영되어야 하는 심의와 의사결정의 '이상적 절차'에서 출발하여 토의 정치 개념을 해명하는 조슈아 코헨(Joshua Cohen)의 다음과 같은 견해를 소개한다.

> "심의민주주의 개념은 민주적 연합체의 직관적 이상에 뿌리를 두고 있다. 이 민주적 연합체 속에서는 결사의 항목과 조건들에 대한 정당화가 시민들 간의 공적 논증과 추론을 통해 진행된다. 이러한 질서 속에서 시민들은 공적 추론을 통하여 집합적 선택의 문제를 해결한다는 신념을 공유하고, 그들의 기본제도들이 자유로운 공적 토의를 위한 준거틀을 확립해 주는 한에서 그것들을 정당한 것으로 여긴다."[9]

그러나 하버마스는 코헨과 달리 절차상으로 합당한 결정들에 정당성을 제공하는 그 절차를 모든 사회제도의 모델로 이해하지 않고, 법치국가의 원리에 따르는 분화된 정치체계의 핵심 구조로 이해한다. 하버마스에게 민주주의 과정은 민주적으로 의견을 형성하는 시민들과 그것을 실천하는 의지를 형성하는 의회 사이에 의사소통을 가능케 하는 절차와 관련된다. 이 민주주의 절차는 다음과 같은 원리에서 출발한다는 것이다: 모든 관련자들이 합리적 담론의 참여자로서 동의할 수 있는 규범적 규제와 행동 방식만 정당성을 주장할 수 있다. 시민들은 어떤 권리들을 서로에게 허용해야 하는지를 이 '담론원리'에 비추어 검사한다. 법적 주체로서 시민들은 담론원리가 적용되는

---

8 하버마스의 심의정치(deliberative politik)에 대해서는 위르겐 하버마스(2000), pp.351~463; Thomas Biebricher(2005). pp.259~291 참조.

9 Joshua Cohen. "Deliberation and Democratic Legitimacy." Alan Hamlin & Philip Pettit (eds.). *The Good Polity: Normative Analysis of the State*. Oxford: Basil Blackwell, 1989, pp.17~18. 위르겐 하버마스(2000), p.370에서 재인용.

정치적 의견 형성과 의지 형성의 의사소통적 전제와 절차들을 법적으로 제도화해야 한다. 그러므로 평등한 주관적 자유에 대한 보편적 권리의 도움을 받아 시도되는 법적 질서의 확립은 의사소통적 자유를 공적으로 사용할 수 있는 평등한 기회를 보장하는 의사소통적 권리와 참여적 권리를 통하여 완성되어야 한다. 이런 식으로 담론원리는 '민주주의 원리'라는 법적 형태를 획득하게 된다(위르겐 하버마스, 2000: 545~546).

민주주의 학습으로서의 정치교육은 수업의 내용 못지않게 방식도 중요하다. 이와 관련해서는 수업에 참여하는 학생들이 과제로 선정된 주제에 대해 발표를 한 후 동료 학생들 및 담당 교수와 주제와 관련해 자유로운 토론을 벌이는 것이 가장 적절한 방식으로 지적된다. 이러한 수업을 통해 학생들은 새로운 지식과 정보를 알게 될 뿐만 아니라 여러 사람의 주장을 비교하고 자신의 의견을 정리하며 종국에는 민주적 합의의 중요성을 깨달을 수 있다.[10] 이와 관련하여 유용하다고 평가되는 것이 프로젝트 수업이다. 릴리안 캐츠(Lilian G. Katz)와 실비아 채드(Sylvia C. Chard) 등에 의하면 프로젝트 수업은 학습자에게 관심을 불러일으키면서 잠재적 가치가 있는 주제를 탐구한다. 탐구가 진행되는 동안 어린이들이 교사와 협동으로 함께 할 뿐만 아니라, 개별적으로 선정한 여러 질문의 답을 찾아가는 탐구 과정과 절차가 프로젝트에 포함된다. 캐츠와 채드 등은 이 프로젝트가 3단계로 진행될 때 가장 효과가 있다고 한다(릴리안 캐츠·실비아 처드 외, 2019: 18~19). 1단계는 조사할 프로젝트 주제를 정하고 이에 대한 답을 찾기 위해 시작 질문 목록을 작성한다. 또한 답이 무엇인지에 대한 아이들의 예상도 포함된다. 가능한 현장 방문과 컨설팅을 위한 전문가 및 수집할 대상에 대한 제안도 이때 이뤄진다. 2단계에서 어린이들은 다양한 분야의 현장 조사를 하고 프로젝트 주제에 대한 다방면의 전문가를 수업에 초대하여 답변을 들으면서 탐구에 대한 답을 얻게 된다. 또한 책, 비디오, 지역 박물관, 인터넷 사이트 등과 같이 프로젝트 주제에 대한 다양한 2차적 출처정보를 참조한다. 이때 프로젝트 주제에 대한 새로운 이해를 다양하게 표상하고, 자신들이 새로운 발견을 하면서 수집한 자료를 정교하게 다듬는 활동이 진행된다. 프로젝트의 최종 단계 또는 결론에서는 보통 부모와 다른 사람들이 초대되어 어린이들이 수행한 활동의 완성된 기록 작업을 보게 된다. 이런 방식으로 프로젝트 이야기를 다른 사람과 공유하고 또 알게 된 내용이 전달된다.

프로젝트는 어린이들이 공동체로서 학교 교실을 경험하게 한다는 점에서 중요하다. 그리고 어린이들이 민주주의 사회에 참여하고 기여할 수 있는 능력을 갖추게 돕는다. 민주주의에 대한 이러한 기본적 헌신은 어린이들에게 자기를 둘러싼 사건과 현상을 탐구할 기회를 부여하고, 이를 통해 어린이들은 (a) 우리 자신의 안녕에 타인들이 노력하여 기여하는 다양한 방법들뿐만 아니라 지식, 기능, 전문지식을 깊이 있게 이해하게 된다. (b) 공동체 구성원들이 서로 어떻게 관계하고 있는지를 자세하게 알게 된다. (c) 공동체 내에서 차이를 존중하는 법을 배우고 이런 차이를 풍요로움으로 이해하게 된다(릴리안 캐츠·실비아 채드 외, 2019: 29~30).

III. 홀리스틱 교육을 이용한 정치교육

무한경쟁과 승자독식을 부추기는 사회에서 성장한 학생들에게는 인간과 인간의 관계, 인간과 자연생태계와의 관계 등 관계성을 중시하는 교육이 중요하다. 헤겔이 언급했듯이 인간은 상호작용에 근거한 공동체적 존재이기 때문이다. 이와 관련해 유용한 수업방식이 관계 속에서 균형과 조화, 포괄성과 통합성을 추구하는 홀리스틱 교육(holistic education)이다. 경쟁과 소비와 관료주의를 위주로 하는 산업·기술 사회의 지배적인 문화와 세계관으로 인해 지구생태계가 파괴되고 인간의 존엄성이 유지되지 못하는 인류가 처한 작금의 위기 상황을 감안해 볼 때 관계성을 인식한 위에서 더불어 살아가야 할 이치를 깨닫고 실천하는 홀리스틱 교육은 그 의의가 적지 않다고 평가된다. 홀리스틱 교육과정에서 사회적 맥락에 대한 입장은 정치교육에도 적용 가능하며 그 내용을 풍부하게 하는데 기여할 수 있다.[11]

---

10 이에 대해 보다 자세한 것은 넬 나딩스·로리 브룩스(2018); 송창석(2011) 참조.

11 홀리스틱 교육의 개념과 역사에 대해서는 일본홀리스틱교육연구회. 송민영·김현재 역.『홀리스틱 교육의 이해』. 서울: 책사랑, 1999, 1장; 박영만·조한무 외.『홀리스틱 교육의 원리와 방법』. 인천: 도서출판 엘리트, 2002, 1,2장. 송민영.『홀리스틱 교육사상』. 서울: 학지사, 2006, 4장; 존 밀러. 김현재 역.『홀리스틱 교육과정』. 성남: 책사랑, 2000. 제1장.

홀리스틱이란 단어는 그리스어 holon 에서 기원하는데, 이는 전체(whole), 건강(health), 낫다(heal), 신성한(holy)이라는 의미를 갖는다. 홀리즘은 전일론, 전체론을 가리키는데 우주가 통합된 전체로 이루어져 있으며 단순히 부분의 합으로 환원될 수 없다는 것을 의미한다. 이 원리는 지난 수 세기에 걸쳐 많은 철학자들과 교사들에 의해 언급되었고 인간 발달과 사회변혁을 위해 활용되어 왔다. 그러나 홀리스틱이란 말이 본격적으로 사용되게 된 것은 그리 오래되지 않는다. 우선 의학 분야에서 세밀하게 전문화된 신체 의학뿐만이 아니라 인간의 존재를 전체로서 다시 파악하는 것을 강조하는 홀리스틱 의학으로 사용되기 시작했다. 이어서 생활과 교육, 기업 분야에도 도입되었다. 교육의 영역으로 끌어들인 기본 발상은 인간 이성의 토대 위에서 지식과 사고력, 판단 능력을 육성하는 인지주의적 접근만이 아니라 정서, 행동적 측면도 교육에서 동시에 통합적으로 고려해야 한다는 것이었다. 그 기본 아이디어는 신과학운동을 주도한 물리학자인 프리초프 카프라(Fritjof Capra)의 『전환점(The Turning Point)』에서 처음 제시되었다. 카프라는 세계의 심각한 위기는 시대에 뒤떨어진 기계론적 세계관을 현실에 적용하려는 데서 발생했다면서, 중층적 구조로 형성된 상호의존적 시스템으로 구성되어 있으며 스스로 생존하고 성장하는 생명의 특성에서 교육의 새로운 패러다임을 제시하였다. 매릴린 퍼거슨(Marilyn Ferguson) 역시 『물병자리 시대의 공모(The Acuarian Conspiracy)』에서 현대 과학의 새로운 동향이나 동양사상과의 대화에 입각한 교육 패러다임으로의 전환을 모색하였다(일본홀리스틱교육연구회, 1999: 27, 40).

이를 이어받아 캐나다의 교육학자인 존 밀러(John P. Miller)는 홀리스틱 교육의 철학적, 사회학적, 심리적 기초를 제시하고 홀리스틱 교육의 방향성을 구체화했다. 밀러는 홀리스틱 교육의 세 가지 관점을 강조한다. 첫째, 균형(balance)으로 아동의 지적 발달은 감성적·신체적·심미적·영성적 발달과 적절한 관계 속에서 이루어진다. 둘째, 포괄(inclusion)은 전달, 교류, 변용 등 다양한 교육적인 정향을 연관시키는 것이다. 셋째, 연관(connection)은 단선적 사고와 직관, 마음과 육체, 교과와 학과, 개인과 공동체, 개인과 지구, 자기와 자아 간의 관계를 연구한다(존 밀러, 2000: 29~41). 이러한 관점에 입각해 밀러는 홀리스틱 교육을 다음과 같이 정의한다. "홀리스틱 교육은 관계에 초점을 맞춘 교육이다. 즉 논리적 사고와 직관과의 관계, 마음과 신체와의 관계, 다양한 지식 영역 간의 관계, 개인과 공동체의 관계, 그리고 자아와 자기와의 관계가 그러한 것이다. 홀리스틱 교육과정에서 학생들은 이러한 관계를 조사해서 관계에 대한 자각과 적절한 관계를 변용시키는데 필요한 기능을 습득한다"(존 밀러, 2000: 161).

홀리스틱 교육은 1980년대 중반 이후 캐나다와 미국을 중심으로 교육 분야에 도입됐다. 1990년 6월 홀리스틱 교육으로의 패러다임 전환을 지지하는 교육자들이 시카고에 모여 집중적인 토의를 거쳐 '시카고 선언'을 발표했다. 이에 따르면 21세기가 다가오면서 기존의 사회제도나 직업윤리는 뿌리부터 전부 변해야 하는 시기에 접어들었다고 규정한다. 인류가 직면하고 있는 인간과 환경의 해결하기 어려운 문제들을 진지하게 받아들여 교육도 변화되어야 한다면서 다가올 시대의 교육은 홀리스틱적이 되어야 한다고 제안했다. 홀리스틱적이라는 것은 무엇보다도 이 지구라는 행성의 생명체로서 살아가는 것 모두가 무수한 그물눈으로서 정치한 관계를 맺고 있다는 사실을 받아들이는 것으로부터 출발한다. 홀리스틱 교육은 인간이라는 존재가 지식이나 기술만이 아니라 의미를 추구하는 존재라고 한다. 그리고 홀리스틱적인 입장은 지구나 생명과 조화를 이뤄 지속 가능하고 공정하며 평화로운 사회를 만들어가려고 한다. 이를 위해서는 교육과정이 교과의 범위를 넘은 통합적이고 학제적으로 바뀌어야 한다고 강조한다(일본홀리스틱교육연구회, 1999: 124~126).

시카고 선언을 계기로 '세계 변용 교육 연맹(The Global Alliance for Transforming Education: GATE)'이 발족하게 된다. '교육 2000: 홀리스틱 교육 비전 선언(Education 2000: A Holistic Perspective)'은 시카고 선언을 토대로 1991년 GATE 총회에서 심층 논의를 거쳐 발표된 것이다. 이 교육 선언은 경쟁과 소비와 관료주의를 위주로 하는 산업·기술 사회의 지배적인 문화와 세계관으로 지구생태계가 파괴되고 인간의 존엄성이 품위를 유지하지 못하는 현재 인류의 교육제도가 위기라는 것에 동의하고 협동과 저소비와 참다운 인간성의 회복을 촉구하는 대안으로 홀리스틱 교육을 내세웠다. 이 선언에서는 교육을 "각 사람의 독자적인 개인 안에 있는 위대성(greatness)을 충분히 끌어내기(to draw forth) 위한 보살핌(caring)"이라고 정의한다. 삶에 대한 확신과 민주적 이상으로서, 다양한 가치와 다양한 방법을 통하여 교육자들의 비전에 따라서 이 정의를 응용하고 실천해야 한다고 강조한다.

이 선언에서는 이러한 작업가설을 실행할 수 있는 교육원리 열 가지를 채택했다. 이들 원리는 다음과 같다(일본홀리스틱교육연구회, 1999: 107~124; 박영만·조한무 외. 2002: 23~27). 원리 1-인간성의 발달을 위한 교육. 원리 2-학생을 한 사람의 독특한 개성을 지닌 사람으로 존중. 원리 3-경험적 학습의 중시, 원리 4-전체성과 변용성을 강조하는 홀리스틱 교육의 중시, 원리 5-교사의 새로운 역할, 원리 6-선택의 자유, 원리 7-참여민주주의를 위한 교육, 원리 8-민족적·문화적 다양성과 지구시민을 위한 교육, 원리 9-지구 생명권에 대한 이해 교육, 원리 10-정신성과 교육.

이 선언에서는 가장 우선되는 기본원리로 인간성의 발달을 위한 교육을 내세운다. 학교는 학습자 전원이 참된 의미로 배우고 전인적으로 성장하는 것을 촉진하는 장소가 된다. 학습은 우주와 지구, 지구 공동체, 지역사회 구성원, 가족, 자기와의 관계를 풍성하게 하고 심화시켜야 한다. 이러한 사상은 요한 하인리히 페스탈로치(Johann Heinrich Pestalozzi), 프리드리히 프뢰벨(Friedrich Wilhelm August Fröbel), 듀이(John Dewey), 몬테소리(Maria Tecla Artemisia Montessori), 슈타이너(Rudolf Steiner)와 같은 위대한 교육 선구자들에 의해 언급되고 실천된 바 있지만 유감스럽게도 근대의 공교육은 인간성을 최대한 계발하는 것을 제1의 목표로 삼지 못했다. 학교 체제는 복종, 충성심, 규율을 부과하여 국가 경제의 생산성과 경쟁력을 높이려는 목적에 부응하려고 조직되었다. 그러나 인간으로서의 성장이 경제성장보다 우선 되어야 한다는 것이다. 이어서 선언에서는 학생을 고유한 가치를 지닌 존재로 존중해야 한다고 주장한다. 각 학생은 태어날 때부터 창조적이며 독특한 신체적, 정서적, 지적, 영적 요구와 능력을 지녔으며 무한한 학습 가능성을 지닌 존재라는 것이다. 따라서 그들의 공통점보다는 차이와 개성을 더 중시해야 한다고 한다. 또한 학습은 세계와 다차원의 관계를 맺고 있는 개인이 세계의 풍부한 의미를 역동적인 경험을 통해 이해하고 이를 통해 자연스럽고 건강한 성장을 이루도록 하는 것이다.

여러 가지 홀리스틱 교육의 원리 중에서도 참여민주주의를 위한 교육, 민족적·문화적 다양성과 세계시민을 위한 교육은 정치교육에도 적용할 수 있다. 구체적으로 이들 교육은 경제적 이익만을 중시하는 경쟁 위주의 교육이 아닌 지구, 지역사회, 가족, 자기와의 관계성을 심화하는 전인교육, 지역사회의 일에 능동적으로 참여하고 서로 다른 의견을 존중하고 인간적인 관심을 서로 보이는 교육, 문화의 차이를 넘어 모든 문화를 포용할 수 있는 참된 인간의 존재 방식을 탐구하는 교육을 가리킨다. 일곱 번째 원리인 참여민주주의를 위한 교육은 아래와 같이 언급된다.

> "진정한 민주주의 교육은 모든 시민들로 하여금 지구와 지역사회 생활에 적극 참여하도록 한다. 참다운 민주주의 사회는 다수의 지배나 선거라는 정치 양식보다는 지역사회의 일에 능동적으로 참여하고, 서로 다른 의견을 존중하고, 진정한 인간적인 관심을 서로 보이며, 사회와 문화를 열린 자세로 변화시켜야 한다. 이러한 사회를 만들기 위해서는 다른 사람의 아픔을 공감하고 이웃과 국가, 지구 공동체가 살아가는 데 필요한 것이 무엇인지를 깨달을 수 있는 정신이 필요하다. 이러한 깨달음으로부터 정의에 대한 관심이 나오며 이러한 높은 이상을 지키기 위해서는 시민들은 비판적으로, 독자적으로 생각할 수 있는 능력이 필요하다. 그러므로 선전이나 일시적인 파당에 흔들리지 않는 비판적인 탐구력이야말로 민주주의를 지키는 힘이다. 주변과의 공감, 공통된 인류의 요구, 정의, 순수한 용기, 비판적 사고 등은 교육이 맡아야 중요한 과업이다. 이것은 소크라테스가 바라던 이상이지만 아직 인류가 그 고귀한 이상을 실현한 적이 없는 것이다."(박영만·조한무 외. 2002: 25~26)

홀리스틱 교육과정은 학생과 공동체 사이의 연관을 촉진하는 것을 목표로 한다. 교실과 학교를 공동체로 만들어 학습팀을 운영해 협동학습을 개발하거나 학교 구성원들이 함께 상호작용하여 호감이 가는 학교를 만드는 것이 여기에 속한다. 그러나 이는 사회 불평등과 사회정의 같은 문제를 간과할 수 있는 데서 한계를 갖는다. 그런 까닭에 학생들과 지역사회와의 접촉을 장려함으로써 지역사회의 발전과 긍정적 변화를 촉진하는 것이 중요하다.[12] 예를 들어, 정치·법률 강좌에 참여해서 관련 자료를 수집하고 회의와 인터뷰를 진행하며, 숙의를 통해 다양한 결론을 이끌어내는 경험을 통해 시민으로서의 자질을 갖는 데 도움을 받을 수 있다. 쓰기, 말하기, 비언어적인 의사소통을 배우는 커뮤니케이션 강좌, 지역사회 시민사회단체와 정부 기관, 이익집단에서의 자원봉사도 행해질 수 있다. 특히 효과적인 것은 공공정책에 영향을 주는 다양한 시민 활동 프로젝트이다. 이는 정당과 정치후보자 알기, 정치참여 촉진 캠페인, 청소년단체의 조직, 선거공약과 입법을 위한 캠페인, 행정기관 감시 활동 등이 포함된다. 모의선거와 같은 체험형 선거교육은 유권자로서의 권리와 선거 과정의 중요성을 학습하게 한다. 이 프로젝트를 통해 학생들은 시민으로서의 권리를 배우고 사회적 쟁점들에 대한 이해와 판단 능력을 갖출 수 있다.

IV. 미디어 기반 정치교육과 디지털 리터러시

> **"리터러시, 즉 '읽고 쓴다'는 것은 우리가 세상을 살면서 만나는 것들을 이해하고자 하는 노력이자 사회적 문제들을 비판적으로 탐구하며 그 세상을 바꾸고자 하는 순환적 과정이다."**(장은영)

우리는 정보화시대를 살고 있다. 상대적으로 더 많이 정보화 사회에 노출되는 것은 젊은 세대이다. 요즘 20대 젊은 세대들은 하루의 상당 시간을 스마트폰을 보는 데 사용한다. 그러다보니 중요한 정보를 제대로 이해하지 못하고 이를 나름의 시각에서 재구성해서 다시 길게 쓰는 능력도 현저히 떨어진다고 알려졌다. 이런 현실에 착안하여 학생들이 단순히 강의 텍스트를 '쓱 훑어보는' 것에서 벗어나 다양한 형태로 구성된

12 홀리스틱 교육에서 학생과 공동체와의 연관을 중시하는 프로그램에 대해서는 존 밀러(2000), pp.259~264 참조. 위 글은 이 책의 내용을 한국 사회의 현실에 맞게 수정했다.

메시지에 제대로 접근하고 깊이 있게 분석하고 평가하며 커뮤니케이션 하는 능력을 갖도록 돕는 교육이 필요하다. 이와 관련하여 인쇄미디어는 정치교육의 좋은 도구라고 할 수 있다. 디지털 기기에 대한 접근율이 급속하게 상승하면서 많은 사람들은 더 이상 천천히 순차적으로 텍스트를 읽지 않고 훑어보기에 그치는 현실을 감안하면 종이책과 종이신문 등을 천천히 다시 읽는 것이 메시지의 정확한 이해를 위해 필요하다.

이 점을 지적한 학자가 미국의 인지신경학자이자 아동발달학자인 매리언 울프(Maryanne Wolf)이다. 울프는 『다시, 책으로(Reader, Come Home)』에서 점점 파편화하는 사회에서 비판적인 독서력과 독립적인 판단력을 이미 다른 사람에게 넘겨준 것은 아닌지 가늠조차 못한다고 지적하면서 모든 시민이 지적 능력을 발휘해 자신의 견해를 형성하도록 교육하지 못하는 것이야말로 민주주의에 대한 진짜 위협이라고 한다. 교육의 부재로 인한 공백은 불가피하게 선전 선동에 대한 취약성으로 이어진다는 것이다. 이럴 때는 거짓으로 부풀려진 희망과 거짓으로 제기된 공포가 이성을 누르고 반성적 사고력을 감퇴시키는 한편, 이성적 공감에 의한 의사결정에도 영향을 미친다고 한다. 그러면서 오랜 진화 과정에서 우리 뇌의 읽기 회로에 형성된 인지적, 감정적, 윤리적 과정이 디지털 기기에 의해 위협받지 않으려면 읽고 쓰고 생각하는 좋은 독자가 되어야 한다고 강조한다(매리언 울프, 2019: 297~300).

디지털 시대에 더욱 그 중요성이 커지는 것이 바로 리터러시 교육이다. 리터러시(literacy)의 개념을 어떻게 구성할 것인지는 논쟁적인 주제이다. 기초적이거나 기능적인 리터러시에서부터 상징과 추상을 다룰 수 있는 고도의 능력까지 아우르는 리터러시의 개념까지 리터러시의 의미는 다양하다. 남아프리카공화국의 언어학자인 힐러리 잭크스(Hilrary Janks)는 리터러시의 개념을 이해하려면 하나의 개별적인 접근법을 주장하는 모형보다는 리터러시에 대한 다양한 방향성을 통합하는 모형이 더 낫다고 지적한다. 그러면서 기본적으로 이 두 모형이 리터러시의 개념과 관련하여 주장하는 것은 독자가 다음과 같은 것을 해야 할 필요가 있다는 것이라고 한다.

- 텍스트의 문자적 의미를 해석해야 한다. 독자는 텍스트가 말하는 바를 이해하

기 위해 쓰인 말의 의미를 알아내야 한다. 이를 위해서는 언어능력이 필요하다.

- 텍스트로부터 의미를 만들어야 한다. 이는 작가가 의도한 의미에 주목하고 참여함으로써 이루어질 수 있다. 작가의 의도를 파악하여 텍스트로부터 의미를 만들어내야 한다. 읽기는 문화, 내용, 맥락, 텍스트의 사용과 텍스트의 구조에 대해 독자가 알고 있는 것과 저자가 알고 있는 것이 마주하는 능동적인 과정이다. 그 마주침에서 능동적인 의미가 만들어진다.
- 텍스트의 가정, 가치, 입장을 알아보기 위해서 텍스트에 질문해야 한다. 독자는 텍스트가 자신에게 어떤 효과를 미치는지, 텍스트가 가진 입장은 누구의 이익을 대변하는지를 이해할 필요가 있다. 독자는 어떻게 텍스트가 다르게 읽힐 수 있는지를 상상해야 한다. 이를 통해 텍스트 재디자인의 토대가 될 수 있는 저항적 읽기를 할 수 있다.(힐러리 잭크스, 2019: 58~59)

리터러시의 전통적 개념은 인간으로서 살아가기 위해 갖추어야 할 기본적인 능력인 3R, 즉 읽기(reading), 쓰기(writing), 셈하기(arithmatic)를 의미하지만 이후 문자화된 기록물을 통해 지식과 정보를 획득하고 이해할 수 있는 능력으로 확장되었다. 책과 신문 등 인쇄미디어가 꽃을 피우기 시작한 19세기까지만 해도 일반 대중이 아닌 특권계층에서만 리터러시 능력을 취득할 수 있었으나 오늘날에는 언어를 읽고 쓰는 능력에서 더 나아가 변화하는 사회에 적응하고 대처하는 능력으로 그 개념이 확대되었다(황치성, 2018: 55). 미디어의 범주에는 신문과 잡지, 책과 같은 인쇄미디어도 포함되지만 영화, TV 등의 영상미디어가 출현하면서 그에 대한 교육의 필요성이 대두되었다. 영화에 이어 텔레비전 보급이 확대되고 그 부정적 영향이 심각한 사회문제화 되면서 특히 어린이·청소년들에게 교육을 통해 그 폐해를 방지하자는 차원에서 '미디어 교육(media education)'과 '미디어 리터러시(media literacy)'란 용어가 등장했다. 이후 영화, TV에 이어 인터넷을 기반으로 한 다양한 미디어가 등장하면서 미디어의 장르 간, 영역 간의 구별이 모호해지자 미디어 교육 개념이 분화되는 현상을 보였고 이에 따라 개념상의 혼란이 일기도 했다(황치성, 2018: 55~56).

텍스트와 이미지에는 기존 질서와 권력관계가 반영되어있다는 점을 깨닫도록 하는 비판적 리터러시(critical literacy)의 중요성도 강조되어야 한다. 쟁크스에 따르면 비판적 리터러시는 언어, 리터러시, 권력의 접점에서 작동한다. 교육과정은 하나의 문화로부터 특정한, 따라서 어쩔 수 없이 부분적일 수밖에 없는 '선별'을 통해 구성되는 것으로 이해해야 한다는 것이다. 이러한 선별 과정은 특정한 위치에 자리매김되어 이루어지고, 교육과정을 특정한 위치에 자리매김한다. 수업 언어를 선정하고, 읽기와 쓰기 텍스트를 미리 정하며, 특정 대중문화를 포함하거나 배제하는 등의 과정이 그 예이다. 교육과정에 대한 비판적 입장을 갖는 것이 요구되는데, 이러한 입장은 학생들이 이에 어울리는 언어와 리터러시 도구에 접근할 수 있고 그 도구를 이용할 능력이 있을 때 가능하다. 그들은 언어와 리터러시 능력을 이용하여 비판적이면서도 창의적이 되고, 문제를 제기하고 해결하며, 사회를 분석함과 동시에 사회적 주체가 된다(힐러리 쟁크스, 2019: 60~61).

학생들이 문자언어로 된 인쇄매체보다는 영상 언어로 된 디지털매체에 익숙하다는 점을 감안하여 수업 시간에 영화와 동영상을 이용하여 매체를 비판적으로 읽는 능력을 고양시키는 것도 염두에 둘 필요가 있다. 학생들이 문자언어로 된 인쇄매체보다는 영상 언어로 된 디지털 매체에 익숙하다는 점을 감안하여 수업 시간에 영화와 동영상을 이용하여 매체를 비판적으로 읽는 능력을 고양시키는 것도 염두에 둘 수 있다. 이 중에서 영화는 정보화 세대에게 매우 익숙한 매체이면서 정치의 다원적 차원과 속성을 제대로 이해하는데 유용한 도구이다. 영화는 오랜 세월에 걸쳐 축적되어 온 인간들의 사고와 행동 체계를 '움직이는 영상'을 통해 응축적으로 보여준다. 또한 촬영과 조명, 음향을 통해 관객의 정서와 판단에 직접적으로 호소하기 때문에 개인과 사회에 미치는 파급력이 클 수밖에 없다. 정치교육 수업 시간에 정치적 삶과 세계를 보여준다고 평가되는 영화들을 소개하고, 영화 속 사람들이 처한 삶의 조건과 사람들끼리 맺는 관계를 살펴보며, 영화에 내재된 정치적 메시지를 함께 끌어낼 수 있다. 예를 들어, 기존 질서에 저항한 세계적 운동인 68혁명 당시에 분출하였던 저항의 정치와 반문화운동은 『이지 라이더(Easy Rider)』, 『프라하의 봄(The Unbearable Lightness of Being)』, 『바

더 마인호프(Der Baader-Meinhof Komplex)』 등과 같은 영화를 통해 보다 폭넓고 깊이 있게 분석해 볼 수 있다.[13]

미디어를 이용한 정치교육이 제대로 이루어지려면 학생들에게 민주 사회에서 미디어가 수행하는 기능을 비판적으로 이해시키는 것이 선행될 필요가 있다. 미디어의 기능에 관련된 다양한 입장을 우리는 크게 두 개의 상반된 견해로 구분할 수 있다. 우선 미디어가 공론장의 역할을 강화한다는 견해이다. 여기서 공론장(Öffentlichkeit) 이론은 위르겐 하버마스가 1962년 그의 교수자격 취득 논문을 일부 가필하여 출간한 『공론장의 구조 변동(Strukturwandeel der Öffentlichkeit)』에서 전개되었다. 이 책에서 하버마스는 공론장을 공공영역으로서의 국가와 사적 영역으로서의 사회 사이에 위치하며 둘 사이를 매개하는 것으로 사적 개인으로서의 공중이 서로 토론하고 여론을 형성하는 공간을 의미한다고 밝혔다. 둘째는 미디어가 사회의 강력한 이익집단을 위해 봉사하고 선전하는 기능을 수행한다는 것이다. 이러한 기능을 촘스키는 에드워드 허먼(Edward Herman)과 함께 '프로파간다 모델'이라고 칭한다. 이 모델에 따르면 미디어는 기존의 특권을 지원하는 방식으로 보도와 분석을 하며 그에 상응해서 토론과 토의를 제한함으로써 국가 및 기업 권력의 이익에 봉사한다는 것이다(놈 촘스키·에드워드 허먼, 2004: 31).

로버트 W. 맥체스니는 『부자 미디어 가난한 민주주의(Rich Media Poor Democracy)』에서 거대 미디어 기업이 더욱 많은 부를 축적하고 한층 큰 권력을 얻을수록 참여민주주의의 존립 가능성은 그만큼 약화된다고 지적한다. 이 같은 소유의 집중화는 광고에 의존하는 이기적인 미디어 시스템의 핵심적 성향을 한층 돋보이게 한다. 즉 지나친 상업화의 추구와 저널리즘 및 공익성의 손상이 그것이다. 바로 이런 점이 민주주의에는 독이 된다. 특히 신자유주의에 따른 규제의 철폐는 기업화 미디어의 붐을 야기하고 민주적 시민 생활의 붕괴를 가져온 주된 요인이라 할 수 있다. 다시 말해 신자유주의는 정치적, 이념적인 측면에서 지배적인 위치에 오른 소수가 밑에 있

13 이들 영화에 대해서는 홍익표(2016), pp.301~311, pp.315~320 참조.

는 비조직화 된 다수 국민에게 그들의 의지를 강요할 수 있게 했다(로버트 맥체스니, 2006: 8~9). 그는 "이윤 극대화와 판매 지상주의란 가치가 그나마 흔적만 남아있는 미디어의 공익성을 완전히 압도해" 버렸고, 저널리즘은 "민주적 요인으로 거의 기능할 수 없을 지경에까지 이르렀다"고 비판한다.

케일린 오코너(Cailin O'Connor)와 제임스 오언 웨더럴(James Owen Weatherall)은 우리가 언론 플레이, 마케팅, 새빨간 거짓말이 판치는 오정보(misinformation)의 시대에 살고 있다고 언급한다. 물론 거짓말이야 새삼스러운 일은 아니지만, 거짓 뉴스나 오도의 가능성이 있는 정보를 의도적으로 퍼뜨리는 일은 지난 세기 들어 폭발적으로 늘어났다는 것이다. 이를 이끄는 두 축은 라디오, 텔레비전, 인터넷을 중심으로 한 새로운 정보 유포 기술과 거짓으로 이끄는 세력의 정교화이다. 이들은 특정 증거를 공유해 일부만 부풀려도 정책 입안자 집단이나 일반 대중이 거짓 신념을 진실인 양 확신하게 만들 수 있다고 주장한다. "이런 종류의 편향은 대중과 공유되는 증거를 적극적으로 편향시키려는 사람이 없어도 일어날 수 있다. 증거를 선택적으로 유포하는 메커니즘만으로도 충분하기 때문이다. 저널리스트들이 새롭고, 놀랍고, 서로 상충하는 이야기들, 즉 사람들의 이목을 끌고, 사람들 사이에 논란을 일으키며, 널리 읽히고 공유될 법한 이야기에만 관심을 가질 때 이런 사태가 발생한다. 저널리스트들이 흥미진진하다고 여기거나 독자들이 흥미로워할 내용을 공유할 때, 설령 실제 사건에 대해서만 보도할지라도, 그들은 대중이 한쪽 방향만 보게 만들어 궁극적으로는 잘못된 방향으로 이끌 수 있다."(케일린 오코너·제임스 오언 웨더럴, 2019: 14, 217~218)

한국에서도 SNS와 '유튜브'를 보면 동성애·난민 혐오를 부추기는 가짜 뉴스(fake news)가 횡행하고 있다. "대통령이 김정은 위원장의 대변인"이라는 등 엉터리 주장과 가짜뉴스도 무책임하게 쏟아진다. 이렇게 된 데는 정보통신기술의 발전으로 사회구성원 간의 정보 격차가 급속히 사라진 데서 그 원인을 찾을 수 있다. 정치인, 교수, 언론인 등 사회 지도층과 전문가들의 권위가 무너지면서 평범한 사람들도 이들을 이제는 신뢰하지 않는다. 정보 격차가 사라지면 보다 평등하고 민주적인 세상이 올 것이라고 믿었던 사람들의 순진한 기대가 충족되지 않고 있다. 그러다보니 사람들은 자신이 좋아하는 뉴스를 골라서 듣고 골라서 보는 경향이 점점 강해지고 있다. 인공지능이 이런 선택을 도와준다. 사람들은 이제 믿음과 사실이 충돌하면 믿음을 선택하고 사실을 외면함으로써 인지부조화를 해소하고 있고 확증편향은 점점 강화된다(『한겨레』 2018년 9월 30일).

우리는 탈진실을 가리키는 '포스트 트루스(post-truth)'의 시대에 살고 있다. 옥스퍼드 영어 사전에서는 포스트 트루스를 "여론을 형성할 때 객관적인 사실보다 개인적인 신념과 감정에 호소하는 것이 더 큰 영향력을 발휘하는 현상"이라고 정의한다. 여기서 접두사 '포스트(post)'는 시간 순서상 진실 '이후'라는 뜻이 아니라 진실이 무의미할 정도로 '퇴색'되었다는 의미다. 오늘날 사실과 거짓의 경계는 모호해졌고, 사람들은 추측을 내놓지만 입증 책임을 지지는 않고 있다. 2016년 브렉시트 투표나 미국 대선에서는 노골적인 거짓말들이 난무하기에 이르렀다. 브렉시트를 앞둔 영국에서는 홍보용 버스 수백 대가 영국이 유럽연합에 매주 3억 5,000만 유로를 지급하고 있다는 허위 사실을 퍼트렸다. 미국 대선 당시 후보였던 도널드 트럼프도 자신이 선거에서 패배한다면 그 이유는 선거가 조작되었기 때문이라고 아무 근거도 없이 주장하고 나섰다. 선거가 끝나자 상황은 더욱 악화되었다. 트럼프는 이번에는 아무 근거도 없이, 부정 투표를 저지른 수백만 명을 제외하면 사실상 자신이 일반 투표에서도 승리한 셈이라고 주장했다. 실제는 그 반대로 힐러리 클린턴이 일반 투표에서 거의 300만 표를 더 획득했다. 탈진실 현상의 기원은 수천 년 전에 인류가 비합리적인 인지능력을 발달시킨 때까지 거슬러 올라간다. 또한 탈진실은 객관적 진리와 과학적 정당성을 두고 벌어진 학문적 논쟁에서 비롯되기도 했다. 이렇게 형성된 탈진실 현상은 오늘날 미디어 환경이 변화를 겪으면서 한층 더 심화되었다. 탈진실 문제는 단지 진실이 위협받고 있기 때문이 아니라 탈진실이 정치적 우위를 공고히 하려는 메커니즘으로 활용되고 있기 때문에 매우 심각하다고 지적된다(리 매킨타이어, 2019: 6, 15~20).

가짜뉴스는 그 역사가 오래되었다. 흔히 인용되는 가장 유명한 사례는 독일 제3제국 시기 국민계몽선전부 장관이자 '총력전'의 전권위원이었던 요제프 괴벨스(Joseph Goebbels)에 의해 행해졌다. 나치 지도부가 대부분 하급 군인 출신이거나 사회

부적응자로 이루어진 데 비해 괴벨스는 인문학 박사 학위를 지닌 지식인이었다. 여기에 더해 그는 단 몇 마디 말과 몇 줄의 글로 사람들을 분노와 열광, 광기의 소용돌이로 몰아넣을 수 있는 능력을 지녔다. 괴벨스는 정치에서 대중매체의 절대적인 효과를 간파하고 포스터와 전단, 신문, 잡지에서 라디오와 다큐멘터리, 영화 등을 나치 독일의 권력 유지를 위해 십분 활용했다. 그는 대중 선동적 정치 예술에도 일가견을 보여주었다. 편집인 법률과 직업 명단을 이용한 언론인 탄압, 문화예술계에서 유대인을 축출하기 위한 법령, 좌파 신문사 폐지와 언론사 통폐합을 통한 언론 획일화, 정권을 선전하기 위한 선전용 뉴스 영화와 국민들의 눈과 귀를 가리기 위한 오락 영화의 생산 등이 바로 그것이다. 가짜뉴스도 양산했다. 체코슬로바키아의 수데텐 지역에 사는 독일계 주민들이 체코인들로부터 끔찍한 폭력을 당하고 있다는 기사들을 만들어 퍼트렸다. 이 지역을 무력으로 병합하기 전에 국제적인 분쟁지역으로 만들려는 목적으로 조작된 보도였다. 반유대주의를 조장하기 위한 거짓말도 노골적으로 행해졌다. 전국에서 유대인 교회와 상점에 대한 공격과 약탈이 행해지는 와중에도 괴벨스는 외국 특파원들에게 유대인 박해는 전혀 사실이 아니라고 단언하는 뻔뻔함을 보여주었다. 이와 같은 괴벨스의 무시무시한 선전 활동은 파시즘의 정신적 토대를 놓았으며, 총통 히틀러를 무오류의 신적 존재로 만드는 데 기여했다.

가짜뉴스는 실제 뉴스의 형식을 갖춘, 정교하게 공표된 일종의 사기물 또는 선전물, 허위 정보를 말한다. 문제는 진실을 부정하는 정치인들과 언론인들이 대가를 치르기는커녕 오히려 그로 인해 기득권을 강화하는 등 이익을 얻은 데 있다. 그 사례는 한국의 현대사에서도 적지 않게 발견할 수 있다. 대표적으로 1980년 광주민주화운동 시기에도 시민을 폭도로 매도하는 가짜뉴스가 기승을 벌였다. 예를 들어, 1980년 5월22일 국내의 한 일간지는 "광주지역 소요가 악화된 원인은 서울을 이탈한 학원소요 주동 학생 및 깡패 등 현실 불만 세력이 대거 광주에 내려가 사실무근한 유언비어를 날조해 퍼뜨린 데 그 원인이 있다"는 계엄사령부 발표를 인용 보도했다. 그해 5월 언론은 광주의 비명을 외면했고 광주는 완전히 고립돼 있었다. 시민들을 '폭도'로 매도한 방송사는 광주 사옥이 불타기도 했다(『미디어오늘』 2017년 2월 17일).

가짜뉴스는 신종 코로나 바이러스 감염증이 전 세계로 확산되는 시기에도 기승을 부린 바 있다. 사정이 그렇다보니 세계보건기구(WHO)는 '인포메이션'(information)과 '에피데믹'(epidemic)을 합친 '인포데믹'(infodemic)[14], 즉 '정보 전염병'이란 용어까지 만들어내고 "공중보건에 위험을 초래할 괴담을 바로잡는 노력을 펼치겠다"라고 밝혔다. 세계보건기구는 가짜뉴스의 실례로 '중국산 물품이나 우편물을 통한 감염' 우려를 들며 "소포 표면에서는 바이러스가 오래 살지 못한다"라며 안전하다고 해명했다. 한편, 미국의 외교 전문지 『포린 폴리시』는 "신종 코로나보다 가짜뉴스의 확산 속도가 더 빠르다"라고 지적했다. 가짜뉴스는 대중의 막연한 불안감을 증폭할 뿐 아니라 방역 당국의 행정력을 엉뚱한 곳에 낭비하게 하면서 결과적으로 감염병 대처에 걸림돌이 된다고 지적되었다(『한겨레』, 2020년 2월 4일). 그럼에도 일부 정치인들은 오히려 신종 코로나와 관련된 가짜뉴스를 유포하고 확산시키면서 이와 관련된 정치 공방이 일어나기도 했다. 이들이 연일 강경 발언을 쏟아낸 데는 일부 대중들 사이에서 퍼지는 반중 감정에 편승하려는 의도도 있다고 보여진다. 전 세계적으로도 정치인들이 시노포비아(Sinophobia), 즉 중국에 대한 공포와 혐오를 부추기는 일이 있었는데 신종 코로나 사태는 이를 일부 정치인들뿐만 아니라 일반 대중들에게도 보다 넓게 확산시키는 계기로 작용했다고 평가된다.[15] 유럽과 미국, 오스트레일리아 등지에서는 신종 코로나 사태 당시 중국인을 비롯해 아시아인 전체에 대한 인종주의적 공격까지 발생하였다.

---

14 인포데믹은 본래 금융용어로 미국의 전략분석기관 '인텔리브리지(Intellibridge)'사 데이비드 로스코프(David Rothkopf) 회장이 2003년 5월 『워싱턴포스트』에 기고한 글에서 처음 사용했다. 그는 "당시 사스 공포로 아시아 경제가 추락한 일이 인포데믹의 위력 탓"이라며 "인포데믹은 한번 발생하면 즉시 대륙을 건너 전염된다"고 경고했다. 이는 잘못된 정보가 집단행동을 야기하거나 경제위기, 금융시장 혼란을 불러오는 것을 가리킨다. http://news.kbs.co.kr/news/view.do?ncd=4375234 역사적으로 가장 유명한 사례는 1453년 콘스탄티노플에서 발생했다. 오스만튀르크 군은 당시 압도적인 병력을 지녔음에도 불구하고 동로마제국의 수도를 공략하지 못하고 있었는데 '블러드 문'에 대한 인포데믹이 돌면서 동로마제국군이 전의를 상실하자 손쉽게 승리를 거둘 수 있었다. https://view.asiae.co.kr/article/2020020314295917982

15 이와 관련해서는, 예를 들어 Jeff Yang, "A new virus stirs up ancient hatred" https://edition.cnn.com/2020/01/30/opinions/wuhan-coronavirus-is-fueling-racism-xenophobia-yang/index.html

1972년 나온 『공화국의 위기(Crises of the Republic)』에 실린 '정치에서의 거짓말(Lying in Politics)'은 한나 아렌트(Hannah Arendt)가 당시 폭로된 '펜타곤 페이퍼(The Pentagon Papers)'[16]를 통해 미국 정치에서 어떻게 국민을 상대로 기만이 행해졌는지를 분석한 글이다. 이 글에서 아렌트는 정부 홍보담당관과 고위 공무원들에 의해 새로운 거짓말 기술이 나타났다고 지적한다. 이 중에서 전문적 '문제해결사(problem solvers)'로 불리는 고위 공무원은 대학과 싱크탱크 출신으로 게임이론과 시스템 분석으로 무장하고 상당한 자기 확신을 지닌 사람들이었다는 것이다. 아렌트는 정치를 홍보의 한 변형태일 뿐이라고 믿었던 이들이 국가를 위해서라기보다는 국가의 '이미지'를 위해 거짓말을 했다고 말한다. 이러한 거짓말 정책은 적을 향한 경우가 거의 없었을 뿐만 아니라, 전부는 아니더라도 주로는 국내 선전용으로 특히 의회를 기만할 목적으로 만들어졌다는 것이다. '통킹만 사건'이 바로 이 사례에 해당한다. 그들은 결정 내용이 수행되지 못할 수 있다는 사실을 알고 있었기 때문에 결정 목표가 항상 변경되어야 했

---

16 펜타곤 페이퍼는 미국이 베트남전에 군사적으로 깊숙이 개입한 과정을 담은 문건이다. 합계 250만 자료, 총 47권(약 3,000쪽의 설명과 4,000쪽의 부속서류로 구성)으로 구성된 펜타곤 문서는 제2차 세계대전 때부터 1968년 5월까지 인도차이나에서의 미국의 역할을 기록한 것으로 1967년 미국의 국방장관 로버트 맥나마라(Robert S. McNamara)의 책임 아래 작성되었다. 1급 비밀문서이던 이 보고서를 폭로한 사람은 미국 국방성 소속 군사전문가인 대니얼 엘스버그(Daniel Ellsberg)였다. 엘스버그는 문서 작성과정에서 인도차이나 전쟁에 개입한 미국의 저의를 폭로해야한다는 압박감을 느끼고, 정부의 허가를 받지 않은 채로 일일이 복사한 페이퍼를 랜드연구소에서 갖고나와 평소 잘 알던 뉴욕 타임스 기자에게 넘겼다. 펜타곤 페이퍼가 뉴욕 타임스에 잇달아 게재되자 닉슨 대통령과 미국 정부는 해당 보도가 미국의 안보이익에 '치명적이며 회복할 수 없는 손실'을 가져올 것이라며 연방대배심을 소집하고 법원에 국가기밀서류의 공표를 금지시키는 임시명령을 요청했다. 뉴욕 타임스는 역시 이 보고서를 입수하고 있던 워싱턴 포스트와 연합하여 법원의 금지명령에 대항해 15일 동안 법정투쟁을 벌였다. 1971년 6월 30일 미국 역사상 가장 중요한 사전제약(=검열)사건(prior-restraint case)으로 간주된 재판에서 연방대법원은 6 대 3의 판결로 양 신문사에게 문제의 보고서를 다시 게재할 수 있는 권리를 인정했다. 또한 법원은 이 보고서의 공표를 제한하기 위한 연방정부의 주장이 정당화될 수 없다고 판결했다. 대법관 블랙판사의 판결문 요지는 "이 나라의 건국이념에 따르면 언론은 자유를 보장받고 민주주의 수호자의 역할을 수행해야 한다"며 "언론이 섬기는 것은 국민이지 통치자가 아니다The press was to serve the governed, not the governors."였다. 이는 미국 수정 헌법 제1조(The First Amendment 또는 Amendment I)에 의해 검열이 언론자유를 침해한다는 판결이었다. 뉴욕타임스는 미국이 베트남 개입의 구실로 내세운 '통킹 만 사건'이 북베트남의 도발로 촉발된 것이 아니라 미국 군대가 조작한 사건이라는 사실도 폭로했다. 이는 미국 국민들을 충격에 빠트렸고, 이를 계기로 반전 여론은 더욱 거세게 전개되었다. 뉴욕 타임스의 후속 보도와 워싱턴 포스트의 보도가 이어지면서 베트남 전쟁이 미국 정부와 군수기업체, 광신적 반공주의자들이 결탁한 침략 전쟁이었다는 사실이 드러났다. 미국 언론이 거둔 빛나는 이 성과는 애초에 엘스버그가 펜타곤 페이퍼를 폭로했기 때문에 거둘 수 있었다. 엘스버그의 용기 있는 행동과 진실을 향한 미디어들의 투쟁은 후에 이라크 및 아프가니스탄 전쟁일지와 미 국무부 외교전문 등을 공개한 위키리크스의 줄리언 어산지와 미국 보안기관의 광범위한 민간인 사찰을 폭로한 에드워드 스노든으로 연결되었다. 홍익표(2019), pp.353~356.

다는 점도 흥미롭다. 그 결과 1965년 이래로 명쾌한 승리라는 개념은 뒷전으로 물러났으며, 목표는 "적으로 하여금 자신이 이길 수 없다는 것을 납득하도록 하는 것"이 되었지만 이도 적이 납득하지 못하자 다음 목표로 '굴욕적인 패배를 피하는 것'이 그 다음 목표로 등장했다. 아렌트는 펜타곤 페이퍼가 알려주는 것은 패배가 국가의 안녕에 대해서가 아니라 '미합중국과 대통령의 평판에 대해' 가져다 줄 충격에 대한 머릿속을 떠나지 않는 두려움이라고 언급한다(한나 아렌트, 2011: 39~42, 46~48).

정치교육은 학생들에게 "가짜뉴스는 어떻게 퍼져나가는가?", "루머가 어떻게 신념으로 바뀌는가?", "가짜뉴스에 어떻게 대응해야 하는가?" 등에 대해서 교육시켜야 한다.[17] 정치교육은 가짜뉴스와 사실을 분별할 수 있는 능력, 미디어를 비판적으로 고찰하는 능력을 함양시키는데 목표를 둘 필요가 있다. 이 과정에서는 독일 정치교육의 기본 원칙이 된 '보이텔스바흐 합의(Beutelsbacher Konsens)'의 내용이 적용되는 것도 바람직하다. 독일에서는 정부가 정치교육과 관련된 방대한 예산을 지원하지만 구체적인 교육의 방식과 내용에 일일이 간섭하지 않는다. 단 교육을 실시하는 기관은 지켜야 할 가이드라인이 있는데 이것이 바로 정치학자와 교육관계자가 협의하여 만든 보이텔스바흐 합의이다(홍익표, 2021: 327). 그 핵심 내용은 다음과 같다: 첫째, 정치교육을 행하는 데 있어 특정한 의견을 피교육자에게 일방적으로 주입시킴으로써 독자적인 판단을 내리는 것을 방해하는 것을 금지한다(강압이나 교화, 주입 금지). 둘째, 균형과 대립적 논점을 확보하고, 하나의 쟁점이 사회에서 대립적인 형태로 나타나는 경우 교사는 대립적 입장이 드러나게 서술하고 논의해야 한다(논쟁성 원칙). 셋째, 정치 상황을 자신의 이해관계와 관련해 분석한다. 학생들은 수업을 통해 현재 정치 상황을 분석하고, 자신의 이해관계를 고려하며 이를 통해 당면한 정치 상황에 영향을 끼칠 수 있도록 해야 한다(학습자 이익 상관성 원칙).

---

17 이에 대해서는 케일린 오코너·제임스 오언 웨더럴(2019); 리 매킨타이어(2019) 참조.

V. 세계화, 포퓰리즘, 다문화교육

우리는 세계화(globalization)의 시대에 살고 있다. 세계화는 국제사회의 다양한 행위자들이 시간과 공간을 가로질러 이동하면서 과거에 압도적 힘을 자랑하던 국가와 국가를 규정하던 요소들이 점차 약화되고, 전 지구적 규모에서 상호연결성이 확장되고 심화되고 있는 현상을 가리킨다. 다양한 영역과 수준에 걸쳐 발생하는 세계화는 예측 불가능하고 혼란스러운 과정이기도 하다. 세계화는 유럽과 같은 지역에서는 영토적 관점에서 장소나 거리 그리고 국경들이 기존에 누렸던 압도적 지배력이 점차 상실되는 것으로도 나타나고 있다. 탈영토화라고 불릴 이런 변화는 국경을 가로지르는 인간들의 이동인 국제이주[18]를 급증시켰고 이에 수반해서 관련 지역과 국가의 정치경제와 사회문화적 상황을 변화시키면서 복잡한 사회 균열과 정치 갈등을 유발하고 있다.

전 세계적으로 지난 몇십 년간 이민자와 이주노동자, 난민과 같은 이주민의 숫자는 대폭 증가했다. 이에 따라 이주민의 국가 간 이동으로 인해 유출지와 유입지에서 발생하는 정치적, 경제적, 사회적, 문화적 변화인 이주민 문제도 쟁점으로 부각되었다.[19] 대부분의 선진 산업 국가에서 이주민이 증가한 요인은 여러 가지이지만 그중에서도 세계화가 지닌 중요한 속성인 경제의 개방과 통합으로 인해 국경을 벗어난 자유로운 자본의 이동이 가능하게 된 것이 핵심적 요인으로 지적된다. 자본이 움직이면 비록 느리지만 노동력도 이동하는데 이는 산업이 밀집되고 임금 및 복지수준이 높은 선

---

18 이주란 인간의 이동 그리고 그들의 한시적이거나 영구적인 지리적 재배치를 의미한다. 이주는 시공간적으로 도시화, 산업화 및 근대화의 총체적인 과정과 연관되어 주로 대륙과 국가 간에 이루어졌다. 이러한 이주의 유형은 그 범위, 강도, 속도, 유입지와 유출지에 미치는 영향력, 운송 및 통신의 하부구조, 지구적 노동시장과 이주의 흐름을 유지하는 제도 등의 요인에 의해 나누어진다. 근대국가가 명확히 정의된 물리적 공간을 점유하고 있는 지리적 혹은 지정학적 실체라 할 때, 최근 활발해지고 있는 국제이주는 기존에 국민국가가 지닌 영토성을 변화시키면서 국가들 간에 경쟁과 분쟁의 가능성을 높이고 있다. 국민국가의 자율성은 과거의 합법적인 이주와 계속되는 비합법적 이주의 영향력에 의해 재규정되고 있다고 평가된다. 홍익표(2005), pp.321~322.

19 이주민 문제는 주권뿐만 아니라 인권과 민족적 정체성 개념의 속성과 범위를 둘러싼 논쟁을 초래하기도 한다. 예를 들어, 유럽에서는 주권의 통합이 진행되고 인권의 보편성이 증대되고 있는 반면, 소수자로서의 이주민의 권리는 제약되거나 무시되는 모순적 상황이 발생하고 있다. 대부분의 유럽 국가들은 대내외적 주권의 유지와 강화 등 필요한 경우에는 사회적 통합보다는 배제의 원칙에 기반하는 인권 정책을 채택하고 있다. 홍익표(2005), pp.328~331.

진 산업 국가로 향하는 경우가 대부분이다. 이들이 이동하는 것은 유출국과 유입국 사이에 기대 소득 격차가 존재하기 때문이기도 하지만 구조적으로는 세계 자본주의의 불균등한 발전으로 인한 것이기도 하다. 상대적 과잉인구를 지닌 저개발국 출신의 이주노동자는 중심부의 저임금노동자로 편입되어 토착민들을 대체하기도 하지만 대부분 상응한 권리를 보장받지는 못한다. 기업가들은 최대의 이윤을 창출하기 위해 높은 비용이 소요되는 복지를 제공치 않으려 하고, 정치인들과 관료들은 민족적 정체성의 약화를 고려하거나 토착민 집단들의 영향력이 강한 선거 경쟁을 감안해 통합적 인권 정책보다는 선별적 인권 정책을 선호한다(홍익표, 2005: 322).

대부분의 국민국가는 구성원들의 고유한 정체성이 변화되는 것을 막기 위해 강압력을 행사하여 국제이주를 억제하며, 이주민들에게도 국제인권협약에서 요구하는 제 권리들을 부여하지 않거나 부여하더라도 제한적인 권리만 허용하고 있다. 이는 국제이주와 관련된 정책을 결정하는 주된 행위자인 국가가 명확히 규정된 영토 내에서'독자적 주권을 갖는 일단의 사람들'(Liah Greenfeld, 2001: 8)에 속해 있다는 성원 의식으로서의 국민의 정체성이 약화되고 모호해지는 것을 방지하기 위해 외국인들의 유입을 통제하는 한편 유입된 이주민들에 대해서는 보다 엄격한 기준을 채택한다는 것을 의미한다. 그 결과 이주민들, 특히 다른 인종/민족이거나 이질적인 문화를 지닌 이주민들에 대해서는 토착민들은 물론이거니와 동질적인 문화 출신의 이주민들에 비해서도 차별화된 형태의 정책을 펴는 경우가 흔히 발견된다. 일부 이주민들에 대한 권리의 선별적 적용은 이주민들 사이에서도 권력과 자원의 비대칭성이 나타난다는 것을 가리킨다. 즉, 선진 산업 국가로 이주한 이주민들 중 일부는 이주국의 문화를 받아들이면서 빠르게 이주국 사회에 통합된 반면 다른 일부 이주민들은 이주국의 하층계급으로 편입되어 문화와 복지혜택으로부터 소외된 채 살고 있다. 비대칭성으로 특징되는 권력의 위계 구조는 서로 다른 장소의 서로 다른 시민사회 내 집단의 이주에 대한 불평등한 접근성, 그리고 이주 흐름과 그 흐름을 통제하려는 국가기구 사이의 권력 차이로 해석된다.[20]

국제이주의 증가와 이로 인한 이주민 문제의 부상은 일부 정치인들로 하여금 포퓰리즘에 의존케 하였고 사회적으로는 새로운 인종주의와 극우주의를 유행시켰다. 여기서 포퓰리즘은 기존 질서에 반대하고 '포퓰러스(populus)'에 호소하는 것을 핵심적인 내용으로 한다. 기존 질서에 대한 반대는 기존 권력구조와 이를 구성하는 엘리트, 그리고 이들이 내세우는 이데올로기와 문화에 저항하는 것을 의미한다.[21] 대표적인 사례가 1990년대 이후 서유럽의 여러 국가에서 출현한 우파 포퓰리즘 정당(rightwing populist party)이다. 하이더(Jörg Haider)가 이끄는 오스트리아의 자유당(FPÖ), 르펭(Jean-Marie Le Pen)의 프랑스 국민전선(Front National), 베를루스코니(Silvio Berlusconi)의 '포르차 이탈리아(Forza Italia)' 등이 등장하고 지지를 얻게 된 데는 체제 전환 등으로 인한 자본주의의 세계적 확산과 더불어 신자유주의에 기반한 세계화의 득세, 그리고 정당 정치의 퇴조와 같은 요인들이 복합적으로 작용하였다. 동유럽에서는 국가가 인민에게 기본적인 복지를 제공했던 동유럽 사회주의 체제가 자본주의 시장경제체제로 전환되면서 기업 도산과 대량 실업이 발생했고 이 과정에서 개인 및 집단 정체성이 파괴되고, 재사유화 과정에서 아무것도 낙찰받지 못한 빈곤층이 대거 발생했다. 그 결과 사회는 분열되었고 새로운 인종주의와 극우주의가 발흥했다.

여기에다가 1980년대부터 일부 서유럽국가들에서는 신자유주의가 전면화되기 시작했다. 이는 자본의 자유로운 활동을 위해 각종 규제를 철폐하고 민영화를 적극적으로 요구하는 것으로 나타났다. 당연히 이들 국가에서는 국가 구성원의 사회적 권리를 보장하고, 공적 부조, 사회보험, 사회서비스 등 각종 복지 제공을 통해 사회적 평등과 연대를 추구하는 복지국가는 축소되거나 재편될 수밖에 없었다. 그런데도 정당과 같은 대의제 민주주의의 핵심 기구들은 사회의 변화와 재편이 초래한 불평등과 갈등을 조정하고 대안을 마련하는 데 무기력을 노정하였다. 이미 1960년대 후반 이후 서유럽 정당들은 사회 균열구조의 폐쇄성이 완화되고 정당일체감이 약화되기 시작하면

20 David Held, Anthony McGrew, David Goldblatt, and Jonathan Perraton(2002), p.449.

21 포퓰러스는 기존의 질서로부터 억압받고 배제되는 다수의 사람들을 의미하지만 구체적으로 그들이 누구인지는 명확하지 않다. 매우 유연하면서 포괄적인 개념으로 농노, 농민, 도시노동자, 실업자, 평범한 사람들, 민중, 일반대중 등과 같이 다양한 기반을 갖고 있다. 포퓰리즘은 이들에게 단일 쟁점을 부각시키고 단순한 대안을 내세워 직접 호소하는 경향이 있다.

서 쇠퇴하고 있었다. 이렇게 변화된 상황에서 대중들의 불안감은 높아지고, 기성정당과 정치인들에 대한 불신은 확산될 수밖에 없었다. 이 틈을 비집고 등장한 세력이 바로 우파 포퓰리즘 정당들이었다. 이들은 복지국가가 비효율적이고 거대한 관료국가화 되었다고 비판하고 특히 이주민들의 유입으로 사회보장 혜택이 감소했다는 점을 강조하고 있다.

베츠(Hans-Georg Betz)는 1970년대와 1980년대의 20여 년 동안 서유럽 사회가 경제의 근본적 재편, 사회구조와 가치체계의 극적인 변화에 직면하였다고 지적한다. 이는 전 지구적 차원에서 경제를 구성하는 유일한 형태로 자본주의가 대두한 것과 자본과 노동, 생산과 시장, 지식과 기술이 국경을 넘어 조직되는 세계 경제의 도래라는 두 가지 혁명의 결과라고 한다. 이에 따라 서유럽 사회는 대량생산 체계에서 유연한 생산 체계로, 노동집약적 생산에서 자본 집약적 생산으로, 산업 중심적 경제에서 서비스 위주의 경제로 변모하면서 불안과 불안정, 미래에 대한 비관론이 팽배하고 기성정당과 정치인들에 대한 불신이 확산되었다는 것이다(Hans-Georg Betz, 1994: 27~28).

'보통 사람들'의 대변자 역할을 자처하면서 반외국인 감정을 자극하는 단일 쟁점을 내세우는 이들 정당들의 전략은 어느 정도 대중들의 지지를 얻는 데 성공하였다. 오스트리아의 자유당은 1999년 선거에서 27%의 지지율로 제2당이 됐고 이듬해에는 연정을 출범시키는 데까지 이르렀다. 하이더는 히틀러의 고용정책을 지지한다는 말로 악명을 떨친 인물이다. 그가 정치적으로 성공한 비결은 기존 오스트리아의 정치 시스템을 비판함과 아울러 외국인 혐오 감정을 일깨웠기 때문이다. 오스트리아자유당은 경제적 자유, 민영화, 전통적 가족 가치에 대한 강조, 이민자에 대한 강력한 반대 등의 정치 의제를 제시하며 저항적 정치인으로 자리매김했다고 평가된다. 그는 국민투표 캠페인을 시도하는 등 의제들을 직접민주주의 방식으로 이슈화시키고자 노력했다(폴 태거트, 2017: 137~138). 2018년 12월 하인츠-크리스티안 슈트라헤(Heinz-Christian Strache) 대표가 이끄는 자유당은 26%의 득표로 두 번째로 연정에 참여했다. 보수파인 오스트리아 국민당과 협상을 통해 연정을 구성한 자유당은 이민, 특히 무슬림 이민에 대한 대중의 반발에 집중하고 있다. 자유당 지도자들은 '이슬람화'될 수 있다는 공포를 부추기고 이민 제한을 강화하자고 주장하고 있다(<HuffPost>, 2018년 8월 28일).

독일에서는 2017년 9월 치러진 연방하원 선거에서 극우 정당인 '독일을 위한 대안(Alternative für Deutschland: AfD)'이 제3정당으로 연방의회에 입성했다. '독일을 위한 대안'은 득표율 12.6%를 차지해 94석을 차지했는데 이는 유럽의 주요국인 독일·프랑스·영국·이탈리아 중에서는 처음으로 극우 정당이 의회에서 의미 있는 의석을 차지한 것이다. 이 정당은 2013년 2월 반유럽연합과 유로화 폐기, 국수주의 이념을 내세우며 창당했고 2015년에는 강경 극우파인 프라우케 페트리(Frauke Petry)가 외르크 모이텐(Jörg Meuthen)과 함께 당권을 장악해 반난민 기조를 주요 정책으로 내세우며 당세를 확장했다(『한겨레』, 2017년 9월 25일). 이어서 2021년 9월 실시된 연방하원 선거에서도 10.3% 지지로 83석을 차지하는 등 만만치 않은 지지세를 유지하고 있다. 프랑스의 '국민전선'은 1997년 총선에서 14.9%를 얻고 2002년 대선에서는 결선투표까지 올랐다. 2011년 르펭 전 당수의 딸 마린 르펭(Marin Le Pen)이 새 당수가 되었고 2014년 9월 상원의원 선거에서 창당 후 처음으로 2명의 당선자를 냈다. 마린 르펭은 2012년 대선에 이어 2017년과 2022년 대선에서 결선투표에 올랐다.[22] 공공연히 반유대주의와 인종차별주의 발언을 해왔고, 홀로코스트를 부정하고 인종 간 혐오를 부추기는 행위를 반복해 여러 차례 기소됐던 장마리 르펭과 달리 마린 르펭은 국민전선의 이미지를 부드럽게 바꾸기 위해 노력해 왔다. 2018년 6월 '국민연합(Rassemblement national)'으로 이름을 바꾼 국민전선 외에도 프랑스에는 언론인 출신 극우 인사인 에릭 제무르(Éric Zemmour)가 이끄는 '재정복(Reconquête)', '일어나라 프랑스(Debout la France)', '프렉시트(Frexit, 프랑스의 유럽연합 탈퇴)' 정당인 '애국당' 등이 활동하고 있다.

22 2022년 4월 대통령 선거 결선투표 결과 에마뉘엘 마크롱(Emmanuel Macron) 대통령이 약 58.54% 득표율을 기록, 41.46%를 얻은 마린 르 펜에 17.08%p 앞서며 당선되었다. 마크롱은 재선에 성공했지만 지난 대선에 비해 지지율이 떨어졌으며, 결선투표에서 극우 정당 후보 마린 르펜과의 득표율 격차도 크게 줄어들었다. 오창룡(2022), pp.1~2.

네덜란드에는 반유럽연합, 반이슬람을 기치로 내건 자유당(Partij voor de Vrijheid)이 있다. 자유당을 이끄는 헤이르트 빌더르스(Geert Wilders)는 모든 이슬람 학교를 폐교하고 네덜란드 시민 개개인이 어떤 민족 출신인지를 기록으로 남기자고 주장하는 등 무슬림을 향한 차별과 증오를 부추기는 정치인으로 유명하다. 2023년 11월 네덜란드 총선에서는 자유당이 23.5%를 득표하며 대승을 거뒀다. 헝가리에서 반이민 정책을 앞세운 경제 보호주의 포퓰리즘 정당 '더 나은 헝가리를 위한 운동(Jobbik Magyarországért Mozgalom)'[23]은 2014년 총선에서 20.5%를 득표하며 헝가리 원내 제3당이 되었고, 2018년 선거에서도 19.5%를 득표했다. 요비크는 당 정책 강령에 유럽연합 탈퇴를 묻는 국민투표 추진을 명시했으며, "시온주의 이스라엘이 헝가리와 전 세계를 정복하려 한다"라고 주장한다(The New York Times, July 13, 2016). 이뿐만 아니라 빅토르 오르반(Orbán Viktor Mihály) 총리 역시 난민들에 대한 반감과 공포심을 자극하는 선거전략을 구사하고 있다. 유럽의 극우 정치 열풍은 동유럽과 서유럽에 이어 북유럽 복지국가 스웨덴에도 불어 2018년 9월 총선에서 신나치에 뿌리를 둔 스웨덴 민주당(Sverigedemokraterna)이 17.6%를 얻어 제3당(349석 중 62석) 자리에 올랐고(『한겨레』, 2018년 9월 10일), 2022년 9월 총선에서는 21%를 얻어 스웨덴의 제2정당이 되었다(『한겨레』, 2022년 9월 15일). 신나치주의를 표방하며 1988년 창당된 민주당은 배타적 민족주의를 강조하면서 반난민 정서를 자극하는 데 주력하고 있다.

이주민 문제를 배경으로 대두한 새로운 인종주의와 극우주의의 발흥은 정치교육 담당자들에게도 당연히 주요한 관심사가 되었다. 정치교육의 주요 목표로 극우 인종주의로부터 민주주의를 지키는 것이 추가되었고 교육 현장에서는 극우 인종주의의 문제점과 이로 인한 폐해가 교육내용에 포함되었다. 독일의 경우 2007년 연방정치교육센터(Bundeszentrale für politische Bildung)에 극단주의부, 정치로부터 소외된 표적그룹부 등의 두 부서가 새로 설치되었다. 전자는 극단주의자들의 세계관과 견해에 미치는 영향 요소를 분석하고 교육 분야에서 헌법수호를 위한 예방조치를 고찰하며, 이와

23 2023년 2월 25일 '바른 헝가리를 위한 운동'은 당명을 '바른-보수주의자(Jobbik-Konzervatívok)'로 변경했다.

관련된 사업을 수행한다. 후자는 정치와 교육으로부터 소외된 젊은 세대를 대상으로 한 정치교육을 실시하는데 특히 이주민 출신 청소년이 주된 대상이다. 젊은 세대의 특성에 맞춰 컴퓨터게임, TV 프로그램, 사회프로젝트 등 다양한 교육방식이 활용된다. 연방정치교육센터에서는 정치영역에서 극단주의를 주된 교육 내용으로 지정하고, 이와 관련하여 좌·우극단주의, 반유대주의, 이슬람주의 등의 역사와 구조, 특징, 문제점 등에 대한 매우 구체적인 정보를 제공하고 있다. 예를 들어 반유대주의를 보면 "학교에서의 반유대주의", "반유대주의적 교육활동의 제 측면", "무슬림 청소년들에서 나타나는 반유대주의", "독일에서 반유대의주의의 확산: 실증적 연구 결과와 방법론적 문제", "어떻게 반유대주의를 알 수 있을까?" 등 세부적인 항목에서 이와 관련된 균형된 내용의 정보를 제공한다. 교육의 도구도 매우 다양하여 예를 들어 영상매체에 익숙한 청소년들을 대상으로 '최근 독일 영화에서의 극우 청년'이라는 주제의 학습과 토론 자료를 제작해 배포한다. 연방과 각 주의 정치교육센터는 대중매체 관련 사업, 출판, 학교 밖 정치교육 및 집회 추진, 학교 정치교육 등에서 다양한 사회구성원, 특히 미래세대의 급진화를 예방하는 데 초점을 두고 활동을 전개하고 있다.

정치교육이 급진주의의 위험에 대해 강조하는 것은 권력과 권위에 대한 대중들의 맹목적인 순종이 민주주의라는 핵심 가치에 기초한 체제의 근간을 뒤흔들 수 있기 때문이다. 그중에서도 국제이주가 빈번해지고 이로 인한 문제가 사회갈등으로 대두되는 현실에서 체제를 위협하는 것은 우익 포퓰리즘이다. 우익 포퓰리즘은 정부와 기성정당, 매스미디어가 경시하거나 무시하는 사회적 주변 집단의 불만과 분노를 대변한다면서 권력을 이들 집단에게 이양할 것을 목표로 내세운다. 물론 포퓰리즘이 주어진 질서에서 소외되거나 배제된 이들의 목소리를 대변하며 이들의 정치참여를 고무시킨다는 점에서 반드시 민주주의와 대칭되는 것은 아니다. 그러나 우익 포퓰리즘은 단일 쟁점 영역에서 기존의 지배엘리트와 정치제도를 모두 부패하고 무능한 것으로 낙인찍은 후 그 해결책으로 단순하고 과격한 방안을 내세운다는 점에서 다원주의적 민주주의의 토대를 해친다고 지적된다. 예를 들어 노동과 이민, 실업문제에 대한 우익 포퓰리즘 정치가들의 언동은 미래세대인 청소년들이 해당 문제에 정체성을 형성하는

데 있어 부정적 영향을 미칠 수 있다.[24] 이는 이들 우익 포퓰리즘 정치가들의 언행이 이주민에 대한 차별과 배타적 민족주의, 반의회민주주의에 토대를 두고 있기 때문이다. 독일에서는 과거 배타적 민족주의가 파국적인 전쟁과 홀로코스트를 초래하고 유럽의 평화를 파괴한 데 대한 경각심이 '반이민', '반유로'를 내세우는 극우 정치가들의 선동에 대항하여 우익 포퓰리즘의 예방을 정치교육의 주된 목표로 설정하게 하였다.

다른 한편으로 이주민 문제는 정치교육에서 다문화주의(multiculturalism) 관련 내용을 강화하였다. 1970년대에 캐나다에서 대두된 다문화주의 모델은 이민자들이 영구적으로 정착하고 시민이 된다는 가정을 전제로 하는 것이었다. 다문화주의는 이민자들에게는 사회적 배제와 정치적 주변화의 구실이 되지 않고, 토착민들에게는 사회적, 정치적 질서의 공유를 위한 다양성을 인정하도록 보장하는 것이었다. 이와 관련하여 팔레스타인 출신의 문화비평가인 에드워드 사이드(Edward Said)는 "모든 문화는 혼혈이고, 다양하며, 놀랄 만큼 변별적이며, 다층적"(에드워드 사이드, 1995: 18)이라고 지적한 후 다문화주의를 이러한 특징을 지니는 문화들을 동등하게 인정하고 포용하는 태도 및 전략이라는 의미로 사용한다. 그는 다문화주의에 대한 논의가 정치적 변화와 여성들, 소수인종, 이민자들이 스스로를 바라볼 수 있도록 해주는 변화를 의미한다면 그런 변화는 결코 두려워하거나 방어적으로 바라볼 필요가 없다고 언급한다(에드워드 사이드, 1995: 42). 이러한 언급은 사이드가 다문화주의를 통합의 관점에서 해방과 계몽의 내러티브로 이해하고 있음을 보여준다. 이는 식민지에 대한 제국주의 권력의 지배를 정당화하는 담론으로 '우리들' 유럽인을 '그들' 모든 비유럽인과 대립하는 것으로 정체화하는 '오리엔탈리즘(orientalism)'에 대한 하나의 대안이라고도 할 수 있다.

그러나 다문화주의에 대해서는 적지 않은 비판도 가해졌다. 대표적인 것이 공존과 타협을 강조한 나머지 지배와 피지배로 구성되는 정치적 관계를 간과한다는 지적이다. 슬로베니아의 철학자인 슬라보예 지젝(Slavoj Žižek)은 데카르트적 주체의 문제

---

24 노동과 실업문제에 있어 정체성 담론으로서의 우익 포퓰리즘이 청소년에게 미치는 영향에 대해서는 Laura Möllers & Sabine Manzel Hrsg.(2018), pp.101~106.

를 근본성의 관점에서 고찰한 책인 『까다로운 주체: 정치적 존재론에서의 중심의 부재(The Ticklish Subject: The Absent Centre of Political Ontology)』에서 다문화주의는 의회민주주의와 자본주의를 손상시키지 않아야 한다는 강고한 전제하에서의 관용과 차이, 인정에 불과하다고 지적한다. 그런 점에서 다문화주의는 지구적 자본주의 체제의 모순을 감추고 암묵적인 배제의 논리를 스스로 강화하는 교의라는 것이다(슬라보예 지젝, 2005: 351~360).

프랑스 철학자 알랭 바디우(Alain Badiou)도 보편성 대신 차이를 앞세우는 다문화주의나, 타자에 대한 존중을 강조하는 자유주의적 관용 담론이 세계 곳곳에 엄존하는 지배와 착취, 빈곤과 불평등을 은폐하는 구실을 한다고 강조한다. 다문화주의에 대해 제기되는 가장 흔한 비판은 다문화주의가 복지국가의 약화와 사회적 균열을 정당화하는 역할을 수행한다는 점이다. 이는 '시민권 없는 다문화주의(multiculturalism without citizenship)'[25]에 대한 비판으로 모아진다. 시민권을 간과한 다문화주의가 문화상대주의로 이어지거나, 인종·민족적 소수집단의 분리와 게토화(ghettoisation)를 초래할 수 있다는 것이다. "시민권을 제공하지 않는 다문화주의는 배제를 합리화하는 것에 지나지 않는다"라는 캐나다 정치학자 윌 킴리카(Will Kymlicka)의 주장이 대표적이다. 이와는 다른 시각에서 다양성의 존중보다는 특정 사회 공통의 가치를 소수집단이 수용하는 것이 더 중요하다는 주장도 존재한다. 분명한 것은 다문화주의가 국가경쟁력과 기업의 이윤에 도움이 되는 이주노동이 초래한 차별과 배제, 착취와 인종·민족 간 갈등 같은 사회적 문제를 탈정치화해서 정당화시키는 이데올로기로서 대두되고 추진된다는 점이다. 그렇다면 이러한 다문화주의는 구미의 교육 현장에서 어떻게 수행되고 있을까?

국제이주의 증가는 학생들을 한 국민국가의 테두리 내에서 교육시켜야 한다는 관념에도 변화를 초래했다. 이 관념은 다민족, 다인종, 다문화 국가들에서 소수집단들이 그들의 고유한 문화를 버리고 기존의 국가 정체성과 주류집단의 문화를 수용하는 것

25 '시민권 없는 다문화주의'에 대해서는 Will Kymlicka. "Multiculturalism Without Citizenship?" Anna Triandafyllidou (ed.). *Multicultural Governance in a Mobile World*. Edinburgh: Edinburgh University Press, 2017.

을 목표로 하는 동화주의(assimilationism)에 기초한 것이었다. 그러나 동화주의는 불평등과 계층화, 차별, 배제 등과 같은 구조적인 문제를 해결하지 못했다. 예를 들어, 미국에서는 흑인과 원주민들에게 문화적으로 동화할 것을 요구하면서도 그들에게 높은 수준의 교육 기회, 투표할 권리, 정책 과정에 참여할 수 있는 기회를 허락하지 않았다(제임스 뱅크스, 2014: 5~6). 이러한 문제에 반응해 다문화주의 정책이 수립되었고, 학교개혁을 통해 인종, 민족, 사회적 지위, 언어에 따른 소수집단 학생들의 교육 평등을 실현하려는 다문화 교육이 출현하였다. 다문화 교육의 주된 목표는 학교를 개혁하여 모든 학생이 민족적 및 언어적으로 다양한 세계에서 기능하는 데 필요한 지식, 태도 및 기술을 습득하는 것이다. 다문화 교육은 다양한 집단 학생들의 교육 평등을 실현하고 학생들로 하여금 통합적인 국가 시민문화 내에서 비판적이고 자기성찰을 하는 시민으로서 참여토록 교육하는 것을 가리킨다. 그러나 국가 간 그리고 국가 내에서도 다문화 교육을 해석하고 시행하는 방법은 매우 다양하다(제임스 뱅크스, 2014: 7~9).

이와 관련하여 논구되어야 하는 것은 다문화 교육을 21세기에도 합리적이고, 이론적으로 타당하며, 논리적인 패러다임으로 발전시키기 위해 필요한 요소가 무엇인지를 찾는 작업이다. 이에 부응하는 것으로 미국의 교육학자인 제임스 뱅크스(James A. Banks)는 비판적 다문화주의 패러다임을 제시한다. 이 패러다임을 구성하는 핵심요소는 민족성 이론화하기, 불평등한 권력관계 인정하기, 문화의 구성 비판하기, 비판적 성찰 유지하기가 있다(제임스 뱅크스, 2014: 36~39). 첫째, 비판적 다문화주의는 왜 집단들이 민족성과 사회문화적 관습을 추구하는지에 대해 적절한 이해와 이론을 제공한다. 이는 민족성이 왜 개인이 아닌 집단 수준에서 여전히 영향력 있고, 폭발적으로 지속되는 원동력인가에 대한 설명을 가리킨다. 그 한 가지 방법은 피에르 부르디외(Pierre Bourdieu)의 '아비투스(habitus)' 개념을 사용해 민족성과 민족정체성의 형성을 설명하는 것이다. 둘째, 합리적이고 논리적인 다문화주의 이론은 불평등한 권력관계에 대한 인식을 강조한다.[26] 이는 정체성을 자유롭게 선택할 수 있다는 주장이 인생을 '시장 또는 음식점'의 수준으로 떨어트리는 반역사적 접근이라면서, 정체성의 선택은 계층, 민족성, 젠더, 객관적 제약 및 역사적 결정에 의해 구조화된다고 주장한다. 셋째, 기존 주류집단의 헤게모니(hegemony)에 종속된 문화 지식을 재평가할 때, 비판적 다문화주의와 관련된 교육은 문화적 및 물질적 지배 과정에 영향을 주는 카운터 헤게모니(counter-hegemony) 비평으로서의 역할을 할 수 있다. 넷째, 항상 특정 민족이나 문화적 행동에 대한 성찰적 비판을 하는 것이다. 이는 문화적 상대주의의 허점을 피하면서 집단 내외의 비판, 전환 및 변화를 받아들이는 비판을 의미한다. 문화적 다양성과 문화적 차이를 구분하는 호미 바바(Homi K. Bhabha)의 설명[27]이 여기에 속한다.

VI. 학교 정치교육의 제도화를 위한 과제

지금까지 정치교육의 핵심 내용을 '민주주의 학습'을 중심으로 살펴본 후 이에 기반해 학교 정치교육의 주요한 흐름을 검토하고 시대정신에 조응하는 새로운 방향을 고찰하였다. 중요한 점은 학교가 복종심을 높이고 독립적인 사고의 가능성을 차단하며 통제와 강제의 시스템 내에서 제도적인 역할을 수행하는 것을 방지하는 것이다. 정치교육은 민주주의적 사고와 행동 및 생활양식을 내재화한 참된 민주주의자를 길러냄으로써 이런 위험을 예방한다. 이를 위해서는 독일과 같은 선진 민주주의 국가에서 시행되는 정치교육의 내용을 세밀히 검토한 후에 한국 사회의 현실에 맞는 타당하고 바람직한 정치교육을 찾는 것이 필요하다. 그렇다면 한국 현실에서는 정치교육이 어떻게 자리 잡고 뿌리내릴 수 있을까?

---

26 다문화 교육의 교수·학습에 영향을 미치는 개인차와 사회적 불평등에 대해서는 크리스틴 베넷(2009), pp.327~372 참조.

27 탈식민주의 이론의 선구자로 평가되는 호미 바바는 『문화의 위치(The Location of Culture)』에서 식민 담론이 피식민인-타자를 이데올로기적으로 고착시키고 정형화시키며 동일성(identification)을 요구하지만 정작 피식민주체들은 이에 따르지 않고 이질적인 지배문화와 차이가 있는 문화적 혼종성을 만들면서 '흉내내기'(mimicry)'와 '교활한 공손함(sly civility)' 등을 통해 지배담론을 분열시키고 그 가치를 치환한다고 지적한다. "제국과 종교의 가장 신성한 책인 성경은 원주민들에 의해 흔쾌히 수용되지만, 시장에서 교환되었으며, 코담배 가게에 던져져서 담배 싸는 종이로 사용되었다." 호미 바바(2002), p.191. 이는 바바가 문화적 차이를 문화적 다양성과 달리 문화에 대한 지속적인 연결성과 현대 사회에서 필요로 하는 끊임없는 변화를 인식하는 역동적인 의미를 포함하는 것으로 인식했다는 것을 알려준다.

현재 한국에서는 다양한 기관과 단체들에 의해 정치교육이 행해지고 있으나 주체별로 정치교육의 목적 및 정의에 대한 이해가 상이하며 각자 특수한 목적에 부합하는 교육이 산발적으로 실시되고 있다. 그러다 보니 교육 내용이 부실하고 방식도 부적절한 경우가 많다. 윤석열 정부하에서는 보수적 성향의 교육감에 의해 민주시민교육 부서의 명칭이 변경되고,[28] 사업규모가 대폭 축소되는 일이 발생하고 있다. 가장 문제로 지적되는 점은 체계적인 정치교육을 위한 법적인 뒷받침이 없다는 사실이다. 공직선거법 개정으로 만 18세 이상 학생들에게도 투표권이 부여됐지만 당장 선거 과정을 비롯한 정치교육은 제대로 시행되지 않고 있다. 학교에서 누구든지 선거운동과 정치활동을 금지·제한하는 법률도 여전히 바뀌지 않고 있다.

이렇게 된 데는 그 많은 정치인들 중에서 진정한 민주주의자가 드물기 때문이다. 현재 한국의 정치계에는 "민주주의를 감행하자!"를 선거 구호로 내걸고 총리에 당선된 후 이를 과감하게 실천한 빌리 브란트와 같은 정치인이 보이지 않는다. 민주주의에 대한 이해가 천박하거나 편향되다 보니 공공연히 민주주의의 이름으로 민주주의에 반하는 언행을 일삼는 정치인들도 많다. 이들은 학교에서든 사회에서든 지금까지 제대로 된 정치교육을 받아본 적이 없는 사람들임이 분명하다. 독일에서는 정당들이 그들과 상호 독립적이면서 긴밀한 관계에 있는 재단(Stiftung)을 통해서 각자 추구하는 이념과 가치에 부합하는 다양한 정치교육을 행하고 있지만, 막대한 액수의 국고보조금을 받는 한국의 정당 연구소는 그마저도 제대로 수행하지 못하고 있다. 17대 국회부터 앞다퉈 설립된 이들 연구소들은 다양한 분야에서 정책을 개발·분석하고 대안을 제시하며 정치교육을 실시하기보다는, 당 대표를 보좌하면서 소속 정당의 정책과 노선을 홍보하고 우호적 여론을 형성하기 위한 활동이나 다음 선거 준비에 치중하는 양태를 보이고 있다. 활동 실적 가운데 정책개발 성과나 교육의 비중이 높지 않은 것이 한

---

28 대표적인 사례가 경기교육청이다. 2022년 경기교육청은 기존 교육정책국 민주시민교육과의 명칭을 미래인성교육과로 변경하였다. 이 신설 부서는 인성교육과 함께 교육감의 핵심 공약인 디지털 역량(DQ)의 개발 및 적용에 관한 업무를 담당하고 있다. 이와는 대조적으로 경기도는 민주시민 육성을 장려하는 경기도 민주시민교육 조례를 지난 2015년 제정한 바 있고, 2017년부터는 경기도청 주관으로 민주시민교육 종합계획을 수립해 시행하고 있다. 『경기신문』 2023년 2월 9일.

국의 주요 정당 연구소들의 특징인 것이다. 이렇게 된 까닭은 한국의 정당체계가 협소한 이념적 스펙트럼을 지녔고, 정당의 조직과 지지기반이 대단히 허약하며, 정당 지도부는 비민주적으로 당을 운영하는 경우가 흔한데 그 원인이 있다. 광범위한 유권자들의 정책 선호를 충족시키게끔 책임 정당으로 변모하고, 변화된 시대 상황에 걸맞게 정당구도를 재편성하며, 투표수와 의석수의 비례성을 높이는 방향으로 선거제도를 개혁하는 것이 이뤄져야 한국의 정당들도 서구의 정당들처럼 제대로 된 정치교육을 실행하게 될 것으로 보인다. 국고 지원을 받는 연구소에 대해서는 당원뿐만 아니라 일반 시민을 대상으로 한 정치교육을 의무화하는 방안을 마련함으로써 정당이 시민사회와의 연계를 넓히고 이를 통해 민주주의 발전에 기여하도록 하는 것도 필요하다.

이런 점들에 비춰보면 한국에서 민주주의를 위한 정치교육이 자리 잡고 활성화되는 것은 쉽지 않으리라고 예측된다. 그럼에도 정치교육은 민주주의가 다시 붕괴되어 낡은 권위주의 체제로 퇴보하지 않게 하고, 나아가 민주주의를 보다 더 심화시키고 확대함으로써 구성원들의 삶의 질을 증진시키는데 필수 불가결한 과제이다. 정치교육이야말로 사회구성원들에게 민주적 가치와 태도를 정착시키는 가장 효과적인 방안이기 때문이다. 다양한 영역과 수준에 걸쳐 바람직한 정치교육을 위한 정교한 로드맵이 마련되어야 하는 까닭이 여기에 있는 것이다. 그 실마리는 사회적 공론화 과정을 거쳐 정치교육을 인적, 재정적으로 지원할 뿐만 아니라 총괄적으로 조정하는 것을 골자로 하는 통합적인 법률을 마련하고 이를 국회에서 통과시키는 것에서 찾을 수 있다. 법적인 제도화가 이뤄지면 주관 기관 설립, 시민사회와의 상생 관계 구축, 시민참여 유도, 학교 정치교육의 활성화와 같은 세부 과제도 용이하게 추진될 수 있다.

참고문헌

교육정책디자인연구소 시민모임. 『학교, 민주시민교육을 실천하다!』. 서울: 맘에드림, 2020.

굿맨, 폴. 한미선 역. 『바보 어른으로 성장하기: 부조리한 사회에서 성장한다는 것』. 파주: 글항아리, 2017.

김상봉. 『도덕교육의 파시즘: 노예도덕을 넘어서』. 서울: 도서출판 길, 2005.

나딩스, 넬·로리 브룩스. 정창우·김윤경 역. 『논쟁 수업으로 시작하는 민주시민교육: 비판적 사고와 시민성 교육을 위한 안내서』. 서울: 풀빛, 2018.

누스바움, 마사. 우석영 역. 『학교는 시장이 아니다』. 서울: 궁리출판, 2016.

누스바움, 마사. 정영목 역. 『인간성 수업: 새로운 전인교육을 위한 고전의 변론』. 파주: 문학동네, 2018.

달, 로버트. 김왕식 외 역. 『민주주의』. 서울: 동명사, 1999.

달톤, 러셀 J. 서유경 역, 『시민정치론 - 선진 산업민주주의 국가의 여론과 정당』. 서울: 아르케, 2010.

레비츠키, 스티븐·대니얼 지블랫. 박세연 역. 『어떻게 민주주의는 무너지는가』. 서울: 어크로스, 2018.

매킨타이어, 리. 김재경 역. 『포스트트루스: 가짜뉴스와 탈진실의 시대』. 서울: 두리반, 2019.

민들레 편집실 엮음. 『민주시민교육, 어떻게 할까』. 서울: 도서출판 민들레, 2020.

민주화운동기념사업회 편. 『민주시민교육의 개념과 쟁점』. 서울: 민주화운동기념사업회, 2006.

밀러, 존. 김현재 역. 『홀리스틱 교육과정』. 서울: 책사랑, 2000.

바바, 호미. 나병철 역. 『문화의 위치』. 서울: 소명출판, 2002.

박민영. 『학교는 민주주의를 가르치지 않는다: 우리가 배운 모든 악에 대하여』. 서울: 인물과사상사, 2017.

박영만·조한무 외. 『홀리스틱 교육의 원리와 방법』, 인천: 도서출판 엘리트, 2002.

뱅크스, 제임스 A. 방명애·김혜인 역. 『다문화교육의 세계동향』. 서울: 시그마프레스, 2014.

베넷, 크리스틴. 김옥순·김진호 외 역. 『다문화 교육: 이론과 실제』. 서울: 학지사, 2009.

부르디외, 피에르 외. 이상호 역. 『재생산: 교육체계 이론을 위한 요소들』. 서울: 동문선, 2000.

브룩필드, 스티븐. 기영화 외 역. 『성인학습을 위한 비판이론』. 서울: 학지사, 2009.

사이드, 에드워드. 김성곤·정정호 역. 『문화와 제국주의』. 서울: 도서출판 창, 1995.
송창석. 『새로운 민주시민교육 방법: METAPLAN을 이용한 토론 토의 회의 진행법』. 서울: 백산서당, 2011.
신두철·허영식. 『민주시민교육의 정석』. 서울: 오름, 2015.
신두철·허영식 편. 『민주시민 교육 핸드북. 2(방법론)』. 서울: 오름, 2009.
심성보. 『인간과 사회의 진보를 위한 민주시민교육: 평화, 인권, 참여의 학습을 통한 민주적 시민 되기의 길잡이』. 서울: 살림터, 2011.
심성보·이동기 외. 『보이텔스바흐 합의와 민주시민교육』. 서울: 북멘토, 2018.
심성보·이기라 외. 『학교 민주시민교육의 세계적 동향과 과제』. 서울: 살림터, 2019.
아렌트, 한나. 김선욱 역. 『공화국의 위기』. 파주: 한길사, 2011.
안병길. 『약자가 강자를 이기는 법』. 파주: 동녘, 2010.
오창룡. "2022년 프랑스 대선 결과와 쟁점." 국회입법조사처 『이슈와 논점』 제1952호, 2022.5.
오현철. 『토의민주주의』. 전주: 전북대학교출판문화원, 2018.
오코너, 케일린·제임스 오언 웨더럴. 박경선 역. 『가짜뉴스의 시대: 잘못된 믿음은 어떻게 퍼져나가는가』. 서울: 반니, 2019.
울프, 매리언. 전병근 역. 『다시, 책으로』. 서울: 어크로스출판그룹, 2019.
윤구병. 『꿈이 있는 공동체 학교: 일 놀이 공부가 하나인 윤구병의 교육에세이』. 서울: 휴머니스트, 2010.
이재철·당위남. "정당 정책연구소의 현황과 과제: 여의도연구원, 민주정책연구원, 미래정치센터 분석." 『사회과학연구』 제25권 제3호, 2018.
이진순 외. 『듣도 보도 못한 정치: 더 나은 민주주의를 위한 유쾌한 실험』. 파주: 문학동네, 2016.
일본홀리스틱교육연구회. 송민영·김현재 역. 『홀리스틱 교육의 이해』. 서울: 책사랑, 1999.
임혁백. 『세계화 시대의 민주주의: 현상·이론·성찰』. 서울: 나남출판, 2000.
쟁크스, 힐러리. 장은영·이지영 외 역. 『리터러시와 권력』. 서울: 사회평론아카데미, 2019.
전득주·페터 마싱 외 편. 『민주시민교육의 이론과 실제』. 서울: 엠애드, 2006.
조진만·박진수 외. "해외 국가 정당의 정책연구소 운영 현황과 한국에의 개선방안에 관한 연구." 2019년도 중앙선거관리위원회 연구용역보고서. 덕성여자대학교, 2019.
조철민. "독일의 청소년 정치참여를 통한 민주시민교육: 'U18 프로젝트'와 '청소년의회' 사례를 중심으로.” 세계교육정책 인포네이션 CP 2017-01-05. 한국교육개발원, 2017.
주디스, 존 B. 오공훈 역. 『포퓰리즘의 세계화: 왜 전 세계적으로 엘리트에 대한 공격이 확산되고 있는가』. 서울: 메디치미디어, 2017.
지젝, 슬라보예. 이성민 역. 『까다로운 주체』. 서울: 도서출판비, 2005.
진, 하워드·도날도 마세도. 김종승 역. 『하워드 진, 교육을 말하다』. 서울: 궁리, 2008.
진시원·홍익표·오승호. 『시민주권과 민주시민교육』. 부산: 부산대학교 출판문화원, 2021.
차우규. “도덕 교과의 홀리스틱 교육 적용 방안 연구.” 『교육과정평가연구』 제3권 제1호, 2000.
폴라니, 칼. 홍기빈 역. 『거대한 전환: 우리 시대의 정치·경제적 기원』. 서울: 도서출판 길, 2009.
프렌스키, 마크. 정현선·이원미 역. 『디지털 네이티브. 그들은 어떻게 배우는가』. 서울: 사회평론아카데미, 2019.
태가트, 폴. 백영민 역. 『포퓰리즘: 기원과 사례, 그리고 대의민주주의와의 관계』. 파주: 한울, 2017.
캐츠, 릴리안·실비아 채드 외. 윤은주·이진희 역. 『프로젝트 접근법』. 서울: 아카데미프레스, 2019.
하버마스, 위르겐. 한상진·박영도 역. 『사실성과 타당성』. 서울: 나남, 2000.
헤이우드, 앤드류. 이종은·박찬수 역. 『현대 정치이론』. 서울: 까치, 2007.
홍서정·최병우 외. 『광장에는 있고 학교에는 없다 – 민주주의의 도전』. 서울: 교육공동체 벗, 2017.
홍익표. “배제로의 수렴? 유럽의 인권정책과 이주민문제.” 『국제지역연구』 9권 2호, 2005.
홍익표. 『시네마 폴리티카: 영화로 읽는 정치적 삶과 세계』. 파주: 한울엠플러스, 2016.
홍익표. 『누가 저 베헤모스를 만들었을까? 한국 권위주의의 기원에 대한 정치적 고찰』. 서울: 오름, 2018.
홍익표. “혼동을 부추기는 포퓰리즘 논쟁.” 『한국 정치를 읽는 22개의 키워드: 신자유주의부터 포퓰리즘까지』. 서울: 오름, 2019.
홍익표. “독일의 정치교육: 역사, 구조, 교훈.” 진시원·홍익표·오승호. 『시민주권과 민주시민교육』. 부산: 부산대학교 출판문화원, 2021.
황치성. 『미디어리터러시와 비판적 사고』. 서울: 교육과학사, 2018.

Arendt, Hannah. *Eichmann in Jerusalem. A Report on the Banality of Evil.* NewYork: Penguin Books, 2006.

Betz, Hans-Georg. *Radical Right-Wing Populism in Western Europe.* New York: St. Martin's Press, 1994.

Biebricher, Thomas. *Selbstkritik der Moderne. Foucault und Habermas im Vergleich.* Frankfurt/M: Campus Verlag, 2005.

Brown, Wendy. *In the Ruins of Neoliberalism. The Rise of Antidemocratic Politics in the West.* New York: Columbia University Press, 2019.

Filla, Wilhelm. *Die Alternative politische Bildung.* Hannover: Offizin-Verlag, 2013.

Greenfeld, Liah. *Nationalism. Five Roads to Modernity.* Cambridge: Harvard University Press, 2001.

Kymlicka, Will. "Multiculturalism Without Citizenship?" Anna Triandafyllidou (ed.). *Multicultural Governance in a Mobile World.* Edinburgh: Edinburgh University Press, 2017.

Lange, Dirk & Reinhardt Volker. Basiswissen Politische Bildung Band. Band 1: *Konzeptionen, Strategien und Inhaltsfelder Politischer Bildung, Band 2: Forschung, Planung und Methoden Politischer Bildung. Handbuch für den sozialwissenschaftlichen Unterricht.* Baltmannsweiler: Schneider Verlag GmbH, 2017.

Levitsky, Steven & Daniel Ziblatt. *How Democracies Die.* New York: Crown, 2018.

Möllers, Laura & Sabine Manzel (Hrsg.). *Populismus und Politische Bildung.* rankfurt am Main: Wochenschau Verlag, 2018.

Murray, Douglas. *The Strange Death of Europe. Immigration, Identity, Islam.* London: Bloomsbury Continuum, 2017.

Przeworski, Adam. *Crises of Democracy.* Cambridge: Cambridge University Press, 2019.

Reinhardt, Volker. "Demokratie-Lernen." Dirk Lange & Reinhardt Volker. *Basiswissen Politische Bildung Band. Band 1: Konzeptionen, Strategien und Inhaltsfelder Politischer Bildung, Band 2: Forschung, Planung und Methoden Politischer Bildung. Handbuch für den sozialwissenschaftlichen Unterricht.* Baltmannsweiler: Schneider Verlag GmbH, 2017.

Schroeder, Michael. *Politik und politische Bildung in der digitalen Welt: Chancen und Herausforderungen.* Reinbek bei Hamburg: Lau Verlag & Handel KG, 2014.

Saward, Michael. *Democracy.* Cambridge: Polity Press, 2003.

2장.

민주주의 교육[29]

오승호

Ⅰ. 들어가며

민주주의의 본질과 특성은 민주시민성의 개념 규정에 영향을 미치고, 민주주의에 대한 관점은 시민들에게 기대하는 태도와 행위를 수반하고, 이는 다시 시민교육의 목표, 내용, 방법 등에 영향을 미치게 될 것이다(Wojcik, 2005: 97). 사회과교육이 직·간접적으로 민주시민성 함양을 목표로 한다는 점에서는 재론의 여지가 없다. 하지만 민주시민성이 무엇이냐에 대해서는 거의 합의된 것이 없다. 이는 다양한 민주주의 관점이 존재한다는 의미와 더불어 민주주의란 특정되어 있는 것이 아니라 정치공동체 구성원들이 함께 만들어 나가야 할 동적인 것이기 때문이다. 하지만 민주시민성 교육으로서 사회과교육의 토대를 이루고 있는 민주주의에 대한 관점은 자유민주주의, 대의민주주의 등과 같은 편중된 관점에서 크게 벗어나지 못하고 있는 실정이다. 자유민주주의, 대의민주주의 등에 대한 문제점과 이를 극복하기 위한 대안들이 다양하게 모색되는 상황에서 이런 편중된 민주주의 교육은 바람직한 민주시민성을 미래의 시민들에게 기대하기란 어려울 것이다. 또한 이런 교육은 교육의 중립성이라는 거시적 차원뿐만 아니라 민주주의라는 개념을 선도해 나갈 수 있는 미래 민주시민교육에 대한 장기적 관점에서도 바람직하지 않을 것이다.

---

29 이 글은 김수식·진시원·오승호(2013). "중등 사회과 민주주의 교육에 대한 비판적 고찰", 『법교육연구』 제8권 1호를 수정·인용한 것이다.

해방 이후 미군정의 권고로 시작된 한국의 민주주의 교육은 한국전쟁과 군사쿠데타, 북한과의 대치 상황 그리고 오랜 기간에 걸친 권위주의 통치라는 역사적 배경 속에서 의무와 책임이 강조되는 시민, 안보의식이 투철한 시민을 강조하는 교육이었다. 이런 현상은 서구에서 수입한 자유민주주의나 대의민주주의의 관점에서도 크게 벗어난 민주주의 교육이었다. 1987년 민주화 이후에는 개인의 자유와 권리를 강조하는 한편, 대의민주주의의 제도화라는 측면에서 민주주의 교육이 강조되었다. 또한 자유민주주의는 사회 불평등 문제를, 대의민주주의는 대표성의 문제를 야기하면서 양자에 대한 비판과 더불어 이를 극복하기 위한 다양한 민주주의에 대한 전망과 관점들이 주장되고 있다.

1987년 민주화 이후 25년이 지난 현재의 시점에서는 자유민주주의나 대의민주주의의 한계와 문제점을 인식하고 다양한 민주주의에 대한 이해를 통해 민주주의에 대한 올바른 이해와 관심이 수반되어야 한다. 한 사회의 민주주의 발전은 민주주의를 이해하는 수준과 같이 가기 때문이다(최장집, 2004: 11). 따라서 민주시민성 함양을 목표로 하는 사회과교육은 미래의 시민들이 다양한 민주주의에 대한 경험을 통해 민주주의의 본질을 제대로 이해하고 민주주의를 지속적으로 발전시켜 나가는데 기여해야 하는 의무와 책임을 가진다.

이런 점을 감안하여 본 연구는 사회과교육이 민주주의 교육에서 의무와 책임을 다하고 있는지를 살펴본 후 민주주의 교육의 발전적인 방향을 제시하고자 한다. 이를 위해 본 연구는 민주주의의 본질적 특성과 이에 따른 민주주의 교육의 성격을 살펴본 후 다양한 민주주의 유형과 우리나라 민주주의 교육의 현황을 비판적으로 분석하여 민주주의 교육에 대한 개선점을 제시하였다.

Ⅱ. 민주주의의 개념적 특성과 사회과 민주주의 교육

1. 민주주의의 의미와 특성

민주주의는 단순하게 획일적으로 정의되거나 존재하는 것이 아니라 다양한 사회적 맥락 속에서 직면하는 문제를 해결하기 위한 노력의 과정에서 다양하게 주장되었다.

우선 어원적인 측면에서 민주주의는 그리스어인 인민(demos)과 통치(kratos)의 합성어이다. 어휘적 의미에서 민주주의는 '인민의 지배'라는 의미로 널리 사용되어 왔다. 민주주의를 '인민의 지배'로 이해할 때 여기에는 인민주권론, 자유, 그리고 평등의 개념이 담겨있다고 하겠다. 전체 인민이 직접 또는 선거로 선출한 자신들의 대표자를 통해서 공동체의 헌법, 법률 및 정책과 관련한 최고의 정치적 권력을 행사한다는 점에서 민주주의는 인민주권론을 전제한다. 또 민주주의가 지배 또는 의사결정의 문제와 관련 있는 한 자유의 관념과도 연관되어 있다. 그리고 민주주의는 어느 누구도 정치적 의사 결정 과정으로부터 배제되어서는 안 될 것을 요구한다는 점에서 기본적인 정치적 평등의 관념을 내포하고 있다(강정인, 1997: 63-64). 결론적으로 민주주의의 실질적 의미를 정의해 보면 자신의 삶과 관련된 공적 문제에 대해 스스로 결정할 수 있는 제도라고 할 수 있다. 하지만 이런 민주주의의 실질적 의미는 언급되지 않은 상태에서 다양한 시각과 논쟁으로 민주주의의 실질적 의미는 잠식된다.

민주주의를 복잡하게 만드는 대표적 시각은 민주주의를 제도나 경험적인 것으로 보는 형태적 관점이다. 정치형태로서의 민주주의란 '집합적 결정권자(collective decision-maker)에게 권위를 부여하고 행위의 절차를 수립하는 일련의 규칙'으로 정의할 수 있다. 집합적 결정권의 범위를 기준으로 하자면 민주주의란 대다수 성원들에게 이러한 결정권이 부여되어 있는 정치형태를 말한다. 이러한 정의가 갖추어야 될 세 가지 요건이 있는데 첫째, 상당수 시민에게 직접적이든 간접적이든 집합적 결정에 참여할 수 있는 권한이 부여되어야 한다는 것이다. 둘째, 다수결 원리와 같은 절차적 규칙이 마련되어야 한다는 것이다. 셋째, 결정권자 또는 결정권자를 선출할 유권자들에게 실질적인 선택 대안이 주어져야 하며, 대안들 가운데서 선택할 수 있는 여건이 실지로 보장되어야 한다는 것이다(이종식, 2008: 74-75). 이런 경험적 개념 제시 과정에서 누가 인민이며 통치는 무엇이고 그 범위는 어디까지인가 등을 둘러싸고 격렬한 논란을 겪어 왔는데, 이를 통해 민주주의가 맥락적으로 그 구체적인 의미를 달리하는 동적인 개념이라는 것을 알 수 있다. 그럼 다양하게 나타나는 맥락적 민주주의는 민주주의의 이념형인가 아니면 민주주의의 실질적 의미, 즉 본질에 어떤 경험적 형태의 민주주의가 가까운 것인지를 비교해 보고 확인해 봐야 하는 검증의 대상들인가? 따라서 대의제 민주주의나 자유민주주의는 보편적일 수는 있지만, 민주주의의 본질이라는 이데아도 아니며 더욱이 이념형도 될 수 없다고 할 것이다. 우리의 민주주의 경험이 민주주의 본질에 더 가까운 것이라면 대한민국의 민주주의는 다른 국가들에게 민주주의의 새로운 개념을 제시할 수 있을 것이다. 이런 민주주의의 발전을 기대하기 위해서는 민주주의에 대한 개념에 대한 검토와 우리의 민주주의에 대한 이해와 실행에 대한 성찰이 전제되어야 할 것이다. 현대사회에서 민주주의가 갖추어야 할 핵심적 내용은 무엇이며, 현대사회에 존재하는 다양한 과제를 해결하는 데 있어 가장 적절한 민주주의는 무엇인가에 관해 논의해 볼 필요가 있다. 현대사회에서 민주주의가 전체 사회구성원들을 보편주의적인 평등 원리에 입각해 포용하지 못하고 상위계층의 특권과 이익을 대변하고 있다는 사실이 명백할 경우 민주주의에 대한 새로운 이해가 요구된다.

이런 점에서 민주주의는 다양한 계층의 사회구성원들이 적극적 자유와 실질적 평등을 다양한 수준과 영역에서 누릴 수 있도록 하는 제도적 장치로 이해하는 것이 필요하다. 사회 구성원들이 보다 높은 삶의 질을 추구하고 자아실현을 달성하는 데는 법적·정치적 기회의 평등을 보장하는 것도 필요하지만 경제적·사회적 평등의 보장 역시 요구되기 때문이다. 따라서 민주주의가 권력의 자의적 간섭으로부터 개인의 권리를 보호하기 위해 국가가 법을 만들고 최소한의 간섭만을 담당해야 한다고 주장하는 자유주의자들의 견해를 넘어 개인들이 '자신들에게 유리하거나 불리한 사회 규칙을 결정하는 데 있어 자유롭고 평등해야 한다.'라는 시각에 근거해 민주주의를 이해하는 것이다(홍익표·진시원 공저, 2009: 110-111).

2. 민주주의와 사회과 민주주의 교육의 관계

살펴본 바와 같이 민주주의 내용은 변화 가능한 동적인 개념이라고 할 수 있다.

민주주의는 '본질적으로 논쟁적인' 개념에 대한 하나의 예이기 때문이다. 그러므로 민주주의를 '시민들이 자신들을 대신해서 정책에 관한 결정을 내리는 대표자를 선출하는 통치체제'로만 인식하는 사고에서 벗어나야 한다. 실재로 확립된 민주주의 모델은 존재하지 않으며, 단지 수많은 경쟁적인 모델들이 존재할 뿐이다. 이러한 까닭에 마르틴 예니케(Maritin Jänicke)는 모든 국가는 과제를 해결하는데 가장 유용하게 보이는 민주주의의 유형과 수준을 모색해야 되고, 행위자, 상황, 그리고 학습 과정 등이 아울러 고려의 대상이 되어야 한다고 주장한다.

따라서 민주시민성 함양을 위한 사회과교육의 과제 역시 미래의 시민인 학생들이 민주주의의 유형과 수준을 모색하여 정치공동체의 지속적인 발전에 기여할 수 있는 자질을 함양할 수 있도록 하는 것이어야 할 것이다. 이런 사회과교육은 시대적 맥락과 민주주의의 심화 발전이라는 측면을 고려해서 이뤄져야 한다.

서구 사회에서 많은 사람들은 자유민주주의나 대의민주주의 같은 특정한 민주주의 모델 혹은 민주주의 형태만을 유용하고 실천가능한 민주주의 모델로 취급하여 왔다(홍익표·진시원, 2009: 118-119). 이러한 신화는 여러 가지 한계를 보이고 있다.

자유민주주의는 자유를 지나치게 강조하는 신자유주의의 영향으로 사회적 불평등은 더욱 심화되었고 그 결과 일상의 비민주성은 더욱 심화되었다. 대의제 민주주의는 정당이 대표적 기능을 제대로 수행하지 못하는 상태에서 선거 결과가 시민들의 선호를 제대로 반영하지 못하면서 유권자의 정치에 대한 무관심은 더욱 커지고 참여는 더욱 축소되는 문제가 발생하였다. 또한 이익집단들의 경쟁 결과가 주로 국가의사결정에 영향을 미치면서 사회적 불평등은 더욱 심화되고 있는 상황이다. 이런 결과는 자유로운 경쟁에 기초한 선거로 당선된 공직자들에 의해 법과 공공정책이 제정되는 대의민주주의 체제로 구성되는 자유민주주의는 시민의 정치참여를 시민들의 성장과 개발에 필수적인 것으로 중시하지 않기 때문이다(주성수·정상호, 2006: 27).

이런 점에서 자유민주주의와 대의제 자유민주주의는 많은 성취에도 불구하고 양자가 민주주의의 이상을 충실히 반영하고 있는지에 대해 많은 의문과 비판이 제기되고 있다. 따라서 자유민주주의와 대의제 민주주의에 대한 많은 의문과 비판을 포함하여 민주주의를 심화 발전시켜 나갈 수 있는 민주주의 교육이 필요하다. 이런 민주주의 교육을 가능하게 하는 것 중의 하나가 다양한 민주주의에 대한 교육적 경험일 것이다. 다양한 민주주의에 대한 교육적 경험은 편협한 민주적인 태도를 극복하여 민주주의 발전에 기여하는 창의력의 원천이 되기 때문이다.

이런 점을 감안하여 다음 장에서는 다양한 민주주의 모델을 검토해 보기로 한다.

Ⅲ. 다양한 민주주의 유형에 대한 검토

자유민주주의와 대의민주주의 이외에 다양한 민주주의에 대한 경험이 필요한 현 시점에서 어떤 민주주의들을 사회과교육에서 다뤄야 할까? 이를 위해 본 연구에서는 한국정치학회(2008), 주성수·정상호(2006), 진시원·홍익표(2009), 이종식(2008) 등의 여러 연구들을 토대로 이데올로기적 측면, 참여방식 측면, 운영 방법 측면으로 민주주의를 분류하여 살펴보았다.

1. 이데올로기적 분류

이데올로기 차원에서 민주주의를 분류해 보면 자유민주주의, 사회민주주의, 공화민주주의 등으로 나눌 수 있다.

우선 자유민주주의는 자유주의와 민주주의의 합성어로 근대적 상황에서 모순되는 개념인 자유와 평등이 결합된 것이다. 자유민주주의는 개인 또는 집단이 향유하는 언론의 자유나 종교의 자유와 같은 일정한 권리를 소수자에게 보장하기 위해 고안된 헌법적 제한의 틀 내에서 다수가 권력을 행사하고 통상 대의민주주의 형식을 취하는 정부형태를 말한다(강정인, 1997: 129). 그러므로 자유민주주의 이론을 주장하는 사람들은 민주주의를 하나의 정부의 형태 또는 정치체계로 보고 있다. 이러한 자유민주주의가 가지고 있는 인간관은 개인주의적 인간관으로 인간을 이성을 가진 자율적 존재로 간주한다. 이와 같은 자유민주주의의 인간관은 자율적 존재로서 오직 자유에 의해서만 궁극적인 목적을 달성할 수 있고, 각 개인이 자율적으로 사적 영역을 구성할 수 있을 때 개인의 이익과 사회 전체의 이익이 극대화된다는 것을 강조한다. 그리고 정치는 사적 이익 보호를 위해서 법을 만들고, 최소한의 간섭만 담당하는 것으로 보아서 정치로부터의 소극적, 방어적 자유를 강조하였다(오승호, 2006: 10-11).

이런 자유민주주의는 제도 발전과 경제발전에 크게 기여하였지만 사회적 불평등을 심화시켰다. 또한 자유민주주의의 개인적인 인간관은 공동체를 해체하게 만들었고 현대사회의 다원성·복합성을 전제로 하는 갈등을 원만하게 해결하지 못하게 하고 있으며(오승호, 2006: 13), 또한 개인들의 무정부주의적인 경향을 야기하여 자신과 타자의 자유를 침식시키고, 현실주의적 경향은 권력을 과도하게 추종하는 병리 현상을 낳으며, 항상 전체주의로 변모시킬 수 있는 문제점을 지니고 있다(황재준, 2002: 13).

사회민주주의는 자유민주주의와 대의제민주주의가 부르주아의 계급적 질서 유지를 위한 것이라고 비판하면서 경제적 평등 실현을 통해 민주주의를 실현하고자 하는 관점을 지니고 있다. 즉 사회민주주의란 사회·경제적 차이, 특히 사유 재산의 불평등한 분배로부터 나오는 차이를 최소화하고자 하는 경향이 있는 정치·사회 체제를 의미한다(강정인, 1997: 121). '사회주의'라는 단어는 '공산주의'라는 단어와 동일한 의미로 많이 쓰이지만 구분되는 개념이다. 사회주의는 공산주의의 전 단계로 사회주의에서 생산수단은 국가에 귀속된다. 그리고 공산주의는 사회주의의 완성단계로 각자는 자신의 능력에 따라 노동하고, 각자에게 자신의 필요에 따라 분배가 이루어진다(한국정치학회 편, 2008: 331). 사회민주주의는 부르주아적인 대의제적 민주주의가 아니라 프롤레타리아의 자기통치를 강조한 레닌(Lenin)과 소득분배의 불공평을 통해 인민이 지배하는 민주주의를 만들자고 주장했던 마르크스(Marx)에 근거를 두고 있다. 이런 주장을 토대로 사회민주주의는 자본주의 체제하에서 부르주아 계급에 의해 착취당해 온 노동자와 농민계급이 정치, 사회, 경제 모든 면에서 실질적인 자유와 평등을 누리게 되는 진정한 민주주의를 강조하였다. 하지만 사회민주주의는 실증적으로 경제적 평등에 치중한 나머지 정치적 평등이 제대로 실현되지 못하였다. 예컨대 구소련의 경우 공산당이 헌법상 정당한 정치적 활동의 유일한 원천으로 인정되었고, 어떠한 후보자도 공산당의 승인 없이 선거의 후보자가 될 수 없었으며, 당의 목표와 양립하지 않는 시민의 정치적 권리는 유효한 것으로 인정받지 못하였다. 민주주의라는 말의 본질적인 의미를 고려해 볼 때, 개인이 자신의 선호를 정당하게 표현할 수 있는 절차와 기회를 제공하지 않는 정부형태 그리고 정치 활동의 권리를 인구의 소수에게만 허용하는 정부형태는 민주주의와 반대인 것이다(강정인, 1997: 157-159).

공화민주주의는 개인이나 가족적 유대를 넘어 공동체의 이익을 우선시하는 시민적 덕성을 강조하는 전통 또는 정치공동체 내부에 있는 각각의 사회 부문들이 정치과정 속에서 적극적으로 자기 역할을 담당할 수 있는 정치제도로 이해되었다. 공화주의자들에게 있어서 정치란 그 자체로 자율적인 영역으로 인간을 가장 인간답게 하고 각자의 자유로운 개성과 영혼을 표현하는 최고의 행위이다(한국정치학회, 2008: 174). 이런 특성 때문에 공화민주주의는 '자기 스스로에 의한 자율적 지배'를 강조한다. 자유민주주의는 개인의 사회에 대한 우월성, 개인의 비사회성, 개인의 주관적 가치를 중시한다. 공화주의의 다양한 입장이 존재하고 있어 자유민주주의와 단순한 비교는 어렵지만 대체로 공화민주주의는 개인의 사회성, 공동체의 문화, 공동체에 대한 참여, 정치권력에 대한 통제, 공동체의 객관적 가치를 중시한다. 이런 공화민주주의의 경우 선험적이거나 공유된 가치의 우선성을 강조하고 개인의 자율과 다양성을 과소평가한다는 점에서 한계를 가진다. 더 나아가서 공화주의는 서구의 인간중심주의적 세계관을 넘어 생태계 등을 포괄하는 타자에 대한 책임의 철학을 구현하고 있지 못하다. 또한 공화민주주의가 적극적으로 수용하고 있는 심의적 민주주의 요소가 공화주의의 민주적 잠재력을 살리기보다는 지나치게 엘리트들의 이성적 토론을 특권화한다는 비판도 제기될 수 있다(주성수·정상호, 2006: 96-97).

따라서 공화민주주의는 정치적 갈등을 통해 반영된 절박한 사회경제적 요구를 억압하는 수단으로 전락할 위험이 있으므로 다음과 같은 과제를 통해 지속적으로 보완되어야 한다.

첫째, 자유로운 행위가 가능한 주권이 개인뿐만 아니라 정치 집단들에게 동일하게 적용될 수 있는 제도적 방향을 수립해야 한다. 공화주의는 비지배적 조건을 보장하고, 지배적 위치에 있는 집단에게는 권력의 한계를 설정하는 일관된 판단의 근거를 제시할 수 있으며, 사회적 약자에게는 타인의 자의적인 의지에의 종속을 견제하는 목소리를 낼 수 있는 제도적 틀을 제시해야 한다.

둘째, 공화주의는 민주적 리더십에 대한 새로운 이해를 제공해야 한다. 즉 대중의 의견에서 출발해야 하지만, 대중의 의견을 넘어설 수밖에 없는 불가피한 이유를 정치적 삶의 내용으로 재구성할 수 있는 근거를 제공해야 한다는 것이다.

셋째, 공화주의는 특정 정치공동체의 지리적·문화적 경계를 넘어 비지배 자유가 적용될 수 있는 구체적이고 현실적인 정책적 방향을 제시할 수 있어야 한다. 다양한 문화와 집단의 평화적 공존의 필요성이 널리 인정되고 있는 지금, 공화주의는 특정 집단 또는 정치공동체에 대한 애정이 어떻게 다른 집단 또는 다른 공동체 구성원에 대한 배려로 전환될 수 있는지를 구체적으로 밝혀야 한다(한국정치학회 편, 2008: 199-201).

2. 참여방식에 따른 분류

참여방식을 기준으로 대의민주주의, 직접민주주의, 참여민주주의로 민주주의를 분류할 수 있다. 대의민주주의란 전체 공동체에 관한 심의가 그 구성원들에 의해 직접 이루어지는 것이 아니라 구성원들의 대표로 선출된 사람에 의해 이루어지는 것을 의미한다. 즉, 대의민주주의는 선거로 뽑힌 대표에 의해 국가작용이 운영되며, 공적 의사결정에서 시민들 간의 면대면 접촉을 통한 심의로 결정하는 것이 아니라 투표를 통해 시민들의 의사가 결집된다는 것을 가정하고 있다(오승호, 2006: 11). 그래서 밀은 대의민주주의란 인민이 그들 자신에 의해 정기적으로 선출되는 대표자를 통해 궁극적 통제권을 행사하는 민주주의를 의미한다고 하였다. 이처럼 대의민주주의 체제하에서 시민들은 자신의 대표를 통해 간접적으로 정치에 참여하고 있다. 따라서 대의민주주의 체제하의 시민들은 민주주의를 자신들을 대신해서 정책에 관한 결정을 내릴 정치적 대표를 선출하는 정치체제로 생각한다(홍익표·진시원, 2009: 119). 이런 대의

민주주의는 넓은 영토와 많은 인구를 통치가능하게 하는 실현가능한 민주주의로 신화화되었다. 하지만 오늘날과 같이 고도로 전문화되어 가는 사회에서 다양한 이해관계를 가진 국민의 의사를 모두 대변해 줄 수 있는 대표자는 사실상 존재하기 어렵다. 이로 인해 제기되는 대의민주주의의 문제점은 다음과 같다(최정인, 2007: 20). 먼저 대의민주주의 체제하에서는 소수의 지배적인 권력 집단이 형성되면서 시민들의 의사가 왜곡되거나 자율성이 침해되고 시민들은 의사결정 과정에서 영향력을 행사하지 못한다. 그 결과 시민들의 정치참여는 배제되거나 왜곡되고 있다. 또한 대의민주주의는 강한 발언권을 가진 이익집단이 특수이익을 추구할 가능성이 높다. 그래서 사회적 약자를 구제할 수 있는 장치가 없고, 국민들의 공공선의 개념이 부족하여 공공선 발견 과정보다는 자기 이익이 채택되기 위한 경쟁과 타협의 과정이 우세하게 나타난다는 문제점이 있다(홍익표·진시원, 2009: 119-120). 이 외에도 대의민주주의의 의회는 공개적 토론이 제대로 되지 않은 상태에서 거수기 역할을 수행하고 있다.

한편 직접민주주의는 대의제와 같은 중간 매개 없이 모든 사람이 정책 결정과 투표에 직접적으로 참여하는 원리이다. 직접민주주의의 의미는 맥린(McLean)과 루소(Rousseau)의 사상에 잘 나타나 있다. 맥린은 집단의 구성원들은 대표를 선출하지 않으며, 모든 집단구성원이 집단의 모든 결정에 동등하게 참여할 권리를 가지는 것이 직접민주주의라 정리하고 있다(오승용, 1999: 78). 루소는 대의민주주의를 비판하고 직접민주주의를 옹호하면서 직접민주주의의 네 가지 조건을 제시하였는데 그 조건들이란 첫째, 모든 국민들을 한 자리에 소집할 수 있고, 모든 시민들이 각각의 이웃들을 알 수 있는 조그마한 규모의 국가를 전제로 한다. 둘째, 규범이 간단한 업무를 최소화하고, 곤란한 문제들을 피할 수 있어야 한다. 셋째, 재산과 신분에서 상당한 평등이 요구된다. 넷째, 사치란 것은 조금만 있거나 아주 없어야 한다는 것이다. 하지만 이러한 네 가지 조건을 동시에 갖춘 국가란 존재하기 힘들다. 이상의 논의를 통하여 직접민주주의는 한 집단이나 공동체의 정책을 형성하는 일에 법적 책임을 가진 주체가 그 집단이나 공동체를 구성하는 전체 성인의 집단이 되는 민주주의로 볼 수 있다(주성수·정상호 편, 2006: 56). 이런 직접민주주의는 참여민주주의의 가장 실질적인 형태이다.

직접민주주의의 확대는 현행 대의민주주의가 직면하고 있는 소수의 지배적인 권력집단에 의한 정치적 지배의 문제점을 보완해주는데 있어 많은 긍정적인 기여를 한다. 직접민주주의는 무시되기 쉬운 다양한 정치적 견해들이 표출되어 논의되는 기회를 제공해 주고 정치적 대표성이 취약한 사회적 약자들의 입장이 논의되기도 하여 시민의 정치적 소외를 감소시켜 정치권력의 독점을 방지하고 보다 균등한 분포를 지향하는 장점이 있다. 그리고 정치권력의 정통성이 공론에 의해 창출되고 확인되고 도전받도록 함으로써 보다 공론적인 정치를 가능하게 하며 정부 등 국가기관의 정통성과 투명성을 제고시켜 준다. 또한 정책에 대한 시민의 일체감을 조성하며 시민사회에서 시민교육을 실시하는 역할을 수행할 수 있다(이종식, 2008: 95). 이와 같이 직접민주주의는 대의민주주의의 결손을 보충하는 여러 가지 장점을 가지고 있지만 적지 않은 문제들 또한 안고 있다. 첫째, 정책 이슈들은 복잡한데, 주민투표의 질문은 간단하거나 모호하고 이에 대해 찬성 또는 반대로 간단히 답을 하게 되므로 주민투표는 정책 이슈는 결정하는데 부적절하거나 위험하다. 둘째, 직접민주주의는 심사숙고의 과정이 없다. 경쟁적 집단들 사이의 자유로운 토론이 이뤄지지 않고 투표에 맡기는 과정은 비민주적 결과를 초래할 뿐 아니라, 투표 결과에 따른 문제가 발생하면 그에 대한 책임을 지닌 주체는 누구도 될 수 없는 책무성의 문제도 제기될 수 있다(주성수·정상호 편, 2006: 62). 셋째, 직접민주주의는 인민들이 회합할 수 없는 작은 곳에서는 불가능하고, 수많은 사람들을 한 장소와 시간에 모으기 위해서는 많은 시간과 돈이 지출되기 때문에 비효율적이다(오승용, 1999: 80).

마지막으로 참여민주주의란 자신의 삶에 중요한 영향을 미치게 될 공공정책의 의사결정과정에 공식적 정책결정자 이외에 일반 시민들도 폭넓게 참여하여 자아실현을 추구하는 정치적 이념으로 이해할 수 있다(최정인, 2007: 21-22). 그러므로 참여민주주의란 기존의 대의민주주의의 한계를 보완하는 민주주의의 한 유형으로서 권력의 분산이 이루어지고 일반 국민의 자치와 광범위한 직접 참여가 보장되는 정치형태 또는 정책결정과정에 대한 일반시민들의 직접 참여 기회를 최대한으로 확대하고 보장하기 위해 기존의 대의민주주의 제도에 직접민주주의적 요소를 대폭 도입하는 민주주의의 한 유형을 의미한다고 하겠다(조소영, 2003: 14).

1960년대에 신좌파 운동의 슬로건에서 비롯된 현대적 참여민주주의는 시민이 혜택의 수동적 수혜자로 머무는 것이 아니라 혜택을 베푸는 능동적 행위자가 되는 것을 원하고 있다. 따라서 참여민주주의 운동의 목표는 진보적이고 혁신적이며 권력 재분배에 관심을 두고 있다. 그래서 참여민주주의는 민중에게 권력을 돌려주어야 한다는 것을 슬로건으로 한다(이종식, 2008: 98). 이처럼 참여민주주의는 시민에 의한 자치라는 민주주의의 이상을 실현가능하게 하고, 지배 권력으로 하여금 쌍방 통행적 정치를 통해 통치의 효율성을 높일 것을 제안하고 가능하게 하며, 이 과정에서 능동적인 시민을 육성하여 민주 정치의 발전을 가져올 수 있다(홍익표·진시원 공저, 2009: 121). 하지만 참여민주주의는 과도하게 낙관적이며 비현실적인 인간상을 제시한다. 그러나 시민들은 개별적으로 이기심을 최대로 추구하는 사람이고 특수한 조건에서만 공익지향적인 협력을 한다. 또한 많은 사람이 정책결정과정에 참여한다고 해서 반드시 최선의 정책이 나온다는 보장은 없으며 우둔한 다수의 참여는 오히려 정책결정과정에 혼란과 문제를 야기할 뿐이다. 이 밖에도 과다 동원으로 인한 정치적 불안정, 목표를 둘러싼 개인 간의 끊임없는 갈등, 시민들을 합리적 의사결정자로 가정하여 시민들의 정책결정능력을 과대평가한 것도 그 한계라 할 수 있다. 참여민주주의자들은 시민참여가 체제의 안정과 정통성을 보장해 주며 민주주의의 건강을 유지해 준다고 주장하지만 자유민주주의자들은 참여의 과잉에 따른 체제의 불안정을 걱정하는 것이다(홍익표·진시원, 2009: 121-122).

3. 운영 방법에 따른 분류

운영 방법을 기준으로 심의민주주의, 결사체민주주의, 전자민주주의, 풀뿌리민주주의로 민주주의를 분류할 수 있다.

자유민주주의의 이념적 한계와 대의민주주의의 형식적 한계를 극복하기 위해 참여민주주의가 요청되었고 이 참여민주주의를 질적으로 강화하며 구체화한 것이 심의

민주주의라고 할 수 있다(황재준, 2002: 14). 심의민주주의를 '공동체 의사결정의 심의적 과정에 정보를 갖춘 시민들의 참여'라고 정의하면 심의민주주의의 일차적인 조건들은 광범위한 참여, 정보를 갖춘 참여, 심사숙고하는 참여, 그리고 신뢰할 만한 결론 등이라고 볼 수 있다(주성수·정성호 편, 2006: 42). 하버마스(Habermas)는 심의민주주의는 대의민주주의를 폐지하는 것이 아니고 민주주의의 이념을 새로운 차원에서 재구성하는 것이라 하였다. 그는 의사소통적 이성을 통해 시민의 정치적 주체성을 회복시키며 정치과정과 절차를 공정하게 하는 것이 필요하다고 보았다(황재준, 2002: 15). 하버마스에 의하면 심의민주주의는 정치적 의사 형성이 이루어지는 공론장을 민주주의의 중심 무대로 설정한다. 공론장은 무엇보다도 여론이 형성될 수 있는 사회적 삶의 영역을 의미하며 모든 시민들은 공론장에 참여할 권리를 보장받는다. 따라서 공화주의처럼 시민적 자기결정의 주체를 하나의 국가 단위의 집합적 주체로 귀속시키거나 자유주의처럼 법치(rule of law)를 다수의 고립된 개인적 주체들에게 적용하는 의식 철학을 과감하게 버리고 '상호주관성(intersubjectivity)'을 이론화의 토대로 삼는다(조주현, 2006: 35). 이런 심의민주주의는 자유민주주의의 '민주주의 결손'을 보충하는 제도적 장치가 될 수 있을 뿐 아니라 나아가 참여민주주의의 '민주주의 과잉'을 보완하는 제도적 기초를 제시해 줌을 알 수 있다. 단순한 우발적인 참여에 의존할 수 있는 참여민주주의는 정치 불안을 조장하기 쉬우므로 보다 안정적이고 진지한 참여 그리고 심사숙고된 토의에 기초하는 심의민주주의제도에 의해 보완될 필요가 있다(주성수·정상호 편, 2006: 42-45).

결사체에 의해서 이루어지는 민주주의가 결사체민주주의(associative democracy)이다. 결사체는 개인, 가족, 국가, 시장, 자연 공동체와 구분되는 자발성에 기초한 사회집단으로서, 개인이나 가족을 국가에 연결시켜 주는 매개 조직이라고 정리할 수 있다(주성수·정상호 편, 2006: 123-124). 결사체민주주의는 참여민주주의의 하나로 보는 시각이 일반적이며 국가에 의해 수행되는 광범위한 기능들을 독립적이며 자원적인 시민사회 단체에게 이양하여 이들이 실질적인 거버넌스에 동참하도록 하여 참여민주주의의 중요한 채널이 되도록 할 것을 제안한다(이종식, 2008: 132). 결사체민주주의는 분권과 자율이라는 급진적 가치의 심화와 발전을 통해 국가와 시민사회 모두의 공적 기능을 활성화시킨다. 즉, 결사체는 행정개혁 등의 개혁안을 기획하고 제안해서 정부가 정책 형성과 채택을 하도록 하는 핵심적인 역할을 하며, 정책이 결정되거나 집행되는 과정에서 제기되는 반개혁적 세력들에 대한 방어활동의 역할을 한다(이종식, 2008: 138). 하지만 시민결사체들 사이에서도 자원과 정치적 영향력의 불평등이 존재하며, 사회적 자본과 신뢰의 명제와 관련해서도 일반적인 호혜 관계를 구축하고 신뢰의 범위를 사회 전체로 넓혀갈 수 있는 긍정적인 측면이 있는가 하면 끼리끼리의 사적 신뢰의 기반을 구축함으로써 특수주의의 병폐를 갖고 올 수도 있다(김의영, 2005: 437-438). 또한 결사체민주주의의 권한 위임은 국가의 축소와 경제 영역의 민영화와 같이 신자유주의 이데올로기에 부합하는 측면이 존재하며 민주적 발전을 위해 결사체주의를 필요로 하는 지역들은 유감스럽게도 민주적 가치와 태도가 결핍되어 있는 곳이 많다는 것도 문제점으로 지적되고 있다.

따라서 결사체민주주의의 실현 가능성에는 의구심이 일고 있으며, 이러한 이유로 결사체민주주의에 대한 초기의 열광적 환호성이 잦아들고, 거품과 후유증에 대한 우려가 늘어가고 있다(주성수·정상호 편, 2006: 149-150).

전자민주주의라는 개념은 일반적으로 '정보통신기술 또는 컴퓨터를 매개로 한 의사소통을 활용하여 시간, 공간 및 기타 물리적 제약을 극복하고 민주주의를 실천하려는 시도들'로 정의될 수 있을 것이다(주성수·정상호 편, 2006: 158). 전자민주주의란 정치과정에 발달된 정보기술을 활용함으로써 시민이 개별적으로 혹은 집단을 구성하여 주요 정치적·정책적 이슈에 대하여 관련 정치인이나 정당에 직접적으로 의견을 제시하거나 관심 있는 사람들의 집단행동을 사이버 공간을 통해 실시간에 동원함으로써 시민의 정치참여를 보다 용이하게 하고, 전자적 방법으로 투표하고 선거 과정에 참여하는 등 보다 직접적으로 참여하는 민주주의를 가능하게 하는 정보화시대의 민주주의라고 이해되고 있다(최정인, 2007: 31-32). 전자민주주의는 대의민주주의에서 제기되고 있는 대표성 또는 정당성의 위기를 극복하기 위한 시도로써 국민의 정치적 무관심을 해결하는 것은 물론이거니와 정치과정에 있어 다양한 참여를 통해 정당성 확보와 함께 인터넷을 통한 빠른 결정으로 정치적 효율성도 높일 수 있다(최정인, 2007: 35). 또한 인터넷은 심의민주주의의 실현에 장애가 되는 물리적·심리적·사회적 장벽을 제거함으로써 공론장의 기능을 할 수 있다. 그리고 공적인 문제에 대한 시민들의 정보 접근을 보다 용이하게 하고 선출된 대표자와 유권자들 간에 의사소통을 활성화함으로써, 정치과정에 무관심했거나 소외된 사람들을 대의 과정에 참여시킬 수 있다(주성수·정상호 편, 2006: 162-163). 하지만 정치적 커뮤니케이션 자체도 권력관계의 산물이다. 기술 발전은 근본적으로 사회적 권력관계의 영역 안에 존재하기 때문이다. 그래서 전자민주주의의 논의는 기술의 적극적이고 새로운 역할을 강조했다는 측면에서는 긍정적이지만 사회질서의 측면, 권력관계의 측면, 사회 체제의 성격을 간과했다는 점에서 기술 중심주의라는 비판을 면하기 힘들다(오승용, 1999: 103-104).

평범한 사람들이 만들어가는 민주주의를 풀뿌리민주주의(grassroots democracy)라고 부른다. 풀뿌리민주주의의 특징은 먼저 참여민주주의와의 비교를 통해 제시해 볼 수 있다. 참여민주주의가 대의민주주의의 극복보다 대의민주주의의 보완과 심화를 추구한다면, 풀뿌리민주주의는 궁극적으로 대의민주주의의 극복을 과제로 삼는다. 참여민주주의는 대의제를 보완할 참여제도를 만드는 것이 중요한 과제라고 보지만 풀뿌리민주주의는 직접민주주의를 기본으로 삼는다. 참여민주주의의 정치행위자는 정치적으로 새로운 주체를 의미하지 않고 정치적으로 무관심해진 기존의 시민층 또는 중간계급을 대상으로 하는 반면, 풀뿌리민주주의는 정치적으로 배제되어 온 사람들, 서발턴(subaltern)을 정치의 행위자로 삼는다. 서발턴을 개념화한 안토니오 그람시(Antonio Gramsci)의 주장에 따르면, 서발턴은 경제적인 발전 과정에 따라 객관적으로 형성되고, 지배적인 정치조직에 적극적으로든 수동적으로든 합류하려는 집단을 의미한다. 참여민주주의가 특정한 가치영역을 가지지 않고 제도화된 틀 내로 참여의 폭을 넓히는 데 집중한다면, 풀뿌리민주주의는 좌와 우라는 냉전의 이념적 스펙트럼을 탈피할 뿐 아니라 전통적으로 다뤄지지 않았던 주제 영역들, 특히 여성, 평화, 생태 같은 영역을 정치화한다. 특히 풀뿌리민주주의는 '생활 정치'(life politics)를, 즉 일상생활에서 드러나는 모순과 갈등을 주민 스스로 해결해야 한다고 촉구한다. 풀뿌리민주주의는 정치와 경제, 사회라는 영역을 따로따로 구분하지 않고 총체적인 삶의 변화를 지향한다. 풀뿌리민주주의의 또 다른 특징은 풀뿌리라는 말에서 드러나듯 분권과 자율성에 대한 강조이다. 분권은 기존의 국가중심체제의 관료주의와 위계질서에 대한 거부를 의미할 뿐 아니라 참여의 핵심적인 전제이기도 하다. 분권은 중앙 권력이 소외시킨 수동적인 시민을 스스로 판단하고 결정하며 집행하는 시민으로 발전시키는 과정을 뜻한다. 하지만 풀뿌리민주주의는 분권을 추구하지만, 분권은 국가 안팎의 권력과 지역 내 유력자들의 간섭으로 침해받거나 왜곡될 가능성이 있다. 단순히 분권만으로는 풀뿌리민주주의의 활력이 자동적으로 생성되지 않는다. 주민들 스스로 정치의 행위자가 되려 할 때에만 풀뿌리민주주의는 체계나 지방의 유력자들의 영향력에 흔들리지 않고 확고한 뿌리를 내릴 수 있다. 그런데 이런 뿌리를 내리려면 일정한 훈련과 학습이 필요하고 이런 훈련과 학습은 단순히 개인에게 부여할 수 있는 정보나 훈육으로만 구성되는 게 아니라, 피지배자로서의 개인에게 권리와 의무를 깨우쳐 주어, 그 권리와 의무에 일치할 수 있도록 점차적으로 지성을 키워나갈 수 있게 해주는 것이다. 즉 시민에게 잠재적인 지배자의 위치에 부합하는 교육을 실시해야 한다(주성수·정상호 편, 2006: 225-228).

이와 같이 다양한 민주주의 모델이 주장되고 있음에도 불구하고 현행 교과서 개발에 지침이 되는 교육과정에서 어떻게 민주주의 교육이 제시되고 있는지를 다음 장에서 분석하도록 하겠다.

Ⅳ. 중등 사회과 민주주의 교육 현황 및 개선 방안

1. 중등 사회과 민주주의 교육 실태

결론부터 밝히면 우리의 민주주의 교육 관련 내용은 자유민주주의와 대의민주주의 중심의 교육이라고 할 수 있다. 이런 결론은 이미 선행연구에서 다수 제시하고 있다. 제7차 교육과정 당시를 분석하였던 임희숙(2000)은 우리 학교의 시민교육이 자유민주주의 사회의 적응과 유지를 위해 시행되고 있다고 주장하고 있다. 또한 정영수·진유범(2003) 역시 우리의 정치교육 이념이 자유민주주의 이념이라고 제시하고 있다. 제7차 교육과정부터 2009 개정 교육과정까지를 분석한 김수식(2010)의 연구 결과에서도 우리의 교육과정이 자유민주주의와 대의제 민주주의를 중심으로 하고 있음을 밝히고 있다. 또한 김태우(2012)는 초등학교 교과서, 중학교 '사회', 고등학교 '사회', 고등학교 '법과 정치' 교과서 분석을 통해 민주주의와 관련되는 학습 내용이 자유민주주의 교육관이 많이 반영된 것이라고 주장하였다.

현행 교육과정의 민주주의와 관련되는 목표와 내용 역시 자유민주주의와 대의민주주의 교육관에서 크게 벗어나지 못하고 있다. 현행 교육과정이 제7차 교육과정을 근거로 부분적, 점진적으로 수정된 2007 개정 교육과정, 2009 개정 교육과정을 거쳐 다시 2009 개정 교육과정이 일부 수정된 결과물이기 때문이다. 따라서 그동안에 민주주의와 관련되는 기본적인 관점이 크게 변하여 현행 교육과정에 반영되었다고 기대할 수 없다.

현재 사회과에서 민주주의 교육은 초등학교 3학년부터 중학교 3학년까지의 공통교육과정에 속하는 '사회'와 고등학교 선택 과정 중 일반선택과목인 '사회', '법과 정치'를 통해 가능하도록 되어 있다. 본 연구에서는 추상적이고 유동적인 개념이라고 할 수 있는 민주주의의 특성을 감안할 때 초등 교육과정에서 다양한 민주주의를 경험하는 교육이 적절하지 않다는 점을 고려하여 중등 교육과정을 중심으로 분석하였다.

공통교육과정에 속하는 '사회'의 성격은 사회 현상을 올바르게 인식하고, 사회 지식 습득과 사회생활에 필요한 기능을 익히며, 민주사회 구성원에게 요청되는 가치와 태도를 지님으로써 민주 시민으로서의 자질을 육성하는 교과이다(교육과학기술부, 2012: 4). 이런 성격 이외에 교육적 목표 '라' 조항에서는 '사회생활에 관한 기본적 지식과 정치·경제·사회·문화 현상에 대한 기본적인 원리를 종합적으로 이해하고, 현대 사회의 성격 및 민주적 사회생활을 위하여 해결해야 할 여러 문제를 파악한다'라고 명시하고 있으며, '바' 조항에서는 '개인과 사회생활을 민주적으로 운영하고, 우리 사회가 당면한 문제들에 관심을 가지고 민주국가 발전과 세계의 발전에 적극적으로 이바지하려는 태도를 가진다'라고 제시하고 있다.

이와 같이 사회과 목표에는 '민주시민', '민주사회', '민주적 사회생활', '개인과 사회생활을 민주적으로 운영', '민주국가발전'등의 용어를 통해 민주주의 교육을 실시해야 함을 간접적으로 드러내고 있다.

고등학교의 일반과목인 '사회'의 경우 '민주 시민으로의 필요한 자질을 갖추게 하여'라고 해서 역시 중학교 '사회'와 마찬가지로 간접적으로 제시하고 있다. 구체적인 교육목표에서는 '민주'라는 표현이 제시되지 않았다.

민주주의 교육과 직접 관련되는 또 하나의 과목인'법과 정치'에서는 민주시민의 자질을 함양하기 위해 개설된 교과임을 명시하고 있으며, 민주주의 의미와 발전, 국민의 권리·의무와 정치과정, 국가기관의 구성과 운영 원리 등에 대한 이해를 교과의 목표로 제시하고 있다. 또한 '민주시민으로서의 능력과 태도', '민주주의의 근본 가치와 원리'를 이해하고 정치적 문제를 해결할 수 있는 능력 함양 등을 제시하면서 '민주시민으로서의 지식과 기능 및 태도' 함양을 목표로 한다는 점을 명시하고 있다. 개별목표로서는 '민주정치의 발전 이해', '현대 민주국가에서의 법의 필요성과 기능 이해', '민주주의 기본 가치를 내면화하여 시민의 권리와 사회적 책임을 인식하고 민주적 자질을 함양하여 공동체의 발전에 능동적으로 참여하는 태도 함양' 등을 제시하고 있다. 더불어 정치적 운영 원리를 이해하며 민주적 법체계와 절차를 존중하고 건전한 시민의식을 가지고 민주사회의 실현에 능동적으로 참여하는 자세를 갖도록 한다는 점을 제시하고 있다. 이와 같이 '법과 정치'에서는 사회과의 정치교육의 방향이 민주주의와 밀접한 관련성이 있음을 잘 보여주고 있다.

이상에서 살펴본 바와 같이 교육목표에서 '민주주의'와 관련되는 용어는 빈번하게 사용되고 있지만 민주주의 교육의 방향이나 구체적 내용을 파악하기는 어렵다. 그렇다고 해서 민주주의가 개방적이고 유동적인 개념으로 사용되었다고 보기도 어렵다.

이와 같은 학교급별 또는 교과 목표보다 공통교육과정의 '사회', 고등학교 선택과정의 일반선택과목인 '사회'와 '법과 정치'에서 민주주의와 관계되는 단원들의 목표와 내용 요소는 상대적으로 구체적인 편이다.

<표 1>은 중등 사회과에서 민주주의 교육과 관련되는 단원 목표와 내용 요소이다.

<표 1> 중등 사회과 민주주의 관련 단원 목표와 내용 요소

중학교 사회	단원	정치생활과 민주주의
	단원목표	1. 정치의 의미를 다양한 관점에서 이해하고, 민주정치 발전 과정에 대한 분석을 통해 민주정치의 특징을 이해한다. 2. 민주주의의 이념과 이를 실현하기 위한 민주정치의 기본원리를 이해한다. 3. 민주주의의 이념과 기본원리를 구현하기 위한 민주 정치 제도를 정부형태 중심으로 탐구한다.
	내용요소	정치의 의미와 중요성, 민주정치의 발전 과정, 민주정치의 특징, 민주주의의 이념과 원리, 민주정치 제도, 정부형태
	단원	정치과정과 시민참여
	단원목표	1. 정치과정을 통해 다원적인 가치와 이익이 조정되고 있음을 이해하고, 정치과정에 참여하는 다양한 정치 주체의 역할을 인식한다. 2. 선거의 의미와 특징을 이해하고, 선거의 기본 원칙과 공정한 선거를 위한 제도 및 기관에 대해 조사한다. 3. 지방자치제도의 의미와 특징을 이해하고, 지역사회의 문제를 해결하기 위한 시민참여 활동을 중심으로 지역사회의 정치과정을 탐구한다.
	내용요소	정치과정, 다양한 정치 주체의 역할, 민주주의에서 선거제도, 지방자치제도, 지역문제 해결을 위한 시민 활동
고등학교 사회	단원	개인과 공동체
	단원목표	1. 인간존엄성의 의미를 이해하고, 구체적인 사례를 통해 인간의 존엄한 삶을 위해 자유를 비롯한 다양한 권리가 필요함을 인식한다. 2. 개인의 자유와 국가의 정책이 대립하거나 갈등하는 구체적인 사례를 살펴보고, 이를 합리적으로 해결하는 방안을 모색한다. 3. 헌법에 규정된 자유민주적 기본질서를 유지하기 위한 다양한 제도적 장치를 파악하고, 공동체 발전을 위하여 주권자로서 사회 참여의 중요성을 인식한다. 4. 사회적 약자를 보호하고 지역 격차를 해소하기 위한 다양한 정책 사례를 분석하고 평가하여 자신의 입장을 명료화한다.
	내용요소	개인과 공동체 간의 관계, 개인의 자유와 권리, 개인과 공동체 간의 조화, 차별과 소외를 없애기 위한 방안

고등학교 법과 정치	단원	민주정치와 법
	단원목표	1. 정치의 의미와 기능을 이해하고 민주정치의 발전 과정을 역사적 맥락 속에서 이해한다. 2. 법치주의의 의미를 이해하고 법치주의와 민주정치의 관계를 파악한다. 3. 우리나라 민주정치의 특성과 문제점을 파악하고 개선 방안을 모색한다
	내용요소	정치의 의미와 기능, 민주정치의 발전 과정, 법치주의의 의미, 법치주의와 민주정치의 관계, 우리나라 민주정치의 특성과 문제점, 우리나라 민주정치의 개선 방안
	단원	민주정치의 과정과 참여
	단원목표	1. 정부의 기본적인 형태인 대통령제와 의원내각제의 특징을 비교·분석하고, 우리나라의 정부, 형태와 정치제도에 대해서 파악한다. 2. 정당의 기능과 의의를 파악하고 선거제도의 다양한 유형을 이해한다. 3. 현대 민주정치에서 국민의 정치참여가 갖는 의의를 탐색하고 다양한 정치참여의 유형을 실제 사례와 관련지어 파악한다.
	내용요소	정부형태, 우리나라의 정부형태와 정치제도, 정당의 기능과 의의, 선거제도의 유형, 국민의 정치참여, 다양한 정치참여 유형

<표 1>에 따르면 다양한 민주주의를 학습할 수 있는 목표나 단원을 찾아보기 어렵다. 중등 사회과 교육과정에서 민주주의를 다루는 단원들의 내용 요소로는 민주주의 의미, 민주정치의 발전 과정, 민주주의 이념과 기본원리, 정부형태, 기본권, 정치과정과 관련한 제도로서 정당, 선거, 지방자치제도, 우리나라 민주정치의 특성, 헌법, 우리나라 민주정치의 개선 과제 등이 주요 내용으로 제시되어 있다. 이런 현행 교육과정의 주요 내용들은 수정되기 전 2009 개정 교육과정의 내용과 크게 달라지지 않았다. 이런 점을 감안한다면 중등 교육과정의 사회과 민주주의 교육 주요 내용은 자유민주주의와 대의제 민주주의에서 중시하는 것이 대부분이 된다. 민주주의의 의미는 김수식(2010)이 분석한 대로 '인민의 지배'라는 어휘적 의미를 고려한 것으로 보이고, 민주정치의 발전 과정은 아테네 민주주의부터 현재의 자유민주주의 발전 과정을 감안한 것으로 보인다. 민주주의 기본 이념과 기본원리 역시 서구 시민혁명의 과정에서 나타난 근대입헌주의 헌법원리를 고려한 것이라고 할 수 있다. 이런 이념과 원리는 자유민주주의와 대의제 민주주의의 주요 관점이라고 할 수 있다. 또한 자유민주주의와

대의제 민주주의가 중시하는 개인의 기본권, 법과 제도 등이 주요 내용으로 제시되어 있다. 이런 분석은 수정되기 전 2009 개정 교육과정에 따른 교과서를 분석한 김태우(2012)의 연구에서도 발견된다.

또한 수정되기 전 2009 개정 교육과정은 김수식(2010)이 지적한 대로 2007 개정 교육과정에서 포함되었던 '참여민주주의'가 삭제되었다. 또한 2009 개정 교육과정의 민주주의 관련 내용이 2007 개정 교육과정과 큰 변화가 없지만 오히려 민주주의 관련 내용 축소, 참여민주주의의 폐지, 자유민주주의나 대의제 민주주의와 관련되는 제도 중심의 학습 내용 등을 보았을 때 자유민주주의와 대의제 민주주의가 더욱 강화된 교육과정이라고 분석하였다(김수식, 2009: 69-75).

수정된 후 2012년에 고시된 2009 개정 교육과정은 자유민주주의와 대의제 민주주의의 관점을 강화된 측면에서 그치지 않는다. 사회과의 집중이수제, 고등학교의 선택 과정을 도입함으로써 현실적으로 민주주의와 관련되는 내용을 학생들이 학습하지 못할 수 있는 위험을 내포하고 있다.

2. 중등 사회과 민주주의 교육의 문제점과 개선 방안

앞서 살펴본 바와 같이 중등 사회과에서 민주주의 교육 내용은 자유민주주의와 대의 민주주의를 중심으로 교육과정에서 제시하고 실천되고 있다. 이와 같은 교육과정의 문제점을 구체적으로 살펴보면 다음과 같다.

우선 자유민주주의와 대의 민주주의 중심으로 하는 민주주의 교육의 한계이다. 자유민주주의와 대의 민주주의를 중심으로 하는 민주주의 교육이 부정적인 영향만을 끼친 것은 아니다. 예컨대 인간의 존엄성, 자유 등과 같은 가치를 전수하고, 국가권력으로부터 개인을 보호하기 위한 법과 제도를 강조한다는 측면에서 긍정적인 기여를 한다. 또한 시민으로서의 참여에 필요한 자질을 중시하고, 정치과정에 대한 참여 방법을 마련하여 민주적 절차를 확립할 수 있는 교육 기회를 제공하기도 한다. 하지만 개인을 우선시한다는 점에서 사적 이익 지향의 인간을 만드는데 기여한다는 점, 시민의 자질에 필요한 지식과 교양을 강조함으로써 지식의 전수나 교화에 힘쓴다는 점(Girous, 1983: 206-214), 정치참여 그 자체가 아닌 선거 등과 같은 제도 참여를 위한 소양을 강조하는 참여 교육에 그친다는 점, 그 결과 정치적 문제를 반성적으로 성찰하는 자아 형성에 기여하지 못한다는 점 등이 문제점으로 지적되고 있다(임희숙, 2000: 165-166 ; 오승호, 2006: 38-40).

다음으로는 교육과정과 관련되는 문제점으로는 민주주의 관련 내용이 축소되었다는 점, 자유민주주의와 대의민주주의 관점을 지나치게 강조한 나머지 다양한 민주주의를 경험할 수 있는 기회를 제공하지 못하고 있다는 점, 이런 교육 기회를 경험할 수 있도록 민주주의 교육의 목표와 내용이 체계적으로 실현되지 못하고 있다는 점, 민주주의와 관련되는 단원 목표 등에서 나타나는 것처럼 민주주의와 관련되는 지식을 이해하는 데 치중하고 있다는 점, 집중이수제 및 고등학교 선택교육과정으로 민주주의 교육이 부실하게 이뤄질 수 있다는 점, 민주주의 교육을 제대로 하기에 사회과 수업 시수가 부족하다는 점 등이다.

이런 문제점들은 다양한 민주주의 교육을 방해하는 주요 요인들이라 할 수 있다. 따라서 다양한 민주주의 교육을 위해서는 다음과 같은 개선 방안이 요구된다.

첫째, 자유민주주의와 대의민주주의의 공과에 대한 성찰을 바탕으로 다양한 민주주의에 교육 경험을 교육과정에 도입하는 것이다. 자유민주주의와 대의민주주의는 지금까지 보편적 원리로서 인류와 역사의 진보에 기여한 그 성과 또한 무시할 수 없다. 하지만 근대 이후 민주주의의 주류를 형성한 대의제 자유민주주의는 민주주의의 이념에서 멀어지고 있는 양상을 보인다. '다스리는 자와 다스림을 받는 자의 위계적 분리'가 강화되었다는 것과 그로 인해 공동선 창출이 어려워졌다는 것이다. 누가 정치의 주인인가 그리고 의사결정의 양식과 절차가 공정한가의 두 측면에 있어서 자유민주주의와 현대의 대의민주주의는 시민들로부터의 정치적 주체성 탈각과 대표의 실패로 요약되는 과정의 불공정성을 드러내고 있는 것이다. 이는 민주주의를 대표구성, 정치체제의 성립과 운용으로 국한시켰던 자유민주주의적 시각이 한계를 노출한 것이라 할 수 있다. 그 결과 사회적 불평등의 심화, 정치적 주체의 소외와 부재라는 사회적 문제를 야기하고 있다. 자유민주주의와 대의민주주의는 절대적 진리가 아니라 민주주의의 여러 가지 모델 중 하나이다. 현재 자유민주주의와 대의민주주의의 한계를 극복하는 데 필요한 다양한 민주주의에 대한 사회적 요구와 학습자의 잠재적 요구를 고려했을 때 다양한 민주주의 교육 경험을 도입해야 할 것이다.

둘째, 다양한 민주주의 교육을 위해서는 체계적이면서 연속적인 민주주의 교육과정 구성이 필요하다. 우선 민주주의 교육의 목표를 정확하게 하는 것이고, 이 목표 달성에 필요한 내용을 체계적으로 구성하는 것이다. 민주주의 교육의 목표는 특정 이념을 주입하거나 교화하는 것이 아니라 민주공동체 구성원들이 자발적으로 가치를 형성하고 그 가치를 실현하기 위한 방안을 모색하는 방향으로 제시되어야 할 것이다. 따라서 자유민주주의와 대의민주주의를 중심으로 하는 내용이 구성되더라도 그 문제점을 제시하고 다양한 민주주의가 어떻게 그 문제를 해결할 수 있는지에 대해 학습할 수 있도록 하는 것이 필요하다. 이 경우 모든 민주주의 모델을 경험할 수 없으므로 교육전문가, 정치학자, 교사 등의 민주적 합의를 통해 중등 사회과 교육과정에서 다룰 범위를 정할 필요가 있을 것이다. 이런 과정을 통해 다양한 민주주의가 교육과정의 필수적인 내용으로 도입되어야 할 것이다. 또한 민주적 합의로 도입된 다양한 민주주의 경험이 지식으로 그치지 않고 실천적인 태도 형성에 기여할 수 있는 다양한 수업 방안을 모색해야 할 것이다.

셋째, 다양한 민주주의 교육이 실질적으로 민주시민성 함양에 기여할 수 있는 충분한 수업 시수 확보가 필요하다. 다양한 민주주의의 내용들은 생활 영역에서부터 정치공동체 차원까지 존재하는 비민주적 태도와 관행들을 포함하여 사회적 불평등, 정치적 소외 등의 문제점 등에 대해 비판적으로 검토하고 대안을 모색하는 적극적이고 주도적인 학습 과정이 수반될 때 효과적으로 학습할 수 있기 때문이다. 이를 위해서는 자신의 생각을 정리할 수 있는 충분한 시간, 타인의 의견을 듣고 자신을 성찰해 나가는 시간, 사회문제를 다루고 비판적으로 분석하는 시간, 균형적인 판단을 내리기 위한 탐구의 시간, 직접 쟁점을 체험하고 정치적 참여를 해보는 시간 등 많은 학습 시간이 필요하다.

V. 문화자본으로서의 민주주의 교육에 대한 성찰과 극복

살펴본 바와 같이 자유민주주의와 대의민주주의는 그동안의 높은 성과에도 불구하고 완벽한 제도는 아니다. 자유민주주의와 대의제 민주주의는 민주주의의 이데아도, 이념형도 아니다. 비교정치학을 통해 서구의 민주주의를 진리와 믿음으로 받아들이는 정치교육은 이제 그만해야 한다. 따라서 '민주주의에 대해 민주주의로 비판'하는 교육을 통해 문화자본처럼 전수되고 있는 대의제 민주주의 교육이 야기하는 문제점을 극복하고, 우리가 규정하는 민주주의를 창조하고 발전시킬 수 있는 민주주의 교육의 시기가 왔다.

현장에서 만나는 교사들과 학생들에게 민주주의가 무엇인가에 대한 질문을 했을 때 민주주의의 어원이나 대의제 민주주의가 답변으로 돌아온다. 그 이유에 대해서 물어보면 모두들 민주주의 의미가 모호하고, 복잡하며 다양하다는 것이다. 이들의 답변 속에는 민주주의의 실질적 의미와 그 역사적 맥락의 중요성이 무엇인지는 없었다. 자유민주주의와 대의민주주의를 중심으로 한 민주주의 교육이 학생들의 개인주의적 성향을 강화시키고, 정치 현실 참여의 당위성에 큰 관심을 두지 않도록 하는 문제점을 야기하고 있다. 이런 두 민주주의를 중심으로 하는 교육은 보편적이고 가치중립적인 민주주의 신념과 이해를 가르치는데 중점을 두고 있으며 객관적이고 중립적인 지식, 가치, 그리고 신념 체계의 전수를 통해 시민사회의 정당성을 유지하게 한다. 그 결과 학생들을 지식의 수동적인 사용자이거나 전수자로 만들어버린다. 그리고 이런 교육과정에서는 학생들의 판단력과 자율성은 감소하고, 학생들을 지식 주입과 암기에 의한 기계적이고도 타율적인 사람으로 만들어버리며 결과적으로 권위주의나 엘리트주의에 도전할 수 없는 복종하는 시민들을 길러내며, 소수집단이나 문화 그리고 사회적으로 힘이 없는 집단은 정치과정에서 배제시키는 문제들을 야기한다(임희숙, 2000: 28, 112). 따라서 자유민주주의와 대의민주주의를 중심으로 한 민주주의 교육은 표준화된 문화 전수에 중점을 두기 때문에 공동의 참여를 통한 심사숙고의 교육적 과정을 제한하게 된다.

이와 같은 민주주의 교육은 1987년 민주화 이후 25년이 지난 현재의 시점에서 민주주의를 심화 발전시켜 나가야 하는 중요 과제를 구현하는데 기여할 수 없다. 민주주의는 민주시민들의 토론과 소통을 통해 만들어가는 것이다. 이런 경험과 사고가 만날 때 민주주의는 민주주의의 이데아를 향하게 될 것이다. 이런 점에서 교육과정과 교과서가 문화자본으로서의 특정 민주주의를 전수하고 있지 않은지에 대한 성찰과 이에 따른 개선이 필요하다. 이를 사회과학과 사회과교육이 다른 것이라는 주장에도 불구하고 사회과학 뒤에 숨어 차갑고 중립적인 방식으로 민주주의를 교육하는 것은 민주주의에 대한 잘못된 믿음을 형성하는데 기여하는 것이라는 점을 기억해야 할 것이다. 생활양식으로서의 민주주의라는 표현이 교과서에 있다. 이 표현이 구체적으로 어떤 의미인지에 대한 이해를 도울 수 있는 살아있는 생활 이야기는 없다. 입으로 민주주의를 떠들지만 권한을 자신의 권리인 양 행사하고, 이것이 비도덕적임과 동시에 법을 위반하는 것임에도 불구하고 제멋대로 행동하는 사례와 같은 살아 있는 민주주의, 정치 이야기가 우리 교육에는 없다. 믿음을 주입하는 차가운 글자로서 민주주의만이 보인다.

이런 점을 고려할 때 몇 가지 민주주의 교육의 한계에 대한 극복 방향을 정리해 보면, 우선 민주주의와 관련된 맥락, 배경을 통해 그 실질적 의미를 제시할 필요가 있다. 실질적 의미가 '빅 아이디어'나 '핵심 아이디어'로서 민주주의의 진정한 의미를 살리는 것이다. 이런 측면에서 교육과정과 교과서가 문화자본 전수로서의 민주주의 교육에 빠져있는 것은 아닌지 성찰과 개선의 노력이 필요하다. 이런 개선의 노력은 '민주주의에 대해 민주주의'로 성찰하고 발전시켜 나갈 수 있는 다양한 교육의 방향으로 연결되어야 할 것이다. 마지막으로 민주주의는 삶과 연계된 설계를 통해 민주주의를 지속적으로 발전시켜 나갈 수 있는 민주주의 교육이 되어야 할 것이다.

참고문헌

강정인(1997). 『민주주의의 이해』, 문학과지성사.

교육인적자원부(1997-2012). 『사회과 교육과정』, 서울: 대한교과서 주식회사.

김태우(2012). "자유 민주주의 중심 정치교육에 대한 비판적 고찰", 부산대학교 교육대학원 석사학위논문.

오승용(1999). "'정보시대' 민주주의에 관한 연구-전자민주주의를 중심으로", 전남대학교 석사학위논문.

오승호(2006). "국민사법참여 활성화를 위한 법 교육의 필요성에 관한 연구", 부산대학교 대학원 석사학위 논문.

이종식(2008), 『현대민주주의와 시민사회』, 한국학술정보(주).

임희숙(2000)."참여 민주적 시민사회의 형성을 위한 시민교육의 방향", 숙명여자 대학교 박사학위 논문.

조소영(2003), "중등 사회과 교사의 참여민주주의에 대한 이해", 한국교원대학교 대학원 석사학위논문.

주성수·정상호 편(2006), 『민주주의 대 민주주의』, 아르케.

정영수·진유범(2003). "남북한 정치교육이념의 비교 연구", 『인하교육연구』제9호.

참여사회연구소 편(1997), 『참여민주주의와 한국 사회』, 창작과 비평사.

최장집(2004). 『민주화 이후의 민주주의: 한국 민주주의의 보수적 기원과 위기』, 창작과 비평사.

최장집 외 2인(2007), 『어떤 민주주의인가』, 후마니타스.

최정인(2007), 『전자민주주의와 e-거버넌스』, 부산대학교 대학원 석사학위논문.

한국정치학회 편(2008), 『정치학이해의 길잡이-정치사상』, 법문사.

홍익표·진시원(2009), 『세계화 시대의 정치학』, 도서출판 오름.

황재준(2002), 『공론장과 심의 민주주의에 대한 사회학적 연구』, 연세대학교 대학원 석사학위논문.

Giroux(1983). *Theory & Resistance Im Education : A Pedagogy for the Opposition*, Bergin & Garvey Publishers

Wojcik, Teresa Genevieve.(2005). *Civic education in Poland: the promise and challenge of democratic education, curriculum hybridization and active teaching methods in Koss. A dissertation of degree of dector of philosophy*. Pennsylvania Univ.

3장.

인권교육[30]

최유진

I. 서론

인간은 인간답게 살 권리를 가진다. 인간다운 삶을 산다는 것은 인간의 존엄성을 보장받으며 살아가는 것을 의미한다. 대한민국 헌법 제10조에서도 "모든 국민은 인간으로서의 존엄과 가치를 가지며 행복을 추구할 권리를 가진다. 국가는 개인이 가지는 불가침의 기본적 인권을 확인하고 이를 보장할 의무를 진다."라고 밝혀 인간존엄성이 헌법이 지향하는 최고의 가치임을 명시하고 있다. 국가의 근본이 되는 헌법에서 인간은 존재 그 자체만으로 존엄하다는 믿음을 천명하고 있다. 이렇듯 인권은 인간이라면 가지는 당연한 권리임에도 그 의미가 무엇인지, 어떻게 지켜져야 하는가에 관해서는 다양한 관점과 논의가 진행 중이다. 당연하게 보장받아야 할 권리임에도 당연하게 지켜지는 권리는 아니다.

인권의 중요성이 사회적으로 강조됨에 따라 우리나라 학교 교육에서도 7차 교육과정부터 본격적으로 인권교육이 도입되었다. 이진석·김혜현(2005)에 따르면 인권교육은 자신과 타인의 공존을 전제로 정의, 평화, 인간의 존엄 등을 존중하고 다문화사회를 살아가는 생활인을 육성하는 것을 본질로 한다. 인권교육이 단순한 지식 전달을 넘어서 실제 생활 속에서 자타의 인권을 존중하며 살아가도록 하는 것을 목표로 하고

---

30 이 글은 최유진(2024). 세계화 다문화 시대 사회과교육에서 인권교육에 대한 연구. 부산대학교 대학원 석사학위 논문을 수정·인용한 것이다.

있으므로 범교과적인 원리로서 설정되는 것이 타당하다. 그러나 동시에 바람직한 시민적 자질의 함양을 목표로 하는 사회과교육에서도 시민교육의 지향점이 인권교육이라는 점에서 사회과가 인권교육의 핵심 교과라고 할 수 있다. 따라서 사회과에서 계속해서 인권교육에 관심을 가져야 할 것이다.

인권의 중요성이 강조되면서 사회 제도적으로는 2001년 국가인권위원회가 설립되었고, 2010년 10월 경기도에서는 학생인권조례도 등장하게 되었다. 현재 학생인권조례는 서울, 경기도, 인천, 전북도, 충남도, 제주도, 광주의 7개 지자체에서 제정되어 시행 중이다. 학생인권조례에는 교육에 관한 권리뿐 아니라 차별받지 않을 권리, 폭력과 위험으로부터 자유로울 권리, 사생활의 비밀과 자유, 양심·종교의 자유와 표현의 자유, 자치와 참여의 권리, 복지에 관한 권리, 인권 침해 구제를 위한 권리 등을 포함하여 학생의 인권을 보장하기 위해 노력하고 있다. 이의 효과성에 대해서는 여전히 논란이 있고 교권 침해의 현실이 대두되면서 폐지 및 축소의 논의도 계속 진행 중인 것이 현실이기도 하다. 실제로 충남에 이어 서울에서는 학생 인권 조례가 폐지되었다. 이러한 과정 역시 인권의 중요성을 사회가 인정하기 때문에 발생하는 현상이며 인권의 범위와 내용에 대한 사회적 논의는 계속될 것이다.

인권의 중요성이 강조되는 것이 우리나라에 국한되어 나타나는 현상은 아니다. 'Education 2030 실행계획' 문서에서는 교육과 관련된 전 지구적인 논의들을 제시하고 있는데 이 문서 중에 빈번하게 등장하는 용어도 바로 '인권'이다. 오늘날 우리는 세계화라는 거대한 시대적 흐름 속에 살고 있다. 시대의 흐름에 맞추어 교육과 관련된 논의들도 국가 내에만 국한되어 나타나야 하는 것이 아니라 전 지구적으로 이루어져야 한다.

인권은 단지 개인의 희망이나 노력만으로 이루어지는 것이 아니라 사회의 전반적인 구조와 제도, 분위기 등이 인권 친화적인 방향으로 조화를 이루며 나아갈 때 실현이 가능하다. 인권이라는 것이 개념으로만 존재하는 수준을 넘어 일상생활에서 구체적으로 구현되는 사회라야 인권이 안정적으로 보장된다고 말할 수 있는 것이다. 그러한 사회를 위해서는 그리고 그러한 사회를 견인할 시민을 기르기 위해서는 사회과에서의 인권교육이 매우 중요하다. 특히 공식적인 주체와 장소, 내용을 토대로 이루어지는 학교 인권교육은 그러한 반성과 대안 모색의 출발점으로서 중요한 의미가 있다. 이는 학교 인권교육은 미래세대의 인권 관련 이해, 인권 의식 제고, 인권 친화적 태도 함양 등을 높이는 데 기여하는 측면이 크기 때문이다(설규주 외, 2016: 4).

그러나 김지원(2023)에 따르면 인권교육에서 핵심적으로 다루어지는 문제인 인권이라는 개념은 고정된 개념이 아니라 가변적이고 확장성을 지닌 개념이다. 사회의 변화와 시대의 요구에 발맞추어 확장되어 가는 개념이다. 그러므로 인권교육 역시 사회에서 인권 보장에 대한 새로운 요구가 제기될 수 있음을 전제로 구성되고 발전해 가야 한다. 인권교육의 기초가 되는 인권에 대해서 끊임없는 사회적 논의가 필요할 뿐만 아니라, 사회과에서 다루어지는 인권교육에서도 이러한 인권의 특성을 바탕으로 인권의 개념에 대한 정의가 요구된다. 따라서 시대적 흐름을 반영하여 개념의 정의와 특성을 검토하고 보완해야 할 점을 모색하는 것은 중요하다.

II. 세계화 시대의 이해

어떤 문제든 해당 내용이 발생하는 시대의 상황과 함께 연관 지어 살펴보지 않고서는 제대로 된 논의를 진행하기 어렵다. 시대의 상황에 따라 어떤 것은 문제가 되기도 하고 문제가 되지 않기도 하기 때문이다. 그러므로 인권교육의 새로운 방향성을 제시하기에 앞서 우리가 직면하고 있는 시대적 상황을 제대로 짚고 넘어가야 한다. 우리는 세계화와 다문화라는 시대적 흐름 속에 놓여있다. 20세기 중후반부터 뚜렷해진 이러한 흐름은 현재 우리의 일상 곳곳에까지 영향력을 행사하고 있다. 세계화와 다문화 시대의 의미와 전개 과정, 그 특징에 대해 논의하는 것이 이 연구의 출발점이 될 것이다.

2차 세계대전 이후에 구소련연방과 미국을 구심점으로 양분되어 냉전 시기를 겪었던 세계는 1980년대 말 냉전의 종식과 함께 자본주의 체제로 급속히 재편되었다. 더욱이, 교통 및 통신의 발달로 세계 차원에서의 정보교환과 인적 및 물적 교환이 활발하게 일어나면서 전 세계의 상호의존성은 더욱 높아졌다. 우크라이나와 러시아 전쟁으로 인한 피해는 우크라이나 국민과 러시아 국민 그 이상을 넘어 대한민국의 빵가게 손님에게까지 그 피해가 확대되어 나타나는 것이다. 흔히 세계화(globalization)라고 불리는 이와 같은 범지구적 차원의 구조적 변화는 이전의 국민국가 체제와는 구별되는 새로운 형태의 초국가 사회의 형성을 촉진 시키고 있다. 하지만 단순히 세계화를 국가별 상호작용 영역의 확대나 상호의존성의 증대, 정보, 지식 및 재화의 유통 확대로만 이해하는 것은 세계화가 가져온 보다 본질적인 지구적 차원의 구조 변화를 제대로 드러내지 못하는 것이다. 세계화에 대한 보다 본질적이고 포괄적인 이해는 초국가적인 차원에서 형성되는 "세계 사회"의 성격, 문화적 토대 및 작동 원리를 파악할 때 비로소 가능해지는 것이다. 세계화의 형태가 구체화 된 것은 세계 차원의 위계적인 노동 분화 체제나 불공정 교역체제로서의 성격뿐 아니라 개인과 단위 국가사회의 구성 및 운영과 관련된 각종 이념이나 문화 원리 및 규범으로 이루어진 일종의 정치문화 체제로서의 성격을 지닌다. 하지만 세계 사회가 단순하게 범지구적 차원의 상호의존성 및 복잡한 연결에 대한 확장된 의식이나 개인, 조직, 국가 등과 같은 세계 사회의 주요 구성인자들의 존재론적 지위 및 행위를 규정하는 보편적 가치와 문화 원리들의 추상적 집합체로 존재하는 것은 아니다. 다수의 국제기구와 각종 국제 학술단체나 학문, 스포츠, 예술 분야에서의 국제적 연결망은 세계 사회의 이념이나 문화 원리 및 규범을 생산하고 전파하여 연결하는 지구적 차원의 제도적 장치들이다. 이 중에서도 상호 수평적 책임을 기반으로 연결된 세계 사회의 핵심 구성요소이자 행위 주체인 대부분의 국제 비정부기구들은 개인주의, 보편주의, 합리적이고 자발적인 권위, 합리성에 기초한 진보의 추구, 세계시민주의 등과 같은 문화 원리에 바탕을 두고 조직되어 운영되고 있다. 하지만 이러한 세계화의 흐름이 아무리 국가적 차원을 넘어서서 상호연결성이 확대되고 국제 비정부 기구들의 활동이 활발해졌다 하더라도 개인적 차원에서 이러한 연결과 의존이 강화되기는 어려운 현실이다. 국가를 기반으로 한 개인, 국가를 기반으로 한 집단들의 연결이 확대되고 있는 것이지 단순한 개인은 힘이 없다.

전 지구적인 시민사회의 문제에 대응하여 민주적 가치나 인권이 국제법의 주요 영역 안에 구축되어 가고 있다. 반인도적 범죄를 조사하기 위한 새로운 지역적, 전 지구적 법정이 수립되고 이와 연계된 새로운 사태들은 세계시민 민주주의 발전에 필요한 토대를 창출하고 있다. 하지만 세계시민 민주주의가 무에서 출발할 수는 없는 것이다. 세계시민 민주주의는 20세기에 만들어 놓은 국민국가체제(nation-state)라는 법적, 제도적 발판으로부터 발전해 나아온 것이다. 이러한 의미에서 세계화 이전의 국민 국가체제에 대한 반성과 재구성이 요구된다. 즉 국민국가의 어떠한 제도와 법적 규범이 세계화된 시대에도 유용성을 갖는지, 그리고 무엇이 변화되어야 하는지에 대한 논의가 필요한 것이다. 이러한 국민국가체제의 재구성을 위한 노력은 새로운 사회에 새로운 인성 구조를 갖춘 사람이 필요함을 전제로 하므로 시민교육 측면에서도 나타나고 있다(장원순, 2012: 72). 소이잘(soysal)은 1998년부터 자신의 논문에서 세계화된 시대에는 국가 시민성이 아닌 탈-국가적 시민성이 요구된다고 주장했다. 세계화된 시대에 살아가기 위해서는 국가 시민성의 한계를 뛰어넘어 탈-국가적 시민성이 필요하고 이것의 기본이 되는 것이 인권 개념의 확장이다. 시민성의 필요성은 인권 개념에 기반을 두고 있는데 이는 우리가 어디에 속한 시민이기 이전에 한 인간으로서의 동등한 가치와 존엄을 부여받고 있기 때문이다.

이러한 세계화 시대를 살아가는 사람들은 단순히 한 국가의 국민으로만 머무르지 않는다. 우리는 단지 사람들, 즉 인민(people) 이다. 세계화 시대에 국경을 넘나드는 이동은 어렵지 않고 이주는 점점 늘어나고 있다. 즉 세계화로 인해 근대 국민국가의 틀은 약화 되었고 인권과 민주주의 교육에서는 근본적으로 우리가 스스로 특정 국가의 시민인 동시에 인민일 것을 인식하도록 요청한다. 특정 국가가 권리를 부여하기 이전에도 그것과 무관하게 우리는 인권을 가진 존재이고 오히려 국가를 구성하는 민주주의 주체로까지 나아가야 한다는 것이다(장원순, 2012: 79). 인민은 남자와 여자, 늙은이와 젊은이, 재산을 가진 자와 가난한 자, 피부색이 같은 자와 다른 자, 시민과 외국인, 고귀한 자와 미천한 자, 힘이 센 자와 약한 자, 지식을 가진 자 와 무지한 자들이 무분별하게 뒤섞인 무리를 말한다(고병권, 2011: 32). 이러한 무분별성은 우리가 국적과 인종, 민족을 떠나 함께 소통해야 함을 의미한다. 인민은 상호 구별된 국민성에 입각하여 사고하고 행동하는 사람이 아닌, 근본적으로 인간임(humanity)에 입각하여 사고하고 행동하는 사람이다. 세계화 시대에는 국민 개념에 한정된 인권 개념이 아닌 인민 개념으로의 정체성 확립과 더불어 인권 개념의 확장이 요구된다.

III. 다문화 시대의 이해

대한민국 사회가 다문화사회로 진입한 지도 30년이 흘렀다. 1990년대 이후 이주노동자나 결혼이주자를 비롯하여 국내 유입 외국인이 증가하면서부터 다문화사회로 들어서기 시작한 것으로 분석할 수 있다. 설동훈(2010)은 '다문화사회'(multi-cultural society)에 대하여 "문화적 다원주의로 특정 지어지는 사회"라고 정의한다. 다문화사회는 역사적으로 네 가지 흐름을 통해 형성되어 왔다. 첫 번째 흐름은 15세기와 16세기에 신대륙이 발견된 이후에 장시간 동안 유럽 국가들의 식민지 개척과 더불어 새로운 국가건설 과정에서 진행된 유럽 이주민들과 원주민 간의 다문화 현상이다. 이러한 다문화 현상은 영국, 프랑스, 스페인, 포르투갈 등 유럽계 이주민들이 아메리카 대륙이나 오세아니아 지역에서 건설한 새로운 국가들에서 특히 두드러지게 발생하였다. 두 번째 흐름은 19세기 이후 제국주의 국가들이 식민지를 개척하면서 발생하였다. 제국주의 국가와 식민 국가의 주민들 간에 발생한 다문화 현상이 바로 그것이다. 세 번째는 1960년대 이후 유럽이나 캐나다, 미국, 호주 등 선진국 지역에서 노동력이 부족한 문제를 해결하기 위해 과거 식민지 지역이나 중국, 인도와 같은 인구가 많은 국가로부터 상당수의 이민자를 수용하면서 발생했던 다문화 현상이다. 그리고 마지막으로는 가장 최근에 발생한 현상으로 20세기 후반 이후 세계화가 가속화되면서 노동자, 이민자, 국제 결혼자, 유학생, 관광객, 난민과 망명자 등 지구적 차원의 인구이동이 활성화되면서 발생한 다문화 현상이다. 즉 다문화 현상이라는 것은 역사적으로 지구적 차원의 인구이동으로 나타난 결과물이다.

20세기 후반 이후에 발생하고 있는 다양한 인구이동, 즉 이주민과 난민, 망명 신청자, 국내 실향민 등이 급속하고 복합적으로 발생하면서 다양한 문화 간의 평화와 공존을 추구하는 다문화주의의 목표를 실현하기는 더욱 어려워지고 있다. 이러한 다문화 현상이 일으키는 도전과 문제의 핵심은 지구적 차원의 다문화 현상이 근대 국제사회의 구조적 특징이자 운영 원리인 국민국가 체제의 변화와 약화 및 붕괴 가능성이다. 다문화 현상과 관련해서 주목할 점은 민족국가가 동원해 온 공동체의식과 nationalism(민족주의, 국민주의, 국가주의)이다. 근대 민족국가는 단일민족과 단일 인종으로 형성된 국가는 하나의 혈연관계를 강조하는 '민족주의'를 동원해서 국민의 공동체의식을 향상해 왔다. 이는 19세기 서구에서 근대 국민국가를 이루기 위해서 민족주의(Nationalism)가 중요한 역할을 하였음을 의미한다.

진시원 외(2020)에 따르면 우리나라 역시 이러한 민족주의에 기반을 두고 세계에서 몇 안 되는 "단일 민족국가"라는 점을 자랑스럽게 여겨왔다. 그러나 수행된 여러 연구에서 알 수 있듯 민족주의의 근간이 되는 '민족'(nation)이라는 개념은 우리의 경험 이전에 선재 하는 개념이 아닌 사회의 필요에 따라 만들어진 '구성 개념'에 해당한다. 즉, 역사적으로 보았을 때 민족이 먼저 존재해서 민족주의가 등장한 것이 아니라 사회의 필요에 따라 구성된 개념으로 이는 결국 사회구조가 바뀌면 민족주의나 이를 기반으로 했던 문화 단일주의 모두 필요하지 않을 수 있다는 것이다. 이는 20세기 후반 이후 발생한 지구적 차원의 인구 이동의 급속한 증가는 민족국가 안에 뿌리내리고 있던 '국민'이라는 정체성에 근본적인 변화를 발생하게 한 것으로 설명될 수 있다. 국가의 구성요소에 해당하는 영토와 주권은 상당 부분 변화 없이 유지되고 있지만 '국민'이라는 구성요소는 새로운 인구의 유출입이 증가하면서 근본적인 변화와 도전에 직면하게 된 것이다. 이제는 더 이상 고집스럽게 단일 민족국가를 주장하기보다 지금 우리 한국 사회구조에서 무엇이 더 적합한지에 대한 논의의 필요성이 더욱 커지고 있다. 다문화 현상의 확대와 다문화사회의 도래로 다수의 국민이 기존에 가지고 있던 정체성을 새롭게 재조정해야 하는 post nation-state 시대의 과제를 부여받고 있다.

이제는 우리 사회가 다문화사회라는 것을 부정할 사람은 없을 것이다. 법무부에 따르면 2022년 국내 체류 외국인의 수는 2,245,912명이고 전체 인구 대비 체류 외국인 비율은 코로나19의 영향으로 2019년 4.87%에서 2021년 3.79%까지 감소하였다가 2022년 4.37%로 증가하였다고 밝히고 있다. 연도별 장단기 체류 외국인 현황도 2022년 말 기준 국내 체류 외국인은 2,245,912명으로 전년 대비 14.8% 증가하였다고 한다. 외국인의 수가 증가함과 동시에 이와 관련된 문제들이 다양한 방식으로 나타나고 있다. 국내 체류 외국인의 증가에 따라 필요한 대비책이 마련되지 않은 채 증가한 외국인들은 여러 가지 사회 부적응 현상을 발생시켰다. 사회 제도적으로 이들의 정착을 뒷받침할 제도도, 의식도 부족했고 다양한 편견으로 인해 이들에 대한 차별 문제가 사회적으로 심각해졌고 이주민의 국내 정착에도 큰 어려움을 안겨주고 있다.

한편, 사회 전반에 걸쳐 인권에 대한 의식이 고조되고 있고 인권교육이 인권을 효과적으로 신장시키고 인권 수준을 높일 수 있다는 점에서 꾸준히 인권교육을 강화해오고 있다. 특히 과거에 소외되어 있던 아동, 청소년, 장애인 그리고 다문화 구성원에 대한 인권은 우리 사회에서 여전히 논의가 이루어지고 있다. 인권의 중요성을 인식하는 것과 인권에 대한 의식 수준을 높이는 것은 제도적 보장 이외에도 인권교육과 홍보를 통해서 이루어질 수 있다. 그러므로 다문화 구성원이 가지고 있는 다문화 인권 문제의 해결도 인권교육에서 인권 개념의 확장을 통해 가능할 것으로 기대되며 다문화 시대에 발맞추어 사회과에서도 인권교육의 방향성에 대한 새로운 접근이 요구된다.

IV. 인권은 무엇이고 왜 필요한가?

인권에 대해 온전히 이해하기 위해서는 인권이 인간의 권리로서 본질적으로 권리라는 점에서부터 논의를 시작해야 한다. 권리의 의미를 살펴봄으로써 인권에 대한 이해에 더욱 가까워질 수 있다. 권리로서 인권의 등장 배경에서부터 발전의 과정을 살펴본 다음으로, 인권의 특성에 대해 파악함으로써 인권이 어떠한 성격을 가지는 개념 인지 파악할 것이다. 이를 근거로 인권의 필요성을 제시함으로 인권에 대한 종합적인 이해가 가능할 것이다.

인권의 성격에 대해 파악하기 위해서는 먼저 인권의 본성이 '권리'라는 점에 주목해볼 필요가 있다(조태훈, 2011: 161). 권리란 사람이 자신의 의지에 따라 일정한 이익을 향유 하도록 법이 인정한 힘을 의미하는데, 이때 사람은 자연인뿐 아니라 법인을 포함하는 개념이다. 즉 이것은 권리의 주체는 사람이고 일정한 이익을 내용으로 해야 한다는 것을 의미하는데 그 이익은 법체계의 보장을 통해 주어지는 힘이다(서봉석, 2019: 224).

인권에 대한 개념 자체를 연구한 오병선 외(2011)에 의하면 인권은 계몽시대 말기에 등장한 개념이다. 17~18세기를 지나면서 점차 신학이 아닌 인간의 이성에 근거한 인권이라는 용어가 자연권이라는 용어 대신에 자주 사용되게 되었다. 서구의 권리 관념의 역사부터 시작하여 17~18세기에 서유럽에서 본격적으로 성장해 온 인권이라는 관념은 자연권에서부터 그 기원을 찾을 수 있는 것이다. 조효제(2007)는 고대의 자연법에서는 권리보다 의무를 강조하였고 실제로 자연법이 권리와 확실하게 연결된 것은 중세가 지나고서부터라고 본다. 이는 당시의 역사적 배경 때문인데 유럽 봉건제가 쇠퇴하기 시작했던 13세기부터 르네상스와 베스트팔렌조약(1648년)을 거쳐서 17세기 후반에 이르러 인간의 권리를 지향하기 시작한 것이다. 자연권의 구체적 징후들도 마그나카르타(1215년), 권리청원(1628년), 권리장전(1689년)에 의해 나타났었다. 또한 당시의 개인주의, 평등 개념의 발달, 과학 정신의 발달, 인간 이성에 대한 낙관론 등이 인권 사상에 영향을 미쳤다. 이후에 로크의 자연법에서부터 입법권에도 대항할 수 있는 인간의 권리가 등장하게 되고 미국의 독립선언, 프랑스혁명을 거쳐 근대 시민 헌법에 도입되게 된다. 하지만 미국의 독립선언문은 노예와 여성을 제한하는 결정적 한계를 가지고 있었다. 이후 프랑스혁명에서는 모든 인간의 권리를 지향한다는 점을 분명히 함으로 인권의 적용 범위를 확대했다(조효제, 2007; 71). 이후 근대 시민 헌법에 등장해 19세기를 통해 서구 사회에 정착된 인권 보장의 체제는 인권의 목적성과 권력의 수단성, 인권의 불가침성, 자유권 중심의 인권 보장이라는 특징을 가진다.

이러한 근대 시민의 헌법적 인권 보장 형태를 수정하려는 시도는 법률의 단계에서 19세기 후반부터 이미 시작되었었다. 헌법 단계에서는 제1차 세계대전 후에 러시아 혁명의 충격으로 서구 국가들이 1919년 독일 바이마르 헌법을 비롯하여 자국의 헌법 내에 자본주의의 틀 내에서 인간다운 생활을 모든 국민에게 보장하는 것을 명시하기 시작하였다. 이러한 대응이 시작된 헌법을 근대 시민 헌법과 구별해 현대 시민 헌법이라고 한다. 이러한 새로운 인권에 대한 고찰은 19~20세기 초의 노동문제나 사회 불안정을 배경으로 하고 있다. 이후에 사회보장, 양성의 평등, 노동자의 단결권 등과 같은 권리의 내용들이 사회권이라는 이름으로 선언되고 보장되기 시작하였다. 현대 시민 헌법에서는 또한 근대 시민 헌법 보다 참정권의 보장도 강화하고 있다. 이는 1836년 영국의 차티스트 운동에서부터 시작하여 인민주권을 내걸고 민중들이 투쟁한 결과였다. 보통 선거제도의 도입은 제도로서의 자유민주주의가 확립되는 역사적 계기를 마련해주었다는 점에서 큰 의미가 있다(오병선 외, 2011: 17).

20세기 초에는 제 1차 세계대전에 대한 반성으로 1919년 국제연맹이 창설되었다. 그러나 당시의 정치적 분위기는 다른 나라의 인권에 대하여 다른 나라가 관여하는 것이 주권 침해로 여겨졌으므로 국제연맹 규약에는 인권에 관한 명시적 언급이 없었다. 또한 인권을 국제적으로 보장하려는 제도적 장치를 만들려는 계획도 없었다. 이후, 제 2차 세계대전을 겪으면서 주권의 절대성에 관한 주장은 약화 되었고 인권의 중요성이 부각 되기 시작하였다. 당시의 정치지도자들은 앞으로의 전쟁을 막기 위한 집단 안전 보장 체제의 필요성을 자각했고 평화의 전제조건으로 인권의 존중과 보장이라는 인식을 공유하게 되었다. 그리하여 1948년 세계인권선언이 채택되게 된 것이다. 이 선언을 시작으로 수많은 국제인권법이 등장함으로 그 중요성이 증명될 수 있다(조효제, 2007: 90). 17세기부터 이어져 오던 자연권이라는 용어 대신 인권이라는 용어를 쓴 것은 권리의 기반을 자연이라는 상태에 두어서 발생했던 철학적 논란을 없애고자 하는 의도였다. 세계인권선언이 채택된 때까지 전통적인 인권으로서 자유권과 평등권이 강조되었다. 그리고 1966년 두 개의 국제인권규약을 채택한 이후 제3세대 인권인 연대권이 등장하게 되었다. 프랑스의 법학자였던 바작(Karel Vasak)은 1972년 프랑스혁명의 3가지 이념이었던 자유, 평등, 박애를 기초로 하여 인권을 세 가지 세대의 인권으로 분류했다. 제1세대 인권은 자유를 이념으로 하여 시민적·정치적 권리를 의미하는 것이고, 제2세대 인권은 평등을 이념으로 한 경제적·사회적 권리이고, 제3세대 인권은 박애를 이념으로 한 연대권으로 분류했다(오병선 외, 2011). 이는 조효제(2007)에 따르면 개인주의적 인권의 퇴조로 설명할 수 있다. 인권을 더 이상 개인의 문제로만 규정하지 않고 집단의 권리라는 개념이 상대적으로 중요해진 것이다. 1950년대에 연대권이 처음 등장한 이후로 인권 이론 안에서 개인에 초점을 맞췄던 권리이론에 심각한 도전으로 여겨져 많은 논쟁이 있었으나 오늘날에 와서는 연대권의 일부 측면에 대해서 비판하는 목소리는 있어도 연대권 그 자체를 부정하는 견해는 거의 사라졌다.

21세기인 지금, 사회는 그 어느 때보다 다양해졌고 사람들 사이의 개성도 강해졌다. 과학기술의 발달, 교통과 정보 통신 기술의 발달, 대중매체의 진화 등 인간을 둘러싼 환경도 빠르게 변화하고 있다. 이러한 기술의 급격한 발달과 엄청난 속도의 변화는 우리 생활에도 큰 영향을 미치고 있고 생활에 많은 편의를 가져다주고 있는 것은 사실이지만 이러한 기술의 발전 속도에 발맞추어 우리의 의식 수준이 향상되고 있는지에 대해서는 의문이 든다. 18세기 발달한 산업혁명은 이미 전성기를 맞이하고 새로운 국면으로 접어들고 있지만 17세기부터 시작된 인권에 대한 논의는 여전히 진행 중인 과제로 남아있기 때문이다. 빈부격차는 점점 심각해지고 남녀평등의 실현이나 사회적 약자에 대한 보호도 여전히 해결되지 못한 과제로 쌓여있다. 전 세계적으로 상호의존성이 강화되고 교류가 증대되면서 다문화사회로 빠르게 진전되고 있는 지금, 인권의 보장은 얼마만큼 발전되어 왔는가? 특히 더 주목해서 보아야 할 것은 1, 2세대의 인권이 주권 국가 내에서의 보장에 한정되어 있다면 3세대 인권은 주권 국가의 범위를 넘어서는 전 지구적 권리라는 것이다. 또한 국가가 성립하기 이전에 인권이 천부적인 권리라는 점을 고려할 때 국가가 없는 사람들의 권리 또한 지켜져야 하며 이에 따라 인권 개념의 확장이 필요하다. 이러한 주장은 한나 아렌트의 정치적 권리로서의 인권, 권리를 가질 권리개념에서 그 기원을 찾아볼 수 있다.

국가의 등장에서부터 인권의 발전은 시대에 따라 사람들의 의식 수준의 변화에 따라 그 범위와 내용이 확대되며 발전되어왔다. 이러한 인권이 본질적으로 어떠한 특징을 가지는지는 인권 개념에 근원적으로 접근하기 위한 바탕이 된다. 이에 대해서는 이전에 인권 개념을 연구한 다양한 학자의 의견이 있다. 박병도(2006)는 인권의 특징을 보편성, 평등성, 불가양성, 역사성, 상호연관성으로 설명한다. 인권의 보편성이란 모든 사람에게 평등하게 적용되어야 한다는 것이고 평등성은 모든 사람, 즉 인종, 민족, 언어, 종교 등에 상관없이 평등하게 배분되고 보장되어야 한다는 것이다. 인권의 불가양성은 인권은 다른 사람으로부터 침해당할 수 없고 다른 사람에게 양도하거나 인권을 내버려서는 안 된다는 것이다. 인권의 역사성은 인권의 대상과 범위, 조건 등이 변화 내지는 발전되어왔다는 것이고 인권의 상호연관성은 자유권과 사회권이 별개의 인권이 아니듯 상호의존적이라는 것을 의미한다.

김도균(2006)은 인권의 특성에 대하여 권리 주체의 보편성과 권리 상대방의 일반성, 도덕적 정당성, 인권 대상의 근본성과 실정법에 대한 우선성으로 제시한다. 인권은 모든 인간에게 당연히 부과된 권리이고 인권의 상대방은 개인뿐 아니라 집단, 사회 등을 포괄한다는 점에서 권리 주체의 보편성과 권리 상대방의 일반성을 설명할 수 있다. 그리고 도덕적 정당성이란 어떤 규범이 모든 개인에 대하여 정당화할 수 있다는 것이다. 마지막으로 인권 대상의 근본성이란 인간으로서 신체적 안전과 최소한의 생존, 자주성 등의 핵심 영역에 대한 보장을 누리기 위해서는 반드시 필수적으로 필요한 가치들이 인권의 대상이 된다는 것을 의미하고 이는 제도적 권리와 실정법적 권리에 대해 우선성을 가진다는 것이다.

오병선 외(2011)에 따르면 인권의 본질적 특성을 보편성, 불가분성, 도덕성, 제도초월성, 실정법으로 제시한다. 보편성이란 인권에 대한 보편적 주체성이 인정된다는 의미이며 어떠한 조건과 상관없이 인간이라면 누구에게나 인권이 보장된다는 것이다. 불가분성은 인권 목록이 시민적·정치적, 경제적·사회적, 집단적·연대적으로 전체적인 하나를 이룬다는 것이고 이는 상호의존성과 관련 있다. 또한 도덕성과 제도 초월성이란 인권의 구속력이 근본적으로 도덕적이라는 데 있다는 것이고 인권이 인간의 존엄성을 보호하기 위해 가장 필연적으로 담보되어야 하는 권리임을 의미한다. 마지막으로 우선성은 인권은 실정법에 대해 우선성을 가진다는 것으로 인권이 실정법적인 권리의 내용을 형성하고 평가하는 기준으로 작동할 수 있다는 것이다.

학자마다 인권의 특징에 대해 다양하게 정의하고 있지만 이러한 논의를 바탕으로 할 때 인권은 인간으로서 누구나 보편적으로 보장받아야 하는 근본적 권리이고 실정권보다 우월적 지위를 가지고 있으며 인간 존재의 근원이 된다는 점을 파악할 수 있다. 한편, 인권의 역사적 특성에 따라 앞으로도 인권의 성격과 범위, 대상이 확대되어 가거나 변화되어 갈 가능성은 여전히 열어두어야 한다.

앞서 인권의 형성 배경과 인권의 성격에 대해 파악해 보았다. 본격적으로 인권교육에 대해 논의하기 전에 인권에 대해서 더 근본적인 질문을 던져보아야 한다. 그래서 인권은 왜 필요한 것인가? 인권의 필요성을 설명할 수 있을 때 인권교육에 대해서 논할 수 있을 것이다.

이에 대해 김소연(2016)은 인권이 공동체 내의 사회규범을 정당하게 형성할 수 있도록 하는 지도 이념으로써의 역할을 한다고 본다. 개인들이 모여 공동체를 구성해서 함께 살아갈 때 공동체 내에서 작용하는 질서는 타인들에 대한 예측 가능성을 보장하도록 하고 불확실성을 극복할 수 있다. 이러한 사회규범을 유지하기 위해서는 힘이라는 권력뿐 아니라 규범의 내용이 대다수의 양심 혹은 이성에 합치해야 한다. 즉, 규범의 실효성이 확보되기 위해서는 공동체 내에 존재하는 권력을 통한 강제와 질서의 정의로움으로 대표되는 인권에 의해 정당성을 갖추는 것이 중요하다는 것이다. 이렇게 인권이 규범적 정당성으로 공동체 내부에서 작동할 때 그것은 '질서에 대한 내적 승인으로서의 정당성'으로 작용한다. 이때 인권이 포함하는 구체적 내용에 대해서는 많은 논의가 발생할 수 있지만 그것이 인간의 공동생활에서 가장 기본적이고 중요한 가치라는 점에 대해서는 대다수의 합의를 이룰 수 있다고 본다.

또한 조효제(2007)에 따르면 인권의 필요성에 대해 철학적으로 정당화하는 방법에 대한 2가지 이론이 있다. 첫 번째는 자유의지 이론으로 인권이 인간의 자유 실현을 위해서 꼭 필요하다고 보는 이론이다. 인간은 자유 추구 성향을 가지고 있고 자유가 있어야지만 자신이 원하는 바를 선택하고 자기 뜻대로 행동하면서 살아갈 수 있기 때문이다. 자유의지 이론에서는 인권의 목록을 극소수로 한정하고 인간의 자율성을 중시하는데 한정된 목록에서 다른 모든 인권이 도출된다고 가정한다. 이 점으로 인해 자유의지 이론에서는 자율성을 모든 권리의 기초가 되는 근본적 권리로 간주하기도 한다. 또한 자유의지 이론은 주로 행위 주체의 자율성에 관심을 두는 이론인데 이는 자기 의지를 효과적으로 표현하기 어려운 노약자나 장애인 등에게 불리하게 적용될 수 있다는 단점이 있다. 또한 탈정치화된 자기중심적 개인을 강조하기 쉽다는 비판받기도 하지만 현대 인권 이론에서는 집합적 수준에서의 자기 결정권까지도 인정하고 있으므로 자유의지론이 개인주의적 이론으로만 해석될 필요는 없다고 본다.

두 번째는 이익이론으로 인권이 인간의 본질적 이익을 보호하기 위해 꼭 필요하다고 보는 이론이다. 이때 이익은 물질적 이익뿐만 아니라 인간의 행복과 복리 등 웰빙(well-being)에 필요한 모든 생물학적이고 사회적인 이익을 다 포함한다. 이 이론으로부터는 인간의 복리에 필요한 다양한 권리목록을 인정할 수 있게 된다는 장점이 있다. 또한 권리의 주체도 다양하게 설정될 수 있는데 권리의 주체가 자유의지를 행사할 수 있는지 여부와 관계없이 본질적으로 이익을 보장해야 함을 주장할 수 있기 때문이다. 하지만 이익이론도 인간의 본성이 미리 정해져 있다고 보는 것과 각 사회에 따라 욕구가 다양할 수 있다는 점 때문에 비판의 대상이 되기도 한다. 오늘날 인권 학계에서는 이익이론이 조금 더 많은 지지를 받고 있다(조효제, 2007: 110).

인권이 권리라는 점에 주목했을 때 다수설의 입장에서 인권은 인간이 법으로 인해 권리의 주체로서 구체적인 이익을 누릴 수 있도록 권리 주체에게 주어진 힘으로서 역할을 해야 한다. 이를 위해서는 인권이 자연법적 개념일지라도 실정법에 근거하여 효력을 발휘할 수 있을 때 그 실효성이 인정되는 것이다. 인권이라는 개념의 등장 배경을 살펴보면 자연권에서부터 그 기원을 찾을 수 있다. 하지만 동시에 인간의 권리가 중요시되며 지향되기 시작한 시점은 국민국가의 등장과 맞물린다. 베스트팔렌조약(1648)이 체결되던 시점에서부터 개인주의와 평등 개념이 발달하고 과학과 인간 이성에 대한 낙관론이 등장하면서 인권 사상이 발전해 왔다. 근대에 이르러 수많은 투쟁 끝에 "인간"으로서의 인정 범위가 진정한 "인간"의 범위로 확장되었다. 이러한 인권의 발전은 기나긴 혁명의 역사 속에서 등장한 것이다. 1972년 바작(Karel Vasak)이 프랑스혁명의 3가지 이념을 기준으로 인권을 1세대, 2세대, 3세대 인권으로 분류한 것이 인권 개념 체계화의 시작이었다. 이러한 분류는 인권 개념 체계화의 시작임과 동시에 인권이 단순히 개인적인 권리를 넘어서는 집단적 권리로까지 나아가야 함을 시사했다. 처음 이러한 분류가 등장했을 때는 개인주의적 인권 개념과 3세대 인권으로서 연대권적 인권이 많은 갈등을 겪었다. 하지만 이제는 더 이상 연대적 인권을 부정하는 견해는 사라졌다. 반면 더 나아가 한나 아렌트가 20세기 주장했던 정치적 권리로서의 인권에까지 권리가 확장되어야 한다는 주장이 제기되고 있다.

투쟁의 역사 속 인권의 등장과 발전으로 인권의 특징도 확립되어왔음을 알 수 있다. 종합적으로 살펴보았을 때 인권은 보편성과 우월성이라는 공통된 2가지 특징을 지닌다. 보편성은 권리 주체의 보편성을 의미한다. 이 특성에 대해 우리는 인권의 분류에 적용하여 고민해 볼 여지가 있다. 1세대 인권과 2세대 인권, 3세대 인권으로 이어지는 인권이 보편적으로 적용되고 있는가? 인권의 가장 본질적 특성이 제대로 인식되고 지켜지고 있는가? 한나 아렌트의 권리를 가질 권리로까지 인권이 확장되기 위해서는 근원적인 인권의 특성에 대해 재검토하는 것이 필요하다. 또한 우월성은 실정법적 권리개념에 대한 우월성으로 인권이 권리로서 실정법적으로 힘을 가져야 하지만 실제로 인권은 자연법적 개념으로서 실정법적 권리로서의 인권을 비판적으로 분석할 수 있는 특징을 가진다는 것이다. 인권이 학문적으로 정의되는 특성과 개념에도 불구하고 인권의 개념은 실질적으로 잘 보장되지 않기 때문에 인권의 확장을 주장하기 위해서는 인권 개념의 본질로부터 논의를 시작할 필요가 있었다. 이러한 인권에 대한 이해는 앞으로 인권 내용의 확장 필요성에 대한 중요한 근거가 된다.

V. 인권은 어떻게 발전되어 왔는가?

한나 아렌트(Hannah Arendt)의 "권리를 가질 권리"는 세계화 다문화 시대에 발맞추어 인권 개념을 확장 시키는 데 중요한 기초적 역할을 할 수 있다. 단순히 연대적 권리를 확장 시키는 것을 넘어서서 인간이라는 본성 자체에 근원을 두고 있지만 구체성을 가지도록 인권의 의미를 파악하고 학습하도록 하는 것이 사회과 인권교육에 필요할 것으로 보인다. 따라서 본 연구에서는 한나 아렌트의 "권리를 가질 권리"의 등장배경, "권리를 가질 권리"의 개념과 특징, "권리를 가질 권리"에 대한 현대적 해석을 살펴보고자 한다.

인권과 관련된 논의에서 "권리를 가질 권리"라는 개념을 제시한 한나 아렌트(Hannah Arendt)는 1906년 독일에서 태어난 유대인으로 나치의 탄압을 겪으며 국적이 박탈된 채 긴 시간 무국적자로 떠도는 삶을 살았던 작가이자, 정치이론가이다. 1·2차 세계대전이 진행되던 당시의 세계는 지역 간, 국가 간 분쟁으로 오랜 시간 고통받고 있었다. 또한 자본주의가 전 세계를 지배하는 이데올로기로 자리 잡으면서 빈곤과 불평등의 문제도 심각해졌다. 당시 전쟁과 기근으로 인한 난민과 노동자들의 이민행렬이 이어졌으며 소수 민족문제, 외국인 혐오 등의 현상들로 인간의 존엄성이 심각하게 위협받고 있었다. 이러한 상황 속에서 아렌트는 전체주의로 이행하는 나치즘과 스탈린주의를 지켜보며 사람들이 인간의 천부인권을 말하는 것이 얼마나 공허한가를 경험했다. 아렌트 역시 1933년 독일을 떠나서 미국 시민이 되기까지 18년 동안 무국적자로 살아야 했다. 그 경험을 토대로 아렌트는 천부인권에 기초하고 있는 인권의 보편성에 대해 강한 의문을 가지게 된다. 아렌트가 경험했던 것은 1차 세계대전 이후에 무국적자들의 대거 출현했던 때와 함께 드러난 소위 보편적 권리인 인권의 무력함이었다(박혁, 2015: 149). 근대의 인권 관념은 시민혁명 당시에 등장한 국가의 절대 권력에 대항하는 국민 주권적 자기 지배 사상을 전제로 발전되었고 19세기까지 정치공동체 내의 문제를 해결하는 역할을 주로 담당했다. 사실상 그것은 이미 정치공동체의 일원으로서 편입된 인간에게 주어지는 정치적 권리요구이자 시민적 권리요구였던 것이다(임미원, 2019: 209).

21세기를 살아가고 있는 지금도 아렌트가 살던 당시의 상황과 크게 달라지지 않았다. 이를테면, 프랑스에서 영국으로 통하는 유로터널에 난민들이 몰리게 되면서 사망사고가 발생하기도 하고 오스트리아의 고속도로에 방치된 냉동 트럭에서 시리아 난민들의 시신 71구가 발견되는 사건이 여전히 발생하고 있다는 점에서 그러하다. 특히 2015년 알란 쿠르디라는 시리아의 세 살배기 어린아이가 내전을 피해 유럽으로 이주하던 중 난파된 배로 인해 터키 보르둠의 해변에서 엎드려 사망한 채로 발견된 사건도 있었다. 당시 발견된 모습은 사진으로 남겨져 전 세계에 공개되었고 그 비극적인 장면은 국제적으로 큰 파장을 일으켰다. 그 뒤로 유럽에서 난민 정책이 수용적인 형태로 바뀌는 계기가 되기도 하였지만, 여전히 중동과 서남아시아, 동아프리카 등의 내전과 쿠데타, 기근 지역에서의 난민들은 목숨 건 탈출을 시도해야만 하는 상황에 놓여있다. 그들에게 난민이 된다는 것은 선택의 영역이 아닌 살기 위한 결심이다. 난민 문제뿐 아니라 아렌트가 경험했던 소수 민족문제나 외국인 혐오, 소수집단에 대한 차별도 여전하다. 중국에서는 55개의 소수 민족에 대해서 끊임없는 문화 말살 정책을 이어가고 있다. 중국 헌법에서는 이들의 정체성 보호를 명확히 규정하고 있지만 현실은 그와 반대이다. 중국뿐 아니라 많은 나라에서 여전히 주류에 편입되지 못하면 불합리한 차별과 대우를 받는 일이 일어난다. 인권에 대해 자주 언급하며 그 중요성을 강조하면서도 실제적으로는 원래 지켜지고 있던 사람들, 즉 국민이거나, 기득권이거나, 주류이거나 하는 사람들의 인권만 향상되어 갈 뿐 애초에 인권에 대한 개념도, 인간의 존엄성을 보장받기 위한 최소한의 권리도 누리지 못하던 사람들은 이 모든 논의에서 계속해서 제외되고 있다.

박혁(2015)에 따르면 이러한 문제는 인간의 존엄성 보장이라는 보편적 인권과 국가 주권 사이의 갈등이다. 즉, 추상적 인권의 논리가 현실적이고 구체적인 주권의 논리와 부딪히게 되는 것이다. 아렌트는 1951년에 이미 이러한 오늘날의 현실을 예견한 듯 인권의 문제가 이후 정치적 현실에서 다루기 어려운 문제 중 하나가 될 것을 전망했다. 오늘날 우리가 일반적으로 인권이라고 부르는 것은 인간이라면 누구나 갖는 자연적 권리를 의미한다고 정의된다. 즉, 어떤 정치적 공동체에 속하는지 어떤 삶의 양식을 가지는 가와 상관없이, 인권은 인간이라는 존재 자체로부터 주어지는 권리라고 보는 것이다. 그래서 많은 역사적 배경 속에서 근대의 인권 담론은 비판적이고 해방적인 성격을 지녀왔고 사회질서와 정치제도의 정당성을 부여하는 결정적인 토대 역할을 해왔다. 우리가 앞서 살펴보았던 인권 개념의 발전 과정과 세대별 인권의 성격에서 도 이를 알 수 있었다. 1783년 미국의 독립선언에 담긴 천부인권에 대한 선언과 1789년 프랑스대혁명의 결과 공포된 인간과 시민의 권리 선언에서 제시된 내용을 토대로 국민주권 원리는 공화국의 근본적인 정치원리로 자리 잡게 되었다. 아렌트도 『전체주의의 기원』에서 인권선언이 모든 공화국의 토대를 형성하고 인간 자체가 옳고 그름의 척도의 역할을 맡아야 한다는 것을 의미함을 서술하고 있다 (Arendt, 2006: 524).

인간이 제도적으로나 신분적으로 해방된 이후에 신이나 자연 본성이라는 것은 더 이상 권리의 정당한 근원으로 간주 되지 않았다. 그 대신 국민(민족)국가의 역할이 더 중요해졌고 자연스럽게 인권은 정치적 의미를 나타내게 되었다. 이제 인간의 권리는 그 권리보호의 의무 주체인 국민국가의 틀 내에서만 실현되고 이를 통한 보호가 가능해진 것이다. 즉, 국민국가가 기반을 두고 있는 국민주권 원리는 인간의 보편적인 권리와 시민의 정치적 권리를 보장하는 것을 의미하는 것이다. 그러나 국민주권과 인권의 관계는 매우 불안정한 것이었다. 근대의 사회계약론에 따르면 보편적인 권리를 가진 개별 인간이 자신의 권리에 실정법적인 강제성과 타당성을 부여하기 위해 자연 상태를 떠나 사회계약을 통해 국가 혹은 민족을 구성한다. 그와 동시에 인권은 계약의 당사자들과 공동체의 구성원들에게만 부여되는 일종의 특권이 되는 것이다. 이는 결과적으로 국민주권의 원리가 보편적인 인권을 제한하게 된다는 것을 의미한다. 개인의 추상적인 인권은 집단적 욕망과 의지, 질서에 의해 위협받는다. 한편, 아렌트(Arendt, 1981)에 따르면 민족(국민)국가는 구성원을 한정하고 주권자인 구성원들에게는 일정한 권리를 보장하고 통합을 위해 노력하지만 소수 민족이나 난민, 이방인에게는 권리를 허용하지 않는다. 나치가 유대인들을 박멸하기 전에 유대인들이 가진 국민으로서의 법적 자격을 박탈하고 난 뒤로 그들의 삶에 대한 권리가 국가의 처분에 따라 결정되었던 것처럼 말이다.

아렌트는 영구불변하고 보편타당하다는 인권에 대한 정의가 무국적이라는 현실에서 비롯되는 비극적인 사건들을 덮을 수 있다는 것에 대해 우려했다. 국가 간에 이익을 둘러싼 수많은 크고 작은 분쟁과 전쟁 속에서 수많은 인민은 난민이 되어야 했고, 무국적자로 불리었다. 그들은 한 국가의 구성원이라는 것을 전제로 보장되었던 인권을 상실했고 권리 없이 존재해야만 했다. 자기의 고향을 상실했거나 추방된 이들은 어디에서도 새로운 고향을 발견하지 못한 채 국경 사이를 떠돌아야만 했고 무국적 상태는 곧 인권 자체의 상실이라는 것이 그들의 삶으로 온전히 드러났다. 오늘날의 상황은 분명히 아렌트가 살았던 20세기보다는 많이 나아진 부분들이 있다. 국제법이라는 거대한 시스템 안에서 상호 의존하는 국가 간의 관계로 외부인들이 더 이상 권리 없는 이방인처럼 취급받지는 않는다. 점차 모든 인간이 일정 국가의 국민이 아니어도 법적 인격으로 대우받고 있다. 하지만 여전히 국민국가의 성원에 한해 이루어지는 보호가 압도적으로 많다. 즉, 18세기에 국가-제도를 초월한 보편적인 이념으로 인권이 선언 되었지만, 근대 국민국가 체제가 해체되면서 무기력한 종말을 맞았던 딜레마에 대한 아렌트가 가졌던 우려와 고민에 대한 해답으로 제시했던 인권의 확장적 개념을 살펴보는 것은 세계화, 다문화 시대의 인권 개념에 대해 고민해 볼 때 유익한 관점을 제시한다. “권리를 가질 권리”로 정의되는 개념에 대한 이해는 세계화, 다문화 시대의 인권교육에 있어서 꼭 필요한 과제이다.

아렌트가 제시한 “권리를 가질 권리” 개념에 대해서는 다양한 논의와 담론이 있었고 여전히 많은 해석이 시도되고 있다. 본 연구에서는 사회과 인권교육에 있어서 인권 개념 확장의 필요성에 대한 근거로서 해당 개념을 다루는 만큼 “권리를 가질 권리”에 대한 새로운 해석을 제시하기보다는 기존의 논의를 토대로 이 권리를 이해하고자 한다. 임미원(2019)에 따르면 아렌트는 인권이란 특정한 권리를 요구하는 것 이전에 그 전제-조건이 되는 틀로서 “권리를 가질 권리”를 의미한다고 주장했다. 이로부터 인권으로서의 “권리를 가질 권리”란 조직된 공동체에 속할 권리를 핵심으로 인정해야 한다는 해석으로 이어졌다. 물론 아렌트의 인권 개념이 더 발전된 보편국가에의 소속의 권리라는 이데올로기에 갇혀 있는 것이 아니라 그 어떤 형태이든 조직된 공동체에 소속됨으로써 형성되고 체험되는 공동성 자체가 인간의 주체적이고 정치적인 실존의 출발점이 된다는 근본 주장이 담겨있는 것이다. 아렌트의 주장에 따르면 편입되지 못한 자들, 공동체로부터 자의적으로든 폭력적으로든 배제된 자들에게 가장 필요한 것이 바로 권리를 가질 권리이다.

박혁(2015)은 "권리를 가질 권리" 개념에 대한 해석을 3가지로 정리한다. 첫째, 정치적 공동체의 성원권, 둘째, 정치적 권리 즉, 정치적 행위에 대한 보편적 권리, 셋째, 인류에 속할 권리가 그것이다. 먼저, 정치적 공동체의 성원권인 정치적 공동체에 속할 권리로서의 해석은 아렌트의 인권 개념에 대한 일반적인 해석 중 하나이다. 성원권이란 '구체적인 정치적 공동체 내에서 한 사람이 사법적 지위를 가질 권리'를 의미하는데 이는 아렌트의 사유와 맞닿아 있다. 아렌트에게 자유와 평등이라는 인간의 권리들은 공동체에 속할 권리가 인정받을 때 의미가 있고 하나의 공동체가 정치조직 안에서 그 권리의 타당성을 부여할 때만 의미를 갖게 된다고 보았다. 성원권이 전제되지 않으면 인간이 본성적으로 평등하다는 선언은 공허한 것이라고 본다. 아렌트가 인권의 핵심을 이러한 성원권, 즉 국적의 문제로 본 것은 인권 개념에 있어서 중요한 의미가 있다. 1948년 세계인권선언에서도 모든 사람이 국적을 가질 권리를 가지고, 그 누구도 자의적으로 자신의 국적을 박탈당하거나 그의 국적을 바꿀 권리를 부인당하지 아니한다고 규정함으로써 인권과 성원권의 관계를 분명히 밝히고 있다. 특히 벤하비브(Benhabib)도 아렌트의 "권리를 가질 권리" 개념을 국적권을 포함한 성원권으로 해석하며 이것이 근대국가의 사회 체제 내에서 난민이나 무국적자들에게도 시민권이 주어지거나 최소한의 법적 인격 정도가 인정되어야 한다는 도덕적 요청을 표현한 것으로 본다(Benhabib, 2008, 82).

두 번째 해석인 정치적 행위에 대한 보편적 권리로서의 의미는 발리바르(E. Balibar)가 해석하듯이 정치에 대한 보편적 권리로 확장해야 한다는 것이다(Balibar, 2006: 69). 정치적 행위의 권리란 다원성이라는 인간 조건을 토대로 해서 인간의 관계망을 형성하고 그 안에서 자신을 드러내며 살아가는 권리를 의미한다. 아렌트의 의미에서 정치적 권리라는 것은 인간이 무엇(what)으로서 승인되고 보호받는 권리가 아닌 누구(who)가 될 수 있는 행위와 의견의 표명을 통해 자신을 드러내는 것이다. 이러한 권리는 행위와 의견의 표명을 통해 자신을 드러낼 권리이고 이 권리는 행위와 의견을 타인에게 드러낼 타인과의 관계망, 즉 공적 세계가 요구되는 것이다. 이러한 해석을 바탕으로 인권의 개념에 보편성을 부여하고 국적으로 구분되는 국가적 경계에 대한 개방성과 지속적인 재구성의 가능성이 제시된다.

세 번째로 "권리를 가질 권리"를 인류에 속할 권리로 해석할 수 있다. 이는 지구에 존재하는 모든 개인과 집단이 지니는 보편적 권리로 태어났다는 사실만으로 인간은 인류의 구성원으로서 존재하게 되고 그 사실로부터 권리가 시작된다. 이는 인간이 태어날 때 인간들 사이에 생기는 근본적 차이와 다양성을 인정하고 존중해야 한다는 규범을 의미한다(Birmingham, 2006). 아렌트는 인류 자체가 본질적으로 다양성과 다원성을 전제로 한다고 보았고 인간으로 구성된 인류에 속할 권리라는 건 다양한 삶의 양식과 차이에 대한 인정과 존중의 표현이다. 그러므로 특정한 개인이나 집단에 대한 배제나 차별은 인류에 속할 권리로서의 "권리를 가질 권리"를 침해하는 것이고 이는 인류에 대한 도전이다. 홀로코스트의 총책임자였던 아이히만에 대한 재판에서 아렌트가 주목한 아이히만의 죄가 이러한 측면이었다. 아이히만은 하나의 민족으로부터 권리를 가질 권리를 빼앗으려고 했던 것이었다. 즉 하나의 민족에게서 인류의 구성원으로서 살아갈 권리를 박탈하고자 했고 그 행위는 더 나아가서 다양한 인종과 민족으로 구성된 인류 공동체를 파괴하는 것이었다. 인류의 다양성에 대한 공격은 인간성이라는 말 자체의 의미를 잃게 할 수 있다.

전 지구적 차원에서 인구 간 이동이 활발하게 발생하고 있고, 자발적으로든 비자발적으로든 국경을 넘나드는 이들의 권리문제는 현대의 중요한 정치적 의제이다. 자신이 태어나고 자랐던 곳, 국민으로서 권리를 보호받았던 곳을 벗어나서 인간이라는 존재에 대한 근원적 권리인 인권을 누구에게 어떻게 보장받을 수 있을지에 대한 논의하는 것에 대한 중요성이 커지고 있다. 20세기 후반부터 꾸준하게 나타나고 있는 유럽 민족-국가들의 영토적 경계의 재편은 인권 논의의 직접적 계기가 되어왔고 유럽통합은 유럽 시민으로서의 정체성에 대한 문제를 논의하게 하는 계기로 작동했다. 동시에 유럽 이외의 지역으로부터 유입되어 온 이주민, 난민, 망명자들을 유럽의 시민으로 인정할 수 있는지, 인정받을 수 없다면 이들의 인간으로의 존엄성은 어떻게 보장받을 수 있는지에 대한 논쟁이 활발하게 발생하는 계기가 되기도 했다. 앞서 설명했듯 한나 아렌트는 민족-국가를 벗어난 이들에게 어떤 권리가 존재하는지에 대한 근본적인 질문을 제기하면서 인간존엄성의 보장자로 "권리를 가질 권리"를 제시하였다. 한나 아렌트(Hannah Arendt)는 오늘날 가장 주목받는 인권 사상가 중 한 명으로 한나 아렌트 사후에도 아렌트를 재해석하려는 시도는 계속해서 이루어졌다.

김민수(2017)에 따르면 아렌트의 정치사상이 인권의 관점에서 재평가되고, 다시 주목받기 시작한 이유는 인권의 시대라고 불리는 이 시대에 오히려 권리의 상실이라는 역설이 발생하기 때문이라고 설명한다. 인간이라는 이유만으로 보편적인 가치로 여겨지고 있는 이 시대에서 우리는 극단적 권리 상실과 폭력이 대규모로 발생하고 있는 모습을 여전히 목격하고 있고 지구의 반대편에서 여전히 발생하는 인종청소, 대규모 난민 발생의 이야기와 가까이에서 외국인 노동자라는 이유로 비난과 조롱, 멸시의 대상이 되며 인간으로서 보호받아야 할 권리도 제대로 보호받지 못하는 상황들이 권리의 상실이라는 말의 의미를 이해하게 만들어 준다. 인권의 시대에서 권리 상실을 경험하는 이 역설은 아렌트가 근대 인권선언의 추상성과 무용성을 비판하면서 인간의 존엄성을 보호할 수 있는 유일한 권리로 제시한 "권리를 가질 권리"에 주목하도록 한다. 분명 양도할 수 없는 인권이라고 이야기하면서도 한 인간의 인권이 소속이나 성원의 자격에 한 해 존엄성을 보장하고 있는 현실을 해결할 중요한 실마리가 되는 개념일 것이다.

임미원(2019)의 연구에 근거했을 때 벤하비브는 권리를 가질 권리는 모든 구별과 차이에 앞서서 인간 자체에 귀속되는 것으로서 칸트적 의미에서의 도덕적 성격의 권리와 유사하다고 보았다. 인권을 박탈당한 인간에게는 가장 절실해지는 것이 "권리를 가질 권리"이다. 이는 곧 공동체의 구성원이 될 수 있는 근본적 권리(자격)를 의미하는데 다만 아렌트의 권리를 가질 권리 또는 인간 공동체에 속할 권리는 오직 인간 자체에 의해서만 보장될 뿐이다. 한편 발리바르(Balibar)는 아렌트의 "권리를 가질 권리"를 정치에 대한 권리로 해석한다. 발리바르에 따르면 아렌트의 권리를 가질 권리에 전제된 제도적 형상(이상)이 이소노미아이고, 그 핵심은 평등한 자유에 있다. 이 권리는 시민권의 민주주의적 기초로 작동하며 모든 인간을 기본권의 주체인 동시에 민주주의적 주권자로 만들어 주는 인간이자 시민의 권리를 의미하는 것이다.

세계화와 다문화라는 시대적 흐름을 반영한 인권교육을 위해서는 앞서서 살펴본 기존 인권 개념에 대한 이해와 인권 개념의 발전을 토대로 한 인권 개념에 대한 총체적 이해가 필요하다. 인권이 권리라는 점에서부터 논의를 시작했을 때, 권리 주체가 구체적인 이익을 누릴 수 있도록 권리 주체에게 주어진 힘으로서 역할을 해야 한다. 인권은 앞서 살펴본 연구에 따르면 자연권적 성질을 토대로 보편적이고, 평등한 성격을 가진다. 또한 불가분하고 제도 초월적이다. 이는 인권이라는 개념이 실정권보다 우월적 지위를 가지고 있고 인간 존재의 근원이 된다는 점을 설명한다. 인권에 대한 가장 보편적인 구분은 시민·정치적 권리, 경제·사회·문화적 권리, 연대적 권리로 구별하여 파악할 수 있다. 이것은 인권이 발달한 역사적 배경과 사건들을 토대로 점차 확장된 분류이다. 시대적 흐름을 반영하여 볼 때, 세계화, 다문화 시대에서는 연대권의 중요성이 커지고 있다. 인권이라는 개념은 본질적으로도 제도 초월적이고 국가의 실정법을 넘어서는 개념임에도 국민국가라는 제도적 틀 안에서 이해 되어왔다. 보통 선거권의 확립으로 보장되기 시작한 시민·정치적 권리의 내용은 정치적 표현의 자유와 선거권, 공무담임권과 같은 내용을 포함하고 청구권적 권리는 청원권과 권리 구제를 받을 권리를 대표하는데 이는 모두 국가라는 존재를 전제로 성립하는 개념이다. 경제·사회·문화적 권리에는 근로의 권리, 사회보장의 권리, 가정 보호 및 지원의 권리, 인간다운 생활의 권리, 교육의 권리, 문화적 권리를 포함하는데 이러한 권리도 한 나라의 국민이 아니면 어디서도 누릴 수 없는 인간의 권리인 것이다.

인권은 공동체 내에서 사회규범을 정당하게 형성할 수 있는 지도 이념으로서 역할을 한다. 또한 인간의 자유의지를 실현하기 위해서 인권은 꼭 필요하다. 현대 인권이론에서 집합적 수준에 해당하는 연대적 권리까지 인정하고 있으므로 자유의지론이 개인주의적 이론으로만 해석될 필요도 없다는 것을 주장한다. 이뿐 아니라 인간의 본질적 이익을 보장하기 위해서도 인권은 필수적이다. 인권이 필요하다는 것을 정당화해 왔으나 인권의 내용을 어떻게 설정할지에 대한 논의는 세계인권선언이 채택된 이후로 계속해서 진행되고 있다. 하지만 여전히 인권교육에서 포괄하는 인권의 내용이 개인적 권리에 국한되어 인권을 이해한다면 세계화, 다문화 시대에 그 중요성이 강조된다는 연대적 권리는 보장 가능성에 대한 확률이 상당히 떨어진다고 볼 수 있다. 인간으로서 자신의 권리를 인식하는 것에서부터 권리의 보장이 시작된다고 할 수 있는데 인간의 권리라는 개념이 나라에 국한되어서 이해된다면 스스로 권리를 확장시켜 이해하기는 어렵기 때문이다. 하지만 연대적 권리로 구분되는 내용은 발전의 권리, 환경의 권리, 평화의 권리로서 한 국가 내에서는 보장되기 어려운 인권이다.

본질적으로 국가를 초월한 개념인 연대권의 보장을 위해서는 이러한 한계를 뛰어넘을 학문적 담론이 요구된다. 이러한 역할을 하는 것이 한나 아렌트의 권리를 가질 권리이다. 권리를 가질 권리는 그 자체적으로 먼저, 정치적 공동체에 속할 권리를 주장한다. 앞서 제시된 인권은 자연권적 개념이 아니라 실정권적 개념으로서 제도적으로 보장되기 때문에 정치적 공동체에 속할 권리가 근본적으로 요구된다는 것이다. 다음으로는 정치적 행위에 대한 보편적 권리로서 인간 조건을 토대로 해서 인간의 관계망을 형성하고 그 안에서 자신을 드러내며 살아가는 것이 인간에게 근본적으로 필요한 권리이다. 한 개인은 단순히 개인으로서는 어떠한 권리를 보장받을 수도 없으며 사회적 관계망에 내에서 이해되어야 한다. 세 번째로 제시한 것은 인류에 속할 권리이다. 이 개념이 연대권과 직접적으로 연관되는데 인간으로서 태어나면 동시에 가지는 인간으로의 권리를 본질적으로 가장 잘 대표한다. 아렌트는 인류 자체는 본질적으로 다양성과 다원성을 전제로 함을 이야기하며 인류에 속할 권리는 이러한 다양한 삶의 양식에 대한 차이와 존중의 표현으로서 제시한다. 세계화, 다문화 시대에 다양한 가치들은 힘을 발휘하고 있다. 다양성은 힘이 있고 앞으로 우리가 만들어갈 사회에서는 더 많은 다양성에 대한 존중과 포용이 필요하다. 이성의 발달로 쌓아 온 수많은 진보의 결과물을 어떻게 사용할지에 대한 가치 판단이 인권에 대한 정의로부터, 인간의 존재 의미에 대한 고찰로부터 시작되어야 하는 것이다.

VI. 인권교육은 무엇이고 왜 필요한가?

인권교육의 개념을 정의한다는 것은 인권교육이 지향하는 바를 함축하여 보여주는 것과 같다. 그러나 인권교육을 주도하거나 수행하는 기관이나 단체에 따라 인권교육은 각각 다르게 정의되고 있다(박용조, 2021). 세계적 인권 기관인 유엔 인권 고등판무관실(OHCHR)과 UNESCO는 2012년 기존의 인권교육 개념을 기초로 하여 인권교육이란 "개인 간, 사회 내에서, 국가 간에 인권, 기본적 자유, 관용, 평등 및 평화에 대한 존중심의 강화를 지향하는 행동을 증진하기 위하여 지식을 공유하고 기능을 나누며, 태도를 형성함으로써 보편적인 인권 문화의 구축을 목적으로 하는 교육 및 훈련과 정보"라고 정의하였다. 국가인권위원회는 인권교육 운영 규정 제2조에서 인권교육을 "인권에 대한 이해와 지식을 습득하고, 인권을 존중하는 가치·태도·품성을 키우며, 인권 침해 및 차별행위를 당했을 때 이를 극복할 수 있는 역량을 기르고, 다른 사람의 인권 보호와 증진을 위한 실천력을 길러냄으로써 인권 존중 사회 실현에 기여하는 일체의 교육적 활동"이라고 규정하고 있다. 구정화 외(2020)에서는 학교 인권교육의 목표를 "인권 관련 지식과 인간의 존엄성 등 인권 관련 가치에 대한 인식에 기초하여 자신과 타인을 동등한 사회의 구성원으로 존중하고 공동체에서 마주하는 다양한 인권 관련 상황을 인식하며 이를 자신의 문제로 공감하고 적극적으로 해결 방안을 찾아 주체적으로 실천하고자 하는 인권 감수성 함양을 목적으로 한다."라고 제시하고 있다.

인권교육의 개념은 각 영역에서 다양하게 정의된다. 교육학에서도 인권교육의 개념이 명확하게 하나로 정의되진 않는다. 관련 연구들인 이종태 외(2005)에서는 그 이유에 대해서 첫째로는 우선 인권운동 진영에서 사용하고 있는 인권교육의 개념과 학교 교육에서 사용하고 있는 인권교육의 개념이 다르고 개념 중심에서 제기될 수 있는 문제와 실천 현장에서 체감하는 의미가 다르기 때문이라고 본다. 그리고 인권교육과 내용 영역에서 중첩되는 민주시민교육, 인성교육, 평화교육 등 여러 인접 영역 개념과의 관계도 혼란스럽다고 보았다. 이렇게 인권교육을 하는 주체나 인접 영역과의 관계가 혼란스러운 문제 외에도 사회과 내에서도 지금까지 인권교육에 관한 논의는 기본권교육과도 혼재되어 나타난다. 인권교육은 자연법을 중심으로 설명할 수 있다. 자연법으로서의 인권이 인권 담론의 시발점이고 고봉진(2012)에 의해 제시되는 자연법적 논증의 특징인 "그 자체로부터 명백하다."라는 점을 제시하기도 하는데 이는 자연법으로 인권을 이해하는 것이 다양한 사유의 기회를 보장받는 것으로 이해할 수 있다. 이러한 이론에 비추어 본다면 자연법 중심의 인권교육은 실정법에 대한 비판적, 논쟁적 인권교육으로 구현되어야 한다. 즉, 자연법적인 인권 개념 아래에서 학생들은 인간과 관련된 사안에서는 일반적으로 도덕률이나 자신의 가치관에 기반하여 판단하게 되는데 이것이 인권 보장의 의무와 권한을 가진 국가가 오히려 인권 침해를 행하는 경우 이를 비판하는 모습을 보일 수도 있다는 것이다.

두 번째로 권리의 주체 측면에서도 인권교육에 대해 논의할 수 있다. 인권교육과 관련한 주요 문헌인 세계인권선언은 "제2조 모든 사람은 인종, 피부색, 성, 언어, 종교, 정치적 또는 기타적 견해, 민족적 또는 사회적 출신, 재산, 출생 또는 기타의 신분과 같은 어떠한 종류의 차별이 없이, 이 선언에 규정된 모든 권리와 자유를 향유 할 자격이 있다."라고 하여 인권은 모든 사람은 태어날 때부터 자유로우며 그 존엄과 권리에 있어 동등하다고 본다. 이 부분이 기본권교육과 명백하게 구분되는 인권교육의 특징이다. 헌법상 기본권론은 실정법에 근거하여 특정 국가를 단위로 권리를 이해하며 원칙적으로 기본권의 주체를 국민으로 보기 때문이다. 하지만 인권교육에서는 그 주체를 어떠한 차별 없이 적용하는 것이므로 명백한 차이가 있다. 인권교육에는 내국인과 외국인을 모두 포괄하여 교육 영역이 설정해야 하므로 인권교육의 영역을 설정하는데 권리의 주체는 중요한 논의 사항이 된다.

세 번째로는 효력 측면에서 살펴볼 수가 있다. 인권교육의 문제는 인권 의식의 향상과 더불어 다양한 인권 문제를 해결하는 것인데 인권 문제를 시정하기 위해서는 공적, 사적 영역의 모든 주체가 함께 책임 의식을 가져야 한다. 실제로 사람들이 경험하는 인권 침해는 국가에 의한 침해보다 사적 영역에서의 침해가 훨씬 많다는 것이 연구 결과로 밝혀진다(조효제, 2015). 이에 따르면 인격을 충분히 발전시키는 것은 결국 공동체 내에서 이기 때문에 개인의 권리와 집단 공동체의 권리는 분명히 구별되는 것은 아니다. 개인만이 인권의 주체라는 인식은 특정한 문화권의 시각일 수 있으며 각국의 정부는 일차적인 권리보장의 책임자이긴 하지만 집단권의 영역으로 인권 개념을 확대하면 한 개인뿐 아니라 공동체, 사회, 각국 정부 등도 권리의 주체가 된다. 이러한 논의의 확장은 인권교육에서 다루는 내용의 확장으로 이루어진다.

대한민국이라는 나라가 광복 이후 세계 각국으로부터 원조가 필요했던 나라에서 원조를 주는 나라로까지 급속도로 성장할 수 있었던 것은 다양한 요인의 영향이 있었다. 특히 대다수가 주목한 교육이라는 요소는 한 사람을 바꾸고 한 나라를 바꾸는 데 큰 영향을 끼쳤다. 사회과교육의 목표는 민주시민의 양성이다. 민주시민을 양성하기 위해서는 인권교육이 필수적이다. 인권과 경제적·사회적 권리의 보장도 연관이 깊다. 경제적·사회적 권리도 모든 시민이 시민적·정치적 권리를 실질적으로 행사할 수 있는 조건을 마련해줌으로써 정치적 평등주의의 실질적인 실현을 이룰 수 있다. 또한 인권은 실정법 이전에 존재하는 권리로써 실정법을 비판하는 근거로서 작동할 수 있다. 따라서 사회과교육에서는 인권교육을 통해 사회를 올바르게 바라보며 균형 잡힌 시각으로 접근할 수 있는 시민을 양성할 수 있다. 자신이 시민이기 이전에 인간으로서 가지는 인권과 그 인권을 실현하기 위해서 가지는 자신의 존재 가치와 존엄성을 배움을 통해 알고 있어야 한다. 따라서 사회과교육에서의 인권교육은 사회과 목표 달성을 위한 기초가 된다.

그중에서도 인권은 민주주의라는 중요한 정치적 이념과도 직결된다. 유엔이 인권 분야에서 이룬 위대한 성취 중 하나는 식민주의의 종식이라고 본다. 1960년대 이후 대부분의 식민지가 독립을 이루었으나 UN(국제연합)의 기대와 달리 독립의 성취는 곧바로 민주주의의 실현으로 연결되지는 않았다. 후에 세계 곳곳에서 일어난 재스민혁명을 이끈 민주적 자결의 원칙은 『시민적·정치적 권리에 관한 국제규약』 제25조와 연관된 인권으로, 모든 시민에게 다음과 같은 세 가지 권리를 보장할 것을 요구한다(Yash Ghai, 2001: 18). 첫째는 모든 시민은 직접적으로든 아니면 자유롭게 선출한 대의원들을 통해서든 국가의 공무에 참여할 수 있는 기회와 권리를 보장받아야 한다는 것이다. 둘째는 국민의 자유로운 의사 표현을 보장하고 보편적이고 평등하며 비밀리에 진행되는 정기적인 선거에 대의원 후보 자격으로 참가 혹은 투표자의 자격으로 참여하는 권리를 보장받아야 한다. 셋째는 평등한 조건에서 시민은 국가의 공적인 서비스를 받을 수 있는 권리를 보장받아야 한다는 것이다. 이 외에도 국제인권규약의 시민적·정치적 인권은 민주정치에 필수적인 다른 권리도 보장하는데 그 종류에는 표현의 자유(제21조), 집회의 자유(제21조), 결사의 자유(제22조), 신앙과 양심의 자유(18조) 등이 포함되어 있다. 이렇게 민주적 자결의 원칙이 시민적·정치적 인권과 직결된 것을 통해 민주주의와 민주주의를 통해 실현되는 인권의 연관성을 이해할 수 있다.

역사적으로는 민주주의와 인권이 서로 별개의 현상으로 인식 되어왔다. 민주주의는 주로 정부 조직의 문제로 연관되어 한 국가의 국내 문제로 인식 되어왔고 인권은 개인의 존엄성을 보호하는 데 필요한 보편적인 최소 조건으로 인식 되어온 경향이 있었다. 하지만 오늘날에는 더 이상 인권과 민주주의를 분리해서 이해하는 것은 설득력이 없다. 1990년대를 전후한 시기에 사회주의 체계가 무너지면서 인권에 부합하는 민주주의가 인류의 보편적 열망에 적합한 정치체제로 부각 되었기 때문이다. 민주주의를 유지하기 위해서는 인권의 분류 중 시민적·정치적 권리에 해당하는 것을 충실히 지켜내야 한다는 것이다. 즉 민주주의는 모든 사람이 평등한 자격으로 신체의 자유와 정신적 자유, 나아가 시민적 정치적 권리로서의 정치적 자유와 제도적 장치를 통한 정부에 대한 감시와 통제까지 영역이 확장되어 간다는 것이다. 그러므로 민주주의의 질적 향상과 지속성을 담보할 때 인권의 중요성은 아무리 강조해도 지나침이 없다.

유병열(2013)에 따르면 인권 친화적인 환경 속에서 인권을 배울 때야 비로소 올바른 교육이 이루어질 수 있고 실천까지 이어질 수 있다. 인권이 보장되는 교육 현장에서 학생들은 자신에게 주어진 자유와 권리에 대해 스스로 질문을 던지며 판단할 기회를 얻게 된다. 인권적 상황은 그 자체만으로도 교육적 효과를 기대할 수 있다. 하지만 이것이 가능해지려면 자신의 인권뿐 아니라 타인의 인권까지 소중하게 여기는 인권 의식의 고취가 전제되어야 할 것이다. 인권교육을 통해서 학생들은 자신이 처한 상황의 인권 문제를 이해할 수 있고 인권에 기초한 판단과 행동을 내릴 수 있다. 이뿐만 아니라 인권교육은 타인과 공동체에 대한 책임을 배우고 실천하게 함으로써 나와 타인의 인권을 동시에 보호할 수 있는 기제로 작용하게 된다.

선미숙(2017)에 따르면 인권교육의 중요성은 일상적인 생활이 이루어지는 학교 현장에서 발생하는 인권 침해와 차별, 폭력을 통해서도 발견될 수 있다. 학교에서 인권 침해를 경험하는 경우 학생들은 학교와 교사에 대한 신뢰감을 잃고 학교를 불편한 곳으로 여기며 학교생활에 적응하기 어려워하게 된다. 또한 김진숙·문현주(2016)에 따르면 학교가 학생들의 인권을 존중하지 않으면 학교폭력에 대한 불안과 학교폭력 피해, 가해 경험이 증가하게 되기도 한다. 학교폭력이라는 문제를 근본적으로 해결하기 위해서도 인권교육의 중요성은 커지고 있다. 실제로 이희연(2015)의 연구에 따르면 인권 감수성이 높아지면 학교폭력을 할 확률이 낮아짐으로 학교폭력 예방 차원에서도 인권교육이 필요하다고 주장한다.

인권교육의 목적은 학생들이 독립적 주체로서 자기의 삶을 능동적으로 변화시키기 위한 것이자 학생들 각자의 삶 속에서 겪는 경험을 통해 현재보다 더 발전된 방식, 즉 서로의 기본적 권리와 존엄성을 존중하는 방식으로 인도하는 것이다. 이는 유적인 존재로서 인간이 가지는 공통점과 차이점에 대해서 다양한 방식의 교육적인 접근이 가능함을 의미한다. 즉, 인간은 인종과 문화, 언어, 공간 등의 차이를 인정하면서도 서로가 존중하는 삶의 방식으로 나아갈 수 있는 잠재성을 가지고 있다. 이것은 결국 인간의 삶을 살아가는 방식과 관련된 것이며, 이러한 방식은 다양할지라도 인간이라면 기본적인 권리와 존엄성에 대한 존중은 반드시 이루어져야 한다는 당위적인 명제를 개인의 삶의 영역으로 확장 시킬 뿐 아니라 실천으로까지 이어지도록 해야 한다(김덕수, 2022).

VII. 학교 인권교육에 관한 개선 과제

학교에서 이루어지는 인권교육에서도 인권교육의 범위를 획일적인 통일이나 동화주의를 주장하며 민족국가 개념에 머무르기보다 시대의 흐름에 맞춰 인권 개념을 확장 시킬 필요가 있다. 한나 아렌트가 주장했던 근대 인권선언의 추상성과 무용성에 대한 고찰을 토대로 인간의 존엄성을 보호할 수 있는 권리에 관한 내용을 포함해야 한다. 인권을 보장받지 못하는 사람에게 주장되는 것은 자유권적 권리도 아니고, 사회권적 권리의 보완도 아니다. 단순히 연대권적 권리를 보장하자는 수준에 멈춰 있어서도 안 된다. "권리를 가질 권리"로까지 확장이 필요하다. 공동체의 구성원이 될 수 있는 근본적 권리(자격)을 갖추고, 정치적으로 이를 주장할 수 있는 권리까지 확장되어야 한다. 이를 통해 우리는 인권을 보장할 수 있고 인류라는 공동체 속에서 더 나은 삶을 꿈꿀 수 있다. 인권의 개념에 대해서 총체적으로 이해할 때는 국가적 차원에 한정되어 이해할 것이 아니라 세계적인 방향으로 인류에 속할 권리까지 확장시켜 제시해야 한다. 권리라는 것이 단순히 인간의 존엄성으로부터 주어진다는 추상적인 선언보다 정치적으로 "권리를 가질 권리"를 주장할 수 있다는 권리로까지 나아가야 할 것이다.

최근에 고권 침해에 대한 이슈와 학생인권조례 폐지에 대한 이슈가 뜨겁다. 교권과 학생 인권은 대척점에 있는 사안이 아니다. 같은 곳을 바라보고 있는 문제이며, 함께 더 나은 방향을 향해 나아가야 하는 것이지 한쪽을 없애야만 반대쪽을 지킬 수 있는 사안이 아니다. 학교 현장을 둘러싼 이러한 문제만을 보았을 때도 제대로 된 인권교육의 도입이 필요하다. 인권교육이 범교과적 주제인 동시에 사회과에서 특히 중요하게 다루어져야 할 필요성에 대해서도 살펴보았다. 인권교육의 내용적 범위를 확장시키는 것에서부터 시작하여 인권교육의 목적과 방향성, 실천으로까지 이어지는 실효성 있는 교육의 실행이 적극적으로 요구되는 바이다.

참고문헌

고병권(2011). 민주주의란 무엇인가. 그린비.

교육부(2015a). 초·중등학교 교육과정 총론. 교육부 고시 제2015-74호 [별책 1].

교육부(2015b). 사회과 교육과정. 교육부 고시 제2015-74호 [별책 7].

교육부(2022a). 사회과 교육과정. 교육부 고시 제2022-33호 [별책 7].

국가인권위원회(2002). 제7차 교육과정 교과서 인권관련 내용 분석연구-초등학교편. 서울 : 국가인권위원회.

국가인권위원회(2013). 정보인권보고서. 서울 : 국가인권위원회.

구정화(1997). 사회과 교육에서의 '인권'교육의 방향에 관한 연구: 교과서 분석을 중심으로. 사회과 교육. 제25집.

구정화·박새롬(2019). 통합사회 교과서의 '인권 보장과 헌법' 단원에 대한 인권교육 내용체계 분석. 법교육연구, 14(2): 1-33.

구정화·박새롬·정수진(2019). 2015 개정 중학교 사회 교과서의 인권 단원 내용 구성 분석. 교육문화연구, 25(5): 853-874.

구정화·송현정·박새롬(2020). 초·중등학교 인권교육 내용 체계화 및 개정교육과정 적용방안 연구. 서울: 국가인권위원회.

구정화(2022). 2015 개정 사회과 교육과정에서 인권 단원의 내용 범위와 계열 분석. 법교육연구, 17(1): 1.

김민지(2009). 교과과정으로서의 인권교육과 그 실태에 대한 연구-고등학교 사회를 중심으로. 한국외국어대학교 교육대학원 석사학위논문.

김민수(2017). 한나 아렌트의 인권의 정치-권리를 가질 권리를 중심으로. 고려대학교 대학원 박사학위논문.

김도균(2006). 인권의 개념과 원리. 임재홍 외, 인권법. 서울: 아카넷.

김덕수(2022). 자율성과 인권교육. 대동철학회, 99: 55-74.

김송옥(2019). 디지털 유산의 보존과 정보인권. 세계헌법연구, 25(3): 69-102.

김지원(2023). 사회과 인권교육 개선을 위한 '생성 중인 인권'의 활용 제언. 한국교원대학교 석사학위논문.

김지숙·문현주(2016). 학업스트레스, 학교 분위기, 가족의사소통과 학교폭력 피·가해와의 관계에서 학교폭력불안의 매개효과. 청소년시설환경.

나달숙(2014). 다문화 인권교육의 이해와 실천 방향. 법과인권교육연구, 7(2): 32-33.

박병도(2006). '연대의 권리, 제3세대 인권'. 인권법교재발간위원회, 인권법. 서울: 아카넷, 2006, 제7장.

박찬운(2011). 국가인권위원회 10년, 인권정책분야를 평가한다. 법학연구. 34: 39-78.

박인현(2014). 초등학교 헌법교육 내용과 방법에 대한 교사의 인식 분석. 법과인권교육연구.

박혁(2015). 인권의 역설과 "권리를 가질 권리"의 의미- 한나 아렌트의 인권개념에 대한 고찰. 시민사회와 NGO.13(2): 149-192.

발리바르,엔티엔. 2006."인간시민권의 철학은 가능한가?" 『사회운동』. 69호. 사회진보연대.

벤하비브, 세일라. 2008.『타자의 권리』. 철학과 현실사.

송기춘, '시민적·정치적 권리' 인권법교재발간위원회, 인권법. 아카넷, 2006, 제5장.

서봉석(2019). 한국과 독일의 권리개념 비교. 홍익법학. 20(4): 221.

선미숙(2017).초·중등학생의 학교부적응에 영향을 미치는 학교요인 분석. 이화여자대학교 박사 학위논문.

설규주(2005).한국시민사회의 성장과 학교 인권교육의 과제. 사회과교육. 44(1): 27-56.

설규주·은지용(2016). 인권 친화적 교과서 기술 방안 모색을 위한 <사회> 교과서분석 연구 - 2009 개정 교육과정에 따른 초등학교 <사회> 교과서를 중심으로-. 시민교육연구.48(4): 49-86.

설동훈(2010). 한국의 다문화 사회 정책의 문제점과 대안. 지식의 지평. 8: 48.

양천수(2010), 다문화시대의 인권법정책-대구경북지역의 인권조례정책을 예로 하여-. 영남법학. 31: 1-26.

쉬칭용·쩡진량(2023). "디지털 인권"의 딜레마 및 보호에 관한 연구-중국에서의 논의를 중심으로-. 단국대학교 법학연구소, 47(3): 75-98.

이지은(2019). 디지털 시대의 정보인권과 법. 아세아여성법학.

이진석·김혜현(2005). 제 5·6·7차 교육과정 중학교 사회교과서에 나타난 인권교육에 대한 비교연구. 시민교육연구, 37(4): 159-183.

이정은(1999). 한국에서의 인권개념형성과 인권운동에 관한 연구. 서울대학교 석사학위논문.

이주영(2017). 발전권, 평화권, 환경권 개념의 발전과 '연대권' 논의의 함의. 다문화사회연구: 33-57.

이종태 외(2005), 인권교육개념 및 방향 정립모색연구, 사단법인한국교육연구소.

이정주·성열관(2011). 초등학교 사회과 교과서의 인권교육 관련 내용 분석: 1·2·3세대 인권의 관점에서. 사회과교육연구.

오병선 외(2011). 인권의 해설. 서울 : 국가인권위원회.

유네스코한국위원회(2016). 교육2030 인권선언과 실행계획. https://www.unesco.or.kr/assets/data/report/RZlQm1vN6mf5P8JD9Z0WJO0S7J7IYs__2.pdf.

유명철(2018). 제3세대 인권의 측면에서 고등학교『법과 정치』교과서의 내용 분석. 사회과교육. 57(4): 1-21.

유병열(2013). "학교 인권교육 강화를 위한 실천방안 연구." 도덕윤리과교육.

육근록 외(2018). 통합사회. 동아출판.

이희연(2013). 인권관점에서 본 학교폭력 가해경험 및 해결방안. 법과인권교육.

임마뉴엘 칸트(2012). 윤리형이상학. 백종현 역. 아카넷.

진시원 외(2020). 다문화주의, 다문화교육, 이데올로기, 민주주의. 동문사.

장원순(2012). 신자유주의적 세계화 시대 인권과 민주주의 교육의 변환과 적용. 법과인권교육연구, 5(1): 79.

장원씨엔(2019). 새로운 시대의 인권법리. 인권녈.

정필운(2021). 인권교육을 위한 인권이론의 구성. 법과인권교육연구. 14(3): 47-70.

정순원(2021). 법교육에서 인권, 기본권, 기본적 인권의 개념과 관계 분석-2015 개정 사회과 교육과정 및 사회 교과서 분석을 중심으로-. 법과인권교육연구. 14(2):129-154.

조태훈(2011). 논단 : 인권의 개념. 민족연구, 0(45): 156-178.

조효제(2007). 인권의 문법. 서울 : 후마니타스.

전윤경(2019). 사회과 인권교육 개념에 관한 재검토, 인권교육인가? 기본권교육인가?. 사회과교육연구, 26(4): 115-134.

차윤경(2008). 세계화 시대의 대안적 교육모델로서의 다문화 교육. 한국다문화교육학회,1(1): 5-6.

최현(2009). 인권. 서울 : 책 세상.

한상희.'경제적·사회적·문화적 권리' 인권법교재발간위원회, 인권법. 아카넷, 2006, 제6장.

황미영·박선운(2022). IB 국제정치 교과서의 인권 단원 내용 분석 -사회과 인권 교육 내용 구성을 위한 시사점을 중심으로-. 법과인권교육연구, 15(3): 21-46.

카렐 바삭(Karel Vasak), 박홍규 옮김(1986). 인권론. 실천문학사.

Arendt, Hanna(1958). The human condition. Chicago: University of Chicago Press.

Arendt, Hannah(1973). The Origins Of Totalitarianism. New York: Houghton Mifflin Harcourt; 이진우· 박미애 옮김. 2006.「전체주의의 기원I·II」. 파주: 한길사.

Birmingham, Peg. 2006. Hannah Arendt and Human Rights. Bloomington

Held, David.(2006). Models of Democracy. Polity Press. 박찬표 옮김. 2010.「민주주의의 모델들」. 후마니타스.

Michael Freeman(B).(2005). "The historical roots of human rights before the Second

World War". In:Rhona K.M. Smith and Christien van den Anker (eds). The Essentials of Human Rights. London : Hodder Arnold.

Tomlinson, J.(1999). Globalization and Culture. Chicago: The University of Chicago Press.

James Griffin(2008). On Human Rights. Oxford University Prress.

Salomon, Margot. 2013. "From NIEO to Now and the Unfinishable Story of

Economic Justice". International and Comparative Law Quarterly. Vol. 62, No. 1, 31-54.

Walzer, M.(1995). The concept of civil society. In Walzer, M.(Ed.). Toward a global civil society. Oxford: Berghahn Books. pp.7-27.

Welton, D. & Mallan, J.(1992). Children and their world. Boston: Houghton Mifflin Company.

Soysal, Yasemin Nuhoglu.(1998), Toward a Postnational Model of Membership.

4장.

헌법교육[31]

홍익표·진시원

I. 서론

지난 2008년 촛불시위에서 참가자들은 헌법 제1조인 "대한민국은 민주공화국이다. 대한민국의 주권은 국민에게 있고 모든 권력은 국민으로부터 나온다"를 외치고 노래했다. 1987년 6월 항쟁 때의 "호헌 철폐 독재 타도" 구호에 비견되는 이 구호는 집권 세력에게 헌법 정신에 입각해 국가 주권을 보장하고 국가이익을 추구하라는 아래로부터의 요구였다.[32] 시민들이 거명한 헌법 제1조는 국민 보호라는 국가의 헌법 정신 일탈에 맞서 그것의 최종 수호 세력이 시민임을 천명한 것이었다. 이는 1987년 6월 항쟁 때의 "호헌 철폐, 독재 타도" 구호 이후 처음인 일이었다. 당시에 촛불시위 참가자들이 헌법 조항을 불러내 강조한 것은 국가의 근본정신과 가치인 민주주의와 공화주의가 훼손되고 있고, 국민주권 원칙이 제대로 지켜지지 않고 있기 때문이었다. 그러나 한국의 정치사를 돌아볼 때 헌법을 문제 삼은 것은 비단 1987년과 2008년만은 아

---

31 이 글은 홍익표·진시원. "헌법에 대한 정치학적 접근: 정치교육과 법교육의 교차 지점인 헌법교육을 위한 하나의 시론",『법교육연구』7권 2호, 2012를 수정·보완하였다.

32 이러한 요구는 2009년 초에 용산참사가 발생했을 때 가톨릭 사제들이 민주공화국은 대한민국의 정체성이라 지적하고 이를 부정하는 정부를 다음과 같이 비판하는 것으로 이어졌다: "대한민국은 민주공화국입니다. 공적인 것은 바로 국민의 것이라는 대원칙을 성립시키는 나라가 민주공화국입니다. 국민의 생명과 행복을 위하는 바른 정치가 공화국 탄생의 근본 동기입니다. 그런데 오로지 몇몇 부자들을 위해 대다수 국민의 생존을 무너뜨리려 한다면 이는 대한민국의 정체성을 부정하는 것입니다. 용산 참극에서 나타났듯이 국민을 국민으로 대하지 않고 서슴없이 폭력을 저지르는 이명박 정부의 공권력은 정당성을 잃어버렸습니다." '한국천주교 사제 1,178인 시국 선언문'은 http://www.cathrights.or.kr/news/articleView.html?idxno=4288

니었다.[33] 집권 세력과 반대 세력들은 다양한 이유를 내세워 헌법 개정을 추진하거나 헌정 중단을 선언한 경우가 적지 않았다.

최근 들어와 정치적 절차를 통해 해결을 모색해야 할 사안들이 사법부의 판결 대상이 되면서 이른바 '사법의 정치화' 현상이 나타나고 있다. 이는 쉐프터(Martin Shefter)와 긴스버그(Benjamin Ginsberg)가 지칭한, 이른바 '다른 수단에 의한 정치(politics by other means)'의 한 사례라고도 할 수 있다. 쉐프터와 긴스버그는 미국에서 정당이 쇠퇴하고 선거가 덜 중요해지면서 승자는 완전한 통제권을 갖지 못하고 패자도 권력을 빼앗기지 않게 되었다고 지적한다. 그 결과 정치는 점증적으로 선거 이외의 다른 수단에 의한 정치에 의해 수행되고 있다는 것이다(Benjamin Ginsberg & Martin Shefter, 2002: 1-36). 노무현 정권 시기의 행정수도 특별법과 대통령 탄핵에 대한 헌법소원에서 볼 수 있듯이 보수 정치세력과 보수언론들이 사법 권력을 내세워 민주적인 절차에 의해 선출된 정부의 정책과 의회 다수의 법률적 결정들을 거꾸로 뒤집은 것은 그 대표적 사례이다. 다른 한편으로 헌법재판소에 대한 헌법소원 청구가 급증하면서 결정이 늦어지고 이로 인해 사회적 갈등이 커지고 있다고 지적된다.[34] 이렇듯 헌법에 대한 관심이 증폭되고 있지만 사상과 표현의 자유를 통제하는 각종 하위법과 극단적인 시장의 자유만 내세우는 신자유주의 정책에서 뚜렷하게 나타나듯이 헌법 정신과 실제의 현실 사이에는 커다란 간극도 존재하고 있다.

이 같은 현실은 헌법을 둘러싼 문제가 우리 사회에서 주요한 쟁점으로 부상하였

33 촛불시위는 2016년과 2017년에 다시 속개되었다. 분노한 수백만 명의 시민들을 다시 거리로 불러낸 까닭은 이른바 '비선 실세'에 의한 국정농단 사건 때문이었다. 2016년 10월 각계각층을 아우른 비상시국 회의는 야당에 탄핵소추안을 발의할 것을 요구하는 한편, 여당인 새누리당 의원들을 향해서도 "헌법과 민주주의에 대해 일말의 양식을 가졌다면 주권자인 국민의 민의를 따라 적극 동참하라"고 당부했다. 『경향신문』 2016년 10월 26일. 여기서 보듯이 박근혜 정부가 대한민국 헌법 제1조의 명제를 훼손시킨 데 대한 분노가 2016년과 2017년에도 전국에서 촛불시위로 이어졌다고 할 수 있다.

34 헌법소원 청구 건수 자체가 증가한 원인은 헌법재판소의 역할에 대한 국민의 인식과 기대감이 높아진 데서 찾을 수 있다. 2017년 발생한 박근혜 전 대통령 탄핵 사건은 헌법소원이 급증하는 계기로 평가된다. 청구가 급증함에 따라 법정 심리 권고 기간(180일 이내)을 넘기고도 결론을 내지 못해 미제 상태로 남은 사건도 늘고 있다. 미제사건이 지속적으로 누적되는 배경에는 구조적 문제가 자리 잡고 있다는 지적이 나온다. 우선 심리 요건에 맞지 않는 사건이 헌재로 너무 많이 접수되고 있는 점이 꼽힌다. 실제 헌재가 2021년 접수한 사건 2천8백2십7건 중 2,161건은 각하 결정을 받아 76.4%가량이 본안 심리에도 들어가지 못했다. 지난 10년간 전체 사건처리 건수 대비 각하율은 연평균 74.8% 수준이었다. 『서울신문』 2022년 2월 2일.

음을 의미한다. 이에 비례해서 헌법의 본질과 문제에 대해 알려줄 뿐만 아니라 민주국가의 시민으로서 올바른 법의식을 갖게 하는 헌법교육의 중요성도 커지고 있다. 헌법은 정치적 투쟁과 타협의 산물이며, 정치적 과정을 통해 그 내용이 변화한다는 점에서 강한 정치성을 띠고 있으며 그런 점에서 헌법교육과 정치교육은 일정한 상관관계를 갖고 있다. 그러나 법교육과 정치교육은 다루는 범위와 내용 및 목표가 다르다. 문제는 헌법을 포함한 법교육을 정치교육보다 우선시하고 정치교육을 축소하고 등한시하거나[35] 아예 정치교육과 법교육을 무리하게 통합시키는 데 있다. 그 대표적인 사례가 이명박 정부 시기 교육과학기술부가 '2009 개정 교육과정'을 통해 학교 정치교육에서 핵심적인 역할을 하는 고교 <정치> 과목을 국회 등 관련 국가 기관과의 협의 없이 축소하고 선택과목화한 것이다. 당시 이명박 정부는 국민공통교육과정 10학년 <사회>를 선택과목으로 전환하고, 고등학교 선택과목인 <정치>와 <법과 사회>를 <법과 정치> 과목으로 통합시켰다. 이러한 조처는 최소국가 논리에 기초해 정치에 대한 사법의 우위를 주장하는 자유주의로부터 영향을 받은 것이었다. 이는 수동적 법시민을 양산하고, 수동적 시민의식만 내재화할 우려가 있다.[36] 사회교육의 핵심을 구성하는 정치교육의 위기는 곧 사회교육 자체의 위기라 할 수 있다. 정치교육과 법교육에 대한 담당 정부 부서의 무지와 졸속 정책은 학교 사회교육의 위기를 초래할 수밖에

---

35 특정 집단의 성원이 견지하고 있는 가치와 그들이 준수하는 규범인 사회문화를 민주적인 방향으로 변화시키고 그 구성원들에게 내면화시키는 것은 민주주의 공고화의 주요한 내용 중의 하나이다. 이를 위해 가장 효과적인 것으로 평가되는 것이 다양한 수준에서 행해지는 체계적인 정치교육이다. 단지 정치질서와 체제의 안정을 강조하는 정치교육이 아닌, 민주적 자질의 함양을 목적으로 하는 광의의 정치교육의 지속적인 실시를 통해 시민들의 관심과 참여를 이끌어 냄으로써 민주적 사회문화를 내면화시킬 수 있기 때문이다. 미래세대를 육성하는 정치교육은 주권자로서 권리와 의무에 대해 가르침으로써 민주주의의 유지와 발전을 가능케 하는 기반이라는 점에서 중요하다. 그럼에도 한국에서 학교 정치교육의 현실은 매우 빈약하다. 예를 들어, 민주주의의 의미와 필요성을 가르치는 것이 아니라 단지 민주주의를 지식으로 습득하는데 그치고 있고, 이마저도 대학 입시를 위한 암기 위주의 수업의 일환으로 이뤄지고 있다. 한국의 고등학생들은 대학교 <정치학개론>의 축소판에 불과한 내용을 선행학습하고 있는 실정이다.

36 법교육이 법에 관련된 지식뿐만 아니라 가치와 태도를 함양함으로써 공동체의 통합과 발전에 기여하는 것을 목표로 삼는다고 할 때 이는 앞에서 지적한 광의의 정치교육과 밀접한 상관관계를 갖는다. 공공성을 실현하기 위해 공동체의 구성원들이 공동의 참여와 결정으로 법을 만들어 통치하는 공화국에서 이 점은 분명하다. 그런 까닭에 시민들을 대상으로 행해지는 법교육은 자유와 평등, 연대 등 인류의 보편적 가치에 부합되는 것이어야지 단지 형식논리에 따라 국가권력의 정당성만을 강조하는 것이어서는 안 된다. 이와 관련하여 독일에서 나치 시대에 활약한 법관들이 전후에 자기합리화를 위해 내세운 법실증주의(Rechtspositivismus)를 우리는 비판적으로 검토할 필요가 있다.

없다. 이명박 정부의 사례는 학교 정치교육의 활성화를 위해서는 고교 정치 과목을 부활시키고 모든 학생들이 이를 이수할 수 있는 장치를 마련하는 등의 대책이 요구된다는 점을 잘 보여준다.

법교육과 정치교육이 하나의 교과서로 통합·편제되어 가르쳐지고 있고, 법교육과 정치교육의 교차 지점과 교집합이 바로 '헌법'이라는 측면에서, 정치학적 시각에서 헌법을 고찰하는 작업은 학문적으로나 교육적으로나 그 의의가 크다고 할 수 있다. 헌법교육은 법교육 영역에만 머무는 것이 아니라 정치교육과 법교육의 교차 지점에 존재해야 한다. 이 점에 착안해 이 글은 헌법의 정치적 성격을 중심으로 헌법과 정치의 관계를 면밀히 분석한 바탕 위에서 정치 세력들 간의 협상의 결과로 수립된, 이른바 '87년 헌법 체제'의 와 특징과 문제를 검토하고자 한다. 그런 후 헌법 개정을 둘러싸고 전개되고 있는 다양한 주장들을 이론적 배경과 정치적 배경에 초점을 맞춰 살펴보고 자유주의적 헌정주의와 공화주의적 헌정주의를 통해 바람직한 대안적 논의를 모색하려 한다. 정치학적 입장에서 행하는 헌법에 대한 고찰은 법교육의 내용을 더욱 풍부하게 만들고 나아가 장차 한국 사회의 주역이 될 미래 세대들을 최대주의적 조건을 충족하는 민주국가의 능동적 시민으로 양성하는 데도 기여할 수 있을 것으로 보인다.

II. 헌법의 정치성

헌법은 국가 공동체 구성원들이 합의한 공동체의 운영과 구성에 관한 원리이자 통치 원리와 구조를 규정하는 규범이다. 헌법은 또한 시민의 기본권을 명시한 개인의 권리장전이기도 하며 경제의 운영 원리이기도 하다. 헌법은 다의적이고 다기능적이지만 한 마디로 공동체 구성원들의 정치·경제·사회·문화적 일상생활을 지배하는 기본원리이자 규범이자 법칙인 것이다.[37] 국가의 기본 질서인 헌법의 개념은 프랑스대혁명이 내세운 이념의 소산인 1789년의 프랑스 헌법에 그 뿌리를 두고 있다. "권리의 보장이 이뤄지지 않고 권력분립이 확립되지 않는 사회는 결코 헌법을 가진 것이 아니다"라는 당시 헌법의 언명은 미래의 헌법국가가 근거를 두고 지향해나가게 되는 헌법의 고전적 개념을 규정하고 있다(Josef Isensee, 2001: 88-89).

헌법의 성격 중 가장 주목해야 하는 부분은 헌법이 본질적으로 정치적이라는 점이다. 헌법을 '법 중의 법'으로 인식하거나 헌법을 단순히 '최고법'으로만 인식하고 교육시키는 것은 바람직하지도 않고 옳은 것도 아니다. 헌법은 정치적 투쟁과 타협의 산물이며, 정치적 과정을 통해 그 내용이 변화한다는 측면에서 정치적이다. 첫째, 헌법은 공동체 구성원이 정치적으로 합의한 공동체 운영과 구성에 관한 원리이기 때문에 정치적이다. 공동체 운영 원리에는 공동체와 공동체 구성원들이 공유하고 추구하는 이상과 가치 및 목적이 담겨있는데, 현행 헌법에는 국민주권 원리, 자유민주주의, 공화주의, 민족주의, 인간 존중(기본권) 원리, 법치주의, 권력분립 원리, 평화통일 원리, 세계평화 원리, 문화국가 원리, 복지국가 원리, 균형 있는 시장경제 원리 등이 표방되어 있다. 공동체 구성원이 공유하는 공동체 운영과 구성 원리를 선정하고 추구하는 행위는 정치적이다. 또한 위에서 열거한 현행 헌법의 운영 원리들이 서로 충돌하는 경우, 어떠한 운영 원리를 더욱 강조해야 하는지를 결정하는 것도 정치적이다. 예를 들어, 자유주의와 공화주의 원리가 충돌할 경우 또는 국민주권 원리와 법치주의 원리가 충돌할 경우 어떤 것이 우위에 있는지를 결정하는 것은 정치적이지 않을 수 없다.

둘째, 헌법은 통치 원리와 구조를 구체적으로 규정하고 이를 통해 국가권력의 과잉을 제약하고 국가권력 간의 견제와 균형을 추구한다는 점에서 정치적이다. 현행 헌법은 전문과 제1장 총강에서 통치 원리로서 민주공화국, 국민주권, 자유민주주의, 국제 평화 지향, 평화적 통일 지향, 군의 정치적 중립, 정치적 자유, 민족주의 등을 명시하고 있으며, 헌법 제3장에서 제8장까지 차례로 국회, 정부(대통령, 행정부, 국무총리, 국무위원, 국무회의, 행정각부, 감사원), 법원, 헌법재판소, 선거관리, 지방자치 등에 관한 내용을 다룸으로써 통치구조를 구체적으로 명시하고 있다. 통치 원리와 구조를

---

37 콘라드 헤세에 의하면 헌법은 공동체의 법적 기본 질서로서, 정치적 통일이 형성되고, 국가적 과제가 수행되는 데 있어 준거가 되는 지도 원리를 규정한다. Konrad Hesse(2001), p.15. 그러나 이 같은 교과서적 정의를 넘어 실제의 헌법은 사실적/사회학적 개념인 동시에 규범적/법학적 개념이라는 복합성을 지닌다. 실제의 헌법에는 권력의 형식과 규범의 형식, 포함의 형식과 배제의 형식이 불편하게 공존하고 있다. 이국운(2012), pp.12-15.

공동체 구성원들이 타협하고 헌법에 명시하는 일은 정치적이다.

셋째, 현행 헌법은 '제2장 국민의 권리와 의무'에서 공동체 구성원의 기본권을 명시하고 있다. 기본권의 내용은 역사적으로 시민권의 확대 과정과 함께 이해해야 한다. 시민권은 시민적 권리, 정치적 권리, 사회적 권리 등으로 나눌 수 있는데, 시민적 권리는 개인에 자유와 관련된 권리로 자유권적 기본권(신체의 자유, 사생활의 자유, 정신적 자유, 경제적 자유 등)을 의미하며, 정치적 권리는 참정권과 청구권, 피선거권 등을 의미한다. 사회적 권리는 사회권적 기본권으로 인간다운 생활을 할 권리, 능력에 따라 균등하게 교육을 받을 권리, 근로의 권리, 노동 3권, 쾌적한 환경에서 생활할 권리 등을 의미한다. 역사적으로 기본권의 확대와 강화 과정은 공동체 구성원들의 정치적 투쟁과 타협의 산물이었으며 현재도 마찬가지다. 우리나라에선 1987년 이후 사회권적 기본권을 둘러싸고 그 해석의 범위와 내용의 적절성 및 사회적 실현 정도를 놓고 정치적 논쟁이 진행 중이며, 이명박 정부 들어 시민들의 자유권적 기본권과 법치주의 간의 갈등이 증폭되고 있다. 1987년 이후 공고화 과정에 들어간 것으로 인식되었던 자유권적 기본권(예를 들어, 집회와 결사의 자유 등)이 이명박 정부 들어 퇴행적으로 도전받고 있다는 인식이 공동체 안에서 확산되고 있는 것이다. 기본권의 확대와 심화뿐 아니라 헌법에서 보장하고 있는 기본권의 사회적 실현 정도는 정치적 갈등과 타협의 정도에 의해 구정된다는 점에서 기본권도 정치적이라고 하지 않을 수 없다.

넷째, 현행 헌법은 '제9장 경제'에서 공동체의 경제 운영 원리를 쓰고 있는데, 주요 내용은 개인과 기업의 경제상의 자유와 창의 존중(자유시장경제), 균형 있는 국민경제 성장 및 안정, 적정한 소득분배 유지, 시장 지배와 경제력 남용을 방지, 경제 민주화, 지역 간의 균형 발전, 지역경제 육성, 중소기업 보호·육성, 농어민 이익 보호, 국방상 또는 국민 경제상 필요로 인해 법률이 정하는 경우를 제외하고 사영기업의 국유 또는 공유로의 이전이나 경영 통제 및 관리 불가(사회주의적 경제체제 불가) 등이다. 공동체의 경제 운영 원리는 그것이 자유주의적이든 사회주의적이든 아니면 사회민주주의적이든 간에 성장과 분배를 둘러싼 공동체의 합의와 결정 사항을 반영한 것이라는 점에서 정치적이다.

다섯째, 그러나 헌법은 그 탄생 배경과 변화 과정이 정치적이라는 점에서 그 본질의 정치성이 더욱 확연히 드러난다.[38] 헌법이 공동체의 근본규범이자 운영 원리로 등장하게 된 배경은 서구의 시민혁명이며, 시민혁명의 이론적 기초로 작용한 것은 사회계약설이다. 사회계약설은 국가권력과 같은 공권력은 선험적으로 존재하는 것이 아니라 공동체 구성원들이 자신의 자유와 권리와 생명을 보호 받기 위해 만들어낸 피조물로 이해한다. 사회계약의 결과 피조된 국가권력에 정당성을 제공하고 국가권력의 범위와 한계를 설정하는 한편 공동체의 운영 및 구성 원리와 규범 및 법칙을 설정하고 인간으로서 누려야 할 기본권과 경제 운영 원리 등을 명시한 것이 헌법이며, 헌법을 중심으로 공동체에서 발생하는 다양한 이해관계의 조정과 해결을 추구하는 헌정주의가 등장한 것이다. 헌법과 헌정주의는 공동체 구성원이 공동으로 바라고 기대하고 추구하는 가치와 의사가 명시적으로 표현된 것이라는 점에서 정치적이다. 헌법은 고정적이지 않고 변화한다. 헌법 개정이나 헌법 체제 재디자인 등을 통해 헌법의 기본정신과 운영 원리 및 근본규범 등이 변화할 수 있다는 것이다. 헌법 개정은 공동체가 기존에 합의한 운영 및 구성 원리에 변화를 야기하여 공동체의 근본과 핵심을 변화시킬 수도 있다는 점에서 정치적이다.

III. 87년 헌법 체제의 특징과 문제점

1987년 6.29 선언은 절차적 민주주의의 길을 열었다는 점에서 의미가 있다. 6월 항쟁에서 표출된 '호헌 철폐, 직선제 쟁취'라는 국민적 요구는 1987년 개헌으로 귀결되었다. 그러나 그것은 집권 여당인 민정당과 야당인 민주당의 김영삼계와 김대중계 간의 이해가 절충된 최소주의적 헌법 개정이었다.[39] 이들은 자신들의 집권확률을 높

---

38 예를 들어, 해방공간에서 다양한 정치세력들은 제헌헌법 제정을 둘러싸고 치열하게 대립했다. 서희경은 이를 크게 민족자치 노선과 국제협력 노선의 대결로 구분한다. 서희경(2012), pp.123-189.

39 1987년 헌법 제정의 과정은 시민사회의 요구가 반영되고 참여가 보장된 심의(deliberation)의 산물이었다기보다는 좁은 정치사회 내 엘리트들 간의 탁상협상의 결과였다. 협상 참여자들 사이의 단기적 이해관계가 주로 반

일 수 있는 제도와 규칙을 확보하려는 데 관심을 쏟은 반면 사회적, 경제적 권리 등 실질적인 민주화 의제는 협상에서 배제하였다(임혁백, 2011: 344-345).

87년 헌법의 특징과 문제점은 다음과 같다. 첫째, 87년 헌법은 군부와 3김씨 간의 정치적 협약이었다는 점에서 사회적 약자의 이해관계를 보장하는 내용이 강하게 자리 잡지 못했다. 1987년 6월 민주화운동 이후 광범위하게 발생한 7월과 8월의 노동자 투쟁의 요구사항은 87년 헌법에 반영되지 못했다. 87년 헌법 체제는 노동자를 중심으로 하는 사회적 약자의 이해관계가 제대로 반영되지 못한 채 군부와 3김씨 그리고 중산층 중심의 이해관계가 중점적으로 반영된 것이다. 위에서 시민권의 발전 과정은 시민적 권리, 정치적 권리, 사회적 권리 등으로 발전해 왔다고 지적했다. 87년 헌법 체제는 군부 권위주의 정치체제를 종식시키고 시민적 권리와 정치적 권리를 확장하는 결정적 단초로 기여했지만, 사회적 약자의 이해관계를 충분히 반영하는 사회적 권리(특히 사회 복지적 권리)를 확보하는 데는 태생적인 한계를 지닌 것이다. 예를 들어, 기본권 중 사회적 권리는 헌법 '제2장 국민의 권리와 의무'에 규정하고 있지만 국가가 구체적으로 어떻게 어느 정도 지원하고 책임져야 하는지에 대해서는 명시하지 않고 있다. 87년 헌법 중 사회권적 기본권은 실천적 진실성이 결여된 일종의 선언적 의미가 강한 것이다.

이러한 지적은 87년 체제가 절차적 민주주의(정치적 민주주의)를 확보하는 데는 기여했지만 경제 민주주의와 참여민주주의, 직접 민주주의 등을 포함하는 실질적 민주주의를 확보하는 데는 실패했다는 지적으로 연결된다. 1987년 이후 실질적 민주주의를 확보하기 위한 정치사회와 시민사회의 노력은 지금도 지속되고 있지만, 이러한 상황에서 절차적 민주주의를 공고히 하고 정치적 민주주의를 제대로 운영하는 노력

영되다 보니 상당한 문제점을 소지할 수밖에 없었다. 무엇보다 구헌법 체제하에서 선출된 대표들이 개헌을 주도함으로써 헌법이 이후 변화된 정치균열과 사회현실을 수용하지 못했다. 이에 따라 대통령과 국회 지배 정당이 다르며 집권당이 소수당으로 전락하는 분할정부(divided government)가 반복적으로 등장하면서 정당정치 발전이 지체되고, 사회의 핵심 의제들이 거의 전부 헌법적 결정의 문제로 귀결되면서 정치의 사법화가 강화되었으며, 가치와 권위의 중앙 집중과 노동, 복지의 약화 등이 나타났다. 박명림(2007), pp.70-74. 한국의 헌법 개정은 스페인형으로 분류된다. 즉, 최소한의 경쟁 규칙만을 헌법 개정의 대상으로 삼고 엘리트들 간 협상을 통해 빠른 시일 내에 초안을 작성하고 재빨리 의회에서 통과시킨 후 가장 빠른 시일 내에 정초선거(founding election)를 실시하여 민주주의로의 이행 과정을 마무리하는 것이다. 임혁백(2011), p.344.

이 실질적 민주주의를 추구하는 것보다 중요하다는 지적도 나오고 있다. 이렇듯 절차적 민주주의의 중요성을 강조하는 진영은 실질적 민주주의를 추구하는 것은 경제적 평등을 추구하고 대의제 민주주의의 현대사회에서의 실질적 효용가치를 폄훼한다는 측면에서 현실적이지 못하고 이상적이라는 점을 비판한다. 실질적 민주주의자들이 민주주의의 외연과 내포를 너무나 확장 시킨 결과 민주주의를 쉽게 성취하기 어렵고 너무나 먼 이상향으로 만들어 오히려 민주주의에 대한 공동체 구성원들의 무관심을 야기하는 우를 범하고 있다는 것이 절차적 민주주의자들의 주장이다.

둘째, 87년 헌법 체제는 대통령의 장기 집권을 저지하는 것이 주목적이었으며, 그 결과 대통령 단임제로 인해 대통령에 당선되면 여론에 크게 신경 쓰지 않아도 되는 문제를 안고 있다. 87년 헌법은 강한 대통령 집중제인 동시에 대통령 무책임제에 가깝다. 87년 헌법 개정 당시 통치구조가 어떻게 구성되어야 하는지에 대한 숙고가 충분치 못했다. 특히 대통령과 국회의 이중 대표성 문제뿐 아니라 통치구조에 대한 국민들의 직접 참여 문제 등에 대한 숙고가 미약했다. 대통령과 국회는 모두 국민으로부터 대표성을 위임받은 정치적 실체라는 점에서 양자 간의 권력과 이해관계가 충돌할 경우 어떻게 해결해야 하는지에 대한 구체적인 내용이 87년 헌법에는 부재한 것이다. 이미 언급했지만 87년 헌법 체제는 군부와 3김씨 그리고 중산층의 이해관계를 중점적으로 반영한 것이다. 87년 헌법은 태생적으로 보수적인 반면 진보적이지 못하다는 것이며, 본래적으로 엘리트 중심적이지 시민 참여적 헌법은 아니라는 것이다. 시민 참여적 헌법이 아니라는 말은 87년 헌법 체제가 직접 민주주의와 참여민주주의 등을 포괄하는 실질적 민주주의와는 괴리가 있는 절차적 민주주의 중심의 헌정 체제라는 점을 의미한다.

셋째, 87년 헌법의 심각한 문제 중 하나는 공동체가 구성원들이 공유하고 신뢰하고 추구하는 공동의 가치와 비전과 공동선 등을 명확히 담지 못하고 있다는 점이다. 그것을 통해 공동체 구성원들이 연대와 공동체의식을 공유할 수 있는 공동의 가치와 비전과 공동선이 87년 헌법에는 명시되어 있지 않다. 87년 헌법 체제에는 정치적 측면에서는 공화주의[40]와 자유민주주의[41]가 충돌하고 있으며 경제적 측면에서는 자유시장주의[42](고전적 자유주의, 신자유주의)와 개혁적 자유주의[43](근대 자유주의)가 서로 갈등하고 있다. 이러한 혼선은 87년 체제가 '민주주의에 대한 합의가 헤게모니화 된 상태에서 아래로부터의 열망과 위로부터의 제한이 역동적 균형을 이룬 체제(김정훈, 2010: 38)'라는 데에 그 까닭이 있다. 즉, 체제의 형성 과정에 참가한 행위자들의 전략적 선택의 결과로 보수와 진보, 기득권 세력과 비기득권 세력 간에 타협이 이뤄진 데서[44] 그 한계도 이미 내재 되어 있었다. 대한민국 공동체 구성원들이 지향하는 가치와 비전과 공동선은 서로 혼선을 빚거나 충돌하면 안 되며 의미가 명확해야 한다. 추후의 헌법 개정은 이런 측면을 반드시 고려해야 할 필요성이 있는 것이다.

넷째, 위에서 지적했지만, 현행 87년 헌법 체제는 구성 원리와 규범 및 법칙들 간에 서로 모순되고 충돌하는 경우가 적지 않다(유재일 2006: 166). 예를 들어, 현행 87년 헌법에서는 재산권과 사회적 권리[45]가 충돌한다. 국가 개입을 통한 개인의 사회적 기본권 확보 노력은 개인의 사유재산권을 침해한다. 개인 사유재산권의 불가침성을 강조하는 자유주의(자유시장주의)를 명시한 헌법 조항과 공동체 구성원의 평등한 사회적 권리를 강조하는 헌법 조항은 정면으로 충돌하는 것이다. 또한 대통령이나 국회와 헌법재판소가 모순적으로 갈등하는 양상도 발생한다. 헌법재판소가 위헌법률심판

---

40 "대한민국은 민주공화국이다(제1조).

41 "자유민주적 기본 질서를 더욱 확고히 하고(전문)", "자유민주주의적 기본 질서에 입각한 평화적 통일정책을 수립하고 이를 추진한다(제4조).

42 "정치·경제·사회·문화의 모든 영역에 있어서 각인의 기회를 균등히 하고(전문)", "모든 국민의 재산권은 보장된다(제23조 1항).", "대한민국의 경제 질서는 개인과 기업의 경제상의 자유와 창의를 존중함을 기본으로 한다(제119조 1항).", "국방상 또는 국민 경제상 긴절한 필요로 인하여 법률이 정하는 경우를 제외하고는 사영기업을 국유 또는 공유로 이전하거나 그 경영을 통제 또는 관리할 수 없다(제126조).".

43 "안으로는 국민 생활의 균등한 향상을 기하고(전문)", "국가는 균형 있는 국민경제의 성장 및 안정과 적정한 소득의 분배를 유지하고, 시장의 지배와 남용을 방지하며, 경제주체 간의 조화를 통한 경제의 민주화를 위해 경제에 관한 규제와 조정을 할 수 있다(제119조 2항).", "국가는 지역 간의 균형 있는 발전을 위하여 지역경제를 육성할 의무를 진다(제123조 3항).".

44 김종엽은 87년 체제를 '권위주의적 산업화를 추진했던 세력과 민주화 세력 간에 일정 정도 힘의 균형이 형성된 체제'라 규정한다. 그런 점에서 그는 87년 체제는 '민주주의의 확장과 심화 프로젝트'와 '경제적 자유화 프로젝트' 혹은 신자유주의 프로젝트를 내장한 체제라고 한다. 김종엽(2007), pp.12-33.

45 "모든 국민은 인간으로서의 존엄과 가치를 가지며, 행복을 추구할 권리를 가진다. 국가는 개인이 가지는 불가침의 기본적 인권을 확인하고 이를 보장할 의무를 진다(제10조).", "모든 국민은 능력에 따라 균등하게 교육을 받을 권리를 가진다(제31조).", "모든 국민은 인간다운 생활을 할 권리를 가진다(제34조 1항).", "국가는 사회보장·사회복지의 증진에 노력할 의무를 진다(제34조 2항).", "모든 국민은 건강하고 쾌적한 환경에서 생활할 권리를 가지며, 국가와 국민은 환경보전을 위하여 노력하여야 한다(제35조).".

을 통해 대통령이나 국회의 권한을 축소하거나 침해하는 경우가 바로 그것이다. 이 경우 헌법재판소가 대통령을 비롯한 집행부나 입법부(국회) 역할을 수행하거나 대체하는 비민주적이고 역설적인 상황이 발생하기도 한다.

다섯째, 현행 87년 헌법은 '정치의 사법화(judicialization of politics)'를 야기했다. 이는 입법부와 집행부의 정책 결정 과정에 사법부가 적극적으로 개입하는 사법적 행동주의(judicial activism)의 현대적 표현으로 '사법의 정치화'와는 동전의 양면에 해당하는 현상이라 할 수 있다. 사법의 정치화 현상은 민주주의 이행기에 그동안 권력으로부터 배제된 개인과 집단들이 그들의 권리를 확보하는 수단으로 사용되는 경우는 긍정적으로 평가될 수 있다. 그러나 정치인들이 그들의 특수하고 집합적인 이익을 추구하기 위한 전략으로 사법의 정치화가 발생하는 경우는 부작용이 매우 크다. 이러한 현상은 마틴 쉐프터와 벤자민 긴스버그가 지칭한 '다른 수단에 의한 정치'의 한 사례이기도 하다.

앞에서 살펴본 대로 '다른 수단에 의한 정치'는 우리나라뿐 아니라 다른 나라에서도 폭넓게 관찰되는 현상이다. 쉐프터와 긴스버그는 미국에서 정당이 쇠퇴하고 선거가 덜 중요해지면서 정치는 점증적으로 선거 이외의 '다른 수단에 의한 정치'에 의해 수행되고 있다고 지적한다. 이들은 공화당과 민주당이 자신이 장악하고 있는 대통령이나 의회의 권한을 확대하는 대신 상대방이 장악하고 있는 행정부와 입법부의 권한을 제한하고 사법부를 장악하기 위한 제도적 투쟁에 몰두하였다고 한다. 이 과정에서 언론의 역할이 엄청나게 증대되고 검찰의 수사를 이용한 반대 세력의 공격이 증가하였다. 즉, 정치경쟁의 장소는 투표장이나 유세장에서 사법부나 언론으로 옮겨졌고 선거를 대신해 이른바 '폭로-수사-기소(RIP: revelation-investigation-prosecution)'가 정치적 투쟁의 유용한 수단으로 등장하였다는 것이다(Benjamin Ginsberg & Martin Shefter, 2002: 1-36). 이처럼 '다른 수단에 의한 정치'는 정치사회와 그 구성요소인 국회, 정당, 정치인들이 정치 본연의 기능을 수행하지 못하여, 정치적 논의와 타협을 통해 결정되어야 할 정치적 사안들이 다른 수단들 즉, 언론이나 사법에 의해 이루어지는 현상을 지칭한다. 대통령 탄핵과 수도이전 문제 등 헌법재판소를 둘러싸고 벌어졌던 한국 사회의 뜨거운 논쟁은 '다른 수단에 의한 정치'의 전형적 사례를 보여준다. 헌법재판소 문제는 그 대표성이 정당성을 충분히 확보하지 못하고 있다는 점이다. 국민이 위임한 대통령과 국회의원보다 국민이 직접 위임하지 않은 헌법재판소 위원들이 더 영향력 있는 권위와 권력을 행사한다는 것은 민주적이라고 보기 어렵다.

IV. 헌법 개정 논쟁

지난 30여 년 동안 정치인들과 학자들에 의해 제기된 헌법 개정 논의는 대부분 1987년 당시의 시대적 맥락에서 연원하는 87년 헌법의 결함을 명분으로 내세웠다. 여기에 더해 한국 사회가 급격하고 복합적인 변화를 겪으면서 헌법과 현실의 괴리가 커진 점 역시 개정의 필요성으로 거론되었다. 그러나 최근 들어 개헌 논의가 분출된 직접적인 계기가 된 것은 '박근혜·최순실 게이트'이다. 당시 대통령이 권력을 사유화했다는 비판 여론이 비등해지면서 과거 어느 때보다 개헌에 대한 사회적 공감대가 형성됐다. 이는 게이트가 헌법 질서를 손상한 사건이지만 차제에 이를 단순하게 복원하는 것을 넘어 촛불시위에서 표출된 민심을 수용한 개헌이 이뤄져야 한다는 여론으로 이어졌다. 이 같은 여론에 자극받아 정치권 안팎에서 시기와 내용을 두고 간헐적으로 진행 중이던 개헌 논의가 본격화되었다. 국회에서도 국정운영 체계를 바꾸는 개헌이 필요하고, 이는 개헌특위를 구성해서 추진해야 한다는 주장이 제기되었고, 2017년 1월에는 '헌법개정특별위원회'가 출범하기도 했다.[46]

그러나 촛불시위가 가져온 격랑의 정치 상황에서 새로운 헌법에 대한 백화쟁명식

46 당시 국회는 1년6개월여 동안 '헌법개정특별위원회'를 가동했지만, 의미 있는 결과를 내놓지 못했다. 정부형태 문제에서 대통령 중임제와 이원집정부제를 놓고 동상이몽에 빠졌고, 선거구제 개편까지 연동되면서 개헌 논의는 길을 잃었다. 이에 2018년 3월 당시 문재인 대통령이 돌파구를 마련하기 위해 독자적인 개헌안을 내놓았고, 5월에 국회 본회의에서 표결에 부쳐졌지만, 의결정족수 미달로 '투표 불성립' 처리됐다. 표결에는 더불어민주당만 참여했을 뿐 야당이 일제히 불참해 의결정족수인 재적 3분의 2를 채우지 못했다. 대통령 개헌안이 국회에서 표결도 못 한 채 사실상 부결 처리된 데는 선거 유불리만 따져 지방 선거 동시 투표 공약을 파기한 제1야당이던 자유한국당의 책임이 크다고 할 수 있다. 당시에는 촛불시위를 통해 개헌에 대한 국민적 요구가 확인됐고, 여야 모두 '6월 지방 선거 동시 개헌'을 공약하면서 어느 때보다 기대감이 높았다. 『한겨레』 2018년 5월 24일

의 주장은 넘쳐났지만, 충분한 숙고와 심의 과정을 거쳐 제시되는 정제된 주장은 그리 많지 않았다. 우선 그 내용이 빈약하고 의도도 수상하며 적실성과 실현 가능성이 의문시되는 주장이 적지 않다. 아울러서 개헌의 방향과 시기, 범위 등에 대한 주장 역시 중구난방이다. 시대정신을 담지 못하고 단지 제안자들의 특수하고 개별적인 이익에만 머무르는 것도 많다. 그런 점에서 그동안 펼쳐지고 있는 헌법 개정 논의는 '풍요 속의 빈곤(poverty in the midst of plenty)'이라 일컬을 만하다(홍익표, 2017: 187-188). 다양하게 표출되고 있는 헌법 개정 주장[47]은 헌법 재디자인 논의의 일환이라고 할 수 있다. 헌법 재디자인 논의는 통치(권력) 구조 재조정에 대한 논의와 기본권 개정 논의로 양분된다. 통치구조 재조정에 관한 논의는 다시 권력의 민주성과 책임성에 관한 논쟁으로 나눌 수 있다. 권력을 행사하는 사람이나 기관이 대표성과 정당성을 확보하고 있는지 여부와 이들이 국민들의 민주적 요구와 기대에 대해 어떻게 어느 정도로 호응하고 책임지고 있는가(책임성)가 논의의 핵심 관건이다.

최근에 대표성과 책임성에 관련하여 논의의 중심에 떠 오른 것은 바로 헌법재판소다. 헌법재판소는 국민들이 직접 위임했고 국민들에게 직접 책임지는 대통령과 국회의 결정 사항을 무기력화할 수 있다는 점에서 국민주권 원리에 정면으로 위배된다는 지적을 받고 있다. 헌법재판소를 어떻게 조정하느냐를 놓고 여러 대안이 제시되고 있지만, 대표적인 것은 두 가지다. 첫째, 헌재 위원 9인 중 3인을 대법원장이 지명하고 대통령이 임명하는데 이는 민주적 대표성과 정당성 및 책임성 측면에서 문제가 있다는 것이다. 사법부가 최고의 사법부인 헌법재판소를 스스로 구성하는 방식은 국민이 위임하는 것이 아니라는 점에서 대표의 정당성 문제가 야기될 뿐 아니라, 이들이 국민의 민주적 요구에 적극적이고 충분하게 책임지지도 않는다는 점에서 민주주의의 책

47 헌법 개정에 대해서는 크게 민주적 헌법개헌론, 단계적 개헌론, 개헌불가론, 그리고 개헌무용론 등의 다양한 시각이 대립하고 있다. 민주적 헌법개헌론은 현행 헌법은 시대 변화를 담지 못한 데서 '미래 설계 차원의 리모델링'이 필요하다고 주장한다. 단계적 개헌론은 일종의 절충안으로서 권력구조 개편에 관심을 둔 정치권과 보수적 개헌을 구상하는 세력을 동시에 만족시키는 경로가 필요하다고 한다. 이에 비해 개헌 불가론자들은 현행 헌법이 여야 합의와 다수 국민의 동의하에 지난 기간 별 탈 없이 유지되어 왔으며, 개헌 논의는 특정 세력을 배제하는 것을 염두에 둔 인위적 정계 개편과 잇닿아 있다는 점을 내세운다. 한편, 개헌무용론은 현행 헌법의 여러 문제점을 인정하지만, 자칫 개헌 논의가 사회적 주요 의제에 대한 관심을 분산시킬 우려가 있다면서 개헌 대신에 사회경제적 갈등 해소에 주력하는 정당정치 활성화 등을 대안으로 내놓는다.

임성 부분에서도 문제가 부각된다. 결국 대법원장이 지명하는 방식은 재조정되어야 한다. 대안은 국회에서 헌재 위원 9인 전원을 선출하여 지명하거나 아니면 대통령이 3인 국회가 6인을 지명하는 방식이 있을 수 있다(유재일 2006: 171-172).

둘째, 헌법재판소의 헌정기관으로서의 지위를 헌법에서 삭제하고 대신 계층별로 무작위로 선발된 국민들이 직접 참여하는 가칭 시민의회를 설립해야 한다는 주장이 있다(오현철 2006: 168). 시민의회는 대의제 민주주의에서 취약한 국민주권 원리를 강화하고 직접민주주의와 참여민주주의, 심의민주주의적 요소를 대의제 민주주의 중심인 한국 정치에 도입하려는 의도의 산물이다. 국회가 유권자이자 위임자인 국민에의 책임성 측면에서 많은 비판에 직면해 있는 작금의 상황에서 무작위로 선발된 시민의회를 국회와 병존케 하는 것은 어찌 보면 합리적인 대안이지만 국회의 무책임성에 대한 고육지책임은 틀림없어 보인다. 대표성과 책임성과 관련하여 또 다른 논쟁은 총선 비례대표제, 대통령중심제와 대통령 5년 단임제 등을 중심으로 전개되고 있다. 선거구제 개편, 비례대표제의 확대, 분권형 대통령제(이원집정부제), 4년 중임제 등이 대안으로 논의되고 있다.

헌법 개정 논쟁에서 중요한 위치를 차지하는 것이 기본권을 둘러싼 논쟁이다. 기본권은 비교적 최근에 정착된 용어로 국가에 따라 그리고 시대 상황에 따라 다른 내용을 가진다. 일반적으로 기본권은 헌법에 의해 부여된 개인의 권리라고 형식적으로 정의되지만, 그 주체와 물적 보장 내용 등에 따라 달리 이해되기도 한다. 87년 헌법에서는 제37조에 자유와 권리라는 포괄적 개념으로 표현되어 있고, "열거되지 아니한 자유와 권리"의 존재성도 인정하고 있다.[48] 기본권과 관련된 논쟁은 다음과 같이 정리될 수 있다. 첫째, 시민적 기본권은 87년 헌법에서 이미 충분히 보장하고 있기 때문에 더 이상 심각한 논의가 필요치 않다는 것이 중론이다. 다만 헌법 제37조 2항에서는

48 김대환은 열거되지 아니한 기본권을 도출하기 위해서는 기본권 개념에도 일정한 내용상의 개념 징표가 필요하다고 하면서 이를 독일의 공법학자인 데틀레프 메르텐(Detlef Merten)의 견해를 인용하여 실정성 인정 여부, 헌법성, 규범성, 현실성, 주관성, 근본성으로 나눠 설명한다. 이러한 개념 징표에 따르면 기본권이란 "국가와 시민의 관계에서 효력 있는 헌법 규범의 기본권 규정으로부터 나오는 개인의 기본적 공권으로서, 개인에게 법적 효력이 있는 힘이나 청구권을 부여하는 관철 가능성을 가진 권리"로 정의된다. 김대환(2023), pp.64-72.

"국민의 모든 자유와 권리는 국가안전보장, 질서 유지 또는 공공 복리를 위하여 필요한 경우에 한하여 법률로써 제한할 수 있으며, 제한하는 경우에도 자유와 권리의 본질적인 내용을 침해할 수 없다"라고 쓰고 있는데, 이 조항이 시민적 기본권 보장과 갈등하고 침해하는 부분이 있다는 지적이 있다. 특히 '국가보안법'과 '집회 및 시위에 관한 법률'이 그 경우인데, 이에 대해서는 법치주의를 내세워 공동체 구성원의 시민적 기본권을 제약했다는 비판이 제기된다.

둘째, 정치적 기본권은 정치적 자유권과 참정권을 의미하는데 정치적 자유권은 정당 설립과 활동의 자유 등을 의미하며 참정권은 정치참여 권리인 선거권, 공무담임권, 국민투표권 등을 포함한다. 정치적 기본권과 관련된 헌법 개정 논의는 여성을 포함한 사회적 소수자의 정치참여 평등권 등을 중심으로 이뤄지고 있다. 셋째, 사회적 기본권을 둘러싼 개정 논쟁으로 1997년 외환위기 이후 우리 사회의 소득불균형이 심화되고 사회 양극화가 가속화되면서 명목상의 사회적 기본권 보장이 아닌 실질적인 사회적 기본권 확보를 위한 국가 차원의 노력이 필요하다는 공동체적 인식이 확산되고 있다.

헌법 개정을 놓고 이러한 논의들이 다양하게 개진되고 경쟁하고 있지만, 헌법 개정이 그리 쉬운 작업이 아니라는 점에서 넘어야 할 산이 많다. 우선 헌법 개정의 필요성에 대한 공동체적 공감대가 형성되어야 한다. 둘째, 헌법 개정의 필요성을 공동체 다수가 동의하더라도 정치적 추진 동력이 자동적으로 조성되는 것은 아니며, 정당 간 그리고 이익집단 간의 이해관계의 차이는 헌법 재디자인을 위한 정치적 추진력을 약화시키는 요인으로 작용할 수도 있다. 셋째, 헌법 개정을 위해 공동체가 기대하고 추구하는 가치와 비전과 공동선이 무엇인지 공동체적 합의가 선행되어야 한다. 정치적으로는 공화주의인지 자유민주주의인지 정리가 되어야 하며, 경제적으로는 자유방임적 시장경제체제인지 개혁적 시장경제체제인지 아니면 사회민주주의적 경제체제인지 합의되어야 한다. 또한 공동체가 기대하고 추구하는 민주주의가 어떤 민주주의인가에 대해서도 심도 깊은 논의와 합의가 이루어져야 한다. 민주주의 유형은 다양하다. 자유민주주의, 공화민주주의, 참여민주주의, 직접민주주의, 심의(토의)민주주의, 사회민주주의, 대의민주주의, 결사체민주주의, 풀뿌리민주주의, 전자민주주의 등 다양하다. 한국 민주주의가 자유민주주의와 대의민주주의의 장점을 잘 활용하고 단점을 극복하기 위해서는 공동체 구성원이 다양한 민주주의 유형 중 어떠한 민주주의를 공동의 가치와 비전으로 합의하고 추구할지를 먼저 결정하여야 한다.

넷째, 사회적 시민권을 실질적으로 보장하기 위해서는 자유주의와 민주주의 그리고 헌정주의 간의 긴장감과 충돌 가능성이 공동체의 정치적 합의와 타협을 통해 해소되어야 한다. 자유주의와 민주주의를 결합한 것이 자유민주주의이다. 그런데 자유주의와 민주주의의 관계는 양면적이다(박동천 2006: 66-67; 박찬표 2007: 209). 우선 민주주의 국가에서 역사적으로 발전해 온 기본권 개념은 그 내용이 시민적 권리와 정치적 권리로 한정되는 한 자유주의와 민주주의는 병립 가능하고 협력 가능하며 공존 가능하다. 자유주의가 개인의 자유와 권리(특히 재산권) 및 생명의 최우선성을 강조한다는 점에서, 시민적 권리와 정치적 권리가 확대되고 심화되는데 자유주의가 역사적으로 주도적 역할을 수행했다는 점에는 이견이 없다. 자유민주주의가 시민적 권리와 정치적 권리의 확대와 강화에 크게 기여한 것이다.

그러나 기본권 개념이 시민적 권리와 정치적 권리를 넘어 사회적 권리로까지 확장되면서 자유주의와 민주주의는 모순적으로 갈등하고 충돌한다. 자유주의의 최고 원리와 핵심 가치는 개인의 사유재산권에 대한 국가의 불가침성이다. 그런데 사회적 권리는 복지국가를 요구하며 개인의 사적 소유가 국가에 의해 일정 정도 침해될 때 보장된다. 자유주의와 사회적 권리는 서로 충돌하지 않을 수 없는 속성을 지닌 것이다. 민주주의는 평등한 민중들의 지배를 의미한다는 점에서 민주주의는 시민권적 평등과 정치적 평등뿐 아니라 경제적 평등도 본래적으로 포함하고 추구한다.

결국 자유민주주의를 통한 자유주의와 민주주의의 결합은 시민적 권리와 정치적 권리를 확장하고 보장하는 선까지는 상호 협력적으로 유지될 수 있지만, 기본권이 사회적 권리로까지 확장되는 순간 갈등과 충돌 그리고 결별의 관계로 들어서지 않을 수 없는 것이다. 이렇게 본다면 현재 한국의 자유민주주의는 사회적 권리를 둘러싸고 자유주의 세력과 민주주의 세력으로 균열되어 위기에 처해 있다고 판단된다. 예를 들어 사회경제적 이슈에 대한 사법부와 헌법재판소의 보수적 판결은 진보주의 세력이 보기에는 사회적 권리의 확장과 보장을 반대하는 자유주의와 보수주의 세력의 정치적 전략으로 파악된다. 자유민주주의는 본래적으로 자유주의와 민주주의의 갈등과 협력 및 타협이라는 관계망 속에서 역사적으로 유지되고 전개되어 왔다. 자유민주주의가 무결점의 완벽한 이상향이나 가치 혹은 정치체제가 아닌 것이다. 자유주의는 사회적 시민권을 보증하고 추구하는 데 있어서 태생적이고 본래적인 한계를 지니고 있다. 민주주의와 헌정주의 관계도 협력과 갈등의 양면 관계다(박동천 2006: 67-68; 박찬표 2007: 211-212). 자유주의자들이 절대왕정과 귀족 등 앙시앙 레짐에 대적하여 이들을 견제하기 위해 만든 대표적 장치가 헌정주의(법치주의)와 권력분립, 법 앞 평등 등의 개념이었다. 입헌주의와 법 앞 평등 개념은 절대군주와 귀족들의 자의적 권력을 억제하기 위한 자유주의자들의 도구였던 것이다. 따라서 자유주의와 민주주의(평등한 국민과 민중의 지배)는 구체제를 견제하고자 하는 선까지는 공동의 이해관계와 협력관계가 있었다. 그러나 자유주의 세력 즉 부르주아 세력이 역사의 주역으로 떠오르고 기층 민중 세력과 결별하게 되면서 자유주의와 헌정주의 및 민주주의는 갈등 관계로 들어섰다. 부르주아가 절대왕정과 귀족 세력을 헌정주의와 법 앞 평등이라는 장치를 통해 규제하고 제압했듯이, 기층 민중 세력 역시 부르주아 중심의 자유주의 세력에게 헌정주의와 법 앞 평등 개념을 내세워 자신들의 권리와 자유를 요구하고 나선 것이다.

역사의 주도 세력이 된 자유주의자들이 보기에 헌정주의는 자신들의 권력 도구이자 전가의 보도였지만 어느 순간 자신들을 향해 거꾸로 날아오는 칼날이 된 것이다. 특히 기층 민중 세력이 요구하는 사회권적 기본권은 자유주의 세력의 핵심 가치인 사유 재산의 불가침성에 정면으로 도전한다는 측면에서 자유주의자들이 받아들이기 어려운 측면이 강하다. 기층 민중의 시각에서 보면 헌정주의는 자유주의 세력의 권력 유지 도구라는 측면에서 보수적이고 반민주적이지만, 반면 기층 민중 자신들이 자유주의 세력을 견제하고 자신들의 정치적이고 사회경제적인 이해관계를 확보할 수 있는 중요한 권력 도구이기도 한 것이다. 현재 한국 사회에서 헌정주의는 자유주의 세력의 이해관계를 주도적으로 반영하고 있다. 결국 기층 민중 시각에서 볼 때 민주주의 가치보다 자유주의 가치를 우선시하는 자유민주주의는 문제가 많은 정치 이데올로기이자 정치체제이며, 헌정주의도 사회적 강자와 가진 자들의 이해관계만을 우선시하는 문제점을 드러내고 있다고 인식할 가능성이 높다. 정치적이고 사회경제적인 이슈에 대한 헌법재판소의 보수적 결정은 기층 민중의 위와 같은 판단에 무게를 실어주는 자극제로 기능할 수 있다.

87년 헌법의 개정은 지금까지 살펴본 자유주의와 민주주의 그리고 헌정주의 간의 협력과 갈등 관계, 자유민주주의의 한계와 대안 민주주의 유형들에 대한 중점적 심의와 공동체적 합의를 통해 추진되어야 한다. 헌법 개정 과정은 대의제 민주주의가 아니라 심의민주주의와 참여민주주의, 직접 민주주의적 방식을 통해 통합적으로 접근해야 하며, 공동체가 지향하는 정치적이고 경제적인 가치와 비전과 공동선이 무엇인지에 대한 공동체적 합의를 모색하는 것과 병행되어야 한다. 그 방식도 의제를 제한한 엘리트들 간의 협상이 아니라 가능한 모든 사안이 의제로 개방되고 이익과 선호를 달리하는 다양한 시민사회 행위자들이 참여하는 형태를 취할 필요가 있다. 그런 점에서 현재 전개되고 있는 개헌에 대한 다양한 논의 중에서 가장 설득력이 있는 것은 민주적 헌법개헌론이라 할 수 있다.

그러나 헌법 개정 과정은 국가와 시민사회 내 다양한 세력 간의 상충되는 이해관계와 견해로 빚어지게 마련인 균열과 갈등으로 인해 불확실성으로 특징 지워지고 지난한 과정을 거쳐야 하며 때로는 실패로 끝나기도 쉽다는 점 역시 감안해야 한다. 헌법을 개정하는 것은 현재의 권력관계를 반영하고 이를 헌법이라는 최고법으로 규범화하는 과정이라는 점을 고려하면 현재의 헌법을 근본적으로 리모델링하는 일은 결코 쉽지 않은 일이다. 대한민국에서 시민 위에 군림하고 민주주의를 억압했던 권위주의 국가기구가 그동안 얼마나 변화했는지도 의문이다. 한 헌법학자가 지적했듯이 아무리 그럴듯한 헌법 규범을 마련하더라도 그것이 구현될 수 있는 헌법 현실이 존재하지 않는다면 그 규범은 장식품에 지나지 않을 것이다(김해원, 2017: 106). 그럼에도 헌법 개정 작업은 계약을 준수하지 않고 신뢰를 저버렸던 그 숱한 권력자들에게 엄청난 비용을 치르게 함으로써 비슷한 일이 반복되지 않도록 합당한 제도를 갖춰가는 '불신의 제도화(institutionalized distrust)'(Piotr Sztompka, 1998)를 위해서 필요한 일일 수도 있다.

헌법개정의 방식과 내용은 정치교육과 법교육에도 일정 부분 영향을 행사할 수밖에 없다. 가장 우려스러운 시나리오는 앞으로 헌법 개정이 민주적 공론화 과정을 거쳐 투명하게 이뤄지고 그 내용도 작금의 시대정신을 수용하지 못한 채 특정 세력의 정파적 이해관계에 따라 이뤄지는 것이다. 이는 정치를 통해 다양한 사회문제를 해결하는 것이 어려워지고 법을 통해 사회적 약자들의 권리가 제대로 보호받지 못하는 상태가 지속되는 것을 의미한다. 이 경우 정치교육은 민주적 가치와 태도를 내면화함으로써 민주주의 공고화에 기여하기보다는 단지 현 정치체제와 질서의 안정만을 위한 것으로 협애화 될 가능성이 크다. 이런 상황에서 법교육 역시 민주공동체의 시민이 갖춰야 할 바람직한 법률적 가치와 태도를 함양하기보다는 오직 개별적이고 특수한 이익을 위해 개인들이 법률 지식을 쌓고 법률적 문제 해결 능력을 키우는 데만 국한될 여지가 커지게 될 것이다. 이와 관련하여 특히 중요한 점은 정치교육과 법교육의 교집합인 헌법교육을 어떤 사상체계 위에서 행하느냐는 것이다. 이는 크게 자유주의적 헌정주의와 공화주의적 헌정주의로 구분할 수 있다.

V. 자유주의적 헌정주의와 공화주의적 헌정주의

민주주의 국가에서의 헌법은 여러 문제를 지닌다. 무엇보다 중요한 것은 '선출되지 않는 권력'인 재판관들이 시민, 인민의 집합적 의사보다 우선하는가 하는 문제이다. 인민의 지배를 원칙으로 하는 민주주의와 법의 지배를 원칙으로 하는 헌정주의는 서로 갈등 관계에 놓이기 쉽다. 특히, 근대에 들어와 대두된 헌정주의는 주권국가, 기본권, 대의제 정부, 권력분립을 기본 내용으로 하는 민주적 헌정국가의 수립을 가능케 했다.[49] 헌정주의에 의해 정부의 권력은 제한되고 시민들은 주권자로서 자유와 권리를 확보하게 되었다. 그런데 헌정주의가 정착되기 위해서는 민주적 경쟁이 예측가능한 장래에 동일한 정치 규칙(헌법)에 따라 규칙적으로 이뤄질 것이라는 확신이 국민과 정치인들 사이에 뿌리를 내려야 한다(임혁백, 2011: 342).

문제는 민주주의와 헌정주의를 어떻게 조화시켜나갈 것인가이다. 이와 관련된 견해는 크게 자유주의적 헌정주의(liberal constitutionalism)와 공화주의적 헌정주의(republican constitutionalism)로 구분해 볼 수 있다. 전통적인 자유주의적 헌정주의는 개인적 자유의 우위를 위해 최소국가, 최소 정부의 논리를 전개함으로써 결국 정치에 대한 사법의 우위로 연결되는 한계를 지니고 있다. 이의 대안으로 1960년대 이후 개발된 것이 바로 공화주의적 헌정주의로 이는 개인의 자유와 공동체의 자유는 본질적으로 동시적인 현상으로 보고, 공동체적 자유를 확보함이 없이 개인의 자유를 경험할 수 없으며, 개인의 자유가 공동체적 자유의 전제가 된다는 것으로 '자치 또는 자결로서의 자유'를 중시한다(김용호, 1997: 58-59).

양자 간의 이러한 차이는 자유주의와 공화주의의 철학적이고 이데올로기적인 차이에서 발생한다. 자유주의는 전통적으로 개인의 자유와 권리 및 생명의 최우선성을 강조하며 기본적으로 반국가 사조를 함유하고 있다. 자유주의의 최소국가 논리는 정치에 대한 사법의 우위로 연결되기 쉽다. 이는 미국의 경우에 두드러진다. 입법부를 능가하는 권한을 지닌 사법부는 지난 200여 년간 '사법부의 입법행위(judicial legislation)', 또는 '사법적정책결정'이란 개념을 만들어냈다. 이처럼 국민의 대표로서 의회가 수행해야 할 입법 기능과 정책 결정 기능을 선출되지 않은 법원이 수행하는 것은 민주주의의 규범과 원리에 정면으로 배치되는 것이다(최장집, 2007: 37). 또한 이미 살펴본 것처럼 자유주의는 헌정주의와 법 앞 평등 개념을 자신들의 이해관계를 관철시키기 위한 권력 도구로 사용했으며 현재도 그렇다. 자유주의자들은 기층 민중들이 법을 자신들의 권력 도구로 활용하려는 것 그리고 헌법 내용을 자유주의 중심에서 기층 민중 중심으로 수정하려는 노력에는 찬성하기 어렵다. 자유주의자들이 헌법

49 독일의 법학자인 마르틴 크릴레(Martin Kriele)는 종교적 분열이 권력을 독점한 근대국가의 탄생을 가져왔고, 독점 권력의 남용이 국가권력으로 하여금 헌법과 법률의 구속을 받게 되는 계기를 마련해 주었으며, 사법권의 독립을 통해 이 같은 구속력의 실효성이 담보됨으로써 비로소 인간의 자유가 확보되었다고 지적한다. 민주적 헌정국가의 근본 사상과 발전경로에 대해서는 Martin Kriele(1983), pp.277-425 참조.

개정에 대하여 민감하고 보수적으로 반응하는 이유가 여기에 있다.

반면 공화주의는 공화국을 지향하는 신념 또는 담론 체계를 말한다. 공화국은 로마의 철학자이자 정치가인 키케로(Marcus Tullius Cicero)가 카이사르에 맞서 자신의 나라 로마를 '공공의 것(res publica)'이라고 정의한 데서 그 유래를 찾을 수 있다. 국가란 누구에게나 해당하고 모두의 이해관계(res publicae)와 연관된 문제를 다루는 것이기 때문이다.[50] 따라서 공화국이란 공동의 이익을 실현하기 위해 공동체의 구성원들이 공동의 참여와 공동의 결정으로 법을 만들어 통치하는 나라다. '합의된 법과 공공이익에 의해 결속된 다중의 공동체'인 시민들의 정치적· 사회적 연대가 곧 공화국이다. 공화국은 시대와 맥락에 따라 다르게 될 수 있다. 그렇지만 그 핵심적인 내용은 정치공동체의 주권자인 시민이 개인의 사적인 자유보다는 공적 이익을 중시하고 이를 실현하기 위해 적극적으로 공적인 참여를 하는 것이라 할 수 있다.[51]

공화주의의 핵심은 다음과 같다(조승래 2010; 양해림 2008; 이동수 2007). 첫째, 이미 살펴본 것처럼 공화주의(republicanism)는 로마 시대 res publica에서 기원한다. res publica는 공적인 것, 공공의 것을 의미한다. 공화주의는 결국 공동체 공동의 관심사를 공적으로 논의하는 것을 의미한다. 둘째, 공화주의의 핵심어는 참여, 법치주의와

---

50 키케로는 법률의 보편원리를 다룬 책인 <법률론(De Legibus)>에서 자신에게는 '태생의 조국(patria naturae)'과 '법률상의 조국(patria iuris)' 두 개가 있다고 하면서 이 중에서 "공공의 것이라는 말이 시민 전부에게 해당되는 국가(qua rei pulicae nomen universae civitati est)를 앞세우고 애정으로 대할 필요가 있다"고 강조한다. Marcus Tullius Cicero. 성염 역(2007), pp.117-118. 여기서 키케로는 법이란 신과 인간에게 공통되는 것이고, 시대를 초월하는 영원성을 띠는 무엇이라고 한다. 신에게 있는 영원법이 인간의 양심 내지 예지로 박혀있고 그것이 대다수가 인정하는 실정법으로 받아들여질 때에 '법률'이라는 것이다. 모든 법률은 '시민의 안녕과 국가의 안전과 인간들의 평온하고 행복한 생활'이라는 공공복리의 목적을 갖는다. Marcus Tullius Cicero. 성염 역(2007), p.142. 이런 까닭에 개개인에 대하여 태생의 조국이 차지하고 있는 영향권보다 법률상의 조국이 미치는 영역이 훨씬 넓고 보편적이고, 그래서 '공동의 일'이라고 할 것이 더 많으며, 종국에는 전체 구성원을 하나로 묶을 수 있다(universae civitati)는 것이다. 인민의 소유물인 국가 전체에 대한 주장은 <국가론(De Re Publica)>에서 다시 한번 언급된다. "국가는 인민의 것입니다. 인민은 어떤 식으로든 군집한 인간의 모임 전체가 아니라, 법에 대한 동의와 유익의 공유에 의해서 결속한 다수의 모임입니다." Marcus Tullius Cicero. 김창성 역(2007), p.130.

51 일부 학자들은 한국 헌법의 기원을 공화주의 이론과 관련하여 재해석하고 있다. 예를 들어, 서희경은 이미 1898년 만민공동회에서 자생적 공화주의 운동의 맹아를 발견할 수 있다고 한다. 만민공동회는 자신이 속한 정치공동체에 대한 소속감 속에서 동료 인민과 공통의 이익을 협의해 나가는 의미에서 공화주의적이었다. 특히 '헌의 6조'는 형식상 전제 황권을 수용하고 있으나 그 내용은 군주권을 제한하여, 인민과 함께 협의하여 정치를 행해야 한다는 공화제적 정신을 함축하고 있었다. 이는 이후 1917년의 민주공화정체 수립을 공식화한 '대동단결선언'을 거쳐 1919년에 독립에 기초한 공화정을 제시한 3.1운동과 임시정부의 민주공화제 정신으로 이어졌다. 임시정부 헌법의 이념과 기본 원칙, 구조는 모두 대한민국 제헌헌법에 수용되었다는 것이다. 서희경(2006), pp.139-161.

법 앞 평등, 소통 등이다. 공화주의는 공동체 개인이 공동의 관심사에 적극적으로 참여함으로써 공익이 사익과 절충되고 조화될 수 있다는 점에 주목한다. 자유주의가 원자적 개인주의에 매몰되어 공익에 소홀한 반면 공동체주의(communitarianism)는 공익을 강조한 나머지 개인의 자유와 권리 및 사익을 경시하는 한계가 있다. 공화주의는 자유주의와 공동체주의의 이러한 문제점을 참여와 소통을 강조함으로써 해결하고자 한다. 개인은 공동체의 공동 관심사에 적극적으로 참여하고 서로 소통(심의)함으로써 공익에 사익이 녹아 들어가 있고 사익에서 공익을 찾을 수 있는 정치적 공간이 확보된다는 것이다.

셋째, 공화주의는 공동체 개개인의 평등을 중시한다. 여기서 말하는 평등은 시민적, 정치적 평등뿐 아니라 사회경제적 평등도 포괄한다. 공화주의자들은 시민적, 정치적, 사회경제적 평등은 헌정주의 장치와 법 앞 평등 개념에 의해 확보될 수 있다고 생각한다. 공화주의자들은 시민들이 서로 평등해야 진정한 참여와 소통과 심의가 가능하다고 본다. 넷째, 공화주의는 공동체에 대한 자발적인 참여와 공동체 결정에 대한 자발적인 복종을 통해 공동체 구성원이 서로 비지배적인 평등 상태를 이루게 되면 그 결과 개인과 공동체가 조화를 이룰 수 있다고 본다(이동수 2007: 7). 반면 민주주의는 평등한 인민의 지배를 추구한다. 민주주의는 인민의 지배를 통한 '다수의 전제주의' 가능성이 있고 공동체 개개인의 자유와 권리보다 인민 전체의 이해관계를 중시할 가능성이 있지만, 공화주의는 개인의 자유와 권리가 공동체의 공공선과 조화롭게 공존할 수 있는 정치적 공간을 추구한다는 점에서 서로 차이가 있다.

공화주의의 이러한 속성은 헌정주의에 대한 접근에 있어서 유연한 사고로 귀결된다. 즉, 공동체 구성원은 참여와 소통을 통해 공동선을 항시적으로 심의할 수 있고, 그 결과물을 헌법 재디자인을 통해 상시적으로 헌법 조항에 새롭게 담아낼 수 있다는 입장이 나오는 것이다. 자유주의적 헌정주의와 공화주의적 헌정주의의 차이점은 이러한 정치 철학적이고 정치 이데올로기적인 시각의 차이에서 발생한다. 헌법 개정이 자주 이루어지면 헌법의 권위가 손상되는 상황이 발생할 수 있고, 헌법 개정을 이루기가 쉽지 않을 경우 사회 기득권 세력의 이해관계가 지배적으로 공동체에서 관철된 가능성이 있다. 자유주의적 헌정주의와 공화주의적 헌정주의가 조화를 이룰 필요가 있는 것이다.

이와 관련해 카탈리나 스물로비치(Catalina Smulovitz)는 법의 지배가 민주주의의 유지, 발전과 조응하기 위한 세 가지 방안으로 '수평적 통제', '수직적 통제', 그리고 '사회적 통제'를 제시한다. 수평적 통제란 국가 기관들 사이의 견제와 균형이다. 행정부·입법부·사법부가 서로를 감시하고 제어하는 것이다. 더 중요한 것은 수직적 통제다. 수직적 통제란 선거를 통해 유권자가 정치행위자들을 갈아치우는 것을 말한다. 법의 지배를 악용하는 세력을 정치영역에서 추방함으로써 민주주의의 터전을 보호하는 것이다. 그러나 이런 방법만으로는 민주주의적 법치를 충분히 보장할 수 없다고 스물로비치는 강조한다. 선거와 선거 사이 공백 기간에 권력이 남용된다면, 또 선거 자체를 조작하고 유권자를 매수한다면, 수직적 통제는 효과를 발휘하기 어렵다는 것이다. 한편, 사회적 통제는 선거제도나 국가 제도에만 맡겨둬서는 민주주의를 지켜낼 수 없기 때문에 시민사회의 광범위한 시민 결사·시민운동·언론매체가 일상적으로 통제 활동을 벌여야 한다는 점을 강조한다. 스물로비치는 법이 공정한 판결을 할 것으로 믿고 기다릴 것이 아니라, 법이 공정한 심판자 노릇을 할 수 있도록 강제해야 한다고 하며 다음과 같이 주장한다. "그것은 억압받는 사람들을 돕고자 하는 모든 사람이 새겨들어야 할 말이다. 만약 여성의 권리를 보호하고 싶다면, 여성운동을 조직하라. 만일 흑인의 시민권을 보호하고 싶다면, 시민권 운동을 조직하라"(Catalina Smulovitz, 2008: 292-318).

VI. 결론

이 글의 목적은 헌법에 대한 정치적인 설명을 정리하고 정교화함으로써 정치교육과 법교육의 일종의 가교를 건설하는 것이다. 이러한 목적을 수행하기 위해 이 글은 헌법과 정치의 관계를 분석한 바탕 위에서 정치 세력들 간의 협상의 결과로 수립된,

이른바 '87년 헌법 체제'의 특징과 문제를 검토했다. 그런 후 헌법 개정을 둘러싸고 전개되고 있는 다양한 주장들을 이론적 배경과 정치적 배경에 초점을 맞춰 살펴보고 자유주의적 헌정주의와 공화주의적 헌정주의를 통해 바람직한 대안적 논의를 모색하였다. 이 같은 연구는 법교육으로 하여금 '정치학의 성과를 통해 자기 내실화를 꾀하는(Martin Kriele, 1983: xi)' 데 기여할 수 있을 것으로 보인다.

법교육, 특히 헌법교육은 대한민국의 정체성인 민주주의와 공화주의를 시민들에게 내재화하는 것을 목표로 삼을 필요가 있다. 신자유주의적 세계화가 확산되면서 시장의 경제 권력이 비대화하는 반면 정치는 활동 영역이 협소해지고 국가권력은 약화되는 작금의 현실을 고려하면 그 필요성은 더욱 커진다. 한국에서는 정치적 영역에서 어느 정도 민주적 절차와 제도도 형성되었지만, 여전히 권위주의 정권하에서 심화된 사회경제적 불평등과 이에 기초한 권력관계의 개혁은 이뤄지지 않고 있으며 민주주의에 대한 정치지도자들의 인식 수준도 별반 높지 않다. 이 점을 개선하려면 우선 헌정주의를 민주주의의 유지·발전과 어떻게 조응시킬 것인가, 국가가 국민들의 다양한 권리를 어떻게 실질적으로 보장할 것인가, 그리고 지연되고 있는 민주주의의 공고화에 어떻게 기여할 것인가와 같은 문제가 제기되고 그것들이 정치과정에 십분 반영되도록 하는 것이 필요하다.

결론적으로, 현재 한국이 처한 제반 사정을 고려하면 최소국가와 최소정부의 논리를 전개함으로써 결국 정치에 대한 사법의 우위로 연결되는 경향이 있는 자유주의적 헌정주의보다는 자유롭고 평등한 정치공동체에서 주권자인 시민들이 공적 이익을 우선시하고 국정에 적극적으로 참여하는 공화주의적 헌정주의가 타당성과 적실성이 크다고 평가된다. 나아가 공화주의적 헌정주의는 과도한 정부의 권력을 제한하고 시민들의 실질적인 자유와 권리를 확보하는 것을 더욱 용이하게 함으로써 '인민의 자기지배'라는 민주주의의 본질에도 보다 가깝게 다가갈 수 있게 한다. 이 점이 향후 헌법 개정 과정에서 다뤄져야 할 것이며, 그 결과에 따라 장래의 정치교육과 법교육의 주된 방향과 내용도 결정될 것이다.

참고문헌

곽한영. "헌법교육의 접근방식과 내용요소", 『법교육연구』. 제4권 1호, 2009.

김대환. 『기본권론』. 서울: 박영사, 2023.

김상봉. "모두를 위한 나라는 어떻게 가능한가? 공화국의 이념에 대한 철학적 고찰," 이병천·홍윤기·김호기 편, 『다시 대한민국을 묻는다: 역사와 좌표』. 파주: 한울, 2007.

김용호. "헌정공학의 새로운 이론적 틀 모색: 한국 헌정체제의 규범적 좌표와 제도적 선택", 김영민 외. 『21세기 헌정주의와 민주주의』. 고양: 인간사랑, 2007.

김정훈. 『87년 체제를 넘어서』. 파주: 한울, 2010.

김종엽. "분단체제와 87년체제", 『창작과비평』. 통권 130호, 2007.

김해원. 『헌법개정: 개헌의 이론과 현실』. 서울: 한티재, 2017.

김효전. 『헌법』. 서울: 소화, 2010.

박명림. "헌법개혁과 한국 민주주의: 무엇을, 왜, 어떻게 바꿀 것인가", 함께하는 시민행동 편. 『헌법 다시보기: 87년 헌법, 무엇이 문제인가』. 파주: 창비, 2007.

박성우. "개헌 논의의 정치사회학과 정상화 방안 모색", 강원택 외. 『헌법 개정의 정치』. 고양: 인간사랑, 2010.

박찬표. "법치 민주주의 대 정치적 민주주의", 최장집·박상훈·박찬표. 『어떤 민주주의인가』, 서울: 후마니타스, 2007.

서희경. 『대한민국 헌법의 탄생: 한국 헌정사, 만민공동회에서 제헌까지』. 파주: 창비, 2012.

신영란. "한국 헌정주의의 불안정 요인: 헌정주의와 민주주의의 선순환조건 구축을 위한 역사적 고찰", 김영민 외. 『21세기 헌정주의와 민주주의』. 고양: 인간사랑, 2007.

양해림. "한국사회에서 공화주의 이념은 부활할 수 있는가: 공화주의의 정치철학적 고찰", 『시대와 철학』 제19집 1호. 2008.

오현철. "정치적 대표체계의 민주적 재구성 방안 모색", 『시민사회와 NGO』 제4권 1호, 2006.

유재일. "한국 민주주의와 헌정제도의 재디자인", 『정치정보연구』 제9권 1호, 2006.

이국운. 『헌법』. 서울: 책세상, 2012.

이동수. "민주화 이후 공화민주주의의 재발견", 『동양정치사상사』. 제6권 2호, 2007.

임혁백. 『1987년 이후의 한국 민주주의』. 서울: 고려대학교출판부, 2012.

조승래. 『공화국을 위하여: 공화주의의 형성과정과 핵심사상』. 서울: 길, 2010.

조유진. 『헌법 사용 설명서: 공화국 시민, 헌법으로 무장하라』. 서울: 이학사, 2012.

최장집. "민주주의와 헌정주의: 미국과 한국", Robert Dahl, 박상훈 외 역. 『미국 헌법과 민주주의』. 서울: 후마니타스, 2007.

"한국천주교사제 1,178인 시국선언문", http://www.cathrights.or.kr/news/articleView. html?idxno=4288

한상희. "민주화 시대의 헌법", 함께하는 시민행동 편. 『헌법 다시보기: 87년 헌법, 무엇이 문제인가』. 파주: 창비, 2007.

홍익표. "'풍요 속의 빈곤' - 87년 헌법 개정 논의에 대한 비판적 고찰", 『법교육연구』. 12권 2호, 2017.

杉原泰雄, 이경주 역. 『헌법의 역사』. 서울: 이론과실천, 1996.

Böckenförde, Ernst-Wolfgang, 김효전 외 역. 『헌법과 민주주의: 헌법이론과 헌법에 관한 연구』. 서울: 법문사, 2003.

Breit, Gotthard & Siegfried Schiele (Hrsg.). Werte in der politischen Bildung. Bonn: Bundeszentrale für politische Bildung, 2000.

Cicero, Marcus Tullius. 김창성 역. 『국가론』. 파주: 한길사, 2007.

Cicero, Marcus Tullius, 성염 역. 『법률론』. 파주: 한길사, 2007.

Dahl, Robert, 박상훈 외 역. 『미국 헌법과 민주주의』. 서울: 후마니타스, 2002.

Devins, Neal & Louis Fisher. The Democratic Constitution. Oxford: Oxford University Press, 2004.

Duverger, Maurice, 문광삼 외 역. 『프랑스 헌법과 정치사상』. 부산: 도서출판 해성, 2003.

David Dyzenhaus (ed.). Law as Politics: Carl Schmitt's Critique of Liberalism. Durham & London: Duke University Press, 1998.

Elster, Jon & Rune Slagstad (eds.). Constitutionalism and Democracy. Cambridge: Cambridge University Press, 1988.

Ginsberg, Benjamin & Martin Shefter. Politics by Other Means: Politicians, Prosecutors, and the Press from Washington. New York: W.W.Norton & Company, 2002.

Habermas, Jürgen, 한상진 외 역. 『사실성과 타당성: 담론적 법이론과 민주주의적 법치국가 이론』. 서울: 나남출판, 2000.

Hassemer, Winfried, 이상돈 외 역. 『정치와 헌법』. 서울: 세창출판사, 2006.

Heller, Hermann et.al., 김효전 편역. 『법치국가의 원리』. 서울: 법원사, 2001.

Hesse, Konrad, 계희열 역. 『통일독일헌법원론』. 서울: 박영사, 2001.

Isensee, Josef, 이승우 역. 『국가와 헌법』. 서울: 세창출판사, 2001.

Jacob, Herbert & Erhard Blankenburg et.al. Courts, Law, and Politics in Comparative Perspective. New Haven: Yale University Press, 1996.

Kriele, Martin, 국순옥 역. 『민주적 헌정국가의 역사적 전개』. 서울: 종로서적, 1983.

Maravall, Jose Maria. "정치적 무기로서의 법의 지배", Adam Przeworski & Jose Maria Maravall et.al., 안규남 외 역. 『민주주의와 법의 지배』. 서울: 후마니타스, 2008.

Smulovitz, Catalina. "법의 지배는 어떻게 유지될 수 있는가?", Adam Przeworski & Jose Maria Maravall et.al., 안규남 외 역. 『민주주의와 법의 지배』. 서울: 후마니타스, 2008.

Stone-Sweet, Alec. Governing with Judges: Constitutional Politics in Europe. Oxford: Oxford University Press, 2000.

Sztompka, Piotr. "Trust, Distrust and Two Paradoxes of Democracy", European Journal of Social Theory. Vol.1, No.1, 1998.

Tate, C. Neal. "Introduction: Democracy and Law - New Developments in Theory and Analysis", International Social Science Journal, No. 152, 1997.

5장.
권력, 권위, 정당성 교육[52]

진시원·변진언

I. 서론

2014년 봄 진도 앞바다에서 세월호 참사로 수백 명이 사망하는 대참사가 발생했을 때, 사고를 수습하는 정부의 모습은 무능과 무책임 그 자체였다. 그리고 국민들은 그런 정부의 모습을 지켜보며 과연 대한민국에서 '국가'와 '정치권력'은 무엇이며 무엇을 위해 존재하는지, 그리고 국가가 국민의 생명과 자유와 권리를 지키는 본연의 기능을 제대로 수행하고 있는지에 대해 고민하기 시작했다. 과연 이렇게 무능한 국가권력이 제대로 된 권력인지, 권위와 정당성은 제대로 확보하고 있는지에 대해 심각한 의문을 던지기 시작했다는 것이다.

우리나라는 서구에 비해 짧은 기간 동안 경제, 사회 근대화를 이루었고 절차적 측면에서도 일정 정도 정치 근대화를 이루었다. 그러나 제대로 된 민주주의는 제도만으로 완성되지 않는다. 아무리 잘 갖추어진 정치제도가 존재한다고 하더라도 더 중요한 것은 그 정치제도를 유지하고 관리하는 그 나라 국민들의 정치의식 수준이다. 한 나라의 정치 수준을 나타내는 국민들의 시민성은 제도가 잘 갖추어져 있다고 해서 저절로 길러지는 것이 아니기 때문이다. 정치제도만큼 아니면 정치제도보다 더 중요한 것이 바로 국민들의 시민성을 함양하는 정치교육이다.

---

52 이 글은 진시원·변진언(2014). 고등학교 정치교육에서 권력, 권위, 정당성 교육의 현황과 대안. 교사교육연구, 53(4)를 수정·인용한 것이다.

정치교육은 "한 국가가 정치공동체를 유지·발전시키기 위한 문제 해결 능력의 함양과 바람직한 인간성을 형성하고 정치 생활에 필요한 지식·능력·태도를 포함한 자질에 관련된 것들을 구성원들에게 습득시키려는 의도적 노력(이경태, 2003:70)"이다. 따라서 한 나라의 정치교육 수준은 그 나라 국민들의 정치의식 수준을 평가하는 중요한 척도가 된다. 정치교육은 가정, 지역사회, 학교, 정당, 대중매체 등 다양한 영역에서 이루어지지만, 그중에서도 '학교'는 수업과 학생 활동을 통해 가장 체계적이고 효율적으로 학생들의 정치사회화에 영향을 미치기 때문에 정치교육을 담당하는 기관으로서 그 중요성이 크다. 그런데 학교를 통한 정치교육은 교육과정과 교과서를 통해 이루어지기 때문에 학교 정치교육에서 교육과정과 교과서 내용을 살펴보는 것이 필요하다.

우리나라 정치교육은 오랜 시간 반공·승공·통일교육, 국민윤리교육, 정치·사상교육, 이데올로기 교육, 국민정신교육 등으로 불리며 권위주의 정권들에 의해 정치교육 본래의 의미와 거리가 먼 교육이 이루어져 왔다(이경태, 2003:71). 그러다 민주화 이후 6차 교육과정이 공포되고, 민주정치 과정에 적극 참여하는 정치적 능동성과 시민의 권리와 의무 행사에 필요한 책임성을 갖춘 시민 양성을 전담하는 교과로 정치 과목이 신설되면서 민주 시민성 함양 교육으로서의 정치교육이 시작되었다. 그러나 그 이후 몇 차례 교육과정이 개정되고 현재에 이르기까지 정치 교육과정과 정치 교과서 내용을 살펴보면 주로 민주 시민성 함양, 정치참여 등에만 치우쳐 학문적이고 이론적인 측면에서 소홀한 측면이 적지 않았다. 민주주의는 국민들의 폭넓은 정치적 관심과 적극적인 참여를 통해 발전하는 것이고 정치교육은 국민들이 정치적 소양을 기르고 민주적 가치를 내면화하여 민주 시민성을 함양하는 데 중요한 역할을 담당해야 하지만, 그것만으로 정치교육이 제대로 이루어지고 있다고 말할 수 없다. 정치 참여도 중요하지만, 참여에 필요한 핵심 개념을 학습하는 것 또한 정치교육의 주요 부분이기 때문이다.

세월호 참사를 통해 드러난 국가와 정치권력의 무능과 무책임에서 볼 수 있듯이 우리 사회의 정치 현상을 제대로 이해하기 위한 핵심 개념으로 정치권력, 권위, 정당성, 합법성은 여전히 중요한 의미를 지니고 있다. 따라서 정치교육의 입장에서도 이러한 내용들이 교육과정과 교과서에 반영되어 아이들에게 제대로 가르쳐야 할 필요가 있다. 이 연구는 정치권력, 권위, 정당성, 합법성에 대한 개념 이해를 바탕으로 정치 교육과정과 정치 교과서가 이와 관련된 내용을 어떻게 서술하고 있는지 살펴보고 문제점을 분석한 후 대안을 제시하는 데 그 목적이 있다. 학교 교육과정과 교과서가 권력, 권위, 정당성, 합법성에 관한 내용을 제대로 서술하고 있고, 학생들이 학교 정치교육을 통해 권력이란 무엇이며 어디에서 어떻게 작동하는지, 정당성은 무엇이며 어떻게 얻을 수 있는지, 왜 권력 행사에는 권위와 정당성과 합법성이 요구되는지 등에 대한 명확한 이해를 통해 우리 사회의 정치 현상을 좀 더 정확하게 이해하고 설명해 낼 수 있다면 이것은 우리의 학교 정치교육 수준을 한 단계 발전시키고, 나아가 국민들의 정치의식 수준 또한 향상시킬 수 있는 발판을 마련한다는 점에서 중요한 의미를 지닌다.

이 글은 다음과 같이 구성되었다. 먼저 2장에서는 정치 현상을 설명하기 위한 핵심 개념인 권력, 권위, 정당성, 합법성에 관한 이론을 살펴본다. 3장에서는 이러한 이론적 배경을 바탕으로 학교 정치교육 중에서도 특히 고등학교 '정치' 교육과정의 내용 체계 및 내용 요소 분석과 함께 고등학교 '법과 정치' 교과서에 권력, 권위, 정당성, 합법성 관련 내용이 어떻게 서술되어 있는지 분석하여 문제점을 파악한다. 교육과정은 '정치' 과목이 신설된 「제6차 고등학교 정치교육과정」부터 「2009 고등학교 정치 교육과정의 2011 수시 개정」까지를 대상으로 하였으며, 교과서는 현재 학교에서 사용하고 있는 「고등학교 법과 정치(2012, 서울 : 천재교육)」와 「고등학교 법과 정치(2014, 서울: 천재교육)」를 대상으로 하였다. 마지막으로 결론에서는 이러한 문제점을 바탕으로 고등학교 정치교육에서 권력, 권위, 정당성, 합법성이 어떻게 가르쳐져야 하는지 내용 체계와 내용 요소를 중심으로 제시한다.

II. 권력, 권위, 정당성

정치 현상을 '권력투쟁'이라는 핵심어로 이해하는 입장은 정치 현상에서 권력을 추구하는 세력 간의 갈등과 충돌에 주목한다. 반면 정치 현상을 '타협과 동의'라는 핵심어로 이해하는 입장은 인간사회의 다양한 이해관계를 물리력을 동반하지 않고 평화적이고 이성적으로 조정하고 관리하는 과정에 주목한다. 그렇다면 이 두 가지 핵심어 중 어느 쪽이 더 정치 현상을 잘 설명할 수 있을까.

정치 현상을 설명하는 입장으로는 크게 권력을 차지하기 위해 발생하는 적나라한 권력관계를 있는 그대로 인정하고 그러한 권력투쟁 상태를 강조하는 입장과 인간의 이성을 강조하여 정치 현상도 합리적이고 이성적으로 운영되어야 한다는 당위론적 입장이 존재하는데, 전통적으로 강조되어 온 관점은 권력투쟁을 중심으로 정치 현상을 이해하는 입장이다. 이러한 시각에서 바라보면 정치는 본질적으로 '권력'의 작동과 깊은 관계가 있다. 모든 정치 현상은 권력 현상이고 정치적인 것은 바로 권력 추구와 권력 충돌인 것이다. 예를 들어, 베버(Max Weber)는 '정치란 권력의 세계에 참여하거나 권력의 분배에 영향을 미치려는 노력'이라고 정의하였는데, 베버는 권력을 '어떤 사회관계에서 반대를 물리치면서도 자기의 의사를 관철시킬 수 있는 능력'으로 보았다.

그러나 정치 현상은 권력이라는 핵심어만으로는 온전히 이해하기 어렵다. 현대에 들어서면서, 특히 1990년대 이후 세계화 시대가 가속화되면서 정치 현상을 이해하는 데 있어 '타협과 동의'라는 핵심어의 설명력과 설득력은 점차 강화되고 있다. 중세와 근대의 정치 현상이 주로'수직적이고 일방적인 권력 행사' 혹은 '권력 독점과 배제' 같은 용어로 대변된다면, 현대와 세계화 시대의 정치 현상은 '수평적이고 양방향적인(혹은 다방향적인) 권력 분담과 공유'로 권력 이해의 균형점과 강조점이 점차 이동하고 있기 때문이다. 후자를 대표하는 담론은 수평적인 권력 공유와 협치를 의미하는 '거버넌스'라는 용어로 결집 되고 있다.

그러나 정치권력의 중심점이 독점, 배제, 수직적 관계의 형태에서 공유, 협치, 수평적 관계의 형태로 점차 이동하고 있다 하더라도 정치 현상을 설명하는 데 있어 권력과 권위, 정당성에 대한 기존의 논의가 설득력을 모두 상실한 것은 아니다. 오히려 정치 현상의 핵심이자 기초로 작동하는 권력, 권위, 정당성이 무엇인지 기존의 논의를 통해 재검토하는 작업은 현실정치와 학문으로서의 정치학을 이해하는 좋은 길을 제공해 준다.

1. 권력

일반적으로 권력은 '다른 사람들에게 영향을 미침으로써 어떠한 결과를 생산하는 능력이자 그러한 결과가 나오도록 만들어내는 능력'이라고 정의된다. 달리 말해 권력은 권력을 지니지 못한 사람이 자신의 의지에 반하는 일이라도 하게끔 만드는 권력자의 능력, 즉, 타인을 구속하는 공식적인 결정을 내릴 수 있는 능력이다. 니체(Friedrich Nietzsche)는 사람들에게 '권력에의 의지'가 있다고 주장했다. 사람은 본질적으로 권력 지향적이라는 것이다. 사회계약론자 홉스는 강력한 권력을 지닌 주권은 모든 사람들의 더 나은 생활을 만들어 준다고 주장했다. 권력이 존재하지 않으면 주권은 질서를 원하는 사람들에게 아무런 가치가 없게 된다는 것이다(Honderrich, 1995).

권력에 대한 전통적인 정의에서 대다수 학자는 권력을 개인이나 집단 같은 인격체가 소유하는 것으로 이해한다. 그러나 일부 학자들은 권력을 비인격적인 것으로 이해하기도 한다. 특히 푸코는 권력을 '사회 메커니즘'이 행사하는 것으로 이해했는데, '사회 메커니즘'이란 '개인을 훈육하고 그들의 담론뿐 아니라 그들의 욕망과 주체성까지도 형성하는 능력'을 말한다. 베버는 어떠한 결과물이 권력을 행사하는 주체에 의해 의도된 것일 때 그 결과물을 권력의 산물이라고 생각했다. 베버에게는 권력 주체의 의도만이 권력 행사의 중요한 기준이 된다. 그러나 권력 주체의 '의도'만으로는 권력의 결과물이 무엇인지 충분히 설명할 수 없다. 권력의 효과가 반드시 권력 주체에 의해 의도된 것만은 아니며, 의도하지 않은 권력 행사나 결과물이 발생할 수 있기 때문이다.

그렇다면 권력은 어디에서 어떻게 관찰하고 측정할 수 있는가. 달(Robert Dahl)은 이해관계들이 충돌하는 정책 결정 과정에서 누가 주도적이고 누가 결국에는 승리하는가에 주목했다. 달은 정책 결정 과정을 주도하고 자신의 이해관계를 정책 결정 과정에서 관철시키는 사람이나 집단이 권력을 지녔으며, 권력 행사를 관찰하고 측정하기 위해서는 정책 결정 과정을 살펴보면 된다고 판단한 것이다. 그러나 달과 달리 정책 결정 과정이 아니라 정치적 의제, 즉 의제 설정에 집중한 학자도 있다. 의제 설정 과정에 주목하는 학자들은 권력은 어떤 쟁점을 의제화하여 정치의 장에 들어가게 하고 어떤 쟁점은 제외하여 결정이 내려지지 않게도 한다는 점을 강조한다. 이렇듯 권력은 정책 결정 과정이나 의제 설정 과정을 살펴봄으로써 그 작동 과정을 관찰할 수 있고 영향력을 측정할 수도 있다.

그러나 이러한 논의가 권력의 속성을 모두 잘 설명한 것은 아니다. 따라서 권력에 대한 보충 논의가 필요하다(헤이우드, 2007: 171, 177-178). 첫째, 권력은 사람들의 선호와 필요를 조작함으로써 사람들의 사상과 신념 체제를 통제하는 형태를 취할 수도 있다. 권력을 행사하는 사람들에 의해 교육, 방송, 지식, 정보, 여론 등이 권력의 필요에 맞게 조작되고 광범위하게 유포되어 피치자들의 신념 체제와 사상, 지식, 욕망 등을 의도적으로 통제할 수 있다는 주장과 사례 연구는 정치학의 상식이자 사회적 상식에 가깝다. 이런 시각에서 바라보면, 권력관계는 정책 결정 과정이나 의제 설정 과정뿐 아니라 사회나 국가의 지배적인 신념이나 사상, 지식, 욕망 등을 누가 어떻게 형성하고 주도하는지를 관찰하는 데서도 찾을 수 있는 것이다. 권력의 이와 같은 속성은 특히 마르크스주의자들에게 매력적인 관심사다. 마르크스주의자들은 자본주의는 계급착취와 억압에 의해 유지되는 체제이며 권력은 그 체제 내에서 지배계급 즉 부르주아의 수중에 집중되어 있다고 주장한다. 부르주아 권력은 경제적이며 정치적인 만큼 이데올로기적이기도 한데, 그것은 한 사회의 지배적인 사상, 가치 그리고 신념이 지배계급의 것이기 때문이다. 따라서 착취당하는 계급인 프롤레타리아트는 부르주아 사상과 이론에 미혹되어 허위의식에 병들게 되고, 사실상 이들은 자신들이 착취당하고 있다는 사실조차 인식하지 못하게 된다. 권력은 피치자들이 자신들에게 권력이 행사되고 있음을 느끼지 못하도록 은밀하게 작동하고 있으며, 피치자들의 신념 체계, 지식, 욕망, 이해관계 등을 원초적이고 근본적으로 규정하도록 작동한다는 것이 마르크스주의자들의 핵심 주장인 것이다.

둘째, 이미 살펴본 것처럼 권력은 정책 결정과 의제 설정에 영향을 미치는 능력을 포함하지만 여기서 간과해서는 안 되는 것은 권력은 존재하지만 행사되지 않을 수도 있다는 점이다. 예컨대 어떤 개인이나 집단은 정책 결정에 영향을 미칠 능력은 지니고 있지만 내려진 결정이 자신들에게 나쁜 영향을 미치지 않는다는 이유로 자신들의 능력을 행사하지 않을 수도 있다. 이런 상황은 현대 민주주의 사회에서 정치적 관심과 권력은 지니고 있지만 정치에 참여하지 않는 적지 않은 시민들이 존재하는 상황을 설명할 수 있는 이론적 열쇠가 된다. 즉, 정치적 관심과 권력을 소유하지 못해 정치에 참여하지 못하는 집단과 정치적 관심과 정치적 혹은 경제적 권력을 지니고 있으면서도 정치에 참여하지 않는 집단을 구분하고 비교할 수 있는 이론적 틀을 제공하는 것이다.

이상의 논의를 종합하면, 권력은 결정을 내리는 데 영향을 미치거나 결정의 내용을 규정하는 능력이며, 권력의 주체는 개인이나 집단과 같은 인격체뿐 아니라 사회 메커니즘이나 사회구조 같은 비인격체도 포함한다. 권력 현상은 권력을 행사하는 주체의 '의도'에 의한 결과물일 수도 있고 아닐 수도 있다. 그리고 권력은 정책 결정 과정이나 의제 설정 과정을 살펴봄으로써 그 작동 과정을 관찰할 수 있고 그 영향력을 측정할 수도 있다. 또한 권력은 사람들의 선호와 필요를 조작하여 사람들의 사상과 신념 체제를 통제하는 형태를 취함으로써 정책 결정과 의제 설정에 영향을 미칠 수도 있지만, 내려진 결정이 자신들에게 나쁜 영향을 미치지 않을 때 권력을 지닌 개인이나 집단이 자신들의 힘을 행사하지 않을 수도 있다.

2. 권위

플라톤(Platon)의 정치사상에서 중요한 것 중 하나는 '무엇이 지배를 정당화 하는가' 하는 문제였는데, 그는 '권위'를 지배의 정당성을 설명하는 핵심 개념으로 인식하고 권위를 통해 자발적 복종이 어디에서 기원하는지를 설명하려고 했다. 권위에 대한 보다 구체적인 논의는 다음 3가지 질문과 그에 대한 답변을 통해 살펴볼 수 있다.

첫째, 권위라는 개념이 왜 필요한가이다. 이 질문은 권위의 속성에는 권력과는 다른 무언가가 존재하기 때문이라는 것인데, 권위를 권력의 부분집합으로 인식하는 사람들은 반대하겠지만 권위와 권력을 구분하여 이해하는 사람들은 이러한 주장에 전적으로 동의한다. 한나 아렌트(Hannah Arendt)는 권위는 복종을 의미하고 사람들은 그

복종 안에서 자유를 유지하는데 이때 권위는 권력, 물리력, 폭력, 설득 등과 구별된다고 주장하였다.

둘째, 권위를 지닌 사람들은 어떻게 그 권위를 소유하게 되었는가이다. 이 질문과 관련하여 가장 널리 알려진 논의는 막스 베버가 제시한 권위의 3가지 이념형, 즉, 전통적 권위, 카리스마적 권위, 법적-합리적 권위이다. 전통적 권위는 오랜 시간에 거쳐 확립된 관습이나 전통에 대한 존경과 따름에 기초한 것으로, 부족 사회나 가부장제에서 명확하게 드러나며 권력과 특권의 세습 체제와도 밀접한 관련이 있다. 카리스마적 권위는 능력이나 지도력 있는 개인이 지닌 힘과 영향력에 기초한 것으로, 보통 사람과는 다른 개인적 자질이나 능력과 깊은 관련이 있고, 강렬하고 구세주적 속성을 보이는 경우가 많다. 종교 지도자의 권위가 대표적인 예이다. 법적-합리적 권위는 법이나 합리성에 기초한 것으로, 법의 틀 내에서 행사된다는 점에서 법의 지배에 기초한 권위이다. 베버는 현실 사회에서 이와 같은 3가지 이념형의 권위가 서로 혼합된 형태로 작동한다고 주장했다.

셋째, 왜 사람들은 권위에 따라야만 하는가이다. 이 문제에 대한 답변은 자유주의, 보수주의, 공동체주의, 현실주의에 따라 다르다. 자유주의자들은 권위에 복종해야 하는 이유를 사회계약에서 찾는데, 로크나 롤즈 등의 사회계약론자들은 사람들이 자신에게 이득이 되기 때문에 사회계약으로 만들어진 권위 즉, 정부를 따른다고 본다. 자유주의자들은 권위란 사회의 질서와 안정을 확립하기 위한 계약에 기초한 것이므로 반드시 피치자의 동의에 기초해야 한다고 주장하지만 동시에 권위가 개인의 자유를 제약하며 개인의 재산권을 침해하는 등 폭정을 행사할 우려가 있기 때문에 헌법과 법에 의해 작동하는 법적-합리적 권위를 선호한다. 보수주의자들은 권위는 피치자의 동의가 필요하지 않으며 자연적인 필요성에 의해 생성된 것이라는 입장을 보이는데, 이때 권위는 피치자의 이익과 혜택을 위해 지배자가 위로부터 행사하는 권한이 된다. 보수주의자들은 권위가 사회의 안정적 유지를 위한 사회 결집력 강화와 좋은 공동체를 만드는 데 핵심 기초로 작용한다고 본다.

반면, 아리스토텔레스, 루소, 헤겔, 아렌트, 오크샷 등 공동체주의자들은 개인의 권리나 이익을 강조하는 대신 사회적 존재로서의 인간과 공동체를 우선시하고 강조하는데, 사람들이 권위에 순응하는 경우는 그 권위가 공동체의 의지와 정체성, 공동체가 공유한 가치와 신념 등을 잘 대변하는 경우라고 설명한다. 이와는 달리, 정치적 현실주의자들은 권위란 권위를 지닌 사람이 권위에 순응하는 사람들에게 그 권위를 '부과'하는 것에서 생성된다고 주장한다. 즉, 정부의 권위는 정부가 지닌 능력이나 신념 등을 일반 시민들에게 강제력 있게 부과하면서 발생하는 것이고, 시민들은 그 권위를 인정해서 따르는 것이 아니라 정부가 권위를 자신들에게 부과했기 때문에 따르게 된다는 것이다.

그러나 위의 여러 주장과 달리 권위 자체에 대한 부정적인 접근을 시도하는 입장도 존재한다. 마르크스주의자들은 권위가 자본주의 국가의 계급적 본질을 은폐하는데 기여한다고 주장하며 권위 자체를 거부한다. 또 무정부주의자들은 권위를 권위주의적 정부와 연계하여 이해함으로써 민주 사회에서 권위가 최소화되어야 할 필요악이라고 인식한다. 권위는 자유의 적이며 모든 형태의 권위는 복종을 요구한다는 점에서 개인의 자유에 대한 전체주의적 도전이기 때문에 권위가 강화되거나 확장되면 자유는 그만큼 제한된다는 것이다.

그러나 이러한 인식과는 반대로 권위에 대한 긍정적인 해석을 내놓은 학자도 있다. 독일 출신의 미국 정치철학자 한나 아렌트가 대표적이다. 아렌트는 『전체주의의 기원』에서 권위는 공동체의 질서와 안정을 창출하고 유지하기 위해 필수적인 요소라고 주장한다. 그녀는 역사적으로 살펴보면 전통적 권위가 상실되면 무질서와 위기가 발생했다고 주장하면서, 전체주의의 발생은 전통적 권위가 붕괴되는 현상과 밀접한 연관이 있다고 보았다. 그녀는 사회구성원들이 전통적 권위에 대해 존중감을 가짐으로써 그 사회가 결속된다고 보았다. 아렌트는 권위는 폭력이나 지배와는 근본적으로 다른 속성을 지닌 개념으로 권위와 자유는 결코 대립물이 아니라고 강조한다. 아렌트는 권위와 자유를 대립적으로 인식한 기존의 설명을 비판한 것인데, 권위란 사회의 안정과 정체성을 개인들에게 부여하고 이를 통해 사회의 결속을 보장하는 것이기 때문에 권위가 사라지면 개인들은 오히려 자유를 상실하게 된다고 말한다. 권위가 지닌 순

기능은 사회의 안정과 정체성을 개인들에게 부여하여 사회의 결속을 보장한다는 것인데, 권위가 붕괴할 경우 사람들은 의지할 곳을 잃고 공동체에의 소속감을 상실하면서 고독감을 느끼게 된 결과 선동이나 독재에 쉽게 넘어가게 된다는 것이다.

마키아벨리(Niccolo Machiavelli)는 『군주론』에서 군주가 자신의 지위를 정당화할 수 없는 경우에는 권력(힘) 행사를 통해 그러한 지위를 얻어내야 한다고 주장하였는데, 이 경우 권력과 달리 권위는 군주에게 반드시 필요한 요소가 아니라는 것을 의미한다. 홉스(Thomas Hobbes)는 계약자들이 군주에게 권한을 부여한 이상 군주는 계약자들에게 권위를 행사할 권한이 있으며, 군주가 부여받은 권위는 계약자들이 다시 돌려받을 수 없다고 주장하였는데, 이는 누군가 물리력을 통해 기존의 군주를 물리치고 자신이 새로운 군주가 되었을 때도 새로운 군주의 권위와 정당성을 인정할 수밖에 없다는 점에서 문제가 있다. 홉스의 사회계약론은 성공한 쿠데타를 정당화하는 측면이 존재한다는 문제점이 있는 것이다. 로크(John Locke)는 권위를 계약자와 직접 연계하는데, 국민은 최고의 주권 소지자이기 때문에 권위와 권력은 국민들에 의해 정부에게 제한된 수준에서 이양된 것으로 이해한다. 로크는 권위와 권력을 국민이 지닌 주권에 종속된 것으로 이해한 것이다. 이런 인식의 연장선상에서 로크는 권력자가 국민의 주권을 침해할 때 국민은 저항권을 행사할 수 있다고 주장한 것이다. 로크는 또한 자신의 2권 분립론에서 입법부와 집행부 간의 권력 균형을 강조하며 집행부의 권력 행사는 주권에 기초한 입법부의 권위에 의해 제한되어야 한다고 생각하였다.

3. 정당성

정치 질서의 정의로움에 대한 논의, 즉 정치 질서가 정의로운가 아니면 정의롭지 못한가에 대한 논의는 정치철학의 핵심 주제인데, 정치 질서의 정의로움을 대변하는 용어가 바로 정당성이다. 정당성은 일반적으로 안정된 정부의 기초로 여겨지는데, 이것은 정당성이 권력에 대한 피치자들의 충성과 지지를 얻는 능력과 깊게 결부되어 있기 때문이다(헤이우드, 2007, 170).

정당성이 무엇인지에 대한 보다 구체적인 논의는 4가지 질문에 대한 답변을 통해 알아볼 수 있다. 첫째, 정당성이란 무엇인가이다. 정당성은 일반적으로 정의로움으로 정의된다. 정의로움은 어떤 것이 정의롭다는 것이고, 정의롭다는 것은 무언가가 정의의 원칙에 일치하고 그 결과 스스로 혹은 그 자체로 정당하다는 뜻이다. 따라서 어떤 정치 질서나 정권이 정당성을 지녔다는 말은 그 정치 질서나 정권이 정의로움을 지니고 있으며 그 자체로 정당하다는 말에 다름 아니다. 둘째, 왜 정당성이라는 개념이 필요한가이다. 이 질문에 대한 답변은 간단하다. 정당성이라는 개념이 적나라한 권력과 올바른 권위를 구별해주는 역할을 수행하기 때문이다(헤이우드, 2007: 195). 적나라한 권력을 올바른 권위로 만들어 주는 것이 바로 정당성 개념인 것이다. 셋째, 정당성은 어떻게 만들어지는가이다. 정당성은 권력에 대한 복종이 그것을 따르지 않았을 때 받게 되는 보복에 대한 두려움에 의해서가 아니라 피치자의 자발적인 동의에 의해 이루어졌을 때 형성된다. 넷째, 정당성은 어떠한 기능을 수행하는가이다. 정당성은 권력과 권위를 구분해 주는 척도로 기능하는 동시에 지배자의 명령을 권위 있고 구속력 있게 만들어 주는 기능도 수행한다. 또한 정당성이라는 개념은 정당성을 상실한 권력에 대한 피치자의 저항권을 확보해 주는 이론적 근거로도 작용한다.

이렇듯 정당성과 권위, 권력은 서로 불가분의 관계이며 상호보완적인 관계를 지니고 있다. 제대로 된 권력은 권위를 지닌 권력이며 정당성을 지닌 권력인 것이다. 예를 들어, 권력이 정당성을 확보했을 때 비로소 올바른 권위가 형성될 수 있는 반면, 정당성을 확보하지 못한 권력은 올바른 권위를 얻지 못해 적나라한 권력만을 행사하는 온전치 못한 권력으로 전락한다. 이 경우 정당성을 결여한 권력은 강압이나 협박, 폭력, 공포와 같은 강압 정치에 의해 유지될 가능성이 높다.

비덤(David Beetham)은 권력이 세 가지 조건을 충족하면 정당성을 확보한 것으로 인정받을 수 있다고 주장한다(Beetham, 1991, 헤이우드, 2007: 196-197). 첫째, 권력은 반드시 권력자의 자의적인 의지에 의해서가 아니라 공식적인 법이나 비공식적인 관습 등에 기초한 확립된 규칙에 따라 행사되어야 한다. 둘째, 확립된 규칙은 치자와 피치자가 그것에 대하여 신뢰와 신념을 공유함으로써 정당화되어야 한다. 셋째, 정당성은 피치자가 동의를 표명함으로써 정당화되어야 한다. 정리하면, 비덤은 국민들이 신뢰하고 동의한 확립된 규칙에 따라 권력을 행사할 때 그리고 피치자의 동의에 근거하여 통치할 때 정권은 정당성을 획득한다고 본다. 이러한 비덤의 주장을 역으로 따져보면, 정권에 의해 조작된 정당성은 정당하지 않고 정의로운 것이 아니기 때문에 피치자로부터 인정받기 어렵고 결과적으로 정당성을 상실한다는 주장에 이르게 된다. 정권이 피치자의 생각과 지식, 신념, 이미지를 조작하여 만들어낸 낸 정당성은 허위의식의 산물로 원천적으로 무효라는 것이다.

그러나 비덤의 이론이 모든 정당성 이론을 대변하는 것은 아니다. 위에서 본 것처럼 비덤은 확립된 규칙, 그 규칙에 대한 피치자의 신뢰와 신념, 그리고 피치자의 동의 등 3가지 요소를 정당성을 구성하는 핵심 키워드로 제시하지만, 하버마스(Jurgen Habermas)는 정권의 정당성은 심의민주주의와 관련이 깊다고 주장한다. 즉, 하버마스는 관련 정보가 모두 주어진 상황에서 자유롭고 심도 있는 심의를 통해 나온 결과물에 대해 이해관계자들이 모두 동의했는지가 정당성 획득 여부를 판단하는 핵심 기준점이라고 주장한다(Outhwaite, 1993: 328). 그런데 문제는 하버마스의 이러한 엄격한 기준이 현실적으로 충족되기 쉽지 않다는 것이다. 즉, 심의민주주의를 제대로 준수하는 국가가 지구상에 그다지 많지 않다는 것인데, 이처럼 정당성의 기준을 상당히 높게 잡으면 제대로 된 권력과 권위를 행사하는 정권은 찾아보기 힘들다는 문제가 발생한다. 기준이 강화될수록 그 기준을 통과할 가능성은 줄어들기 때문이다.

따라서 하버마스와는 달리 정당성의 기준을 완화하여 제시한 주장들도 존재하는데, 대표적인 것은 두 가지 방식이다. 첫째는 정당성의 기준을 '헌법'으로 제시하는 것이다. 민주주의 국가에서 정당성의 객관적인 기초는 헌법이라는 것인데(Boodwin, 1987: 260), 이런 시각에 따르면 어떤 정권이 헌법에 따라 권력을 획득하고 행사하면 그 정권은 정당성을 확보한 것으로 인정된다. 둘째, 정당성의 기초를 선거를 통한 시민 다수의 지지에서 찾는 방식이다. 이 입장에 따르면 어떤 권력이 선거를 통해 시민 다수의 지지를 얻었다면 정당성을 획득한 것으로 인정하게 된다.

위에서 살펴본 전자의 입장 즉, 비덤과 하버마스의 입장은 정당성에 대한 최대주의적 입장이라고 볼 수 있는 반면, 헌법과 선거를 정당성의 판단 기준으로 제시하는 입장 즉 후자의 입장은 최소주의적 입장이라고 칭할 수 있다. 최소주의적 입장에 대해 가장 강력한 비판은 마르크스주의자들로부터 나온다(헤이우드 2007: 199-200). 자유민주주의의 비판자들, 특히 마르크스주의자들은 헌정주의와 선거가 자유민주주의의 정당성을 확보해 주는 것이 아니라, 오히려 지배계급의 지배를 은폐하고 유지하는 부정적인 기능을 수행한다고 비판한다. 예를 들어, 네오마르크스주의자인 밀리밴드(Ralph Miliband)는 자유민주주의 체제에서는 사유재산권을 최우선시하고 자본주의의 장기적인 안정을 보장하려는 경향이 구조적으로 자리 잡고 있다고 주장하며 자유민주주의를 '자본주의적 민주주의'라고 지칭한다. 마르크스주의자들은 자본주의 체제가 근본적으로 불평등한 계급관계와 착취에 기초해 있다고 보기 때문에, 자유민주주의 국가에서 정권의 정당성이 피치자의 자발적 복종과 동의에 기초한다는 주장에 대해 상당히 냉소적이고 비판적인 입장을 견지한다.

그 대신 마르크스주의자들은 이데올로기적 조작과 확산을 통해 정당성이 가공되는 상황을 강조한다. 이데올로기는 거짓과 망상을 확산시켜 피지배계급에 대한 이데올로기적 통제를 강화하고 그 결과 자본주의 체제의 유지와 안정에 기여한다는 것이다. 즉, 이데올로기는 피지배계급이 자신들이 착취당하고 있는 상황을 인식하지 못하게 함으로써 자본주의 체제를 공고하게 해준다는 것이다. 결국 이데올로기는 지배계급의 이익을 위해 봉사하는 것인데, 지배계급은 생산수단을 통제하는 것처럼 지식과 이데올로기도 철저하게 통제한다고 보는 게 마르크스주의자들이다.

예컨대, 이탈리아 마르크스주의자인 그람시(Antonio Gramsci)는 자본주의 체제가 단순히 불평등한 경제적, 정치적 권력에 의해서만 유지되는 것이 아니라 부르주아의 '문화적 헤게모니'에 의해서도 유지된다는 점을 강조한다. 그람시는 자본주의 붕괴를 예견한 마르크스와는 달리 서구 자본주의가 상당히 견고하게 유지되고 있다고 보았는데, 그 이유는 사회의 모든 영역에서, 특히 교육, 언론, 학교, 문화, 예술 등의 영역에서 부르주아의 사상과 사고가 주도적이고 지배적인 위치를 확보하고 있기 때문이라는 것이다. 그람시에게 문화적 헤게모니는 지배계급에 의한 문화적이고 이데올로기적인 지배 상태를 의미하는데, 지배계급인 부르주아는 그 사회의 문화를 조작함으로써 자신들의 세계관이 그 사회의 문화적 규범이자 표준으로 자리 잡게 만들고, 그 결과 사회구성원들이 현존하는 정치, 경제, 사회적 구조와 제도들을 모두 정당하고 필요한 것이자 불가피하고 영구적인 것으로 믿게 만든다는 것이다. 자본주의 체제에서 부르주아 지배는 부르주아의 이해관계를 최우선시하는 국가기구가 행사하는 물리력과 강제력에 의해서 유지되는 것이 아니라, 문화적 헤게모니에 의해서 만들어진 시민들의 자발적인 동의와 복종을 통해 유지된다는 주장이다. 그람시는 교육, 언론, 학교, 문화, 예술 등의 영역에서 광범위하고 점진적이며 장기적인 진지를 구축하고 대항 헤게모니를 형성해야만 자본주의 지배와 부르주아 지배를 종식시킬 수 있다고 주장했는데, 이것이 바로 그의 진지전 개념이다. 하여간 그람시는 자본주의 국가에서 프롤레타리아트 계급은 문화적 헤게모니로 인해 자신의 계급의식을 지니기 어려우며 결과적으로 자신의 혁명적인 잠재력을 실현하기도 어렵다고 강조한다.

정리하면, 마르크스주의자들은 자유민주주의 체제에서 어떤 정권이 헌정주의와 선거에 의해 정당성을 확보했다 하더라도, 그 정당성은 이데올로기적 통제와 부르주아 헤게모니에 의해 조작되고 주입된 것이기에 인정하기 어렵다고 주장한다. 자유민주주의는 자본주의적 민주주의의 다른 이름이고, 그 안에서 형성되는 권력은 기본적으로 부르주아의 계급 이익을 최우선적으로 추구하기 때문이라는 것이다.

이상으로 권력, 권위, 정당성 개념을 이론적으로 정리해 보았다. 이제 이러한 내용이 우리 고등학교 '정치' 교육과정과 교과서에 어떻게 제시되어 있는지 살펴보자.

Ⅲ. 교육과정과 교과서 상의 권력, 권위, 정당성

1. 고등학교 '정치' 교육과정 분석

'정치' 과목은 제6차 교육과정(1992.10.30) 시기에 '정치·경제' 과목에서 분리되어 독립된 과목으로 신설되었다. 교육과정에는 '민주 시민의 자질 육성과 올바른 가치관 확립을 위하여 사회과의 목적인 유능한 민주 시민의 양성을 위하여 기본적이고 기초가 되는 과목'이라고 밝히고 있다. 교육과정에는 총 5개 영역과 각 영역에 따른 21개 세부 주제, 그리고 각각의 주제에 따른 46개의 내용 요소가 제시되었는데, 권력은 내용 요소로 선정되지 않았으며 '현대 시민 생활과 민주정치' 영역에 정당성이 내용 요소로 선정되어 있으나 이는 정책 결정 측면에서 제시한 것이다.

제7차 교육과정(1997.12.30) 시기의 고등학교 '정치' 교육과정은 법 영역이 독립됨에 따라 정치 과목 내용 체계가 정치영역 내용만으로 구성되었고 내용 요소도 다양해져서 고등학교 정치교육과정 중에서 가장 많은 내용 요소가 제시되었다. 이는 정치교육의 측면에서 보았을 때 다양한 내용 요소 선정으로 보다 체계적인 정치교육을 실시할 수 있는 발판을 마련했다는 점에서 의미가 있다. 내용 체계를 살펴보면 총 5개 영역과 각 영역에 따른 19개의 세부 주제, 그리고 각각의 주제에 따른 51개 내용 요소가 제시되어 있다. 제6차 시기와는 달리 제7차 교육과정에서는 '시민 생활과 정치' 영역의 한 주제인 '국가와 정치 생활' 아래 '정치권력과 정당성'이 내용 요소로 제시되고 있다.

2007 개정 교육과정(2007.02.28) 시기에 교육과정은 필요한 경우에 한하여 수시로 내용을 개정할 수 있는 수시 개정 방식이 도입되었다. 특히 교육과정의 '대강화' 추세에 따라 제7차 교육과정까지 내용 체계를 이루고 있던 '주제' 영역을 삭제하였으며, 교육과정 적정화 차원에서 내용 요소들의 통합 및 생략이 이루어져 이전에 비해 내용 요소가 대폭 감소하였다. 이 시기의 고등학교 '정치' 교육과정 내용 체계는 총 5개 영역과 31개 내용 요소로 구성되어 있으며, '민주정치의 발전' 영역에 '정치적 권위와 정통성'이 내용 요소로 제시되어 있다.

2009 개정 교육과정(2009.12.23) 시기의 가장 큰 특징은 선택과목 축소 정책에 따라 제6차부터 2007 개정 교육과정 시기까지 독립 과목으로 존재했던 '정치'가 법 영역과 통합되어 '법과 정치'라는 과목으로 통합·축소되었다는 것이다. 이 시기 고등학교 '정치' 교육과정 내용 체계를 살펴보면 총 6개 영역에 내용 요소는 27개로 2007

개정 교육과정 내용 요소에 비해 그 수가 줄었고 이마저도 법 영역을 포함한 것이라 순수한 정치영역 내용 요소는 이보다 훨씬 적게 구성되었다. '민주정치와 법' 영역에 '정치권력의 의미와 정당성'이 내용 요소로 제시되어 있다.

이상으로 제6차부터 2009 개정에 이르기까지 고등학교 정치 교육과정 내용 체계와 내용 요소를 살펴보았다. 내용 요소라는 측면으로 보았을 때 권력, 정당성 개념은 제6차 교육과정을 제외하고는 제7차부터 2007 개정, 2009 개정 교육과정까지 꾸준히 내용 요소로 선정되어 왔음을 알 수 있다. 그런데 2009 개정 고등학교 정치 교육과정(이하 「2009 개정」)은 2011년 8월 9일에 부분 개정(이하 「2011 수시 개정」)이 이루어지면서 내용 요소에 변화가 생겼다. 「2009 개정」에서 '민주정치와 법' 영역의 내용 요소로 제시되어 있던 '정치권력의 의미와 정당성'이 「2011 수시 개정」 내용 요소에서 삭제된 것이다. 이에 따라 「2009 개정」에 따라 교과서의 한 부분을 차지하였던 '정치권력과 정당성'은 「2011 수시 개정」에 의해 제작된 교과서에는 아예 그 내용이 빠졌다. 교과서에서 정치권력과 정당성에 대한 언급이 전혀 이루어지지 않음에 따라 이 교과서로 '법과 정치' 수업을 받는 학생들 또한 정치교육에서 정치권력과 정당성 등에 관한 내용을 전혀 접할 수 없게 된 것이다. 이후 몇 차례 더 교육과정 부분 개정이 이루어졌지만, 내용 체계 및 내용 요소에는 변화가 없었고, 「중학교 사회」 교과서는 정치 권력과 관련된 내용이 거의 다루어지지 않고 있음을 고려할 때, 향후 교육과정이 다시 개정되어 이 부분이 내용 요소로 선정되지 않는 한 정치교육에서 정치권력과 정당성은 더 이상 다루어지기 어렵게 되었다고 볼 수 있다.

이 지점에서 이런 상황이 우리의 정치교육에 시사하는 바가 무엇인지 고민해 볼 필요가 있다. 교육과정이 수시 개정 체제로 바뀐 이후 교육현장의 혼란은 오히려 가중되었으며, 교육과정이 개정될 때마다 그것이 어떤 필요로 어느 부분에 개정이 이루어진 것인지 알지 못하는 정치교육 관련자들이 많아졌다. 「2011 수시 개정」에서 '정치권력과 정당성'을 내용 요소에서 삭제한 것이 어떠한 필요와 의도에 의해서 이루어진 것인지 생각해 보지 않을 수 없게 된 것이다.

그러나 교육과정에 권력과 정당성이 내용 요소로 제시되어 있다고 하더라도 교과서에 그 내용 요소가 어떻게 서술되고 있는가 하는 문제는 또 다른 관심 영역이다. 교과서 집필진의 자율성을 높이기 위한 교육과정 '대강화' 원칙에 따라 교육과정 내용 체계 및 내용 요소는 교과서에 포함되어야 할 내용의 범위, 수준에 대한 큰 틀만 제시하고 있기 때문이다. 따라서 위에서 살펴본 교육과정 내용 요소들이 실제 교과서에서 어떻게 서술되고 있는지 살펴보는 작업이 필요하다.

2. 고등학교 '법과 정치' 교과서 분석

II장에서 살펴본 정치권력, 권위, 정당성과 관련된 내용을 바탕으로 고등학교 「법과 정치」 교과서의 관련 부분을 살펴보자. 「2009 개정」 교육과정에 따른 교과서 중 검정을 통과한 교과서는 천재교육의 「법과 정치」뿐이다. 천재교육의 「법과 정치(2012)」에는 '민주정치와 법' 단원의 소단원 '정치권력과 법치주의'에서 정치권력과 권위, 정당성에 관한 내용을 서술하고 있다. 첫째, 정치권력과 관련한 내용을 살펴보자.

> 정치권력은 정치 기능을 수행하는 데 작용하는 외부적인 강제력으로 이해할 수 있다 … 정치권력은 지배와 복종의 관계를 형성한다. 권력은 상대의 의사와 무관하게 상대의 행동을 통제하는 힘을 의미하기 때문에 정치권력의 행사는 반드시 지배와 복종하는 관계를 만들게 된다 … 정치권력은 공적 영역에서 자발적인 동의와 합의에 따라 지배-복종 관계를 형성한다(김왕근 외, 2012: 39).

이 단원의 가장 중요한 학습 목표 중 하나는 '정치권력의 의미'를 이해하는 것이다. 그런데 교과서는 정치권력과 관련하여 지배와 복종, 강제력 등 수직적인 힘의 측면에서만 설명하고 있다. 그러나 이것이 정치권력에 대한 유일한 이해 방식이 아니라는 점에서 문제가 있다. 지배나 따름, 복종 등과 같은 수직적인 힘의 관계만으로 권력을 이해한 대표적인 사람은 베버이다. 그는 정치권력이 어떠한 방식으로 결과물을 생산하고 결과물에 영향을 미치는가와 관련하여 지배와 따름에 주목했다. 권력의 우위나 폭력 행사, 합리적 설득이나 권위의 조작 등을 통해 실현되는 다른 이들에 대한 지배나 따름에서 권력의 작동 방식을 찾은 것이다. 그러나 지배나 따름, 복종 등과 같은 수직적인 힘의 관계로 권력을 이해하는 것이 아니라 협력과 공조 속에서 권력 행사를 이해하는 학자도 있다. 한나 아렌트는 권력관계를 본질적으로 협력적인 것으로 보았다. 그녀는 권력을 '협력 속에 행동할 수 있는 사람의 능력'으로 이해했으며, 권력은 개인이 아닌 집단에 속하는 것이고 그 집단이 함께 협력적으로 결속되어 있는 한 권력은 유지된다고 주장했다.

이처럼 권력은 폭력, 물리력, 지배, 다름, 복종과 같은 의미뿐 아니라 협력과 공조와 같은 의미도 함께 지니고 있다. 학생들이 교과서를 통해 권력의 의미를 이해함에 있어서 두 가지 속성을 모두 이해할 수 있도록 교과서 서술 내용이 좀 더 균형 잡힌 시각에서 쓰여질 필요가 있는 것이다. 또 위의 인용문에서 볼 수 있듯이 천재교육「법과 정치(2012)」는 정치권력을 설명하면서 자발적 동의와 합의에 따른 지배-복종 관계를 언급하고 있다. 그런데 정치권력에 대한 국민들의 자발적 동의와 복종이 어떻게 만들어지는지에 대한 설명은 부재하다. 정치권력에 대한 국민들의 자발적인 동의와 복종은 정치권력이 정당성을 확보했을 경우에만 발생한다. 그런데 천재교육「법과 정치(2012)」는 정치권력에 대한 국민들의 자발적 동의와 복종을 언급하면서 자발적 동의와 자발적 복종이 정당성과 무슨 관계인지 전혀 설명하지 않고 있다. 물론 교과서의 다른 페이지(40p)에서 정당성을 다루고 있지만 내용이 부정확하고 오류를 담고 있어 정치권력과 정당성의 관계를 천재교육「법과 정치(2012)」가 제대로 다루었다고 보기는 어렵다.

둘째, 교과서에서 '권위'에 대한 서술은 거의 다루어지지 않고 있다. 권위에 관한 내용은 탐구활동과 보충 설명을 통해 아주 짧게 다루고 있다.

> 권위: 정당성을 가지고 합리적인 상호작용을 통해 상대를 복종하게 하는 것(탐구활동)(김왕근 외, 2012: 39)

권력은 다른 사람을 복종시키거나 지배할 수 있는 공인된 힘을 의미한다. 이에 비해 권위는 타인 또는 사회로부터 자발적인 인정을 받아 행사하는 영향력을 의미한다. 권력과 권위를 구분하는 가장 큰 특징은, 권력은 강제력이 수반되지만, 권위는 그렇지 않다는 것이다(보충 설명) (김왕근 외, 2012: 39).

권위와 관련한 위의 서술 내용을 살펴보면 교과서는 권력과 권위가 분리된 개념임을 전제하고 있으며, 권력과 권위를 구분하는 가장 큰 특징으로 '강제력이 수반되는가'를 언급하고 있다. 그러나 정치학에서 권위와 권력의 관계와 관련된 논의에 합의가 이루어진 것이 아니다. 권력과 권위를 서로 다른 성질의 것으로 구분하여 이해하는 시각에서는 권력은 타인의 행태에 영향을 미치는 '능력'인 반면 권위는 그렇게 할 수 있는 '권한'으로 이해한다. 권위는 피치자가 인정하는 '통치할 수 있는 권한'과 피치자가 스스로 받아들이는 '복종해야 한다는 의무'를 통해 순응을 불러온다는 것이다. 그러나 권위와 권력을 포함관계를 통해 인식하는 시각도 있다. 이 시각에 따르면 권위는 어떤 사람이 다른 사람의 행태에 영향을 미치는 수단이라는 점에서 권력의 한 형태로 이해된다. 권위는 권력의 부분 집합인 것이다.

중요한 것은 권위와 권력을 포함관계에 놓고 이해하든 서로의 속성을 구분하여 이해하든 권위와 권력은 서로를 명백하게 분리하기 어렵다는 것이다. 권위가 효과적으로 되기 위해서는 권위를 지닌 사람이 권력 또한 지니고 있어야 하고, 권위는 복종을 요구하고 받아내는 권한으로 치자와 피치자 간의 '상호 인정'에 기초해 있기 때문이다. 교과서에서 권위와 관련된 설명은 우선 그 내용이 너무나 빈약하다는 문제점이 있다. 또한 굳이 권력과 비교하여 '강제력이 수반되는가'로 권력과 권위를 구분하는 교과서 설명은 무리가 있으며, 권력과 권위는 그 속성을 비교해 볼 때 명백하게 분리하여 설명할 수 없다는 것 또한 함께 교과서에 제시할 필요가 있어 보인다.

셋째, 정치권력의 '정당성'과 관련한 교과서 서술을 살펴보자.

정치권력은 국민의 자발적인 동의와 합의에 따라 형성되고, 동의와 합의는 문자와 문서로 형식화된 법으로 규정된다 … 그래서 모든 권력은 법에 근거해서 행사되어야 한다는 법치주의의 원리가 요청된다. 이러한 측면에서 정치권력의 정당성은 합법성에 근거하는 것으로 볼 수 있다. 그러므로 법에 근거하지 않은 권력 행사는 독재적인 권력 행사가 되어 권력의 정당성을 인정받지 못한다(김왕근 외, 2012 : 40).

이와 같이 교과서 내용은 법치주의와 합법성 개념을 중심으로 정당성을 설명하고 있다. 그런데 이러한 설명은 몇 가지 문제가 있다. 우선, 정치권력의 '정당성'을 이야기할 때 선행되어야 하는 것은 '정당성'이 무엇인가에 대한 개념 정의이다. '정당성'에 대한 명확한 개념 이해가 이루어져야 정치권력이 '정당성'을 획득한다는 것이 무슨 의미인지 파악할 수 있고, '정당한' 권력과 '정당하지 않은' 권력을 구별할 수 있다. 그러나 교과서에는 '정당성'이 무엇인가에 대한 개념 정립 없이 정치권력이 정당성을 획득하려면 법치주의와 합법성이 필요하다고 쓰고 있다. 하지만 여기서 중요한 점은 어떤 정치권력이 합법성을 지니고 있다 하더라도 정당성을 확보하지 못한 경우가 존재한다는 것이다. 예를 들어, 독재자나 권위주의 정권이 자의적이고 비민주적인 방식으로 제정한 법을 통해 스스로 정권을 세우거나 정권 시한을 연장했을 경우 그 정치권력은 합법성은 확보했을지 모르지만, 정당성을 확보한 것은 아니다. 이와 같은 사례가 보여주는 점은 정당성을 법치주의와 합법성만으로 설명하는 것은 명백한 이론적 오류이자 내용상의 심각한 결함이라고 보지 않을 수 없는 것이다.

정치권력의 정당성을 법치주의와 합법성으로만 설명하는 방식의 문제점은 여기서 그치지 않는다. 정당성의 기준을 '법이나 헌법', '선거를 통한 시민 다수의 지지'에서 찾는 관점은 II장에서 살펴본 것처럼 정당성의 기준을 완화하여 제시하고 있는 최소주의적 관점이다. 민주주의 이론가들에 의하면 자유민주주의 체제는 '헌법'이라는 확립된 규칙(헌정주의)과 정규적이고 공개적이며 경쟁적인 '선거'를 통해 얻어낸 시민들의 동의에 의해 권력의 정당성이 확보된다. 그런데 여기에서 고려해야 할 것은 헌법이 존재하고 그것을 준수한다고 해서 권력의 정당성이 바로 확보되는 것은 아니라는 점이다. 헌법은 사회구성원들이 공유하고 희망하는 가치와 신념을 반영하는 경우에 한해 정당성의 근거가 될 수 있으며, 선거를 통해 다수를 확보했다 하더라도 투표율이 상당히 낮거나 선거가 공정하지 못했다면 권력의 정당성을 확보했다고 하기 어렵기 때문이다.

그런데 정치권력의 정당성 성립 요건과 관련하여 천재교육 「법과 정치(2012)」는 이러한 부분에 관한 서술이 되어 있지 않으며, 단순히 '법'에 근거하지 않은 권력 행사는 독재적인 권력 행사가 되어 권력의 정당성을 인정받지 못한다고 서술하고 있다. 이러한 설명은 학생들로 하여금 법에 대해 무비판적인 수용을 하도록 만드는 문제가 있다. 법이 독재자나 권위주의 정부에 의해 비민주적으로 제정되었을 경우 그 법 또한 정당성을 확보하지 못한 것이라는 인식을 가르치는 것이 중요하다. 법과 정치 교과서에서 정치권력의 정당성과 법의 정당성을 가르쳐야 하는 이유가 바로 여기에 있는 것이다. 정치권력과 법은 민주적인 절차를 거쳐 형성되고 민주적인 통제 속에 정당성을 확보할 수 있다는 점을 가르치는 것이 중요하다는 것이다. 이런 측면에서 봤을 때, 현재 학교 현장에서 가르치고 있는 '법과 정치' 교육과정과 교과서는 상당히 불충분하고 만족스럽지 못한 상태라고 평가하지 않을 수 없다.

정당성 설명과 관련한 천재교육 「법과 정치(2012)」의 문제점은 또 존재한다. 천재교육 「법과 정치(2012)」는 정치권력이 정당성을 가지기 위한 조건으로 합법성과 함께 '도덕성'을 들고 있다.

> 국민의 지지와 동의는 합법성과 밀접한 관련을 맺지만, 다른 한편으로는 도덕성과도 밀접한 관련을 맺는다 … 도덕성은 합법성과 더불어 정치권력의 정당성에 중요한 요인으로 작용한다 … 권력 행사의 의도가 헌법 및 민주주의의 근본이념이나 사회의 기본적 가치 등에 어긋날 때는 비도덕적인 것으로 비판받아 국민의 지지를 상실하게 된다 … 정치권력은 형식적인 근거로서의 합법성뿐만 아니라 실질적인 근거로서의 도덕성까지 갖추게 될 때 국민의 지지와 동의를 얻어 정당성을 인정받을 수 있다(김왕근, 2012: 40-41).

앞에서 정당성이란 정의로움으로 정의되며, 정의롭다는 것은 무언가가 정의의 원칙에 일치하고 그 결과 스스로 혹은 그 자체로 정당하다는 것을 의미한다고 하였다. 그런데 어떤 정치 질서나 정권이 정당성을 지녔다 혹은 정의롭다는 의미를 교과서에서는 모두 '도덕성'으로 표현하고 있다. 이것은 '정당성'이 무엇인지, '정의'가 무엇인지에 대한 충분한 학문적 고민이 이루어지지 않은 채 사용된 표현이자 잘못된 설명이다. '정의'에 대한 명확한 개념이 바탕이 된 후 글을 읽는 학생들이 '도덕적이지 않은 권력'이 아니라 '정의롭지 않은 권력'이 어떠한 모습인지에 대해 생각해 볼 수 있는 기회를 갖게 할 필요가 있다. 이것은 정치 교과서에서 '정당성' 개념과 함께 '정의'의 개념이 중요하게 언급되어야 하는 이유이기도 하다. 정치학에서 정당성을 설명하면서 정치권력의 도덕성을 중시하는 것은 일반적이지 않은 설명일 뿐 아니라 이론적 오류라고도 볼 수 있다. 마키아벨리의 「군주론」처럼 정치권력의 도덕성보다 정치권력의 강화와 안정을 더 강조하는 현실주의적 시각도 정치학에 강하게 존재하기 때문이다.

그런데 이러한 문제점과 학계의 비판을 천재교육 「법과 정치(2012)」 집필자도 인지한 것으로 보인다. 「2011 수시 개정」에 따라 수정된 천재교육 「법과 정치(2014)」 교과서에는 이 부분 내용이 다음과 같이 수정되었기 때문이다. 「2009 개정」에 따른 천재교육 「법과 정치(2012)」 교과서와 「2011 수시 개정」에 따른 천재교육 「법과 정치(2014)」 교과서의 서술 내용을 비교해 보면 '도덕성'이라는 표현을 '정당성'으로, '비도덕적'이라는 표현을 '부당한'으로 수정하여 서술하고 있음을 알 수 있다. 그러나 앞서 살펴보았듯이 「2011 수시 개정」 내용 요소에는 권력, 권위, 정당성이 삭제되었고, 그에 따라 개정된 고등학교 「법과 정치」 교과서 목차에도 해당 내용이 사라졌다. 교과서에서도 권력, 권위, 정당성과 관련한 내용이 본문에서 사라진 것이다.

3. 문제점 및 개선 방안

지금까지 고등학교 정치 교육과정에 제시된 권력, 권위, 정당성 관련 내용을 살펴보고, 그것이 구체적으로 서술되어 있는 교과서 내용을 분석해 보았다. 이상의 내용을 바탕으로 현재 고등학교 정치 교육과정 및 교과서에서 권력, 권위, 정당성 부분과 관련하여 어떠한 문제점들이 있는지 정리하면 다음과 같다.

첫째, 교육과정 개정 주체들에게 정치교육에서 권력, 권위, 정당성, 합법성 개념이 중요하다는 인식이 부족하다. 양적인 부분에서는 특히 그러하다. 교육과정에는 수십 개의 내용 요소가 존재하는데 그 중 권력, 정당성 등과 관련한 내용 요소는 각 교육과정에 한 개가 전부이며 그마저도 2011년 8월 수시 개정한 정치 교육과정 내용 요소에서는 아예 삭제됨으로써 인식 결여의 차원을 넘어 다른 현실 정치적인 의도가 있는 것이 아닌지 그 개정 배경을 의심스럽게 만들고 있다. 실제로 교육과정은 수시 개정 체제에 따라 예전 그 어느 때보다 자주 바뀌고 있지만 과연 교육과정 내용 체계와 내용 요소 선정에 있어 제대로 된 의견 수렴이나 충분한 심의 과정을 거친 것인지 의문스럽지 않을 수 없다. 교육과정 전문가조차 그 내용을 정확하게 파악하기 어려울 만큼 잦은 교육과정 개정은 교육 현장의 혼란만 가중시키고 오히려 교육과정에 대한 관련 집단들의 무관심만 확산시킴으로써, 특정한 소수집단이 자신들의 이익에 따라 교육과정을 비교적 쉽게 개정할 수 있는 공간이 만들어진 것이다. 그러나 아무리 교육과정이 수시로 개정되고 내용 요소 선정과 관련한 의견 수렴과 심의 과정이 제대로 이루어지고 있는지 의심스럽다고 하더라도, 그럴수록 더욱 중요한 것은 교육과정 개정 주체들이 어떠한 내용 요소에 대하여 지속적으로 일관되게 그 중요성을 인식하고 교육과정에 담으려는 의지를 지니고 있는가이다. 개정 주체들이 중요하다고 인식하고 반드시 존치시켜야 한다는 의지를 가지고 내용 요소를 선정한다면, 교육과정이 수시로 개정되더라도 그 내용 요소가 별다른 이유 없이 삭제되는 일이 발생하지 않을 것이기 때문이다.

둘째, 권력, 권위, 정당성에 대한 개념이 교육과정에 내용 요소로 포함되었다 하더라도 그것을 교과서에 풀어내는 데 있어서 내용 자체가 너무 불충분하고 제시된 내용들도 상당 부분 부정확한 것 또한 문제이다. 실제로 권력, 권위, 정당성에 대한 개념은 정치학 분야에서도 그 내용이 쉽지 않고, 학자들에 따라 혹은 관점에 따라 다양한 의견이 존재하기 때문에 그것을 잘 정리하여 고등학생들이 이해할 수 있도록 풀어낸다는 것이 쉽지는 않다. 그러나 이것은 교육과정 개정 주체들과 교과서 집필진들의 학문적 관심과 노력 및 심의와 합의를 통해 얼마든지 해결될 수 있는 부분이다. 이런 수고롭고 어려운 일을 하지 않으려 한다면 교육과정 개정과 교과서 집필에 함부로 나서면 안 되는 것이다.

셋째, 권력, 권위, 정당성을 교육과정과 교과서에서 삭제한 것은 있을 수 없는 일이다. 정치학과 정치의 가장 중요한 개념인 권력, 권위, 정당성을 배우지 않은 학생들과 일반시민들을 상상하는 것만으로도 아찔하다. 올바른 권력, 권위, 정당성에 대한 인식과 판단이 부재하거나 부족한 학생과 시민들이 좋은 민주주의를 추구하고 좋은 민주시민이 되기를 바라는 것은 어불성설에 가깝기 때문이다.

IV. 결론: 대안과 제언

그렇다면 권력과 권위, 정당성과 관련한 교육과정은 어떻게 구성되어야 할까? 현 상황에서는 교육과정 개정 주체들이 정치교육에서 권력, 권위, 정당성 개념이 중요하다는 것을 먼저 인식하고 향후 교육과정 개정을 통해 다시 내용 요소로 선정하고 그것을 기반으로 교과서를 보완하는 것부터 시작해야 한다.

지금까지 논의해 온 권력, 권위, 정당성 관련 핵심 내용을 중심으로 고등학교 '정치' 교육과정 내용 요소와 교수·학습 내용을 다시 구성해 보면 다음과 같다.

<표 1> 중등 사회과 민주주의 관련 단원 목표와 내용 요소

내용 요소	교수·학습 내용
정치권력과 권위	ㅇ 정치권력은 '다른 사람들에게 영향을 미침으로써 어떠한 결과를 생산하는 능력이자 그러한 결과가 나오도록 만들어내는 능력'을 의미하며 지배, 복종과 같은 수직적인 의미뿐 아니라 협력, 공조 등 긍정적인 의미도 지닌다. ㅇ 권위는 지배를 정당하게 하는 것으로 피지배자가 지배자에 대한 자발적 복종을 가능하게 하는 것이다.

정당성과 정의	ㅇ 정당성은 정치 질서의 정의로움을 의미한다. ㅇ 정당성은 '정의'와 밀접한 관련이 있다. 어떤 정치 질서나 정권이 정당성을 지녔다는 말은 그 정치 질서나 정권이 정의로움을 지니고 있으며 그 자체로 정당하다는 의미이다.
정당성의 역할 및 확보 요건	ㅇ 정당성은 적나라한 권력과 올바른 권위를 구별해준다(헤이우드, 2007:195). ㅇ 정당성은 지배자의 명령을 권위 있고 구속력 있게 만들어 주며 정당성을 상실한 권력에 대한 피치자의 저항권을 확보해 주는 이론적 근거로도 기능한다. ㅇ 정치권력이 정당성을 얻으려면 '합법성'과 함께 '정의'의 원칙에 맞아야 한다. ㅇ 정당성을 다루면서 추상적인 이론뿐 아니라 구체적인 사례를 통해 정당한 권력과 그렇지 않은 권력의 모습을 비교해 보자.

우리 정치교육은 과거 오랜 시간 동안 권위주의 정권들에 의해 정치 교육과정과 교과서 내용이 왜곡되면서 정치교육 본래의 의미와 거리가 먼 교육이 이루어져 왔다. 제대로 된 학교 정치교육이 이루어지기 위해서는 장기적인 관점에서 교육목표와 교육 내용에 대한 정치적이고 교육적인 합의가 이루어지고, 그것이 교육과정과 교과서를 통해 학생들에게 어떻게 가르쳐지고 있는지에 대한 지속적인 관심과 평가가 뒷받침되어야 한다. 이러한 지속적인 관심과 평가는 교육과정 수시 개정 체제하에서 특정 소수집단의 자의적 필요에 의한 교육과정 개정이 아닌 다양한 이해관계 집단들의 폭넓은 요구에 의한 교육과정 개정이 이루어지도록 하는 필수 조건이다.

정치권력, 권위, 정당성, 합법성 개념은 정치 현상을 이해하는 핵심 개념으로 그 중요성이 매우 크지만, 학교 정치교육의 중심이 되는 고등학교 '정치' 교육과정 및 교과서에서 그 내용을 제대로 담고 있지 못한 것이 우리 교육의 현실이다. 본 연구는 정치권력, 권위, 정당성, 합법성에 대한 명확한 개념 이해를 바탕으로 현재 우리 고등학교 '정치' 교육과정과 교과서가 이와 관련된 내용을 어떻게 서술하고 있는지 살펴보고 문제점을 분석한 후, 우리 '정치' 교육과정과 교과서에서 권력, 권위, 정당성이 어떤 내용 체계와 내용 요소로 구성되어야 할 것인지 대안을 제시해 보았다. 이것은 일종의 제안이다. 이를 통해 앞으로 정치 교육과정과 교과서에서 권력, 권위, 정당성과 관련한 좀 더 체계적이고 발전적인 연구가 이루어지길 기대해 본다.

참고문헌

교육부(1997). 사회과 교육과정. 교육부 고시 제1997-15호, 별책7.

교육인적자원부(2007). 사회과 교육과정. 교육인적자원부 고시 제2007-79호, 별책7.

교육과학기술부(2009). 사회과 교육과정. 교육과학기술부 고시 제2009-11호, 별책7.

교육과학기술부(2011). 사회과 교육과정. 교육과학기술부 고시 제2011-361호, 별책7.

김경희(2013). 공존의 정치: 마키아벨리 군주론의 새로운 이해. 서울: 서강대학교 출판부.

김성훈(2005). 푸코의 권력개념에 대한 분석과 비판. 인문학연구, 33(1), 157-188.

김왕근 외 5인(2012). 고등학교 법과 정치. 서울 : 천재교육.

김왕근 외 5인(2014). 고등학교 법과 정치. 서울 : 천재교육.

김왕수(1986). 권력과 정당성 개념에 관한 고찰. 연세사회학, 통권 7, 59-82.

니콜로 마키아벨리(2011). 군주론. 권혁 역. 서울: 돋을새김.

미셸 푸코(2003). 성의 역사 I. 이규현 역. 서울: 나남.

박보영(2008). 제6·7차 사회과 교육과정에서 고등학교 정치교육 내용 변화 연구. 석사학위논문, 숙명여자대학교 교육대학원.

박혁(2009). 정치에서의 권위문제: 한나 아렌트의 권위개념에 관한 고찰. 21세기정치학회보, 19(3), 73-96.

서현진(2012). 민주주의 심화와 민주시민교육: 한국과 미국의 고등학교 정치교육에 관한 비교연구, 18(3), 105-137.

신두철(2012). 정치학의 정치교육으로 전환에 관한 담론. 한국민주시민교육학회보, 13(2), 3-28.

신진욱(2013). 정당성 정치의 구조와 동학 : 막스 베버 정치사회학의 관계론적, 행위론적 재구성. 한국사회학, 47(1), 35-69.

앤드루 헤이우드(2007). 현대정치이론. 이종은·조현수 역. 서울: 까치.

옥일남(2007). '정치' 교육과정의 내용 체계의 적합성에 대한 분석 연구. 시민교육연구, 39(2), 93-136.

옥일남(2011). 사회과 정치교육과정의 변천 과정 연구. 사회과교육, 50(30), 67-91.

우영효(1994). 정치교육 : 철학적 분석. 교육철학, 12, 131-145.

이광성(1994). 정치의식 발달을 위한 정치교육. 시민교육연구, 19, 95-111.

이경태(1999). 중,고등학교 정치교육의 방향. 사회과학연구, 6(1), 87-111.

이경태(2003). 미래지향적 중·고등학교 정치교육. 대한정치학회보, 10(3), 67-84.

이봉민(2008). 공식적 교육과정을 통한 정치교육 및 법교육의 효과 분석. 시민교육연구, 40(4), 69-92.

이승종(1991). 한국사회의 정치 변화와 정치교육. 시민교육연구, 15, 9-33.

장명학(2009). 권력개념과 권력의 정당성: 베버, 아렌트, 하버마스 그리고 헤르만 헬러의 논의를 중심으로. 비폭력연구, 제2호, 125-142.

진미경(1994). 현대 민주주의와 정당성이론. 한국정치학회보, 27(2), 97-108.

Beetham, David(1991). The legitimation of Power. London: Macmillan.

Honderrich, Ted, ed(1995). The Oxford Companion to Philosophy. Oxford: Oxford University Press.

Goodwin, Barbara(1987). Using Political Ideas. New York, John Wiley and Sons Ltd.

Outhwaite, William and Tom Bottomore, eds.(1993). Twentieth Century Social Thought. Oxford, Basil Blackwell.

한국교육과정평가원 국가교육정보센터(NCIC) http://ncic.re.kr

6장.

정치 이데올로기 교육[53]

장혜미

I. 들어가며

현대사회에서 대다수의 인간은 태어나면서부터 특정 정치공동체에 속하며 일생의 삶을 그 속에서 영위하게 된다. 정치공동체에 속한 인간은 사회화를 통해 정치적 태도와 행동양식을 습득하고 정치적 자아를 형성하게 된다. 학교는 정치사회화 기구로서 학생들에게 정치체계에 대한 지식과 사회의 가치와 태도를 전수한다.

우리나라는 분단 상황과 6·25전쟁을 거치면서 비대화된 국가가 산업화·근대화에 적극적으로 개입하면서 성장하였다. 이는 국가가 사회 전 영역을 관리·통제한 것으로 교육 부문 역시 국가의 지배력이 강하게 작용하였다. 제헌 헌법 이래 '교육의 정치적 중립성'은 불변의 규범적 원리로 받아들여지고 있으나, 정치체제가 바뀔 때마다 교육과정 및 교과서가 개정되었고, 교육 내용이 지배 계급의 이데올로기를 반영하고 있다는 것은 이미 여러 연구에서 밝히고 있다.[54]

누가 교육 내용을 선정하고 교과서를 발행하도록 할 것이냐 하는 문제는 사회적 결단이 요구되는 문제로서 한 사회의 정치구조·권력 구조와 직결되며, 우리나라와 같

53 이 글은 장혜미(2011). "고등학교 윤리와 사상 교과서의 정치 이데올로기 분석", 부산대학교 교육대학원 석사학위 논문을 수정·인용한 것이다.

54 관련 논문으로는 '김명순(1994), 교과서에 내재된 지배 이데올로기 분석연구, 경상대학교', '허현명(1995), 교과서에 나타난 이데올로기에 대한 분석, 부산대학교', '윤성호(2007), 고등학교 사회 교과서에 나타난 지배 이데올로기의 변천에 관한 연구, 성균관대학교' 등이 있다.

이 남·북 간 이데올로기가 대립하는 현실에서 매우 중요하다. 이렇게 구성된 교과서는 교과서 중심의 수업이 진행되는 우리나라의 교육 현실에서 단순한 자료의 제공을 넘어서, 교육활동의 중심적인 역할을 하고 있다.

이러한 현실에서 도덕과 교육 역시 정치적 배경의 영향을 많이 받아왔다. 실제로 도덕과 교육에서 다루어지는 내용을 보면 대부분의 도덕과 교과서에서 정치사회화 교육과 통일교육을 포함하고 있음을 알 수 있다. 이른바 '국민윤리'라는 표제로 상징되는 이념교육 또는 정치교육 정책에 따라 정치적 이념적 지향이 도덕교육의 주요 부분으로 자리 잡고 있으며, 교과목 명칭이 '국민윤리'에서 '윤리'로 바뀌었음에도 불구하고 교육 내용은 별로 달라지지 않은 채, 그대로 답습되고 있다(손동현, 윤찬원, 이충진, 2003, 23-31).

정치공동체의 구성원으로서 사상적 틀을 형성하는 데 중요한 기반이 되는 도덕과 교육의 특성상 도덕과 교과서에서 다루어지는 정치 이데올로기에 대한 분석이 필요하다. 이에 본 연구는 국정제로 운영되고 있는 제7차 도덕과 교과서 중 사상 문제를 다루고 있는 『윤리와 사상』 교과서에 정치 이데올로기가 어떻게 반영되었는가를 분석해 보고자 한다.

이런 점을 감안하여 본 연구에서 정치 이데올로기란 무엇인지를 살펴본 후 분석의 기준이 되는 정치 이데올로기의 유형을 정립하고, 국정 교과서인 제7차 교육과정 고등학교 『윤리와 사상』 교과서에서 다뤄지는 정치 이데올로기의 유형과 서술 형태를 비교·분석하며, 기존 윤리 교과서에서 나타나는 문제점을 파악하여 이를 수정·보완할 수 있는 방법을 제시하고자 한다.

II. 정치 이데올로기의 정의와 기능

이론적으로 정치 이데올로기를 정의하면 정치 이데올로기는 '생각이나 사고의 묶음 또는 신념 체계, 세계관, 언어적인 이미지, 행동과 실천' 등으로 이해된다(홍익표,

진시원, 2009, 71).

정치 이데올로기는 사회가 어떻게 조직되고, 어떠한 목표를 추구하며, 어떠한 방향으로 개선되어야 하는지를 제시해 주는 일종의 세계관·가치관이라고 할 수 있다. 또한 정치 이데올로기는 단지 일시적인 형태의 군집 된 의견과는 대조적으로 비교적 오랫동안 지속되며, 주창자와 대변인을 지니며, 상당한 수준의 제도화를 갖춘다. 따라서 정당이나 이익집단, 비정부기구 등과 같은 정치 집단이나 대중들이 그것을 수단화하여 이상적인 사회를 건설할 수 있다고 믿는 것이다.

대표적인 정치 이데올로기는 자유주의, 보수주의, 사회주의, 환경주의 등과 같이 '주의(ism)'라는 단어로 지칭된다. 19세기에 서구를 중심으로 전개된 다양한 정치 이데올로기의 등장과 경쟁은 제2차 세계대전 이후 미국과 소련의 이데올로기적 대립이 전 세계적 냉전 질서로 확대됨에 따라 더욱 확산되었으며 시대에 따라 수정되거나 다른 이데올로기를 발생시키기도 하며 발전되어 왔다.

정치 이데올로기는 몇 가지 기능을 수행한다(Heywood, 1992, 4-5). 첫째, 정치 이데올로기는 정치적 생활에 영향을 미친다. 정치 이데올로기에는 세계관과 그에 따른 행동 지침이 내재되어 있기 때문이다. 둘째, 정치 이데올로기는 한 나라나 국제적 정치체계의 구조와 본질에도 영향을 미친다. 과거 냉전체제와 같이 어떠한 이데올로기를 추구하느냐에 따라 한 나라와 국제체제의 형태가 결정된다. 셋째, 정치 이데올로기는 한 사회를 유기적으로 결합하거나 분열하게 만들기도 한다. 한 사회가 동일 정치 이데올로기를 추구한다면 그 사회의 정치적 결속력은 견고해지지만 반대로 한 사회가 정치 이데올로기에 의해 분열되어 있다면 이데올로기 간의 대결과 갈등이 빈번하게 야기된다.

정리해 보면, 정치 이데올로기는 하나의 신념 체계로서 어떠한 주의나 원리를 따름으로써 인간과 인간사회 및 정치가 개선되고 발전될 수 있다는 믿음이다. 따라서 정치 이데올로기는 현 사회질서에 대한 비판적이거나 발전적인 해석, 미래에 대한 비전을 실현할 수 있는 수단 등을 구성요소로 확보하고 있다(Leach, 1991, 15; Baradat, 1991, 9). 이러한 정치 이데올로기는 사회와 정치를 이해하고 해석하는 장치로서 작용하며, 국제정치 체제의 구조와 본질에 영향을 미치기도 하며, 한 사회를 통합시키거나 분열시키는 기능을 수행한다.

Ⅲ. 정치 이데올로기의 유형

정치 현실을 이해하기 위해서는 그 정치 세계를 구성하는, 정치 현실의 배후에 존재하는 정치 이데올로기를 이해하여야 한다. 정치 이데올로기는 정치 세계 내에서 '진리'의 위상을 부여받아 정치적 삶의 기초를 형성한다. 따라서 정치 이데올로기에 관한 관심과 교육은 정치공동체의 유지뿐만 아니라 위기 상황에 처한 정치공동체의 기초를 재건하거나 창출할 수 있는 능력의 함양에 기여한다.

본 연구에서는 다양한 이데올로기 중, 정치 역사에 가장 큰 영향을 미쳤던 대표적인 이데올로기인 자유주의, 보수주의, 사회민주주의, 사회주의와 공산주의, 민족주의를 중심 분석 대상으로 삼고, 그 외에 교과서에 등장하고 있는 공동체주의와 생태주의와 같은 정치 이데올로기에 대해 분석하고자 한다.

1. 자유주의(Liberalism)

자유주의는 고전적(classical) 자유주의, 근대(개혁적, 사회적, 수정적) 자유주의, 신자유주의(Neo-liberalism), 자유지상주의(libertarianism) 등으로 역사적으로 변화해 왔다(홍익표, 진시원, 2009, 75).

고전적 자유주의는 16~18세기 유럽에서 중세 봉건제에 대한 저항과 극복 방안으로 도입된 이데올로기로 근대 시민사회와 자본주의 체제의 발전에 기여하였다. 고전적 자유주의는 영국의 명예혁명, 미국의 독립혁명, 프랑스혁명에 영향을 준 근대 시민정신을 대표하는 이데올로기로 민주주의, 법치주의, 자유시장경제 등의 새로운 정치 질서를 추구하였다.

로크의 『시민 정부론(Two Treaties of Government(1967))』은 고전적 자유주의 이론에 큰 영향을 주었다. 로크는 고전적 정치 자유주의의 기초를 마련하였다고 평가받는데, 그 내용으로 저항권 사상, 사유재산권에 대한 강조와 시민의 자연권(자유, 재산, 생명)을 보장하기 위해서만 존재하는 최소국가(minimal state)가 있다.

로크와 함께 애덤 스미스는 고전적 경제 자유주의의 원리를 체계적이고 포괄적으로 이론화하였다. 스미스는 국가의 중상주의에 반대하고 자유방임주의를 주장하였다. 이는 시장이라는 공간이 합리적인 개인들로 모인 집합체이며, 시장이 보이지 않는 손에 의해 정부의 도움 없이 조정할 수 있다는 믿음에서 비롯된 것이다. 고전적 경제주의는 국가의 역할이 법체계의 확보와 국방, 치안 등 야경국가로 한정되어야 한다고 주장하고 있어 최소국가를 주장하는 고전적 정치 자유주의와 연결되어 있다.

고전적 자유주의의 핵심 구성요소는 자유, 개인주의, 기회균등, 법치주의, 입헌주의 등이다(John Gray, 2007, 16-17). 고전적 자유주의의 정치 이데올로기의 핵심 주장은 다음 네 가지로 정리된다. 첫째, 자연권은 개인의 자유, 생명, 재산 등을 자연적인 것으로 어떠한 인위적인 제도나 권위도 빼앗아 갈 수 없다는 것이다. 특히 국가를 개인의 자유를 침해하는 가장 위협적인 존재로 본다. 둘째, 합리적인 인간관을 전제로 하며, 개인이 사익을 추구하며 경쟁하더라도 사회가 조화롭게 발전한다고 본다. 셋째, 개인의 생명권, 재산권, 저항권 등은 가장 기본적인 인권(기본권)으로 반드시 중시되어야 한다고 본다. 넷째, 법 앞의 평등, 인권의 평등, 기회의 평등과 같은 평등의 개념도 함께 강조한다.[55](홍익표, 진시원, 2009, 76-77)

19세기 말 독과점의 등장과 빈부격차의 심화, 계급 상속 심화 등과 같은 자본주의와 자유방임주의의 문제가 등장하면서 근대 자유주의가 등장하였다. 근대 자유주의는 사회경제적 문제를 해결하기 위해 국가(정부)가 시장에 개입해야 한다는 이데올로기로 밀(John Stuart Mill), 그린(Thomas Hill Green), 케인즈(John Maynard Keynes) 등에 의해 강조되었다.

55 자유주의자들은 동등한 기회를 부여하되 원칙적으로 실적주의를 지지하고 결과적 불평등에 대해서는 무관심했다.

밀은 국가가 시장을 보완하는 역할을 수행해야 한다고 보았는데, 특히 강조한 것은 교육과 빈민 구제에서 국가 개입의 필요성을 강조하였다. 그린은 적극적 자유(positive freedom)라는 개념을 강조했다. 적극적 자유는 개인이 적정 수준의 삶의 질을 유지할 수 있도록 국가가 시장에 개입해야 한다는 것이다.[56] 케인즈는 국가가 불완전한 시장에 개입하여 유효수요를 관리할 필요성이 있음을 주장했다.

고전적 자유주의는 시장에서 국가를 배제했지만, 근대 자유주의는 시장의 불완전성을 해결하기 위해 국가의 적극적인 개입을 강조했다. 근대 자유주의의 핵심 구성요소는 적극적 자유, 복지주의, 케인즈주의 경제학 등으로 압축될 수 있다. 근대 자유주의를 수용한 미국의 자유주의자들은 실업보험과 건강보험 등의 복지 제도와 교육의 기회 확대 등을 위해 세금 인상에 의존하고 있다(홍익표, 진시원, 2009, 81-82).

존 롤즈는 『정의론 A Theory of justice(1971)』에서 사회의 구성을 바라보는 수정자유주의를 제시하며 복지국가 모델을 정당화했다. 롤즈는 평등한 자유의 원칙, 차등의 원칙, 기회 평등의 원칙을 통해 사회의 최대 수혜자가 불평등을 누릴 수 있는 것은 오로지 최소 수혜자의 편익을 증진시키는 것에만 한하여 가능하다고 주장한다(John Gray, 2007, 103-105). 롤즈의 원칙은 재분배적 평등주의의 자유주의적 합리화로 이해되는데 이는 자유주의의 핵심 요소인 자유 시장을 기본 전제로 하면서도 최소 수혜층을 위한 복지증진을 추구했기 때문이다.

신자유주의(neo-liberalism)는 1970년대 이후 세계 경제가 장기 불황에 빠지면서 국가의 시장개입이라는 근대 자유주의와 케인즈주의에 대한 회의감과 불신이 증폭되면서 등장한 이데올로기이다. 신자유주의를 주도한 이론가는 하이에크(Friedrich A. Von Hayek)와 프리드먼(Milton Friedman)이다. 하이에크와 프리드먼은 시장에 대한 국가의 개입을 반대하는 고전적 자유방임주의의 경제를 강조하였다. 이들의 이론은 노벨상을 받으면서 공식적으로 인정받았으며 그들의 생각과 제안은 대처나 레이건 같은 정치가들에 의해 정책적으로 인용되기도 하였다.

---

56 적극적 자유는 개인이 어떠한 목표를 달성할 수 있는 자유로, 국가에 대한 국민 개개인이 적극적으로 요구할 수 있는 자유로 해석된다. 따라서 청구적 자유권이나 사회권을 포함한다.

신자유주의는 자유라는 보편적인 가치를 강조하지만, 이는 자본주의 경제와 관련된 경우에만 한정된다.[57] 따라서 사적 소유권, 자유 시장, 자유 무역의 특징을 갖는 제도적 틀 내에서 개인이 자유를 누릴 수 있게 함으로써 인간 복지가 가장 잘 개선될 수 있다고 본다. 국가의 역할은 이를 위한 적합한 제도적 틀을 창출하고 보호하는 것이다(David Harvey, 최병두 역, 2007, 15). 그러나 이론과 달리 실제 신자유주의 국가는 시장 메커니즘의 강화를 위해 권위주의적으로 개입을 함에도 불구하고 금융시스템의 운영 실패와 초국가적 기업의 독과점 등의 폐해를 막지 못해 사회적 갈등 및 정치적 갈등을 심화시키고 있다.

신자유주의는 국가(정부)의 실패를 비판하면서 고전적 경제 자유주의 핵심인 자유 방임주의를 추구했다. 구체적으로 복지 제도의 축소와 철폐, 탈규제와 자유화, 공공지출 축소, 인플레이션 통제 등과 같은 정책이 추진되었고 통화주의와 공급 측면을 강조하는 경제학 사조가 등장했다. 신자유주의는 경쟁 시장의 도입을 통해 정부(국가) 실패를 극복하고 개인의 자유를 확대했다는 점에서는 긍정적이지만, 과도한 자유화와 탈규제로 인한 국가 간 개인 간 빈부격차의 확대, 사회적 불평등 심화, 지구적 차원의 금융위기와 통화위기의 재발, 환경파괴와 같은 문제가 발생하면서 비판에 직면하고 있다(홍익표, 진시원, 2009, 85).

자유주의의 가장 두드러진 특징은 개인의 자유를 증진시키려는 노력이었다. 그러나 자유주의자들 사이에는 정확히 무엇이 자유이고 어떻게 그것을 증진시킬 수 있을 것인지에 관해 서로 다른 의견이 존재하였고 그로 인해 다양한 형태의 자유주의로 분열되었다.

57 신자유주의가 앞세우는 자유는 자유 시장, 자유 무역, 자유 송금, 사적 소유의 자유 등을 의미한다.

<표 1> 자유주의 핵심 요소

자유주의의 유형	핵심 요소
고전적 자유주의	소극적 자유, 개인주의, 기회균등, 법치주의, 입헌주의, 자유 방임주의, 제한정부, 자연권
근대 자유주의	적극적 자유, 복지주의, 케인스주의 경제학
신자유주의	시장 지상주의, 국가 기능 축소, 친기업 정책, 인플레이션 통제

2. 보수주의(Conservatism)

18세기 후반에 등장한 보수주의는 기존의 체제와 제도를 큰 변화 없이 유지하려는 정치 이데올로기이다. 보수주의의 이론적 토대는 1970년에 에드먼드 버크(Edmund Burke)가 집필한 『프랑스혁명에 관한 고찰』에서부터 시작되었다. 지난 2세기 동안 전개된 보수주의의 중심 논지는 프랑스혁명에 관해 버크가 제시한 주장의 확장에 지나지 않는다고 평가된다(Robert A. Nisbet, 2007, 17).

버크는 정치적 자유주의에 영향을 받은 프랑스혁명이 급진적이고 파괴적으로 기존의 제도들을 변화시키는 것에 대해 비판했다. 그는 현재의 제도와 전통은 오랜 시간 동안 시행착오를 거쳐 만들어진 것이므로 급진적으로 타파해야 할 나쁜 것이 아니라 보존되어야 하는 것이라고 보았다(Andrew Heywood, 조현수 역, 2003, 101). 이러한 주장은 변화 자체를 거부하는 것이 아니라 '보존을 위한 변화' 즉, 사람들이 그에 적응할 수 있는 점진적인 변화를 강조한 것이다.

보수주의의 핵심 구성요소는 전통, 보존, 인간의 불완전성, 권위, 종교, 도덕 등이 있다(Robert A. Nisbet, 2007, 45-116). 그중에서도 가장 핵심적인 내용은 변화에의 거부와 기존 질서의 보존이다. 보수주의자들은 홉스식 인간본성론을 신뢰한다. 따라서 자유주의가 인간의 합리성을 신뢰하는 것과는 달리, 보수주의는 인간의 연약함과 비합리성 그리고 이기심을 강조한다.

보수주의는 사회 중심적이고 사회 우선적인 시각을 가지고 있다. 자유주의가 사회를 자유로운 개인의 집합체로 보는 것과 다르게 보수주의는 개인이 사회 의존적인 성격을 가지고 있어 홀로 존재할 수 없다고 본다. 따라서 보수주의는 사회적으로 부과된 의무를 수행할 때 자유로워진다고 이해하는 반면 자유주의는 모든 외적 규제가 없는 상태에서 개인이 진정한 자유를 누린다고 본다. 자유주의는 사회계약론을 바탕으로 국가의 권위가 개인의 동의에 의해 발생한다고 보지만, 보수주의는 권위가 위로부터 아래로 부과되며, 필수적이고 사회발전에 이로운 것이라 본다(홍익표, 진시원, 2009, 88-89).

신보수주의(Neo-conservatism)는 20세기 미국에서 대내외 정책의 이념을 지칭하는 용어로 등장하였다. 신보수주의의 요소들은 상호 모순이 되는 측면들을 가지고 있다. 먼저 경제적 측면에서 자유방임을 옹호하고 시장에 대한 국가의 개입을 반대함으로써 자유주의적 요소를 지니고 있다. 그러나 사회적·정치적 측면에서 전통적 도덕 가치의 회복, 반공 정책, 테러와의 전쟁 등을 통해 국가의 적극적인 역할을 강조하고 있다. 이러한 특징을 지닌 신보수주의는 레이건 정부, 부시 정부의 출범과 함께 정치적 이념으로써 집행되었다.

보수주의는 대개 그들 사회의 전통적 혹은 관습적인 생활방식을 보존하거나 보호하거나 하는 욕망을 공유한다. 그러나 이러한 전통 혹은 관습은 사회에 따라 상당히 다르다. 따라서 보수주의는 각 사회가 처한 역사적 정치적 경험에 따라 다양한 형태로 나타난다(Terence Ball, Richard Dagger, 2006, 175-177).

이러한 보수주의의 성격은 분단 상황과 6·25전쟁을 겪은 우리나라에서도 독특한 모습으로 나타난다. 특히 보수와 진보에 관한 논의는 선거와 관련하여 자주 거론되었으며, 교육에서도 반공교육과 같은 형태로 보수주의가 내재되어 실시되기도 하였다.

<표 2> 보수주의 핵심 요소

	핵심 요소
보수주의	전통, 보존, 인간의 불완전성, 권위, 종교, 도덕

3. 사회민주주의(Social Democracy)

사회민주주의는 사회주의와 민주주의가 결합된 용어로 산업의 국유화를 반대하고 복지 제도를 강조함으로써 시장과 국가, 개인과 공동체 사이의 균형을 지지하는 정치 이데올로기이다. 사회민주주의는 사회 속의 약자와 피해자에 대해 큰 관심을 가지고 있다. 따라서 정치적으로는 혁명 대신 선거와 의회제도 및 입법 과정을 중시하고, 경제적으로 복지 제도와 계급 간 빈부격차의 완화를 강조한다.

베른슈타인(Eduard Bernstein)은 사회민주주의를 건설한 인물로 『진화론적 사회주의(1898)』를 통해 마르크스주의를 수정하고 현대화하여 사회민주주의의 이론적 기초를 제공하였다. 베른슈타인은 마르크스와 달리 혁명을 거부하고 점진적이고 평화적으로 사회주의로 이행할 것을 주장하였다. 또한 20세기 초 베른슈타인의 영향을 받은 독일 사민당(SPD)의 성공은 노동자 계급 혁명 없이도 노동자 계급의 목적을 달성할 수 있다는 것을 보여주었다 (Andrew Heywood, 조현수 역, 2003, 118-120).

결국 사회민주주의는 복지주의, 재분배, 사회정의와 같은 원칙에 기초하여 사회주의보다 자본주의를 수용하면서 도덕적으로 부를 분배하기 위해 복지주의를 채택하였다. 그리고 국가가 지배 계급의 도구적 역할이 수행하는 것이 아니라 계급 중립적인 중재자로서 역할을 한다고 보았다(홍익표, 진시원, 2009, 93-94).

<표 3> 사회민주주의 핵심 요소

	핵심 요소
사회민주주의	복지주의, 재분배, 사회정의, 국가의 계급 중립적 중재자적 성격

4. 사회주의(Socialism)와 공산주의(Communism)

사회주의는 19세기 유럽의 산업화 과정에 영향을 준 자본주의에 대한 비판 과정에서 발생한 정치 이데올로기이다. 초기 사회주의는 시장교환에 기초한 자본주의 경제를 폐지하고, 질적으로 다른 사회주의 사회로 이행하려는 급진적이고 혁명적인 성격을 보였다. 그러나 19세기 후부터 노동조건과 임금, 노동조합의 성장, 사회주의 정당들의 증진을 통해 자본주의 사회를 수용하여 노동자 계급을 통합하고자 하는 개혁적 사회주의가 출현하였다. 개혁적 사회주의는 '의회주의적 개혁의 길'을 전제로 합법적이고 평화적인 방법을 통해 사회주의 사회로 이행할 것을 강조하였다.

사회주의 정치 이데올로기의 핵심 구성요소는 다음과 같다(홍익표, 진시원, 2009, 92). 첫째, 자유주의와 달리 집단주의 사고에 기반하여 사회경제적인 문제들이 집단적인 노력을 통해 극복될 수 있다고 본다. 둘째, 계급 간의 정치적 균열이 가장 중요한 사회적 균열 요인이며, 계급투쟁이 사회와 역사를 이해하는 데 가장 중요한 요인이라 본다. 셋째, 인간의 불평등은 사회구조의 불평등에서 비롯된 것이라 보고 평등에 대한 강조와 실천을 중요한 가치로 여긴다. 넷째, 사회 불평등의 근본 원인이 사유재산제에 있다고 본다.

공산주의는 칼 마르크스와 프리드리히 엥겔스에 의해 이론화되어 소련, 중국, 쿠바, 북한 등에서 정권의 공식적 이데올로기로 정착된 이념을 말한다. 공산주의는 크게 세 가지 의미를 뜻한다. 첫째, 소련, 중국과 같이 공산당 혁명을 통해 권력을 획득한 정권을 지칭한다. 둘째, 레니니즘(Leninisn)과 결합된 마르크시즘으로 전체주의적 일당 체제를 현실적으로 채택하고 있는 사회주의를 지칭한다. 셋째, 마르크스가 『공산당 선언(1848)』을 통해 제시한 유토피아적 사회로, 사유재산제가 폐지되어 부가 공유되고 계급도 없는 사회를 지칭한다.

공산주의를 위의 세 가지 의미를 통해 분석해 보면 결과적으로 소련의 공산주의는 이미 붕괴되었고, 마르크스가 제시한 유토피아적 공산주의 사회는 아직 경험하지 못하였다. 다만 공산당 혁명을 통해 성립된 중국과 북한, 쿠바 등과 같은 공산주의 국가들만이 현존하고 있다(홍익표, 진시원, 2009, 94). 공산주의의 주요 요소로는 다음과 같다. 첫째, 사회·역사적 발전이 경제적·계급적 요소에 의해 결정된다는 역사적 유물론이 있다. 둘째, '생산양식'에 내재된 모순에 의해 변화한다는 변증법적 변화를 주장한다. 셋째, 생산물, 노동과정, 동료 노동자, 사회적 존재로부터 소외된 노동을 원칙으로 한다. 넷째, 부르주아와 프롤레타리아 간의 계급투쟁과 프롤레타리아의 혁명으로 인한 사회주의로의 이행을 주장하였다(Andrew Heywood, 조현수 역, 2003, 112-115).

<표 4> 사회주의, 공산주의 핵심 요소

	핵심 요소
사회주의	공동체, 집단주의, 사회계급, 사회적 평등, 공동소유
공산주의	역사적 유물론, 변증법적 변화, 소외, 계급투쟁, 프롤레타리아 혁명

5. 민족주의(Nationalism)

Nation은 민족, 국민, 국가 등의 의미를 모두 포함하는 개념이므로 Nationalism은 민족주의, 국민주의, 국가주의 의미를 모두 지니고 있다. 민족주의는 전쟁과 혁명에 영향을 주어 새로운 국가의 탄생과 제국의 해체, 새로운 국경의 형성에 기여한 정치 이데올로기이다. 민족주의는 민족의 통일 혹은 독립의 근본적 이념으로 작용할 수도 있고 다른 한편으로, 민족주의는 민족의 이름으로 군사적 팽창과 전쟁 정책의 근간이 되는 비합리적·반동적 강령이 될 수 있다. 민족주의는 자기 민족의 위대함과 통일성에 대한 과장된 믿음으로 볼 수 있으며, 핵심 요소로 민족 자결주의와 종족적·문화적 우월성과 순수성, 통일성 등이 있다(Hans Kohn, 1991, 187-191).

민족주의의 기원은 프랑스혁명에서 찾을 수 있다. 혁명 이전 사람들은 봉건제에 예속된 신하나 평민으로서 정체성을 가졌지만, 1789년 혁명 당시 프랑스인들은 프랑스 국민이라는 정체성을 가지고 루이 16세에 대항함으로써 프랑스 민족주의가 등장하였다. 이후 나폴레옹 전쟁(1797-1815) 시기에 침략을 받은 스페인, 독일, 러시아 등 다른 국가에서도 프랑스에 대항하면서 민족주의가 확산되었다. 19세기 말 민족주의의 영향은 더욱 커져 국기와 애국가, 국경일, 공식 참배 등이 유럽 각국에 확산되었다. 19세기와 20세기에 유럽 제국주의의 팽창에 대한 반발로 식민지 지역에서 민족주의가 확산되었는데 이는 반제국주의 민족해방운동의 형태로 나타났다. 또한 1, 2차 대전 이후 신생국들의 민족주의가 강화되면서 결과적으로 민족주의의 세계적 확산이 실현되었다.

민족주의는 다른 정치 이데올로기와 잘 결합하는 성향을 지니고 있다. (Andrew Heywood, 조현수 역, 2003, p217-232) 자유 민족주의는 자치라는 보편적 권리를 강조하며, 민족을 주권을 가진 실체라 보고 민족 자결을 원칙적으로 내포하고 있다. 보수적 민족주의는 민족적 애국주의를 바탕으로 구체화 된 사회적 응집력과 정치적 통일에 관심을 두며 이미 확립된 민족국가에서 발전한다고 보았다. 팽창적 민족주의는 제국주의의 식민지 쟁탈전과 세계대전의 영향을 준 민족주의 형태로 민족적 부활과 재건을 강조하며 공격적이고 군사적 성격을 지닌다. 반식민지 민족주의는 주로 개발도상국에서 나타난 형태로서 민족적 해방을 위한 투쟁과 관련되거나 사회발전을 위한 노력과 종종 결합되었다.

결국 민족주의는 근대 민족국가 건설 과정과 근대화 과정 및 서구 자본주의와 군사주의, 제국주의, 반식민지 등이 복합적으로 결합하여 발생한 정치 이데올로기로 다른 정치 이데올로기와 잘 결합하는 속성을 지니고 있다.

<표 5> 민족주의 핵심 요소

	핵심 요소
민족주의	민족 자결주의, 종족적·문화적 우월성, 민족의 순수성·통일성

6. 공동체주의(Communitarianism)

공동체주의는 자유주의의 합리적이고 개인주의적인 성격에 대한 비판으로 등장한 이념으로 자아 혹은 개인은 공동체를 통해 구성된다고 본다. 공동체주의 사상가들은 보다 통합된, 보다 상호의존적인, 그리고 개인의 삶에 의미를 부여하는 정서적으로 풍요로운 장으로서 정치적, 문화적 공동체를 재개념화한다(서울대학교 정치학과 교수 공저, 2008, 71). 특히 공동체주의자인 샌델(Michael Sandel)은 인간의 행복한 삶을 위한 제도적 기초로 '강한 공동체'를 제시하고 '자아 정체성의 공동체적 이해'와 '우애적 감성'을 강조하였다.

공동체주의는 자유주의가 강조한 개인의 자율성, 권리, 중립성, 사회적 정의 등의 개념들로부터 전통, 시민의 덕, 공동체 유대, 사회적 의미, 행복 등의 개념으로 전환할 것을 강조하는데, 자유주의자들이 주장하는 합리적 개인과 정의 등의 개념이 공동체를 떠나서는 의미가 없다고 보기 때문이다. 또한 공동체주의자들은 윤리적 규범의 사회성과 역사성을 중요시하며 이를 위해 전통의 재활성화 또는 공동체적 유대의 강화를 위한 제도가 구비되어야 한다고 주장한다.

공동체주의의 주요 주장은 다음과 같다(한국정치학회, 2008, 391-397). 첫째, 자유주의의 개인주의적 성향이 공동체적 유대를 와해시키며 정치적 소외를 더욱 심화시킨다는 것이다. 개인과 공동체는 서로 상호의존적인 관계를 형성하기 때문에 개인의 권리와 자유는 공동체를 벗어나서는 유지되지 않으며, 공동체 또한 구성원들의 관심과 헌신 없이는 유지되지 않는다고 본다. 둘째, 덕성을 갖춘 시민들의 자치로 인해 실현되는 '공화주의적 자유'를 강조한다. 시민의 덕목으로 공동체에 대한 지식과 귀속감, 공동체에 대한 관심, 공동체와의 도덕적 유대를 강조한다. 셋째, 정치참여와 교육을 통해 민주적이며 다원주의적인 형태의 공화주의가 가능하다고 본다. 이를 위해 설득과 습관화를 통한 유화적 훈육의 필요성을 강조했다. 넷째, 공동체주의는 고대로부터 이어지는 시민 공화주의 전통과 관련이 있다. 진정한 자아실현은 공동체의 '시민'으로 살아갈 때 가능하다는 것을 기본 전제로 하고 있다. 따라서 시민 공화주의에서 강조되는 개념들은 '공공선', '시민 덕성', '애국심', '정치참여' 등이다.

<표 6> 공동체주의 핵심 요소

	핵심 요소
공동체주의	시민의 덕, 공동체 유대, 공공선, 애국심, 정치참여, 사회적 자아, 사회성

7. 생태주의(Ecologism)

생태(eco)는 생태학(ecology)의 자연 이해에서 등장한 개념이다. 생태적 혹은 녹색 정치 이념은 산업화와 도시화에 의한 환경오염, 자연 고갈, 기타 환경에 가해진 손상에 대한 관심으로 등장하였다. 생태주의는 자연을 인간과 비인간 및 무생물계를 포함한 유기적으로 연계된 전체로 보고 인간도 자연의 일부임을 강조한다.

생태주의 사상은 경제성장과 같은 경제적 논리에 비판받거나 탈산업적인 낭만주의의 형태로 간주되기도 하였다. 그럼에도 불구하고 생태주의는 다음과 같은 이유로 오늘날 점점 더 강조되고 있다(Heywood, 이종은 역, 2007, 265-266). 첫째, 생태주의는 인간과 자연계 사이에 나타나는 불균형에 관심을 가지고 있으며 이러한 불균형은 현재 점점 더 위협적으로 나타나고 있다. 둘째, 생태주의는 다양한 종교들, 토속문화, 동양의 종교에 대한 통찰을 통해 정치 이론을 풍부하게 한다.

<표 7> 생태주의 핵심 요소

	핵심 요소
생태주의	생태계, 유기적 관계, 생명 중심적 사상

위와 같이 살펴본 이데올로기의 특징을 바탕으로 각 이데올로기에 포함되어야 하는 주요 개념 및 분석 시 살펴볼 내용을 다음의 <표 8>로 정리할 수 있다.

<표 8> 정치 이데올로기별 핵심 요소

이데올로기		핵심 요소
자유주의	**고전적 자유주의**	소극적 자유, 개인주의, 기회균등, 법치주의, 입헌주의, 제한 정부, 자유방임주의, 자연권
	근대 자유주의	적극적 자유, 복지주의[59], 케인스주의 경제학
	신자유주의	시장 지상주의, 국가 기능 축소, 친기업 정책, 인플레이션 통제
보수주의		전통, 보존, 인간의 불완전성, 권위, 종교, 도덕

사회민주주의	복지주의60, 재분배, 사회정의, 국가의 계급 중립적 중재자적 성격
사회주의	공동체, 집단주의, 사회계급, 사회적 평등, 공동소유
공산주의	역사적 유물론, 변증법적 변화, 소외, 계급투쟁, 프롤레타리아 혁명
민족주의	민족 자결주의, 종족적·문화적 우월성, 민족의 순수성·통일성
공동체주의	시민의 덕, 공동체 유대, 공공선, 애국심, 정치참여, 사회적 자아, 사회성
생태주의	생태계, 유기적 관계, 생명 중심적 사상

Ⅳ. 고등학교『윤리와 사상』교과서의 정치 이데올로기 분석

분석 대상인 제7차 교육과정『윤리와 사상』의 목적은 동·서양의 윤리 사상 및 근현대 사회 사상을 체계적으로 인식하여 한국인으로서 주체적 윤리관과 사상적 틀을 형성하는 것이다. 내용적 범위는 단순한 지식으로서의 윤리 사상이 아니라 도덕적 해결을 위한 방안으로써 윤리 사상을 의미하기에 과거의 윤리 사상을 있는 그대로 소개하는 것이 아니라 현대의 도덕적 관점에서 적합한 내용을 선별하여 제시한다(교육과학기술부, 2008, 100-102).

『윤리와 사상』교과서는 내용적 기본 틀이 제6차 교육과정에서의『윤리』교과서와 크게 다르지 않으나『윤리와 사상』이라는 교과목에 맞게 사회 사상에 대한 부분이 더 추가되고 강조되었다. 윤리와 사상 교사용 지도서에서는『윤리와 사상』과목은 이데올로기 문제를 초·중등학교 교육과정 내에서 본격적으로 다루는 유일한 과목이므로 이 부분을 얼마나 성공적으로 다루느냐 하는 문제는『윤리와 사상』과목의 성패 여부와 직결되어 있다고 서술하고 있다.

---

59 자유주의자들은 복지가 자유의 영역을 넓힐 수 있다는 믿음을 가지고 복지에서도 개인주의와 기회 평등을 강조한다. 기여적 복지 제도를 통해 개인이 스스로 도덕적 결정을 내리고 자립할 수 있도록 하는 것을 목적으로 한다.

60 사회민주주의자들은 복지의 목적을 사회적 연대감 강화로 보고, 공동체주의와 평등을 원칙으로 삼고 있다. 복지 국가는 하나의 재분배적인 기구로 역할을 하며 보편적 복지 제도를 통해 자본주의를 '인간화'하고자 한다.

『윤리와 사상』 교과서의 내용 체계는 다음의 <표 9>와 같다.

<표 9> 『윤리와 사상』 내용 구성 체계

대단원	중단원	소단원
Ⅰ. 윤리와 사회 사상의 의의	1. 인간의 삶과 윤리	(1) 인간의 특성 (2) 다양한 인간관 (3) 인간의 삶과 윤리의 필요성
	2. 자아실현과 인격 형성	(1) 삶의 의미와 다양성 (2) 자아 발견과 자아실현 (3) 인격 완성을 위한 노력
	3. 사회적 삶과 사회 사상의 중요성	(1) 사회적 삶의 특징 (2) 사회적인 삶과 사회 사상의 필요성 (3) 사회 사상의 다양성
	4. 이상 사회의 구현과 사회 사상	(1) 이상 사회의 본질과 특성 (2) 이상 사회의 지향과 이데올로기 (3) 이상 사회의 구현을 위한 조건
Ⅱ. 윤리의 흐름과 특징	1. 동양 윤리	(1) 동양 윤리의 연원 (2) 동양 윤리의 전개 (3) 동양 윤리의 현대적 의의
	2. 한국 윤리	(1) 한국 윤리의 연원 (2) 한국 윤리의 전개 (3) 한국 윤리의 현대적 의의
	3. 서양 윤리	(1) 서양 윤리의 연원 (2) 서양 윤리의 전개 (3) 서양 윤리의 현대적 의의
	4. 세계 윤리	(1) 세계 윤리의 필요성과 의미 (2) 세계 윤리의 등장 배경 (3) 세계 윤리의 전망
Ⅲ. 사회 사상의 흐름과 변화	1. 사회 사상의 형성과 전개	(1) 사회 사상의 형성 (2) 사회 사상의 전개 (3) 사회 사상의 현대적 의의
	2. 현대 사회 사상의 유형과 변화	(1) 현대 사회 사상의 유형 (2) 현대 사회 사상들 간의 관계 (3) 현대 사회 사상의 변화
	3. 현대 사회 사상의 쟁점	(1) 자유민주주의의 쟁점 (2) 자본주의의 쟁점 (3) 민족주의의 쟁점

	4. 미래 사회 사상의 전망	(1) 미래 사회의 특징 (2) 미래 사회 사상에 대한 도전 (3) 미래 사회 사상의 발전 방향
IV. 한국 윤리 및 사회 사상의 정립과 민족적 과제	1. 현대 한국 사회의 윤리 사상적 당면 과제	(1) 현대 한국 사회의 윤리적 문제 (2) 현대 한국 사회의 사상적 문제 (3) 윤리 사상적 문제의 해결 방안
	2. 한국 사회의 바람직한 윤리 사상의 정립	(1) 한국 정통 윤리 사상에 대한 이해 (2) 한국 사회에 영향을 미친 외래 윤리 사상에 대한 이해 (3) 현대 한국 사회의 바람직한 윤리 사상의 정립
	3. 민주적 도덕 공동체의 구현	(1) 민주적 도덕 공동체의 형성 (2) 민주적 도덕 공동체의 실현 조건 (3) 민주적 도덕 공동체의 실현 과정
	4. 한국의 진로와 민족적 과제	(1) 국가 정체성의 확립 (2) 미래 한국의 진로와 역할 (3) 통일 한국의 실현

『윤리와 사상』 교과서의 정치 이데올로기의 분석 단계는 다음과 같다. 제1단계에서는 각 정치 이데올로기의 이론을 바탕으로 핵심 요소를 선정하여 분석의 준거를 마련하는 것으로 앞서 <표 8>에 정리하여 제시하였다. 제2단계에서는 앞 단계에서 마련한 분석의 틀에 입각하여 각 이데올로기에 속하는 내용을 서술하고 있는 단원을 선별하는 것이다. 이때 단원은 주제의 최소 단위인 소단원을 기본 단위로 하되, 사회 사상 관련 단원을 대상으로 한다.[61] 제3단계에서는 이전 단계에서 선별된 소단원의 내용을 자세히 살펴보고 분석의 틀로 제시한 각 이데올로기의 핵심 요소 및 개념을 설명하고 있는 문단 및 문장을 찾아내는 것이다. 제4단계에서는 교과서 상의 서술 내용에서 각 정치 이데올로기의 핵심 요소가 잘 반영되고 있는지를 살펴보는 것이다. 여기서는 해당 기술 내용이 어떤 가치에 더 비중을 주고 있는지, 얼마나 정확하게 설명하고 있는지에 대해 초점을 두고 질적인 분석을 위주로 교과서 내용을 파악하고자 한다.

---

61 『윤리와 사상』 교과서 'III. 사회 사상의 흐름과 변화'에서 근대적 의미의 사회 사상을 지난 2세기 동안 서구 사회를 중심으로 발달하여 온 이데올로기를 뜻한다고 규정하고 있다. (교육과학기술부, 2011, 138)

『윤리와 사상』 교과서에서 서술되고 있는 정치 이데올로기의 핵심 내용들을 종합하여 다음의 <표 10>과 같이 간단히 정리할 수 있다.

<표 10> 『윤리와 사상』 교과서 분석 종합표

이데올로기	소단원	주제	핵심 요소
자유주의	Ⅰ-3-3) 사회 사상의 다양성	개인주의와 집단주의	개인주의
	Ⅲ-1-1) 사회 사상의 형성	자유주의	자유, 개인주의, 입헌주의
	Ⅲ-1-2) 사회 사상의 전개	자유 민주주의와 자본주의의 전개	개인주의, 법 앞의 평등, 경제적 자유권, 소극적 자유, 적극적 자유, 복지주의
	Ⅲ-2-1) 현대 사회 사상의 유형과 변화	자유 민주주의, 자본주의	자유방임주의, 제한 국가, 국가 기능 축소, 친기업 정책
	Ⅲ-2-2) 현대 사회 사상들 간의 관계	정치적 자유주의와 경제적 자유주의의 갈등	-
	Ⅳ-2-2) 한국 사회에 영향을 미친 외래 윤리 사상에 대한 이해	개인주의, 자유주의	개인적 권리 불가침성, 평등, 자유, 입헌주의
보수주의	Ⅰ-3-3) 사회 사상의 다양성	보수주의와 급진주의	기존 질서 유지·보존
	Ⅰ-4-2) 이상 사회의 구현과 사회 사상	보수주의의 등장	과거의 질서 옹호
사회 민주주의	Ⅲ-1-2) 사회 사상의 전개	공산주의의 전개	-
사회주의 및 공산주의	Ⅲ-1-1) 사회 사상의 형성	사회주의	집단주의(공동체), 사회적 평등, 공동소유
	Ⅲ-1-2) 사회 사상의 전개	공산주의의 전개	프롤레타리아 혁명
	Ⅲ-2-3) 현대 사회 사상의 변화	공산주의 사상의 쇠퇴	-
	Ⅲ-4-2) 미래 사회 사상에 대한 도전	공산주의의 한계와 유혹	-
민족주의	Ⅲ-1-1) 사회 사상의 형성	민족주의	민족의 통일성
	Ⅲ-1-2) 사회 사상의 전개	민족주의의 전개	-
	Ⅲ-2-1) 현대 사회 사상의 유형	민족주의	민족 자결주의(자율과 자치)

<table>
<tr><td rowspan="2">민족주의</td><td>Ⅲ-2-2) 현대 사회 사상들 간의 관계</td><td>세계화와 민족주의</td><td>-</td></tr>
<tr><td>Ⅲ-3-3) 민족주의의 쟁점</td><td>닫힌 민족주의와 열린 민족주의</td><td>-</td></tr>
<tr><td rowspan="5">공동체주의</td><td>Ⅰ-3-2) 사회적인 삶과 사회 사상의 필요성</td><td>아시아적 가치</td><td>공공선, 공동체 유대, 사회적 자아</td></tr>
<tr><td>Ⅳ-1-3) 윤리 사상적 문제의 해결 방향</td><td>윤리적 문제의 해결 방향</td><td>-</td></tr>
<tr><td>Ⅳ-2-1) 한국 사회의 바람직한 윤리 사상의 정립</td><td>유교 윤리 사상</td><td>-</td></tr>
<tr><td>Ⅳ-3-3) 민주적 도덕 공동체의 구현</td><td>민주적 도덕 공동체의 의미</td><td>공공선, 정치참여</td></tr>
<tr><td>Ⅳ-3-3) 민주적 도덕 공동체의 실현 과정</td><td>공공성의 확립</td><td>시민의 덕</td></tr>
<tr><td rowspan="2">생태주의</td><td>Ⅲ-4-3) 미래 사회 사상의 발전 방향</td><td>제3의 길</td><td>-</td></tr>
<tr><td>Ⅳ-4-3) 통일 한국의 실현</td><td>남북한이 함께 추구해야 할 가치들</td><td>생태계</td></tr>
</table>

『윤리와 사상』 교과서에서 제시되는 정치 이데올로기에 관한 내용을 분석해 보면 이데올로기별로 교과서에서 차지하는 비중이 다르게 나타난다. 예컨대 자유주의와 민족주의는 자주 언급하며 강조되는 반면, 공산주의는 쇠퇴한 사상으로 소개되고 사회민주주의의 경우 아예 언급되지 않는다.

'Ⅲ. 사회 사상의 흐름과 변화'에서 소개되는 정치 이데올로기에 관한 내용을 살펴보면 이데올로기의 정의, 특성, 핵심 요소들을 한눈에 파악하기 힘들게 구성되어 있음을 알 수 있다. 이데올로기별로 나타나는 문제점을 제시하면 다음과 같다.

자유주의의 경우 'Ⅲ-1-1) 사회 사상의 형성'에서 소주제로 고전적 자유주의에 관한 설명이 제시되다가 이후 자유민주주의와 자본주의의 흐름 안에서 함께 근대 자유주의와 신자유주의에 관한 내용이 제시되고 있다. 가장 문제가 되는 것은 개념에 대한 정확한 설명이 없다는 것이다. 자유민주주의를 자유주의와 민주주의의 합성어로, 자본주의를 자유주의의 경제적 측면으로 설명하면서 용어의 차이와 형성 관계에 관해 구체적 설명이 제시되지 않는다. 그리고 자유주의에서 제시되는 '자유'의 경우 가장 중요한 핵심 요소임에도 불구하고 '자유'의 핵심 내용인 자연권에 관한 설명은 빠져 있다. '평등'에 관해서는 자유주의가 전제하는 기회균등의 의미와 실적주의에 관한 내용이 전제되지 않아 정확한 의미를 파악하기 힘들다.

보수주의의 경우 I 단원에서만 등장하고 나머지 단원에서는 제시되지 않는다. 따라서 보수주의의 역사적 전개 과정, 핵심 요소들에 관한 내용이 많이 부족하다.

사회민주주의의 경우 교과서에서 독립된 사상으로 등장하는 것이 아니라 공산주의의 전개의 일부분으로 제시되고 있다. 따라서 사회민주주의의 정의, 발생 배경, 이념의 핵심 요소는 전혀 언급되지 않고 있다. 사회민주주의와 사회주의, 공산주의는 서로 다른 전제를 바탕으로 한 이데올로기임을 감안할 때, 독립된 주제로 제시되는 것이 바람직하다 본다.

사회주의와 공산주의의 경우 정확한 개념 정의와 핵심 요소에 관한 설명이 부족하다. 자유주의와 민족주의에 비해 부정적인 관점으로 서술하고 있어 과거 시행된 반공교육의 형태를 그대로 답습하고 있다. 정치 이데올로기로서 사회주의, 공산주의와 현실 세계에서 정치형태로 등장한 사회주의, 공산주의 구분하지 않고, 역사적으로 실패하고 단절된 사상으로 제시하고 있어 오늘날에도 중요 사상으로 흐름을 유지하고 있다는 점을 간과하고 있다.

민족주의의 경우 개념 정의는 '민족을 으뜸으로 생각하는 이념이자 그렇게 바라는 사상'으로 명확하게 하고 있으나, 핵심 요소를 정확하게 제시하지 못하고 있다. 민족주의는 자유주의와 같이 중요 사상 중 하나로 강조되면서 교과서 내용 체계상 여러 소단원 안에서 중복적으로 제시되고 있다.

공동체주의는 정치 이데올로기로서 독립된 소주제로 제시되지 않는다. 하지만 교과서의 전반적인 내용이 공동체적 요소를 강조하고 있다. 문제가 되는 점은 공동체주의와 유교 사상을 동일하게 보고 있다는 점이다. 유교 사상이 공동체주의적 요소를 가지고 있을 수는 있다. 하지만 우리나라 정치사에서 유교 사상이 보수주의적 성향으로 지배층의 사상적 수단으로 역할을 했다는 점에서 볼 때, 동일한 개념으로 이해해서는 안 된다.

생태주의도 보수주의, 사회민주주의, 공동체주의처럼 하나의 소주제로 제시되지 않고 있어 이데올로기로서 차지하는 비중이 작다. 그리고 생태주의의 역사적 기원이나 전개 과정, 특성에 관한 내용이 많이 부족하다.

V. 문제점 및 개선 방안

1. 문제점

『윤리와 사상』 교과서에 대한 정치 이데올로기 분석을 통해 나타나는 문제점은 네 가지로 정리할 수 있다.

첫째, 정치 이데올로기를 체계적으로 이해하기 어렵게 구성되어 있다. 정치 이데올로기를 체계적으로 이해하기 위해서는 그 사상이 형성된 사회적·역사적 배경과 함께 정치·경제·계급적인 토대가 함께 설명되어야 한다. 하지만 정치 이데올로기에 관한 서술에서 이러한 시도를 찾아볼 수가 없다. 그리고 'Ⅲ. 사회 사상의 흐름과 변화' 단원을 보면 총 4개의 소단원에서 자유주의, 민족주의, 공산주의가 중복적인 내용을 포함하여 반복적으로 제시되고 있다. 정치 이데올로기에 대한 설명에서 중복적인 내용을 줄이는 대신 이데올로기를 이해하는데 도움이 되는 다양한 내용들을 제시하는 것이 이데올로기를 학습하는데 도움이 될 것으로 보인다.

둘째, 정치 이데올로기에 관한 설명에서 개념과 용어가 명확하게 제시되지 않고 있다. 교과서에서 제시되는 서술 형태를 보면 이데올로기를 설명하는 내용에서 수많은 개념들이 등장하지만, 개념에 대한 정의를 명확히 하지 않고 애매모호하게 사용하고 있다. 예컨대 민족주의의 경우 '민족'의 범위에 따라 국가주의, 국민주의, 민족주의 등으로 다양하게 사용되는데, 교과서에서는 '민족'의 범위에 대한 설명 없이 민족주의, 국가주의, 국민주의를 같은 의미로 사용하고 있다. 그리고 자유민주주의의 경우 자유주의와 민주주의가 결합한 용어라고 설명하고 있으나, 자유민주주의의 개념에 대한 명확한 정의가 제시되지 않으며 자유주의와 민주주의가 어떤 과정을 통해 결합되었는지에 대해서도 제시하지 않고 있다.

셋째, 정치 이데올로기의 역사적 형성 과정과 각 이데올로기 간 관계에 대한 구체적 설명이 부족하다. 정치 이데올로기는 고정되어 있는 것이 아니라 시대의 흐름에 따라 다양한 형태로 변화되어 왔다. 하지만 교과서에서 각 이데올로기의 구체적 발전 과정, 변화 형태와 그에 따른 핵심 요소들을 제시하지 못하고 있다. 그리고 역사적으로 이데올로기 간의 대립을 통해 다양한 이데올로기들이 파생되어 왔는데, 교과서에서는 이데올로기들 간의 관계, 영향 등을 설명하지 않고 있다. 특히 시민혁명에 대한 자유주의와 보수주의의 간의 대립적 견해, 1980년대 벌어진 자유주의와 공동체주의 간의 논쟁이나 신자유주의 흐름에 따른 미국 내 신보수주의의 등장과 같은 내용은 교과서에서 찾아볼 수 없다.

넷째, 교과서의 구성이나 내용이 다른 이데올로기에 비해 자유주의, 자본주의, 민족주의를 강조하고 있다. 'Ⅲ-2-1) 현대 사회 사상의 유형'에서 자유민주주의, 자본주의, 민족주의가 제시되고 있다. '현대'라는 말은 통상적으로 20세기 이후를 가리키기 때문에 이 시기에는 공산주의 혁명과 냉전체제가 포함되어야 한다. 따라서 '현대 사회 사상의 유형'에는 자본주의와 자유민주주의와 함께 사회주의나 사회민주주의가 함께 제시되어야 한다. 그리고 자유주의, 자본주의, 민족주의의 경우 우리가 추구해야 할 핵심 이념이라고 강조하는 반면, 사회주의나 공산주의의 경우 역사적으로 실패하고 단절된 사상으로 소개하고 있다. 또한 냉전체제에 대한 설명에서 자유 진영은 민주국가로, 공산 진영을 독재국가로 소개하면서 공산주의가 민주주의와 대립하는 사상인 것처럼 묘사하고 있다. 이러한 점은 과거의 반공교육처럼 사회주의와 공산주의에 대한 부정적 인식과 특정 이데올로기에 중점을 두는 사상교육을 그대로 답습하고 있다는 점에서 올바른 사상교육을 위해서는 반드시 개선되어야 한다.

2. 개선 방안

『윤리와 사상』이 이데올로기 문제를 교육과정 내에서 본격적으로 다루는 유일한 과목이라는 점에서 볼 때, 학생들의 사상적 틀을 형성하는 데 직접적으로 영향을 주는 교과라 할 수 있다. 학생들이 올바른 사상적 틀을 형성하기 위해서는 무엇보다도 교육의 핵심적 매개체인 교과서가 객관적이고 정확하게 구성되어 있어야 한다. 따라서 『윤리와 사상』 교과서에서 나타난 정치 이데올로기 내용에 관한 개선 방안은 다음과 같다.

먼저 교과서 구성상 정치 이데올로기에 대한 내용의 중복성과 비체계성이 개선되어야 한다. 특히 정치 이데올로기에 대한 본격적인 내용이 제시되는 'Ⅲ. 사회 사상의 흐름과 변화'의 경우 소단원 '사회 사상의 형성과 전개', '현대 사회 사상의 유형과 변화', '현대 사회 사상의 쟁점', '미래 사회 사상의 전망'에서 이데올로기에 대한 동일한 내용이 반복적으로 제시되고 있다. 그리고 이데올로기에 대한 역사적 흐름이 한눈에 볼 수 있도록 되어 있지 않고 나누어 제시되고 있어 하나의 이데올로기의 흐름을 파악하기 위해서 4개의 소단원에서 제시된 이데올로기 부분을 찾아야 하는 번거로움이 있다. 따라서 정치 이데올로기별로 한눈에 파악할 수 있도록 교과서가 구성되어야 한다.

예컨대 자유주의의 경우 현재 교과서에서는 자유주의를 고전적 자유주의의 형태로 소개한 후 자유민주주의와 자본주의의 전개 과정 안에서 소개하고 있어 자유주의에 대한 내용 파악이 힘들다. 이러한 형태를 벗어나 자유주의의 기본전제와 정의, 핵심 요소들에 대한 내용을 먼저 언급한 후, 자유주의의 전개 과정, 오늘날 나타나는 자유주의의 특성을 설명한 다음 자유주의와 민주주의의 관계, 자본주의와의 관계를 설명하는 것이 바람직하다고 본다. 사회주의의 경우 근대 주요 사상으로 소개하지만, 전개 과정에서는 공산주의의 전개라는 소주제로 공산주의에 관한 내용과 사회민주주의의 내용으로 제시되고 있어 사회주의에 대한 정확한 역사적 흐름을 파악하기 힘들다. 따라서 사회주의, 공산주의, 사회민주주의에 관한 각각의 이론적 내용을 먼저 제시한 다음 사회주의, 공산주의, 사회민주주의 간의 관계를 통해 이데올로기의 전개 과정을 서술하는 것이 더 체계적이라 본다.

다음으로 정치 이데올로기에 관한 내용이 다양하고 구체적으로 보충되어야 한다. 교과서에서 하나의 사회 사상으로 소개하는 이데올로기는 자유주의, 사회주의, 민족주의, 공산주의이다. 보수주의, 사회민주주의, 공동체주의, 생태주의의 경우 용어만 등장하고 있다. 비판적이고 개방적인 사상적 틀을 형성하기 위해서는 개별 이데올로기로서 보수주의, 공동체주의, 생태주의, 사회민주주의에 대한 구체적인 설명이 제시되어야 한다. 정치 이데올로기는 계급적 성격을 가지며 정치·경제에 영향을 미친다. 따라서 정치 이데올로기가 발생하게 된 원인에 계급적 성격과 정치·경제적 배경이 구체적으로 설명되어야 한다. 또한 '자유주의-보수주의', '자유주의-공동체주의' 등 이데올로기 간 상호 관계 속에서 나타난 쟁점에 대해서도 함께 제시하여 이데올로기의 특성을 보다 잘 이해할 수 있도록 구성되어야 한다.

교과서에 보충되어야 할 정치 이데올로기의 내용을 이데올로기별로 제시하면 다음과 같다. 자유주의의 경우 고전적 자유주의, 근대 자유주의, 신자유주의 흐름에 따라 강조하는 '자유'의 성격과 핵심 요소들을 비교할 수 있는 내용이 추가되어야 한다. 보수주의는 역사적 기원과 기본적 전제, 핵심 이념, 역사적·국가적으로 다양한 형태의 보수주의와 신보수주의에 관한 내용이 보충되어야 한다. 사회민주주의는 개념의 정의, 자본주의 체제를 수용하는 기본 전제를 먼저 제시하여 사회주의와 공산주의와의 차이를 설명하고, 오늘날 서구 복지국가 형성 과정에 기여한 점들을 통해 자유민주주의와 함께 제시하여 균형적인 사고를 형성할 수 있도록 해야 한다. 사회주의와 공산주의는 개념 정의를 명확하게 해야 한다. 특히 공산주의의 경우 마르크스가 제시한 이상 사회로 정의한 후 전개 과정에서는 현실 세계에서 나타난 독재 정권과 동일한 개념으로 사용하고 있다. 공산주의가 다양한 의미로 정의됨을 먼저 밝히고, 공산주의를 표방하는 독재 정권의 모습이 마르크스가 제시한 이상 사회가 아니라는 것을 구분할 수 있도록 제시되어야 한다. 민족주의의 경우 우리나라 정치사에서 나타난 민족주의의 분석이 보충되어야 할 것이다. 또한 '한민족'을 바탕으로 한 우리나라 민족주의 특성과 함께 다문화와 관련된 쟁점을 보충하여 민족주의에 대한 현실적 이해가 가능하도록 구성되어야 한다. 공동체주의는 '시민 공화주의'와 '공화주의적 자유'와 같은 개념들을 통해 자유주의의 문제점을 극복하기 위한 대안으로 구체적인 사상적 설명과 함께 제시되어야 한다. 생태주의는 현대 사회에서 주목받는 새로운 정치 이데올로기로 우리나라에서 나타나는 환경문제와 관련하여 함께 제시되어야 할 것이다.

마지막으로 『윤리와 사상』 교과서가 특정 이데올로기를 강조하는 관점에서 벗어나 균형성·객관성을 지녀야 한다. 교재의 구성이나 내용이 자유주의, 자본주의를 강조하고 있는 반면 사회주의, 공산주의의 내용은 부정적으로 서술하고 있다. 과거 도덕과 교육이 반공교육의 주축으로 특정 이데올로기만을 강조하였던 특성이 오늘날에도 그대로 답습되고 있는 것이다. 공산주의에 대한 내용에 역사적 실패와 사상적 단절을 의미하는 내용들이 자주 언급되고 있는데, 오늘날 발생하는 자본주의와 자유주의의 문제를 비판하기 위해 프랑크푸르트학파 등으로 사상적 흐름을 유지하고 있음을 밝혀야 한다. 냉전체제에 관한 설명에서도 단순히 자유 진영을 민주국가로 공산 진영을 비민주국가로 이분화하여 제시하는 것이 아니라 객관적인 사료를 통하여 학생 스스로가 평가할 수 있는 기회를 제공해야 할 것이다. 또한 이데올로기로서 공산주의와 민주주의가 대립되는 사상이 아님을 명백히 할 필요가 있다.

이데올로기에 대한 균형 있는 개방적 시각을 형성하기 위해서는 'Ⅲ-2-1) 현대 사회 사상의 유형'에 사회주의와 사회민주주의, 공동체주의 이데올로기에 대한 객관적인 내용이 함께 제시되어야 한다. 이러한 이데올로기에 등장하는 '노동'과 '소외', '계급', '사회성' 등의 개념이 현대사회의 핵심 문제인 '효율성의 논리'나 '이기주의', '인간소외'의 문제에 대한 비판이나 대안을 설명할 때 중요한 개념적 틀로 사용될 수 있으므로 주요 개념들에 대한 구체적 설명이 함께 제시되어야 할 것이다.

참고문헌

교육과학기술부(2008), 교육인적자원부 고시 제2007-79호『고등학교 교육과정 해설3: 도덕』, 한국보훈복지의료공단 신생인쇄조합.

서울대학교 정치학과 교수 공저(2008),『정치학의 이해』, 박영사.

손동현, 윤찬원, 이충진(2003),『중등 도덕교육의 현실과 문제』, 집문당.

장동진(2001),『현대 자유주의 정치철학의 이해』, 동명사.

조일수(2009), "윤리와 정치의 관계에 대한 연구: 도덕·윤리과 교육에서 다루는 정치 관련 교육에의 함의를 중심으로",『윤리교육연구』제18집.

오주화(2008), "도덕교육에 있어서의 공동체주의와 자유주의 :『윤리와 사상』교과서 내용분석을 중심으로", 서울시립대 교육대학원 석사학위 논문.

윤구병 역음(1998),『교과서와 이데올로기』, 천지.

윤현진, 추병완, 정창우(2009),『도덕과 교육 내용 개선 방안 연구』, 한국교육과정평가원.

위창준(2008), "해방 이후 지배이데올로기의 교과서 발현 양태 연구", 대구교육대 교육대학원 석사학위 논문.

천보선·김학한(1998),『신자유주의와 한국교육의 진로』, 한울.

한국산업사회연구회 편(1991),『한국사회와 지배이데올로기』, 녹두.

한국정치학회(2008),『정치학 이해의 길잡이』-정치사상, 법문사.

홍익표, 진시원(2009),『세계화 시대의 정치학』, 오름.

Andrew Heywood(저), 조현수 역(2003),『정치학-현대정치의 이론과 실천』, 성균관대학교출판부, 이종은, 조현수 역(2007),『현대정치이론』, 까치.

David Harvey(저), 최병두 역(2007),『신자유주의』, 한울.

Heywood Andrew(1992),『Political Ideologies』: An Introduction, London: Macmillan.

Hans Kohn(1955),『Nationalism : Its Meaning and History』.

John Gray(저), 손철성 역(2007),『자유주의』, 이후.

J. Larrain(저), 한상진 역(1990),『현대 사회이론과 이데올로기』, 한울.

John Christman, 실천철학연구회 옮김(2004),『사회정치철학』, 한울.

Robert A. Nisbet(저), 강정인 역(2007),『보수주의』, 이후.

Terence Ball, Richard Dagger, 정승현 역(2006), 『현대 정치사상의 파노라마』, 아카넷.

7장.

정의교육[62]

진시원

I. 서론

정치에 있어서 정당성의 문제는 정의(justice)의 문제에 다름 아니다. 그리고 법은 정의의 실현을 그 존재 이유로 한다. 하지만 정의에 대한 개념 정의와 실천 방안은 단일하지 않고 다양하다(김병규, 1994, p.283; 정원섭, 2011, pp.23-24). 공동체주의자 왈쩌(Michael Walzer)는 정의는 인간이 구성한 것이며, 따라서 정의가 오직 한 가지 방식으로 만들어질 수 있다는 주장은 의심스러운 것이라고 주장했으며(왈쩌, 1999, p.34), 켈젠은 정의가 무엇인지 "확실하게 답할 수 없고, 오히려 좀 더 나은 질문을 모색할 수 있을 뿐이라는 체념적 지혜가 필요하다"라고 주장하고 있다(켈젠, 2010, p.9). 하지만 정의에 대한 주장과 실천이 이렇게 다양함에도 불구하고 정의가 세계를 지배해야 한다는 생각은 인류가 지속해서 추구해 온 목표 중의 하나이다(회페, 2004, p.11). 정의는 인류가 공동체를 운영해 오는데 있어서 핵심적으로 추구해 온 가치인 것이다. 그렇다면 정의란 무엇인가?

일반적으로 정의는 '올바르게 행위 하는 것'을 뜻하고, 부정의(injustice)는 '올바르게 행위하지 않는 것'을 뜻한다. 하지만 정의에 대한 철학적인 개념 정의는 '각자에게 각자의 몫을 주어야 한다'라는 생각에 기초하는데, 예를 들어, 중세 신학자 아퀴나

---

62 이 글은 진시원(2014). "정의, 어떻게 가르칠 것인가?", 법교육연구, 제9권 3호를 수정·인용한 것이다.

스는 정의를 '자기 자신의 몫을 남의 몫과 구별 지어 주는 것'이라고 주장했다(회페, 2004, p.195). 이처럼 정의를 각자의 정당한 몫에 연계시켜 사고하는 방식은 플라톤, 아리스토텔레스, 키케로, 아우구스티누스, 로마법 등을 거쳐 오늘에 이르고 있다(회페, 2004, p.195). 이후 정의론은 각자에게 정당한 몫을 주는 것이 무엇인가에 대해 탐구하기 시작했으며 크게 두 가지 분야에서 정의론이 발전해 왔다. 하나는 법 영역이고 하나는 사상 영역이다. 법 영역에서 정의론은 범법, 상해, 손실 등을 행한 사람에게 어떻게 응분의 대가 즉, 정당한 처벌을 받게 할 것인가에 관심을 집중해 온 반면, 사상 영역에서는 사회정의 즉, 분배 정의 문제를 집중적으로 고민해 왔다.

이러한 논의를 거쳐 정의는 일반적으로 분배적(distributive) 정의, 인과 응보적(retributive) 정의, 시정적(corrective) 정의 등으로 구분되어 왔다(Honderich, 1995, p.433; 박채용·정태일, 2001, p.96). 분배적 정의는 말 그대로 사회의 부와 같은 희소자원에 대한 분배적 차원의 정의를 말하며, 인과 응보적 정의는 잘못된 행동에 대한 인과 응보적 차원의 정의를 지칭한다. 시정적 정의는 어떤 행동으로 인해 야기된 손해에 대한 보상을 추구하는 정의를 의미한다.

이렇듯 정의는 사회의 구성과 유지뿐 아니라 정치체계와 법체계의 존속을 위한 핵심 내용을 구성하고 있다. 정의를 이해하지 않고서는 인간사회와 정치체계 및 법체계를 바르게 그리고 온전히 이해하기 어려운 것이다. 정치에서 정의는 권력의 정당성과 권력에의 자발적 복종에 연관되어 있으며, 법에서 정의는 법의 권위와 법에의 복종을 가져오는 이론적 기초로 작용한다. 정치권력이 정의롭지 못하면 정당성을 상실하게 되며, 법이 정의롭지 못할 경우 법 권위와 법에의 복종은 사라지게 된다. 정당성을 상실한 정치권력과 법 권위를 상실한 법체계를 지닌 사회는 안정과 질서로부터 멀어진다. 불안정과 갈등과 충돌이 만연하여 공동체와 공동선이 훼손되는 사회가 되는 것이다. 따라서 정의가 무엇인지를 가르치고 배우는 것은 초중등학교 사회교육에서 빼놓기 어려운 주제이자 영역이다. 정의를 가르치는 일은 민주주의, 인권, 자유, 평등, 시민성을 가르치는 것과 동등하게 중요한 것이다.

그렇다면 정의란 무엇이며 정의는 어떻게 가르쳐야 하는 것일까? 이 글의 목적은 고등학교 사회과에서 정의를 어떻게 가르쳐야 하는지를 탐구하는 데 있다.[63] 따라서 이 글은 이러한 목적을 수행하기 위해 몇 가지 작업을 수행한다. 첫째, 정의가 무엇인지 핵심 내용을 중심으로 살펴본다. 둘째, 고등학교 사회영역에서 정의가 어떻게 가르쳐지고 있는지 파악하기 위해 교육과정을 분석한다. 교육과정 내용 분석은 『2007년 사회과 교육과정』, 『2009년 사회과 교육과정』, 『2009년 사회과 교육과정의 2011 수시개정(이하 2011 수시개정)』, 『2009년 사회과 교육과정의 2012 수시개정(이하 2012 수시개정)』을 대상으로 하였다.[64] 셋째, 위의 작업을 바탕으로 고등학교 사회과에서 정의를 어떻게 가르쳐야 하는지 체계와 내용을 중심으로 제시한다.

II. 정의란 무엇인가?

이 글에서는 먼저 철학자들의 정의론을 살펴본 다음 정의의 기준과 원칙을 살펴보고, 그 이후 법적 정의와 사회정의를 순차적으로 알아본다. 특히 사상 영역의 정의를 알아보기 위해 사회정의와 깊은 관련이 있는 '평등'이 무엇인지 알아본 다음, 다양한 접근을 통해 사회정의가 무엇인지 구체적으로 알아본다.

---

63 이 글에서 정의교육의 분석 대상을 고등학교로 한정한 이유는 초등학교와 중학교 사회과에서 정의교육이 거의 부재하다는 점이다. 예를 들어, 『2007년 사회과 교육과정』의 7학년 일반사회 영역 '(7) 개인과 사회생활'에서 사회 불평등의 원인과 해결 방안을 다루고 있고, 9학년 일반사회 영역 '(6) 정치 생활과 민주주의'에서 정치권력의 정당성을 언급하고 있지만, 『2007년 사회과 교육과정』은 교과서로 만들어지지 못했다. 중학교에서 사회 불평등과 정치권력의 정당성 등 정의와 관련된 내용을 가르치려던 교육과정의 시도가 교과서 제작이 무산되면서 무의미하게 된 것이다. 이뿐 아니라 『2011 수시개정』에서는 초등학생과 중학생 대상 공통교육과정인 '사회'의 내용체계에서 정의를 가르치는 부분이 아예 존재하지 않는다(교육과학기술부, 2011: 3-4). 이 논문의 직접적인 관심사는 아니지만 이렇듯 초등학교와 중학교 사회과에서 정의를 가르치지 않는 것에 대해 필자는 상당히 비판적이다. 정의교육이 고등학교뿐 아니라 초등학교와 중학교에서도 체계적이고 독립적으로 이루어져야 한다는 것이 필자의 생각이다.

64 이 글은 교과서 내용 분석을 시도하지 않았다. 이유는 몇 가지다. 첫째, 교과서는 교육과정에 기초하여 집필되기 때문에 교과서 분석보다는 교육과정 분석이 더 직접적이고 근원적인 분석이라고 필자는 판단했다. 교육과정을 집필한 사람들의 의도를 파악하는 것이 교과서를 집필한 사람들의 의도를 파악하는 것보다 더 근원적이고 직접적이며 중요한 작업이라고 판단했다는 것이다. 둘째, 검정 교과서는 종류가 많아 그 내용을 모두 분석하는 것은 학술지의 원고 제한을 고려할 때 적합한 분석 방법이 아니라고 필자는 판단했다. 더욱이 여러 교과서 중 한두 권을 필자가 자의적으로 선정하는 것은 샘플링의 문제가 발생한다고 보았다.

1. 철학자들이 바라본 정의

플라톤은 사람들이 사회공동체(국가) 안에서 자신의 본성과 소질에 가장 잘 맞는 일을 맡아 하는 것을 정의라고 했다. 정의는 각자 자신이 맡은 일에 최선을 다하는 것이라는 주장인데(회페, 2004, p.193), 개개인이 자신에게 부여된 일과 지위를 충실히 맡는 것보다 타인이나 사회 전체에 더 바람직한 것은 없다는 것이다(세이빈 & 솔슨, 2008, p.123). 플라톤의 이와 같은 정의관을 이해하기 위해서는 그의 덕(virtue)에 대한 논의를 먼저 이해하는 것이 중요하다. 플라톤은 개인이나 국가 모두 지혜의 덕(virtue)과 용기의 덕, 절제의 덕이 잘 조화롭게 결합되어 있는 상태가 정의라고 보았다(이서행, 1995, p.95). 정의를 하나의 덕이 아니라 여러 가지 덕의 종합체로 이해한 것인데, 개인적 차원에서는 지혜와 용기, 절제가 각각 본분을 지키고 이성의 통제하에 조화를 이룰 때 정의가 실현된다고 본 반면, 국가적 차원에서는 국가 내에서 자신의 본성과 소질에 따라 자신이 맡은 일을 열심히 하는 것이 정의의 실현이라고 본 것이다. 예를 들어, 국가적 차원에서 지혜로운 사람은 통치 계층을 맡고, 용기 있는 사람은 무인 계층을 맡으며, 절제 있는 사람들은 생산 계층을 맡는 유기적인 분업과 협업 속에서 정의가 실현된다고 본 것이다(이서행, 1995, p.95; 박채용·정태일, 2001, pp.96-97). 하지만 정의에 대한 플라톤의 이러한 해석은 만족스러운 것이 아니다. 플라톤의 해석에서는 정의의 다양한 의미들에 대한 언급이 없는 것인데, 특히, 플라톤의 해석은 법적 정의 개념과는 관계가 없다(세이빈 & 솔슨, 2008, p.123).

정의에 관한 심도 깊은 논의를 최초로 이룬 저술은 아리스토텔레스의 『니코마코스 윤리학』이다. 아리스토텔레스의 정의 개념은 세분화되어 있으며 오늘날까지 이치에 맞는 것으로 광범위하게 받아들여지고 있다. 아리스토텔레스는 『니코마코스 윤리학』에서 "정의란 사람들로 하여금 정당한 것을 하고자 하게 하며, 정당하게 행동하게 하며, 또 정당한 것을 원하게 하는 성격의 상태"라고 쓰고 있는데(정달현, 1995, p.203), 이러한 인식을 바탕으로 그는 정의를 보편적 정의와 특수한 정의 그리고 정치적인 정의로 분류하고, 특수한 정의를 다시 분배적 정의, 교환적 정의, 시정적(보상적)

정의로 구분했다(김병규, 1994, pp.283-285; 회페, 2004, p.30).

아리스토텔레스에게 보편적 정의는 모든 덕(德, virtues)을 포괄하는 덕으로 완전한 덕, 전체적인 덕을 의미한다. 구체적으로 보면, 보편적 정의는 시민으로서 가져야 할 최고의 덕으로 모든 이들에게 이로움을 주는 정의이다. 예를 들어, 시민으로서 공공질서와 법을 준수하고 자신의 욕망을 절제하며 아무런 조건이나 보상 없이 다른 사람을 배려하고 돕는 것은 보편적 정의의 발로이다. 특수한 정의 중 분배적 정의는 명예와 재산과 권력을 공동체에 대한 개인의 기여와 공헌 정도에 따라 분배하는 것을 말한다. 일한 만큼 주라는 것인데, 분배적 정의에 따라 개인은 자신의 몫에 걸맞은 명예와 부와 권력을 지닐 수 있고 행사할 수 있다(회페, 2004, p.194). 아리스토텔레스는 명예와 돈과 권력을 분배하는데 있어서는 불평등을 허용한 것이다. 교환적 정의는 자발적 교환이자 산술적 균형을 이루는 거래를 관할 하며 구매, 판매, 대여, 보증 등과 같은 민법의 영역인 반면, 시정적(보상적) 정의는 비자발적 교환을 관할 하며 불법한 행동에 대한 배상 원리와 관련된 형법의 영역으로 뺏은 만큼 돌려주라는 의미를 지니고 있다(회페, 2004, p.30).

위에서 본 것처럼 아리스토텔레스는 분배적 정의에서 불평등을 허용했지만, 정치적 정의에서는 평등을 강조했다. 아리스토텔레스에게 정치적 정의는 자유로운 시민들이 스스로 통치하는 것으로 공화정적인 의미에서 설명된다. 정치적 정의는 자유롭고 평등한 시민들이 국가를 구성하며, 이 공동체 안에서 동등한 시민들이 번갈아 지배하여 공동의 복지를 추구하는 수평적인 질서 구조를 의미하는 것이다(회페, 2004, p.33).

2. 정의의 기준과 원칙

정의가 무엇인지 설명하기 위해 정의를 무엇에 기준하여 판단할 것인지, 무슨 원칙에 기초하여 정의를 규정할 것인지를 생각해 보는 것은 유용한 작업이다. 정의의 원칙은 크게 공적(merit) 원칙, 필요(need) 원칙, 권리(right) 원칙, 자연법칙(신의 섭리) 원칙이 존재한다(헤이우드, 2007, pp.404-415). 공적 원칙에 기초한 공적주의 정의론은 아리스토텔레스의 분배 정의와 동일한데, 여기서 말하는 공적이란 행위자가 자신이 이룬 어떤 특정한 성과를 근거로 남들과 다른 보상을 요구하고 받는 것을 의미하는데(손병석, 2012, p.106), 공적 원칙은 개인의 노력에 따른 공적에 비례하여 정당한 보상을 주어야 한다는 것이고 그것이 정의라는 것이다(손병석, 2012). 결국 공적주의 정의론은 각자에게 합당한 몫을 주는 것을 의미하는데 이 경우 몇 가지 문제가 발생한다. 첫째, 공적주의 정의론은 결과적 불평등을 당연시하는 문제가 발생한다. 공적 원칙에서 '합당하다는 것'은 더 열심히 더 많은 일을 한 사람과 공동체에 더 많은 기여를 한 사람에게는 더 많은 소득과 이익을 주어야 한다는 것을 의미한다. 그런데 이러한 주장은 사회 불평등을 용인하는 것으로 귀결된다. 둘째, 공적을 어떻게 객관적으로 만인이 인정할 수 있게 측정할 수 있는가의 문제이다. 공적의 평가 가능성과 그 기준에 대한 사회적 합의 여부에서 해결하기 쉽지 않은 문제가 발생한다는 것이다. 셋째, 개인 간의 능력과 행운의 차이가 발생시키는 부의 불평등을 어떻게 해결할 것인지 대안을 제시하기 어렵다. 넷째, 특정인의 공적이 개인의 자발적인 노력에 의한 것이 아니라 타인의 강제에 의해 발생했을 경우 그리고 우연이나 운에 의해 이루어졌을 경우 공적에 따라 차등 분배하는 것이 정당화될 수 있을지 불분명하다. 타인의 강제와 운이 자신의 공정이 될 수 있는지 묻는 질문인 것이다.

필요 원칙은 정의가 사람들의 필요를 충족시키는 것과 관계가 있다고 주장한다. 필요 원칙은 인간이 생을 유지하는데 있어 의식주는 기본적이고 필수적인 조건이며 이것을 제공하는 것이 사회정의라는 인식을 지니고 있다. 필요 원칙은 인간에게 기본적이고 필수적인 의식주를 제공하는 것이 정의로운 일이라고 보는 것이다. 예를 들어, 굶지 않고 약이 없어 죽지 않고, 쉬고 잘 수 있는 공간을 제공하는 것이 사회정의인 것이다. 그런데 이와 같은 필요 원칙은 사회주의와 공산주의 정의론에 가깝다. 사회주의와 공산주의, 필요 원칙과 결과적 평등은 서로 가까운 관계에 있는 정의론인 것이다. 필요 원칙의 장점은 인간의 생존에 필요한 의식주는 반드시 제공되어야 한다는 이론적 기초로 작용한다는 점이다. 사회주의 체제가 붕괴한 이후 결과적 평등에 대한 선호와 열망은 상당 부분 약화되었지만 필요 원칙에 근거한 사회정의론은 아직도 강한 이론적 영향력을 지니고 있다. 예를 들어, 선진국의 풍요롭고 넘쳐나는, 심지어 버려지는 의식주와 최빈국의 아무것도 없는 의식주 상황은 필요 원칙이 최빈국을 위한 강력한 정의의 원칙으로 기능할 수 있는 이론적 기초를 제공한다.

권리 원칙은 자유지상주의의 정의 원칙이다. 자유주의는 개인의 자유, 권리, 사유재산권, 생명을 가장 중시한다. 따라서 자유주의는 개인의 권리와 재산권을 침해하는 것은 정의의 원칙이 될 수 없다고 보는데, 권리 원칙의 대표 이론가는 노직(Robert Nozick)이다(헤이우드, 2007, p.411). 노직은 『무정부, 국가 그리고 유토피아(Anarchy, State and Utopia, 1974)』에서 개인의 부가 훔친 것이 아니고 다른 사람의 권리를 침해하여 얻은 것이 아니라면 즉, 개인의 부가 정당하게 획득되었다면 그 부에 대한 분배 요구는 부당하다고 주장한다. 사회정의라는 이름으로 개인의 정당한 부를 재분배하려는 노력은 정의롭지 않다는 것이다. 노직은 이러한 인식을 바탕으로 사회정의를 통한 재분배 정책보다 사적인 자선을 선호한다.

그런데 이와 같은 권리 이론은 정의 원칙으로서 몇 가지 문제점을 안고 있다(헤이우드, 2007, pp.411-412). 첫째, 권리 원칙은 절대 빈곤과 기아에 놓인 사람들을 구제하는데 이론적으로 기여하기 어렵다. 구제는 사회정의의 몫이 아니라 자선의 몫이라고 보기 때문이다. 둘째, 노직이 말하는 '정당하게 획득된 부'가 무엇인지 설명하기 어려울 뿐 아니라 '정당하게 얻은 부'라는 주장이 사실에 부합하는지도 알기 어렵다. 셋째, 개인을 사회와 철저히 분리하여 원자론적으로 이해하기가 곤란하다는 점이다. 개인이 정당하게 이룬 부가 정말 개인만의 것인지 아니면 사회적 상황과 환경을 통해 사회의 도움으로 번 것인지 구분하기 어렵다는 것이다. 예를 들어, 파산하는 기업을 정부 지원으로 되살려놓은 상황에서 기업인이 이룬 부가 사장만의 것인지 아니면 정부의 지원과 시민들의 세금 지원이 들어갔기 때문에 국가와 시민들의 지분이 있는 것인지를 구분하는 것은 논쟁적일 수밖에 없다.

자연법칙(신의 섭리) 원칙은 보수주의 정의론이다. 자연법칙 원칙은 인간사회의 불평등 상태를 자연법칙의 당연한 결과물이자 신의 섭리라고 이해한다. 자연 속에 진화와 도태가 있듯이 경쟁력 있는 자가 부를 축적하는 것이 자연법칙에 맞는 것이고 신의 섭리를 따르는 것이라는 주장이다. 사회 불평등을 이렇게 이해할 경우 사회정의는 불필요한 정도가 아니라 신의 섭리에 도전하는 것이 된다. 보수주의의 정의론은 사회정의를 강하게 부정하는 것이다. 보수주의는 사회적 강자와 가진자들의 이데올로기이다. 그렇기 때문에 현상 유지에 관심이 있으며 급격한 변화는 거부하는 것이 보수주의 이데올로기의 핵심이다. 따라서 보수주의자들은 물질적 부를 소유하고 있는 입장에서 사회정의에 대한 부정적인 생각을 지니고 있는 것이며, 이런 입장을 정당화하기 위해 자연법칙 원칙에 기초한 정의론을 주장하고 있는 것이다. 예를 들어 보수주의자 버크(Edmund Burke)는 가난한 사람들에 대한 정부의 지원과 노동조건에 대한 정부의 규제는 신의 섭리를 간섭하는 일이라고 주장했다(헤이우드, 2007, p.413). 부의 사회적 분배가 자연법칙과 신의 섭리의 결과라면 그 결과가 아무리 불평등하여 기아와 빈곤에 시달리는 사람이 많이 발생하더라도 그것은 자연스럽고 정당한 것이며 따라서 개선할 필요가 없다고 보수주의는 인식하고 있는 것이다.

이 같은 자연법칙 원칙은 다양한 비판을 받고 있다. 첫째, 자연법칙 원칙에 기초한 정의론은 상당히 거칠고 조악하다는 것이다. 자연법칙이 무엇인지 정교하게 설명하지 못하고 있으며, 자연법칙이 인간사회에도 그대로 적용될 수 있는지도 확신하기 어렵기 때문이다. 둘째, 자연법칙에 기초하여 판단할 때 '옳다'는 것과 인간사회의 도덕과 이성에 기초하여 판단할 때 '옳다'는 것이 같은 것인지 아니면 다른 것인지 자연법칙 원칙은 설명하지 않고 있는 것이다.

이외에도 정의의 기준으로 제시되고 있는 것들은 다양하다. 예를 들어, 위에서 언급한 공적, 필요, 권리, 자연법칙 이외에 평등, 사회적 기여, 노력과 희생, 생산성, 사회적 효용 등을 제시하는 학자들도 존재한다(박채용·정채일, 2001, pp.103-109). 이 중에서 특히 '평등 원칙'은 '평등'을 어떻게 규정하느냐에 따라 정의의 판단 기준이 달라진다. '사회적 기여'와 '노력과 희생'은 공적 원칙과 관련 있으며, '생산성'은 뒤에서 보게 될 신자유주의 정의관과 관련이 깊은 반면, '사회적 효용'은 공리주의 정의관과 관련 깊다.

3. 법적 정의

법적 정의는 범법에 대해 형벌을 부과하고 상해와 손실에 대해서는 보상을 할당하는 방식과 관련된 정의인데, 이러한 측면에서 법적 정의는 형벌과 보상을 적용하기 위한 공적인 절차를 만들고 이를 강제하는 것과 관련된 정의이다(헤이우드, 2007, p.236). 법적 정의는 일반적으로 절차적 정의와 실질적 정의로 구분된다. 절차적 정의는 형식적 정의라고도 불리는데, 정의로운 법적 판단의 결과는 공정하고 모든 사람이 수용할 수 있는 절차적 규칙을 적용하는 경우 발생한다는 점을 중시한다. 스포츠 경기에서도 공정한 절차가 중요하듯이 법적 판단에서도 공정한 절차가 중요하다는 것이다. 절차적 정의를 중시하는 사람들은 법체계가 정의롭기 위해서는 법의 절차가 공정하고 정의로워야 한다고 주장한다. 법적 정의에서 절차적 정의는 여러 가지 측면에서 강조되고 있다(헤이우드, 2007, p.238). 우선 법 앞 평등 개념은 절차적 정의의 대표적인 사례다. 피고인은 변호사를 선임하여 법적 조언을 받을 권리를 지니며 고발된 내용을 명확하게 인지해야 할 권리를 지니는데, 이러한 것들은 모두 절차적 정의와 관련 깊은 제도들이다. 절차적 정의의 또 다른 사례는 재판관의 독립, 형사 사건에서 배심원 제도, 삼심제를 통한 법적 판단의 오류 시정 제도 등에서 찾을 수 있다.

그러나 절차적 정의가 마련되었다고 하더라도 법적 판단이 반드시 정의로운 것은 아니다. 독재자가 자의적으로 만든 비민주적인 법을 집행하는 과정에서 변호인 선임과 삼심제가 이루어졌다고 해서 정의가 실현되었다고 보기는 어렵기 때문이다. 따라서 법적 판단이 정의롭기 위해서는 '실질적 정의'도 함께 요구된다. 실질적 정의는 법적 판단이 절차적 정의뿐 아니라 결과적 정의도 함께 실현해야 한다는 점을 강조한다. 법적 판단의 결과가 정의롭지 못하다면 절차적 정의가 마련되었다 하더라도 정의가 실현되었다고 보기는 어렵다는 것이다. 예를 들어 여성과 소수 인종 등의 참정권을 제한하는 법은 정의로운 법이라고 보기 어렵다. 또한 민주주의를 부정하고 독재를 합법화하는 법은 그것이 아무리 합법적이고 절차상의 문제가 없다 하더라도 정당하고 정의로운 것이라고 인정되기 어렵다. 따라서 실질적 정의는 법의 '결과적 정의'만을 강조하는 것이 아니라 법의 내용 자체도 정당하고 정의로운 것인지를 중시한다.

그런데 문제는 법적 판단에 있어서 실질적 정의를 어떻게 실현할 것인지에 대해 의견이 분분하다는 점이다. 변호사 선임 권리, 재판관의 독립, 배심원 제도, 삼심제 등과 같은 절차적 정의의 내용에 대해서는 학계에서 대부분 동의하고 있지만, 실질적 정의를 어떻게 실현할 것인지에 대해서는 학계의 합의가 이루어지지 못하고 있다는 것이다. 법적 판단에서 실질적 정의를 실현하기 위한 방안은 몇 가지 이론이 서로 경쟁 중이다(헤이우드, 2007, pp.240-241). 첫째, 응분이론이다. 응분이론은 법적 정의는 살인자는 죽음으로 처벌하는 것이 실질적 정의라고 주장한다. 둘째, 억제이론이다. 억제이론을 주장하는 사람들은 사형이라는 처벌은 그것이 살인이라는 범법을 억제하여 살인자 숫자를 줄인다는 확실한 경험적 증거가 있을 경우에만 정의로운 것이라고 주장한다. 셋째, 재활이론이다. 재활이론은 사형이라는 처벌은 합법화된 살인에 불과할 뿐이지 결코 정의의 실현이 아니라고 주장한다. 이처럼 실질적 정의가 무엇인지, 어떻게 실현할 것인지에 대한 논의는 경쟁적인데, 이러한 논란을 벗어나는 방안은 사회구성원이 일반적으로 혹은 광범위하게 합의하고 있는 방안을 정의로 추구하는 것이다. 실질적 정의의 실현 방안을 민주적 합의나 다수제로 결정할 수밖에 없다는 것이다.

이외에도 법적 정의와 관련하여 언급해야 할 점은 '법위반의 정당화 문제'이다(헤이우드, 2007, pp.244-245). 법위반의 정당화 문제는 특정 행동이 위법한 행동일지라도 그것이 정치적으로 정당화될 가능성이 있는 사례와 연관된다. 예를 들어, 아일랜드 공화국 군대(Irish Republican Army: IRA)의 테러는 단순한 테러가 아니라, 영국으로부터 북아일랜드 지역의 독립과 아일랜드 공화국으로의 편입을 추구하는 정치적 동기를 지닌 테러라는 점에서 정당화될 수 있는 측면이 존재한다는 것이다. 이 경우 IRA의 테러는 영국에게는 부정의한 테러이지만 북아일랜드의 독립을 원하는 사람들에게는 정의로운 행동으로 인식된다. 법위반의 정당화 문제에 관한 또 다른 사례는 '시민불복종 운동'이다. 부정의한 정치권력과 국가정책에 대한 시민들의 불복종 운동은 불법적인 경우가 존재하는데, 이 경우 법적 정의가 무엇인지 고민스럽지 않을 수 없다. '법위반의 정당화 문제'에 대한 적절한 해결책은 절차적 정의와 실질적 정의를 잘 구분하고 절차적 정의보다 실질적 정의를 더 중시하는 자세를 지닐 때 찾아질 가능성이 높다. 정치권력이나 국가정책이 정당성을 지니고 있는지 여부를 가리고 절차적 정의보다 실질적 정의를 더 중시하여 추구하는 과정에서 정의가 실현될 가능성이 높아진다는 것이다.

4. 사회정의와 평등

정의는 평등과 깊은 관계를 지닌 개념이다. 특히 사회정의, 즉 분배 정의에 있어서 평등관은 정의관에 다름 아니라는 점에서 평등이 무엇인지를 알아보는 것은 정의에 대한 이해를 높여준다. 사회정의 개념은 19세기 초반에 등장한 것으로 형벌과 보상 등을 다루는 법적 정의가 아니라 사회복지와 연관된 개념이다(헤이우드, 2007, p.404). 즉, 사회정의는 사회의 분배 문제와 관련된 용어로 사회 불평등과 사회평등을 핵심 고려 사항으로 삼고 있는 개념인 것이다. 따라서 사회정의를 이해하기 위해서는 평등에 관한 이론을 살펴보는 것이 중요하다. 평등은 형식적 평등, 실질적 평등, 기회의 평등, 결과의 평등으로 구분할 수 있다(헤이우드, 2007, pp.391-402; Outhwaite and Bottomore, 1993, p.304).

형식적 평등은 자유주의자들의 평등관이자 정의관으로 말 그대로 형식적인 혹은 절차적인 차원에서 평등을 중시하는 것이다. 하지만 형식적인 평등이라고 해서 그 중요성이 다른 평등에 비해 떨어지는 것은 아니다. 형식적 평등의 다른 이름은 소극적 평등이다. 형식적 평등은 기회의 평등이나 결과의 평등에 비해 상대적으로 '소극적'이라는 의미이지 실질적이지 못하다는 의미가 아니라는 것이다.

형식적 평등은 두 가지 의미를 지닌다. 첫째, 형식적 평등은 미국 독립선언(1776), 프랑스혁명의 인권선언(1789)에서 명시한 것처럼 만인은 모두 평등하게 창조되었으며, 태어나서 자유롭게 남아있으며 권리에 있어서 평등하다는 사상을 공유한다. 하지만 선언적 차원에서 인권의 만인 평등주의를 말하는 것과 실제적으로 지구적 차원에서 인권이 지켜지고 있는가는 별개의 문제이다. 예를 들어 세계인권선언이 유엔(UN)

총회에서 1948년 채택되었지만, 현재 지구적 차원에서 인권이 보편적으로 지켜지고 있는 것은 아니다. 이러한 측면에서 즉, 선언적이고 형식적인 차원에 머물러 있다는 점에서 인권선언은 형식적 평등의 사례라고 할 수 있다. 둘째, 법 앞 평등 개념이다. 법 앞에 만인은 평등해야 한다는 원칙 역시 형식적 평등의 사례이다. 인권선언이나 법 앞 평등과 같은 형식적 평등은 그것을 추구하고자 하는 특정 사회의 열망 정도에 따라 어느 정도의 평등이 실현될지가 결정된다. 열망이 약하면 실현이 어려울 것이고 열망이 강하면 실현 가능성이 높아진다는 뜻이다.

이렇듯 형식적 평등이 만인에게 동등한 천부인권이나 법 앞 평등을 강조한다면, 실질적 평등은 개인의 필요에 기초한 물질적 평등과 결과적 평등을 지향한다. 그런데 여기서 문제는 '실질적'이라는 용어의 개념이 단일한 것이 아니라는 점이다. 형식적 평등이 자유주의의 평등관이자 정의관이라면 실질적 평등은 근대 자유주의, 롤즈의 평등주의적 자유주의, 사회민주주의와 사회주의의 평등관과 정의관에 가깝다. 근대 자유주의와 평등주의적 자유주의, 사회민주주의는 실질적 평등과 결과적 평등을 서로 동등하게 생각하지 않는 반면, 사회주의나 공산주의자들은 실질적 평등을 결과적 평등과 동일시한다. '실질적 평등'을 바라보는 시각이 서로 다른 것이다. 예를 들어, 모든 개인은 의식주 같은 '필요'가 충족되어야만 인간다운 생활을 누릴 수 있는데, 이러한 인간의 필요를 충족시키는 데 있어서 사회주의는 결과적 평등과 절대적 균등 분배를 추구하지만, 근대 자유주의와 수정 자유주의, 사회민주주의는 결과적 평등과 절대적 균등 분배를 추구하지 않는다. 사회 불평등을 바라보는 데 있어서 사회주의와 공산주의는 근본적으로 그것을 인정하지 않는 반면, 근대 자유주의와 평등주의적 자유주의, 사회민주주의는 사회정의와 복지를 추구하면서도 사회구성원 간의 일정 정도의 경제적 불평등은 용인하기 때문이다.

기회의 평등은 자유주의, 근대 자유주의와 사회민주주의자들이 추구하는 평등관과 정의관으로 경쟁에 있어서 출발선의 평등을 중시한다. 형식적 평등이 자연권으로서의 인권을 강조하고 법 앞 평등을 강조한다면 기회의 평등은 모든 사람에게 출발선의 평등, 즉 동등한 출발 조건을 추구한다. 예를 들어, 미국의 소수자 우대 정책

(affirmative action)은 기회의 평등을 추구한 대표적인 사례이다. 소수 인종 학생에게 대학 입학의 기회를 보장해 주는 소수자 우대 정책은 기회의 평등을 추구한 미국 사회 정책의 결과물인 것이다. 하지만 기회의 균등은 역차별의 문제를 발생시킨다. 예를 들어, 소수자 우대 정책을 통해 소수 인종 학생이 대학에 입학하는 만큼 공부 잘하는 누군가는 대학 입학이 좌절되기 때문이다.

결과의 평등은 사회주의와 공산주의의 평등관이자 정의관이다. 결과물의 평등을 추구한다는 것은 자본주의 사회의 근본적인 타파를 의미한다. 결과의 평등을 지향하는 사람들은 공적주의 정의론이나 신자유주의와 자유지상주의 정의론, 자유주의와 근대 자유주의 및 사회민주주의의 기회의 평등론, 그리고 롤즈의 평등주의적 자유주의에 만족하지 않고 이것들이 모두 진정한 의미의 정의가 될 수 없다고 주장한다. 따라서 결과의 평등은 개인들의 능력, 운, 노력에 상관없이 결과물의 균등 분배를 추구한다는 점에서 사회주의와 공산주의 평등관인 반면, 보수주의와 자유주의 평등관과는 적대적인 대립 관계에 있는 정의론이다. 근대 자유주의와 사회민주주의는 어느 정도의 경제적 불평등을 인정하는 정의론이지만 사회주의와 공산주의 평등관인 결과의 평등은 균등한 경제적 평등을 추구한다는 점에서 서로의 차이를 드러낸다.

평등이 사회정의(분배 정의)와 깊은 관계를 지닌 개념이기 때문에 형식적 평등, 실질적 평등, 기회의 평등, 결과의 평등은 형식적 정의, 실질적 정의, 기회의 정의, 결과의 정의 등과 서로 개념 차이 없이 학계에서 혼용되어 쓰이고 있다.

5. 사회정의를 바라보는 시각

사회정의를 바라보는 시각은 정치 이데올로기와 철학적 방법론에 따라 차이를 드러낸다. 이 글에서는 공리주의, 신자유주의와 자유 지상주의, 평등주의적 자유주의, 공동체주의의 정의론을 차례로 살펴본다.

공리주의

공리주의는 벤담(Jeremy Bentham)과 밀(John Stuart Mill)이 체계화한 철학적 방법론으로 여기서 말하는 공리(utility, 功利)는 벤담에 의하면 어떤 것이든 이해관계가 걸린 당사자에게 혜택이나 쾌락, 행복 등을 가져다주는 반면 불행이나 고통 등이 일어나는 것을 막아주는 속성을 의미한다. 공리주의는 최대다수의 최대행복이라는 원리를 제1원칙으로 가장 중시한다. 행복의 양과 행위의 올바름(정의로움)이 비례관계에 있다고 주장하는 것이다(레바크, 2000, p.11). 따라서 공리주의는 어떤 행위가 옳은지 그른지를 판단하는 기준은 사변적 기준이 아니라 결과적 유용성이나 쾌락의 산출 여부라고 주장한다. 그리고 공리주의자들에게 정의란 기본적으로 평등의 개념을 내포하고 있다. 각 사람의 행복을 다른 사람의 행복과 동등하게 인식하고 계산하기 때문이다(레바크, 2000, p.256). 그러나 공리주의가 바라보는 사회적 효용성의 극대화는 정의와 도덕적 의무를 방기하는 문제점을 지니고 있다. 예를 들어, 한 명의 희생으로 나머지 모두의 행복과 안전과 평화가 유지된다면 공리주의 관점에서는 문제가 없지만, 이러한 상황은 개개인의 자유와 권리를 중시하는 자유주의 입장에서 바라보면 전혀 정의로운 상황이 아니다. 개인주의 성향이 강한 자유주의 입장에서는 한 사람의 희생도 용납될 수 없는 것이기 때문이다.

신자유주의와 자유지상주의

신자유주의와 자유지상주의는 개인의 자유와 권리(특히 사유재산권)를 최대한 중시하며, 현재 상황이 아무리 불평등한 상황이라 하더라도 그것이 개인의 자유로운 선택의 결과물이라면 그것은 정의롭다고 인식한다(정원섭 2011, p.26). 그리고 이러한 인식에 기초하여 신자유주의와 자유지상주의는 분배 정의에 반대한다. 국가에 의한 분배 정의 추구 자체가 개인의 자유와 사유재산권에 대한 침해라는 이유에서이다.

신자유주의자인 프리드먼(Milton Friedman)은 평등의 이름으로 자유로운 선택을 제한하는 것은 용납될 수 없으며, 자유보다 평등을 앞세우는 사회는 결국 평등도 자유도 모두 달성할 수 없다고 주장한다. 신자유주의자인 하이에크(F. A. Hayek)도 마찬가지이다. 하이에크는 타인의 자유를 강제하는 사회정의(분배 정의)에 대한 신념은 인류의 자유 문명에 대한 중대한 위협이라고 주장하며(박홍기, 1999, p.157), 인간이 평등을 달성할 수 있다는 생각은 마치 미신과도 같은 것이라고 주장한다. 그는 사회정의는 자유와 양립 불가능하며, 평등을 실현할 수 있다는 인간의 희망은 '치명적인 자만(fatal conceit)'에 불과하다고 강조한다. 하이에크는 이에 그치지 않고 사회정의를 '교묘한 속임수 단어'라고 묘사하며, 사회정의는 결국 국가의 시장개입과 간섭 증대를 정당화하기 위한 핑계일 뿐이라고 주장한다(헤이우드, 2007, p.403). 사회정의 같이 시장 질서의 유지를 위협하는 것은 헛된 정의라는 것이다(박홍기, 1999, p.157).

자신의 정의관을 소유권적 정의론(entitlement theory)이라고 지칭한 자유지상주의자 노직(Robert Nozick)은 정의는 평등이 아니라 자유로운 선택과 교환의 산물이라고 지적하며 자유와 평등은 양립할 수 없다고 주장한다. 정의의 핵심은 평등이 아니라 자유라는 것이다(레바크, 2000, p.256; 김봉석, 2008, p.280). 노직은 원초적 취득이 정당하게 이루어지고, 그것의 이전(transfer)이 정당하게 이루어졌다면 소유물에 대한 개인의 배타적 권리가 반드시 보장되어야 한다고 주장한다. 개인의 부가 정당하고 합법적으로 얻어진 것이라면 그것은 정당한 것이기 때문에 그와 같은 개인의 정당한 재산권에 대한 국가의 침해는 정의롭지 못하다는 것이다(Outhwaite and Bottomore, 1993, p.304). 그러나 역사적으로 볼 때 원초적 취득이 과연 타인의 자유와 권리를 침해하지 않고 이루어졌는지 확신할 수 없다는 점에서 노직의 주장은 문제에 봉착한다. 또한 권력과 자본에 의한 지배와 착취가 이루어지고 있는 현실 사회에서 소유물의 취득과 교환과 이전이 노직이 생각하는 것만큼 정당할 수 있는지 회의하지 않을 수 없다는 문제도 안고 있다. 이 결과 노직은 시장의 단점을 정확히 이해하지 못했거나 일부러 도외시하고 있다는 비판을 받고 있다(레바크, 2000, p.16).

평등주의적 자유주의

롤즈(John Rawls)는 『정의론』을 통해 공고히 한 자신의 평등주의적 자유주의를 통해 공리주의 정의론이 지닌 다수를 위한 소수의 희생 문제를 비판하는 동시에 신자유주의와 자유지상주의 정의론이 보여준 불평등에 대한 무시와 간과를 비판한다. 롤즈는 '공정으로서의 정의'를 정의의 기본 이념으로 제시한다. 롤즈에게 공정하다는 것은 누군가가 다른 누군가의 이익을 위해 희생되는 일은 용납되기 어렵다는 것을 의미한다. 롤즈는 원초적 상황(original position)과 무지의 베일(the veil of ignorance)에서 두 가지 정의 원리를 도출한다(정원섭, 2011, pp.28-29; 박홍기, 1999, p.162). 첫째는 자유(liberty)의 원칙이고 둘째는 차등의 원칙과 기회 평등의 원칙이다. 자유의 원칙은 모든 사람이 기본적 자유(예를 들면, 자유권)를 평등하게 지닌다는 것이고, 기회 평등의 원칙은 모든 이에게 '공정한 기회의 균등'을 제공하는 것을 의미한다. 차등의 원칙(difference principle)은 경제적 불평등은 그것이 사회의 최소 수혜자들(the least advantaged)에게 최대 이익(the greatest benefit)이 된다는 전제 하에서만 정당화될 수 있다는 것이다. 그러나 롤즈는 완전한 평등을 추구하는 것은 아니다. 롤즈는 누군가에게 더 많은 이득을 보장해 주는 분배 시스템에서는 불평등이 발생할 수 있음을 인정한다. 누군가에게 더 많은 것을 보장한다고 해서 언제나 정의롭지 못한 것은 아니라는 것이다. 롤즈는 더 열심히 일하고 사회에 더 많이 기여한 사람에게 더 많은 것을 보장하는 것을 인정한다. 다만 그러한 불평등은 그 사회의 최소 수혜자가 이득을 보는 시스템을 만들어 놓은 경우에만 인정된다는 것이다. 결국 롤즈의 정의론은 분배의 평등을 자유주의적으로 지향한다. 분배 원리로서의 결과적 평등을 요구하지는 않는 것이다(레바크, 2000, p.256).

공동체주의

샌델(Michael J. Sandel)은 『정의란 무엇인가(Justice: What's the right thing to do?)』에서 공동체주의 시각에서 바라보는 정의론을 제시한다. 공동체주의자인 샌델은 정의에 관한 기존의 논의를 세 가지로 분류한다(샌델, 2010, p.360). 첫째, 정의를 공리나 행복의 극대화, 즉 최대다수의 최대행복을 추구하는 것으로 보는 공리주의 입장이다. 둘째, 정의를 자유를 존중하는 것과 연관하여 이해하는 자유주의 입장이다. 자유주의 입장은 두 가지 견해를 포괄하는데 하나는 자유 시장에서 사람들의 선택의 자유를 강조하는 신자유주의와 자유지상주의 견해이고, 다른 하나는 원초적 상황에서 사람들의 자유로운 선택을 강조하는 롤즈의 평등주의적 자유주의 견해이다. 셋째, 정의를 덕(virtue)을 키우고 공동선(사회 구성원 모두의 이익과 행복) 을 고민하는 것과 연관 지어 이해하는 공동체주의 입장이다.

샌델은 공리주의 입장과 자유주의 입장에 비판적이다(샌델, 2010, p.361). 공리주의는 정의의 문제를 원칙이 아닌 공리나 행복의 계산 문제로 만들고 인간이 추구하는 가치들을 계산화 하여 그것들의 질적 차이를 등한시했다는 것이다. 자유주의 이론은 공리주의가 지닌 계산의 문제는 극복했지만, 개인의 자유 보장과 재화와 지위, 기회의 분배 문제에 너무 치중함으로써 공동체 구성원들이 추구해야 하는 공동선이나 가치의 중요성에 대해 성찰이 부재하다는 점에서 문제가 있다는 것이 샌델의 주장이다. 달리 말해, 자유주의 정의론은 개인주의에 기초하여 개인들의 다양한 선호와 가치의 동등성만을 강조한 나머지 그것들의 질적 차이를 등한시한다는 것이다. 샌델은 정의로운 사회는 공리와 행복을 극대화하거나 개인의 선택의 자유를 확보하는 것으로만 건설될 수 없다고 주장한다. 공동체주의자인 샌델은 개인의 가치와 선호보다 공동체의 연대나 공동체에의 소속감과 의무감이 더 중요하다는 점을 강조하고 있는 것이다.

이러한 입장에서 샌델은 정의는 분배의 문제만이 아니라 올바른 가치 측정의 문제이기도 하다는 점을 강조한다(샌델, 2010, p.362). 샌델은 공동선을 추구하는 정의로운 사회의 정치는 몇 가지 모습을 지닌다고 주장한다(샌델, 2010, pp.362-371). 첫째, 정의로운 사회는 강한 공동체의식을 필요로 하며, 시민들은 공동체 전체를 걱정하고 공동선에 헌신하는 태도를 지닌 사회이다. 사회는 사적인 이익과 견해를 우선시하는 것이 아니라 공적인 삶을 영위하는 시민으로서의 덕을 키워야 한다는 것이다. 둘째, 정의로운 사회에서는 시장의 도덕적 한계를 공론에 부칠 필요가 있다. 시장이 생산활동에서는 유용한 도구이지만 시장이 사회제도를 지배하는 규범을 관리하게 놔둘 수는 없다는 것이다. 셋째, 정의로운 사회는 빈부격차 문제의 해결을 위해 노력하는 사회이다. 샌델은 불평등이 궁극적으로 시민의 덕을 갉아 먹는다고 지적한다. 빈부격차가 지나치면 시민들의 연대 의식이 약화되고 연대 의식이 약화 되면 공동선을 추구하기 어렵기 때문이다. 연대 의식과 공동선의 약화는 다시 공동체의식을 약화시킨다. 그런데 여기서 샌델이 강조하는 점은 자유주의자들은 연대 의식과 공동선, 공동체의식의 중요성을 간과하고 있다는 것이다. 공동체주의와 자유주의의 가장 중요한 차이점이 여기에 있다는 것이다. 넷째, 정의로운 사회에서 정치는 도덕에 개입한다. 도덕에 개입하는 정치가 도덕을 회피하는 정치보다 더 정의로운 사회 건설에 기여한다는 것이다. 예를 들어, 샌델은 동료 시민들과의 도덕적, 종교적, 다문화적 차이를 서로 회피하기보다는 그것에 도전하고 경쟁하면서 그리고 그 차이를 인정하고 학습하면서 더욱 깊이 개입해야 한다고 주장한다. 이러한 도덕적 개입이 발생하는 영역이 공동체이고 이러한 도덕적 개입을 할 수 있게 만들어 주는 것이 공동선이고 공동체의식이라는 것이다. 이 점에서 공동체주의는 자유주의와는 완전히 다른 대척점에 서 있다. 자유주의는 사회와 정치의 도덕적 개입을 개인의 자유에 대한 침해라고 이해하기 때문이다.

또 다른 공동체주의자 왈쩌(Michael Walzer)는 각 사회마다 지향하는 가치가 다양하고 그 가치들에 대한 분배 기준 역시 다양하기 때문에 각 공동체와 영역마다 서로 다른 고유한 정의의 원칙과 분배 원칙이 존재할 수 있다고 주장한다(정원섭, 2011, p.31). 왈쩌는 공동체주의 입장에서 개별 공동체의 자율성과 공동체 간의 상대주의를 인정한 것으로, 개별 공동체의 문화적 특수성과 차이를 인정하고 다원주의적이고 상대주의적인 정의론을 주장한 것이다(윤진숙, 2007, p.193). 왈쩌는 개별 공동체가 서로 다른 가치를 소중히 여기고 지향할 수 있기 때문에 정의에 대한 개별 공동체의 이해와 추구도 서로 다를 수 있다고 주장한 것이다.

정리하면 정의를 이해하는 시각은 다양하고 경쟁적이다. 공적에 따라 분배하는 것(아리스토텔레스), 공리의 극대화(공리주의), 불리한 처지에 놓여있는 사람들을 유리하게 하는 것(롤즈), 개인의 선택의 결과를 받아들이는 것(노직), 가난하고 억압받는 사람들을 평등하게 대하고 해방시키는 것(종속이론), 공동선과 공동체의식, 연대의식을 강화하는 것(공동체주의) 등 다양하다(레바크, 2000, p.259).

III. 교육과정 속의 정의: 현황, 의미, 문제점

이 글에서는 '정의'가 고등학교 교육과정 내에서 어떻게 설명되고 있는지, 그 현황을 살펴보고 그것의 의미와 문제점을 도출하고자 한다. 교육과정은 『2007 사회과 교육과정』과 『2009 사회과 교육과정』, 『2011 수시개정』, 『2012 수시개정』을 비교·분석한다. 교육과정 분석은 과목별로 구분하여 살펴본다.

그런데 교육과정을 분석하면서 정의와 관련된 부분이 어느 부분인지에 대한 명확한 규정이 선행되어야 한다. 정의 개념이 상당히 광범위하고 불분명하여 정의와 관련 깊은 개념들이 어떤 것인지 먼저 명확히 할 필요가 있다는 것이다. II장에서 살펴본 정의론은 정의가 공적, 공리, 평등, 어려운 사람을 유리하게 하는 것, 개인의 선택을 중시하는 것, 공동선과 연대 의식을 강화하는 것 등과 밀접한 연관이 있다는 점을 알려주었다. 하지만 이러한 개념은 상당히 추상적인 것들이고 교육과정에서 자주 등장하는 개념들도 아니다. 따라서 교육과정에 자주 등장하는 다양한 개념들 중에서 정의와 관련 깊은 용어를 찾아내는 작업이 선행되어야 한다. 필자는 교육과정상에서 정의와 관련 깊은 용어들이 인권, 기본권, 삶의 질, 불평등과 평등, 복지, 정당성, 차별과 소외, 다문화 등이라고 보았다.[65] 따라서 사회과 교육과정 내에서 이들 개념을 중심으로 정의와 관련 있는 내용들을 살펴본다.

---

65 이러한 용어 선정에는 논쟁이 있을 수 있지만 필자가 구분한 이들 용어들은 II장에서 살펴본 평등, 어려운 사람을 유리하게 하는 것, 공동선과 연대의식을 강화하는 것과 깊은 연관을 지니고 있다. 필자가 정의와 관련된 용어 중 '공적', '공리', '개인의 선택을 중시하는 것'을 제외한 이유는 다음과 같다. 첫째, 공적에 기초한 정의론은 개인들 간의 능력, 운, 배경 등의 차이에 따른 결과적 차이를 인정한다는 점에서 사회 불평등을 인정하는 측면이 존재한다. 그리고 공리주의는 다수의 행복과 공리를 위해 소수의 행복과 공리를 희생시킬 수 있다는 점에서 만인의 인권과 기본권은 동등하고 평등하다는 민주주의 원리와 정면으로 충돌하는 측면이 존재한다. 또한 개인의 선택과 그 결과를 중시하고 존중하여 사회구성원들의 평등성을 추구하기 위한 공권력 개입을 거부하는 신자유주의와 자유지상주의는 사회 불평등을 강화하고 공동선과 공동체를 약화시키는 측면이 존재한다. 이러한 이유에서 필자는 정의와 관련된 용어에서 공적, 공리, 개인 선택의 중시 등을 제외했다. 둘째, '공적', '공리', '개인의 선택을 중시하는 것' 등과 같은 용어는 사회과 교육과정에 거의 등장하지 않는 용어들이다. 따라서 교육과정 분석에서 이들 용어를 제외한 것은 크게 문제가 되지 않는다고 필자는 판단했다. 하지만 교육과정을 분석하는 과정에 신자유주의와 자유지상주의 정의론과 관련된 용어나 문장이 등장하면 필자는 이들 내용을 분석 대상에 포함시켰다. 예를 들어, 사회 불평등에 대한 대안으로 노직과 같은 자유지상주의자들이 주장하는 '자선'이 교육과정에 제시된 경우가 존재하는데, 이 경우 '자선'과 관련된 부분은 내용분석에 포함시켰다.

1. 『2007 사회과 교육과정』

과목	사회
정의 관련 내용 현황	1. 사회 과목의 '성격'에서 "사회과에서 육성하고자 하는 민주시민은 … 인권 존중, 관용과 타협의 정신, 사회정의의 실현, 공동체의식, 참여와 책임 의식 등의 민주적 가치와 태도를 함양하고…" 2. 10학년 일반사회 영역 '(7) 정의'에서 "사회정의의 필요성과 의미에 대한 이해를 바탕으로 정치, 경제, 법 등의 다양한 영역에서 논의되고 있는 사회정의 관련 쟁점을 탐구한다. 또한 사회정의를 실현할 수 있는 대안을 찾고, 이를 실천하려는 태도를 갖는다. ① 사회정의에 대한 다양한 관점을 이해한다. ② 정의를 둘러싼 다양한 쟁점을 정치적, 경제적, 법적 측면에서 파악한다. ③ 개인적, 공동체적 관점에서 정의를 실현할 수 있는 방안을 제시한다. ④ 민주시민으로서 사회정의 실현을 위해 노력하는 자세를 가진다." 3. 10학년 일반사회 영역 '(8) 인권'에서 "① 인권의 기본 개념과 관점을 이해한다. ② 인권의 발달 과정을 역사적 측면에서 이해한다. ③ 현대 사회의 인권 문제를 정치, 경제, 사회문화적 측면에서 이해한다." 4. 10학년 일반사회 영역 '(9) 삶의 질'에서 "① 삶의 질의 의미를 이해하고 … ② 삶의 질을 정치, 경제, 법, 사회문화의 관점에서 파악한다. ③ 삶의 질을 향상시킬 수 있는 방안을 제시한다."
의미와 문제점	1. 사회 과목의 성격에서 "사회정의의 실현"을 언급하고 있는데, 사회정의에 대한 구체적인 설명이나 개념 정의가 부재하여 인식의 혼란을 야기하고 있다. 학계에서 합의된 '사회정의' 개념은 '분배 정의'를 의미한다. 사회정의는 '사회 전역에서의 일반적인 정의'를 의미하는 것이 아니라 '분배 정의'를 의미한다는 것이다. 그런데 『2007 사회과 교육과정』에서는 '사회정의'와 '정의'를 서로 구분하지 않고 혼용하고 있다. 예를 들어, 위 칸에서 볼 수 있듯이, 10학년 일반사회 영역 '(7) 정의' 챕터에서 사회정의와 정의를 구분 없이 혼용하고 있다. 명확히 말하면 '사회정의'는 '분배 정의'를 의미하며, '정의'는 '일반적인 정의'를 지칭한다. 교육과정에 의거하여 교과서가 집필되고 교과서를 통해 학생들이 정의를 공부된다는 점을 고려하면 이와 같은 개념 오류는 심각한 오류라고 하지 않을 수 없다. 2. 10학년 일반사회 영역 '(7) 정의' 챕터는 독립적인 하나의 챕터에서 정의를 다룬 최초의 교육과정이자 마지막 교육과정이다. 최초의 교육과정이란 말은 '정의'를 독립적인 챕터에서 독자적으로 통합교육 차원에서 다룬 것은 사회과 교육과정상 초유의 일이라는 의미이며, 마지막 교육과정이라는 말은 정의를 독립적으로 다룬 사회과 챕터가 이후 개정된 사회과 교육과정에 부재하다는 점을 의미한다. 그런데 『2007 사회과 교육과정』에 기초한 교과서 제작은 현실화되지 못했다. 그 결과 정의를 독립적인 하나의 챕터에서 통합교육으로 가르치려던 『2007 사회과 교육과정』의 의도는 교과서 제작으로 실현되지 못했다. '(7) 정의' 챕터는 정의를 독립적인 챕터에서 통합교육으로 가르치려 했다는 점에서 의미가 크지만, 교육과정이 교과서로 발행되지 못했다는 점에서 큰 아쉬움으로 남는다. 3. 10학년 일반사회 영역 '(8) 인권'에서 인권을 언급하고 있는데, 인권을 가르치면서 인권과 기본권의 관계, 정의와 인권과 기본권(자유권, 참정권, 사회권)의 관계에 대한 언급이 전혀 없다. 현대 민주주의 국가에서 정의를 실현하는 대표적 방법은 헌법에 인권을 명시하여 기본권으로 정의를 실현하는 것이다.

	예를 들어, 분배 정의는 사회권 내의 복지권을 확대하면서 실현되는 것이다. 따라서 '(8) 인권' 챕터에서 인권과 기본권과 정의의 관계를 언급하는 것이 좋아 보인다. 4. 10학년 일반사회 영역 '(9) 삶의 질'에서 삶의 질이 자유권, 참정권, 특히 사회권과 깊은 관련이 있다는 점에 대한 언급이 없다. 삶의 질은 개인의 자유와 권리가 신장되고 참정권이 확보되는 동시에 사회권 내의 복지권, 교육권, 환경권 등이 확보될 때 실현된다는 점을 가르칠 필요가 있다는 것이다.

과목	법과 사회
정의 관련 내용 현황	1. 법과 사회 과목의 '목표'에서 "법과 사회 과목은 … 궁극적으로 개인의 기본권이 보장되고 정의가 실현되는 사회를 이해하는 데 필요한 민주시민으로서의 법적 소양, 가치관 및 태도를 지니게 한다." 2. '(1) 법 생활의 기초'에서 "④ 정의와 인권이 법제도의 기본적 가치로서 가지는 의의를 이해한다."
의미와 문제점	1. 법과 사회 과목의 '목표'에서 "법과 사회 과목은 … 궁극적으로 개인의 기본권이 보장되고 정의가 실현되는 사회를 이해하는 데 필요한 민주시민으로서의 법적 소양, 가치관 및 태도를 지니게 한다." 2. '(1) 법 생활의 기초'에서 "④ 정의와 인권이 법제도의 기본적 가치로서 가지는 의의를 이해한다."

과목	정치
정의 관련 내용 현황	1. '(1) 민주정치의 발전'에서 "② 정치권력은 국민들의 폭넓은 지지와 동의를 바탕으로 할 때 정통성을 획득하며 효과적인 지배력을 지니게 됨을 이해한다."
의미와 문제점	1. 정치 과목에서 가장 중요하고 필수적인 내용 중 하나가 정치권력과 권위, 정당성과 합법성 부분이다. 따라서 정치권력이 정당성(정통성)을 얻을 수 있는 경우는 국민들의 지지와 동의가 필요하다는 점을 명시했다는 점에서 의미가 있다.

과목	경제
정의 관련 내용 현황	1. '(4) 시장 기능의 한계와 정부 개입'에서 "현실에 존재하는 소득분배의 불평등 문제를 파악하고 해결 방안을 모색해 본다." 2. '(4) 시장 기능의 한계와 정부 개입'에서 "⑤ 소득분배 불평등의 양상을 이해하고, 이를 완화시키는 제도와 정책을 탐구한다. ⑥ 정부의 시장개입이 항상 최선의 결과를 가져오는 것은 아니라는 사실을 이해하고, 이를 보완할 수 있는 방안을 모색한다."
의미와 문제점	1. 경제 과목에서 정의와 관련 깊은 내용은 소득분배 불평등과 이를 개선하기 위한 복지 등 정부의 시장개입 노력이다. 따라서 '(4) 시장 기능의 한계와 정부의 개입'에서 소득분배 불평등을 완화하기 위한 제도와 정책을 탐구한다는 점을 명시했다는 점에서 의미가 있다. 하지만 경제 과목에서 정의를 언급하지 않는 것은 아쉬움이 남는다.

	현행 경제 과목의 내용이 신고전 경제학에 기초한 내용들을 주되게 소개하는 선에 머무르고 있지만, 경제 교과서가 신고전 경제학의 내용만을 중점적으로 가르쳐야 하는지에 대해서는 비판의 여지가 남는다. 경제 과목에서 불평등과 사회복지를 '정의'와의 연계선 상에서 가르치는 것을 긍정적으로 검토하는 작업이 필요하다는 것이다. 특히 신자유주의의 부정적 영향으로 불평등과 빈부격차, 양극화 현상이 가속화되고 있는 상황에서 정의와 '사회정의(분배정의)에 대한 내용을 교육과정에 첨가하는 것은 필요해 보인다는 말이다.

과목	사회·문화
정의 관련 내용 현황	1. '(4) 사회계층과 불평등'에서 "경제적인 측면뿐만 아니라 사회문화적인 측면에서 나타나는 다양한 사회계층과 불평등 현상을 살펴본다." 2. '(4) 사회계층과 불평등'에서 "① 사회 불평등의 의미를 이해하고, 다양한 형태의 사회 불평등 현상을 살펴본다. ④ 빈곤의 유형과 특징을 이해하고, 빈곤 문제를 해결하기 위한 방안을 모색한다. ⑦ 사회복지의 의미와 현황을 파악하고, 복지 제도의 역할과 한계를 살펴본다."
의미와 문제점	1. 사회·문화 과목에서 불평등과 빈곤 문제를 사회복지와 연계적으로 고려하게 만든 교육과정을 구성한 것은 의미가 있다. 하지만 불평등과 빈곤, 사회문제를 '정의'와 연계하는 사고가 부재하다는 점에서 아쉬움이 남는다.

2. 『2009 사회과 교육과정』

과목	사회
정의 관련 내용 현황	1. '사회과의 개념 및 목적'에서 "바람직한 민주시민이란 … 인권 존중, 관용과 타협의 정신, 사회정의의 실현, 공동체의식, 참여와 책임의식 등의 민주적 가치와 태도를 함양하고…" 2. '사회과의 내용 선정 및 조직'에서 "셋째, 가치·태도에 관한 요소로는 인권 존중, 자유, 평등, 사회정의, 참여, 책임감, 의무, 협동심 등 사회생활 각 분야의 당위적 가치와 가치 갈등을 해결하는 데 필요한 관용, 타협, 연대 등의 태도가 포함된다." 3. 일반사회 영역 '(7) 인권 및 사회정의와 법'에서 "이 단원은 인권 보장과 사회정의 실현을 법의 관점에서 이해하기 위한 것이다. 따라서 이 단원에서는 사회정의와 인권 보장의 관계, 인권 보장을 위한 법의 역할, 기본권 제한의 법리, 기본권의 침해와 법적 구제 방안 … 등을 탐구함으로써 인권을 존중하는 태도를 함양할 수 있도록 한다. 나아가 현대사회에서 발생하고 있는 다양한 인권 및 사회정의의 문제에 대한 해결방안을 정치, 경제, 사회, 문화적 측면에서 통합적으로 탐구함으로써 민주시민으로서 사회발전을 위해 능동적으로 참여하는 인권의식과 법의식을 갖출 수 있도록 한다 … 또한 인권을 보장하고 사회정의를 실현하는 수단인 법이 준수되고 발전하는 데에 적극적으로 참여하는 시민성을 함양하는 데 필요한 학습 경험을 제공할 수 있도록 한다."

	4. 일반사회 영역 '(7) 인권 및 사회정의와 법'에서 "① 현대 민주국가에서 사회정의 실현의 핵심으로서의 인권 보장이 지닌 의미를 살펴보고, 이를 법의 역할과 관련지어 탐구한다. 이 내용은 인간의 가장 기본적인 권리인 기본권에 대한 이해를 바탕으로, 인권을 실현하고 확대해 가는 것이 현대 민주국가에서 사회정의 실현의 핵심이며, 이를 위해 법은 어떠한 역할을 하고 있는지를 파악하도록 하기 위한 것이다. 이 내용의 학습 과정에서는 인권이나 정의에 대한 이론적 접근을 최소화하고, 학습자의 수준에 맞는 구체적인 사례를 중심으로 법이 어떻게 인권을 보장하고 사회정의를 실현하는데 기여할 수 있는지를 탐구해 보도록 한다." 5. 일반사회 영역 '(7) 인권 및 사회정의와 법'에서 "⑤ 현대 사회생활에서 인권 및 사회정의와 관련된 쟁점을 사회문화적, 법적, 정치적, 경제적 측면에서 살펴보고, 이를 해결하기 위한 방안을 탐색한다."
의미와 문제점	1. '사회정의'와 '정의'를 개념 구분 없이 혼용하고 있다. 『2007 사회과 교육과정』에 이어 『2009 사회과 교육과정』에서도 사회정의에 대한 개념오류가 지속되고 있는 것이다. 2. '정의'를 인권, 자유, 평등, 관용, 타협, 공동체의식, 참여, 책임 등과 동등한 가치로 취급했다는 점에서 정의교육 차원에서 평가했을 때 의미가 있다. 3. 일반사회 영역 '(7) 인권 및 사회정의와 법'에서 인권과 정의와 법의 관계를 집중적으로 다룬 점은 의미가 있다. 인권을 보장하고 정의를 실현하는 수단이 법이라는 점 그리고 "인권을 실현하고 확대해 가는 것이 현대 민주국가에서 정의 실현의 핵심이며, 이를 위해 법은 어떠한 역할을 하고 있는지를 파악하도록" 한다고 명시한 점은 의미가 크다는 것이다. 하지만 일반사회 영역 '(7) 인권 및 사회정의와 법'에서 '사회정의(분배정의)'와 '정의'를 구분하지 않고 잘못 사용하고 있다. 교육과정 내용과 개념을 올바르게 표현하려면 '(7) 인권 및 사회정의와 법'에서 '사회정의'라는 용어를 모두 '정의'로 수정해야 한다.

과목	법과 정치
정의 관련 내용 현황	1. 법과 정치 과목의 '총괄 목표'에서 "둘째, 공동체 구성원으로서 법에 보장된 권리를 행사함은 물론, 이에 따르는 의무를 충실하게 이행함으로써 참여를 통해 공동체 발전에 이바지하는 민주시민의 자세를 갖는다. 이를 통해 민주시민으로서 정의 사회를 구현하는데 이바지할 수 있다." 2. '(1) 민주정치와 법'에서 "④ 정치권력의 의미를 이해하고, 정치권력이 정당성을 가지기 위한 조건을 탐구한다. 정치권력이 공동체의 이상을 실현하기 위해 구성원인 시민들의 합의 또는 동의의 기반 위에 성립할 때 정당성과 권위를 지니게 됨을 이해하도록 한다 … 정당성 있는 정치권력과 정당성이 없는 정치권력의 사례를 제시하여 정치권력의 형성과 행사에 있어 정당성이 가지는 의의를 도출할 수 있도록 한다."
의미와 문제점	1. 법치 정치 과목의 '총괄 목표'에서 민주시민으로서 정의 사회를 구현하는데 이바지할 수 있도록 하는 것이 법과 정치 과목의 목표라고 쓰고 있지만, 법과 정치 과목의 '하위 목표' 7개 중에 정의와 관련 부분은 하나도 없다. 이 말은 법과 정치 과목의 목표가 정의 사회를 구현하는 민주시민 양성에 있다고 선언만 할 뿐 교과과정 내에서는 실질적으로 정의와 관련된 내용이 거의 부재하다는 점을 의미한다. 법이 정의의 실현과 관련 깊다는 점을 고려하면 정의와 관련된 내용이 법 관련 교육과정에 정당성 부분을 제외하고 거의 부재한 점은 심각한 문제가 아닐 수 없다.

	2. 정치권력의 정당성은 정의와 관련 깊다. 정의로운 정치권력이 정당성을 확보할 수 있기 때문이다. 따라서 '(1) 민주정치와 법'에서 정치권력의 정당성을 명시하고 있는 점은 의미가 있다. 하지만 정치권력의 정당성을 언급하면서 '정의'와 '정당성'의 관계를 다루지 않았다는 점에서 아쉬움이 남는다.

과목	경제
정의 관련 내용 현황	1. '(3) 시장과 경제 활동'에서 "⑤ 외부성, 공공재, 불완전 경쟁 등으로 발생하는 시장 실패 현상과 이를 개선하기 위한 정부의 시장개입을 이해하며, 정부의 시장개입이 야기할 수 있는 문제와 이를 보완할 수 있는 방안을 모색한다."
의미와 문제점	1. 『2007 사회과 교육과정』에 있던 소득분배 불평등 부분이 『2009 사회과 교육과정』에서는 아예 없어졌다. 경제 과목에서 소득분배 불평등과 그것의 개선 방안에 대한 내용이 전무하게 된 것이다. 이런 상황은 신자유주의와 자유지상주의에 절대적으로 치중된 경제교육이 활성화된 결과라고 판단되는데, 경제 과목에서 소득분배 불평등 문제와 이를 개선하기 위한 제도와 방안을 다루지 않는 것은 이해하기 어렵다. 특히, 국가에 의한 복지 제도 확대와 수요 창출은 경제 활성화에 기여할 수 있다는 점을 고려하면 복지와 정의를 경제 과목에서 가르치지 않는 것은 문제라고 보지 않을 수 없다.

과목	사회·문화
정의 관련 내용 현황	1. 사회·문화 과목의 '성격'에서 "사회·문화 과목에서는…문제 해결력과 비판적 사고력을 신장하여 민주 복지 사회를 이룩하는 데 공헌할 수 있는 자질을 육성한다." 2. '(4) 사회계층과 불평등'에서 "이 단원은 경제적인 측면 뿐만 아니라 사회문화적인 측면 등 여러 가지 측면에서 나타나는 다양한 형태의 사회계층 및 불평등 현상을 파악하고, 사회 불평등 현상의 원인을 설명하는 여러 가지 이론적 시각을 이해하며, 사회 불평등을 해결하기 위한 다양한 방안을 모색하는 것이 주요 내용이다… 그리고 경제적 불평등 문제인 빈곤 문제, 성 불평등 문제, 사회적 소수자의 차별 문제 등의 현황과 원인 및 해결 방안을 포괄적으로 탐색한다. 또한 사회복지의 의미와 복지 제도의 유형을 파악하고, 복지 제도의 역할과 한계를 이해한다." 3. '(4) 사회계층과 불평등'에서 "① 사회 불평등의 의미를 이해하고, 다양한 형태의 사회 불평등 현상을 살펴본다. 어느 사회나 재산, 권력, 위신 등…사회적 자원은 개인과 집단에 따라 불평등하게 분배된다." 4. '(4) 사회계층과 불평등'에서 "④ 빈곤의 유형과 특징을 이해하고, 빈곤 문제를 해결하기 위한 방안을 모색한다. 사회 불평등 현상 중에서 경제적 불평등 문제로서 빈곤 문제가 심각한 사회문제로 제기된다. 이 내용은 빈곤의 유형과 특징을 이해하고, 빈곤 문제를 해결하기 위한 다양한 방안을 모색하는 것이 주요 내용이다." 5. '(4) 사회계층과 불평등'에서 "⑦ 사회복지의 의미와 현황을 파악하고, 복지 제도의 역할과 한계를 살펴본다. 오늘날 대부분의 국가는 사회구성원 모두가 평등하게 인간다운 삶을 영위할 수 있도록 정책적으로 지원하는 복지 사회를 지향하고 있다. 이 내용은 사회복지의 의미와 복지 제도의 유형을 파악하고, 복지 제도의 역할과 한계를 살펴보도록 하기 위한 것이다. 이 내용의 학습 과정에서는 우리나라 사회복지 제도의 종류 및 현황에 대한 구체적인 자료를 수집하여 발표하도록 권장한다."

의미와 문제점	1. 사회·문화 과목의 '성격'이 민주 복지 사회를 이룩하는 데 공헌하는 것과 연관이 있다는 내용은 정의교육 차원에서 의미가 있는 부분이다. 2. '(4) 사회계층과 불평등'에서 다양한 유형의 사회 불평등을 사회복지와 연계하여 설명한 것은 의미가 있다. 하지만 경제적 불평등인 빈곤, 성 불평등, 사회적 소수자 차별과 같은 다양한 유형의 사회 불평등과 사회복지 그리고 '정의'의 관계를 언급하지 않은 것은 아쉬움으로 남는다. 3. '(4) 사회계층과 불평등'에서 사회복지의 의미와 유형을 파악하고 복지 제도의 역할과 한계를 살펴보도록 한 내용은 의미가 있다. 하지만 사회복지를 '정의'와 연계하여 설명하는 부분이 부재하다는 점에서 아쉬움이 남는다.

3.『2011 수시개정』

과목	경제
정의 관련 내용 현황	1. '(3) 시장과 경제 활동'에서 "시장 실패와 정부 실패의 요인과 그 해결 방안에 대해서 알아본다 … ④ 시장 실패 현상을 개선하기 위한 정부의 시장개입과 그로 인해 나타날 수 있는 문제점을 이해하고 이를 보완할 수 있는 방안을 모색한다."
의미와 문제점	1.『2007 사회과 교육과정』에 존재하던 소득분배 불평등 부분이『2009 교육과정』에 이어『2011 수시개정』에서도 사라졌다. 경제 과목에서 소득분배 불평등과 이를 개선하기 위한 방안을 설명하지 않는 것은 심각한 내용상의 결함으로 개선의 필요성이 높다.

과목	법과 정치
정의 관련 내용 현황	1. 법과 정치 과목의 '목표'에서 "기본적 권리가 보장되고 의무가 이행되는 정의로운 사회를 이룩하는 데 필요한 민주시민으로서의 지식과 기능 및 태도를 지닌다."
의미와 문제점	1. 법과 정치 과목의 '목표"에서 정의로운 사회를 이룩하는 데 필요한 민주시민을 양성하는 것이 목표라고 쓰고 있지만, 정의로운 사회가 구체적으로 무엇인지 언급이 없다. 그런데 여기서 더 큰 문제는 정의와 관련된 내용이 전무하다는 것이다. 법과 정치 과목에서 정의와 관련된 부분은 정당성 부분이다.『2009 사회과 교육과정』에서 명시하고 있던 정당성 관련 부분 즉, '(1) 민주정치와 법'에서 "④ 정치권력의 의미를 이해하고, 정치권력이 정당성을 가지기 위한 조건을 탐구한다. 정치권력이 공동체의 이상을 실현하기 위해 구성원인 시민들의 합의 또는 동의의 기반 위에 성립할 때 정당성과 권위를 지니게 됨을 이해하도록 한다."라는 부분이『2011 수시개정』에서는 통째로 사라진 것이다. 법과 정치 과목에서 정당성과 정의에 대한 논의가 전무한 것은 심각한 문제이다. 교육과정의 후퇴이자 퇴행이며 개악인 것이다. '법과 사회' 과목과 '정치' 과목을 통합한『2009 사회과 교육과정』에도 들어 있던 정당성 부분이 왜『2011 수시개정』에서 삭제되었는지 이해하기 어렵다. 두 과목이 통합되면서 학습 내용이 많아져서 내용을 줄이다보니 그렇게 되었다고 보기도 어렵다. 두 과목을 통합한『2009 사회과 교육과정』에도 정당성 부분이 들어가 있었기 때문이다.

	2. 또 다른 문제점은 법과 정치 과목 중 법과 관련된 챕터들인 '(3) 헌법의 기본원리', '(4) 개인생활과 법', '(5) 사회생활과 법', '(6) 국제사회의 법과 정치'에서도 법적 정의에 대한 내용은 전무하다는 것이다. 법이 정의의 실현과 관련 깊다는 점을 염두에 둔다면 법과 정의의 관계에 대한 설명은 반드시 필요하다.

과목	사회·문화
정의 관련 내용 현황	1. 사회·문화 과목의 '목표'에서 "사회·문화 과목에서는 … 문제 해결력과 비판적 사고력을 신장하여 민주 복지 사회를 이룩하는데 공헌할 수 있는 자질을 육성할 뿐 아니라 다문화사회를 살아갈 민주시민의 자질을 함양하는 데 기여한다." 2. '(4) 사회계층과 불평등'에서 "⑤ 사회적 소수자에 대한 차별 현황을 파악하고, 이를 개선하기 위한 방안을 모색한다."
의미와 문제점	1. 『2011 수시개정』 사회·문화 과목의 교육과정은 『2009 사회과 교육과정』과 내용이 거의 유사하지만 사회·문화 과목의 '목표'에서 "다문화사회를 살아갈 민주시민의 자질을 함양하는데 기여한다"라는 내용을 추가했으며, '(4) 사회계층과 불평등'에서 "⑤ 사회적 소수자에 대한 차별 현황을 파악하고, 이를 개선하기 위한 방안을 모색한다."라는 내용을 첨가했다. 다문화사회가 한국 사회의 현안이 되면서 다문화와 사회적 소수자 관련 내용이 교육과정에 편입된 것이다. '정의교육' 차원에서 바라봤을 때, 다문화 교육이 사회과 교육과정에 편입되어 들어온 것은 의미 있는 일이다. 다만 사회 불평등과 다문화 교육을 '정의'와 연관하여 설명하는 노력이 부재하여 아쉬움이 남는다.

4. 『2012 수시개정』

과목	사회
정의 관련 내용 현황	1. '(2) 공정성과 삶의 질. (가) 개인과 공동체'에서 "구체적 사례의 분석을 통해 우리 사회의 차별과 소외를 없애기 위한 다양한 방안을 평가한다. ① 인간존엄성의 의미를 이해하고, 구체적인 사례를 통해 인간의 존엄한 삶을 위해 자유를 비롯한 다양한 권리가 필요함을 인식한다 … ④ 사회적 약자를 보호하고 지역 격차를 해소하기 위한 다양한 정책사례(예: 고용제, 공정거래제도, 국토균형개발 등)를 분석하고 평가하여 입장을 명료화한다." 2. '(2) 공정성과 삶의 질. (가) 개인과 공동체. [이슈 또는 문제 예시]'에서 "⑥ 차별을 해소하기 위해 적극적인 조치를 시행하는 과정에서 나타나는 역차별은 정당화될 수 있는가? ⑦ 기회의 평등(기회균등)과 결과의 평등, 어느 것이 더 중요한가? 3. '(2) 공정성과 삶의 질. (가) 개인과 공동체. [탐구활동과 논술 예시]'에서 "② 소수집단의 의미와 실태를 파악하고, 세계 각국의 소수집단을 위한 정책을 찾아본다 … ⑧ 여성 차별 혹은 지역 간, 집단 간 갈등이 일어나는 구체적 사례를 찾아보고, 이러한 현상의 원인과 문제점을 밝힌 후 여성할당제나 지역 할당제 같은 적극적 조치가 해결책이 될 수 있는지에 관해 발표한다. ⑨ 무엇이 공정한 것인지에 대한 학자들의

	다양한 주장을 살펴보고, 우리 사회의 교육, 복지, 경제, 사회 등 여러 분야에서 이러한 주장이 적용된 구체적 사례를 찾아본다. 4. '(2) 공정성과 삶의 질. (나) 다양성과 관용'에서 "다양성이나 다문화를 단순히 인종이나 민족문화의 차이에 한정하지 않고 우리 사회에서 나타나는 다양한 차이와 갈등까지 고려할 수 있도록 한다." 5. '(2) 공정성과 삶의 질. (나) 다양성과 관용'에서 "② 문화의 다양성을 인정하는 문화상대주의 관점을 사례를 통해 이해하고, 이를 다양성 인정이 필요한 상황(지역, 인종, 계층 등 다양한 문화 갈등 상황)에 적용한다. ③ 다문화사회(지역, 인종과 민족, 성, 계층, 장애 등 고려)에서 차이를 인정하는 관용과 문화적 소통의 중요성을 이해하고, 다문화사회에서 나타날 수 있는 갈등을 해결하기 위한 방안을 모색한다." 6. '(2) 공정성과 삶의 질. (나) 다양성과 관용. [탐구활동 및 논술 예시]'에서 "⑤ 문화상대주의적 관점의 긍정적 요소 및 부정 요소를 구체적인 사례를 활용하여 설명하고, 인류의 보편적 가치와 문화상대주의가 공존할 수 있는지에 관해 발표한다." 7. '(2) 공정성과 삶의 질. (다) 삶의 질과 복지'에서 "① 인간다운 삶을 위해 필요한 삶의 조건(경제적, 문화적, 환경적 요인 등 고려)을 찾아보고, 이를 갖추도록 사회가 지원해야 하는 이유와 지원 방법에 대하여 토의한다. ② 개인적인 차원에서의 기부와 사회봉사가 공동체의 삶의 질을 높이는데 기여할 수 있음을 이해하고, 그 실천 방안을 제시한다. ③ 삶의 질을 높이기 위한 다양한 정책(예: 지역 차 해소, 환경 고려, 복지 제도, 경제성장 등)을 파악하고 평가한다." 8. '(2) 공정성과 삶의 질. (다) 삶의 질과 복지. [이슈 또는 문제 예시]'에서, "② 교육비를 국가가 지원해야 하는 이유는 무엇인가? ③ 헌법이 보장한 행복추구권의 범위는 어디까지인가?" 9. '(2) 공정성과 삶의 질. (다) 삶의 질과 복지. [탐구활동 및 논술 예시]'에서, "③ 다양한 분야(예: 경제, 교육 등)에서 이루어지는 복지정책을 조사하고 헌법에서 인정하고 있는 다양한 권리들을 활용하여 각 정책이 정당화될 수 있는 근거를 제시한 후 이러한 복지정책의 확대에 관한 자신의 견해를 발표한다 … ⑧ 우리 사회의 기부문화를 다른 사회와 비교하고, 기부문화가 공동체 발전에 기여한 사례를 토대로 자신의 기부 계획을 설계해 본다." 10. '(5) 미래를 바라보는 창. (가) 인구, 식량 그리고 자원'에서 "② 글로벌 경제적 차원에서 식량의 생산, 소비, 분배과정을 파악하고, 이 과정에서 나타나는 식량문제를 해결하기 위한 방안을 모색한다." 11. '(5) 미래를 바라보는 창. (가) 인구, 식량 그리고 자원. [이슈 또는 문제 예시]'에서 "③ 세계의 식량 총생산량은 전 인류를 굶주림으로부터 해방시키기에 충분함에도 기아에 허덕이는 지역이 있는 이유는 무엇인가?"
의미와 문제점	1. 『2012 수시개정』부터 고등학교에서 선택으로 전환된 '사회' 과목에서 '공정성'과 '삶의 질'을 하나의 독립적인 챕터로 편성하여 가르치게 한 것은 의미가 크다. 사회 과목의 '(2) 공정성과 삶의 질' 챕터는 정의와 관련된 다양한 내용들을 본격적으로 다루고 있다는 점에서 다른 사회 과목들과는 다르게 '정의교육'에 가장 근접해 있는 과목이라고 판단된다. 특히 '공정성과 삶의 질'을 차별, 소외, 인간존엄성, 사회적 약자 보호, 지역 격차 해소, 역차별의 정당성, 기회의 평등, 결과의 평등, 여성할당제, 지역할당제, 다양성, 관용, 다문화, 복지, 인간다운 삶, 기부, 사회봉사, 교육비(교육권), 헌법의 행복추구권 등과 같은 구체적인 개념과 사례를 연계하여 본격적으로 다루고 있다는 점에서 고무적인 일이라고 평가할 수 있다. 특히 지구적 차원의 식량문제 해결과 굶주림으로부터의 해방과 같은 문제들을 교육과정에 포함시킴으로써 지구적 차원의 '정의'와 '인권'을 가르칠 수 있는 기초를 깔았다고 평가할 수 있다. 하지만 '정의'라는 용어 대신 '공정성'이라는 용어를 사용한 이유가 무엇인지 이해하기 어렵다.

5. 교육과정상의 문제점 정리

지금까지 교육과정에 드러난 정의교육 관련 부분들을 살펴보고, 그것들의 의미와 문제점을 구체적으로 살펴보았는데, 이러한 작업을 통해 현행 '정의교육'의 문제점을 몇 가지로 정리할 수 있다.

첫째, 정의에 대한 체계적인 사회과교육이 이루어지지 않고 있다. 제대로 된 '정의교육'이 부재하다고 평가할 수 있을 정도로 정의에 관한 교육이 양적, 질적 측면 모두에서 부족하다. 정의교육이 체계적으로 이루어지지 못하고 있다는 주장은 두 가지를 의미한다. 하나는 통합된 하나의 체계적인 정의교육이 부재하다는 점이고, 다른 하나는 사회과의 여러 과목별로 정의와 관련된 내용들이 아무런 연계성 없이 분산적으로 가르쳐지고 있다는 점이다.

우선 통합된 하나의 체계적인 정의교육이 부족하다는 주장에 대해 알아보자. 『2007 사회과 교육과정』, 『2009 사회과 교육과정』, 그 이후 『수시개정』의 내용을 살펴본 결과, 교육과정 집필자들은 정의와 사회정의를 민주주의, 인권, 자유, 평등, 시민성, 참여, 책임감, 관용 등과 같은 핵심 가치들과 동등하게 중요한 가치로 인정하고 있다. 위의 표에서 살펴본 것처럼 교육과정 집필자들은 정의와 사회정의를 가르치는 것이 사회 과목의 목표와 성격에 부합한다는 점을 명확히 쓰고 있다. 하지만 정의교육을 체계적으로 가르치기 위한 고민과 노력이 교육과정 집필자들에게 부재하다는 점은 인정하지 않을 수 없다. 체계적인 정의교육은 인권, 기본권, 삶의 질, 불평등과 평등, 사회정의(분배정의), 복지, 정당성, 차별과 소외, 다문화 등을 '정의'와 관련하여 연계적이고 체계적으로 가르치는 것이다. 이들 가치가 왜 사회공동체에서 중요한지 정의와의 관계를 중심으로 가르쳐야 한다는 것이다. 정의교육이 어떠한 체계와 내용을 중점적으로 담아내야 하는지에 대해서는 'Ⅳ. 정의교육의 체계와 내용'에서 살펴본다.

다음으로 사회과 과목별로 정의교육이 산발적이고 연계성 없이 가르쳐지고 있다는 주장에 대해 알아보자. 사회과 과목 중에서 정의교육과 관련 깊은 과목은 사회, 법과 사회, 정치, 경제, 사회·문화, 법과 정치가 존재하는데 이들 과목들에서 다루고 있는 정의교육은 서로 간의 체계성이나 일관성, 연관성이 부재한 것이 현실이다. 각 과목별로 자신의 내용 체계와 내용 요소에 들어맞는 정의 관련 내용들을 자의적이고 독자적으로 선정하고 가르치고 있는 것이다. 달리 말해, 개별 과목별로 중요한 개념들을 정의와의 연계 선상에서 설명하고 있지 않다는 것이다. 이러한 주장은 위의 표에서 수행한 '의미와 문제점'에서 명확히 드러난다. 예를 들어, '사회' 과목 교육과정에서는 인권, 기본권, 삶의 질, 공정성, 기회의 평등, 결과의 평등, 사회적 약자 보호와 우대제도, 다문화, 기부, 복지, 행복추구권 등을 다루면서 정의와의 관계에 대해 전혀 언급이 없다. 또한 '정치' 과목 교육과정은 정당성을 설명하면서 정의와의 연관성을 언급하지 않고 있으며, '경제' 과목 교육과정 역시 소득분배 불평등 문제를 다루면서 사회정의나 정의와의 관련성을 쓰지 않고 있다. '사회·문화' 과목의 교육과정도 마찬가지이다. 사회 불평등과 빈곤, 사회복지, 다문화 등을 다루면서 이것들의 정의와의 연계성을 전혀 설명하지 않고 있다.

둘째, 사회과 개별과목에서 정의 관련 교육들이 그 체계와 내용에 있어서 줄어들거나 사라지고 있다. 정의교육이 체계화되고 확대되어야 할 필요가 있는 상황에서 현실은 그 반대 방향으로 귀결되고 있는 것이다. 예를 들어, '경제' 과목에서 소득분배 불평등을 다루는 내용이 『2009 사회과 교육과정』부터 사라졌으며, '법과 정치' 과목에서 정당성을 가르치는 내용이 『2011 수시개정』부터 사라졌다. 경제 과목에서 사회정의나 복지와 관련된 내용이 사라진 것은 이해하기 어렵다. 그리고 정치 과목과 법과목을 하나로 통합한 것도 많은 비판을 받고 있는 상황에서, 정치와 법의 핵심 개념인 정당성을 가르치는 내용이 교육과정에서 사라진 것 또한 이해하기 어렵다. 교육과정 집필자의 자의적인 오판이라 보지 않을 수 없는 것이다.

셋째, 용어와 개념에 대한 오류가 존재한다. 사회과 교육과정에서는 '정의'와 '사회정의'를 구분하지 않고 있다. 하지만 학계에서는 정의와 사회정의는 분명히 서로 다른 개념이다. 정의는 일반적인 의미에서의 정의를 의미하지만 사회정의는 분배정의를 지칭하는 용어이다. 사회정의는 "부와 기회와 특권의 분배와 관련 깊은 정의"인 것이다(Wikipedia, 2014). 사회정의 개념은 19세기 초에 처음 등장한 것으로 법적 정의

보다는 사회복지와 연관된 개념으로 쓰이고 있으며, "임금, 이윤, 주택, 의료보호, 복지혜택 등의 의미에서 평가된 사회적 혜택이나 보상의 배분을 의미한다."(헤이우드, 2007, p.404)

용어의 혼용은 여기서 그치지 않는다. 위의 표에서 살펴본 것처럼 『2012 수시개정』에 의해 만들어진 '사회' 과목의 교육과정은 '정의'라는 용어 대신 '공정성'이라는 용어를 사용하고 있다. 왜 정의라는 용어를 사용하지 않고 '공정성'이라는 용어를 사용했는지 교육과정을 읽는 일반인들은 이해하기 어려운 부분이다. 정리하면, 교육과정에서 '사회정의'라는 용어를 '사회에서의 정의'라는 일반적인 의미로 사용하는 것은 개념 오류이다. 개념수정이 반드시 요구된다. 이 점과 관련하여 지적되어야 할 점은 교육과정이 만들어지는 과정의 폐쇄성이다. 몇몇 사람에 의해 폐쇄적으로 집필된 교육과정은 오류의 존재 가능성을 항시적으로 열어놓게 만드는 주요 원인이다. 교육과정 집필 과정에 좀 더 많은 전문가가 참여하고 더 개방적인 검증 과정이 요구되는 것이다.

넷째, 교육과정의 수시개정 문제이다. 교육과정에서 숙의성과 합의성, 그리고 일관성은 매우 중요하다. 교육과정이 자주 바뀌고 교육과정 체계와 내용에 대한 광범위한 합의와 오랜 숙의가 없고 그래서 일관성이 부재한 교육과정은 문제가 많을 수밖에 없다. 이 점에 대해서는 추가 설명이나 반론 제기가 불필요할 정도이다. 2005년 교육과정의 수시개정 시스템을 도입하면서 교과부는 급작스러운 전면 개정에 따른 학교현장의 혼란을 막을 수 있고, 교육환경의 급속한 변화에 맞춰 시의적절하게 교육과정을 수시로 개정하는 것이 바람직하다는 주장을 내놓았다(이은화, 2014). 하지만 교과부의 이러한 주장은 진실과는 거리가 멀다. 수시개정은 더 많은 교육현장의 혼란을 초래했으며, 전문가들도 헷갈릴 정도로 많은 수시개정은 교육과정 자체에 대한 광범위한 체념과 무관심의 확산을 초래했다. 수시개정은 오히려 소수 폐쇄 집단의 교육과정 독점을 강화하는 방향으로 귀결된 것이다.

정의교육과 관련하여 수시개정의 문제점은 명백하게 드러난다. 예를 들어, 『2007 사회과 교육과정』 10학년 일반사회 영역 '(7) 정의' 챕터는 처음으로 정의교육을 제대로 시작한 의미 있는 시도였지만 수시개정 결과 교과서를 만들어보지도 못하고 폐기되었다. 처음 시도된 정의교육이 제대로 시작도 못 해보고 사라진 것이다. 또한 『2012 수시개정』 사회 과목의 '(2) 공정성과 삶의 질' 챕터 그리고 '(5) 미래를 여는 창. (가) 인구, 식량, 자원' 챕터 역시 다른 과목에 비해 정의교육과 상당히 관련이 깊은 내용들을 담고 있다. 하지만 10학년 사회 과목이 국민공통교육과정에서 선택과목으로 바뀌면서 이와 같은 정의교육을 접할 수 있는 학생들의 수는 현저해 줄어들었다.

또한 학교 현장과 사회과 전문가들의 비판이 거세지면서 10학년 사회 과목을 폐지하려던 교과부의 원래 취지가 후퇴하고 사회 과목이 선택과목으로 남게 되면서 10학년 사회 과목의 교육과정은 말 그대로 속전속결로 만들어졌다는 평가를 받고 있다. 수시개정과 속전속결식 교육과정도 문제이지만 그 교육과정을 바탕으로 집필된 사회 교과서 역시 많은 비판을 받고 있는 것이 현실이다. 특히 '(1) 사회를 바라보는 창' '(5) 미래를 바라보는 창' 등과 같은 챕터 제목은 교육현장에서 상당히 낯선 것이며, '(1) 사회를 바라보는 창'의 '(가) 개인 이해' 부분은 사회과에서 최초로 시도된 '정체성 교육' 임에도 불구하고 교육현장에서 낯설고 가르치기 어렵고 시험문제를 출제하기도 어렵다는 평가를 받고 있다.[66]

정의교육과 관련해서 수시개정과 속전속결식 교육과정 개발의 여파로 사회 과목에서 '정의'라는 용어 대신 '공정성'이라는 용어가 자의적으로 사용되고 있다는 점은 위에서 이미 살펴보았다. 『2007 사회과 교육과정』, 『2009 사회과 교육과정』, 『수시개정』 등 모든 교육과정이 사회과 교육과정의 '성격'과 '목표'에서 '공정성'이라는 용어가 아닌 '정의' '사회정의'라는 용어를 사용했다는 점을 고려하면 2012 수시개정에 의해 집필된 사회 과목에서 '정의'라는 용어 대신 '공정성'이라는 용어를 사용한 것은 교육과정 집필자의 자의적인 판단이 아닐 수 없다.

---

66 『2012 수시개정』에 의한 사회 과목 교육과정의 내용 체계는 다음과 같다.

영역	내용요소
사회를 바라보는 창	개인 이해/세상 이해
공정성과 삶의 질	개인과 공동체/다양성과 관용/삶의 질과 복지
합리적 선택과 삶	고령화와 생애 설계/일과 여가/금융 환경과 합리적 소비
환경변화와 인간	과학기술의 발달과 정보화/공간변화와 대응/세계화와 상호의존
미래를 바라보는 창	인구, 식량 그리고 자원/지구촌과 지속가능한 발전/인류 미래를 위한 선택

IV. 정의교육의 체계와 내용

그렇다면 정의교육은 어떻게 가르쳐야 할까? 정의교육의 체계와 내용을 살펴보기 전에 먼저 강조해야 할 점은 정의교육의 외연과 내포를 무한정 확장시키기 어렵다는 것이다. 교육과정은 교육 시수와 깊은 관련이 있기 때문이다. 정의교육 뿐 아니라 다양한 교육들이 교육과정상에서 좀 더 많은 시수를 확보하기 위해 경쟁하고 있다. 예를 들어, 다문화 시대를 맞아 다문화 교육이나 정체성 교육을 확대해야 한다는 주장도 거세며, 우리 사회의 통합을 추진하기 위해 공동체교육과 이데올로기교육을 확대해야 한다는 주장도 존재한다. 결국, 정의교육을 무한히 확대하기 어렵다는 것이다. 그렇다면 정의교육은 어떻게 구성되어야 할까? 필자는 정의교육의 내용을 핵심 내용을 중심으로 최소화하면서 현재 교육과정에 산발적으로 각개 분산되어 있는 정의 관련 주요 개념들을 정의와의 연관성을 중심으로 묶어내는 작업이 중요하다고 본다. 아래의 내용은 이러한 판단에 기초한 개척적인 제안이다. 필자의 제안을 통해 정의교육의 체계와 내용에 대한 좀 더 현장 친화적이고 체계적인 연구와 토론이 활성화되기를 기대한다.

정의교육의 체계와 내용을 알아보는 일은 두 가지 작업을 요구한다. 하나는 다양한 사회과 개별과목 내의 정의교육이고 다른 하나는 국민공통교육과정 상의 정의교육이다. 우선 사회과 개별과목 내의 정의교육이 어떻게 구성되어야 하는지를 알아보자. 사회과 개별과목에서 정의교육은 이미 존재하는 개별과목 내의 정의 관련 개념들을 정의와의 연관성을 중심으로 가르치는 것이 중요하다. 예를 들어, '법과 정치' 과목에서는 정의와 관련 깊은 정치권력의 정당성과 법적 정의를 가르치는 것이 중요해 보이고, 경제 과목에서는 '사회정의(분배정의)'가 왜 중요한지, 복지 체제가 왜 요구되고 복지의 경제적 기능은 무엇인지 등을 설명하는 내용이 들어가는 것이 좋아 보인다. 그리고 '사회·문화' 과목에서는 불평등, 빈곤, 소수자, 다문화, 사회복지 등의 개념을 정의와의 연관성에서 가르치는 노력이 필요해 보이고, '사회' 과목에서는 공정성이라는 용어 대신 정의라는 용어를 사용하여 정의교육에 대한 체계적이고 독립적인 챕터를 구성하는 것이 바람직해 보인다.

다음으로 국민공통교육과정67 상의 정의교육이 어떠한 체계와 내용을 가져야 하는지 알아보자. 이 글의 'II. 정의란 무엇인가'에서 살펴보았듯이 정의에 논의는 몇 가지 범주로 정리된다. 정의의 개념과 의미, 정의의 원칙, 정의의 유형, 정의를 바라보는 시각 등이 바로 그것이다. 따라서 정의를 가르치는 사회과 국민공통교육과정은 다음과 같은 체계와 내용을 갖는 것이 바람직해 보인다.

<정의교육의 체계와 내용>

체계		내용
영역	**내용요소**	
정의의 의미	ㅇ 정의의 중요성 ㅇ 정의의 의미	ㅇ 정의는 사회제도의 제1덕목이다(존 롤즈)(정원섭, 2011, p.22에서 재인용). ㅇ 정의가 소멸하면 인간이 지상에 존재한다는 것은 아무 가치가 없다(임마누엘 칸트)(김병규, 1994, p.281에서 재인용). ㅇ 정의는 정치체계와 법체계의 핵심 내용을 구성한다. 정치에서 정의는 권력의 정당성과 권력에의 자발적 복종과 깊게 연관되어 있다. 법에서 정의는 법의 권위와 법에의 자발적 복종을 제공하는 이론적 기초로 작용한다. ㅇ 정의는 올바르게 행동하는 것, 각자에게 각자의 정당한 몫을 주는 것과 관련이 깊다.
정의의 원칙	ㅇ 공적원칙 ㅇ 필요원칙 ㅇ 권리원칙 ㅇ 자연법칙원칙	ㅇ 공적원칙: 개인의 노력과 그 결과물에 비례하여 정당한 보상이 주어져야 한다. ㅇ 필요원칙: 사회복지와 관련성 깊은 정의관으로, 정의는 사람들이 생을 유지하는 데 필요한 것들을 충족시켜주는 것과 관계가 깊다. ㅇ 권리원칙: 자유주의 정의관으로 개인의 자유, 권리(특히, 재산권)등을 강조한다. 정의는 개인의 자유와 권리(재산권)를 침해하지 않는 것과 연관이 깊다. ㅇ 자연법칙원칙: 보수주의 정의관으로 인간사회의 불평등은 자연법칙의 당연한 결과이자 신의 섭리라고 인식한다.

67 필자는 사회과 국민공통교육과정이 고1까지 다시 구성되었으면 좋겠다는 의견이다. 그리고 현재 선택과목이 되어 있는 '사회' 과목을 다시 국민공통교육과정 상의 과목으로 되돌리는 것이 바람직하다고 생각한다. 따라서 필자가 제시하는 정의교육의 체계와 내용은 국민공통교육과정으로 다시 복귀된 고등학교 1학년 '사회'에서 가르치는 것이 좋다고 본다. 하지만 『2015 사회과 교육과정』에서 '공통사회' 과목을 신설하기로 결정한 이상 위에서 제시한 정의교육의 체계와 내용은 '공통사회' 과목에 편성되었으면 좋겠다는 바람도 필자는 가지고 있다.

정의의 유형	ㅇ 법적정의/사회정의(분배정의) ㅇ 절차적 정의/실질적 정의 ㅇ 실질적 정의와 평등의 유형(형식적 평등, 실질적 평등, 기회의 평등, 결과의 평등)	ㅇ 법적 정의는 범법에 대해 형벌을 부과하고 상해와 손실에 대해 보상을 할당하는 방식과 관련된 정의이다. ㅇ 사회정의는 사회의 부, 기회, 특권의 분배문제와 관련된 정의로 사회 불평등과 평등에 관한 정의이다. ㅇ 절차적 정의는 만인이 수용할 수 있는 공정한 절차를 중시한다. ㅇ 실질적 정의는 절차뿐 아니라 내용과 결과에 있어서의 정당함과 정의로움을 중시한다. ㅇ 무엇이 실질적 정의인지에 대해서는 평등관에 따라 달라진다. 평등관은 형식적 평등, 실질적 평등, 기회의 평등, 결과의 평등 등이 존재한다. ㅇ 형식적 평등은 형식적이고(formal) 절차적인 차원의 평등을 중시한다. 예를 들어, 인권과 기본권, 법 앞 평등 개념은 형식적 평등에 가깝다. ㅇ 실질적 평등은 개인의 필요(need) 같은 기준을 통한 물질적 평등을 추구한다. 롤스의 수정 자유주의, 사회민주주의, 사회주의 평등관이 실질적 평등에 가깝다. ㅇ 기회의 평등은 경쟁에 있어서 출발선의 평등을 중시한다. 만인에게 동등한 출발 조건이 주어지는 것을 추구한다. ㅇ 결과적 평등은 사회주의와 공산주의의 평등관으로 결과물의 평등을 추구한다.
정의에 대한 시각	ㅇ 공리주의 ㅇ 평등주의적, 자유주의 ㅇ 신자유주의와 자유지상주의 ㅇ 공동체주의	ㅇ 공리주의: 최대다수의 최대행복을 강조하며 공리(행복, 쾌락, 혜택)의 양과 정의로움이 비례관계가 있다고 주장한다. ㅇ 평등주의적 자유주의: 롤스의 정의관으로 차등의 원칙과 기회의 평등을 강조한다. 경제적 불평등은 그것이 사회의 최소수혜자에게 최대 이익을 가져다주는 한에서만 정당화된다고 주장한다. ㅇ 신자유주의와 자유지상주의: 사회정의(분배정의)에 반대한다. 사회정의는 개인의 자유와 사유재산권에 대한 침해라고 본다. ㅇ 공동체주의: 정의를 공동체의 공동선(사회구성원 모두의 이익과 행복)을 추구하고 덕(virtue)을 키우는 것과 연계지어 사고한다.

V. 결론

공동체에서 정의를 제대로 가르치는 것은 중요하다. 정의가 올바름과 공정성을 바탕으로 공동체가 추구하고 지향해야 할 바람직한 가치와 규범을 제공해 주고, 이를 통해 공동체의 안정과 결속 그리고 사람다움을 제공해 주기 때문이다. 정의로운 공동체는 구성원 개개인의 공동체에 대한 자발적인 애정과 참여, 충성심을 동원함으로써 공동체 구성원과 공동체 간의 밀접한 가교역할을 수행해 준다. 공동체 구성원과 공동체가 하나 되는 사회는 사회과교육이 추구하는 이상적인 사회이다. 하지만 우리 사회과에서 정의에 대한 교육은 상당 부분 실망스러운 상황에 놓여있다. 정의교육의 필요성에 대한 공동체 차원의 공감과 합의를 가져본 경험이 없으며 그 결과 제대로 된 정의교육이 시행된 적도 없기 때문이다.

정의교육은 다른 교육과 마찬가지로 공동체 구성원 간의 깊은 숙의와 폭넓은 합의를 거쳐 만들어진 교육과정에 기초하여 이루어져야 한다. 이 글에서 살펴본 『2007 사회과 교육과정』, 『2009 사회과 교육과정』, 『2011과 2012 수시개정』은 정의교육과 관련하여 몇 가지 반성할 점을 제공한다. 첫째, 정의교육의 필요성에 대한 사회과 내의 인식과 합의가 부재하다. 둘째, 사회과에서 체계적이고 독립적인 정의교육이 부재하다. 셋째, 체계적인 정의교육이 부재한 결과 '정의'와 '사회정의'를 구분 없이 사용하는 용어에 대한 개념오류가 발생했으며, 개별과목 내에서도 정의와 관련 깊은 핵심가치와 내용들을 가르치면서 그것들이 갖는 정의와의 연관성에 대해 전혀 다루지 않고 있다. 정의교육의 시작은 이러한 문제점에 대한 반성에서 시작되어야 한다.

체계적이고 독립적인 정의교육의 도입과 실천을 위해 구체적으로 두 가지 노력이 요구된다. 첫째, 정의교육을 독립적이고 체계적으로 가르치기 위해 정의교육을 하나의 독립 챕터로 편성할 필요가 있다. 『2007 사회과 교육과정』의 10학년 일반사회 영역 '(7) 정의' 챕터와 『2012 수시개정』의 사회 과목 '(2) 공정성과 삶의 질" 챕터처럼 정의를 독립적이고 포괄적이며 자기 완성적인 차원에서 가르칠 필요가 있다는 것이다. 이를 위해 정의교육을 국민공통교육과정에 편성하거나 『2015 교육과정』의 '공통사회' 과목에 편성하는 것이 바람직해 보인다. 이를 통해 정의교육의 대상을 최대한 확대해야 한다는 것이다. 둘째, 사회과 개별과목에 산발적으로 퍼져 있는 정의 관련 내용들을 '정의'와의 연계성을 중심으로 가르칠 필요가 있다. 예를 들어, 사회 과목에서 인권과 삶의 질과 공정성과 평등, 법과 정치 과목에서 정통성, 경제 과목에서 소득분배 불평등, 사회·문화 과목에서 사회 불평등과 빈곤, 다문화와 소수자, 사회복지 등과 같은 핵심 개념들은 '정의'와의 관련성을 중심으로 교육과정을 개편하는 것이 바람직해 보인다. 이들 주요 개념을 정의교육 차원에서 정의교육을 중심으로 묶어내는 작업이 필요하다는 것이다.

이 글은 정의가 무엇인지 살펴보고, 교육과정상에서 정의교육이 어떻게 가르쳐지고 있는지 현황을 파악하고 그것을 바탕으로 현재 교육되고 있는 정의교육의 의미와 문제점을 짚어보았다. 그리고 이 글은 마지막으로 바람직한 정의교육의 체계와 내용에 대한 필자 나름대로의 방안을 제시했다. 필자의 이 같은 노력이 정의교육의 필요성에 대한 사회과의 공감대 확대와 공동체 동의의 확산을 촉발하고 정의교육의 활성화에 기여하기를 기대해 본다. 정의교육의 중요성과 필요성은 더 이상 강조할 필요가 없을 정도로 초·중등학교에서의 정의교육은 중요하고 필수적이다. 따라서 정의교육의 독립화와 체계화가 필요하다. 인권교육이나 평화교육, 다문화 교육처럼 정의교육도 그 중요성과 독립성이 인정될 가치와 필요성이 충분히 존재한다는 것이다.

참고문헌

교육인적자원부(2007). 『사회과 교육과정』. 교육인적자원부 고시 제2007-79호[별책7].

교육과학기술부(2009). 『고등학교 교육과정 해설 사회(역사)』. 교육과학기술부 고시 제 2009-11호.

교육과학기술부(2011). 『사회과 교육과정』. 교육과학기술부 고시 제2011-361호[별책7].

김병규(1994). "서양의 정의론과 동양의 정의론", 석당논총, 제20집.

김봉석(2008). "철학적 정의론의 다차원성", 한국사회학회 사회학대회논문집, No. 6.

한국교육과정평가원, 『고등학교 선택과정 '사회' 교육과정』. 한국교육과정평가원 국가교육정보센터(NCIC). ncic.re.kr(검색일: 2014년 10월 17일)

마이클 샌델 지음, 이창신 옮김(2010). 『정의란 무엇인가』. 김영사.

마이클 왈쩌 지음, 정원섭 외 옮김(1999). 『정의와 다원적 평등: 정의의 영역들』. 철학과 현실사.

박홍기(1999). "하이예크의 정의론과 사회정책적 함축", 정신문화연구, 제22권 3호.

박채용·정채일(2001). "정치철학적 정의론에 관한 연구", 사회과학연구, 제17권 2호.

손병석(2012), "공적주의 정의론과 최선의 국가: 아리스토텔레스의 덕과 운 개념을 중심으로", 범한철학회논문집, 제67집.

앤드루 헤이우드 저, 이종은 조현수 역(2007). 『현대정치이론』. 까치.

윤진숙(2007). "마이클 왈쩌의 다원적 정의론", 법학논총, 제17집.

이서행(1995). "동서양의 정의론", 철학사상, 1995.

이은화(2014), "부일시론: 교육과정 개정, 왜 이리 잦나?", 부산일보. 2014년 10월 9일자.

정달현(1995). "아리스토텔레스의 정의 개념", 영남정치학회보, Vol. 5.

정원섭(2011). "정의론과 공정성의 조건", 철학과 현실, Vol. 88.

조지 세이빈, 토마스 솔슨 지음, 성유보 옮김(2008). 『정치사상사 1』. 한길사.

카렌 레바크 지음, 이유선 옮김(2000). 『정의에 관한 6가지 이론』. 크레파스.

한스 켈젠 지음, 김선복 옮김(2010). 『정의란 무엇인가』. 책과 사람들.

Honderich, Ted, (eds)(1995). *The Oxford Companion to Philosophy*, Oxford: Oxford University Press.

Outhwaite, William and Tom Bottomore et al., (ed)(1993), *Twentieth Century Social Thought*, Oxford: Blackwell.

Wikipedia, "Social Justice", http://en.wikipedia.org/wiki/social_justice(검색일: 2014년 10월 14일).

8장.
선거교육

홍익표

"이것은 나 자신이 아니라 모두에게 묻는 질문이다. 즉 나는 내가 좋다고 생각하는 것만 골라서는 안 된다. 자신의 의견에서 탈피해서, 이성과 진리에 근접한 무언가를 골라야 한다."(마르퀴 드 콩도르세)

"민주주의는 공중이 행하는 의식이 되어야 마땅하다. 사회의 목표는 공적 토론, 심의, 관여를 통하여 정의되고 수행되어야 하므로 시민들이 적극적이어야 한다. 공중이 정치과정에 관여하지 않는다면 민주주의는 정당성과 그것의 견인력 양자를 모두 상실할 것이다."(러셀 J. 달톤)

I. 서론

민주주의는 정치교육을 필요로 한다. 민주주의가 지속가능하기 위해서는 일정한 자질을 지닌 시민이 매 세대마다 끊임없이 육성되어야 하기 때문이다. 그런 시민은 단지 체제 안정과 정당화를 위한 교육으로 길러지는 것이 아니라, 정치 현상에 대한 객관적 지식과 판단력 및 비판의식을 습득하는 것을 목표로 한 교육을 통해서만 양성될 수 있다. 민주적 참여와 의사결정 능력도 이 같은 정치교육을 통해 배양될 수 있다. 여기서 중요한 것이 어린이와 청소년을 대상으로 한 정치교육이다. 예비 시민들의 사회화라고도 할 수 있는 이 시기의 정치교육이 온전히 행해지기 위해서는 정치교육이 자유롭고, 민주적인 방식으로 추진되어야 하고 국제적 이해 정신을 배양하는 데도 중점이 두어져야 함은 물론이다. 그렇다면 한국에서 행해지고 있는 정치교육은 과연 이러한 목표와 방향에 부응하는가?

정치교육은 다양한 기관과 단체에서 행해질 수 있다. 그 대표적인 기관이 학교이다. 학교는 정치교육을 통하여 책임 있는 민주시민을 양성해야 할 과제를 안고 있다. 학생들로 하여금 민주시민으로서의 역할 수행을 효과적으로 실천할 수 있도록 그에 알맞은 지식, 기능, 태도, 참여의 경험을 얻게 해야 하는 것이다. 정치교육은 정치체제의 효율성을 높일 수 있고, 사회 통합적 기능을 하며, 민주적 정치 발전을 위한 기능을 담당하고, 민주시민을 양성하는 기능을 가지고 있다(고선규, 2014: 52-53). 그러나 한국에서 정치교육의 목적들이 과연 제대로 이루어지고 있는가에 대해서는 적지 않은 비판들이 제기되어 왔다. 정치교육 과정이 적실성을 갖춘 내용요소들을 포함하지 못하고 있고, 교사와 학생들이 정치 수업을 통해 실생활에서 유용하게 발휘할 수 있는 실천적 능력들을 배양하는데 실패하고 있다는 것이 바로 그것이다(김명정, 2010: 7).

학교에서 행해지는 정치교육이 민주시민에게 요구되는 가치와 규범, 생활방식을 체득하는 것보다는 단지 정치학과 관련된 지식 전달에 더 주안점을 두고 있다는 지적도 적지 않다. 그 까닭은 교육 당국이 대학 입시에 필요한 지식을 가르치고 외우는 지식 전달 교육이 더 중요하고 유용하다고 판단했기 때문일 것이다. 예를 들어, 현행 고등학교 정치 교과서는 선거 정치에 상당 부분을 할애하고 있다. 그런데 선거의 기능과 의의, 선거의 4대 원칙, 선거구제, 대표 결정 방식에 대하여 단편적인 지식 위주의 내용을 언급하고 있는데 그치고 있다. 정작 중요한 적극적인 선거 참여를 이끌어낼 수 있는 내용은 전혀 다루고 있지 않다(유명철, 2014: 4). 비판적 사고와 현실 참여를 고무하지 못하는 것은 선거교육에만 그치지 않고, 정치교육 전반에서 나타나는 문제점이기도 하다. 이런 식이라면 한 나라의 민주주의 제도를 뒷받침하는 민주적 정치문화를 그 구성원들이 제대로 습득하는 것은 어려울 것이다. 그런 나라는 온전한 민주주의에는 이르지 못하고 기껏해야 '결함 있는 민주주의'에 머무르게 될 가능성이 높다.

선거는 대의제 민주주의의 핵심 정치과정이라는 점에서 제도적이고 절차적인 특징을 갖는 행위이다. 그러나 정치과정은 다양한 수준과 영역에서 수많은 행위자들의 복합적 상호과정으로 작동된다. 민주주의적 참여는 여러 형태를 띨 수 있는 것이다.

투표, 캠페인 활동, 직접적인 공무원 접촉, 자치 단체 활동, 항의와 여타 논쟁적 정치형태, 인터넷 행동주의 등이 바로 그것이다(러셀 J. 달톤, 2010: 82-85). 그러나 이에 대한 교육이 제대로 이뤄지고 있다고 말하기는 어렵다. 현재 한국에서는 다양한 기관에서 산발적으로 선거교육이 행해지고 있다. 그러다 보니 체계적이지 못하고 그 내용도 상이하며 수준도 들쑥날쑥하다고 평가된다. 다양한 교육기관 중에서 그나마 선거교육을 포함한 정치교육이 비록 불완전하게나마 주어진 틀 속에서 지속적으로 진행되어 오고 있는 곳은 학교라 할 수 있다.

이 글은 이러한 현실에 주목하여 학교 선거교육을 중심으로 그 현실을 구체적으로 검토하고 바람직한 대안을 제시하고자 한다. 특히, 이 글에서 강조하는 것은 선거는 항상 합리적 선택의 결과이지 않고, 민주적이지 않을 수도 있다는 점이다.[68] 예를 들어, 다수결을 핵심 축으로 하는 다수제 민주주의 하에서의 선거제도에 대해서는 비민주적 성격을 지적하는 견해가 적지 않다. 자기가 속한 계급의 집합적 이익과는 상반되는 투표행태를 보이는 이들도 많다.[69] 그런 상황에서 (미래) 시민들이 어떻게 합리적이고 타당한 선택을 행하고, 이를 보편적 가치에 부합하는 행위로 연결할 수 있는가? 선거교육의 최종 목표는 프랑스 혁명기에 활동한 정치가이자 수학자인 마르퀴 드 콩도르세(Marquis de Condorcet)가 일찍이 지적했듯이 유권자로서 사적 이익뿐만 아니라 자신과 관련된 공적 이익에 대한 판단을 내리게 돕는 것이다. 공동체와 관련된 사안들에 대해 올바른 판단을 내릴 수 있는 시민이야말로 '좋은' 시민[70]이라 할 수 있

68 이 글에서는 이른바 '선거 근본주의'를 비판적으로 보는 시각을 취한다. 다비트 판 레이브라우크(David van Reybrouck)는 우리가 선거에서 뽑힌 선량들을 경멸하면서도 선거 자체만큼은 숭배한다고 지적하면서 이를 선거근본주의라 지칭한다. 레이브라우크에 따르면 선거근본주의란 민주주의란 선거 없이는 상상도 할 수 없으며, 선거야말로 민주주의를 논하는 데 있어서 필수적이며 근본적인 전제라는 믿음을 의미한다고 한다. 선거근본주의자들은 선거를 민주주의에 도움이 되는 하나의 방법으로 보지 않고, 선거 자체를 목표이자 분리 불가능한 내재적 가치를 지닌 신성한 원리로 여긴다는 것이다. 이런 상황에서 선거는 반드시 민주화에 도움을 주는 것이 아니고 오히려 민주화에 제동을 걸고 이를 깡그리 말살시켜 버릴 수도 있다는 사실은 망각된다. 다비트 판 레이브라우크(2016), pp.64-66.

69 예를 들어, 가난한 유권자들이 부자 감세와 노동시장 유연화를 추진하는 정치인과 정당을 지지하고 투표하는 것을 주변에서 우리는 흔히 목격한다. 무주택 서민들이 말로는 부동산시장을 안정화 시키겠다며 실제로는 집값을 폭등시킨 정부·여당을 맹목적으로 지지하는 경우도 적지 않다. 이러한 투표 성향은 정당으로 하여금 지지자와 유리된 정책을 채택하게 하고 민주주의의 이름으로 민주주의에 반하는 정책을 추진하게 하며, 정치적 무관심과 혐오, 유권자들의 정치적 퇴장을 조장할 수 있다는 점에서 주목되는 현상이다. 홍익표(2019), pp.115-116.

다. 그렇다면 정치교육은 어떻게 '좋은' 시민을 양성할 수 있는가? 선거교육은 어떻게 이에 기여할 수 있는가?

II. 대의제 민주주의에서의 정치참여와 선거

일반적으로 대의제는 인민들이 대표자로 하여금 그들을 대신하여 정부 의사나 정부 정책 등을 결정하게 하는 제도로, 대의민주제, 간접민주제, 국민대표제, 의회민주제라고도 한다. 대의제에서는 복수의 정당이 선거를 통해 사회의 다양한 이익과 갈등을 표출하고 조직해 정부와 국회를 구성한다. 여기서 선거는 시민사회의 다양한 정책 선호를 정부의 정책 형성에 연결시키는 중요한 매개체라 할 수 있다(홍익표·진시원, 2016: 345). 대의제에 관한 이론은 영국의 철학자이자 정치경제학자인 존 스튜어트 밀(John Stuart Mill)에 의해 확립되었다. 밀은 『대의 정부론(Considerations on Representative Government)』에서 '전 인민 또는 그들 중 다수가 주기적 선거를 통해 자신들이 뽑은 대표를 통해 최고 권력을 완벽하게 보유, 행사하는 정부형태'가 참된 민

70 한국에서 시민이라 불릴만한 사람들이 존재하더라도 그 시민은 '슈퍼시민'(supercitizen)이 아니라 '비세련된 시민'(unsophisticated citizen)일 뿐이다. 정치과정에서 시민의 역할에 대해 연구한 미국의 정치학자인 러셀 달톤(Russell Dalton)에 따르면 가장 바람직한 형태의 시민은 슈퍼 시민이다. 밀(John Stuart Mill), 로크(John Locke), 토크빌(Alexis de Tocqueville)을 비롯한 정치이론가들은 민주주의가 작동되려면 공중(the public)이 세련화(sophistication)되어야 한다고 주장했다. 여기서 공중이란 공동체의 구성원으로서 자유롭게 정치에 참여하며 여론을 형성하고 공공 담론에도 영향을 미치는 이질적인 사람들의 집합을 가리킨다. 이들 이질적 공중(heterogenous public)은 공공선에 관심을 갖고 그것에 관해 민주적으로 토의하는 능력을 지닌다. 세련화란 시민들이 대표의 행위에 영향력을 행사하거나 통제할 수 있도록 정치 시스템의 방식에 대해 이해하고 있을 뿐만 아니라 다원주의, 표현의 자유, 소수자 권리와 같은 민주주의적 이상들에 대해 깊은 신념을 공유하는 것을 의미한다. 세련되고 공동체와 관련된 일에 적극적으로 관여하는 민주적 공중이야말로 민주주의 성공에 필수요건이라는 것이다. 바로 이런 공중을 '슈퍼 시민'이라 부른다. 러셀 J. 달톤(2010), pp.47-50. 이질적 공중이 심의의 과정에 충분히 포용되는 제도로서의 민주주의에 대해서는 아이리스 매리언 영(Iris Marion Young)의 『포용과 민주주의(Inclusion and Democracy)』 참조. 지금 한국에서는 기껏해야 '비세련된 시민'이 다수를 차지하고 있다. 서구의 정치학자들은 이미 1950~60년대에 고전적인 민주주의 모델이 현실과 괴리가 있음을 여론조사를 통해 밝힌 바 있다. 사람들 대부분은 이따금 중앙선거와 지방선거에 표를 던지는 것 이상의 정치적 관심과 관여 수준을 넘지 못하고, 자신의 정치참여 의미에 대해서도 거의 이해하지 못하고 있음이 분명하다는 것이다. 그들은 유권자들이 특정 후보와 이슈 입장에 대해 이성적 평가를 하고 그에 따라 투표하는지도 분명치 않지만, 투표는 습관적인 집단적 충성심과 개인적 고려에 의해 이뤄지고 있다고 주장했다. 지금 적지 않은 한국의 시민들이 바로 이렇지 않을까? 진시원·홍익표(2016), pp.187-188.

주주의를 실현시킬 지름길이라고 주장하였다(존 스튜어트 밀, 2012: 74). 대의민주제는 중앙권력이 감시 통제될 수 있는 메커니즘을 제공하고, 이성과 토론의 중심 및 자유의 감시자로 활동하는 광장(의회)을 확립하며, 선거 경쟁을 통해서는 지도자 자질로서 전체의 최대 이익을 위한 예지를 갖춘 사람을 선출한다는 것이다.

> "어떤 형태의 정부가 가장 이상적이라고 할 수 있을까? 첫째, 주권 즉 최고 권력이 국가 구성원 전체에 귀속되어야 한다. 둘째, 모든 시민이 궁극적 주권의 행사에 발언권을 가질 뿐 아니라 적어도 가끔씩은 지방 또는 전국 차원에서 공공의 임무를 수행함으로써 정부의 일에 직접 참여할 수 있어야 한다. 이런 조건을 갖춘 정부라면 가장 이상적인 정부라는 이름에 전혀 부끄럽지 않을 것이다."(존 스튜어트 밀, 2012: 59-60)

지금까지 한국의 대의기구들은 다수 시민들의 의사를 대표하지 못하는 결정적 흠결을 드러냈다. 대표가 특정 집단의 이익만을 대변할 뿐 소수는 의사결정 과정에서 대표되지 못한 사례는 무수히 많다. 권력을 장악한 소수의 지배적인 권력 집단이 시민들의 의사를 왜곡하는 경우도 빈번하다. 대의제 민주주의는 대표적인 최소주의적 관점의 민주주의에 속한다. 그러나 대의제 민주주의는 점차 복잡해지고 다원화하고 있는 현대사회의 문제를 분석하는 데 일정한 한계를 노정하고 있다. 예를 들어 최근 한국에서 심화되고 있는 환경 불평등과 갈등을 정당 정치와 같은 공식적, 전통적 정치를 통해 해결하는 데는 한계가 있다. 선거 경쟁에서의 승리를 목적으로 하는 정당들은 유권자들과 권력자들의 비위를 거스르지 않으려 하고, 환경문제와 관련하여서도 현상 유지를 타파하지 않으려 하는 경향이 있다(홍익표, 2019: 83).

문제는 한국이 합의제 민주주의(consensual democracy)가 아닌 다수제 민주주의(majoritarian democracy)를 채택하고 있다는 점이다. 합의제 민주주의는 네덜란드 출신의 미국 정치학자인 아렌드 레이파트(Arend Lijphart)가 체계화한 용어로 다원화된 시민사회에 부합하는 민주적 메커니즘을 대표한다고 평가된다. 레이파트는 다수제 민주주의가 배제의 원칙들에 입각하기 때문에 비민주주의적이라고 지적한다. 다수제 민주주의에서는 소수집단이 정치과정에 대한 광범위한 접근과 참여에서 제외되기 쉽다는 것이다. 여기에 속하는 대표적 사례가 다수 지배를 본질로 하는 웨스트민스터 모델(Westminster model)이다. 레이파트는 이 모델이 집행권의 집중, 권력의 융합과 내각의 우세, 불균형의 양원제, 양당제도, 한 차원의 정당제도, 선거에 있어서의 최다득표제 등 상호 연관된 요소로 구성된다고 한다. 그러면서 여러 한계를 지니는 다수제 민주주의보다는 “반대보다는 합의를 강조하고, 배제시키기보다는 포함시키고, 근소한 과반수에 만족하는 대신에 지배하는 다수자의 규모를 최대화하려고 노력하는 민주주의 체제인 합의제 민주주의”가 필요하다는 것이다(Arend Lijphart, 1984: 4-9).[71]

한국에서는 1980년대 중반 민주주의로의 이행이 시작되면서 집권당과 야당이 부활한 자유선거를 정치권력의 획득을 위한 실질적인 경쟁의 장으로 활용하기 시작하였다. 이는 이전의 권위주의 지배 시기와는 달리 선거에서 정당 간의 보다 정상적인 정치적 경쟁이 이뤄지기 시작했다는 것을 뜻한다. 그러나 민주주의 이행 이후에도 대부분의 한국 정당들은 장기간 지속되지 못하고 구성원들은 각 계파 지도자들과 후견인·수혜자 관계(patron-client relationship)라는 사적인 연결망을 형성하고 개인적 이해관계와 지도자에 따라 이합집산을 보이고 있는 실정이다. 정당체계는 협소한 이념적 스펙트럼을 지녔고, 정당의 조직과 지지기반은 대단히 허약하다. 점차 다양해지는 시민사회의 요구를 표현하고 정책으로 결합하는 등 정당에 요구되는 기능도 제대로 수행하지 못하고 있다. 정치인들은 점점 복잡해져가는 사회 균열과 갈등을 합의에 의해 해결하려는 데 실패한 채 여전히 협소한 집단이익의 유지를 위해 배제와 대결의 정치에 머무르고 있다(홍익표, 2019: 75). 진영논리가 중시되고 편 가르기가 횡행하는 것은 통합과 합의의 정치가 제대로 작동하지 못한다는 것을 의미한다. 특히, 사회적 균열과 갈등을 조정하고 다양한 계층, 지역들의 요구를 취합하여 정책에 반영하는 역할을 수행하지 못하는 정당은 한국의 정치과정이 지닌 가장 큰 문제점이기도 하다.[72]

---

71 합의제 민주주의는 다수자와 소수자 사이의 권력 분담(sharing), 권력기관 간의 권력 분산(dispersal), 권력의 공정한 배분(distribution), 권력의 위임(delegation), 권력에 대한 공식적 제한(limit)이라는 장치를 통해 다수자의 지배를 견제하는 것을 목표로 한다. 이에 대해서는 Arend Lijphart(1984), pp.4-9, pp.23-30 참조.

시민들이 정치에 대해 갖는 관심이 쇠퇴하고 있다는 점 역시 심각한 문제로 지적된다. 로버트 퍼트넘(Robert Putnam) 등의 학자들은 미국 등의 국가에서 시민들이 정치와 공적영역에 대해 무관심해지고 있다고 주장한다. 그 결과 선거에 참여한 투표자 수가 감소 추세에 있다는 것이다.[73] 이에 대해 러셀 J. 달톤(Russell J. Dalton)과 로날드 잉글하트(Ronald Inglehart) 등의 연구자들은 정치참여의 행태가 선거라는 관례적인 형태로부터 직접행동과 같은 새롭고 비선거적인 형태로 이동하고 있다고 주장한다. 대표적인 논자가 달톤이다. 그는 정치참여가 비단 투표에만 한정되지 않으며, 투표가 공공정책에 영향을 끼치는 가장 효과적인 수단도 아니라고 지적한다. 민주주의적 참여는 여러 형태를 띨 수 있다는 것이다. 달톤은 시드니 버바(Sidney Verba)와 그의 동료들이 '민주주의 참여 양식들(modes of democratic participation)'이라 부른 네 가지의 일반적인 정치 행위 유형인 투표, 캠페인 활동, 직접적인 공무원 접촉, 자치 단체 활동에[74] 항의와 여타 논쟁적 정치형태, 인터넷 행동주의 두 가지를 추가한다.

---

72 이는 한국뿐만 아니라 다른 민주주의 국가에서도 광범위하게 나타나는 현상이다. 그중에서 미국의 사례에서 나타나는 무력화된 정당, 비민주주의가 지켜온 민주주의에 대해서는 Steven Levitsky & Daniel Ziblatt(2018), pp.33-52, pp.97-117 참조.

73 21세기 들어와 투표율의 하향 추세는 계속되고 있다. 이에 기여한 요인은 다음과 같다. 젊은 세대들이 선거 정치로부터 유리되어 있는 편이므로 투표 연령의 하향 조정이 참여율을 감소시켰다고 주장한다. 정부에 대한 신뢰와 정당에 대한 일체감의 침식도 이 경향에 기여했다. 미국은 비례대표제가 아닌 단순다수대표제이고, 다당제가 아닌 양당제를 채택하고 있는데, 이는 유럽에서처럼 첨예한 정치적 경쟁과 이념적 분열로 투표율을 고무시키지 않는 특징을 갖는다. 그러나 미국은 선거의 빈도와 다양성, 그리고 그 결과인 선출의 양적 측면에서 유럽 국가들과 차이가 있다. 한 정당에 한 표를 던지는 흔치 않는 투표 기회는 제한된 정치적 영향력을 의미할 뿐이다. 한편 많은 유권자들은 정책에 영향력을 행사하는 주요 수단으로서보다는, 시민적 의무감 혹은 당파적 지지를 표명하기 위해 투표를 한다. 러셀 J. 달톤(2010), pp.86-91.

74 버바와 나이, 킴(Sidney Verba, Norman H. Nie, and Jae-On Kim)은 Participation and Political Equality: A Seven Nation Comparison에서 민주주의 참여 양식을 다음과 같이 몇 가지 범주로 구분해 분류했다: (1) 행위가 개인의 정치적 선호에 대한 정보를 전달하는가, 그리고/혹은 승낙 입력을 가하는가? (2) 성과의 크기는 어떠한가, (3) 활동이 타인과의 잠재적 갈등 수준과 연루되는가, (4) 노력과 이니셔티브의 정도가 행위를 요구하는가, (5) 행위의 수행이 다른 사람들과의 협업을 요구하는가. Sidney Verba, Norman H. Nie, and Jae-On Kim(1978). pp.52-62.

<표 1> 정치활동 양식과 그 특성들

활동양식	영향력의 유형	갈등	요구되는 노력	타인과 협업
투표	압력 높음/ 정보 낮음	당파적 갈등	거의 없음	거의 없음
캠페인 활동	압력 높음/ 정보 낮음-높음	당파적 갈등	약간	약간 또는 상당함
직접 접촉	압력 낮음 정보 높음	차이가 남	매우 높음	거의 없음
자치단체활동	압력 낮음-높음 정보 높음	차이가 남	약간 또는 상당함	약간 또는 상당함
항의	압력 높음 정보 높음	매우 갈등적임	약간 또는 상당함	약간 또는 상당함

출처: 러셀 J. 달톤(2010), p.83.

한편, 정보통신기술의 비약적 발달로 인해 유권자들은 각종 미디어와 인터넷을 통해 한 세대 전에는 상상도 할 수 없는 막대한 양의 정치 관련 정보를 얻을 수 있다. 그러나 이런 변화는 모든 사람이 같은 정도로 경험하지 않는다. 세상사에 관심을 갖고 견고한 신념을 지닌 사람과 그렇지 않은 사람들 간에는 계층 간의 정보 불평등이 존재하는 것이다. 문제는 정보의 양이 폭발적으로 증가하면서 인터넷에서 근거가 불명확한 거짓 정보와 가짜뉴스가 적지 않게 유통되고 있다는 점이다. 이러다 보니 사실이 아닌데도 이를 믿는 사람들이 많고, 이를 부추기는 정치가들도 존재한다. 대통령에 재직하는 동안 사소한 것부터 중대한 국가정책에 이르기까지 다양한 영역에서 거짓말을 하며, 어떤 발언도 전에 한 말에 구애받지 않았던 한 정치가는 그 대표적인 사례라 할 수 있다(제임스 볼, 2020: 25). 어쨌든 인터넷은 전통적인 정치활동을 계속하는 새로운 방법을 선보였다는 점에서 주목할 만하다. 인터넷은 다른 사람들과 연결하고, 정보를 모으고 나누며, 정치과정에 영향을 미치는 시도를 가능하게 한다. 그리고 이전에 존재하지 않았던 정치적 기회들을 창출하고 있다. 무브온(MoveOn)이나 페이스북(Facebook)은 주요한 선거 도구가 되고 있다. 인터넷은 정치적 행동주의에 새로운 도구들을 추가하고 있다(러셀 J. 달톤, 2010: 109-111).

그럼에도 전통적인 정치참여 방식인 선거는 여전히 중요하다. 오늘날 지배적 유형의 민주주의는 여전히 대의제 민주주의이기 때문이다. 대의제 민주주의에 있어 가장 기본적인 요소로 꼽히는 선거는 유권자들이 대표자나 공직자를 선출하는 절차로 투표라는 유권자들의 선택 행위를 통해 진행된다. 다수 유권자의 투표 결과에 의해 정책 결정 권한을 가진 후보자가 선출되고, 정통성을 지닌 정부가 구성된다는 점에서 선거는 유권자와 정부를 연결해 주는 대의제 민주주의의 핵심적인 제도이기도 하다. 투표와 관련해 학자들이 특히 관심을 갖고, 여전히 논쟁의 대상으로 삼으려는 것은 "누가, 왜, 어떻게 투표하는가?"라는 문제, 즉 투표행태이다. 유권자들의 투표행태를 둘러싸고는 다양한 이론이 경합한다(전용주 외, 2009: 14-20). 예를 들어, 캠벨(Angus Campbell)과 그의 동료들은 사회심리학적 접근법을 동원해 유권자들이 정당에 대한 귀속감, 쟁점에 대한 태도, 후보자에 대한 태도에 따라 투표를 한다고 밝혔다. 이들은 이 세 가지 태도를 연결해 주는 개념인 정당일체감(party identification)이 후보나 정책을 선택하는 데 가장 큰 영향을 미친다고 하였다.

논쟁이 되는 것은 유권자가 합리적 선택에 근거해 투표를 한다는 주장이다. 정당, 후보자, 정책 등에 대해 합리적 수준의 정보를 가진 유권자들이 자신의 투표 결과가 가져올 혜택과 비용을 계산한다는 합리적 선택이론(rational choice theory)이 바로 그것이다. 합리적 선택이론은 정당의 이념, 정책, 공약, 쟁점, 후보자에 대해 충분한 수준의 정보를 지닌 유권자가 자신의 투표 결과가 가져올 혜택과 비용에 대한 평가에 근거해 투표를 하는 경향이 있다고 주장한다. 경제학자인 앤서니 다운스(Anthony Downs)의 영향을 받은 합리적 선택이론은 인지심리학 이론이나 신제도주의에 의해 비판을 받았지만 같은 경제학자인 브라이언 캐플란(Bryan Caplan)에 의해서도 비판을 받았다. 캐플란은 유권자들이 무지보다도 더 나쁜 상태에 있다고 하면서, 유권자들이 비합리적인 선택을 하는 배경에는 네 가지 편향성이 있다고 지적한다. 첫째, 일반 대중들은 민간의 이윤 추구 행위가 공공의 이익을 어떻게 가져다 주는지에 대해 전혀 이해하지 못하는 성향이 있다. 둘째, 일반 대중들은 외국과의 교역이나 교류가 가져다주는 혜택에 대해 과소평가하는 성향이 있다. 셋째, 일반 대중들은 경제적 번영을 생산이 아니라 고용과 동일시하는 성향이 있다. 넷째, 일반 대중들은 앞으로의 경제 사정이 현재보다 더 나빠질 것이라는 성향을 갖고 있다. 캐플란은 유권자들의 비합리성으로 인해 일종의 공유자원인 민주주의는 사회적으로 해를 끼치는 정책들을 생산한다면서 이를 시장으로 대체하여야 한다고 주장한다(브라이언 캐플란, 2008: 2-7, 368-376).

한국은 유권자들의 투표가 의석수로 반영되는 정도를 가리키는 비례성(proportionality)이 낮은 국가로 분류된다. 다수대표제와 소선거구제 선거제도를 채택한 한국에서는 각각 다른 지역과 세대에 기반을 둔 두 거대정당이 오랜 기간 '적대적 공생구조'를 견고하게 유지하였고, 소수정당의 제도권 진입을 가로막고, 시민사회의 다원적 이해를 반영하지 못해왔다. 선거제도가 불비례성이 매우 높다는 비판이 잇따르자 여야 정치인들은 기존의 선거제도를 보다 비례성이 높은 것으로 개정하려는 시도를 하였다. 그러나 2019년 12월 개정된 준연동형 비례대표제는 지역구와 비례대표 의석수 비율을 이전(253석+47석·총 300석)대로 유지하고 비례대표 의석 가운데 30석에만 연동형 비례제도제(연동률 50%)를 적용하는 방식이라는 데서 선거법 개정의 당초 취지에서 후퇴한 것으로 평가받았다. 두 정당 모두 위성정당을 꼼수로 창당하고 투표용지 앞 순위 기호를 받기 위해 이른바 '의원 꿔주기'를 한 것은 유권자에 대한 기만 행위에 다름 아니다. 불비례성이 낮은 민주주의 국가들이 대부분 득표율에 따라 전체 의석수가 결정되는 정당명부식 비례대표제를 채택하고 운영하고 있지만 한국은 여전히 기득권 정치세력의 이해에 매몰되어 비례성이 높은 선거제도로 바꾸지 못하고 있다.[75]

투표행태와 관련하여 관심을 끄는 현상은 '계급에 반하는 투표'라 할 수 있다. 예를 들어, 가난한 유권자들이 부자 감세와 노동시장 유연화를 추진하는 정치인과 정당을 지지하고 투표하는 것을 주변에서 우리는 흔히 목격한다. 최근에는 이와 상반되게 소득수준이 높은 일부 유권자들이 진보 성향의 정당을 지지하는 현상도 나타나고 있다. 또 다른 한편으로는 각종 선거에서 여러 정당 후보에게 나누어 투표하는 분할투표(split ticket voting)도 늘어나고 있다. 이런 투표 성향은 정당으로 하여금 지지

자와 유리된 정책을 채택하게 하고 민주주의의 이름으로 민주주의에 반하는 정책을 추진하게 하고, 정치적 무관심과 혐오, 유권자들의 정치적 퇴장을 조장할 수 있다는 점에서 주목되는 현상이다(홍익표, 2019: 115-116).

앞에서 지적했듯이 선거는 항상 민주적이지 않다. 이에 대해서는 버나드 마넹(Bernard Manin)의 주장이 설득력이 있다. 마넹은 『선거는 민주적인가(The Principles of Representative Government)』에서 대의제 민주주의의 주요 수단인 선거가 지닌 불평등한 측면을 검토함으로써 대의제 민주주의를 한층 민주화할 수 있는 통찰력과 상상력을 제시한다. 버냉은 선거가 민주적인 측면과 비민주적인 측면을 동시에 가지고 있다고 말한다. 우선 선거는 선택이라는 상황에 직면하여, 평범한 사람이 아닌, 뛰어난 사람, 특별한 재능이 있는 사람을 선발하도록 구조화되어 있다고 한다. 이러한 '탁월성의 원칙' 때문에 대부분의 대의 정부에서는 대표의 결정에 영향을 미칠 수 있는 대표에 대한 구속적 위임이라든가 대표에 대한 인민의 소환권을 헌법적으로 인정하지 않았다는 것이다. 이후 대의 정부는 역사적 과정을 거치면서 변해 왔지만, 대표와 대표되는 사람 사이의 간극과, 인민의 의지와 대표의 결정 사이의 간극 역시 줄어들지 않았다. 그런 점에 주목하여 버냉은 오늘날 누구나 민주주의가 확장되었다고 주장할 수는 있지만, 누구도 그만큼의 확신을 가지고 민주주의가 심화되었다고 말할 수는 없을 것이라고 말한다(버나드 마넹, 2004: 288-289).

---

75 21대 총선에서 소수정당인 정의당·국민의당·열린민주당의 득표율은 21.9%였으나 세 당의 의석수는 4%에 불과한데서 보여지듯이 2019년 12월 개정된 준연동형 비례대표제는 비례성의 확대와는 거리가 먼 제도이다. 21대 국회 동안 여야는 선거제도 개편을 둘러싸고 이견만 노정한 채 논의의 진척 없이 오랜 기간 제자리걸음을 반복하였다. 여야의 정쟁 사안에 선거제 개편이 후순위로 밀린데다 극한 대치 속 대화와 타협이 실종된 탓이다. 『한겨레』 2023년 10월 9일. 선거제 개편이 두 거대정당인 국민의힘과 더불어민주당 양당 원내수석부대표와 정개특위 간사로 이뤄진 '2+2 협의체'에서 논의되는 것도 '밀실야합'의 가능성 때문에 바람직하지 않다. 그러다 보니 선거제도 개편을 이해당사자인 국회의원에게 맡기지 말고 전문가들이 참여하는 기구를 설치해 결정해야 한다는 주장도 제기되었지만 수용되지 않았다. 『경향신문』 2023년 9월 11일. 소선거구제(지역구) + 준연동형(비례대표제)를 뼈대로 하는 국회의원 선거구제는 22대 국회의원 선거에도 그대로 유지되었다. 다만, 연동형 캡 30석과 병립형 비례대표 의석 17석은 사라지고, 비례대표 전체 의석 46석에 정당득표율 50%를 기준으로 계산하는 것으로 바뀌었다. 한편, 2024년 2월 국회는 비례대표 의석을 1석 줄이고 지역구 1석을 늘리는 내용의 22대 총선 선거구 획정안을 의결했다. 총선을 불과 41일 앞두고 '늑장 처리' 한데다, 두 거대정당의 이익에 맞춰 비례대표를 줄인 결정에 소수정당은 "거대 양당의 제 밥그릇 지키기 야합"이라고 비판했다. 『한겨레』 2024년 2월 29일.

III. 학교 선거교육의 현실과 문제

학교는 지식, 기술, 덕목을 가르치고 배우는 활동인 교육이 행해지는 곳이다. 학교가 중요한 까닭은 학교가 교육활동을 통해 인간의 가치를 높이고 사회가 민주적으로 유지·발전되도록 하기 때문이다. 그러기 위해서 학교는 학생들을 민주주의적 가치와 태도를 내면화한 공동체의 구성원으로 기르는 것이 요구된다. 19세기 프로이센이나 20세기 일본제국처럼 학교 교육이 지배 세력의 권력 유지와 기득권 보호를 위한 수단으로 전락되어서는 안 되는 것이다. 그러나 한국의 현실은 사뭇 다르다. 과거 권위주의 정권 시절 학교는 노골적으로 정권을 홍보하거나 정권의 프로젝트에 국민을 동원하는 도구였다. 자유, 자율, 자치 같은 것은 학교에서 찾기 힘들었다. 지금은 위로부터의 폭력적 억압은 사라지고 학교는 이전보다 상대적으로 자율적인 공간이 되었다. 그러나 권위주의적으로 학교를 운영하고 학생들에게 획일적인 문화를 강요하는 것은 크게 달라지지 않았다고 지적된다.

> "(지금 학교에서) 과거의 유산은 도처에 남아있어 여전히 큰 영향력을 행사한다고 지적된다. 이데올로기로, 제도로, 관습으로. 부모는 말할 것도 없고, 교사나 학생이 자율적으로 할 수 있는 일은 거의 없다. 학교 운영, 교육과정 편성과 운영, 자치 제도의 운영에서 학생들의 목소리는 들리지 않는다. 심지어 대부분의 학교에서는 아직까지도 복장과 헤어스타일을 선택할 자유도 없다. 특히 사회 참여적 활동에는 강한 제재가 따르기도 한다. 미성숙한 어린이나 청소년들이 정치에 참여하면 안 된다는 것이다."(박복선, 2017: 14-15)

학교 운영에서 민주주의 절차가 무시되고, 학생들이 배제와 차별을 자연스럽게 받아들이는 것은 대부분의 학교가 학생들을 어려서부터 극심한 입시경쟁으로 몰아넣고 있는 현실과 관련이 있다. 프랑스 일간지 『르몽드』는 '교육 강박증에 걸린 한국인'이란 제목의 기사에서 한국의 교육제도가 가장 어렵고 고통스러우며 경쟁이 심하다며 그런 까닭에 한국 학생들은 세계에서 가장 뛰어난 학생일지 모르지만 가장 불행한 학생이기도 하다고 평가한 바 있다(『연합뉴스』 2013년 9월 21일). 경쟁을 맹신하는 사람은 공동체적 가치보다는 개인의 이익을 우선시할 가능성이 높다. 이런 사람이 다수를 점할 때 그 사회는 불평등이 만연하고 엄격한 위계질서가 지배하는 곳이 될 개연성이 크다. 사회정의, 민주주의, 인권, 소수자 보호, 관용과 같이 인류가 오랜 세월 힘들게 지켜온 소중한 보편적 가치들은 자리 잡지 못하는 것이다. 그런데도 한국 사회에서 교육은 지난 10여 년 사이에 시장화가 급속도로 진행되었다. 대학 입시 위주의 교육이 행해지면서 학교의 서열화, 사교육 시장의 팽창 등이 나타난 지는 더 오래되었다.[76] 이명박 정권 시기에는 학교 다양화와 선택권 강화라는 명분으로 특목고와 자사고 등 특권층 학교를 신설하면서 공교육을 쇠퇴시키고 학교 서열화를 심화시키기도 하였다(홍익표, 2018: 36-38).

교육 현장인 학교는 비민주적 관행으로 가득 찬 곳이기도 하다. 아래로부터의 민주적 의사결정은 별반 없다. 권위적 가치와 규범, 생활방식을 맹신하는 학교 경영진과 교사들도 적지 않다. 이런 환경서 어떻게 학생들을 민주주의자로 양성할 수 있는가? 권위주의자들이 가르치는 정치교육은 형식적이고 입시를 위해 잠시 배운 후 곧 팽개쳐질 한낱 교과목에 불과하다. 편향적인 내용의 학교 정치교육도 문제로 지적된다. 예를 들어, 고등학교 『법과 정치』 교과서는 선거의 기능과 의의, 선거의 4대 원칙, 선거구제, 대표 결정 방식에 대하여 단편적인 지식 위주의 내용을 언급하고 있다. 그렇지만, 정작 중요한 적극적인 선거 참여를 끌어낼 수 있는 내용은 전혀 다루고 있지 않다. 18세 선거권이 도입되면서 제대로 된 정치교육의 중요성이 커짐에도 불구하고 형식적이고 획일적인 학교 정치교육은 별반 개선되지 않고 있다.[77]

---

76 이 같은 학교 정치교육의 문제는 구조적으로는 계급 재생산 도구로서의 학교가 지닌 한계에서 연유한다. 이와 관련하여 윌리스(Paul Willis)는 『학교와 계급 재생산(Learning to Labour - How Working Class Kid Get Working Class Jobs)』에서 영국 미들랜드의 산업도시인 해머타운에 대한 사례 연구를 통해 기존 체제와 지배 계급에 대한 노동자들의 저항 과정에서 형성된 문화가 어떻게 다시 원래 체제의 효과적인 작동에 기여하는지를 규명하였다. 폴 윌리스(2004).

77 이현행 우리나라 교육과정에서 정치와 관련된 학습은 초등학교 3-4학년군에서 '민주주의와 주민 자치(4학년 1학기 3단원)', 초등학교 5-6학년군 일반사회영역에서 '우리나라의 민주 정치(6학년 2학기 1단원)', 중학교에서는 일반사회 영역 내에 '정치생활과 민주주의(3학년 6단원)', '정치과정과 시민참여(3학년 7단원)'라는 2개의 단원에서 다루어지고 있다. 고등학교에서는 선택과목 중의 하나인 법과 정치 교과에서 '민주정치와 법', '민주정치의

학교 정치교육에 대한 제약도 여전하다. 선거교육에 대한 중앙선거관리위원회(이하 선관위)의 제약이 대표적이다. 선관위는 2020년 4월 총선에 앞서 추진하려던 모의선거교육에 대해 제동을 걸음으로써 학생들에게 유권자로서의 소양을 가르치는 것을 가로막았다. 핵심 쟁점은 정부기관이 주관하는 모의선거를 허용할지 여부였다. 선관위 유권해석도 왔다 갔다 했다. 2018년 지방선거 앞에 서울·경기·충북·광주 등의 17개 중·고교에서 YMCA와 (사)징검다리교육공동체가 주관한 모의선거가 치러졌다. 선관위는 실제 입후보자의 모의선거 결과를 지방선거까지 공개하지 않는 조건으로 허용했다. 서울시선관위는 2019년 11월 시교육청 위탁 업체의 모의선거 문의에 '결과 공표와 특정후보에게 유불리한 행위는 없도록 하라'는 조건부 허용 입장을 밝혔다. 그러나 중앙선관위는 2020년 1월 19일 서울교육청이 두 차례 유권해석을 토대로 입안한 모의선거에 대해 "시민단체 주최와 공공기관이 하는 것은 다르다"라며 법적 판단을 미뤘다(『경향신문』 2020년 1월 21일). 이렇게 된 데는 당시 자유한국당과 한국교총이 반대 입장을 나타냈고, 보수언론도 우려 논조의 보도를 했기 때문이었다. 선관위가 학교 모의선거교육을 선거운동 또는 선거에 영향을 미치는 행위라고 해석을 내리면서 전국의 많은 교육청이 준비하고 있던 모의선거는 실행되지 못했다. 이는 해외의 사례와 대조된다. 미국은 민간 단체가, 캐나다는 정부 선거관리기구와 시민단체가 학생 투표 프로그램을 운영한다. 호주엔 '국립선거교육센터'가 따로 있다. 독일 정부는 2022년까지 모든 학교가 빠짐없이 모의선거를 실시하도록 공식 방침을 세우고 지원을 하고 있다.

선거교육을 비롯해 정치교육에서 다루는 내용도 문제가 많다. 민주주의만 보더라도 초등학교 교과서에서의 민주주의는 '국민들이 스스로 삶의 주인이 되어 자유롭고 평등한 입장에서 대화와 토론을 통해 정치 문제를 해결해 나가는 정치방식'이라

과정과 참여'라는 2개의 단원에서 다루고 있다. 여기서 알 수 있듯이 학교의 정치교육은 기본적으로 교과를 중심으로 이루어진다. 사회과교육의 한 영역으로서 정치교육은 정치적 개념과 지식의 습득, 의사결정능력의 함양, 논쟁적인 문제들에 대한 대화와 타협의 기술들을 가르친다. 그러나 그동안 이러한 정치교육의 목적들이 과연 제대로 이루어지고 있는가에 대한 비판들이 꾸준히 제기되어 왔다. 사회과교육 내부에서부터 정치교육과정이 과연 적실성을 갖춘 내용 요소들을 포함하는가에 대한 비판을 제기해 왔고, 교사와 학생들은 정치 수업을 통해 실생활에서 유용하게 발휘할 수 있는 실천적 능력들을 배양하기 어렵다는 점을 토로하고 있다. 김명정(2010), p.7.

하여 다소 추상적이고 포괄적으로 기술하고 있다. 중학교 과정에서의 민주주의 의미는 좀 더 세분하여 '정치형태로서의 민주주의'와 '생활양식으로서의 민주주의'로 구분하고, 전자는 과거의 왕정이나 귀족정에 대비되는 정치형태로서 다수의 국민에 의한 정치를, 후자는 관용, 대화와 타협 등을 통한 공동체 문제를 해결해 나가는 생활양식 또는 행동 방식으로 설명하고 있다. 한편 고등학교 법과 정치 교과서에서는 '이념으로서의 민주주의' 개념을 추가하여 정치형태로서의 민주주의, 이념으로서의 민주주의, 생활양식으로서의 민주주의 등 3단계 발전 과정으로 이해한다. 정치형태로서의 민주주의는 1인(왕정) 또는 소수(귀족정)에 의한 정치가 아니라 주권을 가진 국민 다수가 다스리고 다스림을 받는 자치 원리로서 다수 국민의 뜻에 따라 이루어지는 정치형태라고 설명한다(최장현, 2015: 347-348).

이러한 민주주의 개념들은 정치형태, 이념, 그리고 생활양식 그 자체에서 파생된 민주적 원리를 추론하여 정리한 것으로 일면 이상적이고 단순명료하게 보인다. 그러나 이러한 개념 정리는 진정한 민주주의를 실현하기 위한 핵심 요소를 간과하고 있다. 대화와 토론, 관용, 소수의견의 존중, 양보와 타협을 통해 정치 문제를 해결해 나가는 것이 바람직한 정치방식임에 누구도 이의를 제기하기 힘들다. 그러나 현실적인 갈등은 도덕적이고 윤리적인 선언적 규범에 의해 충분히 해결되는 것은 아니라는 점에 문제가 있다(최장현, 2015: 348-349). 교과서나 많은 참고서에서는 위와 같이 다분히 다수제적 시각에서 소선거구-다수대표제는 다수당의 출현으로 양당제를 촉진하고 결과적으로 정국의 안정을 가져온다고 설명해 왔다. 그러나 소선거구-다수대표제가 다수당에 유리하여 양당제를 촉진하는 경향이 있다는 것은 뒤베르제 법칙에 의해 일반적으로 인정되지만, 군소정당의 난립을 막아 정국이 안정된다는 것은 근거 없는 주장일 뿐이다. 많은 실증적인 연구 또한 다당제 하의 소수파 정부가 의회의 신임을 통해, 정부형태가 의원내각제이든 대통령제이든 상관없이 안정적 국정을 유지할 수 있음을 증명해 왔다(최장현, 2015: 353, 335).

선거교육의 내용도 문제점이 있다고 지적된다. 현행 고등학교 정치 교과서는 선거의 기능과 의의, 선거의 4대 원칙, 선거구제, 대표 결정 방식에 대하여 단편적인 지식 위주의 내용을 언급하고 있다. 정작 중요한 적극적인 선거 참여를 이끌어낼 수 있는 내용은 전혀 다루고 있지 않다. 이에 비해 미국에서 많이 사용되는 정치교육 교재에서는 낮은 투표율은 미국에 심각한 문제이며, 당신의 투표는 곧 당신의 목소리라면서 적극적인 투표를 강조하고 있다. 그리고 투표를 하지 않는 이유로 1) 투표를 할 수 없는 유권자(cannot voters)와 2) 실질적으로 투표를 하지 않는 유권자(actual nonvoters)로 나누어 설명하고 있다. 실질적으로 투표를 하지 않는 유권자로는 선거에서 누가 이기든 큰 차이가 없다고 생각하는 사람, 정치와 정치인을 불신하는 사람, 정치적 효능감이 결여되어 있는 사람을 들고 있다. 투표율을 증가시키는 방안으로는 국민주권과 투표가 민주주의 유지와 발전에 기여한다는 의무감을 전반적으로 강조하고 있다. 그리고 낮은 투표율의 원인을 분석한 후 선거의 투표율을 높일 수 있는 전략을 제시하고 어떻게 하면 그 전략이 제대로 효과가 있을지 설명하고 있다(유명철, 2014: 3-4).

교과서의 내용이 지식 전달의 비중이 지나치게 높은 점 역시 문제점으로 지적된다. 그리고 정치 교과에서 다루는 학습 요소가 많다는 점은 교육 내용이 지식 전달 위주의 구성을 초래한다. 결국 현재와 같은 교과서 구성은 지식의 학습에 적합한 형태를 취하고 있는 반면 기능이나 가치, 태도의 영역을 학습하는 형태에는 부적합하다고 볼 수 있다(김명정 외, 2013: 105). 현재와 같은 교과서 구성은 예비 정치학자를 양성하는 것과 같이 정치학이나 선거제도의 내용을 지나치게 많이 포함하고 학습시키고 있다. 고등학교에서 배우는 민주시민교육의 내용이나 정치교육의 내용은 보통 시민에게 요구되는 정치적 소양인 선거제도에 대한 이해, 공공의 문제에 대한 참여의식의 강조가 더 필요하다. 실제로 학교 현장에서 정치 과목은 배우기도 어렵고 가르치기도 어렵다고 한다. 그 이유는 아마도 너무나 많은 지식을 가르치고 또 외워야 하기 때문으로 볼 수 있다. 결국 민주시민교육의 목적인 시민성 교육에 착안한다면, 지식전달 교육보다는 시민으로서의 기능 습득과 태도, 가치의 습득에 더 주안점이 두어져야 할 것이다. 정치교육의 지식 습득 위주의 교육에 대한 문제점은 실증적인 연구를 통해서도 검증되고 있다(김규호, 2010).

수업방식도 문제이다. 정치수업이 민주시민의 능력과 태도를 갖도록 학생들에게 학습 경험을 제공해야 함에도 불구하고 대부분 지식과 개념 전달의 강의식 수업방식으로 이뤄지고 있어서 학생들에게 민주시민의 자질을 기르는 장이 되지 못한다. 더구나 학교에서 학급 회의와 같이 서로의 의견을 나눌 수 있는 과정이 점차 줄어들게 되어 토론이나 대화, 타협, 경청 등에 대한 기회가 줄어들고 있는 것으로 나타났다. 이러한 결과는 학교에서 학생들이 민주적인 절차를 배울 수 있는 기회가 적어지는 것을 말해주는 것이다(고선규, 2014: 59~60). 무엇보다 정치교육은 이의 주요 내용이자 상위 목표이기도 한(단계적 교육 내용) 정치참여를 어떻게 고무시킬 수 있는가에 초점을 맞춰야 한다. 그 바탕이 정치에 대한 이해인데 이에 대한 교육 내용은 종합적이고 체계적이지 못한 실정이다. 앞으로 교육과정 전면 개정에는 정치교육을 단일 과목화하고 그 체계와 내용도 전면적으로 수정할 필요가 있다.

IV. 학교 선거교육, 어떻게 할 것인가?

그렇다면 어떻게 학교 선거교육을 하는 것이 바람직할까? 무엇보다도 학교에서 온전한 정치교육이 행해지기 위해서는 학교 자치 풍토의 개선이 필요하다. 교육환경은 그대로인 채 단지 교육 내용만 바뀐다면 그 효과는 그리 크지 않을 것이기 때문이다. 앞에서 살펴본 대로 교육 현장인 학교는 비민주적 관행으로 가득 찬 곳이다. 아래로부터의 민주적 의사결정 구조를 갖고 있는 학교는 별반 없다. 권위적 가치와 규범, 생활방식을 맹신하는 학교 경영진과 교사들이 여전한 환경에서 어떻게 학생들을 민주주의자로 양성할 수 있나? 권위주의자들이 가르치는 정치교육은 형식적이고 입시를 위해 잠시 배운 후 곧 팽개쳐질 한낱 교과목 속 내용에 불과하다. 이와 관련하여 최근 여러 나라에서 학교민주주의(school democracy) 실현을 통한 정치교육이 추진되고 있는 것은 우리에게 많은 시사점을 준다.

대표적인 나라가 북유럽의 선진 민주주의 국가로 잘 알려진 스웨덴이다. 스웨덴은 학교 활동에 있어서 학생들의 참가를 촉진하고, 학생들의 영향력을 높이는 다양한 시도들을 진행하고 있다. 학생들이 매일 생활하는 공간인 학교의 제반 환경을 보다 더 좋게 하기 위하여 학생들이 적극적으로 참여하고, 발언하고, 행동하는 것을 학교의 기본방침으로 삼고 있다. 학교의 중요한 의사결정과정에도 학생들이 참여하고 그들의 의사를 반영한다. 이러한 과정을 통해 사회 속에서 능동적으로 살아가는 능력이나 태도를 체득하게 된다. 학부모나 학교의 교사들은 학생들의 발언이나 의사를 존중하고 그들의 요구를 의사결정과정이나 학교 환경조성에 반영한다. 이러한 과정을 통해 학생들은 민주적인 의식, 태도, 제도, 가치관을 배우게 된다. 이러한 제도와 시스템을 '학교 민주주의'라고 한다. 스웨덴의 학교 민주주의 시스템은 다양한 형태로 학생들의 참여를 보장하고 있다. 학교의 최고 의결기관은 '학교 평의회(school board)'이다. 학생들은 학급회의, 학생회를 거쳐 학생 대표를 학교 평의회에 참가시키고 있다. 학교 평의회에서는 예산 편성, 일정 조정, 학교 방침, 인사 채용, 학교 환경 정비 등의 안건을 다루고 있다(고선규, 2014: 61).

실제로 스웨덴학생회연합회가 조사한 학생들의 의사결정 참여 비율을 살펴보면, 학교의 환경관련 의사결정에는 거의 100%, 학교의 정책 결정 80%, 학교 행사 관련 일정 결정 40%, 교직원 채용 20%, 예산 관련과 관련해서는 0.1%가 참여하는 것으로 알려지고 있다. 학생들의 학교평의회 참여를 지원하기 위하여 '학교 옴부즈맨' 제도가 설치되어 있다. 학생들은 학교 옴부즈맨을 이용하여 외부의 변호사, 공인회계사 등과 같은 전문가의 도움을 받을 수 있다. 학생들은 이러한 학교 민주주의 시스템을 통해 생활 속에서 직면한 문제를 파악하고 해결하는 능력을 배우게 된다. 결국 학교생활은 민주주의를 배우는 장이 되고 학교에서 민주시민교육이 수업이나 생활을 통해서 자연스럽게 이루어진다. 이러한 학생회 선거는 공직선거와 연계되어 실시된다(고선규, 2014: 61-62).

한국에서도 몇몇 지자체에서 혁신교육과 함께 학교민주주의를 핵심 정책으로 추진하는 해오고 있다. 일례로 경기도에서는 2009년 혁신교육을 실시하면서 학교민주주의를 전국적으로 확대시키는데 기여했다고 평가된다.[78] 이를 살펴보면 다음과 같다(이대성·이병희, 2019: 1-14). 경기도 교육청은 "광장에는 있지만 학교에는 없는 민주주의"[79]에 대한 반성으로 2013년 전국 최초로 민주시민교육과를 설치했다. 학생 자치회 활동, 학생 정책 결정 참여제, 교육공동체 토론회 등을 통해서 학교 구성원 모두가 자율과 자치의 문화 속에서 현안을 함께 논의하여 실천하고 결과에 대해 책임지며 함께 성장하는 학교민주주의 실현을 핵심 정책으로 추진하였다.[80] 민주시민교육과의 설치는 이후 서울시교육청(2015), 교육부(2018), 인천광역시교육청(2018)으로 확대되었다. 2015년 10월에는 의원 발의로 '학교민주시민교육진흥조례'를 제정하였다.[81] 이를 계기로 타 시도교육청(전북, 충북, 충남, 서울, 광주)의 조례 제정으로 확대되고, 지방자치단체 차원의 조례 제정으로 이어졌다. 2013년에는 민주시민교육 교과서를 개발 보급하여 교육과정 연계 시민교육을 추진하였고, 2016년에는 평화시민, 세계시민 교과서까지 개발하여 학교현장에 활용함으로써 교육과정 연계성을 강화하였다. 그리고 학교민주주의 지수를 개발하여 2015년부터 매년 모든 학교의 교직원, 학생, 학부모 대상으로 지수 조사가 진행되고, 그 결과를 토대로 교육공동체 구성원들이 학교문화 실태를 진단하고 대안을 마련하였다. 이 밖에도 경기도교육청은 2010년 '학생인권조례'를 전국 최초로 제정하여 학생의 인권, 인간으로서의 존엄과 가치 및 자유와 권리보장을 위해 노력하였으며, 2011년 '경기평화교육헌장'을 제정하여 평화의 정신과 가치를 바탕으로 더불어 살아가는 민주시민 양성을 위해 노력하고 있다.

---

78 그 계기는 2009년 경기도 교육감 선거에서 김상곤 후보가 무상급식과 더불어 혁신학교를 공약으로 내건 데서 찾을 수 있다. 경기도의 혁신교육 실시 사례는 이후 학교 민주주의를 전국적으로 확산시키는 단초가 되었다.

79 "광장에는 있지만 학교에는 없는 민주주의"에 대해서는 구체적으로 홍서정 외(2017) 참조.

80 그러나 2022년 경기도 교육감에 보수 성향의 인사가 선출되면서 도 교육청은 '경기도교육청 행정기구 설치조례 시행규칙 일부 개정안'을 입법되었다. 대표적으로 인성교육 강화를 위해 기존 교육정책국 민주시민교육과의 명칭이 미래인성교육과로 변경되었다. 미래인성교육과는 인성교육과 함께 교육감의 핵심 공약인 디지털 역량(DQ)의 개발 및 적용에 관한 업무를 담당한다. 이 밖에도 마을교육공동체정책과는 방과후교육과로 바뀌 방과후학교 활성화에 집중한다. 전임 교육감의 대표적 치적으로 꼽히는 꿈의대학·꿈의학교·몽실학교 등은 기본계획 수립을 삭제, 운영에 관한 사항만 남긴다. https://www.edpl.co.kr/news/articleView.html?idxno=6644

81 민주시민교육 조례는 이후 2017년, 2019년, 2020년 개정을 통해 교육의 내용으로 "인권, 환경, 성평등, 미디어, 노동, 평화, 통일 등 시대적으로 요청되는 삶의 가치에 관한 교육"이 신설되고, 도지사의 책무로 "전문성 있는 민주시민교육 인력이 체계적으로 양성될 수 있도록 노력하여야 한다"라는 조항 등이 추가되었다. https://www.gill.or.kr/gill/cntnts/i-114/web.do

학교자치 풍토의 개선과 병행하여 정치교육의 내용을 바꾸고 그 질도 높여야 한다. 이미 교과로서 정치교육은 많은 문제점을 안고 있다. 특히 내용 비중의 상대적 빈약은 가장 시급하게 해결해야 할 문제이다. 왜냐하면 수업시수의 부족은 현실적으로 학생들이 정치 관련 내용을 습득하고 실제 참여를 위한 기초 소양을 갖추는데 부정적인 영향을 미치기 때문이다. 뿐만 아니라 학교에서 수업시수는 곧 교과의 중요성으로 받아들여지기 때문에 다양한 정치 교과의 수행 과제, 참여 학습 등이 형식적으로 이루어지는 원인이 된다고 지적된다. 교과로서 정치교육은 내용의 내실화를 추구해야 하고, 학교 풍토의 개선을 통해 학생들이 학교에서 직접 참여할 수 있는 경험의 장을 마련해 주어야 하는 것이다. 청소년의 정치참여는 다양한 수준의 접근방식을 통해 점진적 개선을 이루어야 하는데 이는 학교 교육과정의 질적 개선으로부터 그 출발점을 찾을 수 있다(김영명, 2010: 21).

그렇다면 선거교육은 어떻게 행하는 것이 바람직할까? 그동안 정치교육에서는 선거제도가 대의제 민주주의 체제를 구성하는 주요 수단임에도 불구하고 선거제도를 민주주의적 기준에 입각해 평가하려는 노력이 경시되어 왔다. 선거는 대의민주제에 있어 가장 기본적인 요소로 꼽힌다. 그런 까닭에 선거교육에서도 선거와 민주주의의 상관성, 선거제도의 유형과 장단점, 한국 선거제도의 특징과 개혁 방향, 선진 민주주의 국가의 선거제도, 새로운 정치와 민주주의에 부응하는 교육이 이뤄질 필요가 있다. 시민들의 투표를 대표의 의석으로 전환시키는 것과 관련된 일련의 규칙의 집합(Arend Lijphart, 1997: 1)인 선거제도 중에서도 단일 정당에 의석을 집중시켜 정부 구성의 효율화를 모색하는 다수대표제(plurality system)보다는 투표수와 의석수의 비례성(proportionality)을 강조하는 비례대표제(proportional system)가 민주주의에 더 부응하는 제도로 평가된다.[82] 이와 관련하여 선거와 민주주의의 관련성, 그리고 대의제 민주주의의 발전 과정과 작동 과정에 대한 비판적 이해가 중요하게 다뤄질 필요가 있다. 특히 적지 않은 부작용을 보여주고 있는 다수결을 핵심 축으로 하는 다수제

82 다양한 선거제도의 특징과 장단점에 대해서는 데이비드 파렐(2017), 아렌드 레이파트(1997), 디터 놀렌(1994) 참조.

민주주의에 대한 비판적 고찰 역시 비중 있게 학습되어야 한다.

선거교육이 미래의 민주시민 양성에 기여해야 한다면 선진 민주주의 국가인 네덜란드와 독일의 선거제도는 그 교훈이 적지 않다. 네덜란드는 전국 단위의 정당명부식 비례대표제를 채택한 국가이다. 봉쇄조항은 0.7%로 하원의 진입장벽이 매우 낮다. 각 정당은 순번이 매겨진 전국 단위의 후보자 명부를 제시하고 유권자는 자신이 지지하는 정당에 투표를 한다. 18세 이상의 유권자는 투표할 의무가 있으며, 위반자에게는 벌금이 부과된다. 4년 임기 150명으로 구성된 네덜란드 하원 의석은 각 당이 얻은 전국 총득표수에 비례하여 배분된다. 상원(75명)은 주 의회 의원들이 간접 선출한다. 그 결과 네덜란드의 정당 블록은 이질적이고 문화적으로 다원화 현상을 보인 시민사회를 반영하여 다당제 하의 보수-중도-진보 구도를 형성하고 있다.

독일은 다수대표제와 비례대표제의 요소를 공히 지닌 혼합 선거제도(gemischte Mehrheits- und Verhältniswahl)를 채택하고 있다. 전후 서독이 의원내각제의 정부형태와 더불어 혼합 선거제도를 채택한 것은 '바이마르로부터의 교훈'과 '반공산주의적인 합의' 때문이다. 국민을 대표하는 독립된 최고기관인 연방의회 의석(598석) 중 반수는 소선거구제를 채택한 전국의 299개 지역선거구에서 단순다수결로 선출되고, 나머지 반은 정당에 대한 득표수에 비례하여 각 주별로 분리된 정당명부에 적힌 순서에 따라 선출된다. 유권자들은 2개로 나뉜 투표지에 지지하는 지역구 후보와 정당에 투표한다. 각 정당은 전국 득표율에 따라 의석수를 배분받은 뒤 지역구 당선자를 제외한 나머지를 정당 후보자 명부 순서에 따라 채운다. 할당 의석수보다 지역구 당선자의 수가 많으면 추가 의석이 발생한다. 선거법상 정당 지지율 5% 이상을 얻지 못하거나 지역구에서 3명 이상의 의원을 얻지 못한 정당은 의회에 진출할 수 없다(봉쇄조항). 선거에서 가장 많은 의석을 차지한 당의 총리 후보가 의회 과반수의 찬성으로 총리(Bundeskanzler)가 된다(Eckhard Jesse, 1997).

다수결은 많은 나라의 선거에서 당연하다는 듯 사용되고 있다. 하지만 이는 일종의 관습 같은 것이지, 다른 방식과 비교해서 다수결이 우월하기 때문이 아니다. 투표를 통해 다수의 사람이 가진 의사를 하나로 모으는 방식이 의사결정 방식이라면 다수결은 여러 의사결정 방식 중 하나에 불과하다. 다수결로는 사람들의 의견이 적절히 수렴되지 않고 제대로 된 의사결정이 이뤄지지 않을 수도 있다. 무엇보다도 다수결은 유권자들의 의사를 섬세하게 표명할 수 없거나 적절하게 반영할 수 없는 의사결정 방식이라고 지적된다(사카이 도요타카, 2016: 22, 26). 다수결은 서로 의견이 갈리는 문제에 대한 해법을 찾는 과정에서 제기되는 결정의 정당성을 부여해주는 방법의 하나일 뿐이다.

다수의 힘으로 자신들의 주장을 정당화시킨 역사적 선례는 넘쳐난다. 미국 헌법의 아버지들이 헌법을 제정할 당시 '다수의 폭정(tyranny of the majority)'을 경계한 일은 잘 알려진 사실이다. 알렉시스 드 토크빌(Alexis de Tocqueville) 역시 『미국의 민주주의』에서 민주주의의 주권자였던 개인이 눈앞의 이익만을 추구하다 보면 공적영역에 대한 관심을 잃고 다수의 의지에 지배받게 된다고 경고한 바 있다. 다수결 방법이 정당성을 얻으려면 일정한 조건을 충족해야 한다. 첫째, 문제의 성격이 다수결에 적합해야 한다. 둘째, 다수결보다 더 나은 의사결정 방법이 없는 경우에만 다수결은 결정의 정당성을 확보할 수 있다. 어떤 결정이든 그 정당성을 확보하는 면에서 가장 중요하게 고려되어야 하는 요소는 (증거와 논증을 통해 옳고 그름의 이유를 밝히는) 비판의 허용이다. 이를 통해서만 이성적 판단에 이를 수 있기 때문이다. 결정 참여자들이 각자 자율적으로 판단할 수 있어야 하고, 자유롭고 개방적인 여건 속에서 결정에 참여해야 한다. 이런 과정과 절차를 거칠 때에만 다수결은 정당성을 얻는다(김영평·최병선 외, 2019: 171-177).

다수결을 포함한 의사결정 방식에 대한 선구적 연구는 장-샤를 드 보르다(Jean-Charles de Borda)와 마르퀴 드 콩도르세(Marquis de Condorcet)가 수행하였다. 보르다의 투표법은 가령 세 가지 선택지가 있다고 할 때, 1위에 3점, 2위에 2점, 3위에 1점을 주는 식으로 점수를 매기고, 그 합계에 따라 전체 순위를 결정하는 방식(점수 투표법)이다. 이에 대해 콩도르세는 (X가 Y에게 승리하고, Y가 Z에게 승리하며, Z가 X에게 승리하는) 순환(콩도르세의 역설)을 멈추게 해서 전체 순위를 확정 짓는 방법을 제시(콩도르세의 방법)하였다. 페이턴 영(Peyton Young)은 최대 가능도 추정법

(method of maximum likelihood estimation) 제시하였다. 이는 선택지 안에서 둘씩 쌍을 지어 다수결을 실시해 데이터를 모은 후(콩도르세-영의 최대 가능도 추정법), 그렇게 모인 데이터가 순환되지 않고 정리되면 선택지의 최종 순위를 확정하는 방법이다. 이 방법은 어떤 경우에도 맞대결 패자를 최종 승자로 선택하지 않는다는 규범적 기준을 충족한다는 점에 장점이 있다(사카이 도요타카, 2016: 26-27, 58-64). 여기서 알 수 있듯이 다수결, 보르다 투표법, 콩도르세-영의 추정법, 결선투표를 포함한 다수결, 최하위를 소거하는 다수결 등과 같이 다양한 의사결정 방식이 존재한다. 어떤 의사결정 방식을 사용하는지에 따라 결과가 모두 달라지는 것이다. 이러한 까닭에 사회적 선택이론을 전공한 일본의 경제학자인 사카이 도요타카(坂井豊貴)는 민의라는 것이 정말 존재하는가라는 질문을 제시한 후 결국 존재하는 것은 민의가 아니라 의사결정 방식에 의한 결과라고 말한바 있다(사카이 도요타카, 2016: 66-68).

콩도르세는 투표를 할 때 유권자가 사적 이익뿐만 아니라 자신과 관련된 공적이익에 대한 판단을 내려야 한다는 것을 강조하였다. 콩도르세가 말한, 법안의 찬반을 표명하는 투표에서 유권자가 취해야 할 심적 태도는 다음과 같다 "이것은 나 자신이 아니라 모두에게 묻는 질문이다. 즉 나는 내가 좋다고 생각하는 것만 골라서는 안 된다. 자신의 의견에서 탈피해서, 이성과 진리에 근접한 무언가를 골라야 한다." 이러한 콩도르세 투표 연구의 사상적 원류는 루소이다. 루소는 『사회계약론』 4권 2장에서 "인민 집회에서 어떤 법이 제안될 때, 시민들에게 묻는 것은 정확하게는 그들이 법을 승인할지 혹은 거부할지 여부가 아니라, 그들 자신의 의지이기도 한 일반의지에 법이 부합하는지 혹은 그렇지 않은지 여부다. 각자가 투표를 통해 그에 대한 자신의 의견을 말하면, 표를 계산해서 그로부터 일반의지의 선언이 도출된다"라고 지적하였다(장 자크 루소 2018, 132).[83] 일반의지는 개개의 인간이 자신의 특수성을 벗어던진 상태의 의지를 일반화한 것이다. 의지를 일반화한다는 말은, 자기 이익 추구를 위해 필요한 것을 옆으로 미뤄 놓고, 자신을 포함한 여러 사람에게 공통적으로 필요

83 루소의 사회계약론에서 일반의지에 따른 자기 입법과 자유와 평등의 보장에 대해서는 조긍호·강정인(2012), pp.320-332 참조.

한 것을 찾으려 하는 것을 가리킨다. 따라서 일반의지는 사람들을 대등하게 대하고, 인간 공통의 필요를 존중하며, 평등성을 지향하는 경향이 있다. 개인이 특수한 사적 차원에서 일반적인 공적 차원으로 사고를 옮기는 숙의적 이성의 행사를 통해서 스스로 공동체를 운영하는 것을, 루소는 인민이 일반의지의 지휘 아래 있다고 말한 것이다(사카이 도요타카, 2016: 94-95).

그렇다면 다수결의 폭주를 막을 수 있는 방안은 어떤 것이 있을까? 이에는 다수결에 따라 상위의 심급을 사전에 방파제로 세우는 것, 상위 헌법에서 다수파가 소수파를 억압하는 법률을 만들지 못하도록 하는 입헌주의 대책, 복수의 기관에서 다수결을 실시하는 것, 다수결 기준을 과반수보다 높게 설정하는 것, 만장일치 등이 있다. 애초에 민주주의는 다수파를 위한 것이 아니 만인을 위한 것이다(사카이 도요타카, 2016: 99-101). 무엇보다도 다수결에서 가장 큰 윤리적 과제는, 왜 소수파가 다수파의 의견에 따라야만 하는가이다. "결과가 나왔으니 따라야 한다"라는 말은 의무를 강제하는 말로 의무의 정당성을 설득하는 데는 성공하지 못한다. 바꿔 말해, 다수결은 결과에 대한 정당화를 필요로 하는 것이다(사카이 도요타카, 2016: 90).

이런 점을 염두에 두고 선거교육을 행하는데 있어서는 다양한 선거제도에 대한 체계적 평가가 필요하다. 어떻게 유권자의 이해와 선호가 정치체계에 왜곡됨이 없이 반영되는가? 선거는 항상 민주적이지 않으며 항상 합리적 선택의 결과이지도 않다는 점에 미뤄볼 때 어떻게 유권자가 합리적일뿐더러 합당한 선택을 행할 수 있는지가 충분히 교육의 내용에 포함되어야 한다. 유권자의 선택이 어떻게 보편적 가치에 부합하는 행위로 연결될 수 있는지가 강조되어야 함은 물론이다. 적과 동지의 구분이라는 갈등론적 정치관에 입각해 선거교육을 비롯한 정치교육이 행해지는 것은 바람직하지 않다. 다수제 하에서의 선거는 제로섬 논리에 바탕을 둔 까닭에 분열과 갈등을 조장하는 경향이 있다. 마사 누스바움(Martha Nussbaum)이 말한 '혐오와 배제의 정치'(마사 누스바움, 2020: 133-172)에 매몰될 가능성이 큰 것이다. 그런 점에서 선거교육은 동등한 권리와 상호 존중에 입각한 '포함의 정치'를 추구하는데 그 지향점을 두어야 한다.

선거는 정치적 참여의 한 부분이다. 이런 까닭에 선거는 정치참여의 다른 유형, 예컨대 직접행동 등과 보완을 이뤄서 다뤄져야 한다. 정치과정에 대한 시민들의 참여를 어떻게 확대시킬 것인가가 논의되어야 하고 참여를 통해 정부에 대한 시민들의 통제 수준을 어떻게 높일 것인지도 강조되어야 한다. 전 지구적으로 고찰해 볼 때 다수결의 민주주의에 입각한 낡은 정치에서 벗어나 온라인 플랫폼에 기반한 시민참여 정치라는 새로운 실험이 전개되는 사실에 주목해야 한다. 오성운동(Movimento 5 Stelle)과 포데모스(Podemos), 플랫폼 민주주의 등이 바로 그것이다. 이외에도 대의민주주의와 직접민주주의 요소를 결합해 공적 사안에 대해 충분한 정보와 지식을 갖춘 시민들의 의견이 대의기구의 정치적 결정에 더 깊이 흘러 들어갈 수 있어야 한다는 독일 해적당(Piratenpartei Deutschland)의 리퀴드 데모크라시(Liquid Democracy)(Christian Blum & Christina Isabel Zuber, 2016), 시민들이 지역사회의 예산 배정과 공공정책에 직접적으로 참여할 수 있게 한 혁신적인 민주주의 실험인 브라질 포르투알레그리시의 참여 예산(Participatory Budgeting) 제도(이안 브루스, 2018), 전자 투표, 디지털 신분증, 전자 거버넌스 시스템 등을 통한 에스토니아의 디지털 민주주의 사례 등도 있다. 이러한 실험들은 전 세계적으로 더 포괄적이고 참여적인 정치 시스템을 구축하기 위한 노력의 일환으로, 각각의 사례가 지역적 특성과 요구에 맞게 조정되고 발전하고 있다. 이러한 새로운 정치실험에 주목하고 디지털혁명 시대에 부합하는 정치교육이 강조될 필요가 있다. 역동적 정치 현실과 낡은 학교 제도교육의 괴리를 좁히는 일은 정치교육을 비롯한 학교교육이 당면한 가장 큰 과제이기도 하다.

정치교육은 SNS와 온라인 플랫폼을 기반으로 하는 새로운 정치를 비중 있게 다루어야 한다. 오성운동은 코미디언인 베페 그릴로(Beppe Grillo)와 웹 전략가인 지안로베르토 카사레기오(Gianroberto Casaleggio)가 2009년 10월 창설한 이탈리아의 운동/정당이다. 전통적인 좌우 패러다임에서 벗어난 이슈 중심의 세력화를 도모한다. 오성(五星)은 이 운동/정당이 중시하는 다섯 개의 핵심 쟁점으로 공공수도, 지속 가능한 교통, 지속 가능한 개발, 인터넷 접속권, 생태주의를 가리킨다. 이외에도 E-democracy, 직접민주주의, 무비용 정치(zero cost politics), 탈성장(degrowth), 비폭력을 주창한다. 반제도권 포퓰리즘 정당의 성격도 지니고 있다. 온라인을 통한 소통과 의사결정 시스템을 구축했고, 3선 금지와 전과자의 입후보를 금지한다. 2013년 총선에서 상원 의석의 24%, 하원 의석의 25%를 차지해 명실상부한 제1 야당으로 부상했다. 2016년 6월 로마 시장 결선투표에서 오성운동 소속의 비르지니아 라지(Virginia Raggi)가 당선돼 파란을 불러 일으켰다.

포데모스는 스페인 좌파정당으로 2014년 1월 콤플루텐세 대학 정치학 강사이자 좌파 논객인 파블로 이글레시아스(Pablo Iglesias)가 창당했다. 같은 해 5월 유럽의회 선거에서 120만 표(8%)를 득표하여 5명의 의원을 배출했다. 2015년 1월 포데모스가 주도한 시민 집회인 '변화를 위한 행진'에는 20여 만 명의 시민이 참여했다. 12월 총선에서는 30년 넘게 지속되던 국민당-사회당 양당 구도를 깨고 20%를 득표, 하원 350석 가운데 69석을 얻어 원내 3당이 되었다. 40만 명의 당원이 있다. 최고 의사결정 기구인 시민총회(Asamblea Ciudadana)와 시르쿨로(Circulo)라고 부르는 오프라인 지역 모임과 당무 기구로 구성되어 있다. 특징은 다음과 같다. 첫째, 후보 선출과 선거공약 입안 등의 논의는 모두 시민총회를 거친다. 둘째, 시르쿨로는 공개 회합의 형태로 진행되는 자치 조직으로 토론 주제도 참가자들이 직접 정한다. 지역별로 주제별로 전국에 1,000개가 넘는 시르쿨로가 운영된다. 셋째, 당무 기구의 모든 당직자들을 당원들이 직접 투표로 선출. 파블로 이글레시아스를 비롯해 집행부 26명은 모두 '아고라 보팅'이라는 온라인 투표를 통해 선출된다. 다양한 시민들의 요구를 포괄하고 정당의 주요한 의사결정과 후보 선출을 시민 주도로 진행한다(이진순 외, 2016: 91-95).

이러한 사례는 정치교육에서 참여민주주의의 적실성과 당위성이 강조되어야 함을 보여준다. 오늘날 지배적 유형의 민주주의로 자리 잡은 대의제 민주주의의 대표원리는 '어떻게 대표하는가'와 '누구를 대표하는가'를 둘러싸고 많은 논쟁을 유발하였을 뿐만 아니라 기존의 정치 질서에 결코 완전하고 충분하게 착근되지도 못했다. 특히 대의제 민주주의는 시민들의 의사가 왜곡되거나 자율성이 침해되고, 대표가 집단의 대표만을 대변할 뿐 소수는 의사결정 과정에서 대표되지 못하며, 소수의 지배적인 권력 집단이 형성될 수 있다는 한계를 표출하였다. 대의제 민주주의의 핵심 기제인 정당 정치도 정당 구조가 점차 관료화되고 권위주의화 하면서 시민들의 정치참여를 배제하거나 왜곡시키고 있다. 대의제 민주주의가 이와 같이 각종 폐해를 드러내면서 그 대안으로 부각되기 시작한 것이 바로 참여민주주의이다. 물론 민주주의라는 개념은 그 자체에 참여를 내포하고 있다. 도덕적 차원에서 정치과정에의 참여를 자유와 자기 개발을 위한 방도라고 본 밀처럼 근대의 여러 사상가들은 참여를 민주주의의 중요한 요소로 보았다. 규칙적이고 공정한 선거를 통한 참여는 경쟁, 그리고 시민적·정치적 권리의 보장과 더불어 오늘날에도 민주주의에 관한 최소한의 조건으로 간주되고 있다. 그러나 오늘날의 대의제 민주주의는 이러한 참여가 형식화되면서 다양한 시민들의 의사를 공적인 의사결정에 제대로 전달하고 반영하지 못한다는 비판에 직면하게 되었다.

참여민주주의는 1960년대에 신좌파 운동의 슬로건에서 비롯되었다. 이들은 학교와 공장, 지역공동체, 그리고 국가행정에서 억압적 관료주의와 위계적 권위구조를 거부하고 자유로운 직접 참여와 적극적인 개입을 주장하였다. 신좌파의 특징 중의 하나는 민주주의적 과정을 확대하고 개인이 지닌 권리를 규제하기보다는 확대하는 것이라고 할 수 있다. 신좌파 내에서는 엄격한 민주주의 원칙들이 규범으로 지켜졌고, 아래로부터의 참여민주주의라는 원칙이 커다란 집회에서부터 최소 규모의 행동위원회에 이르기까지 그 상호관계를 규정했다. 산업화와 도시화를 바탕으로 한 사회변동은 일상생활을 파편화 하면서 소외의식을 증대시켰고 정치적 참여를 주요한 주제로 떠오르게 하였다. 정부의 결정 과정에 시민들의 실질적인 참가가 이루어져야 한다는 인식이 1960년대와 70년대에 광범하게 확산되었고 이에 따라 서구의 각 국가들에서는 여러 형태의 시민적 앙가주망 운동이 전개되었다. 1960년대 말부터 독일에서 출현한 시민운동단체들(Bürgerinitiativen)이 전개한 운동은 그 대표적인 사례라 할 수 있다(홍익표·진시원, 2016: 209-210).

독일의 선거교육 사례도 한국의 선거교육에 주는 시사점이 크다. 독일의 정치교육을 주관하고 있는 연방정치교육원(Bundeszentrale für politische Bildung)은 대중매체 관련 사업, 출판, 학교 밖 정치교육 및 집회 추진, 학교 정치교육 등과 같은 다양한 사업을 실시한다.[84] 2000년대 이후에는 연방정치교육원이 정보화 물결의 추세에 맞춘 사업의 일환으로 다양한 인터넷 프로그램을 제작해 배포하고 있다. 대표적인 것이 독일의 정당 정책 비교 프로그램인 'Wahl-O-Mat'이다. 인터넷을 기반으로 하는 'Wahl-O-Mat'는 1985년 네덜란드의 공공정치연구소에서 'StemWijzer'라는 이름으로 처음 만들어졌다. 이를 독일 연방정치교육원에서 젊은 유권자에게 관심을 끌기 위해 일종의 선거 도우미 역할을 하는 프로그램으로 개발하였다. 우선 연방정치교육원에서 선별한 선거 쟁점을 후보를 낸 정당들에 보내 찬성(stimme zu), 중립(neutral), 반대(stimme nicht zu), 통과(überspringen) 중에서 하나를 선택하게 한다. 그런 후 사용자들도 동일한 선거 쟁점에 대해 대답하도록 제작한 프로그램이 'Wahl-O-Mat'이다. 이를 통해 사용자들은 어떤 정당이 자신의 성향에 가장 일치하는지를 정책 일치도 순으로 확인할 수 있다.

이 프로그램에는 사용자가 '정보 버튼(Info-Button)'을 클릭하면 해당 정책에 대한 각 정당들의 입장과 대안, 이를 둘러싼 논쟁 등에 대해 상세한 자료를 얻을 수 있도록 해 놨다. '이슈 가중치 설정(These doppelt gewichten)' 칸도 있어 자신이 중요하게 생각하는 이슈의 일치도를 중점적으로 확인할 수도 있다. 유권자들이 정당의 차이를 이해하고 다양한 계층의 사람들이 서로 정보를 교환하며 정치 사안에 대해 토론을 전개할 수 있다는 점에서 'Wahl-O-Mat'는 연방정치교육원이 실시하는 사업 중에서 가장 성공적인 것으로 평가된다(크리스토프 뮐러-호프스테데, 2007: 54, 56). 한국에서도 정당 정책 비교 프로그램을 정치교육에 널리 도입하는 것은 이를 통해 유권자들로 하여금 보다 많은 선거 정보를 보유하게 함으로써 연고주의에 기대지 않고 자신의 투표 결과가 가져올 혜택과 비용에 대한 평가에 근거한 투표를 가능하게 한다는 점에서 바람직하다.[85] 다른 한편으로 이는 정치에 대한 불신과 냉소주의가 널

84 독일 정치교육의 역사와 구조에 대해서는 홍익표(2021) 참조.

85 물론, 대의제 민주주의에서의 정치참여와 선거에 대해 서술한 앞의 절에서 지적한 대로 정당, 후보자, 정책 등에 대해 합리적 수준의 정보를 가진 유권자들이 자신의 투표 결과가 가져올 혜택과 비용에 대한 평가에 근거해 투표를 하는 경향이 있다는 주장과 더불어 유권자들이 무지보다도 더 나쁜 상태에 있으며 비합리적인 선택을 하는 경향이 있다는 주장도 존재한다.

리 퍼져 있는 상황에서 정치에 대한 유권자들의 관심을 환기시키고 투표율을 제고하는데도 기여할 수 있다. 사회적 균열과 갈등을 조정하고 다양한 계층, 지역들의 요구를 취합하여 정책에 반영하는 역할을 제대로 수행하지 못하고 있는 정당들 역시 선거 경쟁에서 유리한 지위를 점하기 위해 정책적 쟁점을 회피하거나 포기하는, '애매하게 얼버무리는 전략(strategy of ambiguity)'을 선택하기보다는 뚜렷한 정책 대안을 제시하고 상대 당과의 차별성을 내세우는 데 집중하게 될 수 있다.

V. 결론

지금까지 학교를 중심으로 선거교육의 현실과 대안을 살펴보았다. 중요한 점은 선거교육이 학생들로 하여금 정치를 올바로 이해하고 정치참여를 고무시키는 데 기여해야 한다는 것이다. 그러나 현실은 이에 한참 못 미친다. 대부분의 교사와 학생들은 정치란 입시를 위해 암기해야 하는 과목의 하나로만 여기고 있다. 교육환경도 불만족스럽기 그지없다. 온전한 정치교육이 행해지기 위해서는 비민주적 관행으로 가득 찬 학교 풍토를 개선하는 것이 필요하지만 현실은 그렇지 못하다. 대부분의 학교 의사결정은 위로부터 권위주의적으로 이뤄지며, 학교 공동체 구성원들의 권리 역시 동등하게 존중되지 않는다. 권위적 가치와 규범, 생활방식을 맹신하는 학교 경영진과 교사들로 둘러싸인 환경에서는 어떻게 학생들을 민주주의자로 양성할 수 있는가라는 의문이 제기될 수밖에 없다.

학교 자치 풍토의 개선과 더불어 정치교육의 내용과 질도 바뀌어야 한다. 선거교육을 비롯한 정치교육은 대부분 지식과 개념 전달의 강의식 수업방식으로 이뤄지고 있다. 그런 점에서 정치교육은 지식 습득 위주의 교육을 지양하고 시민으로서의 가치와 태도 등 자질을 함양하는데 더 주안점이 두어져야 할 것이다. 학교에서 학급 회의와 같이 서로의 의견을 나눌 수 있는 과정을 점차 늘리고, 토론이나 대화, 타협, 경청 등에 대한 기회도 확대시킴으로써 학생들은 민주적인 절차를 배울 수 있는 것이다. 이와 관련하여 최근 여러 나라에서 학교 민주주의 실현을 통한 정치교육이 추진되고 있는 것은 우리에게 많은 시사점을 준다.

선거는 정치적 참여의 한 부분이다. 그런 점에서 다른 유형, 예컨대 직접행동 등과 보완을 이룰 필요가 있다. 선거교육을 행하는데 있어서는 다양한 정치참여 방식에 대한 평가가 이뤄져야 한다. 이러한 내용의 선거교육은 정치과정에 대한 시민들의 참여를 어떻게 확대시키고, 이를 통해 정부에 대한 시민들의 통제 수준을 어떻게 높일지를 고찰하게 하는데 그 중점이 있는 것이다. 선거와 관련해서는 어떻게 유권자의 이해와 선호가 정치체계에 왜곡됨이 없이 반영되는가가 강조될 필요가 있다. 그리고 선거는 항상 민주적이지 않으며 항상 합리적 선택의 결과이지도 않다는 점에 미뤄볼 때 어떻게 유권자가 합리적일뿐더러 합당한 선택을 행할 수 있는지가 충분히 교육의 내용에 포함되어야 한다. 나아가 유권자의 선택이 어떻게 보편적 가치에 부합하는 행위로 연결될 수 있는지가 강조되어야 함은 물론이다.

전 지구적으로 고찰해 볼 때 새로운 정치에 대한 실험이 전개되는 사실에 주목해야 한다. 오성운동과 포데모스, 플랫폼 민주주의, 참여예산제도 등이 그것이다. 기계적, 형식적 선거는 점차 그 비중이 감소할 것으로 예상된다. 디지털혁명 시대에 부합하는 정치교육이 필요한 것이다. 역동적 현실과 학교 제도교육의 괴리를 좁히는 일은 정치교육을 비롯한 학교 교육이 당면한 가장 큰 과제이기도 하다. 이는 선거교육을 비롯한 정치교육이 SNS와 온라인 플랫폼을 기반으로 시민참여 정치와 같이 새로운 정치에 부응하는 교육을 비중 있게 다루어야 한다는 점을 말하는 것이다. 온전한 정치교육이 제대로 행해지고 이를 통해 민주적 가치와 태도를 내면화한 많은 시민들이 길러질 때라야 비로소 우리는 지속 가능하며 높은 수준의 민주주의를 기대할 수 있다.

참고문헌

강현미·이선영 외. "학생 자치를 기반으로 한 선거교육 프로그램 실행연구: 교사의 협력적 실행연구 1차 수행 텍스트를 중심으로." 『사회과수업연구』 2권 2호, 2014.

고선규. "고등학교 정치·선거학습의 문제점과 민주시민교육." 『사회과수업연구』 2권 2호, 2014.

교육정책디자인연구소 시민모임. 『학교, 민주시민교육을 실천하다! 선거, 혐오, 미디어. 학교가 실천해야 할 시민교육의 거의 모든 것』. 서울: 맘에드림, 2020.

김명정. "참여지향적 청소년 정치교육의 과제." 『시민청소년학연구』 제1권 제2호, 2010.

김영평·최병선 외. 『민주주의는 만능인가』. 고양: 가갸날, 2019.

김왕식. "선거제도 개혁의 정치교육적 함의." 『교과교육학연구』 11권 2호, 2007.

김요섭·구슬이 외. 『학생자치, 학생주권시대를 열다: 시민으로서의 학생, 학교 민주주의의 주체가 되다!』. 서울: 테크빌교육, 2020.

김장수. 『하드볼 게임: 선거는 어떻게 우리를 배신하는가』. 서울: 사회평론, 2015.

놀렌, 디터(Dieter Nohlen). 박병석 역. 『선거제도와 정당체제: 선거제도의 정치적 효과』. 서울: 다다기획, 1994.

달톤, 러셀 J.(Russell J. Dalton). 서유경 역. 『시민정치론: 선진 산업민주주의 국가의 정당과 여론』. 서울: 아르케, 2010.

데냉크스, 디디에(Didier Daeninckx). 정미애 역. 『아빠, 왜 히틀러한테 투표했어요?』. 서울: 봄나무, 2017.

레이브라우크, 다비트 판(David van Reybrouck). 양영란 역. 『국민을 위한 선거는 없다』. 서울: 갈라파고스, 2016.

레이파아트, 아렌드(Arend Lijphart). 서주실 역. 『선거제도와 정당제』. 서울: 삼지원, 1997.

루소, 장-자크(Jean-Jacques Rousseau). 김영욱 역. 『사회계약론』. 서울: 후마니타스, 2018.

마냉, 버나드(Bernard Manin). 곽준혁 역. 『선거는 민주적인가: 현대 대의민주주의의 원칙에 대한 비판적 고찰』. 서울: 후마니타스, 2004.

뮐러-호프스테데, 크리스토프(Christoph Müller-Hofstede). "독일 정당정책 비교 프로그램(Wahl-O-Mat)과 정치교육에서 Wahl-O-Mat 활용." '글로벌 시대의 시민교육과 정치' 한·독 민주시민교육 국제심포지엄 발표 논문. 중앙선거관리위원회 선거연수원, 2007.

밀, 존 스튜어트(John Stewart Mill). 서병훈 역.『대의정부론』. 서울: 아카넷, 2012.

박복선. "학교와 민주주의?" 홍윤기 외.『가장 민주적인, 가장 교육적인: 가르치는 민주주의를 넘어』. 서울: 교육공동체 벗, 2017.

박민영.『학교는 민주주의를 가르치지 않는다』. 서울; 인물과사상사, 2017.

볼, 제임스(James Ball). 김선영 역.『개소리는 어떻게 세상을 정복했는가』. 파주: 다산북스, 2020.

브루스, 이안(Iain Bruce). 최상한 역.『UN이 선정하고 세계가 배우는 포르투알레그리의 주민참여예산제도』. 서울: 황소걸음, 2018.

비에이라, 모니카 브리투(Mómica Brito Vieira)·데이비드 런시먼(David Runciman). 노시내 역.『대표: 역사, 논리, 정치』. 서울: 후마니타스, 2020.

사카이 도요타카(坂井豊貴). 현선 역.『다수결을 의심한다: 왜 선거는 우리를 배신하는가?』. 고양: 사월의책, 2016.

신두철·허영식.『민주시민 교육 핸드북. 2(방법론)』. 서울: 오름, 2009.

영, 아이리스 매리온(Iris Marion Young). 김희강·나상원 역.『포용과 민주주의』. 서울: 박영사, 2020.

유명철. "고등학교「법과 정치」교과서의 '적극적인 선거참여'에 대한 내용 지도."『사회과수업연구』 2권 1호, 2014.

윌리스, 폴(Paul Willis). 김찬호·김영훈 역.『학교와 계급 재생산: 반학교문화, 일상, 저항』. 서울: 이매진, 2004.

이대성·이병희. "경기 민주시민교육의 실천과 과제 - 학교민주주의 지수를 중심으로."『법과인권교육연구』 제12권 1호, 2019.

이진순 외.『듣도 보도 못한 정치: 더 나은 민주주의를 위한 시민의 유쾌한 실험』. 파주: 문학동네, 2016.

전용주 외.『투표행태의 이해』. 파주: 한울, 2009.

조긍호·강정인.『사회계약론 연구: 홉스·로크·루소를 중심으로』. 서울: 서강대학교 출판부, 2012.

주아리, 장 폴(Jean Paul Jouary). 이보경 역.『나는 투표한다, 그러므로 사고한다』. 서울: 함께읽는책, 2012.

진시원·홍익표.『왜 시민주권인가?』. 부산: 부산대학교 출판부, 2016.

최영선. "중·고등학교 사회과 선거교육에 관한 연구." 부산대학교 교육대학원 교육학석사 학위

논문, 2015.

최장현. “민주주의와 선거에 대한 「법과 정치」 교육 패러다임의 전환 – 다수제 모델에서 합의제 모델로.” 『법학논총』 22권 3호, 2015.

카우치, 존(John Couch)·제이슨 타운(Jason Towne). 김영선 역. 『교실이 없는 시대가 온다: 디지털 시대, 어떻게 가르치고 배워야 하는가』. 서울: 어크로스, 2020.

캐플란, 브라이언(Bryan Caplan). 이현우 외 역. 『합리적 투표자에 대한 미신: 민주주의가 나쁜 정책을 채택하는 이유』. 서울: 북코리아, 2008.

파렐, 데이비드(David M. Farrell). 전용주 역. 『선거제도의 이해』. 파주: 한울, 2017.

홍서정 외. 『광장에는 있고 학교에는 없다: 민주주의의 도전』. 서울: 교육공동체, 2017.

홍익표. 『누가 저 베헤모스를 만들었을까? 한국 권위주의의 기원에 대한 정치적 고찰』. 서울: 오름, 2018.

홍익표. 『한국 정치를 읽는 22개의 키워드: 신자유주의부터 포퓰리즘까지』. 서울: 오름, 2019.

홍익표. “독일의 정치교육: 역사, 구조, 교훈.” 진시원·홍익표·오승호. 『시민주권과 민주시민교육』. 부산: 부산대학교 출판문화원, 2021.

홍익표·진시원. 『세계화 시대의 정치학』. 서울: 오름, 2016.

Blum, Christian & Christina Isabel Zuber. “Liquid Democracy: Potentials, Problems, and Perspectives.” *The Journal of Political Philosophy*. Vol.24, No.2, 2016.

Dahl, Robert A. *On Democracy*. New Haven: Yale University Press, 2015.

Hufer, Klaus-Peter. “Argumentationstraining.” Volker Reinhardt & Dirk Lange(Hrsg.). *Basiswissen Politische Bildung Band. Band 2: Forschung, Planung und Methoden Politischer Bildung. Handbuch für den sozialwissenschaftlichen Unterricht*. Baltmannsweiler: Schneider Verlag GmbH, 2017.

Jesse, Eckhard. *Die Demokratie der Bundesrepublik Deutschland*. Baden-Baden: Nomos Verl. Ges., 1997.

Levitsky, Steven & Daniel Ziblatt. *How Democracies Die*. New York: Crown, 2018.

Lijphart, Arend. *Democracies. Patterns of Majoritarian and Consensus Government in Twenty-One Countries*. New Haven: Yale University Press, 1984.

Nohlen, Dieter. *Wahlrecht und Parteiensystem. Zur Theorie und Empirie der Wahlsysteme*. Opladen: Budrich, 2013.

Print, Murray & Shigeo Kodama et.al. “Political Education in Asian Schools.” Dirk Lange & Reinhardt Volker (Hrsg.). *Basiswissen Politische Bildung. Band 1: Konzeptionen, Strategien und*

Inhaltsfelder Politischer Bildung. Baltmannsweiler: Schneider Verlag GmbH., 2017.

Verba, Sidney, Norman H. Nie, and Jae-On Kim. *Participation and Political Equality: A Seven Nation Comparison*. New York: Cambridge University Press, 1978.

Woyke, Wichard. Stichwort: *Wahlen*. Opladen: Leske+Budrich, 1994.

9장.

주권자 선거교육[86]

이혜경

I. 서론

공직선거법과 정당법의 개정으로 청소년의 선거권과 피선거권 연령이 18세로 하향되고 정당 가입 연령 또한 16세로 하향되면서 선거교육에 대한 관심이 더욱 높아지고 있다. 공직선거법에서 18세 이상 국민에게 선거권을 부여한 것은 청소년을 정치의 주체로 인정한 것이므로 청소년에 대한 선거교육은 청소년이 정치의 주체로서 투표할 수 있고, 주권을 합리적으로 행사하는 과정과 능력을 함양할 수 있도록 체계적으로 실시되어야 한다(박상준, 2020: 130-131).

그러나 지금까지 학교에서 일반적인 선거교육은 수업을 통해 배우게 되는 선거의 의미와 기능, 선거의 기본 원칙과 제도 등에 대한 학습을 의미하였으며, 학교는 주로 예비 유권자가 알아야 할 선거 및 정치제도와 참여방식을 가르치는 지식 교육을 주로 해왔다(김명정·송성민, 2022: 64). 이제 청소년들에게 선거는 교과서 속에서만 배울 수 있는 지식이 아니라, 공직선거 후보자들의 공약을 분석하고 선택해야 하는 실제적인 활동이자 직접 후보자가 되어 출마도 할 수 있는 현실적인 문제가 되었다(임유진·김명정, 2022: 160). 따라서 청소년들의 선거교육에 가장 큰 역할을 담당하는 학교에서 이루어지는 선거교육에도 변화가 필요하며, 학교 교육이 무엇을 준비해야 하는지

86 이 글은 이혜경(2024). 중학교 사회과에서 주권자 선거교육에 관한 연구, 부산대학교 대학원 석사학위 논문을 수정·인용한 것이다.

그 대응 방안을 모색할 필요가 있다.

선거는 대의민주주의 국가에서 주권자로서 할 수 있는 가장 기본적이면서도 강력한 권리 행사 수단이며, 선거에 참여하는 것은 단순한 투표 행위가 아니라 정치적인 선택을 위한 정보 수집과 토론 그리고 자신의 선택 결과에 따르는 책임이 내포되어 있다. 그러므로 선거교육은 단지 선거제도와 투표 방식을 가르치는 것이 아니라 시민이 주권자로서 선거와 정치과정에 참여하여 주권을 합리적으로 행사하는 과정과 능력을 가르치는 것이어야 한다(박상준, 2020: 129). 더불어 선거교육은 선거와 관련된 지식과 행위뿐만 아니라 민주주의적 역량을 함양할 수 있어야 하며, 주권자로서 민주시민의 자질을 함양할 수 있는 교육활동을 수반해야 할 것이다.

선거 과정에서 나타나는 정책과 공약, 다양한 주장과 정보, 논쟁 사항들에 대해서 사실을 제대로 확인하고, 비판적인 시각으로 분석하며 합리적으로 판단할 수 있는 능력을 길러내는 것이 선거교육의 역할이라 할 수 있다. 이러한 과정을 통해 청소년들은 이 사회의 주인임을 깨닫고 올바른 정치의식과 판단을 할 수 있는 주권자로서 역량을 기를 수 있을 것이다. 그러므로 선거교육은 학생들이 이 사회의 주인으로서 단순한 유권자로 머물지 않고 주권자로서 주체적으로 선거에 참여할 수 있도록 주권자 교육이라는 큰 틀 아래서 이루어질 필요가 있다. 선거교육은 민주시민교육의 중요한 부분으로 선거교육을 통해 학교에서 미래 유권자인 학생들에게 매우 유용한 주권자 교육을 제공할 수 있는 좋은 계기가 된다. 그리고 이를 구체화할 수 있는 제도적 뒷받침과 학교 현장에서 선거 수업 및 다양한 선거교육 프로그램들이 학교와 교사의 재량에 따라 자율적으로 운영될 수 있도록 해야 한다.

따라서 본 장에서는 학교에서 선거교육이 어떻게 이루어지고 있는지, 특히 주권자로서 민주 시민의 역량을 함양할 수 있도록 선거교육이 이루어지고 있는지 알아보고자 하였다. 선거교육 실태 파악을 위해서는 구체적인 수업 실행과 학생들의 지식 및 가치관의 변화를 측정하는 방법이 옳으나, 선거교육의 현황이나 문제점을 총체적으로 파악하기 위해서는 모든 학생들에게 공통적으로 적용되는 교육과정과 교과서를 분석하는 것이 적절하다(김명정·송성민, 2014: 224).

한편, 선거법 개정 직후 2020년에 개발된 각종 선거교육 교재 및 프로그램들은 곧 선거권을 행사할 고등학교 3학년들에게 집중하여 대체로 고등학생을 대상으로 하는 경우가 많았다(선거연수원, 2021: 1). 그러나 현실적으로 학교 현장에서 대학 입시를 앞둔 고등학생들에게 선거교육을 체계적으로 실시하는 것은 쉽지 않은 일이다. 더군다나 2022 개정교육과정에서도 선거 단원이 있는 고등학교「정치」과목의 경우 여러 진로 선택 과목들 가운데 하나가 되었으며, 사실상 중학교 교육과정에서 배우는 선거교육이 의무교육 단계에서 마지막으로 제공되는 선거교육일지 모른다. 즉, 중학교의 경우 교육과정상 공통 교육과정으로서 모든 학생들에게 선거교육을 체계적으로 수행할 수 있는 중요한 시기이다. 이러한 상황에서 중학교에서의 선거교육은 현행 교육과정 체제에서 가장 중요하게 다루어질 필요성이 제기된다(김명정·송성민, 2014: 248).

이에 따라 본 장에서는 중학교급에서 이루어지는 선거교육에 초점을 좁혀서, 교육과정과 교과서 분석을 실시하여 중학교에서는 선거교육이 어떻게 이루어지고 있는지, 특히 주권자의 자질을 함양할 수 있는 선거교육이 이루어지고 있는지 분석하였다. 이 과정에서 중학교 학생들이 주권자로서 선거와 정치과정에 주체적으로 참여하기 위해서는 선거교육에서 어떠한 내용 요소가 보완될 필요가 있는지 제시하고, 중학교에서 이루어지고 있는 선거교육의 개선 과제를 도출하였다. 이를 바탕으로 주권자를 위한 선거교육 수업은 어떻게 구성할 것인지 제안함으로써 선거교육이 나아갈 바람직한 방향을 제시하고가 하였다.

II. 주권자 선거교육의 필요성과 내용

1. 유권자 선거교육의 한계와 주권자 선거교육의 필요성

유권자는 법적으로 선거에 참여할 수 있는 권한, 즉 선거권을 가진 사람을 말한다(중앙선거관리위원회, 2022a: 6). 유권자는 대표 선택을 통해 권력을 위임하고 그들이 국가를 운영할 수 있게 하며 국가의 운영 방향을 결정할 수 있다. 특히 정당이나 후보자가 내세우는 정책이나 공약은 국민의 삶에 직접적으로 영향을 주기 때문에 신중하게 선택해야 한다. 그러나 현대 대의 민주주의는 주권자인 시민을 단순한 유권자로 만드는 문제가 발생한다. 선거철에만 주권을 행사하고, 평상시에는 위임받은 주권을 독과점적으로 활용하는 대표자들이 존재하기 때문이다. 따라서 현대 대의 민주주의는 주권을 위임받은 대표와 국민 간의 팽팽한 견제와 균형이 필요하다(진시원 외, 2021: 89-95). 지식 중심의 선거교육은 시민을 단순한 유권자에 머물게 한다. 그러므로 유권자는 단지 법적으로 선거권을 갖는다는 의미 외에 그 권리를 실질적이고 정당하게 행사할 수 있는 역량을 갖출 때 진정한 주권자라 할 수 있다.

대한민국 헌법 제1조 2항은 '대한민국의 주권은 국민에게 있고, 모든 권력은 국민으로부터 나온다'라고 하였다. 여기서 주권에 대한 개념 정의는 시대와 다양한 정치 상황 속에서 논자에 따라 다양하게 나타나고 있다(강창훈, 2022: 8). 주권의 개념에 대한 일의적인 정의는 없으나, 주권의 본질적 징표로 "국가의사를 전반적·최종적으로 결정할 수 있는 최고의 권력 또는 권위"로 다양한 논의들 속에서 공통적으로 파악되고 있다(김명재, 2006: 88). 한 나라의 최종적인 의사결정을 가능하게 하는 최고의 권력인 주권을 가진 주권자는 스스로 자신의 공동체 의사결정에 참여하며, 주요 정책을 결정할 수 있는 자율성과 권력을 가지고 있다. 이에 따라 본 장에서는 주권과 주권자의 의미를 아래 <표 1>과 같이 정리하였다.

<표 1> 주권과 주권자의 의미

주권	한 나라의 최종적인 의사결정을 가능하게 하는 최고의 권력 또는 권위
주권자	1. 최고의 권력인 주권을 가지고 2. 스스로 자신의 공동체 의사결정에 참여하며 3. 주요 정책을 결정할 수 있는 자율성과 권력을 가진 사람

주권자 교육은 민주 사회의 주권자로서 적합한 자질과 역량을 함양하는 교육이며, 민주주의에 대한 이해를 바탕으로 당면한 문제를 해결하는 능력과 태도를 갖추도록 하는 교육이다(강창훈, 2022: 8). 주권자는 적극적인 정치참여를 통해 만들어진다.

주권자로서 권력은 내가 속한 정치공동체의 일에 적극적으로 참여할 때 비로소 생겨나는 것이다. 수동적으로 주권자의 지위를 부여받는 데서 그치는 것이 아니라 능동적인 정치참여의 과정을 거치면서 주권자로 만들어지는 것이라 할 수 있다. 청소년들의 올바른 정치참여를 위해서는 합리적인 정치적 선택을 위한 정보 수집, 토의·토론, 자신의 선택에 대한 책임이 요구된다. 이를 위해 일찍부터 학교 교육을 통해 주권자로서 권리를 행사하고 의무를 이행하며 정치에 참여하는 방법들을 학습해야 더 나은 시민이자 주권자가 될 수 있다. 민주시민의 자질을 키우는 선거교육은 단순히 투표에만 참여하는 유권자 교육이 아니라 주권자로서 자율적으로 판단하고, 관련 가치를 탐색하며 내면화할 수 있도록 이루어져야 한다. 이에 따라 본 장에서는 유권자 선거교육과 주권자 선거교육의 의미를 아래 <표 2>와 같이 정리하였다.

<표 2> 유권자 선거교육과 주권자 선거교육의 의미

<table>
<tr><th>유권자 선거교육</th><th colspan="3">주권자 선거교육</th></tr>
<tr><td rowspan="2">· 지식 전달 중심의 선거교육
· 선거일에 투표만 하는 수동적인 유권자를 양성하는 선거교육</td><td colspan="3">· 주권자로서 필요한 민주시민 역량을 함양하는 선거교육</td></tr>
<tr><td>자신과 자신이 소속된 공동체에 대한 주인의식</td><td>주요 정책을 스스로 결정하고 그 결정에 책임</td><td>자율성과 권력을 가진 주권자 양성</td></tr>
</table>

2. 주권자 선거교육의 의미와 목표

선거교육은 주권자 교육을 바탕으로 다양한 방법으로 발전해 나갈 수 있다. 선거교육을 통해 학생들이 스스로 주권자로 자각하도록 하고, 주권자로서 갖춰야 할 자질과 역량을 함양할 수 있다. 학교에서 선거교육을 실시할 때는 독자적인 영역으로서 선거교육만을 부각하기보다는 주권자 교육의 중요한 주제로서 접근(설규주 외, 2021: 6-7)하는 방안을 적극 활용해야 한다. 넓은 의미에서 주권자 선거교육은 선거를 포함한 정치영역 전반을 교육 내용으로 다룸으로써, 학생들 스스로 주권자로 인식하도록 하며 참정권을 행사할 수 있는 역량과 사회문제 해결에 적극 참여할 수 있는 주권자의 자질을 함양하는 교육이다.

<표 3> 주권자 선거교육의 의미와 목표

	주권자 선거교육
의미	주권자로서 필요한 민주시민 역량을 함양하는 선거교육
목표	· 민주주의와 선거제도에 대한 지식과 이해력 향상 · 자신과 자신이 소속된 공동체에 대한 주인의식 함양 · 선거 및 공동체의 의사결정 과정에 적극적으로 참여하는 태도 형성 · 자신이 속한 공동체의 주요 정책을 합리적으로 결정하고 그 결정에 책임지는 태도 형성 · 자율성과 권력을 가진 주권자 양성

3. 주권자 선거교육의 내용 요소

주권자 선거교육의 목표를 달성하기 위해서 그에 적절한 교육 내용을 선정하는 것은 매우 중요하다. 주권자 선거교육에서 기르고자 하는 민주시민 역량은 단순히 선거나 정치과정에 대한 지식을 이해하는 것이 아니다. 학생들은 주권자 선거교육을 통하여 선거를 둘러싼 다양한 정보와 정치적 쟁점들을 분석하고 평가하여 합리적인 의사결정을 내릴 수 있어야 한다. 더불어 주권자로서 선거 및 정치과정에 적극적으로 참여하는 태도를 갖추고, 선거와 연계하여 실질적으로 경험하고 직접 참여할 수 있는 활동들을 통하여 미래의 유권자가 아니라 현재의 주권자 시민으로 성장할 수 있도록 도와야 한다.

쿠와하라 토시노리(桑原敏典)에 따르면 주권자 교육은 협의의 주권자 교육과 광의의 주권자 교육으로 나눌 수 있다. 협의의 주권자 교육은 일반적으로 주권자 교육으로 다루어지는 것으로 목전에 다가온 선거에 대하여 어떠한 태도로 임할 것인가를 교육하는 것이다. 이에 비하여 광의의 주권자 교육은 주권자로서 사회나 정치에 참여하고자 하는 태도나 의욕을 기르고자 하는 것으로 반드시 선거 그 자체를 다루는데 한정하지 않는다(桑原敏典, 2017: 13). 민주시민으로서 정치와 선거에 대한 지식 습득과 더불어 사회 참여 태도, 비판적 사고력, 합리적 의사 결정력을 함양하는 것은 주권자가 갖추어야 할 중요한 요소이다. 이를 바탕으로 스스로 판단에 따라 선거에 참여할 수 있어야 한다. 이처럼 넓은 의미에서 학습과 참여의 과정들이 주권자 선거교육이며,

주권자 선거교육은 계기교육 이상의 원리와 내용을 포함할 뿐 아니라 선거에 관한 지식과 절차를 알리는 지식 차원보다 더 넓은 의미를 포함하는 것이다.

주권자 선거교육은 단순히 선거에 관한 지식을 제공하는 것이 아니라, 주권자로서의 민주시민 역량을 기르는 교육이다. 학교에서 선거교육을 다룰 때는 하나의 독자적인 영역으로서 선거교육만을 부각하기보다는 참정권 교육, 나아가 주권자 교육의 중요한 주제로서 접근하는 방안을 적극 활용해야 한다(설규주 외, 2021: 6-7). 나아가 주권자 선거교육을 위해서는 선거교육 과정에서 분석과 비판 능력을 키우며, 권력을 감시하고 분산하기 위한 일련의 내용 요소들이 포함되어야 한다. 즉, 정책과 공약, 인물, 정당 등을 체계적으로 분석하고 비판하고 토론하는 능력을 길러 사회적 연대와 공동체의식, 시민참여를 촉진하기 위하여 실행하는 교육의 과정으로 선거교육 내용 요소들이 구성되어야 한다. 선거는 좁은 시각에서만 보면 단순한 선거 행위이지만 넓은 시각으로 보면 정책, 정당, 시민단체, 지방 자치 등 모든 정치참여 방법들이 압축되어 있으므로 선거교육의 내용 요소를 구성할 때는 정치과정 전반에 걸쳐 넓은 시각으로 접근해야 하는 것이다. 즉, 넓은 의미에서 주권자 선거교육은 선거를 포함한 정치 영역 전반에 걸쳐 학습 내용 요소를 구성하는 방식을 통해 학생들은 스스로를 주권자로서 인식하고, 참정권을 행사할 수 있는 역량과 사회문제 해결에 적극 참여할 수 있는 주권자로서 시민의 자질을 함양할 수 있다.

중학교 학생들 역시 미래의 유권자가 아니라 현재의 주권자로서 중요한 정치참여의 주체라 할 수 있으므로 선거나 투표 이외에도 정치과정에 참여하는 다양한 방법들을 배우고 실천하는 경험을 갖도록 주권자 선거교육 내용을 구성하는 것은 중요하다. 학교 내에서 학생 자치 활동, 학급회·학생회, 학교 예산 편성 과정에 참여하거나, 학교 밖에서는 청소년의회[87]나 지방자치단체에서 운영 중인 청소년기자단 등 청소년의 정치참여를 돕는 다양한 기관에 참가하여 활동할 수 있다. 정당이나 시민단체에 가입하

87 대표적인 청소년 의회로 대한민국청소년의회가 2003년 출범하여 활동 중이다. 대한민국 국민 중 만 13~18세 청소년이라면 누구나 참여할 수 있다. 청소년의회는 단순히 청소년끼리 토론이나 선거, 입법 활동을 경험하는 것에 그치지 않고, 청소년의회에서 만든 법안은 국회의원 1명 이상의 동의를 얻어 정식으로 입법 청원을 할 수도 있다(설규주, 2017: 290-292).

여 활동할 수 있고, 자신의 이익을 지켜줄 수 있는 이익단체에 가입할 수 있으며, 여론 형성을 통하여 국가의 정책 결정에 영향을 줄 수도 있다. 이와 같은 정치참여의 구체적 방법을 알고 실천하는 태도를 함양함으로써 학생들은 스스로 자신이 민주 사회의 진정한 주인임을 알게 될 것이다.

지금까지의 논의를 바탕으로, 주권자 선거교육을 위한 학습 내용 요소를 '인지적 영역', '정의적 영역', '참여적 영역'의 3개의 범주로 구분하여 제시하였다.

첫 번째, 주권자 선거교육의 '인지적 영역'에서는 '인지적 학습'에 필요한 내용 요소들을 구성하였다. 인지적 학습[88]에서는 합리적·지적 사고작용이 일어난다(김대현, 2017: 127). '인지(Cognition)'는 흔히 '지식(Knowledge)'과 혼동되기도 한다. 그러나 인지는 지식보다 더 포괄적인 개념이며, 특정 대상에 대해 가지는 모든 상념과 지식을 통칭한다. 이러한 범주에는 신념이나 지각 방식, 지식 등이 모두 포함될 수 있다(오승호, 2010 :40). 이에 본 연구에서는 인지적 학습에 필요한 내용 영역을 '주권자로서의 자각', '선거 기초', '선거제도', '선거문화'의 4개 영역으로 구분하고, 12개의 구체적인 내용 요소를 제시하였다.

두 번째, '정의적 영역'에서는 '정의적 학습'에 필요한 내용 요소들을 구성하였다. 정의적 학습은 '태도'나 '가치'에 관련된 것에 중점을 둔다(김대현, 2017: 128). '태도'는 실제적인 행동 또는 행동이 나타나기 위한 이전 단계의 상황을 뜻하며, '태도'를 행동이 나타나기 위한 특정한 상태로 정의하는 경향이 두드러진다. 또한, 태도에는 감정 혹은 정서를 포함하고 있어 정의적 영역의 학습 소재로 적합하다. 이러한 관점에서, 사회과에서는 민주 시민의 자세 혹은 태도를 사회과 정의적 영역의 내용으로 구성할 수 있다(길현주, 2011: 5). 이와 같은 입장에서 볼 때, 주권자로서의 참여 태도 및 정치적 효능감 등은 사회과 정의적 영역의 학습 내용으로 구체화할 수 있다. 이에 본 연구에서는 정의적 학습에 필요한 내용 영역을 '선거 및 정치과정에 참여 태도', '주권자로서 정치적 효능감'의 2개 영역으로 구분하고, 3개의 구체적인 내용 요소를 제시하였다.

---

88 Bloom(1956)은 인지적 학습을 지식-이해-적용-분석-종합-평가의 여섯 가지 수준으로 나누었다(김대현, 2017: 127-128).

세 번째, '참여적 영역'에서는 학생들의 참여 행동과 관련한 학습에 필요한 내용 요소들을 구성하였다. 학생들은 사회 참여 경험을 통해서 사회 속에서 자신의 역할을 익히고 정체성을 형성하며, 사회성과 대인 관례 능력, 정치적 판단 능력 등 민주시민으로 성장하는 데 필수적인 역량들을 기를 수 있다(이지혜, 2017: 42). 나아가 직접적인 선거 참여 경험은 선거의 중요성과 실천의 가치를 알고 행동하는 시민을 기르기 위하여 반드시 필요하다(이지혜, 2017: 42). 특히, 선거교육은 시민이 주권자로서 선거와 정치과정에 참여하여 주권을 합리적으로 행사할 수 있는 과정과 능력을 가르치는 것이다. 그러므로 이론적 지식을 가르치는 수준을 넘어서 매니페스토 검증, 모의선거 등 주권을 행사하는 활동을 직접 체험함으로써 배우는 선거교육이 되어야 한다. 선거를 학생들의 삶과 괴리된 지식으로 배우는 것이 아니라, 학생의 일상생활과 밀접하게 연관된 경험을 하면서 생생하게 체득할 수 있는 선거교육이 이루어져야 한다(박상준, 2020: 131). 이에 본 연구는 '참여적 영역'을 '참여 행동'과 관련한 학습 내용 요소 구성을 위하여 '체험적 참여'와 '직접적 참여'로 먼저 구분하였다. '체험적 참여'의 범주에는 학생들이 몸소 참여할 수 있는 방법들을 경험하는 학습 내용으로 '모의 참여 체험', '주권자로서 선거 및 정치과정 체험', '직접민주주의제도 체험'의 3개 영역으로 구성하고, 8개의 구체적인 내용 요소를 제시하였다. '직접적 참여'의 범주에는 학생들이 직접 참여하여 활동할 수 있는 학습 내용으로 '학교 내 참여', '학교 밖 참여'의 2개 영역으로 구성하고, 4개의 구체적인 내용 요소를 제시하였다.

이에 따라 최종적으로 본 장에서 제시하는 주권자 선거교육을 위한 내용 요소는 <표 4>와 같다.

<표 4> '주권자 선거교육'의 영역과 내용 요소 - 중학교 사회과 중심

범주	영역	내용 요소
인지적 영역 ⇓ 주권자로서 선거와 관련한 지식과 총체적인 정보 파악	주권자로서의 자각	1) 주권자의 의미 2) 선거에서 주권자의 권리와 의무
	선거 기초	1) 선거의 의미 2) 선거의 중요성 3) 선거의 기능(의의)

		선거제도	1) 민주적인 선거의 기본 원칙 2) 선거구제도 3) 선거구 법정주의 4) 선거공영제 5) 선거관리위원회의 역할
		선거문화	1) 바람직한 선거문화 조성 2) 우리나라 선거 관련 개선점
정의적 영역 ⇓ 주권자로서 참여 태도 및 정치적 효능감		선거 및 정치과정에 참여 태도	1) 선거 및 정치과정에 자발적, 능동적 참여 태도 2) 사회 문제 개선 활동에 적극적 참여 태도
		주권자로서 정치적 효능감	1) 자발적, 적극적 참여를 통해 사회 문제를 해결함으로써 성취감, 자신감 제고
참여적 영역 ⇓ 주권자로서 선거와 연계된 체험 및 직접 참여	체험적 참여	모의 참여 체험	1) 모의선거 2) 모의 의회 3) 모의 입법청원
		주권자로서 선거 및 정치과정 체험	1) 선거 공약의 분석 및 평가(매니페스토) 2) 정당(정책), 시민단체, 이익집단 등 참여 활동 3) 여론과 언론 참여, 미디어 리터러시(media literacy)
		직접민주주의제도 체험	1) 국민투표, 국민발안, 국민소환 2) 주민투표, 주민발안, 주민소환, 주민참여예산제
	직접적 참여	학교 내 참여	1) 학생 자치, 학급회-대의원회-학생회 2) 학생회·학급회의 임원 선거
		학교 밖 참여	1) 청소년의회, 청소년기자단 2) 청소년 사회참여 발표 대회, 지역 사회 문제 해결 프로젝트 등

※김명정·송성민(2014)이 개발한 선거 관련 교과서 내용 분석 준거의 기존 선거교육 내용 항목을 토대로 하여 본 장의 목적에 맞게 주권자 선거교육에 필요한 내용 요소를 추가하여 수정 보완함.

Ⅲ. 주권자 선거교육 내용 분석

1. 2015·2022 개정 사회과 교육과정 내 중학교 주권자 선거교육의 특징과 개선 과제

지금까지의 선거교육은 앞으로 선거권을 행사할 미래의 유권자를 대상으로 한 것이었지만 이제는 학생 일부가 이미 동등한 유권자가 되었으므로 시대의 변화에 맞게 선거교육은 훨씬 직접적이어야 한다(김명정·송성민, 2021: 84-85). 공직선거법과 정당법의 개정으로 학교 선거교육은 예비 유권자뿐만 아니라 실제 선거와 정치과정에 주체적으로 참여할 수 있는 주권자로서 역량과 태도를 길러주는 교육으로 변화해야 한다.

기존 교육과정에서 다룬 선거교육은 예비 유권자 대상의 준법 교육이 주된 내용이었으며 유권자로서 선거에서 선거법을 위반하지 않는 범위 내에서 할 수 있는 것을 전달하는 준법교육의 성격이 강했다. 지난 교육과정기의 선거교육에서 변하지 않은 점이라면, 선거의 원칙, 선거구제, 정당제도 등에 대한 학습이다(김명정·송성민, 2021: 84). 그러나 새 교육과정은 선거교육을 통해 학습자가 정치는 자신과 공동체의 삶을 결정하는 중요한 기능을 한다는 것을 알고 필요한 정책을 직접 만들고 주장할 수 있는 역량을 담아내야 한다(김명정·김현경, 2022: 140). 이에 따라 학생들이 사회적 변화에 능동적으로 대응할 수 있고 유권자에서 주권자 시민으로 성장할 수 있도록 중학교 사회과 교육과정이 주권자로서 필요한 민주시민 역량을 함양할 수 있는 주요 내용 요소들을 충분히 반영하고 있는지 살펴보았다.

첫째, 2015와 2022 개정 사회과 교육과정 중학교 사회 과목의 성취기준에 '주권자의 의미'에 대한 직접적인 내용 요소 제시는 없었다. 학생들이 주권자로서 자각할 수 있도록 주권자의 의미와 관련한 직접적인 내용 제시는 없으나, 학교 현장에서는 이와 관련한 수업 방안 마련이 필요하다.

다만, 2022 개정 교육과정 초등학교 사회 과목의 성취기준에는 '선거의 의미와 역할'과 함께 '시민으로서 주권 행사를 위해 선거에 참여하는 태도를 기르는 것'을 제시하였다. 초등학교 단계에서는 선거의 제도적 내용 요소보다는 선거의 중요성을 알고, 주권자로서 선거에 참여하는 태도를 형성하는 것에 중점을 두고 있다. 2015 개정 교육과정에서는 성취기준 해설에서 간접적으로 '학급 임원 선거나 학급 회의 참여'를 언급한 것과 달리 2022 개정 교육과정에서는 '선거'와 '주권 행사'를 독립적인 성취기준으로 명시하여 초등학교 시기부터 선거교육을 강화하고 있다.

2022 개정 교육과정의 초등학교 사회 과목에서는 선거의 중요성만을 강조하기보다 주권 행사를 위해 선거에 참여하며 주권의 의미와 주권자의 역할을 알고, 정체성을 함양할 수 있도록 성취기준을 제시한 것은 의미 있는 변화이다. 중학교 사회 과목에서는 선거교육 관련 단원 및 성취기준에 '주권자의 의미'와 관련한 직접적 제시는 없었으나, 학교 현장에서는 선거 및 정치과정과 관련한 성취기준들을 활용하여 주권자로서 학생들이 스스고 깨닫고 정체성을 함양하기 위한 교육 활동들이 다양하게 이루어져야 할 것이다. 학생들은 자신과 자신이 속한 공동체의 실질적인 주인으로 공동의 일에 적극 참여하고, 참여를 통해 변화가 가능하다는 경험 축적을 통해 정치적 효능감을 가지게 되고, 능동적인 주인의식을 지닌 시민으로 성장할 수 있을 것이다.

둘째, 2015 개정 교육과정에서 중학교 선거교육은 선거의 의미·기능, 민주 선거의 4대 원칙과 선거제도의 윤곽을 익히도록 제시되었다(김명정, 2020: 39). 반면에, 2022 개정 교육과정 중학교 사회 과목의 '정치과정과 시민참여' 단원에서는 성취기준 적용 시 고려 사항으로 '개정된 공직선거법 및 정당법' 관련 학습과 함께 선거의 의미뿐만 아니라 선거 과정에서 이루어질 수 있는 다양한 정치과정 및 시민참여 활동에 대한 학습을 함께 강조하였다. 그리고 정치 주체와 정치과정에 대한 이해의 폭을 넓힐 수 있도록 국내외 사례를 찾아보도록 하였으며, 이때 미디어를 활용하여 정치 주체의 활동 사례를 찾아볼 수 있도록 제시하였다.

또한, 교수·학습 방법으로 협동학습이나 프로젝트 수업 등을 활용하여 지역사회 문제를 찾아 대응하는 시민참여 활동을 계획해 보거나 공동체의식과 협업 능력을 기르기 위한 협동학습을 강조하여 민주시민의 자질 함양을 강조하였다. 여기서 2022 개정 교육과정이 '지역사회의 문제에 관심을 가지고 그 해결을 위해 참여하는 활동'이나 ‘공동체 의식과 협업 능력을 향상할 수 있는 활동’ 등을 중요하게 제시하고 있는 점에서는 주권자로서 필요한 민주시민 역량을 함양하는 선거교육 목표에 적합하게 제시되어 있음을 알 수 있다. 앞으로의 선거교육은 실질적인 사회문제, 현실정치의 문제 등을 주제로 삼을 수 있어야 하며, 학생들이 자신의 주권을 행사할 수 있는 다양한 방법들을 실질적으로 체험하고 직접 참여하면서 사회 참여 및 실천 능력을 함양할 수 있도록 해야 한다.

셋째, 2015 개정 교육과정과 2022 개정 교육과정에서 공통적으로 학생들이 학교 안과 밖에서 직접 정치과정에 참여할 수 있는 활동들과 관련한 내용 요소는 성취기준에 직접 제시되지 않았다. 이는 선거교육이 학생들의 실질적인 삶 속에서 이루어지기보다 선거와 관련된 일반적인 지식을 학습하는 차원에 머물게 할 수 있으므로, 학교 현장에서는 학생들의 삶과 연계하여 ‘청소년의 정치참여 활동’과 관련한 교육이 강화될 필요가 있다.

넷째, 2022 개정 교육과정에서는 선거교육과 관련하여 선거법 개정 등 일련의 사회적 변화를 담은 내용 요소들이 반영되었으며, 선거에 주체적으로 참여할 수 있는 민주시민 역량을 새로운 교육과정에 담아내고자 하였다. 그러나 2022 개정 교육과정이 제시하는 선거교육의 내용 체계가 학교 현장에서 실질적으로 수업에서 잘 구현되기 위해서는 다음과 같은 개선이 필요하다. 우선, 학교 현장에서 선거교육을 할 수 있는 교육과정 시수 확보 및 담당 교사들에 대한 체계적인 연수 프로그램이 요구된다. 교육과정을 기반으로 하는 교과서 외에도 교육청이나 선거관리위원회에서 제작되어 배포되는 많은 선거교육 자료집들이 있으나 실제 학교에서는 교사들이 모르고 있거나 혹은 시간 부족 등의 이유로 실제 수업에서 자주 활용되지 못하고 있기 때문이다.

마지막으로 교육과정에서 선거는 중요한 민주시민교육의 학습 요소로서 지금까지 선거가 사회과 내용 요소에서 빠진 적은 없으나, 새 교육과정에서도 분량에서는 큰 변화가 없으며 선거 관련 내용 요소들은 별도의 독립된 대단원으로 구성된 것이 아니라 중단원으로 다루어지고 있다. 또한 2015 개정 교육과정과 비교해 볼 때, 2022 개정 교육과정은 선거에 주체적으로 참여할 수 있는 주권자로서 민주시민 역량을 새로운 교육과정 속에 고르게 다루고 있다. 그러나 교과서 중단원 분량 안에서는 선거와 관련한 구체적이고 상세한 내용을 가르치거나 정치적 의사 결정을 위한 대안들을 비교·분석하고, 민주시민으로서 공동체 문제 해결을 위해 적극적으로 참여하고 협업하는 활동 등을 한정된 단원 분량 안에서 모두 다루기 어렵다는 점을 확인할 수 있다. 2022 개정 교육과정의 고등학교에서 선거교육을 다루는 정치 과목의 경우, 19개 선택과목 중의 하나로 자칫 중학교에서 배운 선거단원이 학생들에게 마지막일 수도 있는 상황에서 중학교 사회과에서의 선거교육은 더욱 강화되어야 할 필요성이 크다.

2. 중학교 사회 교과서 내 주권자 선거교육의 특징과 개선 과제

본 절에서는 중학교에서 주권자 선거교육이 어떻게 다루어지고 있는지 파악하기 위하여 중학교 사회1 교과서 8종 전체를 분석하였다. 특히, 주권자 선거교육의 실태 파악을 위하여 본 장에서 제시한 주권자 선거교육의 내용 요소를 반영한 분석 준거를 바탕으로 현재 중학교 사회 교과서가 주권자 선거교육의 주요 내용 요소를 충분히 반영하고 있는지 살펴보았다. 중학교 사회1 교과서에 대한 내용 분석 결과를 종합하여, 그 특징과 개선 과제를 다음과 같이 제시하고자 한다.

첫째, 선거교육 내용 측면에서 '선거제도' 영역의 '선거 원칙', '선거구 법정주의', '선거관리위원회의 역할', '선거공영제'와 같은 선거 제도적 측면의 내용 요소 자료가 교과서에 압도적으로 많이 제시되고 있다. 중학교에서 학생들이 선거제도에 대한 기본적인 지식을 습득하는 것은 매우 중요한 학습 요소이다. 그러나 선거제도와 원칙 등 지식 중심의 교육으로 인해 참여와 경험 중심의 선거교육 학습 내용이 부족해진다면, 이는 주권자로서 필요한 민주시민 역량을 함양하는 선거교육이 이루어지기 어렵게 한다. 그러므로 단편적인 교육 내용은 통합하고, 학생들이 실질적이고 주체적으로 선거에 참여할 수 있는 역량을 기를 수 있도록 교육 내용을 구성할 필요가 있다. 즉, 지식과 관련 있는 선거 관련 다양한 사회적 문제나 쟁점들을 학습 주제로 하여 학생들 스스로 자료를 수집하고 분석하며 문제를 해결해 가는 과정을 계획하고 실행할 수 있도록 교육 내용을 구성해야 한다.

둘째, '선거 기초'와 '선거제도' 영역에서는 본문자료와 특화 자료가 균형 있게 내용 제시가 충분히 되어 있으나 '선거문화' 영역에서는 특화 자료에만 제시되어 있으며 내용도 충분하지 않다. '선거문화'와 관련한 교과서 내용을 살펴보면 주로 '선거 관련 개선점'에 집중되어 있으며, 투표율을 높이기 위한 의무 투표제 도입에 대한 찬성 또는 반대의 의견을 밝히도록 하거나 투표율을 높이는 방안을 탐색해 보도록 하는 내용이 대부분이다. 학생들이 선거와 정치과정에 주체적으로 참여하는 태도를 기르기 위해서는 투표율을 높이는 방법이나 의무투표제 관련 내용에서 나아가, 주권자로서 우리나라의 선거문화를 돌아보고, 바람직한 선거문화에 대해 토의하며, 우리나라에 적합한 선거제도의 개선 방향을 토론해 보는 기회를 제공하는 것이 필요하다.

셋째, '주권자로서의 자각' 영역에서 '주권자의 의미' 내용 요소와 관련한 교과서의 표현은 대부분 '국민주권의 원리'를 설명하면서 제시되고 있다. 민주주의 국가의 주인은 국민이며, 국가의 의사를 결정하는 최고 권력인 주권이 국민에게 있다는 것을 교과서 본문에서 제시하였다. 이러한 본문 내용을 보충하기 위한 특화 자료가 어떻게 표현되어 있는지 나타낸 결과는 <표 5>와 같다.

<표 5> '주권자의 의미' 내용 요소 관련 교과서 특화 자료 사례

출판사	교과서 특화 자료 사례 세부 내용
A	우리 헌법 속의 민주주의 원리와 관련한 헌법 조항을 제시하고, 국민 주권의 원리와 관련된 헌법 조항을 찾아 써보는 활동
B	국민이 주권자로서의 권리를 실현하는 방법으로 선거를 사례로 제시함
C	헌법 1조 1항과 2항의 내용 제시
D	대통령 선거 투표 사례를 제시하고 이에 해당하는 민주 정치의 원리로 국민 주권의 원리를 찾아내는 활동
E	헌법 속에서 국민 주권의 원리 등 민주 정치의 기본 원리를 찾는 활동
F	국민이 선거를 통해 주권을 실현함을 제시, 역대 국회의원 선거 투표율을 제시하고, 자료와 관련 있는 민주 정치의 기본 원리를 작성하는 탐구활동
G	-
H	민주주의 국가의 주권은 대통령에게 있다. (O, X) 확인 문제 제시

'주권자의 의미' 내용 요소를 학습하기 위한 교과서의 본문 사례들을 살펴보면 대부분이 '주권', '국민주권의 원리'와 같은 용어의 개념을 나열하는 방식으로 제시되었다. 특화 자료의 경우에는 헌법 조항 속에서 국민주권 관련 내용을 찾는 활동이 대부분이다. 주권자의 역량 함양을 위해서는 단순한 개념 이해에서 나아가 실제적인 참여 경험을 통해 주권자로서 스스로 깨닫고, 정치적 효능감을 높일 수 있는 학습 방안이 필요하다.

넷째, 정의적 영역 범주에서는 '선거 및 정치과정에 참여 태도' 영역에서 총 38건이 제시되었고, '주권자로서 정치적 효능감' 영역에서 15건이 제시되어 다른 영역에 비해 상대적으로 적게 다루어지고 있다. 정의적 영역의 목표 중 가장 높은 단계는 행동화하기이다. 즉, 특정의 태도나 가치가 내면화되어 일상생활에서 행동에 옮길 수 있는 단계가 정의적 영역의 가장 높은 단계라는 것이다(길현주, 2011: 6-7). 따라서 정의적 영역에서는 주권자로서의 참여하는 태도나 가치에 대해서 아는 학습자를 양성하는 것에 머무르지 않고, 주권자로서 행동하는 학습자를 기르는 것을 목표로 한다. 주권자로서 실제 선거 및 정치과정에 참여하고 행동하는 학습자 양성을 위한 태도 및 가치 교육은 지식 습득 교육과 더불어 중요하게 다루어져야 한다.

다섯째, '체험적 참여' 범주에서 '주권자로서 선거 및 정치과정 체험' 영역의 '정당, 시민단체, 이익집단 등 참여 활동' 내용 요소 관련 자료와 '직접민주주의제도 체험' 영역에서 '주민투표, 주민발안, 주민소환, 주민참여예산제' 내용 요소 관련 자료가 가장 많이 제시되었다. 여기서 주권자로서 선거 및 정치과정에 참여하는 유형과 방법을 다루는 학습 내용이 교과서에 다수 제시되고 있는 것은 바람직하지만, 문제점은 단순하게 개념이나 방법만 제시하고 실질적인 참여로 이어지도록 경험이나 참여 활동 기회를 제공하는 내용이 부족하다는 것이다. 중학교 사회1 교과서 본문에서 해당 영역의 세부 내용 요소가 어떻게 표현되어 있는지 나타낸 결과는 <표 6>과 같다.

<표 6> ‘주권자로서 선거 및 정치과정 체험’ 영역과 ‘직접민주주의제도 체험’ 영역의 교과서 본문 표현 사례

출판사	‘주권자로서 선거 및 정치과정 체험’ 영역	‘직접민주주의제도 체험’ 영역
	‘정당(정책), 시민단체, 이익집단 등 참여 활동’ 내용 요소 관련 세부 내용	‘주민투표, 주민발안, 주민소환, 주민참여예산제’ 내용 요소 관련 세부 내용
A	정당은 정치권력을 획득하기 위해 정치적 의견을 같이하는 사람들이 만든 집단이다. 국민의 의사를 대변할 대표자를 뽑는 선거에 후보자를 추천하고 이들을 당선시키기 위해 노력한다.	지역사회의 주요한 문제를 주민이 직접 투표로 결정하는 주민 투표제, 선출된 지역의 공직자가 직무를 잘 수행하지 못하면 주민 투표로 해임할 수 있는 주민 소환제, 지방 자치 단체의 예산 편성 과정에 주민이 직접 참여하는 주민 참여 예산제 등이 있다.
B	시민단체는 공익 실현을 위해 시민들이 자발적으로 결성한 단체이다. 녹색 소비자 연대, 환경 운동 연합 등의 시민단체는 시민의 정치참여를 유도하고 여론을 형성하며, 정부 활동을 감시하고 문제 해결을 위한 대안을 제시하기도 한다.	주민은 지방선거, 주민투표, 주민 발의, 주민소환, 공청회 참석 등의 다양한 방법으로 지역사회의 정치과정에 참여할 수 있다.
C	이익집단은 이해관계를 같이하는 사람들이 자신들의 이익을 실현하기 위해 만든 단체이다. 이익집단은 정치과정에서 자기 집단의 이익을 표출하고, 전문적인 지식으로 사회문제의 해결을 제시하기도 한다.	주민투표는 지역의 중요한 결정 사항이나 정책에 관해 주민이 투표로 의사를 표시하는 것이며, 주민소환은 선출된 공직자가 주민의 의사에 반하는 정책을 펼치거나 직무를 잘 수행하지 못할 때 투표를 통해 해임할 수 있는 제도이다.
D	직접적인 정책 결정권을 가진 국회, 행정부, 법원 등을 공식적 주체라 하고, 정당, 시민단체, 이익집단, 개인, 언론 등을 비공식적 주체라고 한다. 이러한 정치 주체는 정치과정에 참여하여 정책의 결정 및 집행에 관여한다.	지방 자치 단체의 주요 정책을 결정하는 과정에서 주민의 의견을 묻는 주민투표, 주민대표로 선출된 공직자가 업무 수행에 문제가 발생할 경우 투표를 통해 해임할 수 있는 주민소환, 지방 자치 단체의 업무와 관련하여 감사를 청구할 수 있는 주민 감사 청구, 예산 편성 과정에 참여하여 우선순위를 정하는 주민 참여 예산제, 주민 청원 등은 주민 참여를 실현하는 구체적인 수단들이다.
E	다원화된 현대사회에서 이해관계를 같이 하는 사람들이 자신의 특수한 이익을 실현할 목적으로 만든 단체를 이익집단이라고 한다. 이익집단이 지나치게 자기 집단의 이익만을 추구할 경우 사회 전체의 이익과 충돌하거나 정책 결정에 혼란을 가져올 수 있다.	주민 참여를 위해 마련된 주민 참여 예산제, 주민투표 등의 제도를 통해서도 지역사회의 문제 해결에 참여할 수 있다.

F	정당은 정권 획득을 목적으로 정치적 견해가 같은 사람들이 모인 집단이다. 정치과정에서 정당은 국민의 다양한 요구를 수렴하여 정책 대안을 마련하고, 국민의 의견이 법제정이나 정책에 반영되도록 노력한다.	주요 현안에 관하여 주민이 직접 투표로 결정하는 주민 투표제, 선출된 공직자를 소환하여 주민투표로 해임을 결정할 수 있는 주민 소환제, 필요한 조례를 주민이 제안할 수 있는 주민 발안제, 지역 행정의 불합리함을 감시하는 주민 감사 청구제 등의 방법으로 지역문제를 해결할 수 있다.
G	시민단체는 사회문제를 해결하고 공익을 실현하기 위하여 시민이 자발적으로 만든 집단이다. 이들은 정책이 올바르게 결정되고 집행되는지 감시하고 비판하는 역할을 한다.	주민은 자신의 의견과 이익을 정치과정에 반영하기 위하여 관련 행정기관에 민원을 제기하거나 청원을 할 수 있으며, 공청회에 참석할 수도 있다. 또 주민 투표제, 주민 소환제, 주민 발의제, 주민 참여 예산제 등 다양한 제도를 통하여 지역사회의 정치과정에 직접 참여할 수 있다.
H	정치 주체에는 개인, 언론, 이익집단, 시민단체, 정당, 국가기관 등이 있다. 이들은 정치과정의 여러 단계에 참여하며 궁극적으로 정책 결정과 집행에 영향력을 행사한다.	지역주민은 다양한 방식으로 지방자치에 참여할 수 있다. 지방선거, 주민 청원제, 주민투표제, 주민 소환제, 주민 참여 예산제 등과 같은 공식적인 방식을 활용할 수도 있고, 시민의 자유롭고 일상적인 참여를 통해 여론을 형성하는 것도 가능하다.

교과서의 표현들을 살펴보면 대부분이 용어의 개념 또는 역할을 나열하는 방식으로 제시하고 있다. 선거교육의 개선을 위해서는 단순히 정당의 역할, 시민단체의 역할, 언론의 역할, 주민투표·주민소환의 개념 등을 제시만 할 것이 아니라, 학생들 스스로 시민단체에 가입해서 참여할 수 있는 활동, 언론 보도를 바르게 해석하고 비판적으로 수용할 수 있는 활동 등 선거 및 정치과정에 주체적이고 직접적으로 참여할 수 있는 경험을 제공하여 주권자의 역량을 기르고 정치적 효능감을 높일 수 있는 교육이 필요하다.

여섯째, '직접민주주의제도 체험' 영역에서는 '주민투표, 주민발안, 주민소환, 주민참여예산제' 내용 요소와 관련한 자료는 모든 교과서에서 다루고 있으나, '국민투표, 국민발안, 국민소환' 내용 요소와 관련한 자료는 교과서 별로 차이는 있으나, 다루지 않는 교과서가 많았다. 이는 지방자치 차원에서는 주민투표, 주민발안, 주민소환 등 직접민주제 방식을 많이 도입하였으나, 국가 차원에서는 그렇지 못하기 때문으로 보인다. 다시 말해, 국가 차원에서 헌법 제130조 제2항[89]은 헌법 개정안에 대해 국민

투표를 거쳐 확정하도록 하였고, 헌법 제72조[90]는 대통령이 부의한 국가 안위에 관한 중요정책을 국민투표에 붙일 수 있도록 하고 있으나, 국민발안제와 국민소환제는 인정하고 있지 않기 때문일 것이다. 그러나 대의민주주의 제도를 보완하는 차원에서 논의 및 도입되고 있는 다양한 직접민주주의 제도들에 대해 균형 있게 제시하고 학생들이 체험할 수 있도록 학습 내용을 제시하여, 학생들이 실질적인 주권자로서 지위와 역할을 학습할 수 있도록 하는 것이 필요하다.

일곱째, '선거공약의 분석 및 평가' 내용 요소와 관련한 자료 제시는 거의 이루어지지 않고 있다. C 출판사에서만 특화 자료로 다루고 있는데, 이는 학생들이 거주하는 지역의 특성을 고려한 선거공약 만들기 활동이었다. 지역의 현황과 문제를 조사하고, 이를 바탕으로 선거공약을 직접 만들어보도록 한 후, 선호하는 공약에 투표한 결과 선정된 최우수 공약을 지방 자치 단체의 누리집을 통해 건의해 보도록 하여 학생들이 선거나 지역사회의 문제에 주체적으로 참여할 수 있는 경험을 제공하고 있다. 이와 같은 자료는 실제 우리 지역의 국회의원이나 지방자치단체장의 공약은 무엇인지, 제시한 공약을 제대로 실천하고 있는지 평가해 볼 수 있는 활동을 통해 학습 내용을 확장하여 제시할 필요가 있다.

여덟째, 참여적 영역의 '직접적 참여' 범주의 '학교 내 참여' 영역에서는 학교 내 참여 활동과 관련하여 '학생 자치, 학급회-대의원회-학생회, 학생회·학급회의 임원 선거' 등의 내용 요소 관련 자료 제시가 일부 교과서에서만 특화 자료의 형태로 다루어지고 있다. '학교 밖 참여' 활동과 관련하여 '청소년의회, 청소년기자단 등'의 내용 요소와 관련한 자료 역시 일부 교과서에서 특화 자료의 형태로 다루어지고 있다. '학교 내 참여', '학교 밖 참여' 영역의 세부 내용 요소가 어떠한 형태로 제시되어 있는지 나타낸 결과는 <표 7>과 같다.

---

89 대한민국 헌법 제130조 ② 헌법개정안은 국회가 의결한 후 30일 이내에 국민투표에 붙여 국회의원 선거권자 과반수의 투표와 투표자 과반수의 찬성을 얻어야 한다. (※출처: 국가법령정보센터, https://www.law.go.kr)

90 대한민국 헌법 제72조 대통령은 필요하다고 인정할 때에는 외교·국방·통일 기타 국가 안위에 관한 중요 정책을 국민투표에 붙일 수 있다. (※출처: 국가법령정보센터, https://www.law.go.kr)

<표 7> '학교 내 참여', '학교 밖 참여' 영역의 교과서 특화 자료 사례

출판사	학교 내 참여	학교 밖 참여
	학생 자치 학급회-대의원회-학생회 학생회·학급회의 임원 선거	**청소년의회, 청소년기자단 청소년 사회 참여 발표 대회 지역사회 문제 해결 프로젝트 등**
A	수행평가: 학급의 대표 선출을 위한 모의선거를 진행하고, 선거 과정을 정리한 보고서 작성 제시	탐구활동: 청소년들이 지역사회에 참여할 수 있는 다양한 방법 토의, 지역문제 해결을 위한 실천 방안 보고서 작성 제시
B	탐구활동: 학생회에서 등굣길 안전 문제 해결을 위해 논의 후, 구청에 민원을 제기하여 문제를 해결한 사례 제시	-
C	-	탐구활동: 비슷한 관심사를 가진 학생들끼리 모둠을 이루어 청소년 시민단체를 조직하고, 단체에서 다룰 문제를 구체화하여 설립 취지문을 만들고, 실천 사항을 작성해 보는 활동 제시
		탐구활동: 우리 지역의 현황과 문제를 조사하고, 지방 자치 단체장 선거에 출마한다면 어떤 공약을 만들 것인지 지역 특성을 고려하여 선거 공약을 만드는 활동 제시
D	-	-
E	-	-
F	-	탐구활동: 지역 문제 해결 참여 보고서 작성 활동 제시
		읽기자료: 청소년들이 직접 지역 사회의 문제들을 해결하고, 공공 정책의 입안자로 나설 수 있게 하는 '청소년 사회 참여 발표 대회' 자료 제시
G	-	탐구활동: 지역 사회 문제 해결을 위한 구체적인 실천 계획서 작성하기 활동 제시
H	탐구활동: 학생, 학부모, 교사 대표가 참여하는 '급식 개선 위원회'를 구성하여 학교의 급식 문제를 해결하는 과정을 알아보는 활동 제시	탐구활동: 지역 사회의 문제 해결을 위한 모둠별 보고서 작성 활동 제시
		수행평가: 시민단체를 만들어 활동하고 싶은 분야의 문제를 모둠별로 토의하여 고르고, 청소년 시민단체를 만들어 활동 계획을 작성하는 활동 제시

교과서 특화 자료 사례에서 살펴보면, '학교 내 참여'와 관련한 자료 제시가 교과서 별로 차이는 있으나, 상대적으로 부족하게 다루어지고 있다. 스스로의 정치적 판단에 따라 주체적으로 투표하는 주권자를 기르기 위한 선거교육은 학생들이 학교생활이나 일상생활 속 현실과 연계된 문제에 대해 학습하고 토론하며, 실제 학급회나 학생회 선거에 참여하고 입후보자가 되어보는 등의 참여하는 경험을 할 수 있도록 이루어져야 한다. 이를 통해 학생들은 정치의 주체로 성장하고 정치적 효능감과 의사결정능력이 길러질 수 있으므로, 학생들이 쉽게 체험하고 접할 수 있는 학급회, 학생회, 지역사회의 문제 등 다양한 실제 삶과 연계된 사례들을 학습 내용으로 선정할 필요가 있다.

또한, 대부분 교과서에서 '학교 밖 참여' 영역의 '지역사회 문제 해결 프로젝트'와 관련한 특화 자료를 제시하고 있다. 교과서에서 이러한 내용 요소가 많이 다루어지고 있는 것은 긍정적이나, 학교 현장에서 선거교육과 관련한 교육과정상의 시수가 부족한 점은 이러한 프로젝트 수업이 형식적으로 계획서 또는 보고서 작성만으로 그치게 하는 문제점을 야기할 수 있다. 그러므로 선거교육을 위한 시수를 확보하고, 자유학기제 주제 선택 프로그램 또는 창의적 체험 활동 수업 프로그램으로 개발하는 등의 개선이 필요하다.

아홉째, '모의 참여 체험' 영역에서 '모의선거, 모의 의회, 모의 입법 청원'의 내용 요소와 관련한 자료는 일부 교과서에서 특화 자료 형태로 다루어지고 있다. '모의선거, 모의 의회, 모의 입법 청원'의 내용 요소가 교과서에서 어떻게 다루어지고 있는지 나타낸 결과는 <표 8>과 같다.

<표 8> '모의선거, 모의 의회, 모의 입법 청원' 내용 요소 관련 교과서 특화 자료 사례

출판사	교과서 특화 자료 사례 세부 내용
A	학급 대표 선출을 위한 모의선거
C	모의선거(선거공약, 선거 포스터 제작 활동)
G	모의 정책 결정하기 모둠 활동

현재 교과서에서 다루고 있는 '모의선거' 관련 학습 내용은 학급의 대표를 선출하기 위한 모의선거를 진행하면서 선거 과정을 체험하거나, 지방 자치 단체의 장을 뽑는 선거에 출마한다는 가정하에 공약을 제시하고 선거 포스터를 만들어보는 활동 등 제한적으로 제시되고 있다. 모의선거교육[91]은 선거교육의 목적을 효과적으로 달성할 수 있는 교수·학습 방법 중 하나로, 학생들이 실제 선거와 유사한 상황에서 선거를 연습하여 실제 선거에서 문제를 해결할 수 있는 능력을 향상하고, 학습자 주도로 학습 활동을 진행하여 흥미 유발 및 선거 참여율 제고에도 효과가 있다(정필운, 2022: 451-452). 그러나 공직선거법이나 교사의 정치적 중립성 문제로 인해 모의선거교육은 주로 절차적 지식을 경험하는 수준에 한정되고, 실제 선거와 관련하여 입후보자의 공약 분석이나 선거 관련 쟁점을 토론하는 등의 현실정치를 수업에서 다루기는 어려운 실정이다. 그러므로 학생들에게 단순한 투표 교육이 아닌, 주권자로서 선거에 참여하여 주권을 합리적으로 행사하는 능력을 키워주기 위한 주권자 선거교육을 위해서는 이와 관련한 제도적 한계를 개선하는 것이 필요하다.

Ⅳ. 주권자 선거교육 방안

1. 주권자 선거교육의 기본 방향

앞서 분석한 교육과정 및 교과서 분석 결과를 반영하여, 주권자 선거교육으로서 강조하고자 하는 교육의 기본 방향은 다음과 같다.

첫째, 학생들의 주권자 시민으로서의 정체성과 정치적 효능감을 함양하는 교육이다. 주권자 선거교육은 학생들이 미래의 유권자가 아닌 현재의 주권자로서, 주권의 명

91 모의선거교육(mock election education)은 모의선거를 통한 선거교육을 말한다. 여기서 모의선거(mock election)란 교육적 목적을 위하여 실제 선거와 유사한 상황으로 조직된 선거를 말한다. 모의선거교육은 모의재판(mock trial), 모의 입법(mock legislation) 등 가상의 상황을 만들어 그에 직면하게 함으로써 실제 문제 해결력을 키우는 시뮬레이션(simulation) 학습의 일종이다(정필운, 2022: 450-451)

백한 소유자이자 실질적인 행사자로서 주권자의 정체성을 확립할 수 있도록 돕는 교육이어야 한다. 이를 위해 학생들이 자신을 주권자로 자각하고, 자신이 속한 공동체에 주인의식을 가지며, 주권자의 역할을 능동적으로 수행할 수 있도록 정치적 의사결정 능력을 함양할 수 있는 학습 기회를 제공해야 한다. 자신들의 의사결정을 통해 실제로 자신이 속한 공동체를 변화시킬 수 있다는 경험 축적을 통해 학생들은 정치적 효능감을 높일 수 있을 것이며, 이는 학생들이 주권자로서 선거 및 정치과정에 자발적, 능동적으로 참여하도록 하는 밑거름이 될 것이다.

둘째, 주권자 선거교육은 학생들에게 선거 및 정치과정을 체험하고, 직접적인 참여의 기회를 제공하는 교육이어야 한다. 이를 위해 학생들의 삶과 연계되어 있거나 학생들의 권리와 밀접하게 관련 있는 주제, 논쟁적인 문제, 현실적인 정치의 문제도 적극적으로 다루어야 한다. 또한, 학생들이 자신의 주권을 행사할 수 있는 다양한 방법들이 있음을 알고, 그 방법들을 실질적으로 체험하면서 사회 참여 및 실천 능력을 함양할 수 있도록 해야 한다. 이를 통해 학생들은 주권자로서 선거와 정치에 참여하는 것은 나와 상관없는 문제가 아니라, 바로 나의 삶과 밀접하게 연관되어 있으며 나의 참여가 바로 나의 주권을 실현하는 일이며 나아가 우리 사회 전체의 이익을 증진하는 방법임을 깨닫게 될 것이다. 구체적으로는 모의선거와 모의 의회, 모의 입법 청원과 같은 수업을 통해 가능하다. 이외에도 학교 내에서 학급회나 학생회 임원 선거, 학생회 활동 등에 참여하거나, 학교 밖에서는 지역별 청소년의회 활동 참가, 청소년 사회참여 발표 대회 참가 등의 방법을 활용할 수 있다.

셋째, 주권자 선거교육은 주권자와 선거의 의미, 선거의 기능, 선거공영제, 공약과 정책, 정당, 정치참여 방법 등 민주주의와 선거에 대한 지식을 습득하고, 습득한 지식을 의사결정의 판단 근거로 사용하기 위해 효과적으로 적용 및 분석하여 활용할 수 있는 능력을 함양하는 교육이어야 한다. 지식을 전달하는 것에만 치우친 선거교육은 문제가 되지만 선거와 관련된 지식 교육이 간과되어서는 안 된다. 선거와 관련된 지식을 습득하여 이를 적용하고 분석하여 종합하고 평가할 수 있는 능력은 선거와 관련된 합리적 의사결정에 도움을 준다(이지혜, 2017: 47~48).

주권자 선거교육에서 지식 교육은 단편적이고 이론적인 내용을 전달하는 것이 아니라, 학생들이 선거와 관련된 지식을 둘러싼 다양한 쟁점들과 실생활 문제들을 학습함으로써 주권자로서 실천하고 행동하는 역량을 기를 수 있도록 이루어져야 한다. 선거와 관련된 지식을 둘러싼 쟁점과 실생활 문제를 학습 내용으로 구성하여 학생들 스스로 자료를 수집하고, 다양한 시각에서 이해를 시도하며 비판적으로 분석하고, 활용하여 토의·토론과 합의의 과정을 거쳐 해결 방안을 모색해 볼 수 있도록 다양한 학습 경험을 제공해야 한다. 이 역시 학생들이 주권자로서 선거 및 정치 과정에 능동적으로 참여하도록 하는 바탕이 될 것이다.

2. 중학교 사회과에서 주권자 선거교육 실행 방안

중학교 사회과에서 주권자 선거교육이 활성화되기 위한 실행 방안은 다음과 같다.

첫째, 중학교는 교육과정상 공통 과정으로 모든 학생들에게 선거교육을 체계적으로 수행할 수 있는 중요한 시기이다. 선거교육과 가장 밀접한 관련을 가진 중학교 사회 교육과정은 '정치과정과 시민참여' 대단원 안에서 선거교육 관련 중단원에 학습 내용 요소들이 제시되어 있다. 그러나 해당 중단원의 분량 안에서 선거교육을 할 수 있는 수업 시수는 매우 부족한 실정이며, 더욱이 주권자 선거교육을 위한 내용 요소들을 모두 다루기에는 턱없이 부족한 시수이다. 그러므로 교육과정에 배당된 사회 교과 시수 이외에도 창의적 체험활동의 자율·자치 활동[92] 시간을 활용하여 시수를 확보해야 한다. 그 예로 학급회장 선거와 학생회 선거가 이루어지는 시기와 연계하여 선거 수업을 운영할 수 있을 것이다.

둘째, 2022 개정 초·중등학교 교육과정 총론에서 학교는 특색 있는 교육과정 운영을 위해 학교 자율시간을 편성하고 운영할 수 있도록 하고 있다. 학교 자율시간을 활용하면 교육과정에 제시되어 있는 교과목 이외의 새로운 선택과목을 개설할 수 있다

92 2022 개정 초·중등학교 교육과정 총론에서는 창의적 체험활동은 자율·자치 활동, 동아리 활동, 진로 활동으로 하고 있다.

(교육부, 2022b: 21-22). 선택과목의 내용은 지역과 학교의 여건 및 학생의 필요에 따라 학생의 선택권을 고려하여 학교가 결정하여 개설하고 운영할 수 있으므로, 학교 구성원들의 협의를 통해 주권자를 위한 선거교육 시수를 확보할 수 있다.

셋째, 2022 개정 초·중등학교 교육과정 총론에서는 중학교 과정 중 한 학기는 자유학기로 운영하되, 해당 학기의 교과 및 창의적 체험활동을 자유학기 취지에 부합하여 편성·운영하도록 하고 있다(교육부, 2022b: 22). 자유학기에는 지역 및 학교 여건을 고려하여 자율적으로 학생 참여 중심의 주제 선택 활동을 운영할 수 있으며, 토의·토론 학습, 프로젝트 학습 등 학생 참여형 수업을 강화하도록 하였다. 따라서 학생들의 참여와 토의·토론 학습, 프로젝트 학습, 모의선거 등 학생 참여와 활동 중심의 교수학습 방법을 중요시하는 주권자 선거교육은 사회 교과와 연계한 주제 선택 활동으로 매우 적합하다.

끝으로, 주권자 선거교육의 활성화를 위해서는 교사의 정치적 중립성에 대한 제도적인 한계를 개선하고, 독일의 보이텔스바흐 합의와 같은 가이드라인을 제공하는 등의 제도적 뒷받침이 필요하다. 2020년 서울교육청이 모의선거를 추진했으나 선거법 위반 우려로 결국 백지화되었던 사례에서 보듯이, 정치적 중립성 문제나 선거법 위반에 대한 우려로 인해 학교 현장에서 교사들은 선거와 관련하여 주로 절차적 지식을 전달하는데 한정되고, 소극적으로 선거교육을 할 수밖에 없기 때문이다.

V. 결론

1. 주권자 선거교육 방안

우리나라 공직선거법에서 18세 이상 국민에게 선거권을 부여한 것은 청소년을 정치의 주체로 인정한 것이다. 이에 청소년에 대한 주권자 선거교육은 청소년이 정치의 주체로서 투표할 수 있고, 주권을 합리적으로 행사하는 과정과 능력을 함양할 수 있도록 체계적으로 실시되어야 할 필요가 있다.

본 장에서 주권자 선거교육으로서 강조하고자 하는 교육 방안은 다음과 같다.

첫째, 학생들의 주권자 시민으로서의 정체성과 정치적 효능감을 함양하는 교육이다. 주권자 선거교육은 학생들이 미래의 유권자가 아닌 현재의 주권자로서, 주권의 명백한 소유자이자 실질적인 행사자로서 주권자의 정체성을 확립할 수 있도록 돕는 교육이어야 한다. 이를 위해 학생들이 자신을 주권자로 자각하고, 자신이 속한 공동체에 주인의식을 가지며, 주권자의 역할을 능동적으로 수행할 수 있도록 정치적 의사결정 능력을 함양할 수 있는 학습 기회를 제공해야 한다.

둘째, 주권자 선거교육은 학생들에게 선거 및 정치과정을 체험하고, 직접적인 참여의 기회를 제공하는 교육이어야 한다. 이를 위해 학생들의 삶과 연계되어 있거나 학생들의 권리와 밀접하게 관련 있는 주제, 논쟁적인 문제, 현실적인 정치의 문제도 적극적으로 다루어야 한다. 또한, 학생들이 자신의 주권을 행사할 수 있는 다양한 방법들이 있음을 알고, 그 방법들을 실질적으로 체험하면서 사회 참여 및 실천 능력을 함양할 수 있도록 해야 한다.

셋째, 주권자 선거교육은 주권자와 선거의 의미, 선거의 기능, 선거공영제, 공약과 정책, 정당, 정치참여 방법 등 민주주의와 선거에 대한 지식을 습득하고, 습득한 지식을 의사결정의 판단 근거로 사용하기 위해 효과적으로 적용 및 분석하여 활용할 수 있는 능력을 함양하는 교육이어야 한다. 주권자 선거교육에서 지식 교육은 단편적이고 이론적인 너용을 전달하는 것이 아니라, 학생들이 선거와 관련된 지식을 둘러싼 다양한 쟁점들과 실생활 문제들을 학습함으로써 주권자로서 실천하고 행동하는 역량을 기를 수 있도록 이루어져야 한다. 선거와 관련된 지식을 둘러싼 쟁점과 실생활 문제를 학습 내용으로 구성하여 학생들 스스로 자료를 수집하고, 다양한 시각에서 이해를 시도하며, 비판적으로 분석하고 활용하여, 토의·토론과 합의의 과정을 거쳐 해결 방안을 모색해 볼 수 있도록 다양한 학습 경험을 제공해야 한다.

2. 시사점

중학교에서는 현재 주권자 선거교육이 어떻게 이루어지고 있는지 살펴본 결과 도출한 개선점을 바탕으로 주권자의 역량 함양을 위한 선거교육이 나아갈 바람직한 방향에 대하여 다음과 같은 시사점을 얻을 수 있었다.

첫째, 선거교육은 주권자 교육을 토대로 하여 다양한 방식으로 변화 및 개선될 수 있다. 즉, 학생들이 단순한 유권자로 머물지 않고 주권자로서 주체적으로 선거에 참여할 수 있도록 주권자 교육이라는 큰 틀 아래서 이루어질 필요가 있다. 선거교육은 선거제도와 투표 방식을 가르치는 것에서 더 나아가, 선거 과정에서 나타나는 정책과 공약, 다양한 논쟁 문제와 정보들을 비판적 시각으로 분석하고 판단하며 주권을 합리적으로 행사하는 능력을 길러낼 수 있도록 실행되어야 한다.

둘째, 학생들이 미래의 유권자가 아닌 현재의 주권자로서, 주권의 명백한 소유자이자 실질적인 행사자로서 민주시민 역량을 함양하는 것이 선거교육의 목표가 되어야 한다. 선거교육을 통해 학생들은 정치참여와 사회 참여의 중요성을 깨닫고, 궁극적으로는 동등한 시민들이 정치과정에 빠짐없이 참여하고, 공적인 일과 공공선을 중시하는 공화주의의 가치를 내면화할 수 있어야 한다.

셋째, 주권자 선거교육은 넓은 의미에서 선거를 포함한 정치영역 전반을 교육 내용으로 다루며, 인지·정의·참여적 영역에 해당하는 학습 내용 요소들이 서로 유기적으로 연계되어 교육활동이 이루어져야 한다. 선거제도와 선거의 기능 등에 대한 지식을 익힘으로써 주권자로서 선거와 관련한 지식과 총체적인 정보를 파악하는 인지적 과정과 주권자로서 참여 태도 및 정치적 효능감을 느끼는 정의적 과정, 주권자로서 선거 및 정치과정과 연계된 체험과 적극적 참여 활동을 실천하는 참여적 과정이 유기적으로 어우러진 교육활동이 수반되어야 한다. 이를 통해 학생들은 스스로 주권자로 자각하고, 참정권을 행사할 수 있는 역량과 사회 문제 해결에 적극 참여할 수 있는 태도와 실천 능력을 함양할 수 있다.

넷째, 주권자 선거교육은 학교 안과 밖의 참여 활동이 유기적으로 통합되어야 한다. 학교 내에서는 학생 자치 활동, 학급이나 학생회 선거 참여 및 입후보자 되어보기 등의 활동으로 학생들의 참여 태도와 정치적 효능감을 제고할 수 있다. 학교 밖에서는 청소년의회 참여, 정책 제안, 사회 참여 발표 대회 참가 등의 활동을 교육 내용으로 구성할 수 있다.

다섯째, 주권자 선거교육의 확대를 위해서는 학교 수업의 변화가 반드시 수반되어야 한다. 수업이 변화하려면 우선, 교육과정에서 선거 수업을 위한 시수 부족 문제가 해결되어야 한다. 또한, 선거 수업 내실화를 위한 교사들의 역량 강화 연수 프로그램을 마련하고, 교사들의 적극적인 수업 나눔을 위한 전문적 학습 공동체 활성화, 민주적인 토론과 논의 문화의 정착이 필요하다. 수업 내용 개선을 위해서는 학생들의 실제 삶과 연계된 교육, 현실정치와 연계된 토론교육, 모의선거와 같은 다양한 수업 주제를 다룰 수 있어야 할 것이다.

마지막으로 학교 현장에서 선거 수업 및 다양한 선거교육 프로그램들이 학교와 교사의 재량에 따라 자율적으로 운영될 수 있도록 교사의 정치적 중립성에 대한 제도적 한계의 개선과 제도적 뒷받침이 필요하다. 우리나라보다 앞서 선거 연령을 인하한 일본의 경우 학교 선거교육 및 학생들의 정치활동에 대한 새로운 가이드라인을 발표하였으며, 독일의 보이텔스바흐 합의는 학교 정치교육의 중요한 가이드라인 역할을 하고 있다. 해외의 사례에서도 알 수 있듯이, 주권자 선거교육을 위해서는 제도적 개선이 필수적이다.

주권자 선거교육에서 필수적인 정치적 쟁점 토론, 정책 및 공약 분석, 모의선거 수업 등이 실행되기 위해서는 정치적 중립성의 원칙을 위반하지 않는 선거교육이 가능하도록 하는 것이 중요한 해결 과제이다. 즉, 정치적 중립성 위반으로부터 학교 교육과 교사들을 보호하는 것은 매우 중요하다(김현진 외, 2020). 교사들이 제약 없이 선거교육을 실행할 수 있도록 하는 법적·제도적 개선이 없다면, 정치적 중립성 제약으로 인한 교사들의 소극적 선거교육 문제는 해결되기 어려울 것이다.

참고문헌

강창훈(2022). 초등학생의 반성적 주권자 교육 실천 경험에 대한 질적 사례 연구-학급임원 선거를 중심으로-. 서울대학교 대학원 석사학위논문.

경기도교육청(2021a). 학생 유권자에서 주권자 시민되기 프로젝트. 경기도교육청 민주시민교육과.

경기도교육청(2021b). 학생 유권자에서 주권자 시민되기 프로젝트 2.0. 경기도교육청 민주시민교육과.

고선규(2018a). 일본의 18세 선거권도입에 따른 선거교육과 시사점. 사회과수업연구, 6(1), 43-64.

고선규(2018b). 일본의 18세 선거권 실시과정에서 총무성·시민단체·정당의 역할 분석과 시사점. 선거연구, 1(9), 53-76.

교육부(2015a). 사회과 교육과정. 교육부 고시 제2015-74호 [별책 7].

교육부(2015b). 창의적 체험활동 교육과정. 교육부 고시 제2015-74호 [별책 42].

교육부(2015c). 초·중등학교 교육과정 총론. 교육부 고시 2015-80호 [별책 1] (교육부 고시 제2015-74호의 부칙 개정).

교육부, 17개 시·도교육청(2020). 어서 와, 선거는 처음이지?. 경북교육 2020-26.

교육부(2021). 2022 개정교육과정 총론 주요사항(시안). 교육부 교육과정정책과.

교육부(2022a). 사회과 교육과정. 교육부 고시 제2022-33호 [별책 7].

교육부(2022b). 초·중등학교 교육과정 총론. 교육부 고시 제2022-33호 [별책 1].

교육부(2022c). 중학교 교육과정. 교육부 고시 제2022-33호 [별책 3].

길현주(2011). 사회과 정의적 영역 교육에 대한 비판적 고찰: 2007 개정 사회과 교육과정을 중심으로. 시민교육연구, 43(4), 1-23.

김대현(2017). 교육과정의 이해. 서울: 학지사.

김명재(2006). 헌법상의 국민주권의 개념. 공법학연구, 7(1), 85-106.

김명정·송성민(2014). 사회과 교육과정 및 교과서의 선거교육 내용 분석. 정치정보연구, 17(1), 221-252.

김명정(2020). 선거법 개정에 따른 교과서의 선거교육 내용 진단. 시민교육연구, 52(2), 27-45.

김명정·송성민(2021). 우리나라 학교 선거교육의 시기별 내용 비교-고등학교 교과서 분석을 중심으로-. 법교육연구, 16(2), 57-89.

김명정·김현경(2022). 개정 고등학교『정치』교육과정 개발에 대한 성찰. 시민교육연구, 54(4), 127-147.

김명정·송성민(2022). 정치관계법 개정에 따른 학교 참정권 교육의 개선 방안. 법과인권교육연구, 15(2), 63-87.

김재우·김동진·손연지·송성민(2020). 사회과 교과서의 선거교육 내용 분석: 기능 영역을 중심으로. 사회과교육, 59(3), 169-189.

김현진·최수진·이선영·양희준·김도균·김성천·한은정(2020). 18세 선거권과 학교교육의 대응 방안. 한국교육개발원.

곽한영(2017). 미국 선거교육 사례연구-2008년 이후 대통령 선거 시기를 중심으로-. 법교육연구, 12(3). 1-27.

문부과학성(2016). 신학습지도요령 개선에 필요한 방안에 대해. 중앙교육심의회 답신(2016년 12월).

문부과학성(2022). 초·중학교용 주권자 교육 지도 자료-아이들을 키우기 위해 주권자로서 요구되는 힘-. 문부과학성 초중등교육국 교육과정과.

박상준(2020). 선거권 연령 조정 및 선거교육의 개선 방안. 법과인권교육연구, 13(1), 121-140.

박은아·성경희·배화순(2022). 초·중등학교 참정권 교육의 방향과 과제. 한국교육과정평가원 연구자료 ORM 2022-68-5.

배혜리·신수빈·김영환(2022). 독일 정치교육을 통한 한국 시민교육 고찰. 학습자중심교과교육연구, 22(2), 645-661.

서현수(2019a). 핀란드의 의회, 시민, 민주주의: 열린, 포용적 의회-시민 관계를 향하여. 서울: 빈빈책방.

서현수(2019b). 핀란드의 민주주의와 학교 시민교육: 통합적, 실용적, 가치기반 접근. 심성보 외. 학교 민주시민교육의 세계적 동향과 과제. 서울: 살림터

서현수(2020). 핀란드 민주주의와 청소년 정치 참여. 제10회 세계인권도시포럼(2020년 10월) 발제문.

서현진(2005). 선거와 민주시민교육의 실태분석: 고등학교 사회 및 정치교과서 분석을 중심으로. 시민교육연구, 37(4), 73-94.

설규주(2017). 청소년을 위한 정치학 에세이. 서울: 해냄.

설규주·송현정·김명정·심소현·강은진(2021). 미래유권자 선거학교 선거·정치교육 프로그램 개발. 선거연수원.

설규주·정원규(2020). 학교 민주시민교육을 위한 교육원칙 연구 - 한국형 보이텔스바흐 합의를 위한 시론적 제안과 적용. 시민교육연구, 52(2), 229-260.

송성민(2022). 사회과 교사의 정치적 중립성 관련 인식 분석. 법교육연구, 17(3), 63-97.

송성민·김재우·김동진·손연지(2020). 초、중、고 사회과 교과서의 선거교육 계열성 분석-2015 개정교육과정 시기를 중심으로-. 법교육연구, 15(1), 63-94.

심성보·이기라·홍은영·서현수·권순정·장수빈·장은주(2019). 학교 민주시민교육의 세계적 동향과 과제. 서울: 살림터.

심성보·이동기·장은주·케르스틴 폴(2018). 보이텔스바흐 합의와 민주시민교육. 서울: 북멘토.

양지훈·염경미·김현정·정필운(2017). 선거 연령 하향에 따른 교육기관의 대응 : 쟁점과 과제. 법과인권교육연구, 10(1), 1-24.

오승호(2010). 법교육이 청소년의 폭력에 관한 태도에 미치는 영향. 부산대학교 대학원 박사학위논문.

유명철(2014). 헌법 제1조 제2항의 의미. 21세기정치학회보, 24(1), 195-218.

이기우(2016). 모든 권력은 국민에게 속한다 이제는 직접민주주의다. 서울: 미래를소유한사람들.

이상경(2014). 청소년의 선거연령 18세 인하문제에 관한 소고. 한양법학, 25(4), 369-396.

이수경·정필운(2021). 시민교육으로서 선거교육의 목표와 문제점·개선방안. 법과인권교육연구, 14(1), 163-180.

이정희(2017). 일본의 액티브러닝을 통한 주권자 교육. 한국일본교육학회 2017년 연차학술대회, 33~44.

이종희(2021). 청년 정치대표성의 현황과 개선과제 : 유럽 사례들의 시사점을 중심으로. 한독사회과학논총, 31(3), 55-93.

이종희(2022). 유권자와 정당의 연결 플랫폼 : 독일 발-오-맏(Wahl-O-Mat)과 민주시민교육. 한독사회과학논총, 32(2), 125-160.

이지혜(2017). 참여 중심 선거교육 방향 탐색. 법과인권교육연구, 10(1), 39-54.

이희진·강노윤·노경석·이경주·한명자(2020). 참정권교육에 대한 고등학생 의견 조사. 경상남도교육청교육연구정보원 연구보고서 2020(수시)-1.

임영규·배은숙·이경미·임삼조·박일우(2017). 액티브러닝의 효용에 관한 실증적 연구. 교양교육연구, 11(1), 475-500.

임유진·김명정(2022). 독일과 영국 청소년의 정당 활동과 정치교육-우리나라 참정권 교육에의 함의-. 법교육연구, 17(3), 159-181.

전영은·정문성(2021). 독일과 한국 중학교 사회교과서의 선거교육 관련 내용 비교분석. 법교육연구, 16(2), 183-210.

정필운(2022). 왜 모의선거교육인가? - 모의선거교육의 필요성과 입법적 개선 방안 - . 법학연구, 32(2), 449-481.

조규복(2019). 일본 문부과학성의 주권자 교육 현황과 시사점. 한국일본교육학회 제131차 연차학술대회, 22-29.

조상식(2020a). 선거연령 하향 조정과 정치교육의 과제. 교육의 이론과 실천, 25(1), 63-76.

조상식(2020b). 18세 선거연령 하향 조정, 정치교육의 과제와 방향. 2020 한국교육학회 포럼 선거 연령 하향과 정치교육의 방향 자료집.

중앙선거관리위원회 선거연수원(2021). 미래유권자 선거학교 선거·정치교육 프로그램 개발.

중앙선거관리위원회 선거연수원(2022a). 교사용 대한민국 유권자가 되다!

중앙선거관리위원회 선거연수원(2022b). 청소년용 대한민국 유권자가 되다!

진시원·홍익표·오승호(2021). 시민주권과 민주시민교육. 부산: 부산대학교출판문화원.

차경수·조대훈(2012). 사회과교육의 도전과 전망. 서울: 동문사.

최종덕(2014). 글로벌 시민교육의 쟁점과 과제. 시민교육연구, 46(4), 207-227.

桑原敏典(2016). まちづくりを通して学ぶ主権者教育プログラムの開発-ワークショップを取り入れた参加型学習の実践を通して-. 岡山大学大学院教育学研究科研究集録, 第163号, 49-58.

桑原敏典(2017). 高校生のための主権者教育実践ハンドブック. 明治図書出版.

桑原敏典·岩崎圭祐(2021). 選挙に対する見方·考え方の育成を目指した中学校社会科授業開発研究-国民としての義務感に訴える主権者教育からの脱却を目指して-. 岡山大学大学院教育学研究科研究集録, 第178号. 13–22.

10장.
미디어 교육[93]

김동규

I. 서론

미디어가 보내는 각종 뉴스와 정보는 어느 정도로 현실(reality) 자체를 전달하고 있는가? 또한 주요 정보원으로서 각종 매체를 이용하는 수용자들은 메시지를 어떻게 받아들여야 하는가? 매체에 따라 사실 전달과 의견 및 논평이 다를 경우, 어떤 매체를 믿어야 하는가? 대중매체와 관련된 이러한 질문들은 다매체·다채널 시대를 살고 있는 우리 모두에게 미디어 교육의 절실함과 필요성을 새삼 확인시켜 준다(설진아, 2007).

우리는 정보의 홍수 시대에 살고 있다. 2009년 샌디에이고 캘리포니아 대학 연구에 따르면 미국인이 하루에 흡수하는 정보량은 34기가바이트에 달한다(Rheingold, H. 2012). 이는 한 사람이 하루에 300만 쪽에 이르는 정보에 노출된다는 의미이다(황치성. 2018). 4세대 통신 기술이 1초당 최대 1Gbps의 데이터 전송 속도를 보였다면 5세대 통신 기술은 1초당 20Gbps(초당 2.5GB)를 목표로 하는 것으로 알려져 있다. 10년 전 하루 동안 흡수하던 정보의 양을 지금은 15초도 안 되는 시간에 전송할 수 있다는 것이다.

데이터 전송 속도의 향상은 우리가 접하는 주 정보원의 변화를 가져왔다. 텍스트

---

93 이 글은 김동규(2019). 시민성 함양을 위한 사회과 미디어 교육에 관한 연구, 부산대학교 교육대학원 일반사회교육 전공 석사학위 논문을 수정·인용한 것이다.

에서 사진, 영상을 넘어 가상현실에까지 나아가고 있는 초연결 시대에 공간적 제약은 이미 의미가 없어지고 있다. 언제, 어디서든 다른 공간, 혹은 다른 시간에 있던 정보에 자유롭게 접속할 수 있는 시대에 살고 있는 것이다. 이러한 환경은 개인에게 더욱 높은 정보 분석과 평가, 판단 능력을 요구하고 있다.

구술시대부터 우리는 누구나 정보를 생산하고 유통하는 주체였다. 과거에도 개인의 의견을 밝히고 전달할 수 있었지만, 불특정 다수에게 영향력을 줄 수 있는 사람은 극히 소수에 불과했고 그러한 위치에 도달하는 것은 매우 어려운 일이었다. 하지만 정보통신기술의 발달로 인해 개인이 그러한 위치에 도달할 가능성이 높아졌고 개인의 의견이 불특정 다수에게 도달하는 범위와 형태가 다양해졌다. 정보통신기술의 발달은 정보 생산과 유통의 민주화라는 긍정적인 측면을 불러왔지만, 한편으로 정보를 전달하는 미디어에 내포된 이해관계와 정치적 이데올로기를 파악하는데 더욱 어려움을 주고 있다.

우려스러운 점은 정보의 생산과 유통의 민주화가 이루어지면서 허위와 과장된 거짓 정보들이 유통되고 확대·재생산되는 상황이 더욱 심각해지고 있다는 점이다. 특히 2016년 미국 대통령 선거를 기점으로 가짜뉴스(fake news)가 관심사로 떠오르면서 주목을 받았다(황용석·권오성, 2017 : 54). 현대사회의 시민성에는 우리를 둘러싸고 있는 미디어에 대한 올바른 인식과 비판적 수용 능력이 필요하다. 일반인뿐만 아니라 가치관이 정립되지 않은 청소년기에 이런 환경에 노출된 학생들이 거짓된 정보에 의해 왜곡된 가치관을 형성하게 된다면 사회적으로나 교육적으로 큰 손실로 작용할 것이다. 이러한 상황에서 학생들이 자신이 접하는 미디어가 가진 특성을 이해하고, 정보의 근원을 분석하며, 그 속에 포함된 이데올로기적·사회적 맥락을 비판적으로 수용하기 위한 미디어 교육은 필수적이라 할 수 있다.

Ⅱ. 디지털 시민성을 위한 미디어 교육

1. 미디어

'미디어'란 '중재하는 수단, 혹은 매개체'라고 하며, 이는 효과나 정보가 운반되거나 전달되는 물질 혹은 경로를 의미한다(David, 2004). 따라서 미디어는 세상을 보는 투명한 창이라기보다는 세상을 보는 선택적인 관점을 제공하는 것이다. '미디어'라는 용어에는 텔레비전, 영화, 비디오, 라디오, 사진, 광고, 잡지, 음악, 컴퓨터게임, 인터넷 등 다양한 형태의 커뮤니케이션 수단이 모두 포함된다.

이렇듯 미디어는 과거에서 현재에 이르기까지의 우리를 둘러싼 모든 의사소통 환경을 포괄한다. 그리고 미디어 교육은 이런 기술적 발전이 교육에 있어 어떤 영향을 줄 수 있을 것인지에 대한 논의를 포함해야 한다. 그간 미디어 교육의 필요성, 역할, 방법 등에 대해서 상당히 오랜 시간에 걸쳐 많은 논의가 진행되어 왔다. 그 가운데서도 미디어의 본질에 대한 시각이 어떠한가에 따라 미디어 교육의 목적과 실천에 대한 입장이 상이하게 나타날 수 있기 때문에(안정임, 전경란, 1999 : 35-49) 미디어에 대한 다양한 시각을 살펴보고자 한다.

문화를 타락시키는 기제로서의 미디어: 예방적인 접근법

예방적(inoculative)인 접근법은 대부분의 교육자들이 갖고 있는 미디어에 대한 깊은 불신에 기초한 관점으로, 매우 오랜 역사가 있다. 이 시각은 프랭크 리바스(Frank R. Leavis)와 데니스 톰슨(Denys Thompson)의 '문화와 환경(Culture and Environment)'이라는 책에서 그 기원을 찾을 수 있다. 리바스와 톰슨은 교육을 통해 미디어의 부정적인 영향에 저항할 것을 역설하였다. 이 관점에서는 학교의 기능을 문화적 보편성(cultural standards)을 보호하고 교육하는 것으로 규정하는데, 이는 최근에도 많은 교육자들에 의해 지지를 받는다. 1930년대에서 1960년대까지 지속된 이 시각은 미디어가 제공하는 문화가 얼마나 상업적이며 조작적인가를 알리는 데 주력했다. 이러한 관점은 교사들이 미디어 교육 주제를 선택하는 데 많은 영향을 미쳤다. 수용자를 조종하고 물질주의적인 가치를 주입하며, 언어에 부정적인 영향을 끼치는 광고 연구 등이 주로 미디어 교육에서 논의되었으며, 싸구려 소설, 여성 잡지, 만화 등 대중적인 문학 형태의 뻔한 줄거리, 정형화된 캐릭터, 진부한 언어가 문학 작품의 창의성·참신성의 기준에서 세밀하게 검토되었다.

대중문화로서의 미디어

1960년대 초반, 예방적인 미디어 교육에서 벗어나려는 움직임이 시작되었다. 그 당시 젊은 교사들은 대중 문화물을 선호하였는데, 대중문화(popular culture)가 갖는 가치를 인정하고 대중문화가 부정적인 영향을 끼치는 것으로만 간주하지 않았다. 비판적 판단 능력인 분별력(discrimination)이 여전히 미디어 교육의 중요한 목표지만, 미디어에 대립하는 것이 아니라 미디어 안에서 작용하는 어떤 것을 의미하였다. 이 시각은 1950년대 후반 작가 이론(auteur theory) 같은 영화 이론의 영향을 받았으며, 프랑크푸르트학파 및 영국의 리비스 등 다소 비판적인 대중문화 이론가들에 의해 보완되었다. 하지만 미디어를 평가할 수 있는 적절한 원칙이나 기준이 없었으며, 예술에서 파생된 미학적인 기준을 다양한 미디어 물에 적용하는 것이 과연 적절한가에 대한 의구심이 제기되었다. 또한 미디어 텍스트가 생산되고 배포되고 소비되는 맥락이 두시되었다. 따라서 소유의 문제, 통제 및 생산 결정, 마케팅, 세일즈, 배포와 수용자에 대해서는 관심이 미치지 못하였고, 해석과 해독(readership)의 문제를 간과함으로써, 수용 행위의 본질과 이데올로기적·사회적 맥락을 소홀히 취급하는 경향을 보였다.

학습 도구 및 지식 전달자로서의 미디어

이 관점은 매스미디어를 보다 실용적인 차원과 긍정적인 시각에서 조명한다. 매스미디어가 이미 편재해 있으며, 일상생활에서 중요한 위치를 차지한다는 가정에서 출발한다. 여기에서는 매스미디어를 일종의 학습 도구로 보기 때문에 교육 내용에 따른 교수법과 보조 자료의 효율적 이용에 주목한다. 학생들이 겪는 많은 미디어 경험을 중요시하며, 일상생활에서 마주치는 많은 미디어와 그 메시지를 어떻게 효율적으로 이용할 수 있는가를 일깨우는 것이 중요하다는 입장이다. 이러한 시각은 1975년에 발간된 영국의 <벌록 보고서(The Bullock Report)>에서 두드러지게 나타난다. 이 보고서에서는 텔레비전 프로그램, 특히 다큐멘터리·드라마가 많은 정보를 제공해 줄 뿐만 아니라 간접적이기는 하지만 수용자에게 생생한 경험을 제공해 주므로 이를 수업 중에 활용할 것을 강조한다. 신문의 교육적 활용(Newspapers In Education: NIE) 운동의 경우 이러한 관점을 적극적으로 반영한 것으로 볼 수 있다.

하지만 이러한 세 관점은 미디어가 갖는 이데올로기적인 측면에 대한 관심이 부족하며, 미디어를 정보원으로만 강조하는 단순한 시각 등이 문제점으로 지적될 수 있다. 미디어가 어떻게, 누구의 관심 아래 작용하고, 어떻게 구성되며, 어떻게 의미를 생산하는가, 또한 현실을 어떻게 표현하는가 등 미디어 전반을 이해하도록 돕는 것이 더 중요하다는 논의가 제기되었다.

표상 체계·상징 체계로서의 미디어

1980년대 초반 미디어 교육 교사들은 미디어의 역할 및 기능을 총체적으로 이해할 필요성을 인식하였다. 미디어나 미디어 내용물의 가치를 평가하기 전에 미디어 전반에 대한 정보를 얻고 그 상황을 이해하며, 미디어 교육은 평가 과정이라기보다는 기본적으로 탐구 과정이 되어야 한다고 주장하였다. 또한 미디어 교육에서 텍스트 분석은 만장일치적인 평가와 해석이 목표가 되어서는 안 되며, 다양성을 권장하고 존중해야 한다는 점을 부각한다. 단순히 교사의 취향에 순응하거나 다수의 지배적인 의견을 반영하는 것은 무의미하다는 것이다.

1) 기호학

기호학(Semiotics/Semiology)은 스위스의 언어학자 페르디낭 드 소쉬르(Ferdinand de Saussure)에 의해 주창된 학문으로, 기호와 기회의 작용 방식에 대한 연구다. 기호학은 일차적으로 텍스트에 주안점을 두고 어떻게 텍스트를 통해 의미가 창출되는가를 분석하는 데 중점을 둔다. 미디어는 현실을 그대로 그려 낸다기보다 현실을 표상한다. 미디어가 현실을 표상한다는 것은 미디어를 적극적으로 해독되는 상징 체계로 볼 수 있는 것이다. 기호학은 미디어 텍스트를 예술적 혹은 도덕적 가치에 의거하여 접근하지 않기 때문에 기존의 관점에서 무시되었던 대중문화에 대해 새로운 인식을 제공하였다는 데 의의가 있다. 피에르 기로(Pierre Guiraud)와 롤랑 바르트(Roland Barthes)는 소쉬르의 기호학을 발전시켰다. 바르트는 미디어 교육의 목적을 분별력 함양에 두고 대중문화를 질적으로 저급한 것으로 평가한 기존의 관점에 획기적인 변화를 불러왔다. 스테이크 접시, 마가린 광고 등도 시와 같이 주목할 가치가 있다는 점을 보여주었다. 또한 쓰여지고(written) 사유 되는 문화보다는 삶의 방식(way of life)으로서의 문화에 관심을 보였으며 문화의 모든 국면을 텍스트로 취급하여 탐구하고 분석할 수 있음을 보여주었다.

2) 이데올로기 연구

매스미디어의 이데올로기적인 측면에 대한 관심은 1930년대 프랑크푸르트학파를 통해 이미 제기되었지만 당시 미디어 교육에서 중요한 논제는 미학적·도덕적 차원에서의 가치문제였으며 정치적인 문제는 배제되었었다. 하지만 루이 알튀세르(Louis Althusser)가 '이데올로기와 이데올로기적 국가기구(Ideology and Ideological State Apparatuses)'를 통해 미디어 교육 제도를 이데올로기적 국가기구로 정의함으로써 미디어와 교육 제도에 대한 마르크스주의적 주장을 발전시켰다. 그의 주장은 미디어 교육자들에게 체제에 대한 다소 부정적이고 결정론적인 관점을 제공하였다. 한편, 안토니오 그람시(Antonio Gramsci)의 헤게모니 개념은 미디어 교육에서 중요한 의미가 있다. 미디어와 교육 체계를 저항할 수 없는 체제로 보지 않고 헤게모니 간의 투쟁의 장으로 보기 때문이다. 이 논의에 근거하여 미디어 교육자들은 미디어가 당연한 것으로 묘사하는 것에 대해 학생들이 의문을 제기하도록 유도할 수 있다. 미디어가 누구의 이익에 봉사하고, 어떻게 구성되며, 어떤 대안이 제시될 수 있는지 질문을 제기함으로써 상식화된 표상에 도전하는 것이다.

3) 미디어의 생산과 소비에 대한 논의

이데올로기 이론의 발전은 텍스트 분석에 중요한 의미를 가졌지만 미디어 텍스트가 생산되고 소비되는 맥락에 대해서는 많은 설명을 제공하지 못하였다. 1970년대와 1980년대 미디어 교육에서는 전통적인 문학 비평이나 단순한 송신자-메시지-수신자 구조의 커뮤니케이션 모델을 넘어 매스미디어의 또 다른 맥락, 즉 미디어의 소유와 통제 부분에 관심을 두기 시작했다. 미디어가 현실을 반영하는 것이 아니라 이데올로기적 힘으로 특징화되고 만들어진 표상이라면 '누가 생산하느냐?', '누가의 이익에 따라 누가 구성하느냐?'라는 문제가 제기된다. 미디어는 독립된 문화 현상이 아니라 거대한 자본주의의 망에 서로 연결되어 있기 때문에 미디어 소유 집중의 확대, 다양성의 상실, 다양한 소비자와 산업 간의 관련성이 중요하게 부각된다.

하지만 이러한 소유 및 통제 개념을 학생들의 개인적인 경험이나 관심과 어떻게 연결할 것인가라는 문제에 부딪혔다. 이 문제는 수용자에 대한 새로운 탐구와 연구를 통해 그 해결점이 모색되었다. 새로운 수용자 연구는 수용자의 수용 경험에 주목하며, 다양한 사회 계층들이 동일한 미디어의 산물을 어떻게 다르게 해석하는가에 관심을 둠으로써 개인적인 심리 차원이 아니라 집단의 문화적 부호에 따라 수용자의 해독이 상이하게 나타나는 것을 중점적으로 탐구하였다. 이러한 연구가 미디어 교육에서 갖는 중요한 함의는 텍스트의 의미에 대해 집중적인 관심을 쏟던 것에 비해 각각 다른 수용자에 의한 상이한 텍스트 해독을 탐구했다는 데 있다. 미디어 교육 수업에서 학생들이 텍스트에 제안되지 않도록 하였으며, 교사들로 하여금 학생들을 의미 창출자로 보게 하였다.

2. 미디어 교육

미디어 교육이 근거하고 있는 학문적 전통으로 세 가지를 제시할 수 있다(안정임, 전경란, 송현경, 1994). 첫째로 해석적 전통(interpretive tradition), 두 번째로 사회과학적 전통(social science tradition), 세 번째는 예술적 전통(art school tradition)이다. 해석적 전통은 영문학에서 파생되어 영화, 텔레비전 연구로 영역을 확대한 경우로 텍스트와 텍스트 분석을 중요시한다. 사회과학적 전통은 상황, 또는 맥락에 관심을 가진다. 즉, 사회적, 정치적, 경제적, 조직적, 문화적 요인과 영향을 분석함으로써 미디어 커뮤니케이션의 생산과 수용자의 반응, 그리고 텍스트와 상황 간의 의미 등을 이해할 수 있다는 입장이다. 반면 예술적 전통에서 접근하는 미디어 교육은 더욱 제도적인 성향을 띤다. 창작예술로서의 영화제작에서 시작된 이 전통은 직업교육을 위한 많은 실제적 미디어 제작으로 발전되었다. 하지만 이러한 세 가지 연구 경향들은 미디어 교육 자체를 위해 발전되어 온 것들이라기보다는 전반적인 미디어 연구의 차원에서 수행되어 온 것으로 각각의 경향들이 서로 분리된 것이 아니라 미디어 현상이라는 동일한 대상에 대해 강조점이 다를 뿐, 상호 관련된 것으로 이해되어야 한다.

따라서 미디어 교육은 미디어를 사용해서 하는 교육을 뜻하는 것이 아니라 미디어 자체를 가르치는 '미디어에 대한' 교육(최창섭, 1985; 안정임·전경란, 1999)으로 바라보아야 한다. 미디어 교육은 교육 분야에서도 매우 다양한 개념으로 사용되어 온 측면이 있다. 초기 미디어 교육을 '시청각 교육'의 형태로 이해하기도 했다.(김양은. 2009) 그러나 미디어 교육은 시청각 교육과는 근본 원리에서 차별성을 띠고 있다. 시청각 교육이 매체를 도구로 활용한다면, 미디어 교육은 매체가 궁극적으로 교육의 대상이자 목적이 된다.

또한, 미디어 교육은 지금까지 '텔레비전 시청 기술' 혹은 '수용 기술', '미디어 리터러시', '텔레비전 이해 훈련' 등 다양한 용어로 다루어져 왔다. 미디어 교육이 제2차 세계대전 이후 미국을 중심으로 시작된 '어린이와 텔레비전'이라는 주제 하에 이루어진 다양한 보고서들을 토대로 발생했다는 사실은 이와 같은 용어가 탄생하게 된 이유를 짐작하게 한다. 즉, 미디어 교육의 태동은 텔레비전이라는 매체의 부정적인 영향력에 대한 반운동으로 시작되었기 때문이다. 미디어 교육이 텔레비전을 중심으로 이루어졌던 이유가 바로 여기에 있다고 볼 수 있다. 따라서 '텔레비전 시청 기술' 혹은 '수용 기술', '미디어 리터러시' 그리고 '텔레비전 이해 훈련' 등은 '미디어 교육'이라는 큰 테두리 속에 포함되며, 또한 서로 중복되는 영역들을 포함한다.

이정춘(2004)은 이러한 미디어 교육의 관심사를 다섯 가지 영역으로 정리하였다. ①보호주의적 관점의 미디어 교육 영역, ②미디어 산업 분석과 비판의 영역, ③실무적인 미디어 제작의 미디어 교육 영역, ④수용자들의 사회환경 분석을 위한 미디어 교육의 영역, ⑤이데올로기에 대한 미디어 교육영역이다(Schorb, 1997; 이정춘, 2004 : 47-51 재인용). 이 다섯 개 관심 영역들은 상이한 시기에 제기되었으나 상호 간에 경쟁적이고 의존적이며 이론적이거나 새로 발전된 미디어 기술에 대한 사회적 반응 양식이라 할 수 있다. 미디어 교육에 대한 이러한 논의를 일찍이 데이비드 버킹엄(David Buckingham, 2004)은 다음과 같이 정의했다.

> "미디어 교육은 미디어에 대해 가르치고 배우는 과정이고, 미디어 리터러시는 미디어 교육의 결과물로서 학습자들이 획득하는 지식과 기술을 의미한다. 미디어 리터러시는 미디어 텍스트를 이해하는 '읽기'와 미디어 텍스트를 제작하는 '쓰기'를 필수적으로 포함한다. 따라서 미디어 교육은 미디어에 대한 비판적인 이해, 그리고 미디어의 적극적인 활용과 능동적인 제작 모두를 목표로 한다. 미디어 교육은 청소년들이 미디어의 소비자로서 미디어를 해석하고 정보에 근거한 균형 있는 판단을 내릴 수 있게 할 뿐만 아니라, 그들 스스로 제작자가 될 수 있게 한다. 궁극적으로 미디어 교육은 청소년들의 비판적인, 그리고 창조적인 능력을 키우는 것과 관련되어 있다"(David, 2004).

미디어 교육의 본질은 미디어의 속성을 올바르게 이해하고, 사회적 의사소통에 참여하며, 심미적 문화 향유와 생산을 위해 미디어를 제대로 활용할 줄 아는 능력을 길러주는 것이다(정현선. 2007). 미디어 교육에 대한 접근이 미디어의 선별적 이용을 위한 보호주의적 관점에서 적극적인 미디어 이용과 해석, 참여와 활용의 관점으로 변화되었다(홍유진·김양은, 2013). 특히 미디어 교육의 핵심은 미디어에 대한 비판적 이해와 이를 바탕으로 한 미디어 소통 능력을 뜻하는 비판적 리터러시라 할 수 있다. 비판적 리터러시에 대한 측면을 강조한 많은 연구들은 '미디어 교육'이라는 용어보다 '미디어 리터러시'라는 용어를 사용하고 있다.

3. 미디어 리터러시

디지털 환경에서 미디어 교육의 핵심 목표 중 하나는 미디어 리터러시의 함양이다(김은규, 2012). 영어권에서는 미디어 리터러시(media literacy)로 통용되나(Buckingham, 2007) 독일에서는 한국어로 미디어 능력을 의미하는 Medienkompetenz로 사용된다(강진숙, 2007; 김아미, 2012). 한국 교육학술정보원에서는 지식 정보를 강조한 '디지털 미디어 리터러시 역량'으로 지정하였다(한정선 외, 2006; KERIS, 2014). 따라서 미디어 리터러시 역량을 증진하기 위한 교육은 미디어 교육 또는 미디어 리터러시 교육이라 일컬으며, 동일한 의미를 갖는다고 할 수 있다(Cappello, Felini &hobbs, 2011; Chen, 2007; 안화실, 2017 : 8 재인용).

리터러시를 직역하면 '읽고 쓰는 능력'이다. 따라서 미디어 리터러시는 인간의 의사소통을 위한 다양한 매개체를 해독하고 사용하는 능력이라고 할 수 있다. 현대의 미디어 리터러시는 보다 확장된 개념을 포괄하고 있다. 미디어 리터러시에 대한 개념 규정은 다양한 국제기구 및 국가의 미디어 유관기관, 미디어 교육기관 등에서 각자의 맥락 및 의도를 반영하여 이루어져 왔다(정현선 외, 2016).

미국의 미디어 리터러시 센터(Center for Media Literacy)는 '모든 미디어 형식을 통해 자신 있게 의사소통을 할 수 있고, 현재 우리의 대중 미디어 문화를 구성하고 있는 강력한 이미지, 단어, 소리 등의 요소들에 접하고 분석하고, 평가하고, 그 요소들을 활용하여 창조할 수 있는 능력'으로 미디어 리터러시를 설명한다. 미국의 미디어 실천가, 연구자, 기관들의 모임인 전국 미디어 리터러시 교육 연합(National Association for Media Literacy Education)에서는 '모든 종류의 의사소통 양식을 활용하여 정보에 접근, 분석, 평가, 창조하고 실천하는 능력'이라고 규정하고 있다. 영국의 Ofcom(Office of Communication)은 미디어 리터러시를 '다양한 맥락 안에서 미디어에 접근하고, 미디어를 이해하며, 창의적인 제작을 할 수 있는 능력'으로 정의한다. 유네스코는 미디어 리터러시와 정보 리터러시를 연계한 MIL(Media and Information Literacy) 함양의 중요성을 강조하면서 MIL은 ①다양한 정보에 접근하는 능력(정보, 미디어, 인터넷, 도서

관 등), ②정보에 대해 이해하는 능력(정보원의 사회적 역할, 정보 저장과 사용 및 관련 윤리), ③정보 처리 능력, ④실천 능력(정보 조직, 평가, 소통 등)이라는 4가지 하위 요소를 제시하고 있다.

미디어 리터러시 개념 연구는 미디어 교육학자들에 의해서도 진행되었다. 영국의 캐리 바잘제트(Cary Bazalgette), 앤드류 번(Andrew Burn), 제임스 듀런(James Durran)은 미디어 리터러시가 기능적인 차원으로 한정되어서는 안 되며 문화적, 비판적, 창의적 요소의 균형이 필요하다고 하였다(Parry, Potter & Bazalgette, 2011; Burn and Durran, 2007). 호주의 마이클 데주아니(Michael Dezuanni, 2015)는 '디지털 리터러시는 디지털 자료, 개념적 이해, 미디어 생산, 미디어 분석이라는 네 개의 카테고리로 구성되어 의사소통을 위한 창작, 미디어가 생산되고 사용되는 방식에 대한 비판적·개념적 이해의 자원을 지원'하는 것임을 제안했다. 미국의 헨리 젠킨스(Jenkins, 2006)는 참여 문화에 주목하여 놀이, 수행, 시뮬레이션, 사용, 범 미디어 내비게이션, 네트워킹 능력, 의미교섭 능력 등 7가지 능력을 기반으로 새로운 참여 문화를 만들어가고 있다고 제시하였다. 또한 미국의 홉스(Hobbs, 2010)는 시민참여 역량의 함양을 강조하며 정보를 얻고, 그 정보를 비판적으로 분석하고 판단하며, 내가 원하는 매체로 정보 혹은 콘텐츠를 만들어서 메시지를 공유하는 역량이 디지털 기반 사회의 시민이 필수적으로 갖추어야 할 능력이라고 주장하였다(정현선 외, 2016 : 14-17 재인용). Lewis & Jhally(1998)는 미디어 리터러시는 미디어에 접근할 수 있는 개인적 역량 혹은 미디어 문화를 비판적으로 이해할 수 있는 역량뿐 아니라, 미디어가 자리 잡고 있는 사회적 맥락과 미디어 시스템에 대해 이해하고 대안적 미디어 시스템을 제안하며 사회에 참여할 수 있는 역량의 함양 역시 추구할 필요가 있다고 말한다.

다양한 미디어 리터러시에 대한 개념 정의를 종합적으로 정리한 국내 연구들도 있다. 우선 김아미(2017:37-44)는 유럽연합집행위원회(EC, European Commission, 2011)에서 디지털 환경에서 요구되는 미디어 리터러시 역량 세 가지, ① 미디어에 접근하는 능력, ② 미디어를 이해하고 미디어 콘텐츠에 비판적으로 접근할 수 있는 능력, ③ 다양한 미디어 맥락 안에서 의사소통할 수 있는 능력을 바탕으로 '접근 역량',

'비판적 이해 역량', '사회 참여 역량'을 제시하였다.

<표 1> 미디어 리터러시 역량

접근 역량	- 매스미디어와 달리 디지털 미디어는 콘텐츠에 접근할 수 있는 역량이 갖추어져 있어야 적극적으로 활동할 수 있음 - 단순히 도구적으로 활용할 수 있는 능력이 아니라 자신의 의사소통 목적에 맞는 미디어를 판단하고 접근하며, 이용 정도를 스스로 조절하고 규제하는 능력까지 포함하는 포괄적인 역량.
비판적 이해 역량	- 미디어 콘텐츠를 비판적으로 분석하고 제작할 수 있는 역량 - 자신에게 익숙한 미디어 문화, 의사소통 방식, 미디어 에티켓이 모든 집단에 통용되는 일반적 법칙이 아니라는 것을 이해하는 것 - 다른 미디어 공간에서 어떤 특징을 가진 미디어 문화가 구성되고 있고 그것을 가능하게 하는 기술적 요소, 문화적 요소, 맥락적 요소는 무엇인지를 파악하는 능력 - 자신이 향유하는 것과는 다른 미디어 문화의 메커니즘을 이해할 수 있는 문화 역량
사회 참여 역량	- 시민으로서 적극적으로 정보를 수집하고 의견을 개진하고 자기표현을 할 수 있는 역량 - 앞의 두 역량을 전제로 한 미디어 리터러시 교육이 목표하는 궁극적인 역량 - 미디어가 존재하는 다양한 맥락에 대해 성찰하고 이해할 수 있는 역량

안화실은(2017: 13-14)은 선행연구들을 분석하여 미디어 역량의 하위 요소들 네 가지로 나누어 정리하였다. 지식 측면에서 비판적 분석과 이해를 바탕으로 한 이용 및 활용, 기능적 측면에서 활용과 제작, 태도의 측면에서 규범 준수 행동으로 구분하였다. 즉 비판적 이해 능력은 미디어에 대한 지식과 정보를 바탕으로 미디어 텍스트를 비판적으로 분석하는 능력을 말한다. 활용 능력은 미디어에 대한 지식을 바탕으로 정보와 자료를 이용하는 능력을 말한다. 자신이 표현하고자 하는 미디어 콘텐츠를 창의적으로 제작하는 능력은 기술 영역으로 규정한다. 윤리적 태도 영역은 행동의 차원으로써 규범을 준수하려는 인식보다는 실제 규범을 준수하는 행동을 말한다. 미디어 리터러시 역량을 미디어에 대한 지식, 활동하고 제작하는 기술, 디지털 미디어 환경에서 이를 사용하고 참여하는 사용자들의 태도를 포함한 수행 능력을 의미하는 것으로 보고 있다.

정현선 외(2016)는 2015 개정교육과정에 나타난 미디어 리터러시 교육을 분석하기 위해 보다 구체적인 미디어 리터러시 하위 개념을 제시하고 있다. 이를 살펴보면 ①'비판적 리터러시'로 정보 생산의 주체와 의도를 비판적으로 파악하고, 정보의 표현과 생산 방식에 따른 의미 효과를 비판적으로 이해할 수 있는 능력, ②'비주얼 리터러시'로써 미디어의 다양한 시각적 이미지의 의미 작용을 문화·예술의 차원으로 이해하는 능력, ③'복합양식 리터러시'로 미디어의 의미를 구성하는 다양한 기호와 언어의 작용을 이해하고 활용할 수 있는 능력, ④'디지털 리터러시'로 기술 변화로 인한 멀티미디어 텍스트의 속성을 이해하고, 다양한 텍스트와 기술을 사용할 수 있는 능력, ⑤'시민적 리터러시'로 사회적 책임감을 가지고 리터러시를 실천하고, 적절한 정보를 갖추고 능동적으로 사회에 참여하는 능력, ⑥'문화적 리터러시'로 사회적·문화적 언어적 다양성의 증대로 인한 리터러시의 변화를 이해하고, 사회적·문화적·언어적으로 다양한 맥락에서 리터러시를 실행할 수 있는 능력을 제시한다. 정현선 외(2016)는 이렇게 제시한 6가지 하위 개념들을 다시, 시민적 리터러시와 문화적 리터러시를 미디어 리터러시 하위 개념들 중 최상위에 있는 개념으로 비판적 리터러시, 비주얼 리터러시, 복합양식 리터러시, 디지털 리터러시 등을 기반으로 성취할 수 있는 리터러시 역량으로 제시하고 있다.

이러한 논의들을 종합해 보면 미디어 리터러시에는 자신의 목적에 맞는 미디어를 활용할 수 있는 기능적인 측면뿐 아니라 콘텐츠에 대한 비판에서부터 미디어 활용 예절에 해당하는 가치와 태도의 측면도 포함된다. 여기에서 미디어 리터러시 교육에 있어 궁극적인 목표로 제시하고 있는 사회 참여 역량(김아미, 2017), 규범 준수 행동(안화실, 2017), 문화적·시민적 리터러시 역량(정현선 외, 2016) 등은 사회과에서 추구하는 목표인 사회적 참여 및 실천적 행동(차경수·모경환, 2008)과 같은 맥락으로 볼 수 있다. 이러한 경향을 반영하듯 사회과에서는 미디어 리터러시라는 개념을 기술 발전에 따른 사회·문화적 변동 양상을 반영한 디지털 시민성이라는 범주에 포함하여 연구를 진행하고 있는 것을 발견할 수 있었다.

4. 디지털 시민성과 미디어 리터러시

4차 산업혁명에 대한 논의가 본격적으로 이루어지기 전부터 사회과에서는 디지털 시대로의 이행에 따른 문제점과 해결 방안에 대해 많은 논의가 이루어지고 있었다. 문제점을 해결하려는 방안으로 타율적으로 규율하고 제도화하려는 시도보다, 교육적 접근으로써 디지털 리터러시를 통한 디지털 시민성 증진을 제시(황용석, 2014)하고 있다. 타율적 규제는 기본권 침해뿐 아니라 변화 속도를 수용하지 못하고 과도한 규제 비용과 부작용, 우회 서비스 이용 등으로 인한 낮은 규제 효과 등의 문제가 있다(황용성·이동훈, 2009). 대표적인 예로 인터넷 실명제 위헌 결정을 들 수 있다.

디지털 리터러시를 제시함으로써 이를 통해 디지털 시민성 증진을 탐구(황용석, 2014)하거나, 전통 시민성과 비교함으로써 디지털 시대에 필요한 시민성이 무엇인지(박기범, 2014), 사회과 교육에서 추구해야 하는 디지털 시민성의 구성요소에는 무엇이 있는지(이지혜, 2017), 디지털 시민성이 그동안의 사회과 교육과정에서 어떻게 나타나고 있는지(이진석, 2018)에 대한 연구가 잇따랐다.

이 중 눈여겨볼 수 있는 것은 Choi(2016)의 디지털 시민성 개념 4 범주를 활용하여 6차부터 2015 개정교육과정에 이르기까지 사회과에 나타난 디지털 시민성을 분석한 이진석(2018)의 연구이다. 4 범주를 살펴보면 첫째, 윤리로서의 시민성(ethics)으로 이 범주에는 ①기술과 인터넷의 안전하고, 책임 있고, 윤리적인 사용, ②디지털 인식(의식), ③디지털 책임과 권리가 포함된다. 둘째, 매체와 정보 리터러시로서의 디지털 시민성(MIL: Media and Information Literacy)으로 이 범주의 주요한 하위 주제는 ①디지털 접근성, ②인터넷과 새로운 디지털매체의 기술적 활용 능력, ③높은 수준의 심리적 능력이다. 셋째, 참여로서의 디지털 시민성(P/E: Participation/ Engagement)으로 주요 하위 주제는 ①정치적 참여, ② 개인적 관심이나 흥미에 의한 참여이다. 넷째, 비판적 저항으로서의 디지털 시민성(CR: Critical Resistance)으로 하위 주제에는 ①현존하는 권력구조에 대한 비판, ② 정치적 행동이 있다. 이진석(2018)은 이런 분석을 통해 아직 사회과 교육과정에서 비판적 저항으로서의 디지털 시민성은 나타나지 않는 것으로 보고 있다.

디지털 시민성 증진을 위해 제시한 디지털 리터러시라는 개념은 미디어 리터러시, 미디어 교육이라는 상위 개념에 포함된다. 또한 앞서 미디어 리터러시에 대한 다양한 개념 정의들에서 알 수 있듯이 미디어 리터러시가 추구하는 궁극적인 목적이 사회과에서 추구하는 사회적 참여 및 실천적 행동이라는 목표와 같은 맥락을 추구하고 있는 것을 알 수 있었다. 따라서 미디어 리터러시라는 개념은 디지털 시대, 4차 산업혁명 시대에 시민성을 함양하기 위해 필요한 여러 영역 중 핵심적인 부분이라고 할 수 있다.

Ⅲ. 2015 개정 교육과정에 나타난 미디어 교육의 실태와 한계점

2015 개정 교육과정은 성격, 목표, 내용 체계 및 성취기준, 교수·학습 및 평가의 방향으로 구성되어 있다. 이 중 내용 체계를 영역, 핵심 개념, 일반화된 지식, 내용 요소, 기능으로 분류하여 제시하고 있다. 그리고 각 영역에서 '학생들이 교과를 통해 배워야 할 내용과 이를 통해 수업 후 할 수 있거나 할 수 있기를 기대하는 능력을 결합하여 나타낸 수업 활동의 기준'으로 성취기준을 제시하고 있다. 따라서 내용 체계 및 성취기준을 보면 각 교과에서 미디어 교육과 관련하여 어떤 내용적 요소와 목표를 제시하고 있는지 알 수 있다.

이러한 입장에서 2015 개정 교육과정에 나타난 미디어 리터러시 교육을 성취기준 수준에서 분석한 정현선 외(2016)의 연구를 눈여겨볼 수 있다. 그는 미디어 리터러시의 하위 개념을 6가지 영역으로 분류하였고, 미디어 리터러시 관련 내용을 포함하고 있는 교과로 국어, 도덕, 사회, 미술, 실과(기술·가정, 정보)를 뽑아 분석하였다. 또한 교과 성취기준 가운데 미디어에 대한 학습을 명시적으로 언급하고 있는 것을 '[교과 A] 성취기준'으로, 기능적 측면 또는 주제적 차원에서 미디어 리터러시 교육과 연계가 가능한 성취기준을 '[교과 B] 성취기준' 분류하였다. 하지만 이 연구는 초등학교 1학년부터 중학교 3학년까지의 교육과정을 분석한 한계점을 지니고 있다. 2015 개정 교육과정에서는 초등학교 1학년부터 고등학교 1학년에 해당하는 학생들이 공통 교육과정 및 선택 중심 교육과정의 공통 과목을 모두 학습하도록 하고 있다. 따라서 비록 사회과 교육과정에 한정되어 있지만 고등학교 1학년까지의 교육과정을 분석한 이진석(2018)의 연구를 함께 활용해 고등학교 선택과목에서 나타난 성취기준도 덧붙여 분석해 보았다.

정현선 외(2016)가 분류한 '[교과 B] 성취기준'은 미디어 교육과 연계할 수 있다는 기준이 모호하고 교과에 따라 자의적으로 해석할 수 있다는 점이 있어 분석에서 제외하였다. 중학교 3학년까지는 정현선 외(2016)가 분류한 '[교과 A] 성취기준'이며 고등학교 성취기준을 분석할 때 10학년 사회과는 이진석(2018)의 연구를 참조했으며, 나머지 교과는 '미디어'와 미디어의 번역어인 '매체'를 키워드로 하여 이를 명시적으로 언급하고 있는 성취기준을 분석했다. 이를 정리해 보면 <표 2>와 같다.

<표 2> 교과별 미디어 리터러시 관련 성취기준 수

학년급	국어과	미술과	실과/정보과	도덕과	사회과	기타	계
1~2							0
3~4					2		2
5~6	3	2	2	1			8
7~9	5	4	10	1	1		21
10	1				1		2
12	13	6		1	3	3	26
계	22	12	12	3	7	3	59

이를 보면 중학교까지는 학년 급이 올라갈수록 미디어 교육과 관련된 성취기준의 양적인 수가 늘어나고 있지만 고등학교 교육과정에서는 오히려 줄어든 것을 알 수 있다. 고등학교 선택과목에서 미디어 교육에 대한 내용을 찾아볼 수 있으나, 국어과의 '언어와 매체' 과목에서 10개의 성취기준을 제시하고 있고, 다른 과목은 1~2개의 성취기준을 제시하고 있는 실정이다. 더욱이 이런 선택과목은 학습자의 선택에 의해 학습 여부가 결정되므로 큰 의미를 부여하긴 어려워 보인다.

또한 각 교과군 별로 미디어 교육을 대하는 입장이 다르다는 것을 알 수 있었다.

교과마다 추구하는 목표가 다르고, 미디어 교육을 각 교과 고유의 학문적 체계 안에서 바라보기 때문에 미디어 교육을 한 교과안에서만 다룬다면 일정한 한계점을 지닐 수 밖에 없다. 따라서 각 교과에서 나타난 미디어 교육의 한계점은 무엇인지 살펴보기 위해 미디어 교육을 다루는 대표적인 교과인 국어과, 도덕과, 사회과의 교육과정에 나타난 성취기준을 3가지 영역으로 준거를 세워 분석해 보았다.

3가지 영역은 정현선 외(2016)가 제시한 미디어 리터러시 6개의 하위 영역과 이진석(2018)이 활용한 Choi(2016)의 디지털 시민성 4 범주를 활용하여 영역 A, B, C로 나누었다. 영역 A는 지식과 기능과 관련된 인지적 영역, 영역 B는 가치·태도, 행동을 포함한 정의적 영역, 영역 C는 구조적 문제에 대한 비판적 인식과 사회 변화를 위한 행동을 포함하는 보다 진보적이고 다소 급진적인 관점을 포함하는 영역으로 구분하였다. 이를 정리해 보면 <표 3>과 같다.

<표 3> 미디어 교육의 영역 분류

영역	Choi의 범주	정현선의 하위 영역
A	매체와 정보 리터러시로서의 디지털 시민성(MIL)	비주얼 리터러시, 디지털 리터러시, 복합양식 리터러시, 비판적 리터러시,
B	윤리로서의 시민성(etiics) 참여로서의 디지털 시민성(P/E)	시민적 리터러시, 문화적 리터러시,
C	비판적 저항으로서의 디지털 시민성(CR)	·

1. 국어과 교육과정에 나타난 미디어 교육의 한계점

국어과에서 미디어 리터러시와 관련하여 명시적으로 언급하고 있는 성취기준을 분석해 보면 19개의 성취기준을 지식·기능과 관련된 인지적 영역 A로, 3개의 성취기준을 태도와 실천적 행동과 관련된 정의적 영역 B로 분류할 수 있다. 이를 정리하면 <표 4>와 같다.

<표 4> 국어과 영역별 성취기준

영역	성취기준	개수
A	[6국01-05], [6국02-05], [6국03-02], [9국01-11], [9국02-07], [9국02-08], [9국03-01], [9국03-08], [10국02-02], [12독서03-06], [12문학02-06], [12언매01-03], [12언매01-04], [12언매03-01], [12언매03-02], [12언매03-03], [12언매03-04], [12언매03-05], [12언매03-06],	19
B	[12언매04-02], [12언매04-03], [12심국04-03]	3
C		0

국어과의 경우 미디어 교육을 미디어 텍스트의 의미 이해와 표현 기능에 대해 주목하여 다루어 왔고 이러한 경향이 성취기준에 반영되어 나타나고 있는 것을 알 수 있다. 반면 시민성 함양에 대한 부분은 소홀히 다루고 있는 것을 알 수 있다. 이는 교과의 특성이 지닌 한계점으로 보인다. 언어와 매체라는 과목에서 다수의 성취 기준을 활용해 교과의 절반가량을 미디어 교육과 관련된 내용으로 구성하고 있으나 선택과목이라는 점과 더불어 '매체' 부분을 수능에 반영하지 않아 고등학교에서 실질적인 학습이 이루어지지 못했다는 아쉬움이 있다. 또한 미디어 교육의 특성상 한 교과안에서 모든 영역을 다루기 어렵고, 국어과의 다른 교과서에도 발견되듯이 지식과 기능적인 측면을 위주로 미디어 교육을 구성하고 있다는 한계점이 있었다.

2. 도덕과 교육과정에 나타난 미디어 교육의 한계점

도덕과에서 미디어 교육과 관련하여 명시적으로 언급하고 있는 성취기준은 3개이다. 이를 정리하면 <표 5>와 같다.

국어과의 성취기준이 지식과 기능적인 측면에 치우친 경향이 있다면 도덕과는 가치와·태도의 측면을 강조하고 있다. 도덕과의 성취기준은 미디어 교육의 보호주의적 관점이 많이 반영되어 있다는 것을 알 수 있다. 이러한 관점은 기존 사회질서에 대한 보편적 가치, 기능적 유지를 전제하고 있다는 한계점을 지닐 수밖에 없다. [12생윤04-

<표 5> 도덕과 영역별 성취기준

영역	성취기준	개수
A		0
B	[6도02-01], [9도02-05], [12생윤04-02]	3
C		0

02]의 성취기준은 '정보기술과 매체의 발달에 따른 윤리적 문제들을 제시'할 것을 요구하고 있어 미래 사회의 변화와 가치 탐구를 할 수 있는 가능성을 열어두었지만, 국어과의 언어와 매체 과목과 마찬가지로 선택과목에 포함된 성취기준이어서 모든 학습자에게 적용되지 않는다는 한계가 있다.

또한 미디어 기술의 역사적 발달에 따라 미디어가 우리 생활 속에 얼마나 많은 부분을 차지하고 있는지, 미디어의 속성과 관련해 인간의 사고와 체험의 범위가 어떻게 확장되고 있는지, 미디어를 생산하고 유통하고 소비하는 과정에서 나타나는 이해집단의 의도는 무엇인지, 미디어 교육의 기초라 할 수 있는 미디어 자체가 가지고 있는 본질적 속성과 기능은 무엇인지 등에 대한 학습 내용이 없다는 것은 국어과 교육과정과 함께 도덕과 교육과정에서 공통으로 발견할 수 있는 한계점이다.

3. 사회과 교육과정에 나타난 미디어 교육의 한계점

사회과에서 미디어교육과 관련해 살펴볼 수 있는 성취기준을 정리하면 <표 6>과 같다.

<표 6> 사회과 영역별 성취기준

영역	성취기준	개수
A	[4사01-06], [4사04-05], [12여지01-01]	3
B	[9사(일사)02-03],[10통사03-02],[12사문03-03],[12사탐05-01]	4
C		0

[4사01-06], [4사04-05] 성취기준은 통신 수단의 발달에 따른 생활 모습의 변화와 사회 변화로 나타난 일상생활 모습을 조사하고 분석할 것을 요구하고 있다. 미디어 발달이 생활에 미친 영향을 통시적으로 분석해 보는 것은 미디어 교육에 있어 꼭 필요하고 중요한 부분이다. 하지만 초등학교 4학년에 해당하는 학생들의 지적 발달 수준을 고려해 봤을 때 깊이 있는 학습을 기대하기란 어려워 보인다. 이런 내용을 사회과의 다른 핵심 개념과 같이 중학교, 고등학교 과정에서 심화하여 반복적으로 제시할 필요성이 있다. 고등학교에 해당하는 [10통사03-02]가 이를 좀 더 심화하여 탐구해 볼 것을 요구하고 있지만 중학교 교육과정에서는 관련된 성취기준을 찾을 수 없었다. 초등학교의 성취기준이 미디어 발달에 따른 변화된 모습과 특징만을 학습자에게 요구하였다면, [10통사03-02]는 이런 인지적 능력을 바탕으로 그에 따른 문제점과 해결 방안까지 탐구하는 정의적 부분까지 요구하고 있다. 하지만 중학교 교육과정에서는 이런 내용을 발견할 수 없어 학년 급 간에 연속성이 떨어지는 아쉬운 점이 있다.

중학교 교육과정에서 유일하게 찾아볼 수 있는 [9사(일사)02-03]은 대중매체와 대중문화에 대한 비판적 평가를 요구하고 있다. 이는 보호주의적 관점이 반영된 미디어 교육의 예방적 접근이다. 미디어 교육의 한 영역으로 의미 있는 접근방식이지만 좀 더 내용을 보강해야 할 필요성이 있어 보인다. 학습자의 인지발달 수준을 고려하면서도 초등학교와 고등학교 성취기준을 연결할 수 있도록 미디어 기술의 역사, 미디어가 사회에 미치는 영향력 등의 내용을 보다 심화해서 다루었으면 하는 아쉬움이 있다. 또한 미디어의 생산과 유통, 소비 과정에 대한 비판적 분석이 포함되면 더욱 좋았을 것이다.

이런 내용은 [12사탐05-01] 성취기준을 통해 담아낼 수 있었을 것으로 보인다. 대중매체에 대한 소수자에 대한 차별 양상을 파악하는 활동은 미디어 생산과 소비에 포함된 권력적 관계를 분석하는 활동으로 자연스럽게 연결될 수 있다. 하지만 앞서 다른 교과에서 살펴본 바와 같이 [12사탐05-01]를 제시하고 있는 사회문제 탐구 과목 역시 선택과목이라는 한계점을 지니고 있다. 나머지 선택과목인 [12사문03-03] 성취기준은 [9사(일사)02-03]과 차이점이 없으며 여행지리에 해당하는 [12여지01-01]는 매체라는 단어가 있지만 미디어 교육을 목적으로 하고 있다고 보기 어렵다.

Ⅳ. 결론

우리는 수많은 미디어에 둘러싸여 생활하고 있다. 디지털 기술의 발달은 다양한 소통 방법을 낳았고 사람들은 각자 자신만의 목적과 의도를 가지고 이를 활용하고 있다. 이런 환경에서 자신이 보고, 듣고, 느끼는 미디어가 무엇이고 그 속에 숨겨진 의미가 무엇인지, 나에게 어떤 영향을 미치는 등을 파악하는 비판적 인식이 어느 때보다 필요한 상황이다. 현대를 살아가는 우리는 미디어를 소비하는 데 있어 누가 어떤 의도로 생산했고, 그 속에 담긴 구조적인 문제가 무엇인지를 인식하며 주체적인 비판과 능동적인 수용을 함과 동시에 창조적인 미디어 생산자가 되어야 한다. 교육과정은 이러한 기술과 사회 변화 양상을 반영하여야 한다. 미디어 교육에 관한 연구는 이러한 변화에 맞추어 보호주의적 관점에서부터 시민적 참여와 행동에 이르기까지 많은 발전을 해 왔다. 하지만 그동안 제시된 초·중등 교육과정은 이러한 연구 결과를 충분히 수용하지 못하고 있는 상황으로 보인다.

우리나라 미디어 교육은 30여 년의 역사가 있지만 다양한 부처와 기관의 고유한 역할과 범위 내에서 추진되어 종합적이거나 연계성을 가지기 어려웠다(정순원, 2018). 교육학 영역도 안에서도 이와 비슷한 상황이다. 사회과와 국어과에서 지속적인 연구가 이루어지고 있는 것으로 보이지만 국어과의 경우 미디어 교육을 매체의 특성에 따른 이해와 표현 등 기능적인 측면에 초점을 맞고 있는 경향이 두드러진다. 도덕과는 보호주의적 관점 아래 가치 및 태도라는 측면에서 미디어 교육에 접근하고 있으며 사회과는 미디어 환경 변화에 따른 시민성 함양이라는 부분에 중점을 두고 있다. 이렇듯 각 교과의 특성에 맞춰 분절적으로 이루어지고 있는 연구 현상은 국가 교육과정에 그대로 반영되어 나타나고 있다.

이를 개선하기 위해선 미디어 교육의 개념과 범주에 대한 명확한 정의가 필요하다. 미디어의 종류와 내용들을 포괄하는 미디어 교육 개념의 법제적 기반이 없는 상황으로 이를 통괄하는 미디어 교육의 법 제도적 기반을 마련하는 것(박주연 외, 2017; 정순원, 2018)도 하나의 방안이다. 또한, 미디어 교육을 총괄하는 부처를 만들어 종합적이며 포괄적인 계획 수립과 중장기 계획, 연구와 홍보, 전문 인력 양성이나 교육 프로그램 개발·보급 등을 마련하는 것도(정순원, 2018) 생각해 볼 수 있다. 그동안 미디어 교육은 정부, 학교, 공공기관, 시민단체, 종교계 등 여러 주체들에 의해 다양성을 제고해 왔다. 복잡한 미디어 교육 지형에 있는 기관들 간 네트워크 구축이 필요하며 이를 위한 전문협의체로서의 컨트롤타워 설립을 고려해 볼 필요가 있다(박주연 외, 2017).

다음으로 미디어 수용자를 위한, 즉 학습자 중심의 교육 정책을 강화할 필요성이 있다. 디지털 시대에 미디어 리터러시 교육은 누구나 누려야 할 커뮤니케이션 기본권이다. 모바일, 스마트 미디어가 일상화된 환경에서 미디어 리터러시는 미디어 및 교육 관련 정책에서 가장 핵심적인 정책으로 다루어져야 할 만큼 중요해졌다. 미디어 리터러시 정책은 미디어 수용자 정책의 핵심으로서 디지털 미디어 기반의 표현과 소통을 위한 기본권으로서의 교육이 보편적으로 제공될 필요가 있다(박주연 외, 2017). 교과별로 분산되어 제시되는 미디어 교육과정은 모든 학습자에게 미디어 교육이 제시되어야 한다는 보편적 교육 기회의 제공에 있어 한계점을 가질 수밖에 없다. 앞서 살펴본 바와 같이 고등학교 선택과목에서 미디어교육과 관련하여 의미 있는 성취기준을 발견할 수 있었지만 모든 학생을 대상으로 보편적 교육이 이루어지지 못한다는 한계가 있었다. 공통과목에서 미디어교육과 관련된 보다 풍부한 내용을 다룰 필요가 있다.

미디어 교육을 담당하는 교사 양성 제도를 체계적으로 마련할 필요성이 있다. 교육과정은 교사의 수업을 통해 구현되고 완성된다. 지금까지 미디어 교육은 학교 교육과정 안에서 이루어지기보다는 국가기관이나 시민단체를 통해 이루어지고 있는 비율이 높았으며, 학교 내에서 이루어지는 미디어 교육도 각 교과에서 수용하는 것보다는 창의적 체험활동 시간을 통해 교사의 자발적인 연구를 통하거나 외부 강사를 통해 이루어졌다. 때문에 교육을 담당하는 교사 또는 강사의 역량에 따라 미디어 교육의 내용과 수준이 결정되었다고 볼 수 있다. 이를 총괄할 수 있는 교사 양성 체계가 필요하다.

사회과에서 미디어교육과 관련하여 제시할 수 있는 내용 체계는 사회과교육의 목표에서 찾을 수 있다. 인권, 관용과 타협, 공동체의식, 사회정의, 참여, 책임 의식이라는 핵심 개념을 사회과에서 추구하는 세부적인 목표를 달성할 수 있도록 활용하는 것이 필요하다. 이러한 내용을 통해 미디어에 내재한 정치적 이데올로기를 파악하고 시민적 행동으로 이어질 수 있는 학습이 이루어지도록 해야 한다.

참고문헌

교육부 고시 제2015-74호[별책 5](2015). 『국어과 교육과정』, 교육부.

교육부 고시 제2015-74호[별책 6](2015). 『도덕과 교육과정』, 교육부.

교육부 고시 제2018-162호[별책 7](2018). 『사회과 교육과정』, 교육부.

구본권(2018). 『뉴스, 믿어도 될까?: 가짜와 진짜를 거르는 미디어 리터러시의 힘』, 도서출판 풀빛.

금준경(2018). 유튜브 시대, 미디어 교육 어떻게 해야 하나, N 콘텐츠, 8(1) : 42-45.

김기태(2010). 한국 미디어 교육 연구 실태 및 경향 분석 연구, 인문사회과학 연구, 제29권 pp.170-204.

김령아(2012). 중학교 사회과 교육의 미디어 교육 활용 방안에 관한 연구, 창원대학교 교육대학원 석사학위 논문.

김선호·박아란(2017). 『4차 산업혁명과 뉴스 미디어 정책』, 한국언론진흥재단.

김아미(2017). 『미디어 리터러시 교육이 이해』, 커뮤니케이션북스(주).

김양은(2001). 미디어 환경 변화에 따른 미디어 교육에 관한 연구: 한국의 미디어 교육의 실행 모색, 중앙대 신문방송학과 박사학위논문.

김양은(2005). 미디어 교육 교사의 인식 및 교육 실태 조사, 한국언론학회 미디어 교육컨퍼런스 자료집(2).

김양은(2009). 『디지털 시대의 미디어 리터러시』, 커뮤니케이션북스(주).

김양은(2018). 소셜미디어 리터러시 교육프로그램 구성 예비 연구-초등학생을 대상으로-, 사이버교육 연구, 12(1): 23-30.

김영순 외(2004). 『미디어 교육과 사귐』, 도서출판 연극과 인간.

김영욱 외(2017). 『뉴스 미디어와 4차 산업혁명』, 한국언론진흥재단.

김윤경·백목원·권순희(2017). 실천적 미디어 리터러시 교육을 위한 인터넷 포털 뉴스의 담화 구조 분석: `구의역 사건`을 중심으로, 독서연구, 42(0): 133-171.

나경애·이상식(2015). 청소년 미디어 교육 프로그램 내용과 효과에 관한 연구, 한국언론학부, 54(3): 349-373.

노기영 외(2017). 『4차 산업혁명과 실감미디어』, 한국학술정보.

노은영(2019). 자유학기제 미디어 교육에 대한 교육 주체들 간의 이해 상충, 부경대학교 대학원 석사학위 논문.

도준호(2018). 스마트 미디어 시대의 미디어 교육 방안, 한국인터넷방송통신학회 논문지, 18(5) : 245-250.

박기범(2014). 디지털 시대의 시민성 탐색 한국초등교육, 25(4) : 33-46.

박남수(2004). 주체적 정 보활용 능력 육성을 위한 사회과 교육에서의 미디어 리터러시 교육, 사회과교육연구, 11(1) : 65-81.

박주연(2016). 스마트 미디어 시대 독일의 미디어 리터러시 정책 연구 : 미디어 능력 촉진 프로젝트 분석을 중심으로. 한독사회과학논총, 26(1) : 126-149.

신선경·박주연·최숙·반옥숙(2017). 미디어 리터러시 교육에 관한 다차원적 정책분석, 커뮤니케이션학 연구, 25(5) : 5-32.

안서정(2018). 비판적 사고력 신장을 위한 사회과 미디어 리터러시 수업 구안 및 적용, 한국교원대학교 대학원 석사학위 논문.

안정임·전경란·송현경(1994). 미디어 교육 연구, 방송위원회.

안정임·전경란(1999). 『미디어 교육의 이해』, 한나래.

안화실(2017). 중등학교 미디어 교육의 내용, 교수학습 과정 및 성과에 관한 연구, 한국방송학회 학술대회 논문집: 287-291.

양정애·최숙·김경보(2015). 뉴스 리터러시 교육 I : 커리큘럼 및 지원체계, 한국언론진흥재단.

양정애(2017). “미디어 교육”에 대한 국민 인식 조사, 한국언론진흥재단.

우치갑 외(2018). 『수업이 즐거운 교육과정-수업-평가-기록의 일체화』, 즐거운학교.

윤세민(2017). 국내 미디어 리터러시에 관한 연구 분석, 한국출판학연구, 43(2) : 39-67.

이광석(2016). 비판적 사고력 신장을 위한 고등학교 사회과 미디어 교육에 관한 연구, 한국외국어대학교 교육대학원 석사학위 논문.

이대성·남상준(2011). 디지털 사회의 민주시민교육 방향, 사회과학교육연구, 제13호: 150-124.

이미나(2009). 미디어 리터러시로서의 미디어 교육 수업사례 제안, 시민교육연구, 41(3) : 139-181.

이민주(2015). 미디어 리터러시를 활용한 사회과 수업모형 및 효과 연구, 공주대학교 교육대학원 석사학원 논문.

이병환(2014). 『새로운 교육사회학』, 태영출판사.

이은택·설동준·유영만·임상훈(2018). 4차 산업혁명 시대의 교수학습 양상에 대한 탐색적 연구: 미디어의 속성 변화에 대한 통시적 관점을 중심으로, 교육정보미디어연구, 24(2) : 303-329.

이재은(2016). 유아 미디어 교육에 관한 연구 동향 분석, 어린이 미디어 연구, 15(4) : 49-75.

이정춘(2004). 『미디어 교육론: 미디어 시대에 살다』, 집문당.

이지혜(2017). 사회과교육의 디지털 시민성에 대한 연구, 학습자중심교과교육연구, 17(1) : 21-39.

이진석(2018). 사회과 교육과정에 나타난 디지털 시민성: 제6차 교육과정부터 2015개정교육과정의 변천을 중심으로, 교육 연구, 제73집: 65-82.

이희심(2014). 사회과에서의 미디어 리터러시 수업모형, 서울대학교 사회교육과 석사학위 논문.

설진아(2007). 『미디어 교육의 이론과 실제』, 한국방송통신대학교출판부.

장은주·정현선·길호현·김아미(2017). 뉴스 리터러시 교육을 위한 중학교 교과서 단원 모형 개발 연구, 우리말교육현장 연구, 11(1): 79-117.

전경란(2009). 미디어 교육 연구의 동향과 과제: 미디어 교육 학술연구에 대한 메타분석, 미디어 교육 연구, 제1호: 9-54.

전윤경(2018). 가짜뉴스 대응을 위한 「미디어 교육 지원법」 입법에 관한 논의, 교육법학연구, 30(3): 81-109.

전숙경(2017). 『미디어는 교육을 어떻게 바꾸었나』, 커뮤니케이션북스(주).

정순원(2018). 미디어 교육법제 현황과 입법 방향, 교육법학연구, 30(3) : 131-154.

정현선(2007). 『미디어 교육과 비판적 리터러시: 미디어 분석과 자아 표현, 기능 훈련의 사례 연구』, 커뮤니케이션북스.

정현선·박유신·전경란·박한철·이지선·노자연·이현석(2015). 미디어 문해력(Media Literacy) 향상을 위한 교실 수업 개선 방안 연구, 교육부 2015-12.

정현선·김아미·박유신·장은주·길호현·노자연(2016). 초·중등 교과서의 미디어 리터러시 단원 개발 연구, 교육부 2016-6.

정현선·김아미(2017). 현장 교·강사의 미디어 리터러시 교육 인식 조사, 웹진 미디어 리터러시.

조영달·이수정·김재근(2018). "소셜 미디어 사회의 이성적 참여와 소통"에 관한 사회과 수업의 효과 분석 : 오산시 사회지식 공동 구성 수업 모형을 중심으로, The SNU Journal of Education Research, 27(3) : 207-233.

차경수·모경환(2017). 『사회과 교육』, 동문사.

차경수·조대훈(2012). 『사회과교육의 도전과 전망』, 동문사.

최진성(2011). 코미디 콘텐츠를 활용한 사회과 미디어 리터러시 수업 모형 개발 연구, 성신여자대학교 교육대학원 석사학위 논문.

황용석(2014). 디지털 시민성과 리터러시. 한국언론학회(편).(2014). 『디지털 사회와 커뮤니케이션』: 431-470.

황용석·권오성(2017). 가짜뉴스의 개념화와 규제 수단에 관한 연구, 언론과 법, 16(1) : 53-101.

황치성(2018). 『미디어 리터러시와 비판적 사고』, 교육과학사.

허수미(2014). 정보화 시대의 사회과 리터러시 함양을 위한 수업 구성 전략, 사회과교육연구, 제21권 4호: 71-81.

David Buckingham(2004). 『미디어 교육-학습, 리터러시, 그리고 현대 문화』, 제이앤북.

11장.
환경·지속가능발전교육

홍익표

> **"교육은 중립적인 과정이 아니다. 모든 교사들은 사고방식, 전제, 신념, 윤리적 가치, 개인적인 특성과 공유된 문화 모두를 향한 세계관을 갖고, 실천적인 관점에서 인식과 사고와 행동을 특징짓는다. 환경교육은 기술 중심적 혹은 인간 중심적 세계관과 대립되는 새로운 환경 패러다임이다."(존 피엔)**

I. 정치교육과 환경·지속가능발전교육의 상관성

이 책의 정치교육을 다룬 장에서 살펴본 것처럼 정치교육은 공동체 구성원들에게 정치에 대한 이해를 돕고 민주주의 가치와 태도를 내재화하며 이를 통해 정치참여를 증진하는 것을 목적으로 행해지는 교육을 가리킨다. 여기서 특히 중요한 사실은 정치교육이 그 범위가 무척 넓고 그런 점에서 다양성을 특징으로 한다는 점이다. 획일적이고 일방적이며 단순한 수준의 정치교육은 복잡하고 변화하는 현실을 제대로 설명하지 못하는 데서 온전한 형태의 정치교육이라 할 수 없다. 이와 관련하여 우리가 주의 깊게 살펴보아야 하는 것은 "어떤 정치교육인가"이다. 정치란 용어가 원래 다의적이고 역동적이기 때문에 주위에서 흔히 보는 것처럼 정치를 단순히 권력 현상이나 통치 기술, 혹은 갈등과 대립 관계로 보는 시각은 정치에 대한 파편적이고 피상적 견해에 다름 아니다.

정치교육이 '민주주의 학습(Demokratie-Lernen)'을 핵심 내용으로 한다는 점에 주목하는 것도 중요하다. 이는 민주주의를 국가적 차원에서뿐만 아니라 생활세계 영역에서 사람들 간의 행동 방식까지 구체적으로 고찰한다는 것을 의미한다(Volker Reinhardt, 2017: 203). 이런 관점에서 보면 민주주의라는 개념은 단순히 규칙적 경쟁과 포괄적 정치참여, 시민적·정치적 자유를 내용으로 하는 민주주의만을 지칭하는 것이 아니라 정치제도를 비롯해 경제, 문화 등 다양한 수준과 영역에 걸치는 것을 의미한다. 민주주의는 단지 경쟁과 참여를 충족시키는 정치체제로서 보다는 다양한 수준과 영역에서 보다 많은 사회구성원들의 적극적 자유와 실질적 평등을 가능하게 하는 행동양식이자 사상체계이며 제도적 장치로 해석된다.

우리는 격변하는 세계에서 살고 있다. 이러한 변화는 무엇보다도 산업화와 민주화, 세계화, 정보화가 초래한 것이기도 하다. 이런 점에서 볼 때 우리는 격변하는 세계에서 어떤 내용의 정치교육이 과연 타당하고 적실성이 있는가를 면밀하게 검토해 볼 필요가 있다. 이를 위해서는 전통적인 내용의 정치교육에서 벗어나 보다 넓은 범위와 수준에서 현대 정치와 민주주의와 상호연계 되어 있고 복잡한 방식으로 서로 영향을 주고받는 쟁점에 대해서도 고찰해 보아야 한다. 예를 들어, 산업화와 세계화가 가져온 사회불평등과 환경문제를 정치교육의 주요 대상으로 포함시키는 것이 그것이다.

이 중에서 환경문제는 사회적으로 조직화된 인간이 환경에 부정적인 영향을 미친 결과라는 점에서 그 속성을 제대로 이해하기 위해서는 정치학과 접목해 분석하는 것이 중요하다. 환경학에 있어 정치학이 차지하는 위치에 대해서는 남아프리카 공화국 출신의 정치학자인 아드리안 레프트위치(Adrian Leftwich)가 잘 지적하였다. 그는 정치는 인간사회의 모든 영역과 모든 수준에 존재하며, 정치는 권력의 분포와 의사결정, 사회조직의 체계, 문화와 이데올로기, 자연환경 및 다른 사회와의 관계 등에 영향을 미치고 받는다고 지적한다. 그러면서 레프트위치는 다음과 같이 인간과 자연 자원의 상호작용을 정치의 핵심으로 언급한다: "자원의 이용, 생산, 분배를 위해 협력, 갈등, 혁신, 적응하는 인류 역사의 핵심에 있는 행위는 정치였고, 오늘날에도 그것은 정치이다."[94]

---

94 Adrian Leftwich. *Redefining Politics: People, Ressorces and Power*. London: Methuren, 1982, p.12. 티모시 도일·덕 맥케이컨(2002), pp.28~31에서 재인용.

환경정치가 본격적으로 거론된 것은 환경에 대한 전통적 사고가 결정적인 전환점을 맞게 된 1960년대 이후 환경단체들이 결성되어 특정 분야 혹은 지역의 환경문제 해결을 위해 압력을 가하거나 정부의 대응을 촉구하면서부터였다. 지식인과 환경운동가들은 환경오염뿐만 아니라 민주주의, 폭력, 사회평등과 정의 등의 문제에 관심을 갖기 시작하였다. 이들은 인간과 사회의 행위를 어떻게 해석할 것인가를 살펴봄으로써 환경문제의 속성을 한층 잘 이해 가능한 것이라고 생각하게 되었다. 이렇게 환경학과 정치학이 접목되게 된 데는 인간의 행위가 생태적 균형에 불안정을 초래하거나 인위적으로 새롭게 만들어진 안정 혹은 불안정을 강요할 수 있다는 인식이 자리 잡고 있다고 할 수 있다(티모시 도일·덕 맥케이컨, 2002: 26). 이런 점에 비춰볼 때 인간이 환경에 미치는 영향을 이해하고 평가하려면 정치학과 같은 사회과학의 분과학문과 협력하는 학제 간 활동이 필요하다. 이는 다시 정치교육과 환경교육 및 지속가능발전교육을 상호보완적이고 통합적인 시각에서 고찰하는 것을 요구한다.

환경오염과 생태계 파괴, 소득분배 불평등과 같은 현상은 민주주의를 위협하며 다수 사람들의 삶의 질뿐만 아니라 생존에도 부정적 영향을 미친다. 그런 까닭에 지구환경을 보존하고 보다 높은 삶의 질을 누리기 위해서는 이에 부응하는 가치, 행동, 삶의 방식을 갖춘 시민을 양성하는 교육이 행해져야 함은 말할 나위도 없다. 정치교육을 환경교육과 더불어 인권교육, 정의교육, 평화교육, 국제교육, 다문화교육 등과 연계해서 함께 검토하는 것은 그 내용을 풍요롭게 할 뿐만 아니라 지속가능한 미래를 위한 사회 변화라는 인류의 목표를 달성하는 데도 기여할 수 있다. 이 글에서는 바로 이 점에 주목하여 보다 넓은 범위에서 정치교육과 밀접한 관련을 맺고 있는 환경과 지속가능발전교육에 대해 살펴보려고 한다.

II. 왜 환경과 지속가능발전교육이 필요한가?

오늘날 인류는 심각한 기후 위기로 대량절멸(mass extinction)의 위험에 봉착해 있다. 지난 세기부터 지구상에 존재하는 동물들의 개체수와 서식 면적은 눈에 띄게 감소하고 있다. 이는 먹이사슬의 꼭대기에 있는 인간의 생존이 지금 치명적인 위협에 처해 있다는 것을 가리킨다. 급기야 과학자들은 '인류세의 생물학적 멸종'을 언급하기에 이르렀다.[95] 이런 재앙이 일어난 원인으로는 서식 환경 축소, 남획, 인공미생물, 공해, 독성물질, 기후변화 등이 꼽힌다. 이 원인들의 공통점은 모두 인간 활동으로 인한 것이라는 것이다. 물론 과학자들 사이에서는 인류의 여섯 번째 대멸종의 구체적 시기를 둘러싸고 논쟁이 존재한다. 그러나 현재 인류가 전례 없는 생태적 위기를 겪고 있고 이를 극복하지 못한다면 인류의 생존이 위협에 처할 것이라는 데에는 과학자들 사이에서도 큰 이견이 없다.

대량절멸의 원인 중에서 가장 대표적인 것은 지구온난화로 인한 기후변화이다. 지구온난화는 대기 중에 존재하는 온실가스가 태양열이 지표면에 복사된 후 우주공간으로 방출되는 것을 흡수하거나 차단함으로써 온실효과(greenhouse effect)가 발생하고 이로 인해 지구대기의 기온이 상승하는 현상을 의미한다. 지구온난화로 인한 기후변화는 이미 연이은 폭염과 혹한, 산불과 태풍 등으로 나타나고 있다. 기온상승으로 추가된 에너지와 수분이 대기 중으로 유입되면서 대기권에 뜨거운 고기압이 생겨 지붕을 이루는 열돔(heat dome) 현상은 북반구에 폭염과 같은 이상기후를 초래했다. 온난화로 지구의 열에너지를 이동시키는 바람과 해류의 속도가 둔화되면서 폭염에 의한 대형 산불과 사상 최악의 가뭄, 초열대야 등이 빈발하고 있다. 그 결과 사하라 사막 이남의 아프리카를 비롯한 지구 곳곳에서 사막화가 진척되고, 물 부족이 더욱 심화되고 있으며, 농작물 생산은 격감하고 있다.

지구온난화가 지구와 인류에 미치는 파국적 영향에 관한 과학자들의 예측은 차고 넘친다. 대부분의 과학자들은 지구온난화가 한낮 가설이 아니라 부인할 수 없는 현실이라는 점에 동의하고 있다. 지금 이 시간에도 지구온난화가 가져오는 예측 불가능한

95 예를 들어 IPBES(Intergovernmental Science-Policy Platform on Biodiversity and Ecosystem Services), "Global Assessment Report on Biodiversity and Ecosystem Services." Bonn, 2019. https://ipbes.net/global-assessment-report-biodiversity-ecosystem-servicesqjsdur

기후변화는 인류에게 광범위한 규모의 피해를 주고 있다. 환경오염과 생태계 파괴가 지속된다면 인류와 다른 생물종의 생존 자체가 위협에 처하리라는 점은 명약관화하다. 온실가스는 화석연료의 사용이 초래한 것이다. 기후변화 위험을 줄이려면 지금 당장 지구적 규모에서 온실가스를 획기적으로 감축하고, 이를 위해 막대한 투자 비용을 지출해야 하고 모든 측면에서 광범위하며 급진적으로 석유문명에 기반한 체계를 바꿔야 한다. 그러나 변화를 위한 시도는 매우 더디게 이뤄지고 있다. 기후변화를 부정하고 기후변화를 막기 위한 행동이 불필요하다는 기득 세력의 강변도 여전하다.[96]

기후위기는 낡은 유형의 경제성장과 이에 기초한 기존 체제, 생활양식으로부터 비롯된 것이다. 인류는 오래전에 지적되었던 '성장의 한계(the limits to growth)'에 대해 너무나 뒤늦게 뒤돌아보고 있다. 우리 문명의 근본적 개조가 요구되지만 이를 진지하게 고려하고 실천하는 국가는 아직 존재하지 않는다. 우리는 인류의 생존 공간인 자연환경을 어떻게 보호하고 유지할 것인가에 답해야 한다. 특히, 기후위기에 대비하고, 환경문제를 해결하려면 기존의 환경 관련 정책과 제도를 바꾸어야 한다. 기후 보호와 에너지 전환 등을 위한 담대한 계획의 수립과 실행이 요구되는 것이다. 그러나 이것만으로는 부족하다. 인간의 가치관과 세계관, 행동 방식을 친생태적이고 친환경적으로 바꾸어야 한다. 구체적으로 이는 기후위기 시대 어떤 교육이 바람직한가, 그런 교육은 어떻게 행해질 수 있는가에 대한 물음에 적실성 있는 대안을 제시해야 한다는 것을 의미한다.

문제는 대부분의 사람들이 여전히 환경문제의 심각성을 제대로 인식하지 못하고 있다는 점이다. 그러다 보니 환경문제가 공론장의 영역에서 별반 의제화되지 않고 정치인들과 관료들도 환경 관련 정책을 의사결정 과정에서 우선시하지 않는다. 더구나 한국은 좁은 국토에 인구가 과밀하고 공장과 발전소 같은 산업시설이 밀집되어 있다. 도시화의 비율이 높고 대부분 인구는 아파트에 거주한다. 생태적 지식과 감성이 결핍된 사람들이 넘쳐나는 것은 다 까닭이 있다. 환경교육의 주된 대상자라 할 아이들이

96 기후변화를 부정하고 기후변화를 막기 위한 행동이 불필요하다면서 '과학과의 전쟁'을 기획하고 주도하는 기득권 세력에 대해서는 마이클 만·톰 톨스(2017) 참조.

자연 결핍 장애를 앓고 있다는 주장은 한국의 경우에도 그대로 적용 가능하다. 리처드 루브(Richard Louv)는 『자연에서 멀어진 아이들(원제: Last Child in the Woods: Saving Our Children from Nature-Deficit Disorder)』에서 우리에게 자연이 필요한 이유로 치유 효과, 감각의 발달, 자연 탐구 지능의 촉진, 상상력과 창의력의 고양과 더불어 자연 결핍 장애를 거론한다. 아이들이 앓는 주의력 결핍 증상의 요인 중 하나를 적절히 표현하는 용어가 자연 결핍 장애라는 것이다.[97]

사정이 그런데도 한국에서 환경교육은 강화되기는커녕 제대로 자리도 못 잡고 있다. 그 실상은 실로 열악하기 그지없다. 환경교육은 1992년 고시된 제6차 교육과정에 환경이 독립과목으로 신설되고 환경 교사를 양성하기 위해 1995년 이후 사범대학에 환경교육과가 신설된 지 30여 년 가까이 이르렀지만, 환경교과 선택률이나 환경 교사 임용률은 매우 낮다. 환경부 자료를 보면, 중·고등학교에서 환경 교과목을 선택하는 비율은 2007년 20.6%에서 해마다 줄어 2018년 8.4%까지 떨어졌다. 학교에서 환경교육을 담당하는 환경교육 교사는 2009년 이후 단 한 명도 임용되지 않았고, 환경 교과목을 선택한 학교의 79%는 환경교육을 전공하지 않은 교사가 관련 수업을 하고 있는 실정이다(『한겨레』 2019년 11월 5일). 환경교육 지도자의 전문성이 부족한데 더해 환경교육의 제도적 기반도 매우 미흡하다. 환경교육진흥법이 2008년 국회를 통과하고 광역자치단체에서 환경교육 관련 조례가 제정되었지만, 관련 예산의 비중이나 환경교육 전담 인력은 여전히 부족하다. 2019년 11월에는 기존 환경교육진흥법의 명칭을 '환경교육의 활성화 및 지원에 관한 법률'로 바꾸고, 환경교육과 관련한 정부 지원을 늘리는 방안의 '환경교육진흥법 전부개정 법률안'이 국무회의에서 의결된 후 국회에 제출되었다.[98]

기후 위기의 시급함을 고려하면 환경교육이 제대로 정비되고 강화되어야 함은 말

---

97 리처드 루브는 자연 결핍 장애가 등산하거나 자연에서 놀 때 그 증상이 완화된다고 한다. 스티븐 캐플런과 레이첼 캐플런 부부 연구팀의 조사에 의하면 대자연으로 떠나는 아웃도어 바운드 프로그램에 참여한 사람들은 평온함을 느끼고 사고력이 더 명료해짐을 느낀다는 것이다. 의식적으로 집중을 오래 하면 충동적 행위, 불안, 초조와 더불어 주의 집중을 할 수 없는 '지향적 집중의 피로 현상'이 나타나는데 자연과 같은 매혹적 환경을 찾아 휴식을 하면 심리적 피로를 풀어주고 지향적 집중의 피로를 덜어 준다는 것이다. 이러한 '집중력 회복 이론'은 나이와 무관하게 누구에게나 적용된다고 한다. 리처드 루브(2019), pp.105~113.

할 필요도 없다. 그리고 환경보전을 위한 행동 준칙이 바로 지속가능발전이라는 점에서 환경교육은 모든 사람들이 질 높은 교육을 통해 지속가능한 미래와 사회변혁을 위해 필요한 가치, 행동, 삶의 방식을 갖춘 시민을 양성하는 지속가능발전교육과 긴밀한 연계를 맺고 추진되어야 한다. 우리에게는 환경문제에 대한 과학기술적 접근을 포함하여 정치·사회·경제·환경적·문화적 차원에서 연계가 이뤄지는 교육이 체계적으로 행해질 필요가 있다. 그러나 위에서 언급한 대로 이들 교육은 제도적 기반이 미흡하고 그나마 이뤄지고 있는 것도 채택률이 매우 낮고 담당 교사의 전문성도 부족하다고 평가된다. 당위와 현실 간에 매우 큰 괴리가 존재하는 것이 한국의 환경과 지속가능발전 교육이다. 이 글에서는 교육이 행해지는 주요 기관인 학교를 중심으로 환경과 지속가능발전 교육의 현실을 짚어보고 타당하고 적실성 있는 대안을 제시하고자 한다. 특히, 한국의 현실에서 환경과 지속가능발전교육에는 어떤 교육과정과 교수·학습방법이 타당하고 적실성이 있는지 검토하려고 한다.

---

98 '환경교육의 활성화 및 지원에 관한 법률' 은 이후 일부 혹은 전부 개정되었다. 이 중에서 2022년 1월 6일 시행 전부 개정안은 환경교육의 활성화 및 지원을 위하여 법률 체계 전반을 정비하고, 환경교육 우수학교의 지정 등을 통해 학교 환경교육에 대한 지원을 강화하는 한편, 우수 사회환경교육기관에 대한 행정적·재정적 지원을 통해 사회환경교육을 촉진하는 등 다양한 방안과 지원책을 마련하려는 개정 이유가 주목을 끈다(https://www.law.go.kr/LSW/lsRvsRsnListP.do?lsId=010712&chrClsCd=010202&lsRvsGubun=all).그 주요 내용은 다음과 같다:

가. 법률 제명을 「환경교육의 활성화 및 지원에 관한 법률」로 변경함.

나. 환경부장관 또는 시·도지사가 국가환경교육계획 또는 시·도 환경교육계획을 관계 기관의 장에게 통보하여 소관 업무에 반영할 수 있도록 요청하고, 환경부장관이 관계 기관의 소관 업무 반영 추진실적을 종합적으로 평가하여 다음 국가환경교육계획 수립 시 그 결과를 반영하도록 함(제7조).

다. 환경부장관은 학교환경교육을 모범적으로 실시하는 학교를 환경교육 우수학교로 지정하고, 행정적·재정적 지원을 할 수 있도록 함(제11조).

라. 시·도지사는 일정 요건을 갖춘 법인·단체를 사회환경교육기관으로 지정하고, 우수한 기관에 대하여 행정적·재정적 지원을 할 수 있도록 함(제15조).

마. 환경교육사 자격이 없는 사람의 동일 명칭 사용을 금지하고, 환경교육사의 자격취소 요건 및 보수교육 의무 등을 규정함(제16조부터 제18조까지).

바. 환경부장관은 환경교육 실태 조사를 매년 실시하고, 그 결과를 공개하도록 함(제30조).

III. 글로벌 환경위기와 지속가능발전

기후변화의 한 양태인 지구온난화는 인류가 공동으로 해결해야 할 가장 시급한 문제이다. 2018년 인천에서 열린 제48차 기후변화정부간협의체(IPCC) 총회에서 발표된 보고서에서는 온실가스 배출이 현재 수준으로 계속되면, 지구 기온 상승폭은 2040년께 1.5도를 넘어설 것으로 예측했다. 보고서는 현재 지구 온도가 10년마다 약 0.2도씩 올라가고 있으며, 현재 각국이 발표한 온실가스 감축안을 지켜도 2100년에 지구 기온이 3.5도나 올라간다고 지적했다(『한겨레』 2018년 8월 13일). 지구의 평균 기온 상승을 산업혁명 시기 때보다 2도 이내로 제한하는 2015년의 파리협정의 목표가 달성돼도 지구온난화를 막을 수 없다는 잿빛 전망도 나오고 있다. 현재 지구 기온은 산업혁명 전보다 1도 올랐고, 매 10년마다 약 0.17도 상승하고 있는데 이런 추세에서 온실가스 방출이 억제된다 해도, 이미 진행 중인 삼림 훼손과 빙산 해동 등이 상호작용해 기온상승을 지속시킬 것이라는 주장이다.

기후위기를 막을 시한이 이미 지났다는 과학자들의 충격적인 경고도 제기되었다. 이미 지구의 기후변화 상황을 되돌릴 수 없는 시점인 '티핑 포인트(climate tipping point)'를 지났다는 주장이다. 기후변화에 관한 정부 간 협의체(IPCC)는 지구 평균 기온이 산업혁명 이전 수준보다 섭씨 1.5도 이상 오를 경우를 인간이 지구 기후를 통제하기 불가능해지는 티핑 포인트로 지적했다. 아울러 이들은 2030년까지 1.5도 목표를 달성하지 못한다면 인류는 티핑 포인트에 도달하리라고 내다봤다. 하지만 팀 렌튼(Tim Lenton), 요한 록스트룀(Johan Rockström), 슈테판 람스토르프(Stefan Rahmstorf)를 비롯한 유럽의 과학자들은 이미 인류가 일련의 변화 지점을 넘었다면서 그 근거로 북극의 해빙이 빠른 속도로 줄어들면서 영구 동토층이 이미 이산화탄소와 메탄을 방출하기 시작했고, 1970년 이후 아마존 열대 우림의 17%가 사라져 건조가 심화하는 티핑 포인트에 도달했다는 점 등을 들었다. 이 같은 변화들은 상호작용을 통해 급격한 '폭포 효과'를 일으키면서 지구의 기후위기를 더 가속화하게 된다는 것이다(https://www.nature.com/articles/d41586-019-03595-0).

잊지 말아야 하는 점은 인류가 자연에 영향을 줄 수 있지만, 그 영향을 통제할 수는 없다는 사실이다. 인류가 일으키는 기후변화가 임계 수준을 넘어가면 인류는 자연환경을 통제할 수 없는 파국에 빠지게 된다. 기후 문제는 인구, 에너지, 식량, 물, 생물다양성 문제 등과도 긴밀하게 연결되어 있다. 기후 문제의 복잡성은 우리 삶의 모든 면에 적용된다. 이는 단순하게 개별적인 위험 때문에 발생하는 것이 아니라 위험이 더해질 때마다 피해가 비선형적으로 증폭되는 '퍼펙트 스톰(perfect storm)'으로 나타난다(조천호, 2019: 125, 143).

정확한 과학적 산출을 둘러싸고 논쟁이 존재하는 개념이기는 하지만 지구가 기후변화 상황을 되돌릴 수 없는 시점인 티핑 포인트에 가깝거나 혹은 이를 넘어섰다는 주장은 지금 인류가 처한 환경위협이 매우 실제적이며 그 수준이 매우 높다는 사실을 우리에게 알려준다. 분명한 것은 기후변화와 같은 환경위협이 인류에게 가하는 피해는 예상을 뛰어넘을 정도로 막대하므로 글로벌 수준에서 이에 대응하는 정치적이고 경제적인 긴급 행동이 필요하다는 점이다. 기후위협이 긴박하게 돌아가자, 스웨덴의 그레타 툰베리(Greta Thunberg)를 시작으로 청소년들이 "생태계 전체가 무너지고, 대규모 멸종의 시작을 앞두고 있는데 당신은 돈과 영원한 경제성장이라는 꾸며낸 이야기(fairytales of eternal economic growth)만 늘어놓는다. 어떻게 그럴 수 있느냐"[99]며 세계 지도자들의 책임을 추궁하며 '미래를 위한 금요일(#FridayforFuture)'이라 불리는 학교 파업으로 대응하기에 이르렀다. 이는 독일, 영국, 호주 등 130여 개국에서 160여만 명의 청소년들이 '기후를 위한 학교 파업'에 동참하는 것으로 나타났다. 그러나 '글로벌 기후위기 비상행동(global climate strike)'에 호응하고 나선 사람들은 전체 인구에 비해 극히 일부에 불과하다.

심각한 문제는 인류가 처한 사정이 긴박함에도 여전히 대다수 정부와 기업은 기후 위기를 애써 외면하거나 이에 침묵하고 있다는 사실이다. 노골적으로 기후 위기

99 이 언급은 그레타 툰베리가 2019년 9월 23일 미국 뉴욕 유엔본부에서 열린 '기후 행동 정상회의(Climate Action Summit 2019)'에서 세계 지도자들의 책임을 추궁하며 했다. 전문은 https://www.npr.org/2019/09/23/763452863/transcript-greta-thunbergs-speech-at-the-u-n-climate-action-summit 참조.

를 부인하고 온난화를 부추기는 정책을 서슴지 않게 추진하는 정치인도 여전히 흔하다.[100] 한국을 비롯한 동아시아 국가들은 더 말할 나위도 없다. 이들 국가는 지난 수십년에 걸쳐 급속한 경제성장을 이룩했다. 이로 인한 부작용은 무엇보다 환경영역에서도 두드러지고 있다. 경제가 성장함에 따라 자연 자원의 이용량이 증가하고, 생산 및 소비 과정에서 오염물질의 배출이 동반 증가하면서 환경이 오염되고 생태계는 급속히 파괴되었다. 그럼에도 경제성장을 우선시하고 각종 토건 사업이 추진되는 데서 보듯이 환경 입법과 정책은 매우 취약하다고 평가된다.

기후변화를 비롯한 환경문제는 세계화가 본격적으로 진척되면서 더욱 심화되고 있다. 세계화는 특히 환경영역에서 두드러진다고 할 수 있다. 환경문제는 그 속성상 국경을 초월하여 전 지구적인 성격을 띤다. 온실가스인 이산화탄소를 흡수하고 저장하는 데 결정적인 역할을 하는 아마존 유역의 열대 우림은 최근 들어 화재와 개발로 급격히 훼손되고 있다. 전 세계 도처에서 배출되는 오존층 파괴 물질은 대기권 상층부의 변화를 가져와 다수 국가의 환경문제를 야기한다. 한파와 폭설, 가뭄, 강한 태풍 등이 바로 그것이다. 이는 티모시 도일과 머그 맥케이건이 정확히 지적했듯이 한 두 나라의 대응으로만 해결될 수 있는 문제가 아니다. 이러한 까닭에 해결을 위한 국제회의를 주최하고 광범위한 정책의 틀에 대한 합의를 도출하는 것이 필요하다. 그러나 해결책까지 제공하기는 어렵다(티모시 도일·머그 맥케이건, 2002: 201~203).

1972년 환경문제에 대한 국제적 해결책을 모색하기 위해 스톡홀름에서 '인간 환경에 대한 UN 회의(United Nations Conference of the Human Environment)'가 개최되었다. 이 회의에서는 109개의 권고사항을 포괄하는 '인간 환경을 위한 행동강령'을 채택하고, 제27차 UN 총회에서 지구 환경문제를 다루기 위한 UN 전문기구 설립에 합의했다. 이에 따라 유엔환경계획(UNEP: UN Environment Programme)이 창설되었는

100 단연코 도널드 트럼프 전 미국 대통령이 대표적 인물로 꼽힌다. 부동산 개발 업자 출신인 트럼프는 지구온난화를 사기라고 주장해 왔다. 대통령 후보 시절에는 버락 오바마 대통령의 기후액션플랜(CAP)을 철회할 것이라고 밝혔고, 대통령에 취임하자 환경 주무 부서인 환경보호청(EPA) 예산을 대폭 삭감하고 반환경주의자를 수장에 앉혔다. 2017년 6월에는 파리기후변화협약 탈퇴를 선언했다. 2020년 1월에는 반세기 동안 환경정책의 근간이 돼온 국가환경정책법(NEPA)을 대규모 인프라 사업 추진 시 환경영향평가 부담을 대폭 줄이는 방향으로 개정하겠다고 선언했다. 『경향신문』 2020년 2월 8일.

데, 이 기구는 환경 분야의 국제협력을 도모하고 관련 정책을 추진하며, 지구환경 동향을 감시하고, 환경정보를 수집·보급하는 것을 주된 임무로 하고 있다. 유엔환경계획은 1970년대 이후 환경에 대한 지구적 의제 형성에 중요한 역할을 수행하고 있다. 스톡홀름회의 이후 다수의 국제환경레짐도 설립되었다. 이는 지구환경의 다양한 하부 영역인 기후, 오존층, 포경 및 어획, 해양, 산성비, 생물종 등에서 국제환경조약을 체결하고 그것의 준수를 통제하는 데서 지구 환경보호에 큰 기여를 하고 있다. 그러나 국제정치에서의 힘의 관계 때문에 레짐으로부터의 제약과 압력이 불평등하게 적용되는 것이 문제로 지적된다. 1992년 6월 브라질의 리우데자네이루(Rio de Janeiro)에서 개최된 'UN 환경발전회의(UNCED)'에서 체결된 기후변화에 관한 기본 협약(UN Framework Convention on Climate Change: UNFCCC)'은 지구온난화 방지를 위한 화석연료의 사용규제와 산림 등 이산화탄소 흡수원의 보존관리를 내용으로 하는 국제협약으로 그 가치가 적지 않은 것이었다.

리우 UN환경발전회에서는 21세기에 전 지구적인 환경문제 해결을 위해 추진해야 할 과제인 '아젠다 21'이 채택되었고 여기서 지속가능발전(sustainable development: SD)이 기본 원칙으로 권고되었다. 지속가능발전의 핵심은 '지속가능성'이라는 개념이다.[101] 이는 18세기 말부터 19세기 초엽 독일에서 사용된 '지속적 산출(nachhaltige Produktion)'에서 연원한다. 당시 독일은 후발 산업화로 인구가 급증하고 경제 규모가 팽창하면서 삼림자원이 점차 고갈되고 있었다. 숲을 비롯한 자연에서 이념과 사상으로서의 '독일 정신'이 배태되었다고 믿고 있던 독일인들에게 숲의 파괴는 큰 충격으로 받아들여졌다.[102] 이런 상황에서 삼림의 생산성이 지속적으로 유지될 수 있도록 과

101 지속가능성 개념에 대한 다양한 해석은 Stefanie Baumert & Kathleen Schlütter (Hrsg.) (2013), Iris Pufé(2017) 참조.

102 중세부터 근대에 이르기까지 독일인들은 자연에서 정체성을 찾았다. 성스러운 숲을 받들어 예배를 드린 게르만족의 영향을 받은 중세 독일인들은 숲이 일상생활을 영위하는 세속적 질서와는 다른 질서가 지배하는 신비한 공간이라 여겼다. 숲과 산과 강, 대지 등으로 이뤄진 자연은 근대에 들어와 이념과 사상으로서의 '독일 정신'이 배태된 것으로 인식되었다. 내면성, 근원성, 전투적 열광, 심오한 사색 등으로 특징되는 독일인의 성격이 형성된 데는 자연의 매개물이 있었다. 예를 들어, 음악은 자연의 모방이 아니라 자연 그 자체, 자연의 보편적 언어라고 본 독일인들은 음악이 민족적 감정의 현현이고 민족 전체의 조화로운 감정의 표현이라고 보았다. 이 점은 근원적으로 독일적인 것, 게르만적인 것을 추구하면서 자연에 접근한 리하르트 바그너의 악극에서 잘 나타난다.

학적인 삼림자원 추출률을 발견하고 준수함으로써 지속적인 경제기반을 확보할 필요성이 제기되었다. 이후 지속가능성의 개념은 유럽뿐만 아니라 미국으로도 전파되었다. 여기서 보듯이 지속가능발전은 자연 자원에 대한 현명한 사용과 이에 바탕한 '지속적 경제성장'에 그 핵심을 두고 있는 용어이다.

지속가능발전은 1987년 세계환경발전위원회(WCED)가 인류가 나아가야 할 미래 기본전략 보고서로 발표한 '우리 공동의 미래(Our Common Future)'에서 구체적으로 제시되었다. 세대 간 형평성에 기초하여 미래세대의 필요를 충족시키면서 현세대의 필요도 동시적으로 충족시키는 발전을 의미하는 데서 보듯이 지속성, 형평성, 효율성에 토대를 둔 용어이다. 1987년 브룬트란트(Gro Harlem Brundtland)가 의장으로 있는 WCED는 광범위한 공청회를 거쳐 '우리 공동의 미래(Our Common Future)'를 발간했다. 인류가 나아가야 할 미래기본전략보고서인 '우리 공동의 미래'는 국제적인 경제, 인구, 식량, 에너지, 제조업, 도시 등에 대해 상세하게 분석하고 변화를 위한 권고사항을 제시했다. 특히, SD의 강조를 통해 개발과 환경의 상관성에 대한 관심을 환기시켰다. 보고서에서는 SD를 '미래세대의 욕구를 충족시킬 수 있는 능력을 위태롭게 하지 않고 현세대의 욕구를 충족시키는 발전'을 의미한다고 했다. 두 가지 핵심적인 개념이 여기에 포함되어 있다. ① 욕구의 개념, 특히 세계의 가난한 사람들의 필수적인 욕구. 여기에 일차적인 우선권이 부여되어야 한다. ② 기술과 사회조직의 상태가 현재와 미래의 욕구를 충족시킬 수 있는 환경의 능력에 미치는 한계의 개념(세계환경개발위원회, 2005: 87).

지속가능발전은 현세대에서 자원과 환경의 개발이 과도하게 이루어지게 되면 후세대의 후생에 위협이 될 것이란 우려 하에 모든 분야의 정책 수립 시 우선적으로 고려할 중심 개념이라 강조한다. 그러나 이 개념은 너무 포괄적이어서 자연 내재적인 가

이는 나치에 의해 민족우월주의의 환상과 결합되면서 정치적으로 악용되었다. 나치는 열등 인종으로 낙인찍힌 사람들을 추방하거나 학살하는 대신에 '가치 있는 혈통의' 독일 민족의 입식지에는 유기농법을 도입하고 게르만적 풍경을 복원하며, 인공숲을 조성하는 등 상반된 정책을 추진했다. 나치는 숲이나 농촌으로 떠나는 집단 도보여행인 반더포겔을 히틀러 유겐트로 흡수했고, 이전의 자연보호 운동을 계승해 제국자연보호법, 삼림황폐방지법 등을 만들었다.

치나 전 지구적 재분배의 필요성을 간과한다는 비판도 받았다. 지속가능한발전은 크게 적극적인 견해와 소극적인 견해로 나누어 볼 수 있다. 소극적으로 보는 견해는 각종 계획과 공공의사결정에 있어서 환경에 대한 관심의 비중을 높여 환경파괴와 자원고갈의 속도를 늦추면서 지속적인 성장을 도모할 수 있다고 본다. 이는 기술적인 발전이 환경문제를 해결할 것이라는 낙관론이라 할 수 있다. 적극적인 견해는 지속가능한발전을 자연이 지탱해 줄 수 있는 한계용량 범위 내에서의 개발을 의미하는 것이며 더 나아가서는 현재의 한계용량을 확대하기 위해 노력하는 적극적인 '환경창조'의 입장이다. 지속가능발전이라는 개념은 성장과 보전의 단순한 조화가 아닌 '한계용량의 범위 내'라는 제약 조건 하에서 경제, 사회, 환경의 조화로운 발전과 보전을 의미하는 것이며 이러한 한계의 범위를 확대시키기 위한 노력을 포함하는 적극적인 개념으로 볼 필요가 있다(Lester W. Milbrath, 2001).

1992년 리우 UN환경개발회의에서는 21세기에 전 지구적인 환경문제 해결을 위해 추진해야 할 과제인 '아젠다 21'이 채택되었다. 여기서 지속가능발전을 비롯해 책임의 공유와 차별화, 오염자 부담 원칙이 기본 원칙으로 권고되었다. 리우정상회의는 환경에 대한 관심을 세계적으로 고취시키고, 환경과 개발의 문제를 조화시키기 위한 세계 전략의 이념적 방향을 설정하고, 지구 환경 보호를 위한 기본적 원칙과 대책을 제시하였다는 데 그 의미가 있다. 이는 2015년 제70차 UN총회에서 지속가능발전목표(SDGs)가 인류공동의 새로운 목표로 채택되는 것으로 이어졌다. 경제성장과 사회통합, 환경보호 등 주요 이슈를 포함하는 SDGs는 주요 목표가 17개, 세부 목표는 169개에 달한다(https://sdgs.un.org/goals). 그러나 이에 대한 비판적 시각도 만만치 않다. 아젠다 21의 경우 개도국들은 방만한 선진국의 소비 행태가 지속가능한발전의 가장 큰 장애요인이라 주장하였다. 비정부기구들은 선진국의 환경 책임론, 환경 보호 자금의 부담, 환경 기술의 이전 문제 등을 둘러싼 선후진국 간의 이견으로 리우회담이 실질적으로 실패에 그쳤다고 비판했다. 다국적기업의 공해수출을 규제하고 군비축소를 하는 것이 환경보호에 가장 중요한 핵심이나 이는 논의되지 않았다. 인류의 생존 터전인 지구를 보전하기 위해서 한계용량을 넘어서는 경제성장을 제한해야 할 필요성을 인정해야 함에도 불구하고 지속가능한발전이라는 개념으로 기존 경제성장 우선 논리를 위장하고 있다는 비판도 제기되었다. 한편, SDGs에 대해서는 주요 목표가 너무 많아서 과연 제대로 달성될 수 있는지 의문이 제기되고 있다. 실제로 글로벌 경제침체와 코로나 팬데믹 등을 겪으면서 글로벌 북반구와 남반구 간에 그리고 지역과 국가, 계층 간에 그 달성 정도가 크게 차이가 나타나고 있다(김태균·우창빈 엮음, 2023).

리우 UN환경개발회의에서 채택된 기후변화에 관한 기본 협약의 이행을 점검하기 위해 당사국들이 매년 총회를 개최하고 있다. 1997년 12월 교토에서 '교토 기후변화에 관한 UN 기후협약 부속의정서(The Kyoto Protocol to the United Nations Framework Convention on Climate Change)를 채택되었는데 핵심 내용은 각국이 공동이행(joint implementation), 청정개발체제(clean development mechanism: CDM), 배출권거래제(emissions trading) 등(제6조, 12조, 17조)으로 이뤄진 '유연성체제(flexible mechanism)'를 통해 목표치 달성을 허용하는 것이다. 그러나 이는 시장원리에 입각한 새로운 온실가스 감축 수단이라는 데서 그 한계도 자명하다. 남아프리카 공화국의 기후정의 활동가인 패트릭 본드(Patrick Bond)가 지적했듯이 이런 메커니즘들은 결과적으로 온실가스를 상품화함으로써 대기와 자연 자원을 이용하는 데 남북 간의 불평등을 고정시키고, 다국적기업들에게 많은 새롭고 해로운 이윤 창출 기회를 제공하고 있다. 대기를 새로운 시장으로 만드는데 기여하고 있는 것이다.

> "다국적기업들은 실제로 공기와 대기 중 오염을 상품화하려는 시도를 하고 있다. 그 권리를 원하며, 그 계약을 법적인 용어로 성문화해서 가격을 책정하고 이미 배출한 오염물질에 대한 배출권을 확보하고자 한다. 그리고 그러한 맥락에서 유럽 탄소시장 시스템은 그들에게 배출권과 나아가 계속 오염할 권리를 할당한다. 그리고 그것은 실제 돈이 된다. 그들은 그 배출권을 팔 수 있다. 그래서 '오염자 부담 원칙'이 아니라 '오염자 수익 원칙'이 되는 것이다."(패트릭 본드, 2012: 291)

더구나 당시 가장 큰 온실가스 배출국이던 미국이 자국 산업 보호와 의무 감축 국가에 개도국을 포함시키자고 주장하면서 국제적인 기후협상 과정에서 나쁜 영향을 미치게 되었다. 석유산업과 유착관계인 조지 W. 부시 대통령은 의정서에 대한 미국의 서명을 말소하고자 했고, 이 요구가 받아들여지지 않자 2001년 3월 교토의정서에서 탈퇴하였다.103 이후 매년 유엔기후변화협약당사국총회(COP)가 개최되었지만 참가국들은 구속력 있는 감축에는 합의하지 못했다. 2015년 프랑스 파리에서 개최된 제21차 유엔기후변화협약당사국총회(COP21)에서 지구 평균 온도의 상승 폭을 산업화 이전과 비교해 섭씨 2℃보다 '훨씬 작게' 제한하며 섭씨 1.5℃까지 제한하는 데 노력하기로 합의하였다. 합의의 내용은 선진국과 개도국 모두 책임을 분담하며 전 세계적 기후재앙을 막는 데 동참하며, 협정은 구속력이 있으며 2023년부터 5년마다 당사국이 탄소 감축 약속을 지키는지 검토하는 것을 담고 있다. 그러나 2017년 6월 도널드 트럼프 미국 대통령이 기후변화에 관한 국제협약인 '파리협정' 탈퇴를 선언해 국제사회를 충격에 빠뜨렸다. 트럼프 대통령은 선거유세 과정에서 "기후변화는 날조된 것"이라거나 "기후변화는 미국의 사업을 방해하려는 중국의 사기극"이라는 주장을 해왔다. 이에 대해서는 주된 정치자금의 제공자인 석유기업의 이해에 부응하고, 당선에 결정적 공헌을 한 중동부의 쇠락한 공업지대인 '러스트 벨트(Rust Belt)'의 자동차·철강·석탄 산업에 종사하는 백인 노동자층에게 약속한 '굴뚝산업 부흥'을 이루려는 의도라는 평가가 뒤따랐다.104

---

103 조지 W. 부시 미국 대통령이 교토의정서 서명을 거부한 데에는 세계 최대 석유회사인 엑손모빌의 로비가 작용했을 가능성이 크다고 가디언이 그린피스가 미국 정보공개법에 따라 입수한 미 국무부 내부 문건을 인용해 보도했다. 이 문건에 따르면 미 국무부의 글로벌 이슈 담당 차관을 지낸 폴라 도브리안스키가 2001년과 2004년 엑손모빌이 주도하는 반교토의정서 단체인 '세계기후연맹(GCC)'과의 회담에 앞서 받은 보고서에는 "대통령은 당신들로부터 받은 정보(input)에 부분적으로 근거해 교토의정서를 거부했다"라고 적혀 있다. 또 도브리안스키 당시 차관이 엑손모빌 임원과 교토의정서를 반대하는 다른 미국 기업인들에게 앞으로 교토의정서를 대체할 수 있는 대안을 제시해 달라고 요구했음을 암시하는 내용이 포함돼 있다. 이 문건은 이어 엑손모빌이 미국이 교토의정서에 가입하는 것은 시기상조라고 확신했다고 주장했다. 『연합뉴스』 2005년 6월 9일.

104 이러한 조치는 조 바이든 대통령 집권 시기에 다시 바뀌었다. 2021년 1월 바이든은 도널드 트럼프 전 대통령이 탈퇴를 추진한 파리 기후협약과 세계보건기구(WHO)에 복귀한다는 행정명령에 서명했다. 『한겨레』 2021년 1월 21일. 이어서 2022년 11월 이집트 샤름엘셰이크에서 열린 제27차 유엔기후변화협약 당사국총회(COP27)에서는 트럼프 정부 때 미국이 파리협정에서 탈퇴한 데 대해 "사과한다"라고 밝혔다. 총회에서 바이든은 "미국은 2030년까지 온실가스 감축 목표를 달성할 것"이라면서 핵심 이슈인 기후변화에 따른 개발도상국의 손실과 피해 지원과 관련해 "다른 나라를 도울 수 있는 위치에 있는 나라들은 개도국들이 에너지 전환을 가속화하고 기후변화 대응에 부합하는 번영의 길을 구축하는 결정을 할 수 있도록 도와야 한다"라고 했다. 『한겨레』 2022년 11월 12일.

IV. 환경교육과 지속가능발전교육: 역사, 구조, 평가

환경교육(EE: Environmental Education)은 교육의 모든 측면에서 인간과 환경의 관련성을 고려하고 옹호하는 교육활동 분야이다. 가장 흔히 인용되는 정의는 아서 루카스(Arthur Maurice Lucas)가 1972년 그의 박사학위논문인 "Environment and Environmental Education: Conceptual Issues and Curriculum Implications"에서 내렸다. 루카스는 환경교육을 환경 안에서(in), 환경에 관해(about), 환경을 통해(through), 그리고 환경을 위해(for) 가르치는 교육이라고 정의한다(Arthur Maurice Lucas, 1972: 109). 여기서 환경에 관한 교육은 지식과 개인적 실천을, 환경 안에서의 교육은 생태적 경험을, 그리고 환경을 위한 교육은 환경문제와 환경 쟁점, 공동체적 실천에 강조점을 둔다. 교사의 역할도 각각 지식의 권위자, 환경 내에서의 경험의 조직자, 공동의 참여자 및 탐구자로 나뉜다. 학습자 역할은 지식의 수동적 수용자, 환경 경험을 통한 능동적 학습자, 새로운 지식의 능동적 창조자로 설정된다(환경부·환경교육센터, 2019: 164~165). 그러나 환경교육은 그 방향과 목표, 내용, 방법 등이 매우 다양하기 때문에 정확한 정의를 내리기 어렵고 따라서 학자들 간에 정의를 둘러싸고 대립되는 견해가 존재한다.

기후변화와 같은 환경문제가 매우 복합적이기 때문에 이를 이해하고 해결 방안을 마련하기 위해서는 통합적 교육이 요구된다. 환경교육에 대한 베오그라드 선언은 "환경교육이 자연적, 인공적, 생태적, 정치적, 경제적, 기술적, 사회적, 법적, 문화적, 윤리적인 총체성 속에서 환경을 고려해야 한다"(폴 하트, 2007: 56)고 지적하였다. 중요한 점은 전 지구적 과제의 해결을 위해서는 환경교육뿐만 아니라 이와 연관된 다른 분야의 교육이 통합적으로 이뤄질 필요가 있다는 것이다. 환경교육은 인권교육, 평화교육, 다문화교육 등과 연계해서 함께 행해질 때만 그 목표를 달성할 수 있다. 지구환경을 보존하고 보다 높은 삶의 질을 누리기 위해서는 이에 부응하는 가치, 행동, 삶의 방식을 갖춘 시민을 양성하는 교육이 요구되기 때문이다.

환경교육은 환경적 전망에서 기존의 성장과 발전을 검토해야 한다. 여기서 환경보전을 위한 행동 준칙이 바로 지속가능발전으로 이는 지구의 지탱가능한 능력 범위 내에서 경제생산을 하는 것을 의미한다. 따라서 착취와 파괴에 반대하는 교육이 필요하다고 지적된다. 이것이 바로 지속가능발전을 위한 교육(Education for Sustainable Development: ESD, 이하 ESD로 표기)이다. ESD는 모든 사람들이 질 높은 교육을 통해 지속가능한 미래와 사회변혁을 위해 필요한 가치, 행동, 삶의 방식을 갖춘 시민을 양성하는 교육이다.

ESD는 지속가능발전을 핵심 내용으로 하는 교육이다. 지속가능발전이란 개념이 널리 사용되게 된 계기는 앞에서 살펴본 것처럼 1988년 UN총회가 브룬트란트 보고서에서 권고된 지속가능발전의 개념을 UN 및 각국 정부의 기본 이념으로 삼을 것을 결의하면서부터이다. 브룬트란트 보고서에서는 어떻게 하면 현실 세계에서 살아가는 개인들을 설득해 지속가능발전을 실천하도록 할 수 있을까에 대한 답을 교육과 제도 개선 그리고 법적 강제에서 찾을 수 있다고 지적한 바 있다. 이 중에서 제도 개선과 법적 강제는 즉각적으로 효과를 볼 수 있다는 측면에서는 확실한 방법이지만 강제적이며 타율적인 방법이고 계속적으로 강제성을 동원해야 한다는 문제점을 가지고 있다는 것이다. 이에 비해 지속적이고 근본적이며 가치 전환을 중심 영역으로 하고 있는 교육은 지속가능발전을 실천하는 데 가장 효율적인 방법이며 핵심적인 수단이라고 강조하였다.

그렇다면 ESD는 환경교육과 비교해 어떤 특징을 지니는가? 여기에 대해서는 학자들에 따라 다양한 주장이 존재한다. 어떤 사람들은 ESD가 환경교육의 변화된 형태라고 하고, 다른 사람들은 환경교육과 ESD는 서로 관련이 있지만 어느 한쪽으로 포함되는 관계는 아니라고 주장한다. 분명한 것은 둘이 상당히 밀접한 관계를 갖고 있다는 점이다. ESD라는 개념을 처음 제시한 그룹이 환경교육을 담당했던 사람들이었고, 이들은 2000년대에 들어와 교육내용과 교수기법의 측면에서 ESD가 발전하도록 기틀을 조성했다. 그러나 차이점도 있다. 환경교육은 ESD에 비해 상대적으로 환경에 초점을 맞추는 반면 ESD는 환경적인 측면과 함께 사회적, 경제적 측면에 대한 교육을 포함한다. 또한 ESD는 세 영역을 융합적으로 다룬다는 것을 의미한다(조성화·안재정 외, 2015: 35~36).

ESD는 모든 사람들이 질 높은 교육을 통해 지속가능한 미래와 사회변혁을 위해 필요한 가치, 행동, 삶의 방식을 갖춘 시민을 양성하는 교육이기도 하다. 유네스코에 따르면 ESD의 하위 주제는 환경교육, 기후변화교육, 평화교육, 인권교육, 소비자교육, 발전교육, 보건교육, 에이즈교육, 생물다양성교육, 성교육, 다문화교육, 융합교육, 국제교육, 시민교육 등 실로 다양하다. 일반적으로 ESD는 환경, 경제, 사회영역을 아우른다고 언급되지만, 다른 영역도 포함되기도 한다. 그런 점에서 보면 ESD는 환경문제에 대한 과학기술적 접근을 포함하여 정치·사회·경제·환경적·문화적 차원에서 연계가 이뤄지는 교육이라 할 수 있다. 유네스코에서는 ESD의 핵심 목표와 강조 분야를 다음과 같이 제시하고 있다(조성화·안재정 외, 2015: 14~15).

첫째, 기초교육에 대한 접근성을 향상시키고 이를 유지하는 것이다. 학생들이 양질의 기초교육을 지속적으로 받는 것은 그들의 삶과 그들이 살아가고 있는 사회 전반의 복지를 위해 매우 중요하다. 기초교육이 잘 이루어졌다고 해서 지속가능발전이 실현되는 것은 아니지만, 기초교육이 충실히 이루어지지 못하면 지속가능발전과 지속가능발전교육이 성공할 수 없다. 기초교육은 학생들이 지속가능한 삶을 유지하는데 필요한 기본적인 지식, 기능, 가치, 관점을 습득할 수 있도록 돕고, 시민들이 지속가능한 삶을 영위할 수 있도록 지원할 수 있기 때문이다.

둘째, 지속가능성을 다루기 위해 기존 교육 프로그램을 재구조화하는 것이다. 교육의 재구조화는 유아교육부터 고등교육에 이르는 교육 전반의 변화를 요구하는데, 이를 위해서는 무엇을 가르쳐야 하고, 어떻게 가르쳐야 하며, 평가를 어떻게 해야 하는 지를 지속가능성을 중심으로 검토해 볼 필요가 있다.

셋째, 지속가능발전에 대한 대중의 이해와 인식을 증진하는 것이다. 지속가능발전의 목표를 달성하기 위해서는 지역사회와 국가의 지속가능성 목표를 실현하는 데 필요한 일상의 실천에 대해 충분히 인지하고 있는 시민들이 필요하다. 이를 위해 교육이 기여해야 하며, 시민들이 평생에 걸쳐 학습할 수 있도록 지역사회의 광범위한 교육과 책임 있는 홍보 미디어가 필요하다.

넷째, 모든 직업인에 대해 교육을 실시하는 것이다. 직업 인력은 자신의 일을 통해서 지역적, 국가적 차원의 지속가능발전 실현에 기여할 수 있다. 공공 및 민간 영역의 직업인들은 지속가능발전의 원칙이 반영된 직업 및 전문 훈련을 지속적으로 받을 수 있으며, 이를 통해 모든 직업인들이 지속가능한 방식으로 의사결정을 하고 업무를 추진하는 것이 가능하다. 따라서 모든 직업인들에게 지속가능발전을 이해하고 실행하는 것과 관련된 지식 및 기능에 접근할 수 있는 기회를 제공해야 한다.

ESD는 독립된 여러 부분을 산술적으로 더하는 평면적이고 기계적인 관점이 아니라 지구환경을 다양한 요소와 체계들 간의 유기적이고 입체적인 상호작용이라는 생태학적 관점으로 접근하였다. 이의 영향으로 선진국에서 전통적인 환경교육에서 ESD로 변화가 나타나게 되었다. 영국은 1996년에 발표된 '환경교육을 21세기 속으로'에서 ESD로의 전환이 시작되었다. 미국은 1994년부터 ESD로 전환하기 위해 노력하고 있으며, 특히 1996년에 환경교육 협력에 관한 국가포럼과 지속가능발전을 위한 대통령 자문회의에서 '지속가능발전을 위한 교육: 행동강령'을 공표했다. 호주는 '미래를 위한 환경교육 국가 행동 계획'이 2000년에 공표되었으며, 독일은 'BLK-Programm 21'이라는 5년 예정의 프로젝트가 1999년에 시작되었다. 일본은 지속가능발전이라는 것은 환경교육의 주요 관점의 하나로 인식하고 학교와 사회환경교육이 유기적인 네트워크를 형성하여 진행되고 있다.

ESD는 2002년 UN총회에서 DESD가 제정되고 유네스코가 DESD 선도기구로 지정되면서 다시 부각되었다. ESD는 '모든 사람을 위한 교육(EFA)'에 기반한 유네스코 교육 사업에 활력을 불어넣는 계기가 되었다. EFA가 유엔 새천년개발목표(MDGs)와 유네스코를 잇는 구체적인 '양적' 목표라면, ESD는 지속가능발전을 위한 교육을 지향하면서 교육의 사회적 책임을 확장하는 '질적' 목표로 자리매김을 했다고 평가된다. 그럼에도 ESD는 독일, 일본, 스웨덴 등 일부 국가를 제외하면 국가 차원의 교육 정책에서 아직 주변부에 머물러 있다. 내용에 대한 비판도 존재한다. 즉, ESD가 개념이 불명확하고, 환경교육에 편향되어 있으며, 실제적 내용이 없다는 비판이 그것이다. 그러나 2009년 독일 ESD 세계 회의와 이탈리아 G8 정상회의는 다시 한번 ESD에 대한 강력한 정치적 지지를 표명하면서 단호한 실행을 요청한 바 있다. 2009년 3월 독일 본에서 개최된 유네스코 ESD 세계 회의는 2008년 말 발생한 세계 금융 및 경제위기가 단기 이익을 좇는 지속 불가능한 경제발전 모델과 관행에서 비롯되었다고 지적하고, 기후변화가 보여주듯, 지속불가능한 생산 및 소비 양상은 현세대와 미래세대의 선택권을 제한하고 지구상 생명의 지속가능성을 저해한다고 언급하였다. ESD를 통해 경제 사회적 정의, 식량안보, 생태 보전, 지속가능한 삶, 모든 생명에 대한 존중과 함께 사회통합, 민주주의, 공동 행동을 촉진할 강력한 가치에 바탕을 둔 삶의 양식을 성취할 수 있다는 것이다. 이는 전 지구적 과제의 근본적 해결을 위한 방편이 ESD임을 강조한 선언이기도 하다.

정부 차원에서 ESD가 체계적으로 진행된 나라는 독일이다. 독일에서는 1997년 연방의회 발의를 거쳐 UNESD 10년 프로젝트'라는 이름으로 BLK(Bund-Länder-Kommission für Bildungsplanung und Forschungsförderung) Programm 21(1999-2004)과 후속 프로그램인 Transfer 21(2004-2008), Demokratie lernen & leben(2002-2007)이 진행되었다. 독일의 경우 환경교육 변화의 시발점은 BLK Programm 21이라고 할 수 있다. 1992년 리우회의에서 채택된 '아젠다21' 이후 독일은 환경문제와 더불어 환경교육 과정이 어떻게 변해야 하는가에 대한 토론이 활발히 진행됐다. 이에 1997년 독일의 ESD는 연방의회 발의를 거쳐 ESD 10년 프로젝트가 진행되었다. 이는 '미래에 갖춰야 할 능력 중에 가장 중요한 환경문제 해결 능력을 길러주기 위해선 환경교육을 어떻게 해야 하는가'라는 질문에서 출발한다. BLK Programm 21은 지방의회 승인을 얻은 학교 환경교육의 기본방침과 초등 저학년의 환경교육 지도 지침 등 모든 교과 계획에 반영되었고, 이를 위해 2,500만 마르크의 예산이 투입되었다. 1999년부터 시작된 BLK의 Programm 21은 16개 주 중 14개 주가 참가하여 진행되었다.

2002년 UN총회에서 '지속가능발전을 위한 교육 10년'을 선포하고 이에 대한 협력을 위임받은 유네스코가 2003년 여름 총회에서 관련 결의안을 마련한 데 따라 유네스코 독일위원회(DUK)는 다음과 같은 '함부르크 선언(Hamburg Declaration)'을 채택했다. DUK는 국가, 지역 및 지방 정치인과 민간 부문, 과학 연구 및 교육, 일반 대중의 관심 기관에 '지속 가능한 교육을 위한 연합'을 구성하도록 요청했는데, 이는 10년을 위한 공통 행동계획을 개발하고 이를 실현하기 위한 프로그램을 설계하는 것이 주요 내용이다. 이어서 2004년 7월, 독일연방의회(*Deutscher Bundestag*)는 만장일치로 '10년 국가 행동 계획(NAP)'을 결정하고 주관 기관으로 DUK를 임명하였다. 2005년 1월에는 독일 NAP를 채택한 국가 위원회가 설립되었는데 주요 목적은 독일 교육 시스템을 지속 가능한 개발로 재조정하고 참여를 원하는 모든 참여자에게 기본 가이드 역할을 하는 것이다(https://www.harburg21.de/en/agenda-21/desd-in-germany).[105] '함부르크 선언'의 주요 내용은 다음과 같다.

> "유네스코 독일위원회는 '지속가능발전을 위한 교육 세계 10년'을 선포한 유엔총회 결의안을 환영한다. 이로써 포괄적인 지속가능발전 정책을 위해서는 교육과 평생 교육이 중요하다는 점이 강조된 것이다. 문화기관이나 교육기관의 활동 방향과 교육 내용에서 지속가능발전을 지표로 삼아야 하는 것은 국가를 초월하여 전 세계 인류의 과업이며 이를 위해 전 세계 모든 나라의 경험과 생각이 한 곳으로 모아져야 한다. 중·고등학교나 대학, 연장 교육기관이나 연구기관만이 중요한 것이 아니다. 유치원이나 시민단체, 기업, 가정과 같은 학습 장소도 중요하다. 온 국민의 기본 생각이나 사고방식, 태도가 바뀌야 한다. 특히 선진국에게는 지속가능 경제방식, 그리고 새로운 소비 행태를 개발할 것이 요청되었다. 이를 위해서 생태학적, 경제적, 사회적, 문화적 과정에서의 상호 영향을 고려해야 한다. 이런 노력의 목적은 오늘날의 세대가 자신의 욕구를 충족시키는 데 있어 앞으로의 세대 역시 같은 선택권을 가질 수 있도록 고려하는 것을 의무로 규정하는 세대 간 협약을 마련하는 일이다. 유네스코 독일위원회는 연방, 주, 행정자치기관뿐만 아니라 관련 경제기관이나 연구·교육 기관, 그리고 시민사회 기관에서 책임을 지고 일하는 모든 사람에게

---

105 국가행동계획(NAP)에 따라 10년 동안 지역 교육 프레임워크를 만든 최초의 독일 연방주는 함부르크이다. 함부르크는 '함부르크 행동계획(Hamburg Action Plan, HHAP)'로 불리는 지속가능한개발을 위한 행동계획을 마련하였다. HHAP의 주요 활동은 도시 및 환경국(BSU: *Behörde für Stadtentwicklung und Umwelt*)이 운영하는 '함부르크의 지속가능성 학습(*Hamburg lernt Nachhaltigkeit*) 이니셔티브'의 주도 하에 함부르크의 교육 프로젝트를 정하고, 진행 상황을 모니터링하며, 'UN 지속가능개발을 위한 교육 10년에' 대한 기여도를 평가하였다. https://www.harburg21.de/en/agenda-21/desd-in-germany#HamburgDeclaration

'지속가능성 학습을 위한 연합'에 함께 모여 유엔 프로젝트를 위한 활동 계획을 개발하고 그 실현을 위한 프로그램과 조정 체계를 개발할 것을 촉구한다."

독일 연방정부와 주정부가 공동으로 운영하는 위원회인 BLK가 교육과 연구 분야에 지원하는 프로그램인 BLK Programm 21은 세 가지 특징이 있다. 첫째, 분야를 넘나드는 학제적 지식은 네트워크적 사고의 필요성과 연결되고, 그 목표는 문제해결능력의 계발이다. 둘째, 참여 학습: 모든 사회단체들이 지속 가능한 발전 과정에 참여해야 한다. 셋째, 혁신적 조직체: 학교는 효과적인 교육의 장이다. 이는 환경문제나 지속가능성의 문제가 하나의 분과학문에 의해서만 접근되는 것은 한계가 있기 때문에 교수자들 사이에 분과학문을 뛰어넘어 학제 간 협력이 이뤄져야 하고 학생들에게도 새로운 학습유형이 채택되어 교육이 행해져야 함을 말한다. 또한 지역 행정기관이나 지역주민, 지역기업이나 지역단체들과의 교류를 통해 주요 정책 결정이 어떻게 이뤄지는지를 알게 해야 한다는 것이다. 그리고 지속가능성이란 관점에서 자연 친화적 학생 기업을 운영하거나, 환경단체와 공정무역 기업들과의 공동 작업 등과 같은 혁신적 구조를 개발하였다.

BLK의 Programm 21의 후속 프로젝트로 Transfer 21이 2004년 8월부터 진행되었다. 게어하르트 데 한(Gerhard de Haan) 교수가 설계한 Transfer 21은 학교에 ESD를 실험하고 발전시키는데 기여했다. 즉, ESD가 점차적으로 환경교육을 대체하게 되었고, 교육에서 다루는 주제가 생태, 사회정의, 지속가능경제 등으로 그 범위가 확대되었다. 여기서 ESD의 구체적 목표로 정해진 것이 형성능력(Gestaltungskompetenz)의 획득이다. 형성능력이란 지속가능발전이라는 의미에 따른 적극적 참여를 통해 생활하고 있는 공동체의 미래를 변화시키고 형상화할 수 있는 능력을 가리킨다.[106] 이는 세 가지 학습 목표인 학제 간 학습, 지방 현장 참여, 학교의 혁신적 구조에 기초하였다. 이와

---

106 형성능력에는 다음과 같은 여덟 개의 부분 능력이 포함된다: 미래를 바라보며 사고할 수 있는 능력, 학제적으로 작업할 수 있는 능력, 개방된 인식과 초문화적 이해와 협력에 대한 능력, 참여 능력, 기획· 실천 능력, 감정이입·동정심·연대감을 갖는 능력, 자신과 다른 사람을 행동으로 이끌어 낼 수 있는 능력, 개인적·문화적 이상에 대해 객관적으로 사고할 수 있는 능력.

같은 독일에서의 ESD 프로젝트는 기본적으로 각 주별로 결정되는 교육의 체제를 보다 상호연관적이고 협력 가능한 구조로 변경하여 지속가능발전을 위한 토대를 형성하고자 한데 그 특징이 있다. 이를 위해 다양한 기구들과의 연계(비정부기구, 환경교육기구, 지역행정기구, 교사교육 기관, 소규모 기업 등)가 이뤄졌다. 교육의 기본적 목표로는 학생들에게 지속가능발전한 사회의 형성에 참여하도록 하며, 학교 발전 계획에 지속가능발전의 측면들을 연결하고, 일상적 교수·학습 활동에 지속가능발전의 문제를 통합하고자 하는 것 등이 설정되었다(게어하르트 드 한, 1999: 85~86).

V. 발자국 개념을 이용한 환경교육

환경교육은 체험학습이 중요하다. 이를 통해 환경에 대한 관심과 지식이 생기고 태도가 친환경적으로 바뀔 수 있다. 특히, 체험학습은 환경 안에서 혹은 환경을 통해 느끼는 것(feeling-in-or-through)인 감정적 영역에서의 교육 효과가 탁월하다. 물론 환경에 대한 관심과 태도는 개인이나 집단에 따라 차이가 있다. 개인의 사회경제적 지위나 특성, 이데올로기 혹은 가치관 등이 그것이다. 또 환경에 대한 관심과 지식이 있다고 해서 반드시 환경적으로 건전한 행동으로 전환되지는 않는다. 그럼에도 체험학습은 단순한 이론학습에 비해 환경 감수성(environmental sensitivity), 즉 개인이 환경과 생태계에 대해 느끼는 것을 감지하는 능력을 높이는 데 매우 효율적인 수단이다. 자연환경과 환경문제, 그리고 쟁점에 대한 공감(empathy), 감정이입 등이 이에 속한다. 이는 환경교육의 선행 필수 조건이며, 환경적 행동을 취할 때 개인의 의사결정을 강화시키는 최소한의 변인으로 평가된다.

대표적 사례가 숲을 활용한 환경교육이다. 숲은 생태계에서 생물 서식지를 제공하고 산소를 공급하며 탄소를 저장한다. 지구엽면적(global leaf area)에 기여하는 것이다. 물 순환을 조절하고, 증산과 습도를 조절하며, 지구 열수지(global heat balance) 조절에도 기여한다.[107] 이렇게 숲이 가진 기능이 헤아릴 수 없이 큼에도 불구하고 인류는 막대한 목재와 종이를 소비하고 가축과 환금 작물을 재배하기 위해 꾸준히 숲을 파괴하고 있다. 대표적인 사례가 지구에서 이산화탄소를 흡수하고 저장하는 데 결정적 역할을 하며 지구 생물종의 3분의 1이 서식하는 생물종의 보고인 아마존 열대 우림의 훼손이다. 최근 들어 아마존 열대 우림의 이산화탄소 흡수(carbon sink) 능력이 급격히 떨어진 것으로 밝혀져 우려를 자아내고 있다. 열대 우림이 위험 상태임을 알려주는 또 다른 신호로는 강우량이 현저히 줄어들면서 건기가 길어지고 전례 없이 극심한 가뭄과 대홍수가 발생하는 현상도 거론된다(https://www.bbc.com/korean/news-49521122). 환경전문가들은 브라질의 자이르 보우소나루 대통령 정부가 개발을 우선하는 반환경적 정책을 추진하는 것이 아마존 열대 우림 파괴를 가속하는 주된 요인이라고 주장하고 있다. 아마존 유역뿐만 아니라 지구 전체의 기후조절에 기여하는 아마존 열대 우림의 파괴는 온난화를 가속화시킨다는 점에서 인류에게도 심각한 영향을 끼친다.

환경교육에서는 숲이 수행하는 환경기능이 어떤 것이며 숲을 보호하기 위해서는 어떤 조치가 마련되어야 하는지를 심도 있게 다뤄야 한다. 기후변화와 생물다양성 감소를 초래하는 요인을 알아보고 이를 방지하기 위한 대안이 무엇인지 제시할 수 있도록 교육이 행해져야 한다. 인간의 소비활동이 지구생태계에 끼치는 영향을 구체적 지표를 통해 학습할 수 있어야 하는 것이다. 브라질의 사례는 브라질 정부가 보호구역을 축소하고 규제를 약화시키면서 산림 벌채가 크게 증가했다는 점에서 신자유주의 및 개발주의와 관련된 규제 완화의 환경정치도 환경교육의 내용에 포함되어야 한다. 그러나 환경에 대한 관심과 지식이 있다고 해서 반드시 환경적으로 건전한 행동으로 전환되지는 않는다는 점을 고려해 환경과 생태계에 대해 느끼는 것을 감지하는 능력인 환경 감수성을 배양하는 교육이 추진될 필요가 있다. 이를 위해 유용한 것이 체험학습이다.

---

107 지구엽면적은 단위 면적 내에 있는 식물의 모든 잎의 면적을 의미한다. 단위 면적에 대한 엽면적의 비가 엽면적지수(leaf area index)이다. 엽면적은 작물 성장과 기온에 영향을 미친다. 지구 열수지는 지구가 흡수하는 태양 복사 에너지의 양만큼 에너지를 우주공간으로 방출하기 때문에 평균 기온이 일정하게 유지되는 것을 가리킨다. 위도와 계절에 따라서는 태양의 남중 고도와 일조 시간이 다르기 때문에 열수지의 균형이 이루어지지 않는다.

자연환경과 환경문제에 대한 지식뿐만 아니라 공감과 감정이입을 끌어낼 수 있는 체험학습의 대표적 사례로 꼽을 수 있는 것이 숲학교이다.[108] 숲이 삶의 터전이자 배움의 터전이 되는 사례는 흔하다. 예를 들어, 아메리카 원주민들은 숲으로부터 식량, 생활 도구, 의약품 등을 얻으며, 숲과 긴밀한 교감을 통해 영적인 관계도 맺었다. 숲은 이들에게 동식물과 토양 속에 숨어있는 자연의 질서와 역사를 배우는 교실이기도 했으며 이들의 오락이나 예술 활동을 뒷받침하는 공간이기도 했다. 원주민들은 숲과 긴밀한 교감을 나누며 숲에 대한 경외감과 함께 모든 동식물의 생명을 존중했다(탁광일, 2006: 34). 숲이라는 열린 공간을 활용해 수행되는 환경교육은 닫힌 공간에서 진행되는 전통적 교육과 달리 현장 강의, 현장실습, 현장 탐방 등 현장 위주의 학습활동을 펼친다. 학교로부터 멀리 떨어진 현장을 직접 보고 확인하거나 관계자들로부터 설명을 듣고, 또 손발을 움직여 데이터를 수집하고 그 결과를 분석하는 과정을 통해 학생들은 교실에서 배운 내용을 자기 것으로 만드는 체화를 경험할 수 있다(탁광일, 2006: 56~58).

학교에서의 이론적 환경교육보다 자연 속에서 실습을 통한 환경교육이 더 많은 교육 효과가 있는 것은 분명하다. 그런 점에서 체험학습은 보다 온전한 환경교육을 위해 필수적이라고 지적된다. 그런데 문제는 모든 어린이와 청소년들이 체험학습을 할 만한 여건이 부족하다는 점이다. 한국은 지난 수십 년간에 걸쳐 급속한 공업화와 도시화가 추진된 결과 풍요로운 자연환경 속에서 성장하는 아이들의 수가 점차 줄어들고 있다. 잿빛 콘크리트 건물로 가득한 도시에서 자라는 아이들에게 어떻게 실질적으로 환경교육을 실시할 것인가? 도시에서도 비록 작지만, 공원과 숲, 하천이 있어 이를 적극적으로 활용하는 것이 요구된다. 그리고 자연환경이 잘 보존된 산촌이나 농어촌 지

---

108 잘 알려진 것이 독일의 숲학교(Waldschule)이다. 숲학교는 1960년대 말부터 산림청이 독일 산림보호연맹과 공동으로 학생들에게 현장 체험을 통한 환경교육의 일환으로 시작되었다. 독일 최대의 산림지역인 슈바르츠발트(Schwarzwald)가 위치한 바덴-뷔르템베르크 주에서는 1972년 첫 번째 숲학교가 호른베르크 성(Burg Hornberg)에 문을 열었다. 각종 학교에 재학하는 청소년들은 일정 기간 동안 교사와 함께 숲학교에 입교하여 현장 작업을 중심으로 한 환경교육을 받는다. 이와 유사한 것으로는 자연보호의 집(Naturschutzhaus)이 있다. 이곳에는 유아와 청소년들이 방문하여 동식물 탐색, 삼림 탐방 및 조사연구, 놀이 등을 통해 친환경적 태도와 가치관을 함양토록 하고 있다.

역으로 체험학습 여행을 가는 것도 권장된다. 그러나 이는 모든 학생들에게 실시할 수 있지 않다. 외적인 조건이 불충분하다면 우선 인지적 영역에서나마 환경에 대한 교육을 더욱 내실 있게 할 필요가 있다. 이를 통해 환경에 대한 태도와 인식을 올바로 구성하고 종국에는 환경문제에 대한 탐구 및 문제 해결을 추구하도록 해야 한다. 이 과정에서 효율적인 교육의 수단이 될 수 있는 것이 각종 발자국 개념을 이용한 환경교육이다.

1. 생태발자국

독일의 사회학자인 울리히 벡(Ulrich Beck)이 내한 인터뷰에서 언급한 대로 "민주주의와 사회에 대한 책임을 방기하고 단기이득의 극대화라는 공리만을 좇아 작동하는 고삐 풀린 자유시장체제"(『한겨레』 2008년 3월 31일)는 환경문제 해결을 더욱 어둡게 하고 있다. 신자유주의적 세계화는 자유무역을 확대시키는 과정에서 국경을 뛰어넘는 공해와 오염을 확대시키면서 새롭게 환경문제를 야기시킨다. 월드워치연구소(Worldwatch Institute)의 힐러리 프렌치(Hilary French)는 세계화가 국가 간에 '환경공간'의 교환을 야기하면서 전 지구적 자연생태계를 파괴하고 지구 수용 능력에 압박을 가하고 있다고 지적한다. 예를 들어 삼림 훼손과 광물 채취는 자국 내에서의 수요보다는 국제 시장의 강력한 요구가 더 큰 요인으로 이를 통해 문명에서 멀리 떨어져 있던 원시지역이 개발에 노출되면서 환경적·사회적 비용이 높아지고 있다는 것이다(힐러리 프렌치, 2003: 15~16, 25~34).

신자유주의가 추동하는 세계화는 생태파괴지수라 할 수 있는 인간의 '생태발자국(ecological footprint)'이 지구의 수용 능력을 초과하는 것을 가속화시킨다. 신자유주의적 세계화는 이를 추종하는 각국 정부로 하여금 환경 관련 예산을 축소시키고, 기업들에게는 환경 관련 설비들의 가동을 줄이면서 환경투자를 감소시킨다. 경제성장을 명분으로 부동산시장 및 환경 관련 제도들을 탈규제화하는 경우도 흔하다. 신자유주의적 세계화는 성장 패러다임을 더욱 촉진시키고, 대량생산과 소비체제의 강화로 각종

공해물질 배출을 증가시킨다. 동북아 국가들에서는 경제적 효율성과 국제경쟁력 확보가 정책의 우선순위로 자리 잡으면서 자본가들의 영향력이 더욱 증대하였다. 이들은 국경을 초월한 자유로운 이윤 추구 활동을 계속하기 위해 공공성 강화를 위한 법률과 정부 정책을 무력화시키고 사회적 약자의 권리보장을 불투명하게 만들고 있다(홍익표, 2012). 이는 해당국의 민주주의 수준이 높지 않을 때 더욱 두드러진다. 정치가들이 자본가와 같은 지배 집단의 비위를 거스르지 않으려 하며, 심지어는 유착관계를 형성하는 경우는 흔히 발견된다. 이 경우 환경문제와 관련하여 현상 유지를 타파할 가능성은 지극히 낮다. 대부분의 정치가들은 성장과 개발 등 물질주의적 가치에 몰두하면서 환경문제의 심각성이나 환경과 정치의 연관성을 무시하는 경향이 있다. 이러한 경향은 전 지구적 규모의 경제침체가 발생하는 경우에는 더욱 강화된다. 이는 환경에 대한 관심을 약화시키고 적절한 환경정책의 수립과 국가 간 협력을 어렵게 한다. 세계 경기가 위축된 상황에서는 강력한 감축목표에 합의하거나 보다 구속력 있는 환경규제 설정은 더 어려워지게 마련이다.

이러한 현실에 주목해서 1996년 캐나다의 브리티시 콜롬비아 대학교 공동체와 지역계획 연구소의 경제학자 마티스 웨커네이걸과 윌리엄 리스는 생태발자국을 공동으로 개발해 발표했다. 이는 인간이 지구에 살며 자연에 남긴 영향을 말한다. 즉, 자연의 생산성이 인간 경제의 현재와 앞으로 기대되는 수요를 무한히 만족시킬 만큼 충분한가? 사람들이 생태권에 안전하고 지속적으로 부과할 수 있는 최대부하는 얼마인가? 한 사람 한 사람이 지구에 얼마나 많은 흔적을 남기고, 또 얼마나 자연에 영향을 미치는가? 인간이 소비하는 모든 에너지, 물질 자원을 제공하고, 배출하는 모든 쓰레기를 흡수하는 데 필요한 다양한 종류의 생태적으로 생산적인 땅(또는 물) 면적으로 정의된다. 1인당 요구되는 토지 면적이기도 한 생태발자국은 정치적, 지리적 경계를 초월한다. 지수가 높을수록 그만큼 자연에 많은 영향을 미치기 때문에 생태발자국은 생태파괴지수라고 할 수 있다. 한편, 지구적 오버슈트(overshoot)는 인간의 총 생태발자국이 지구의 수용능력을 초과하는 양을 가리킨다(마티스 웨커네이걸·윌리엄 리스, 2006: 88~89, 93), 세계야생동물기금(WWF)의 2016년 보고서에 의하면 동북아에서 생태발자국이 가장 넓은 국가는 한국(4.2)이고 그다음이 일본(3.7), 중국(2.3) 순이다(https://www.wwfkorea.or.kr/data/file/korean_report/3554271915_f1DoOGpn_a49d86c25013dd47b2c22731c3c9df0a4e2be553.pdf). 다른 지역에 비해 동아시아 지역은 1인당 생태발자국이 크고 증가 속도도 빠르다. 그리고 이 수치는 신자유주의의 도입 정도가 생태발자국 순위와 밀접한 관계가 있음을 보여준다. 이러한 생태발자국은 분석과 교육이라는 두 마리 토끼를 잡을 수 있는데서 환경교육에 유용하게 사용될 수 있다. 즉, 인간 활동의 지속가능성을 평가할 뿐만 아니라 시민의식을 확립하고 의사결정을 돕는 효과가 있다고 평가된다.

수요 측면에서, 생태발자국은 식물을 원재료로 하는 식품과 섬유 제품 등 축산물과 수산물, 임산물, 도시기반시설을 위한 공간, 화석연료 연소 시 배출된 이산화탄소를 흡수하기 위한 산림 등에 대한 인류의 수요를 측정한다. 생태 용량이 바로 이러한 자연 자원과 서비스의 양을 추산하는 반면, 생태발자국은 이에 대한 인류의 수요를 추산한다. 생태발자국과 생태 용량 수치는 모두 글로벌 헥타르(gha)로 표시하는데, 이는 해당 연도의 생물학적 생산성의 세계 평균을 구해 이에 해당하는 면적을 헥타르 단위로 나타낸 것이다.

구체적으로, 생태발자국은 (보편적 기술 및 자원관리 방식을 사용하여 인구가 소비하는) 재생가능 자원을 생산하고 폐기물을 흡수하는 데 필요한, 생물학적 생산성을 지닌 토지와 바다의 규모를 측정하는 통계 도구이다. 한 국가의 생태발자국은 해당 재화 혹은 서비스가 국내에서 만들어졌는지 혹은 수입되었는지 그 생산지와 상관없이 국내의 모든 수요를 고려하여 추산한다. 특정 인구의 수요를 측정한 생태발자국을 그 인구를 부양하는 데 사용 가능한 국내 혹은 전 세계의 생태 용량과 비교해 볼 수 있다. 한 국가의 수요(생태발자국)가 일정 기간 동안의 자국 공급량(생태 용량)을 초과할 경우, 이러한 국가는 생태 적자 상태에 빠지게 된다. 생태 적자 상황에 빠진 국가는 무역 등을 통해 추가로 생태 용량을 수입하거나, 자연 자원을 남용하거나 이산화탄소를 대기에 배출함으로써 초과 수요를 충당하게 된다. 지난 수 세기 동안, 인류가 지구에서 이동하던 땅이 그리 많지 않았기 때문에 생태 용량은 상대적으로 무한한 것처럼 보였다. 그러나 이는 더 이상 현실이 아니다. 인류의 총 생태 용량에 대한 수요(생태발자국)는 현재 지구 공급량의 64%를 초과하고 있다. 아시아 태평양지역의 경우, 생태 용량 수요는 현지 공급량의 150%를 초과한다. 한국의 경우, 생태 용량 수요가 국토 생태계 재생 능력의 8배를 초과한다.

웨커네이겔과 리스가 개발한 생태발자국에 따르면 지구가 기본적으로 감당해 낼 수 있는 면적 기준은 1인당 1.8ha이고 면적이 넓을수록 환경문제가 심각하다는 의미가 된다. 선진국으로 갈수록 이 면적이 넓은 것으로 나타났으며, 선진국에 살고 있는 사람들 가운데 20%가 세계 자원의 86%를 소비하고 있다. 대한민국은 1995년을 기준으로 이 기준점을 넘기 시작했고, 2005년에는 3.0ha에 이르렀다. 생태발자국을 줄이기 위해서는 가지고 있는 자원의 낭비를 최대한 줄이고, 대체 에너지를 개발하여 환경오염의 가속화와 자원의 고갈을 막아야 한다.

한편 한 국가의 국민이 한 해 동안 생산한 재화와 서비스의 화폐가치로 표시한 GNP는 경제활동으로 발생하는 환경오염과 바람직하지 않은 사회적 비용을 무시하는 데서 한계가 있다. 생태발자국으로 대체될 필요가 있는 것이다. 그러나 대부분 국가에서는 경제성장을 최우선 정치 의제로 내세운다. 제어할 수 없을 만큼 빠른 속도로 팽창하는 인간의 경제활동 결과는 지난 40여 년 동안 1인당 에너지와 물질 소비가 폭발적으로 증가하는 것으로 나타났다. 자원 채취와 폐기물 생성으로 자연을 빠르게 파괴하고 전 지구적인 생태 위기에 직면케 한다. 지구상에서 한 개인이 사용할 수 있는 생태적으로 생산적인 땅의 면적은 지난 세기를 걸쳐 지속적으로 감소해 왔다. 반면에 부자 나라 국민들이 전유하는 토지는 꾸준히 증가하는 추세이다. 지구가 감당할 수 있는 생태발자국은 1인당 1.8ha로 지적되는데, 선진공업국들이 가장 넓어 미국과 캐나다는 9.2ha에 달한다. 여기서 우리가 알 수 있는 것은 잘사는 나라의 엄청난 부는 다른 나라의 자연 자원고갈과 지구 공동의 자산을 개발한 대가로 온 것이라는 사실이다. 이들의 과도한 소비가 지구의 미래를 어둡게 하는 것이다. 역사적으로 찬란함을 자랑하던 인간 문명이 자신들을 지탱해 주는 환경의 수용력 밖으로 확장해간 결과(=생태적 과부하) 파멸한 사례서 우리는 교훈을 얻어야 한다.

2. 탄소발자국(carbon footprint)

탄소발자국은 사람의 활동이나 상품의 생산, 소비 과정을 통해 배출되는 온실가스 배출량을 이산화탄소로 환산한 총량이다. 영국 의회과학기술국(POST)은 2006년 '탄소발자국'이란 용어를 만들어, 개인별로 또한 각 제품별로 탄소 배출량을 계산할 수 있게 했다. 영국 맨체스터 대학교의 연구진이 40종의 영국 내에서 시판되는 홈메이드 샌드위치의 탄소발자국을 분석해 유럽화학공학연맹의 학술 저널 <지속가능한 생산과 소비(Sustainable Production and Consumption)>에 발표한 연구 논문에 따르면, 시판 샌드위치의 이산화탄소 배출량은 1개당 최소 739g에서 최대 1441g로 나타났다. 반면, 홈메이드 샌드위치는 399~843g로 시판 제품의 절반에 불과했다. 연구진은 이 분석에서 재료 생산에서부터 포장, 냉장 보관, 음식물 폐기에 이르기까지 샌드위치 생애(생산-유통-폐기) 전 과정에서 나오는 온실가스를 계산에 포함시켰다. 대체로 돼지고기(베이컨, 햄, 소시지), 치즈, 새우가 든 샌드위치의 탄소발자국이 높게 나왔다. 탄소발자국이 가장 높은 샌드위치는 계란과 베이컨, 소시지가 들어 있는 '올데이 블랙퍼스트'였다. 올데이 블랙퍼스트 샌드위치는 1,441g의 이산화탄소를 발생시키는 것으로 나타났다. 이는 승용차가 19km 달릴 때 나오는 온실가스량에 해당한다(『한겨레』 2018년 1월 29일).

농업기술실용화재단(https://www.fact.or.kr/) 계산에 따르면 즉석 섭취 식품인 김밥 1줄은 재료 생산-유통-조리 과정에서 406g의 이산화탄소를 배출한다. 이를 단순 비교해 보면 올데이 블랙퍼스트 샌드위치가 김밥보다 3.5배나 많은 온실가스를 배출하는 셈이다. 온실가스 배출량이 가장 적은 것은 가정에서 손수 만든 햄치즈 샌드위치였다. 맨체스터 대학교 연구진이 권고한 것대로 샌드위치 레시피에서 양상추, 토마토, 치즈, 고기처럼 탄소발자국이 높은 재료를 줄이거나 뺀다면 샌드위치의 탄소발자국을 최대 50%까지 줄일 수 있다(『한겨레』 2018년 1월 29일). 샌드위치는 청소년들이 가장 많이 소비하는 식품의 하나이다. 환경교육 시간에 학생들로 하여금 환경재단 기후변화센터 'CO2 ZERO' 홈페이지(www.co2zero.kr/)나 국립산림과학원의 탄소 계산기(carbon.kfri.go.kr)를 방문해서 직접 자신의 탄소발자국을 측정해 보게 함으로써 본인이 소비하는 제품이 환경에 가하는 부담이 어느 정도인지를 알게 할 수 있다.

3. 물발자국(Water footprint)

물발자국은 단위 제품 및 단위 서비스 생산 전 과정(Life cycle) 동안 직·간접적으로 사용되는 물의 총량을 의미한다. 제품의 원료를 만들 때부터 제조와 유통, 사용과 폐기까지 전 과정에서 사용되는 물의 총량을 가리킨다. 물발자국은 우리가 일상생활에서 사용하는 제품을 생산·소비하는데 얼마나 많은 양의 물이 필요한지 나타내 주는 지표이다. 거의 대부분은 우리가 먹는 음식, 사용하는 에너지, 활용하는 제품 및 서비스 속에 있다.

유네스코 산하의 세계적 물·환경교육기관인 국제구조수리환경공학연구소(IHE)에서 발표한 주요 농산물의 물 발자국은 다음과 같다. 사과: 210ℓ/1개(300g), 쌀: 3,400ℓ/kg, 보리: 1,300ℓ/kg, 밀: 1,300ℓ/kg, 콩: 1,800ℓ/kg, 감자: 900ℓ/kg, 옥수수: 900ℓ/kg, 돼지고기: 4,800ℓ/kg, 닭고기: 3,900ℓ/kg, 달걀: 200ℓ/1개(60g). 농산물 외에도 초콜릿과 햄버거 등 가공식품 역시 상당히 많은 양의 물을 필요로 한다. 음식을 버릴 때 낭비되는 물의 양도 상당히 많다. 미국 공영방송 NPR은 매년 버려지는 전 세계 13억 톤의 음식물 쓰레기를 통해 약 170조 리터의 물이 함께 낭비된다고 보도했다(https://www.greenpeace.org/korea/update/5396/blog-health-find-out-your-water-footprint). 여기에서 알 수 있듯이 육류와 유제품, 가공식품의 섭취를 줄인다면 전체적 물 소비량도 줄일 수 있다.

전 세계를 더 빠르고 더 저렴한 패션 유행으로 이끌고 있는 패스트패션 시장도 환경 및 물 문제를 심화시키고 있다. 패스트패션은 주로 값이 저렴한 '폴리에스터' 섬유를 사용한다. 플라스틱인 폴리에스터 섬유는 제조 과정에서 면섬유의 세 배에 달하는 탄소를 배출한다. 특히 옷을 세탁할 때 미세 플라스틱 조각이 떨어져 결국 바다를 오염시킨다. 청바지 한 벌을 만들기 위해서는 물 1천500리터가 사용된다. 천을 짜고 염료를 뺀 후에 나온 화학물질의 10~15%가 폐수로 나간다. 티셔츠의 주재료인 면화 재배에도 전 세계 농약의 10%가 들어간다(『연합뉴스』 2017년 9월 9일). 국제구호개발기구인 옥스팜(OXFAM)에 따르면, 영국의 경우 매주 1,300만 개의 옷가지가 버려지는데, 이렇게 폐기된 옷이 1년 동안 모이면 엠파이어 스테이트 빌딩의 무게만큼 불어난다고 한다. 한 벌의 티셔츠와 바지를 만들기 위해 필요한 2만 리터의 물은 한 사람이 13년 넘게 마실 수 있는 양이라고 지적된다. 깨끗한 물이 없어 생사를 오가는 이들이 여전히 많은데, 우리는 너무나도 쉽게 옷을 사고 있는 것일지도 모른다는 것이다. 옥스팜은 특별히 코로나19 사태 이후 깨끗한 물이 부족해 감염병을 예방하지 못하는 전 세계 취약계층의 수가 늘어나고 있는 지금, 과소비 문화에 대한 점검이 필요해 보인다고 주장한다(https://oxfam.or.kr/article_2020_shs_fastfashion).

환경교육에서 환경을 고려한 물 소비를 강조하는 것은 당연하다. 이를 통해 환경친화적 행동을 유도함으로써 환경문제 해결에 기여토록 해야 한다. 세계적 환경단체인 그린피스(Greenpeace)는 다음과 같이 물을 절약하기 위한 해결 방안을 소개하고 있다(https://www.greenpeace.org/korea/update/5396/blog-health-find-out-your-water-footprint/). 이는 물 부족 문제뿐만 아니라 지구가 처한 전반적인 환경문제를 해결하기 위해 지켜야 하는 행동 준칙이기도 하다.

- 곡물 대신 목초를 먹고 자란 쇠고기를 선택한다.
- 항상 식품 운송 시 필요한 물과 에너지 비용을 고려하고, 가급적 가까운 지역에서 생산된 식품을 구입한다.
- 도저히 쇠고기 및 유제품 음식을 포기할 수 없다면 “고기 없는 월요일” (Meatless Mondays) 식단을 실행해본다.
- 장을 보기 전에 냉장고를 미리 확인하여 쇼핑 리스트를 만든다.
- 남은 음식을 현명하게 활용한다.
- 가능하다면, 직접 식재료 재배에 도전해본다.
- 온수 사용을 줄인다.

- 에너지 효율 전구와 가전제품을 사용한다.

- 가능하다면 재생가능에너지원으로 바꾼다.

- 카풀이나 대중교통을 이용하여 자동차 사용을 줄인다.

- 자연적으로 세차를 한다.

- 재활용품점을 애용하고, 헐거나 낡아지면 수리해서 사용한다.

- 정말로 필요한 물건만 구입한다.

4. MIPS 환경교육

MIPS 환경교육은 독일연방환경재단의 지원을 받은 독일 부퍼탈연구소의 프로젝트에 의해 개발되었다. 부퍼탈 연구소는 지속가능발전이 정치와 이론이 통합되고, 학제간 연구와 시스템 분석을 통하여 가능하다는 인식에서 설립되었다. 에너지와 운송제도, 에너지, 교통 및 기후정책, 물질 흐름과 자원관리, 지속 가능한 생산과 소비 등의 분야를 연구한다. 어린이를 위한 MIPS는 1998~2000년까지 다양한 전공자 35명으로 이뤄진 부퍼탈연구소 연구팀에서 개발하여 실제 시험 과정을 거친 환경교육 프로그램이다. 너무 많은 자연을 소비하는 현재의 소비 행태와 삶의 유형에 대한 반성에서 출발한다. 현재 인류는 하나의 상품을 생산하고 운송하고 소비하고 폐기하기 위해 갖가지 재료들을 자연에서 가져오고 있다. 이처럼 생산에서 폐기에 이르기까지 하나의 상품이 자연에서 사용한 원료의 총량을 '환경 배낭'에 담아서 표기한다(카롤린 베데커 외, 2007: 15).

MIPS는 서비스 단위당 투입된 물질의 양(Material-Input pro Serviceeinheit)을 뜻한다. 이것은 투입된 물질의 양을 서비스 횟수로 나눈 것으로, 쉽게 말해 한 번 사용할 때 드는 물질의 양을 가리킨다. MIPS는 우리가 자연원료 이용을 어떻게 낮출 수 있는지를 보여주는 모형이다. 서비스 단위는 상품과 상황에 따라 차이가 있다. 모형은 단순하지만 실제 계산은 상품의 생애주기를 추적해야만 나오기 때문에 복잡하다. '환경 배낭'은 보이지는 않지만 항상 존재하는 것으로 원료 취득에서부터 제작, 포장, 운송,

소비, 폐기에 이르기까지, 즉 상품의 전 생애주기에 투입된 자원과 에너지의 양을 나타낸다. 예를 들어, 금반지 하나의 무게는 5그램밖에 되지 않지만, 환경 배낭의 무게는 2,000kg이 넘는다. 자동차 한 대의 무게는 대략 1톤이지만, 환경배낭은 무려 70톤이 넘는다. 물론 호화 리무진, 화물차는 환경 배낭이 훨씬 더 무겁다(카롤린 베데커 외, 2007: 31~32, 34).

MIPS 환경교육의 놀이와 교육 프로그램은 각각의 연령층에 맞게 도구와 방법과 내용이 분화되어 있다. 5-8세의 "나무에서 청바지를 찾을까" 인형극, 9-12세의 "사라의 세계" 놀이 활동, 12-14세의 "미래 지킴이" 컴퓨터게임, 14-17세의 MIPS 자가 진단인 "똑똑해지기 코스"가 바로 그것이다. MIPS 환경교육은 우리가 누리는 풍족함의 '물질적 집약도'를 낮추고, 지금보다 환경을 적게 이용하면서도 현재의 풍족함을 유지할 수 있는 방법인 풍족함의 '탈물질화'를 찾는 것을 중시한다(카롤린 베데커 외, 2007: 28). 이 교육은 어린이 스스로 미래를 설계할 기회를 부여하고, 사려 깊은 소비행위를 하게 하며, 삶의 질을 포기하지 않고 환경 부담을 주지 않는 방법을 제시하며, 지속가능한 자연의 이용과 삶의 질을 융합한 아이디어를 제공해 주는 장점이 있다.

VI. 환경위기, 환경불평등과 환경정의

앞에서 살펴본 것처럼 지구적 차원에서 환경문제는 점차 심각해지고 있다. 지구온난화로 인한 기후변화는 세계 곳곳에서 다양한 양태로 발생하고 있다. 이와 같은 환경위협은 그 피해가 막대할 뿐만 아니라 인류의 생존에도 실제적 위협을 가하고 있다. 사정이 그렇게 긴박함에도 불구하고 국제 사회는 인류의 생존 터전인 지구환경을 보호하기 위한 근본적인 대책을 아직 마련하지 못하고 있다. 세계자본주의 체제와 이에 기반을 둔 불평등한 사회적 관계 자체에는 손도 못 대고 있다. 누군가를 무엇으로부터 배제하는 것을 의미하는 불평등은 제도적 장치와 절차에 의해 그리고 집단뿐 아니라 개인적인 분배 활동에 의해 사회적으로 생산되고 유지된다. 특히, 경제적 불평등은 사회분열, 경제적 낭비, 정책 왜곡과 독재 등의 문제를 낳는다고 지적된다(예란 테르보른, 2014: 34~35). 팬데믹도 불평등을 심화시켰다. 코로나19 팬데믹 국면에서 수억 명이 빈곤층으로 밀려난 반면 세계 1% 부호의 재산은 오히려 몇 배로 늘었다. 우리는 지금의 불평등과 환경위기 등과 같은 온갖 사회문제를 초래한 정치경제체제에 대해 강한 비판과 대안을 제시하고 이를 서둘러 실행에 옮기지 않으면 안 된다. 환경교육 역시 환경문제에 대해 도구적이고 기술적으로 접근했던 전통적 환경교육에서 벗어나 환경문제를 초래한 구조적 배경과 환경문제의 불평등 양상에 주목하고 이를 해결하기 위한 적실성 있는 대안을 강구하는 새로운 교육으로 전환해야 한다.

최근의 사회과학 연구는 경제적 불평등을 해소하지 않는 한 환경보호를 위시해서 건강한 민주사회, 경제의 효율적 작동 등의 지속가능발전의 목표를 달성하기 어렵다는 것을 잘 보여준다. 여기서 중요한 점은 환경불평등과 사회불평등이 밀접하게 연결되었다는 사실이다. 예를 들어, 환경파괴는 으레 현재 세대가 미래세대에 미치는 피해로만 생각되지만 실은 한 세대 안에서도 사회적 불평등을 심화하고 기존의 불균형을 더욱 강화한다. 다른 한편으로 불평등은 환경을 질적으로 위협하는 경향도 존재한다. 여기에는 경제적 요인도, 정치적 요인도 있다. 불평등이 우리의 소비 방식에 영향을 미치거나, 환경을 위한 조치들이 투표로 가결되는 것을 방해하는 것이 바로 그것이다. 프랑스의 경제학자인 뤼카 샹셀(Lucas Chancel)이 지적했듯이 환경불평등과 경제불평등의 양상은 사실상 악순환과 흡사한 것이다(뤼카 샹셀, 2023: 67~70, 20~21). 2005년 허리케인 카트리나가 뉴올리언스주를 휩쓸었을 때 잘 보여졌듯이 빈곤층은 부유한 계층에 비해서 환경 재해에 사전에 대비하고 방어할 수단도, 사후에 피해를 복구하고 다시 일어설 수단도 취약하다. 공해로 인한 건강 악화, 환경 재앙으로 인한 생활 터전의 파괴는 가장 가난한 이들을 더욱 열악한 조건으로 내몰고, 그로써 '환경-빈곤의 덫'이라고 일컬을 만한 현상을 통해 다시 사회경제적 불평등을 강화한다(뤼카 샹셀, 2023: 21).

이러한 현실에 착안하여 지난 세기말부터 일부 학자들과 환경운동가들이 추진하고 있는 것이 바로 환경정의(environmental justice)이다. 이들은 환경문제를 계급차별,

인종차별, 성차별로부터 분리되기 어려운 것으로 본다. 이들은 환경 사안을 자기결정 권한, 인권, 그리고 노동자와 가족복지에 불균형한 영향을 주는 환경적 위험 요소와 같은 사회정의에 관한 관심사와 생래적으로 연관된 것으로 봄으로써 다른 각도로 환경문제를 바라본다. 분배적 정의, 지역사회 권력, 민주적인 책임성에 관한 질문에 주목하는 환경정의는 권력에 기초한 근본적인 사회변동을 추구하는데서 기존의 개량주의적 환경운동과는 그 차원을 달리한다(찰스 L. 하퍼, 2010: 438).

이들은 환경교육 역시 정의를 주된 주제로 포함시키고 이를 지향해야 한다고 주장한다. 즉 환경교육에서는 환경 위험 요소의 불평등한 영향, 즉 환경적 혜택과 부담의 불평등한 배분의 현실을 살펴보고 이를 바로잡기 위한 대안을 제시하는 것이 핵심 내용이 되어야 한다는 것이다. 이러한 환경정의교육의 핵심적 과제로는 다음이 언급된다(최병두, 2010: 53~54). 첫째, 환경정의교육은 인간과 환경 간, 그리고 인간들 간 관계를 관계의 망으로 이해해야 한다. 생태적·사회적 관계망 속에서 환경정의를 실현시킬 수 있는 다계층적·다지역적·다인종적 공동체의 구성을 목표로 해야 한다. 둘째, 교육 프로그램은 국지적 환경문제뿐만 아니라 초국적 환경문제도 다뤄야 한다. 세계화는 오늘날 사회생활의 모든 부문에서 발생하고 있는 다중적 변화와 관련되기 때문에 환경정의교육은 세계화와 자유무역, 자본주의적 상품화, 생태적 제국주의 등의 문제를 포함해야 한다.

셋째, 환경정의교육은 이론과 실천이 결합되어 있음을 이해할 수 있도록 하는 민주적 교육과정을 필요로 한다. 단순한 비판적·구성적 교육에서 구체적 실천과 활동 훈련으로 전환되어야 한다. 넷째, 환경정의교육은 자율성과 집단적 자기조직을 강조하는 다양한 방법을 개발해야 한다. 환경정의교육은 협동학습, 역할교육, 전략적 게임 등을 통해 학생들로 하여금 국지적 환경갈등과 이에 내재된 환경 부정의(environmental injustice)를 이해할 수 있도록 해야 한다. 또한 환경정의교육은 자연 자원의 이용, 산업입지 정책, 폐기물 처리 과정 등에 대한 의사결정 등에 있어 생태적 민주주의, 민중 참여, 공동체적 합의를 강조한다.

물론 이러한 환경정의교육에서 기본이 되어야 하는 내용은 환경정의 개념에 대한 이해이다. 이것은 환경정의에 대한 철학적이고 역사적이며 정치학적이고 사회학적인 접근을 필요로 한다. 무엇보다 환경정의는 작금의 환경위기가 지배와 억압을 내포하고 성장만을 추구하는 자본주의 정치경제 구조에서 비롯된 것이라 인식하고, 사회적으로 정의롭고 생태적으로 지속가능한 새로운 공동체를 건설하려고 한다. 이를 위해 강조되는 것들이 분배의 제약과 재난적 피해를 바로잡기 위한 활동 프로젝트, 공동체 구축, 연대적 저항, 지식 네트워크의 구축 등이다. 학자들은 다양한 사회이론적 또는 철학적 전통이나 사상 가운데 특정한 입장과 관련시켜 환경정의 새로운 환경정의의 개념을 정형화하고자 했다(최병두, 2010: 32~33). 환경문제에 응용되거나 확장되는 대표적 이론은 존 롤스(John Rawls)의 정의론이다.

롤스는 『정의론(A Theory of Justice)』에서 정의의 개념을 새롭게 부각시켰다. 롤스는 공정성이 정의의 핵심적 가치의 하나임을 강조한다(justice as fairness). 다음으로 사람들이 공정한 합의에 도달할 수 있는 일종의 원초적 상황(original position)을 설정한다. 이는 아무도 자신의 사회적 지위나 계층 상의 위치를 모르며, 누구도 자기가 어떠한 소질이나 능력, 지능, 체력 등을 천부적으로 타고났는지를 모르며, 심지어 자신의 가치관이나 특수한 심리적 성향까지도 모르는 상태를 말한다. 정의의 원칙들은 원초적 입장, 즉 사람들이 무지의 베일(veil of ignorance) 속에 있는 상태에서 선택되어야 누구도 유리하거나 불리해지지 않는다고 한다. 이러한 원초적 입장에서 합의될 수 있는 정의의 기본적 원칙은 두 가지이다. 첫째, 모든 사람들이 다른 사람의 유사한 자유와 양립할 수 있는 가장 광범위한 기본적 자유에 대해 동등한 권리를 가져야 한다. 둘째, 사회적·경제적 불평등은 그것이 모든 사람에게 이익이 되리라는 것이 합당하게 기대되고, 모든 사람에게 개방된 직위와 직책에 결부되는 경우에만 허용되어야 한다. 모든 사람에게 이익을 주지 않는 단순한 불평등은 부정의가 된다. 이 중에서 의무와 권리의 할당을 규제하는 1원칙이 사회적·경제적 이익의 배분을 규제하는 2원칙보다 우선한다(존 롤스, 2003: 52~58, 111~122, 195~202).

이러한 롤스의 분배적 정의론은 그 역사적 뿌리를 고대 그리스의 철학자인 아리스토텔레스에서 찾을 수 있다. 아리스토텔레스는 정의에 대한 이론에 중요한 근거를 제시해 준 사상가이다. 그는 권리를 정의하려면 문제가 되는 사회적 행위의 텔로스를 이해해야 하며, 이를 이성적으로 판단하거나 논한다는 것은 그 행위가 어떤 미덕에 영광과 포상을 안겨줄 것인지 추론하거나 논의하는 것이라고 한다. 아리스토텔레스는 정의를 보편적 정의와 특수한 정의로 구분하고, 특수한 정의를 다시 산술적 정의와 분배적 정의로 구분하였다. 산술적 정의는 산술적 균등을 가리키며, 분배적 정의는 시민들 사이에 분배되는 권력, 명예, 재화와 관련된 것이다. 여기서 정의는 각자의 가치, 즉 공동체에 있어서 각자에게 적합한 덕목이나 각자가 공동체에 기여한 기여도에 따라 분배받는 것으로 불평등과 제국주의를 정당화하는 것이었다. 그는 철저한 인간중심주의자로서 자연이 인간을 위해 봉사해야 한다고 생각했고, 전쟁은 '지배받도록 태어났음에도 이를 거부하는 인간들에게도 사용되어야'하는 '본성적으로 정당'한 것으로 보았다(데이비드 존스턴, 2011: 104~143).

그러나 롤스의 정의론을 환경적 차원에까지 원용할 수 있는지를 둘러싸고는 논란이 있다. 여러 연구자들은 롤스의 정의론이 기본적으로 분배적 정의론으로 자원의 사회적 배분에 관한 이론으로는 적합하다고 할지라도, 인간과 자연 간의 관계에서 환경적 또는 생태적 정의를 개념화하기에는 한계가 있으며, 특히 동물 또는 자연의 여타 구성원들에 관한 논의로 확장할 경우에 여러 가지 문제점이 있다고 지적한다. 그럼에도 '무지의 장막'과 '원초적 입장'이라는 개념을 중심으로 구성된 롤스의 정의론의 기본틀은 환경문제에 적용하여 일종의 환경정의론을 구성할 수 있는 기반을 제공한다는 주장도 존재한다. 특히 '공정성으로서의 정의' 이론이나 여러 가지 주요한 개념들은 환경정의에 관한 기존 논의에 유의한 이점들을 제공한다는 것이다(최병두, 2010: 113~114).

사회정의의 문제는 사회구성원들 사이에서 혜택(benefits)과 부담(burdens)이 어떻게 배분되어야 하는가에 관한 문제라고 본 롤스의 분배적 정의(distributive justice) 이론은 환경정의에 관한 논의에도 차용될 수 있다. 이는 특히 부담이 불공정하게 배분되면서 환경정의 문제가 주목을 받고 있는 사회현실을 설명하는 이론적 틀로서 적실성이 있다고 평가된다. 이 점에 입각해서 보면, 환경정의는 인종, 소득, 문화 또는 사회계급과 무관하게 환경적 위험과 건강 위험으로부터 모든 사람들이 평등하게 보호받게 되는 것(혹은 자유로울 수 있는 권리)을 의미한다고 정의 내릴 수 있다. 모든 사회구성원이 환경오염과 건강 위험을 균형 있게 분담하는 것을 의미하는 환경평등(environmental equity)은 사실상 환경정의와 혼용되어도 무방한 개념이다.

환경정의운동은 1970년대 미국에서 환경주의와 흑인 민권운동이 결합되어 조직되기 시작됐다. 폴리염화비페닐 매립장 건설에 대한 노스캐롤라이나 주 워렌 카운티 주민들의 저항운동과 같은 풀뿌리 환경운동에 그 기원을 두고 있다. 학계에서 환경정의가 관심을 끌게 된 데는 환경주의 및 환경운동의 엘리트주의에 대한 비판이 그 계기로 작용했다. 1970년대 후반 데이비드 실즈(David I. Sills)와 프랜시스 샌드바크(Francis Sandbach) 등과 같은 학자들은 당시 환경주의자들은 그들의 관심사가 참가자의 계급구조를 그대로 반영하는 명백한 특권계급의 단체라고 비판을 가했다. 피상적인 목표만을 맴돌고 있는 환경논쟁의 의제는 국내, 국제적인 빈곤이나 실업이라는 더 절박한 문제에 비해 중요하지 않다는 것이다. 또한 많은 환경정책이 부유층에게는 거의 영향을 주지 않는 반면 빈곤층에게는 부당한 불이익을 가져다주기 쉽다는 것이었다. 이러한 지적은 환경정책의 계급차별성을 가리킨다. 개량적이고 피상적인 환경주의에 대한 당시 급진주의자들의 비판은 자본주의 체제에 대한 환경운동의 무비판적 입장을 강조하였다(크레이그 험프리·프레드릭 버틀, 1995: 203).

환경정의 이론은 인종과 계급의 차이에서 비롯된 환경불평등 뿐만 아니라 성, 연령, 국가. 세대, 종에 따른 불평등까지 논의의 대상으로 삼고 있다. 즉, 환경 계급차별(environmental classism), 환경 인종차별(environmental racism)과 환경 성차별(environmental sexism), 환경제국주의(environmental imperialism) 등도 환경정의의 차원이 된다. 예를 들어, 미국과 같은 다인종사회에서는 인종에 따른 환경 질의 불평등한 배분이 두드러지게 나타난다. 환경 인종차별이란 인종이나 피부색에 기초하여 개인, 집단 및 지역사회의 환경에 차별적으로 영향을 미치거나 불이익을 주는 정책, 관행 또는 지시를 의미한다. 계급 및 계층은 인종과 함께 환경 불평등을 낳는 또 하나의 중요한 변수이다. 환경 계급차별은 지구상의 거의 모든 사회에 존재한다(한국환경사회학회, 2004: 310~317). 한편 여성은 남성에 비해 더 많은 환경 부담을 지고 있는 것으로 지적된다. 이와 관련하여 환경 성차별도 환경정의의 또 하나의 차원으로 분류된다.

국가 간 환경불평등의 전형적인 형태는 선진국과 개발도상국 간의 문제, 즉 남북 관계의 문제이다. 북에 의한 남의 환경착취 및 파괴의 역사는 자본주의 세계화 과정과 맥락을 같이 한다. 자본주의 세계화 과정은 제국주의적 지배를 주된 특징으로 하기 때문에 국가간 환경불평등은 환경제국주의 또는 생태제국주의의 맥락에서 논의된다(한국환경사회학회, 2004: 317). 세대 간 정의(intergenerational justice)와 종간 정의(interspecific justice)의 문제 역시 넓은 의미에서 환경정의에 속한다. 세대 간 정의는 미래세대에도 현세대와 똑같이 에너지자원을 비롯한 모든 자연 자원과 종 다양성을 누릴 수 있는 미래세대의 권리를 인정할 것을 요구한다. 정의의 개념을 확장할 경우 정의는 인간과 다른 생태계 구성 요소(주로 동물)들 간의 관계에도 적용될 수 있다. 이는 생물중심주의(biocentrism)와 근본생태주의(deep ecology)와 같은 새로운 환경윤리의 확산에 영향을 받았다.

환경정의교육은 이론을 넘어 구체적인 실천적 활동과 결합되는 것이 중요하다. 이와 관련하여 풀뿌리 환경정의 운동단체들의 사례를 연구하는 것은 실제 교육에서 매우 유용하게 다뤄질 수 있다. 경험과 자원이 부족할 때 풀뿌리 운동단체들은 종종 환경주의를 개혁하는데 유용한 게임의 규칙을 넘어서 활동했다. 이들은 새로운 시설의 건설을 방해하려고 점거를 한다거나 핵심 반대 문구를 쓴 피켓을 들고 시위하는 직접행동 전술(direct action tactics)을 포함해 자신들에게 유용한 방법을 종종 사용했다. 그러나 환경정의 운동은 단지 특정 사례에서 성공할 수도 있고, 정부가 더 일반적인 환경개혁을 위한 압력을 받아들이지 않을 수도 있다. 또 다른 한계점은 환경정의가 배타적인 인간 중심의 담론에 머무르는 경우가 많다는 것이다(찰스 L. 하퍼, 2010: 441~442, 444). 그런 점에서 환경정의 운동은 인간 중심에서 종 다양성으로 그 범위가 확대되어야 하고 사람들이 생태적 가치와 규범을 내재화하게 하는데도 관심을 가져야 한다.

최근에는 환경정의가 갖는 한계를 고려하여 기후정의(climate justice)라는 용어가 사용되고 있다. 이를 사용하는 학자들은 기후 위기가 본질적으로 사회문제라고 주장한다. 이들은 기후 위기는 인류 공동의 문제이지만 그 피해가 모두에게 동일하게 나타나지 않는 점에 주목하고, '기후변화가 아니라 체제변화(System Change, Not Climate Change)!'가 필요하다고 주장한다. 기후 위기는 사회적 불평등을 심화시킬 뿐만 아니라, 반대로 사회적 불평등이 기후 위기를 야기하고 있기 때문이다. 대표적으로 데이지 시몬스(Daisy Simmons)는 기후 정의를 다룰 때 고려해야 할 핵심 사항으로 다음을 지적한다. 첫째, 기후정의는 핵심 그룹들이 기후변화의 영향을 차별적으로 받는다는 사실을 인정하는 것에서 시작한다. 둘째, 기후변화로 인한 영향은 불평등한 사회적 조건들을 더 불평등하게 악화시킬 수 있다. 셋째, 기후정의연합(Climate Justice Alliance) 같은 단체들의 활동에서 보듯이 기후정의를 실현하기 위한 힘들이 만들어지고 있다(Daisy Simmons, 2020). 기후정의론자들은 불확실한 기술과 탐욕스런 시장에 의존하여 온실가스 배출만을 줄이려는 시도는 무모하다고 경고하며, 기후 위기가 심화될수록 '재난 자본주의' 혹은 '녹색 자본주의'가 해결책으로 호도될 것에 우려를 표한다. 기후 위기에서 살아남으려면, '기후정의 동맹'을 만들어 자본주의 체제를 혁명적으로 전환한 '탈성장 체제'를 모색해야 한다고 강조한다(한재각, 2021).

VII. 사회적경제와 환경교육

현재 전 세계적으로 사회적경제(social economy)에 대한 관심이 증대하고 있다. 사회적경제의 부각에는 1990년대 후반 동아시아 국가들을 강타한 금융 외환위기와 2008년 미국발 금융위기에서 촉발된 전 세계적 경제침체가 그 배경 요인으로 자리 잡고 있다. 신자유주의의 확산이 초래한 사회 불평등의 심화는 '시장의 실패'에 주목하게 했고, 이윤의 창출에만 매달리는 기존 자본주의 시장경제체제의 한계를 극복하고 보다 정의로운 사회와 인간다운 삶을 영위할 수 있는 경제를 모색하게 하였다. '정치적' 혹은 '사회적'인 것을 회복하여 긍정적인 신뢰와 연대의 '기운을 다시 만들어내는 것은 불안한 시대를 살아가는 한 방법(김현미·강미연 외, 2010: 7~8)이기도 하다. 그 결과 이윤 획득을 추구하는 자본의 논리를 넘어 개인과 사회가 요구하는 목적을 달성하려는 집단적 움직임이 전개되고 있다. 대표적인 것이 협동조합, 공제조합, 사회적 기업, 결사체/협회, 재단 등이다.

이들 조직들은 자발적 개인들의 참여로 구성되고 이들의 민주적 통제를 받으며, 연대와 책임의 원칙 아래 운영되고, 경제적 목표와 더불어 신뢰, 호혜성, 협동, 지역 발전, 사회적 포용, 민주주의 등과 같은 사회적이고 정치적인 목적을 추구하는 특징을 지닌다. 대표적으로 자크 드푸르니(Jacques Defourney) 등은 사회적경제가 협동기업, 공제회, 결사체들이 수행하는 모든 경제적 활동으로 ① 회원이나 공동체에게 이윤보다 서비스를 우선, ② 자율적인 운영, ③ 민주적 정책 결정 과정, ④ 수익의 배분에서 자본보다는 사람과 노동을 우선하는 윤리적 또는 사회적 원칙에 기초하는 것을 들고 있다(Jacques Defourny, Patrick Develtere & Bénédicte Fonteneau eds., 2000).

역사적으로 살펴보면 사회적경제는 시장경제 중심의 자본주의가 가져온 착취와 소외, 실업과 불평등의 위협으로부터 취약계층의 사회적 권리를 보호하고 사회정의를 실현하려는 목적으로 논의되기 시작했다. 그 배경은 근대 국민국가들이 경쟁적으로 추진하던 산업화였다. 기술이 발전하고 생산의 범위와 규모가 확대되고 이로 말미암아 자본주의 체제도 재조직되는 산업화는 커다란 변화를 가져왔다. 생산의 확대는 대량생산과 소비를 가져왔고 다시 산업의 통합과 팽창을 초래했다. 그 결과 인구가 증가했는데 특히 자본가들에게 고용되어 생산을 담당하는 노동자들의 수가 급속히 늘어났다.

그러나 이들 노동자들은 프리드리히 엥겔스(Friedrich Engels)가 『영국 노동계급의 상태(Die Lage der arbeitenden Klasse in England)』에서 면밀하게 관찰한 대로 가혹한 생활환경과 노동조건에서 힘겹게 삶을 영위해 나가고 있었다. 이러한 상황에서 노동자들이 그들의 권리를 보호하고 나아가 정치적 대표를 이루기 위해 노동조합과 노동자정당을 만들기 시작했다. 아울러서 노동자를 비롯한 시민들은 자신들의 경제적 필요를 해결하고 사회적 권리를 스스로 보장하기 위해 협동조합이나 상호공제조합을 만들기 시작하였다. 가장 적절한 가격으로 생필품을 구입하려는 소비자협동조합(consumer co-operatives), 열악한 임노동의 상태에서 벗어나 그들 스스로 기업을 운영하고자 하는 노동자생산협동조합(manufacturing co-operatives), 그리고 기존 국가나 기존 사회제도가 만족시켜 주지 못하는 각종 위험에 대비한 공제조합(mutual aid societies) 등이 바로 여기에 해당한다. 이들은 교회나 기업의 자선이나 왕가의 시혜에 대한 의존에서 벗어나 자조에 의해 직접 부족한 재화와 서비스를 보충하고 빈곤과 실업, 불평등 등 사회적 문제를 해결하려 나섰다. 이는 집합적 정체성을 지닌 집단들이 그들의 경제적 요구를 실현하고 그들이 원하는 사회적 변화를 이루기 위해 사회적경제를 시작하였다는 것을 의미한다. 이 과정에서 경제가 평등과 연대 같은 사회적 목적에 기여 해야 한다는 사고도 아울러 발달하였다.

그 대표적인 사상가들은 유토피안 사회주의자들과 아나키스트들을 들 수 있다. 17, 8세기에 활동한 유토피안 사회주의자들은 공동적이며 사회적인 원리를 옹호하였다. 그중에서도 반자본주의를 지향하는 생시몽(Saint-Simon), 샤를르 푸리에(Charles Fourier), 로버트 오웬(Robert Owen)은 노동의 과실에 대한 노동자의 권리를 주장하고(오웬), 과학적 진보와 생산의 증대에 입각한 생산자들의 조화로운 공동체를 추진했으며(생시몽), 나아가 노동을 통한 인간의 내적 욕구의 해방을 꾀했다(푸리에). 한편, 스스로 결정하고 자신의 운명을 조정하는 개인과 집단의 자유를 위해 모든 형태의 권위와 억압을 반대하는 아나키즘은 코뮌이나 노동자회의, 신디케이트 등과 같은 자율적 집단들의 연합을 이상적인 것으로 상정하였다. 크로포트킨(Pyotr Alekseevich Kropotkin)이나 프루동(Pierre Joseph Proudhon) 같은 아나키스트들은 중앙집권적 관료주의와 권력이 착취적이고 비효율적이라고 비판하고 직접행동과 자치, 분권, 노동자 경영, 연방주의 등을 인간 행동과 조직의 기본원리로 제시하였다. 아나키스트들은 집단적으로 재산을 소유하고 필요에 따라 분배하는 공동체나 이러한 공동체들의 국제적 네트워크를 대안으로 내세웠다. 특히 경쟁보다는 상호부조와 협동의 원칙을 강조한 아나키스트들의 사상은 19세기에 대두한 사회적경제의 사상적 기반 중 하나가 되었고 20세기에는 사회생태론(social ecology) 같은 환경 사상의 뿌리가 되었다.

그러나 협동조합과 공제조합과 같은 사회적경제 조직들은 20세기에 들어와 자본주의 시장경제와 복지국가에 흡수되면서 쇠퇴하였다. 경제, 사회, 정치를 통합적으로 인식하고 이에 기초해 급진적인 방식으로 사회운동을 펼치던 이들 조직들은 점차 소멸되었고, 협동조합이나 공제조합은 경제의 일부로 간주되었다. 사회적경제 조직들은 자본주의 시장경제하에서 시장 경쟁력을 갖지 못하면서 자본주의 영리기업으로 퇴화하거나 해체 과정을 밟았다. 노동자들의 임금인상과 작업환경 개선에 초점을 맞추는 개량주의가 득세하면서 사회적경제의 유토피아적 개념과 혁명적 노동자조직이 퇴색하였다. 단지 협동조합 정도가 성장을 거듭해 소비, 저축, 신용, 농업 분야에서 발전을 하였다. 전쟁을 거치면서 확대되고 전후 30여 년에 걸쳐 착근된 복지국가는 사회적경제를 국가 주도 사업으로 흡수시켜 버렸다. 공공부조에 더해 각종 사회보험과 복지서비스를 제공하는 복지국가에서 사회적경제의 역할과 위상은 한계를 노출하였다. "국가는 복지국가 프로그램의 기획과 통제에서 공동체 부분의 참여가 없이도 사회를 관리하는 기술 관료적 관리자가 되었다."(Jean-Marc Fontan & Erich Schragge, 2000: 5, 주성수, 2010: 15~16에서 재인용).

사회적경제가 다시 대두하게 된 것은 1970년대였다. 이 시기는 국제통화체제의 붕괴와 석유파동으로 세계적인 경제침체가 발생하고, 이로 말미암아 유럽의 복지국가들 역시 위기에 처하게 되었다. 이에 대한 대안으로 사회적경제가 부각되었는데 국가와 시장이 제공하지 못하는 일자리와 사회서비스를 사회적경제가 담당할 수 있기 때문이었다. 그런 점에서 1970년대의 변화는 급진적인 시각을 지닌 지식인과 사회운동가들에 의해 제안된 변화된 상황에 대한 새로운 모색이었다기보다는 점증하는 국가의 위기에 대응하려는 공공 당국 관료들이 추진한 온건한 접근이라고 할 수 있다. 그래서 1980년대에 제기된 사회적경제는 개량주의적 전통이 지배적이었고, 발전된 자본주의 국가들에서 발생한 높은 실업률과 세계 경제의 폭넓은 재구성, 그리고 복지국가에 대한 사회적 영역에서의 국가 지출 삭감이라는 신자유주의적 요구에 의해 형성되었다. 즉, 신자유주의 노선의 정책이 초래한 대량 실업과 빈곤, 사회적 배제, 불평등에 대한 전략적 대안으로 사회적경제가 활용되기 시작했다. 하지만 이러한 변화들은 복지국가의 사회적 기여를 훼손시키며 지역사회에서 실업과 복지의 개인화를 확대시켰으며, 새롭게 등장하고 있는 사회적 필요 영역들을 형성하였다. 1990년대 이후에는 유럽을 중심으로 사회적경제가 고용과 사회적 서비스에 대한 새로운 사회적 필요에 대응하는 전략으로 인식되어 왔다(장원봉, 2005: 65~66).

비록 그 내용과 수준은 지역과 국가별로 차이가 있지만 사회적경제가 세계적으로 관심을 받고 있는 데는 10여 년 넘게 지속되고 있는 전 세계적 경제침체가 기존 자본주의 시장경제체제의 한계에 주목하게 한 점을 들 수 있다. 그리고 사회적경제가 이윤의 창출에만 매달리지 않고 보다 정의로운 사회와 인간다운 삶을 영위할 수 있는 경제를 모색한다는 점도 언급될 수 있다. 사회적경제가 지니는 장점은 무엇보다도 사회적경제가 지향하고 준수하는 다음과 같은 사회적 목표에서 연원한다. 첫째, 사회적경제 조직은 활동에 필요한 경비를 위해 수익 활동을 하지만 이는 사회적 목적 달성의 범위 안에 한정된다. 사회적경제 조직은 이해관계자 경제(stakeholder economy)의 일부이며, 또 공익의 요구에 의해 그리고 공익의 욕구를 위해 설립된 것이므로 서비스 대상자에 대해 책무성을 지닌다(비영리성). 둘째, 사회적경제 조직은 종사자나 이용자에 의한 민주적 정책 결정에 의존한다. 사회적경제 종사자들은 소유의 몫을 갖고 있을 뿐만 아니라 조직 관리에 영향력을 행사하는 의사 결정권을 가져야 한다(민주성).

셋째, 사회적경제는 회원들의 욕구에 기초해 회원들이 소유하고 운영하는 사람 중심의 조직과 기업이며, 그 목표는 사회적, 민주적, 그리고 연대에 기초한다. 공동체 구성원들의 참여와 연대에 의해 경제적 수익을 창출하고, 사회적 자본(social capital)을 축적하는 사례들은 세계 곳곳에서 보고되고 있다(참여와 연대, 사회적 자본). 넷째, 사회적경제는 자본주의 취약계층의 사회적 배제에 대응하는 종합적인 처방으로 각광받고 있다. 이는 단순한 빈곤과 박탈의 상태를 넘어 '사회적 주변화'가 시간이 흐름에 따라 강화되는 과정에 대응해 집단적 자조와 확신, 역량을 구축함으로써 경제에 집단적 가치를 보양시키고, 자율과 결사체 가치를 중시해 경제를 인간화하며, 정책을 지역공동체와 현장으로 분권화하여 민주주의와 참여를 진흥시킨다(사회적 배제에 대한 대응). 다섯째, 사회적경제 조직은 시민 이용자, 노동자, 공동체가 주체적으로 자신의 문제를 결정하고 해결하는데 기여하는 자치 역량(empowerment) 강화를 통해 사회정책을 집행하고 사회서비스를 제공한다(자치 역량) (주성수, 2010: 55~61).

사회적경제는 전통적인 시장경제가 국가 단위에서 규정되고 작동된다면 지방과 지역 수준에서 민주주의 원칙에 따라 조직된 후 사회적 가치를 실현하기 위한 사업을 실시하고 나아가 국제적 네트워크로 연대되는 특징이 있다. 지역 수준의 분산된 권력을 통해 아래로부터 새로운 사회를 건설하려 했던 아나키즘은 이 점을 잘 보여준다. 역사가 오래된 협동조합 역시 민주적 조직에 기반해 협동적으로 생산과 소비를 하고 나아가서는 권력 이행의 기초가 되는 조직으로 만들려는 움직임이 있었다. 세계적으로 사회적경제를 선도하는 것은 중앙정부나 대기업이 아니다. 사회적경제로 널리 알려진 이탈리아 볼로냐시 및 에밀리아 로마냐주, 캐나다 퀘벡주와 서스캐처원주, 몬트리올시 등의 지자체와 스페인의 유명 축구단인 'FC 바르셀로나', 몬드라곤 협동조합 등은 모두 특정 지역이나 도시에 자리를 잡고 있다.

이러한 흐름은 한국의 경우에도 마찬가지라고 평가된다. 지난 10여 년에 걸쳐 한국에서도 사회적 기업이 급증하고, 협동조합 설립 붐이 일어났으며, 각종 마을공동체가 활성화된 바 있다. 외국의 사례와 마찬가지로 한국에서도 사회적경제를 선도한 것은 거대한 중앙정부나 기업이 아니라 지역과 도시, 민간 단체들이었다. 적지 않은 지자체에 사회적경제지원센터가 문을 열었다. 사회적경제를 통해 이들 지자체들과 단체들은 일자리를 창출하고 생산과 소비를 촉진하며, 시민들에게 연대와 공동체적 삶의 기회를 제공하였다. 이러한 사회 인식의 변화에 부응하여 국내 정치권에서 '사회적기업 육성법'(2007), '협동조합법'(2012)이 제정되어 국회에서 통과되었다. 그러나 보수 정부가 들어서면서 사회적경제 예산이 대폭 감소되고 관련 부서가 통폐합되는 일도 일어나고 있다.[109] 그럼에도 일부 지자체에서는 이러한 중앙정부의 흐름과는 다르게 사회적경제를 육성하는 공공정책을 개발하고, 조례 제정 등을 통해 주민들의 사회적경제 활동을 적극 지원하고 있다.[110]

이들 사례들에서 알 수 있는 것처럼 마을공동체는 일정한 구성원을 지니며 추구하는 고유한 목표들에 부응하는 조직과 의사 결정 방식을 지닌다. 그중에서도 추구하는 목표가 자연환경과 조화된 인간 활동, 즉 지속가능성이나 자급자족이나 생태적 전환 등일 경우 농촌지역이 도시보다 입지 조건이 더 유리하다. 생태주의에 기반해 인간과 자연환경과의 관계를 설정한 정주체계는 생태공동체라고 불린다. 다중의 착취로 구성되는 세계화된 자본주의 경제에 대한 대안으로서 자급에 기반한 공동체 역시 대부분 제3세계 국가들에서 실험되고 있다. 예를 들어, 수백 년 동안 외세에 의해 정치적 억압과 경제적 종속, 문화적 지배를 받아온 남아메리카에서는 최근 들어와 '부엔 비비르(Buen Vivir)'와 같은 오래전부터 전해 내려온 토착공동체의 문화와 사상에 기초한 탈성장 사회의 전망을 제시하고 있다.[111] 그럼에도 서유럽에 비해 동아시아에서는 사회적경제의 역사가 일천하고 내용도 매우 빈약하다. 오랜 역사를 지닌 토착 사상과 문화를 사회적경제와 연결시키는 노력도 드물다. 일국적 차원이나 여러 국가를 아우르는 지역 차원에서 사회적경제가 전개되고 활성화되지 못하고, 단지 일부 국가의 몇몇 하부 지역에서 산발적 운동으로 전개되고 있을 뿐이다.

환경적 측면에서도 사회적경제는 지속가능발전(SD)이 지닌 한계를 초월할 가능성이 별반 높지 않다. 앞에서 지적했듯이 세계환경개발위원회(WCED)의 미래기본전략보고서를 통해 널리 알려진 지속가능발전은 한계용량을 넘어서는 기존 경제성

---

109 2023년 9월 정부가 국회에 제출한 '2024년도 예산안'에 따르면 2024년도 협동조합 관련 예산이 전년 대비 91%, 사회적 기업 예산은 약 60%가 삭감되는 등 사회적경제 영역 예산이 큰 폭으로 줄었다. 『한겨레』 2023년 10월 18일. 이에 야당과 관련 단체들로 구성된 한국사회적경제연대회의 집행위원회는 정부의 사회적경제 관련 예산 삭감 기조에 강력한 우려를 표하고 "사회안전망 역할을 해온 사회적경제의 예산 삭감을 멈추고, 지속가능발전을 위한 사회연대경제 활성화 결의안을 실천하라"고 요구했다. 이때 발표한 성명서에는 "취약계층의 일자리 창출과 사회 서비스 제공을 넘어 지속 가능한 발전에 기여하고 있는 사회적경제의 사회적 성과와 파급력을 무시하고, 잘못을 침소봉대하며 부정적 프레임을 씌워 예산 삭감을 하려고 하는 시도"라며 강한 우려를 나타냈다. 한편, 기획재정부는 사회적경제 전담부서인 사회적경제과와 협동조합과를 통폐합하고 지속가능경제과로 이름을 바꿨다. https://www.lifein.news/news/articleView.html?idxno=16519

110 대표적으로 경기도에는 6,100여 개의 사회적 기업을 포함하여 소셜벤처, 마을기업, 협동조합 등이 활동 중이며, 이외에도 장애인, 비정규직, 취약계층 일자리와 육아·보육·간병·돌봄 등 사회서비스 제공, 환경보호 기후변화 대응과 같은 사회문제 해결, 지역소멸과 쇠퇴하는 지역을 살릴 수 있는 공동체를 만드는 것 등으로 사회적경제의 지평과 범위를 확대하려는 노력을 기울이고 있다. https://www.socialimpactnews.net

111 안데스산맥의 토착공동체에는 이미 성장의 대안이 있다. 그것은 '수막 카우사이(Sumak Kawsay)'라는 전통적 개념으로, 이것을 스페인어로 번역한 것이 '부엔 비비르'이다. 수막 카우사이는 인간과 공동체가 자연과 맺는 관계를 중심에 놓는다. 이 개념은 식민주의가 침투하여 채굴산업과 대규모 단작농업을 시행하기 전부터 있었다. 이러한 대안이 지금 다시 등장하여 에콰도르와 볼리비아의 정치와 사회구조에 영향을 미치고 있음은 매우 중요한 현상이다. 두 나라는 성장과 발전을 목표로 삼지 않겠다고 분명히 선언하였다. 칼레 라슨 외(2014), pp.181~182.

장 우선 논리를 위장하고 있다거나 너무 포괄적이어서 자연 내재적인 가치나 전 지구적 재분배의 필요성을 간과한다는 비판을 받았다. 인간과 자연의 관계에서 근본적 변화를 추구하는 혁명적 환경 패러다임인 생태(근본)주의는 시장주의와 어울릴 수 있는 여지가 별로 없다. 차라리 생태(근본)주의보다는 관리적인 입장에서 접근하여 현재의 생산 및 소비의 가치 또는 양식을 근본적으로 변화시키지 않고서도 환경문제가 해결 가능하다고 주장하는 환경주의(environmentalism)(Andrew Dobson, 2000: 2~3)가 시장주의와 공유하는 부분이 더 클 것이다. 복합적이면서 매우 심각한 환경문제를 공유하고 있는 동북아에서 응급조치와 조정(muddling through)을 넘어 자연과의 관계와 사회, 정치적 생활양식에서 근본적 변화를 이뤄내지 않는다면 환경파괴와 생태계 위기는 결코 해결할 수 없다고 보여진다. 그런데 개발과 성장을 우선시하는 정치가들과 물질주의적 가치관을 내재화한 일반 대중들로 가득 찬 우리 사회를 '녹색화'하는 것은 결코 쉽지 않은 길이기도 하다.

그렇다면 이 같은 장단점을 지니는 사회적경제는 지역 단위에서 행해지는 다양한 교육과 어떻게 교합할 수 있을까? 민주적 과정을 통해 정책을 결정한다거나 구성원들의 참여와 연대에 의해 경제적 수익을 창출하고 사회적 자본을 축적하는 특징을 지니는 사회적경제는 민주주의 학습을 핵심 내용으로 하는 정치교육의 유용한 대상으로 평가된다. 사회적경제는 이론적으로 경제를 사회나 정치영역과 분리해서 사고하지 않는다. 그런 점에서 사회적경제는 통합과 연대, 민주주의 같은 정치적 목적을 추구하는 활동이기도 하다. 현재 전 세계적으로 공공성 훼손과 민영화에 맞서 공적 자원의 통제를 위한 투쟁을 전개함으로써 정치의 주체성을 회복하고 민주주의를 회복시키려는 다양한 실험들이 행해지고 있다.[112]

사회적경제는 인간과 자연의 관계에서 근본적 변화를 추구하지 않기 때문에 생태(근본)주의와 같은 혁명적 환경 패러다임에 토대를 둔 교육과는 그 지향점이 다르다. 사회적경제에 대한 관심의 증대와 이와 관련된 정책의 추진 및 시민사회 내 실천 활

---

112 정치의 주체성을 회복하고 민주주의를 회복시키려는 다양한 실험들에 대해서는 힐러리 웨인라이트(2014)를 참조할 수 있다.

동들이 기존의 시장경제의 부작용과 폐해를 개선함으로써 자본주의 체제를 더욱 지속가능하게 한다는 평가도 존재한다. 유럽의 몇몇 학자들은 사회적경제가 사회적 서비스 제공으로 정부의 역할을 대행하거나 경제적 수익을 앞세워 사회적 목적 추구를 뒤로 돌림으로써 돌이킬 수 없는 '신자유주의의 덫'에 갇히게 될 수 있다는 점을 강조한다. 서유럽 국가들의 사례에서 보듯이 높은 봉급을 받는 공무원들이 제공하는 사회적 서비스가 불안정한 직업에 종사하는 저임금의 노동자가 제공하는 것으로 바뀌고 있다는 것이다. 이 과정에서 부자나 중산층에 속한 사람들은 높은 질을 지닌 민간 부문의 사회적 서비스를 손쉽게 이용하는 반면 빈곤층은 같은 빈곤층이 돌보는 낮은 수준의 복지국가 서비스에 남겨진다는 것이다. 여기서는 부에 따라 다양한 형태로 시민권에 접근하는 현상이 두드러진다(Eric Shragge et.al., 2001: 9).

이와 같이 '신자유주의 전략'으로서 사회적경제를 평가하는 입장은 다음과 같은 주장으로 연결된다. 이에 의하면 사회적경제는 시장과 국가, 시민사회 관계를 근본적으로 변화시키지 못하며, 막강한 시장 권력에 대항해서 시민사회의 다양한 조직들을 조직하고 대항 세력화하는 데에서도 명백한 한계를 지닌다. 이는 마치 제품을 소유하지 않고 서로 빌려 쓰는 공유경제(sharing economy)가 시장경제가 초래하는 순환적 위기와 환경문제에 대해 근본적인 처방이 되지 못하는 것과 같은 이치이다.[113] 특히 강한 국가의 특징을 지닌 동아시아 국가들에서는 더욱 그러하다. 동아시아 지역에서는 국가의 능력이 여전히 강하고 시민사회[114]의 발달이 매우 취약하다고 평가된다. 이는 동아시아 국가들이 외부로부터 이식되거나 아래로부터 반대 세력의 동원에 의해 민주주의로 이행하였지만, 공고화의 수준은 그리 높지 않은 현실과 관련이 있다. 시민사회의 '연대의 논리'가 미성숙하다 보니 동아시아에서는 공동의 이익을 위해 다양한

113 이들은 효율이 높아지면 소비가 감소하기는커녕 부쩍 증가한다는 '제번스의 역설'에 무지하거나 아니면 이를 애써 외면한다. 경제학과 지속가능성에 천착한 초기 사상가인 윌리엄 스탠리 제번스(William Stanley Jevons)는 "연료를 경제적으로 이용하는 것이 소비를 줄이는 것과 같다고 생각하는 것은 착각이다. 그 반대가 진실이다"라고 말한 바 있다. 최근 들어 선보이는 하이브리드 자동차, 녹색건축, 스마트 성장 같은 해결책 역시 생태적 한계 초과라는 근본개념을 무시할 뿐만 아니라 소비가 곧 해법이라는 그릇된 인식을 심어주어 오히려 해로울 수 있다. 칼레 라슨 외(2014), p.88, 90.

114 일반적으로 시민사회는 공공정책과 정책 결정에 관심과 참여 유도, 투명성과 정보의 유용성 제고, 공공서비스의 질 제고, 사회정의, 권익과 법의 지배에 기여하는 데서 민주주의의 발전에 긍정적인 방향으로 작용한다.

형태의 협력을 창출하는 자발적 연결망과 결사체들도 발전되지 못했다. 이는 동아시아에서 로버트 퍼트넘(Robert D. Putnam)이 말하는 '사회적 자본(social capital)', 즉 시민사회 행위자들 간에 자발적 협력을 촉진시키는 신뢰와 호혜성의 규범, 시민적 참여의 연결망(로버트 퍼트넘, 2000: 281)이 제대로 축적되지 못한 것을 가리킨다.

분명한 점은 사회적경제가 시장경제를 대체하거나 급진적으로 재구성하려는 것이라기보다는 직면한 위기에 대응해 자본주의 시장경제를 더욱 지속가능하게 만들려는 노력인 일종의 '균열 메우기'라는 특징을 지닌다는 것이다. 심각한 기후 위기로 대량절멸의 위험에 봉착해 있는 작금의 현실에서 사회적경제는 그 한계가 뚜렷하다. 이 점을 고려치 않고 사회적경제를 단지 사회적 목적을 달성하기 위한 시장 내에서의 사회기업가 활동이나 조직을 중심으로 본다면 적지 않은 곳에서 성공 사례들을 발견할 수 있다. 불이익계층을 위한 고용의 창출, 사회적으로 충족되지 않는 욕구에 호응하는 재화와 서비스 제공, 교육훈련, 기술적, 재정적 서비스 제공 등이 그것이다. 오늘날 지역적, 국가적, 전 지구적 차원에서 심각한 정도로 발생하고 있는 환경문제는 생산과 소비, 교역 등 시장경제 활동의 직접적 결과이며, 환경문제의 발생과 규모 및 양태가 경제활동에 의해 결정된다는 점에서 사회적경제는 비록 제한된 수준에서나마 그 가치를 찾을 수 있다.

사회적경제가 사회적 합의를 형성하는 노력에 있어 시장과 국가, 공동체를 연계시키고 있다는 긍정적 평가도 있다. 새로운 형태의 협치(governance)로서 사회적, 경제적 정책을 펴는 데 있어서 국가와 공동체 사이에 파트너십이 형성되고 있다는 것이다. 이들은 국가와 시장의 구조조정으로 낙오된 공동체와 개인들에게 사회적경제가 자치역량을 강화시키는 기회를 제공해 준다고 지적한다(Eric Shragge et.al., 2001: 9). 이런 점에 주목해 볼 때 사회적경제는 환경 및 지속가능교육과도 어느 정도 상통한 측면을 발견할 수 있다. 우선 지역 내에서 유행하는 다양한 형태의 사회적경제 활동은 학자와 교사, 학생, 학부모 등 교육 관계자들로 하여금 지역사회교육의 유용한 자원으로 활용될 수 있다. 해당 지역사회의 환경오염과 생태계 파괴 같은 문제를 파악하고 그 해결방안을 위한 프로그램을 개발하고 지역사회 자원을 이용해 시민들을 교육시키는데 사회적경제가 기여할 수도 있다. '지구 수준에서 생각하고, 지역적 상황에서 행동하자', '지역이 바로 학교이다' 등의 구호에서 그 중요성을 보여주었던 지역사회교육은 사회적경제와 접목함으로써 보다 다양해지고 실천적 역량도 제고시킬 수 있다고 판단된다.

예를 들어, 대표적인 사회적경제 조직인 협동조합은 해당 지역의 학교와 유기적 연관을 맺고 서로 도움을 줄 수 있다. 자율과 자립, 협동과 연대를 통한 공동체 가치 실현이라는 협동조합의 기본 이념은 자주성과 민주성, 인류 발전이라는 가치를 구현하려는 우리의 교육이념과 근본적으로 맞닿아 있는 점에서 협동조합은 교육의 이상을 가장 잘 실현할 수 있는 조직 형태일 수 있다(http://blog.makehope.org/smallbiz/590). 이를 위해서는 개별적으로 추진되고 있는 대안학교 실험을 지역에 기반을 둔 협동 조합형 학교로 한층 업그레이드시키는 것이 요구된다. 이에 더해 일반 학교에서도 협동조합 경제를 배워야 하고, 협동조합의 가치를 체험하는 기회가 학교의 생활공간에서 제공될 필요가 있다. 이미 협동조합 방식의 학교 설립과 대안학교의 협동조합 전환이 추진되는가 하면, 학교 매점을 학부모 중심의 협동조합으로 운영하는 움직임이 일어나고 있다(김현대, 2013: 22~23).

이러한 변화는 미래 사회의 구성원인 아이들에게 '함께 살 힘'을 길러주는 것을 수월하게 할 뿐만 아니라 더욱 타당하고 적실성 있는 환경교육을 행하는 것을 가능하게 한다. 사회적 목적을 추구하는 경제활동이 자연환경을 개별 상품으로 해체시킴으로써 결과적으로 환경파괴를 가속화시킨 신자유주의적 시장경제에 대한 대안 중의 하나로서 대두하였다는 점을 고려하면 사회적경제는 환경교육과도 일정한 상관관계를 맺는다고 할 수 있다. 미래 사회의 구성원인 아이들에게 '함께 살 힘'을 길러주는 것을 수월하게 할 뿐만 아니라 더욱 타당하고 적실성 있는 환경교육을 행하는 데도 기여할 수 있다.

이와 관련하여 적실성이 있는 환경교육은 비판적인 접근법에 기반한 환경교육이다. 환경을 위한 비판적인 교육은 생태적이고 사회적인 정의를 향해 일할 수 있는 능력을 가진 사람들의 비판적인 의식을 함양하고, 비판적인 사고와 문제해결과정, 즉 합리성이 우선이라고 주장하는 모더니스트들의 신념을 넘어서는 방식으로 환경문제와 쟁점의 해결에 학습자의 능동적인 참여를 옹호하며, 나아가 환경윤리의 획득을 위해 적합한 교육적인 실천의 선택을 주장한다. 이와 관련하여 호주의 환경교육학자인 존 피엔(John Fien)의 다음과 같은 지적은 주목할 가치가 있다. "교육은 중립적인 과정이 아니다. 모든 교사들은 사고방식, 전제, 신념, 윤리적 가치, 개인적인 특성과 공유된 문화 모두를 향한 세계관을 갖고, 실천적인 관점에서 인식과 사고와 행동을 특징짓는다. 환경교육은 기술 중심적 혹은 인간 중심적 세계관과 대립되는 새로운 환경 패러다임이며, 이데올로기적·인식론적 구성 체제를 불러일으키는 지배적인 사회적 패러다임과 대립된다."[115]

한편, 환경에 대한 올바른 가치관 및 태도를 기르고, 환경과 인간 간의 관계를 이해하게 하며, 환경문제에 대한 탐구 및 문제해결을 추구하는 환경교육은 공간적으로 지역사회라는 범위 안에서 더욱 효과적으로 이뤄질 수 있다. 그 까닭은 지역사회 내의 사회적경제를 활용한 환경교육은 학교 환경교육이 사회 환경교육과 유기적으로 연결되어 진행되게 하며, 이를 통해 학생들이 본인이 거주하는 주위 환경에 대한 애착심과 감수성, 상상력을 더욱 증진시킬 수 있게 하기 때문이다. 나아가 사회적경제를 활용한 환경교육은 공동체 구성원들에게 요구되는 사람과 사람 사이의 신뢰와 소통, 협력, 사회적 연대 같은 사회적 자본의 축적을 촉진하는 데서도 그 가치를 찾을 수 있다. 이를 통해 사회적경제는 환경교육의 구성과 내용을 확대하고 심화시키는 데도 공헌할 수 있다.

115 피엔은 통합적인 환경교육에 있어 핵심적인 개념으로 상호의존(interdependence), 지속가능한 자원관리(Sustainable resource management), 지속가능한 가치와 생활방식 선택(Sustainable values and lifestyle choices), 그리고 시민참여(civic participation)를 거론한다. John Fien & Daniella Tilbury(1996), pp.20~23.

VIII. 결론

우리는 기후 위기 시대를 살아가고 있다. 위기에 직면하게 된 주된 원인은 자연환경을 개별 상품으로 해체시킴으로써 결과적으로 환경파괴를 가속화시킨 자본주의 시장경제체제에서 찾을 수 있다. 오늘날 지역적, 국가적, 전 지구적 차원에서 심각한 양상을 띠고 있는 환경문제는 생산과 소비, 교역 등 시장경제 활동의 직접적 결과임을 부인하기는 어렵다. 대안은 무엇일까? 마르크스 관점에 입각해 환경문제를 탁월하게 분석하는 것으로 유명한 존 벨라미 포스터(John Belamy Foster)는 『생태 혁명(The Ecological Revolution)』에서 자본축적 체계 전체를 유지하려는 사회적 관계 자체와 인류와 지구의 관계를 근본적으로 변화시킬 대규모 사회적 변혁으로서 '생태 혁명'을 주장하고 있다. 그는 전 지구적 생태 재앙이 사회적 약자들에게 가중되면서 재앙 자본주의에 대항하는 생태 혁명의 투쟁이 분출하고 있다고 지적한다.[116]

지구환경을 보존하고 보다 높은 삶의 질을 누리기 위해서는 이에 부응하는 가치, 행동, 삶의 방식을 갖춘 시민을 양성하는 교육이 필요하다. 특히, 지구적 환경문제를 초래한 기존의 성장과 발전 패러다임을 환경과 지속가능성의 관점에서 비판적으로 검토해야 하고, 이 바탕 위에서 지속가능한 미래와 사회변혁을 위해 필요한 가치, 행동, 삶의 방식을 갖춘 시민을 어떻게 양성할 것인가를 고민해야 되는 것이다. 최근 들어와 전 세계적으로 다양한 탈성장 담론들이 제시된 것은 이러한 문제인식으로부터 비롯된 것이다. 예를 들어, 라틴 아메리카에는 모든 종류의 발전에 대한 급진적 비판으로 사용되는 용어로 '좋은 삶', '조화로운 삶'이란 뜻의 부엔 비비르(El Buen Vivir)가 있다. 부엔 비비르는 인간을 비롯한 뭇 생명을 생산하고 부양하고 보호하는 어머니 대지(pachamama)를 신성시하고 자연과 인간의 조화로운 관계 속에서 공존과 공생의 삶

116 남반구 지역에서 일어나고 있는 생태적 전환의 사례로는 쿠바, 브라질의 쿠리치바와 포르투 알레그리, 인도의 케랄라 등을 들 수 있다. 쿠바는 지구상에서 가장 혁명적인 농업생태 실험과 보건·과학·교육제도에서 뚜렷한 변화의 성과를 내고 있다. 이러한 전환은 소련 붕괴 이후의 특수 시기에 강제된 조치에 불과한 것이 아니라 쿠바의 혁명 전통에 깊이 뿌리를 두고 있다. 이미 1970년대에 생태학자인 카를로스 라파엘 로드리게스(Carlos Rafael Rodrigues)는 "자연에 대한 사회의 관계와 경제를 조화시킨 개발"을 의미하는 '통합개발과 기초 수립'이란 정책 논리를 제시했다. 존 벨라미 포스터(2010), pp.375~376.

을 지향하는 안데스와 아마존 지역의 토착 원주민들의 전통적인 우주관과 삶의 방식, 윤리에서 유래한다(조영현, 2019: 30~31). 에두아르도 구디나스(Eduardo Gudynas)는 부엔 비비르의 특징을 자연의 고유 가치를 중시하고 서로 긴밀한 관계에 있는 다양한 생명체들을 아우르는 공동체를 지향하는 점에서 찾는다. 내부적으로 다양한 이념 노선이 존재하는 부엔 비비르는 서구의 발전 담론을 비판하고 역사적 과정의 다양성을 옹호한다는 점에서 서구 발전모델에 대한 대안 모델로도 평가된다. 원주민들이 갖고 있는 전통적인 생태적 감수성을 자연의 권리와 돌봄의 윤리라는 근현대적 아이디어와 결합시킨 부안 비비르는 남미 여러 나라의 입법과 정치과정에 영향을 미쳤다(자코모 달리사·페데리코 데마리아 외. 2018: 356~362).

인도의 철학자이자 경제학자인 쿠마라파(Joseph Cornelius Kumarappa)가 제안한 경제모델인 '영속의 경제(Economy of Permanence)' 역시 탈성장 담론 중의 하나로 분류된다. 간디의 경제학 원칙에 영향을 받은 영속의 경제는 사람들이 스스로 관리하고, 우선적 필요를 충족하며, 작은 마을의 산업과 자급자족 농업을 돕는 민주주의를 세우는 것을 목표로 한다. 쿠마라파는 "영속하는 자연의 비밀은 삶의 지속성을 유지하기 위해 다양한 요소들이 긴밀히 협력하는 순환에 있다"라고 지적한다. 이런 신념에 기초해 쿠마라파는 '전인도마을산업연합', '전인도방적공연합'이란 단체를 결성하고 전통적 생산품의 제작 기술을 육성해 마을 주민들이 자급자족할 수 있도록 도왔다. 이는 서구화와 근대성에 끌렸고 도시 중심의 산업화를 이끈 네루와 대치되는 것이었다. 쿠마라파의 모델은 풀뿌리 단위에서 지속적으로 실천되고 있으며, 에른스트 슈마허(Ernst Friedrich Schumacher)나 이반 일리치(Ivan Illich) 같은 탈성장의 선구자들에게 영향을 주었다(자코모 달리사·페데리코 데마리아 외. 2018: 363~368).

독일의 생태여성주의 사상가이자 활동가인 마리아 미즈(Maria Mies)와 그의 동료인 베로니카 벤홀트-톰젠(Veronica Benholdt-Thomsen)은 현재의 세계화된 자본주의 경제가 노동자와 농민에 대한 자본의 착취, 여성에 대한 남성의 착취, 제3세계에 대한 제1세계의 착취, 자연에 대한 인간의 착취라는 4중의 착취로 이뤄져있다고 주장한다. 이런 체제 안에서 자기 삶이 타인과 자연에 대한 착취에 기반하지 않기 위해, 또한 착취 받지 않기 위해서는, 자본주의에 대한 저항, 가부장제에 대한 저항, 식민주의에 대한 저항, 성장주의에 대한 저항이 필요하다는 것이다. 그리고 이 모든 것을 충족하는 삶의 양식이 바로 먹을거리, 옷, 집 같은 의식주에 필요한 재화를 스스로 공급하는 자급이라고 한다. 이 점은 마리아 미즈와 베로니카 벤홀트-톰센이 함께 집필한 책인 『힐러리에게 암소를: 자급의 관점(Eine Kuh für Hillary. Die Subsistenzperspektive)』(1997)에 구체적으로 설명되어 있다.[117]

이 글에서는 기후 위기 시대에 걸맞은 환경교육과 지속가능발전교육의 방향과 내용을 살펴보았다. 우리 주변에는 더 많은 소비를 위해 맹목적으로 부를 축적하고 끊임없이 경쟁하는 것을 자연스럽게 여기는 호모 이코노미쿠스(homo economicus)가 너무 많다. 대중들에게 상식의 지위를 차지하고 일상적 실천으로 보편화된 호모 이코노미쿠스의 가치관과 생활양식이 바뀌지 않는다면 노동력을 착취하고 자연을 파괴하는 행태도 버젓이 지속될 것이다.[118] 환경문제의 심각성을 제대로 인식하지 못하고 자연과 교감할 수 있는 능력 또는 자연과 우리 자신이 조화롭게 어울릴 수 있는 감성이 결핍된 사람인 '생태맹'(우석훈, 2009: 236)들이 도처에 넘쳐나는 것은 다 까닭이 있는 것이다. 그러다 보니 환경문제가 공론장의 영역에서 별반 의제화되지 않고 정치인들

117 이 책에서는 좋은 삶을 위해 필요로 한 점을 다섯 가지로 정리하고 있다. 1) 아래로부터의 관점: 여성들이 삶을 유지하는 전략인 일상생활의 정치에서 출발한다. 2) 자급 관점은 실질적인 생계 수단을 확보함으로써 현실화된다. 외부의 힘이나 기관에 의존하지 않고 스스로의 삶을 살아가는 공동체의 역량이 필요하다. 3) 독립적으로 살 수 있는 능력에 대한 의식을 가진다. 4) 사회주의적이고, 성차별적이지 않으며, 비식민주의적이고 생태적인 유토피아다. 유토피아는 모든 사람의 자립적인 삶을 재생, 유지하는 데 기초를 두어야 한다. 5) 차별을 자연스러운 것으로 받아들이지 않는다. '제1세계'와 '제3세계' 등의 계급-이원론적이며 위계적인 구분의 용납할 수 없다. 마리아 미즈·베로니카 벤홀트-톰젠(2013), p.27.

118 독일의 정치학자인 울리히 브란트(Ulrich Brand)와 마르쿠스 비센(Markus Wissen)은 이 같은 특징을 지닌 생활양식을 제국적 관계를 통해 분석한다. 그들이 명명한 '제국적 생활양식(Imperiale Lebensweise)'은 자본주의 사회의 재생산에서 본질적인 계기로 북반구 주민의 정치적, 경제적, 문화적 일상 구조와 실천에 깊이 자리하고 있던 생산과 분배와 소비 규범을 가리킨다. 그런데 제국적 생활양식은 점차적으로 남반국의 신흥경제국에도 유입되었고, 중간계급과 하층계급에게까지 광범위하게 공유되었다. "인구 대다수의 재생산이 기능적인 제국적 관계에 여러 가지 방식으로 의존하게 되었다"라는 것은 제국적 생활방식이 헤게모니를 차지하게 되었다는 것을 의미한다. 자동차와 스마트폰 등을 구매하고 사용하는 것과 같이 자명하고도 반복적인 일과를 지닌 제국적 생활양식은 많은 사람들에게 주관적으로 충족된 삶의 가능성을 의미한다는 것이다. 그러나 제국적 생활양식은 남반구의 인간과 자연을 착취하고 자연 파괴의 대가를 외부에 전가시킴으로써 가능했다는 것이다. 나아가 제국적 생활양식은 남성중심주의와 유럽 중심주의, 인종주의와 식민주의까지 필수적 구성 요소로 삼고 있다고 지적한다. 울리히 브란트·마르쿠스 비센(2020), pp.78~80.

과 관료들도 환경 관련 정책을 의사결정과정에서 우선시하지 않는다. 사정이 그렇다면 환경교육이라도 제대로 행해져야 하지만 현실은 전혀 그렇지 않다. 한국의 교육계는 환경교육을 제대로 실시하기에는 그 토양이 너무나 척박하다. 여전히 적자생존, 승자독식 등의 시장지상주의가 지배하는 교육 현장을 보라. 이런 시대에 환경에 대한 관심을 촉발하고, 지속가능발전을 위한 적극적 참여를 고무하는 교육을 실행하는 것은 지난한 일일 것이다.

결국 관건은 우리가 직면한 환경문제를 어떤 관점에서 바라보고, 이에 어떻게 대처해 나가느냐 하는 점으로 보인다. 환경위기를 초래한 원인의 기저에는 인간의 환경에 대한 가치관이나 태도가 있기 때문이다. 이는 장기적인 측면에서 온전한 환경교육을 통해 함양될 수 있다. 현실이 불만족스러울수록 더욱 우리는 타당하고 적실성 있는 교육을 지향해야 한다. 환경과 관련해서는 환경에 대한 올바른 가치관 및 태도를 기르고, 환경과 인간 간의 관계를 이해하게 하며, 환경문제에 대한 탐구 및 문제 해결을 추구하는 교육이 여기에 해당한다. 기후 위기 상황을 고려하면 환경교육은 여기에 머물러서는 안 된다. 끝없이 생산과 소비를 강요하면서 파국을 향해 달려가는 자본주의 체제를 단지 지속가능하게 하는 데서 만족하지 말고 이를 생태적으로 전환하는 실현 가능한 기획을 강구하고 실행하는 데까지 이르러야 한다. 위에서 소개한 '부엔 비비르', '영속의 경제', 자급의 삶은 자연과 인간의 조화로운 관계 속에서 공존과 공생의 삶을 지향하는 탈성장 담론이라는 데서 우리에게 주는 함의가 매우 크다. 생태주의에 기반해 인간과 자연환경과의 조화로운 관계를 지향하는 생태공동체 실험은 다중의 착취로 구성되는 세계화된 자본주의 경제에 대한 하나의 대안으로서 기후 위기 시대에 요구되는 탈성장사회의 전망을 제시하고 있다.

이 글에서 살펴본 발자국 개념을 이용한 환경교육, 환경정의교육, 사회적경제를 활용한 교육은 각자 장단점을 지니고 있다. 그럼에도 이들 교육은 학자와 교사, 학생, 학부모 등 교육관계자들에 의해 환경교육의 유용한 자원으로 활용될 수 있다. 인류가 처한 환경문제를 파악하고 그 해결 방안을 위한 프로그램을 개발하는데 나름대로 가치가 있는 것들인 것이다. 이들은 환경문제를 초래한 원인이 무엇이며 이를 어떻게 대처해 나갈 것인지에 대해서 일관되지 않은 관점에서 기술하고 가르치고 있는 기존의 환경교육의 한계를 극복하는 데 도움을 줄 수 있다. 나아가 이는 환경교육의 구성과 내용을 확대하고 심화시킴으로써 환경정책과 교육정책 수립자들에게도 환경교육이 목표 실현을 위한 체계적인 전략에 더욱 부응토록 하는 데도 공헌할 수 있다. 다만 이들 교육은 학교와 같은 제한된 공간보다는 지역공동체라는 범위 안에서 다양한 구성원들과 유기적 관계를 맺으며 실시될 때 더 효과적이라고 할 수 있다.[119] 그러나 환경정의교육을 제외하고 이들 교육은 지구가 처한 긴박한 환경문제의 해결과 관련해서 현재의 생산 및 소비의 가치 또는 울리히 브란트와 마르쿠스 비센이 말하는 '제국적 생활양식'을 바꾸고 인류와 지구의 관계를 근본적으로 변화시키는 것을 언급하지 않는 점에서 그 한계 역시 분명하다.

119 지역공동체에 기반한 자립의 기본단위는 마을이다. 마을은 자급자족과 자치가 가능한 가장 작은 단위의 사회구조로서 착취에 기반한 서구의 산업자본주의의 대안이 될 수 있다. 그런 점에서 마을은 단순히 시골에서 여러 집이 모여 살며 주로 1차 산업으로 생활하는 곳만을 의미하지 않는다. 예로부터 많은 사상가들은 권력과 부의 축적과 폭력과 강제가 없이 모두 자발적인 경제활동과 협력을 통해 평등하고 자유롭게 살아갈 수 있는 곳으로 마을을 지목하였다. 대표적인 사상가가 간디이다. 간디는 기본적 필요에 관해서는 이웃으로부터 독립되어 있고, 그러면서도 의존이 불가피한 다른 여러 가지에 관해서는 상호의존적인 완전한 공화국인 '마을 스와라지(Village Swaraj)'를 구상하였다. "진정한 민주주의와 마을 생활을 사랑하는 사람이라면 마을의 청소부, 실 잣는 사람, 야경꾼, 의원(醫員)이면서 동시에 학교 선생이 될 수 있다"라는 것이다. 간디는 마을 스와라지의 기본 원칙들은 완전한 지적·도덕적 성장과 결합된 인간의 행복, 생계를 위한 노동, 약자들을 포함한 모두의 이익을 증진하는 사회정의, 부자들이 소유한 여분의 부의 신탁, 탈중심화, 스와데시, 자급자족, 협동, 불복종, 종교의 평등, 마을을 운영하는 판차야트라지, 사람들 속에 있는 최고의 것을 끌어내는 교육인 '나이탈림'을 제시한 바 있다. 마하트마 간디(2011). pp.61~65.

참고문헌

"한국 생태발자국 보고서 2016" https://www.wwfkorea.or.kr/data/file/korean_report/3554271915_f1DoOGpn_a49d86c25013dd47b2c22731c3c9df0a4e2be553.pdf

간디, 마하트마. 김태언 역. 『마을이 세계를 구한다』. 서울: 녹색평론사, 2011.

김태균·우창빈 외. 『누구를 위한 지속가능발전인가? 유엔 지속가능발전의 비판적 성찰』. 고양: 인간사랑, 2023.

김현대. 『협동조합도시』. 파주: 한울아카데미, 2013.

김현미·강미연 외. 『친밀한 적: 신자유주의는 어떻게 일상이 되었나』. 서울: 이후, 2010.

노드하우스, 윌리엄. 황성원 역. 『기후카지노: 지구온난화를 어떻게 해결할 것인가』. 파주: 한길사, 2017.

달리사, 자코모·페데리코 데마리아 외. 『탈성장 개념어 사전』. 홍성: 그물코, 2018

도일, 티모시·머그 맥케이건. 이유진 역. 『환경정치학』. 서울: 도서출판 한울, 2002.

라슨, 칼레 외. 노승영 역. 『문화유전자 전쟁: 신고전파 경제학의 창조적 파괴』. 파주: 열린책들, 2014.

롤즈, 존. 황경식 역. 『정의론』, 서울: 이학사, 2003.

루브, 리처드. 김주희·이종인 역. 『자연에서 멀어진 아이들』. 서울: 즐거운상상, 2017.

리즈, 윌리엄·마티스 웨커네겔. 이유진 외 역. 『생태발자국』. 서울: 이매진, 2006.

만, 마이클·톰 톨스. 정태영 역. 『누가 왜 기후변화를 부정하는가: 거짓 선동과 모략을 일삼는 기후변화 부정론자들에게 보내는 레드카드』. 서울: 미래인, 2017.

미즈, 마리아·베로니카 벤홀트-톰젠. 꿈지모 역. 『자급의 삶은 가능한가: 힐러리에게 암소를』. 서울: 동연, 2013.

밀브래스, 레스터. 이태건·노병철 외 역. 『지속가능한 사회: 새로운 환경 패러다임의 이해』. 고양: 인간사랑, 2001.

베데커, 카롤린·미하엘 칼프 외. 김인숙·남유선 역. 『MIPS 환경교육: 지속가능한 소비생활을 위하여』. 서울: 도서출판 울력, 2007.

본드, 패트릭. "정치행동과 계급투쟁만이 지구를 구할 수 있다." 이안 앵거스 엮음. 『기후정의: 기후변화와 환경 파괴에 맞선 반자본주의의 대안』. 서울: 이매진, 2012.

브란트, 울리히·마르쿠스 비센. 이신철 역. 『제국적 생활양식을 넘어서: 전 지구적 자본주의 시대의 인간과 자연에 대한 착취』. 서울: 에코리브르, 2020.
삭스, 제프리. 홍성완 역. 2015.『지속 가능한 발전의 시대』. 서울: 21세기북스, 2015.
상셀, 뤼카. 이세진 역.『지속 불가능한 불평등: 사회정의와 환경을 위하여』. 서울: 니케북스, 2023.
세계환경발전위원회. 조형준·홍성태 역.『우리 공동의 미래: 지구의 지속가능한 발전을 향하여』. 서울: 새물결출판사, 2005.
오마이뉴스 특별취재팀.『마을의 귀환: 대안적 삶을 꿈꾸는 도시공동체 현장에 가다』. 서울: 오마이북, 2013.
우석훈.『생태페다고지: 탈토건 시대를 여는 생태교육』. 서울: 개마고원, 2009.
웨인라이트, 힐러리. 김현우 역.『국가를 되찾자: 대중 민주주의의 실험실을 찾아가는 현장 탐사기』. 서울: 이매진, 2014.
장원봉. "사회적경제(Social Economy)의 대안적 개념구성에 관한 연구 - 유럽과 한국의 사례를 중심으로." 한국학중앙연구원 한국학대학원 박사학위논문, 2005.
장효종·마틴 엠슨 외.『기후위기, 불평등, 재앙: 마르크스주의적 대안』. 서울: 책갈피, 2021.
정태인·이수연,『정태인의 협동의 경제학: 사회적경제, 협동조합 시대의 경제학 원론』. 서울: 레디앙, 2011.
제정임 엮음.『마지막 비상구: 기후위기 시대의 에너지 대전환』. 파주: 오월의봄, 2019.
조성화·안재정 외.『교육과 지속가능발전의 만남: 교사를 위한 지속가능발전교육』. 서울: 북스힐, 2015.
조영현. "'부엔 비비르'(Buen Vivir) 담론 내부의 이념 노선에 대한 연구" Asian Journal of Latin American Studies. Vol.32, No.1. 2019.
조천호.『파란 하늘 빨간 지구: 기후변화와 인류세, 지구시스템에 관한 통합적 논의』. 서울: 동아시아, 2019.
주성수.『사회적경제: 이론, 제도, 정책』. 서울: 한양대학교 출판부, 2010.
퍼트남, 로버트. 안청시 외 역.『사회적 자본과 민주주의』. 서울: 박영사, 2000.
포스터, 존 벨라미. 박종일 역.『생태 혁명: 지구와 평화롭게 지내기』. 고양: 인간사랑, 2010.
프렌치, 힐러리. 주요섭 역.『세계화는 어떻게 지구환경을 파괴하는가』. 서울: 도요새, 2003.
테르보른, 예란. 이경남 역.『불평등의 킬링필드』. 서울: 문예춘추사, 2014.
하트, 폴. 최돈형·진옥화 외 역.『교사가 생각하는 환경교육: 의식과 책임감』. 서울: 원미사, 2007.
하퍼, 찰스. 정대연 역.『지속가능한 지구를 위한 환경사회학』, 파주: 한울아카데미, 2010.

드 한, 게어하르트. “독일의 학교환경교육 실태와 강화 방안.” 최돈형·손연아. 『한국과 독일의 학교환경교육 국제비교와 강화방안 연구』. 한국교육개발원, 1999.

한국환경교육학회. “국가 차원의 환경교육 추진체계 구축방안 연구.” 환경부, 2017.

한재각. 『기후정의: 희망과 절망의 갈림길에서』. 서울: 한티재, 2021.

험프리, 크레이그·프레드릭 버틀. 양종회·이시재 역. 『환경사회학: 환경·에너지·사회』. 서울: 사회비평사, 1995.

환경부·환경교육센터. 『교육실천가를 위한 사회환경교육론 1』. 서울: 이담북스, 2019.

Baumert, Stefanie & Kathleen Schlütter (Hrsg.). *Nachhaltigkeit. Auf den Spuren eines Begriffs und seiner Bedeutung im universitären Kontext*. Münster: LIT Verlag, 2013.

BLK(Bund-Länder-Kommission für Bildungsplanung und Forschungsförderung). *Informationen* 2004. Bonn: BLK, 2004.

Dobson, Andrew. Citizenship and the Environment. New York: Oxford University Press, 2003.

Fien, John & Daniella Tilbury. Learning for a Sustainable Environment: *An Agenda for Teacher Education in Asia and the Pacific*. Bangkok: UNESCO Principal Regional Office for Asia and the Pacific, 1996.

Johnson, Edward A. & Michael J. Mappin (eds.) *Environmental Education and Advocacy. Changing Perspectives of Ecology and Education*. Cambridge: Cambridge University Press, 2005.

Lucas, Arthur Maurice. “Environment and Environmental Education: Conceptual Issues and Curriculum Implications.” Ph.D. Dissertation, Ohio State University, 1972.

Moyn, Samuel. *Not Enough. Human Rights in an Unequal World*. Cambridge: The Belknap Press of Harvard University Press, 2018.

Pufé, Iris. *Nachhaltigkeit*. Konstanz: UVK Verlagsgesellschaft, 2017.

Reinhardt, Volker. “Demokratie-Lernen.” Dirk Lange & Reinhardt Volker. *Basis wissen Politische Bildung Band. Band 1: Konzeptionen, Strategien und Inhaltsfelder Politischer Bildung*. Baltmannsweiler: Schneider Verlag GmbH, 2017.

Rode, Horst & Dietmar Bolscho et.al. *Umwelterziehung in der Schule. Zwischen Anspruch und Wirksamkeit*. Wiesbaden: Springer, 2001.

Shragge, Eric, Peter Graefe & Jean-Marc Fontan. *The Citizenship Building Consequences of Quebec's Social Economy*. Research Report, Canadian Policy Research Networks, September 2001.

Simons, Daisy. "What is 'climate justice'?" *Yale Climate Connections*, July 29, 2020. https://yaleclimateconnections.org/2020/07/what-is-climate-justice/

Stone, Michael K. & Zenobia Barlow (ed.). *Ecological Literacy. Educating Our Children for a Sustainable World.* San Francisco: Sierra Club Books, 2005.

12장.

국제정치교육[120]

진시원

Ⅰ. 서론

세계화와 지역주의의 확산은 국내정치와 국제정치를 이해하는데 있어서 기존에 전통적으로 사용되던 정치학적 인식론과 방법론의 변화를 요구하고 있다. 기존의 정치학적 인식론과 방법론은 다음과 같은 두 가지 핵심 가정에 기초한 것이었다. 첫째는 일국의 국내정치는 국제정치적인 요인과는 별개로 독립적으로 연구할 수 있다는 가정이었으며, 둘째는 국내정치와 국제정치는 경제, 사회, 문화, 외교안보 등 여타 영역과는 무관하게 독자적으로 이해될 수 있다는 가정이었다.[121]

---

120 이 글은 진시원. "고등학교 국제정치교육 분석과 개선방안", 『국제정치논총』 제45집 3권(2005)를 수정·인용한 것이다.

121 물론 세계화와 지역화 현상이 가속되기 이전에도 국내정치와 국제정치를 연계하여 연구하고, 정치분야에 경제, 사회, 문화, 외교안보, 법, 지리, 역사 등의 분야를 도입하여 연구하는 경우가 많았다. 예를 들어 국내정치와 국제정치 간의 연계연구는 로즈노(Rosenau)의 연계정치이론(Linkage politics theory), 구레비치(Gourevitch)의 제 2 이미지 역전(the second image reversed) 이론, 그리고 푸트남(Putnam)의 양면게임(tow-level games) 이론 등이 있었으며, 비교정치 중에서 지역비교연구(선진국과 개도국의 근대화 이행 비교 연구, 남미와 동아시아의 민주화 비교연구 등)는 국제정치의 지역학(Area studies) 연구와 중첩적으로 연계된 것이었다. 또한 정치경제학, 정치사회학, 지경학, 지정학, 국제법, 외교사, 안보학, 정치문화 등은 정치학에 여타 다른 학문의 성과가 도입되어 연구된 것들이었다. 그러나 이러한 현상들이 분과학문의 전통적인 틀을 벗어나 본격적인 학제간 연구나 통합적 연구로 발전된 것이 아니었다는 점에 주목할 필요가 있다. 즉, 대부분의 정치학은 여전히 국내정치와 국제정치를 이분법적으로 분리하여 연구하는 데 익숙해 있으며, 정치학은 기본적으로 경제, 사회, 문화, 역사, 지리 등의 여타 학문과 분리되어 독자적으로 연구되고 있다. James N. Rosenau (ed.), *Linkage Politcs: Essays on the Convergence of National and International Systems* (New York: The Free Press, 1969); Peter Gourevitch, "International Influences on Domestic Politics: The Second Image Reversed," *International Organization*. V32(Autumn, 1978); Robert D. Putnam, "Diplomacy and Domestic Politics: The logic of Tow-level Games," *International Organization*, 42-3(Summer 1988). 이외에도 국내정치와 국제정치의 연계관계에 대한 최근의 연구는 Robert O. Keohane and Helen V. Milner(eds.), *Internationalization and Domestic Politics* (Cambridge: Cambridge University Press, 1996).

그러나 1980년대 이후 세계화와 지역주의의 심화와 확대가 야기한 국제체제의 상호의존성과 상호취약성의 동시적 심화 현상은 국내정치와 국제정치의 중층적 연계에 대한 심도 깊은 이해를 요구하고 있으며, 이와 동시에 정치를 이해하기 위해서는 정치를 경제, 사회, 문화, 외교안보, 역사, 지리 등의 여타 영역과의 다차원적인 관계망 속에서 이해해야 한다는 인식을 확산시키고 있다. 한마디로 세계화와 지역화가 촉발한 지구촌(global village)과 세계사회(global society)의 등장은 국내정치와 국제정치의 전통적인 이분법적 구분을 희석하고 있으며, 정치를 이해하기 위해서는 경제, 사회, 문화, 외교안보, 역사, 지리, 법 등의 영역을 포괄적으로 이해해야 한다는 학문적 당위론을 강화시키고 있는 것이다.[122]

이에 따라 중등학교 정치교육도 위와 같은 시대적 변화를 맞이하여 그 성격과 내용을 수정해야 하는 전환기적 요구를 부여받고 있으며, 그 요구에 대한 부응은 기존의 정치 교과교육과 교육 내용에 대한 재편과 수정이라고 할 수 있다. 이제 더 이상 국내와 국외를 구분하고 다시 국내와 국외라는 분리된 양 차원에서 정치, 경제, 사회, 문화, 지리, 역사 등의 영역을 해부학적으로 분리해서 연구하고 교육하는 시스템은 지속하기 어렵게 된 것이다. 결론적으로 사회과교육에 대한 통합 노력과 학제 간 연구의 필

122 국제정치학에서 이러한 인식은 국제정치학의 내용과 범위를 확장시켰다. 예를 들어 국가 간의 관계만을 다루던 전통적인 국제정치학적 방법론과 인식론은 이미 퇴조했으며, 국가 이외의 다양한 국제정치 행위체(국제기구, 지역기구, 다국적기업, 국제투기세력, 세계시민운동단체 등)에 대한 연구가 활성화 되었으며, 다양한 행위체를 다루기 위한 학문적 노력은 다양한 인접 학문과의 통합 노력과 학제간 연구의 활성화를 촉발했다. 예를 들어 첫째, 다국적기업을 이해하기 위해서 국제경영(International Business)과 지리경제학(Geoeconomics) 등의 학문이 국제정치학의 분과학문인 국제정치경제(International Political Economy: IPE)에 편입되어 들어왔다. 둘째, 국제투기세력에 대한 연구를 위해서 경제학과 금융공학 등의 전공자들이 국제정치 영역에서 활동하고 있다. 셋째, 국제시민사회운동을 이해하기 위해서는 전통적으로 비교정치 영역인 시민사회 연구에 대한 이해가 선행되어야 했으며, 이에 따라 비교정치와 국제정치의 통합연구가 이루어지고 있다. 넷째, 국제정치에서 세계화 현상과 국가의 권력 퇴조 현상을 연구하기 위해서는 국가에 대한 비교정치와 정치사상 및 정치경제학 분야의 선행 이론과 연구를 도입해야 했으며, 이에 따라 국가론 연구에서 국제정치가 비교정치, 정치사상 및 정치경제학과 통합되는 현상이 이루어졌다. 다섯째, 국제정치학에 미시 경제학적 방법론(합리적 주체론)이 도입되어 합리적 선택론(게임이론)과 신자유주의 제도론 등이 도입되었다. 여섯째, 역사사회학의 도입을 통하여 국민국가(nation-state)의 역사적 기원과 발전 과정에 대한 국제정치학의 연구가 심화되었다. 일곱째, 신자유주의 세계화가 야기하고 있는 지구적 차원의 복지 체제의 재편을 이해하기 위하여 사회복지학과 국제정치학이 통합적으로 연구되고 있다. 결과적으로 위와 같은 현상들은 학제 간 연구의 증가와 통합연구의 활성화를 반영하는 것이며, 이러한 현상은 전통적인 학문명에 일대 변화를 촉발하고 있다. 예를 들어 국제정치(International Politics)라는 용어 대신 세계정치(Global Politics)라는 용어가 더욱 선호되고 있으며, 국제정치경제(IPE)라는 용어는 서서히 세계정치경제(Global Political Economy: GPE)라는 용어로 대체되고 있다. 이러한

요성은 시대적 요청이자 회피하기 어려운 시대적 강제라고 할 수 있는 것이다. 이러한 판단에서 바라볼 때 제6차 교육과정부터 시도되고 있는 사회과교육의 통합 시도는 전향적이고 올바른 시도라고 평가될 수 있다.

본 연구가 고등학교 정치 교과서의 국제정치 관련 내용을 살펴보는 이유는 위에서 언급한 세계화와 지역화의 심화·확대 현상이 야기하는 국제정치교육의 확대 필요성에도 기인하지만, 고등학교 국제정치교육에 대한 교과 내용적 선행연구가 거의 부재하고, 결과적으로 현장 교사들이 수행하는 국제정치교육의 질적 향상을 꾀할 수 있는 교과 내용적 접근이 개척되어야 할 현실적 필요성에 기인하기도 한다. 이 글의 분석 대상은 7차 교육과정이 적용되고 있는 고등학교 정치 교과서 4종(법문사, 지학사, 천재교육, 대한교과서)이며, 연구 방법은 양적연구에 기초한 것이 아니라 비판 이론적 시각에 기초해 있음을 미리 밝힌다.[123] 본 연구는 우선 교과서의 국제정치 관련 내용을 비판적으로 분석해 보고 문제점을 찾아본 이후, 개선 방안을 제시하며 글을 마치고자 한다. 본 연구에서 주장하는 현 국제정치교육의 핵심적인 문제점은 이론의 부재와 교과 내용의 불충분성 및 비일관성, 그리고 한국적 국제정치의 부재 등이며, 이를 개선하기 위하여 본 연구는 이론 중심 교육의 도입과 한국적 국제정치 도입을 통한 동북아외교사와 지정학의 강조 등을 제시하고 있다.

명칭변경 현상은 다음과 같은 세 가지 근본적인 변화를 의미한다. 첫째, 국제(international)라는 용어는 국가 간(inter-nations)의 관계만을 의미하는 것으로서 이러한 용어는 다양해진 국제체제의 행위자들, 예를 들어 다국적기업, 국제기구, 지역기구, 세계시민운동단체 등의 국제체제에서의 영향력을 연구하는 데 한계를 드러내고 있으므로 세계(global)라는 용어로 대체되고 있다. 둘째, 국가 간의 관계만을 다루던 국제(international)라는 용어는 국민국가체제(nation-state system)에서는 해결하기 어려운 국제정치 영역들, 즉 환경, 인권, 여성, 남북문제, 난민, 반전 반핵 등과 같은 중요 이슈들을 포괄적으로 다룰 수 없기 때문에 이러한 이슈 영역들을 담아낼 수 있는 세계(global)라는 용어로 교체되고 있다. 셋째, 정치(politics)라는 용어 대신 관계(relations)라는 용어가 선호되고, 국제(international)보다 세계(global)라는 용어가 광범위하게 사용되는 것은 이들 용어가 세계화가 야기하는 다양하고 복잡한 세계적 차원의 문제들을 학제 간 연구로 혹은 통합연구로 담아내기에 적합한 용어이기 때문이다. 예를 들어 세계정치와 세계정치경제에서는 정치, 경제, 사회, 문화, 역사, 지리, 법 등 다양한 분과학문 간의 학제 간 연구와 통합연구가 경쟁적으로 도입되어 수행되고 있다. 세계정치에 관한 논의는 James Lee Ray, *Global Politics* (Princeton: Houghton Mifflin Company, 1995); John Baylis and Steve Smith, The Globalization of World Politics (Oxford: Oxford University Press, 2001). 세계정치경제에 대한 논의는 Robert Gilpin, *Global Political Economy: Understanding The International Economic Order* (Princeton: Princeton University Press, 2001); Ronen Palan(ed.), *Global Political Economy: Contemporary Theories* (London: Routledge, 2000).

II. 내용 분석과 문제점: 이론과 판별력 부재의 현상 나열식 설명

1. 국제정치교육의 교과 편재와 교과 내용

현재 7차 교육과정에서 국제정치와 연관된 부분은 크게 두 부분이다. 첫째는 선행 학습 영역으로 8학년 사회 'Ⅳ. 현대 세계의 전개' 중에서 소절 '현대사회의 변화' 부분과, 10학년 사회 'Ⅴ. 문화권과 지구촌의 형성' 중에서 소절 '세계화와 지역화' 부분이 바로 그것이다. 둘째는 11-12학년을 대상으로 하는 심화 선택 과목인 정치 교과서에 수록된 내용인 'Ⅳ. 국제사회와 정치'가 바로 그것인데, 본 연구는 정치 교과서의 내용을 집중적으로 살펴본다.

정치 교과서 Ⅳ단원 '국제사회와 정치'는 네 개의 중단원으로 구성되어 있는데, 국제사회의 발달, 국제관계와 국제기구, 국제관계의 변화, 우리나라의 국제관계 등이 수록되어 있다. 교육인적자원부의 『고등학교 교육과정 해설 -사회-』를 살펴보면, 정치 교과서 Ⅳ단원의 목표는 크게 네 가지이다. 첫째, 국제사회의 발달 과정을 살펴봄으로

---

123 본 연구가 교과서 분석에서 양적연구가 아닌 비판이론에 입각한 접근을 수행하는 이유는 다음과 같다. 우선 실증주의에 기초한 교과서 양적분석 방식은 문제해결이론(problem solving theory)에 기초한 접근이라는 비판에서 자유로울 수 없다. 실증주의에 입각한 양적연구의 한계는 현상유지적이며, 사실 중심 접근인 동시에 미시적인 현상개선적 접근이라고 할 수 있다. 반면 비판이론(critical theory)은 가치 중심 접근이자 근본적으로 개혁적인 연구라고 할 수 있다. 즉, 실증주의적 양적연구는 비판이론과는 다르게 근본적인 질문들(예를 들어 교과서에 왜 이러한 내용이 채택되었는지, 이러한 교과내용은 적절한 것인지, 그 배후의 의도와 권력관계는 무엇인지, 교과내용의 문제점은 무엇이고 어떻게 극복할 수 있는지, 누가 그러한 내용을 통해서 무엇을 어떻게 얻고 반대로 누가 무엇을 어떻게 잃고 있는지, 그리고 이러한 문제를 극복하기 위한 근본적인 전략과 대안은 무엇인지 등)에 대하여 연구를 수행하는 것이 아니라 주어진 교과서 내용을 있는 그대로 분석하고 그것을 바탕으로 어떻게 하면 근본적인 구조와 내용 및 형식은 유지한 채 미시적 개선책을 제시하는 단순문제해결 접근이라는 것이다. 한 마디로 실증주의 연구는 비판이론과는 달리 왜라는 근본적인 질문에 대한 탐구정신이 부재한 것이라고 할 수 있다. 문제해결이론에 대한 논의는 Robert W. Cox, "Social Forces, States, and World Order: Beyond International Relations Theory," in Robert W. Cox and Timothy J. Sinclair, *Approaches to World Politics* (Cambridge: Cambridge University Press, 1996). 실증주의 연구의 문제점에 대하여는 Tim May, *Social Research: Issues, Methods and Process* (Buckingham: Open University Press, 1993). 교과서 분석에 있어서 중요한 점은 어떤 지식이 학생들에게 전달되는가도 중요하지만 여기서 간과되어서는 안 될 점은 그 지식이 누구의 이익을 대변하는 것이냐는 것이다. 교과서 지식은 단순한 지식의 결합체가 아니라 사회의 정치, 경제, 사회, 문화적인 권력관계와 이해관계가 갈등하고 경쟁하고 타협된 산물이라는 인식이 필요한 것이다. 따라서 비판이론은 교과서 내용과 지식의 사실적 요인 뿐 아니라 배후의 권력관계와 이해관계를 탐구한다는 점에서 유용한 분석틀이라고 판단된다. Michael W. Apple and Linda K. Christian-Smith (eds.), *The Politics of the Textbook*(London: Routledge, 1991), pp. 1-3.

써 국내적인 관계와는 다른 국제사회의 특징과 행위 주체들을 학습한다. 둘째, 국제관계를 규율하는 국제법과 규칙, 제도 등에 대하여 학습하고 국제기구 및 국제연합의 기능과 과제에 대하여 탐구한다. 셋째, 냉전의 종식과 이에 따른 탈이념화하는 국제질서의 변화 그리고 새로이 부각되는 국제사회의 여러 문제들을 파악하고 그 해결 방안을 탐구한다. 넷째, 국제평화주의 및 외교의 중요성을 이해하고 국제사회의 능동적 시민성을 기른다.

위에서 살펴본 네 가지 목표에 기준하여 현재 검정되어 출판 중인 4종의 정치 교과서는 각 중단원별로 다음과 같은 내용들을 다루고 있다. 첫 번째 중단원(국제사회의 발달)에서는 현재의 국제사회의 기원과 발전 과정, 현재 국제사회의 특징과 다양한 국제관계 행위자를 설명한다. 두 번째 중단원(국제관계와 국제기구)에서는 국제법의 특징과 종류, 국내법과 국제법의 비교, 국제법의 한계, 국제기구의 분류, 국제연합(UN) 소개 등을 담고 있다. 세 번째 중단원(국제관계의 변화)은 냉전기 국제관계의 특징과 탈냉전 이후 국제관계의 변화 양상, 특히 민족주의적 분리·독립 운동, 세계화와 지역화, 남북문제, 인권과 환경문제 등의 등장을 소개하고 이러한 문제들에 대한 해결책 탐구 등을 담고 있다. 네 번째 중단원(우리나라의 국제관계)에서는 국제평화주의를 설명하고 국제사회 구성원으로서 학생들의 올바른 국제사회 시민관 육성을 유도하고 외교의 중요성과 함께 한국 외교의 미래적 과제에 대한 탐구를 싣고 있다. 이와 같은 고등학교 정치 교과서의 국제정치교육 관련 내용(IV. 국제사회와 정치)을 정리하면 다음과 같다.

중단원명	학습주제	학습내용
1. 국제사회의 발달	1. 국제사회의 탄생	• 국제사회의 발달 과정 • 국제사회의 특징 • 국제사회의 상호연관성
	2. 국제관계의 성격과 특징	• 개인 간 관계와 국가 간 관계 비교 • 국제관계의 힘의 논리 • 국제사회의 다양한 행위체
	1. 국제관계의 규율	• 국제법의 특징과 종류 • 국내법과 국제법 특징 비교

2. 국제관계와 국제기구		• 국제정치체계 의미 • 국제법의 한계
	2. 다양한 국제기구	• 국제기구의 변화 과정 • 국제기구의 종류 • 국제연합의 기능 • 국제연합의 과제
3. 국제관계의 변화	1. 국제질서의 변화	• 냉전 시기 국제관계 특성 • 국제질서의 변화 양상 • 미래 국제질서 변화 방향 • 세계화와 지역화
	2. 지구촌 문제	• 다양한 국제적 문제들 • 여러 국제 문제들의 해결책
4. 우리나라의 국제관계	1. 국제평화주의	• 국제평화주의 • 국제사회 구성원으로서 개방적 자세
	2. 국제평화를 위한 외교	• 외교의 의미와 중요성 • 우리나라의 외교적 과제

참조) 박성혁 외 6인,『고등학교 정치: 교사용 지도서』(서울: 천재교육, 2005), p.213.

2. 국제정치교육 교과 내용의 문제점

국제정치 관련 교과서의 가장 큰 문제점은 이론의 부재와 교과 내용의 불충분성 및 비일관성이다. 국제정치 이론에 대한 소개와 학생들의 이론에 대한 기본적인 이해가 없이 이루어지는 국제정치교육은 단편적 지식의 짜깁기에 불과한 사상누각에 가깝다. 국제정치 이론이 교과서에 부재한 근본적인 이유는 교육인적자원부의『고등학교 교육과정 해설서 -사회-』에서 국제정치 이론을 설명하라는 요구가 없었다는데 근본적으로 기인하지만, 4종의 정치학 교과서 중에서 오직 지학사 교과서만이 IIE 학습(Internet in Education)이라는 보조 장치를 통해 이상주의(Idealism)와 현실주의(Realism) 및 급진주의(Radicalism)라는 이론을 소개하고 있는 것은 이해하기 어렵다.[124] 3종의 교과서가 국제정치 이론에 대한 소개와 설명이 부재하고, 지학사에서도

124 이승종 외 5인,『고등학교 정치』(서울: 지학사, 2005), p. 163.
125 국제정치이론은 통상적으로 현실주의, 자유주의, 구조주의, 구성주의로 분류되어 교육되고 있다.

구조주의(structuralism)를 급진주의라는 다소 가치 개입적인 용어로 설명하고 있고, 현대의 다양한 자유주의(Liberalism) 이론의 고전적 형태인 이상주의만을 언급하고 있는 점은 개선이 필요한 부분이다.125

국제정치 이론이 부재한 상황에서 교과서 내용이 현실주의 이론에 기초한 내용들과 자유주의에 기초한 내용들을 내적 일관성 없이 짜깁기된 점 역시 개선되어야 할 부분이다. 예를 들어, 국제관계에서 힘의 논리가 지배한다는 주장은 현실주의 주장에 기초한 주장인 반면, 교과서의 다른 부분에서 국제평화주의 등을 소개하는 것은 기본적으로 자유주의에 기초한 접근이라고 할 수 있다. 이렇듯 현실주의적 주장과 자유주의적 접근이 비일관 되게 짜깁기식으로 구성된 교과 내용은 학생들로 하여금 국제정치 이론을 통하여 일관되고 체계적으로 국제관계를 이해하고 바라보게 도와주는 것이 아니라 오히려 혼돈스럽게 단순 정보만 제공하는 한계와 문제점을 드러낸다. 결국 교과서에서 국제정치 이론의 부재는 단순 현상 기술적인 정보를 내적 연관성 없이 짜깁기식으로 나열하는 한계로 귀결된 것이다.

이론의 부재는 이러한 문제 이외에도 다양한 국제관계 이슈들을 단순하게 절충하여 교과서에서 소개하고 있는 문제를 야기하고 있다. 즉, 교과서에서 국제정치이론의 설명 부재는 교과서 구성과 내용이 이론절충식 단순 정보전달에 머무르고 있는 한계를 노출하고 있는 것이다. 예를 들어, 국제기구와 국제법을 다루면서 교과서에서 현실주의자들은 왜 국제기구와 국제법이 국제 평화와 국가 간의 협력을 도모하는 데 근본적인 한계가 있다고 주장하는지 그리고 자유주의자들은 왜 국제기구와 국제법을 통하여 국제 평화와 국가 간의 협력관계를 강화할 수 있다고 주장하는지에 대한 설명이 부재하다. 이와 같은 이론적 설명의 부재는 교과서 내용이 국제법과 국제기구에 대한 단순 현상 기술 차원의 정보전달 역할에 머무르고 있는 근본 원인이다.

국제정치 교과서의 또 다른 문제점인 내용의 불충분성은 교과서 분량과 원고 매수의 제한에도 기인한다는 점을 인정하더라도 핵심 내용의 설명 부재는 이해하기 어렵다. 예를 들어 현 국제체제의 특징으로 교과서는 힘(권력, power)의 논리가 지배하고 있는 것이라고 설명하고 있으나, 이보다 더욱 핵심적인 특징인 국민국가 체제

(nation-state system)126에 대하여는 설명을 하지 않고 있다. 내용의 불충분성은 또한 핵심 개념에 대한 정의와 설명 부재에서도 찾아볼 수 있다. 예를 들어, 현 국제관계의 특징이 힘의 논리라고 지적했는데 힘(power, 권력)에 대한 정의127는 교과서 어디에서도 찾아볼 수 없다.

---

126 Nation-state를 설명하기 위해서는 우선 nation과 state에 대한 개념 설명과 정의가 필요하다. Nation은 특정한 영토 안에서 공동의 정체성을 지닌 사람들의 집단을 의미하는 것으로 민족, 국민, 국가 등으로 번역될 수 있으며, state는 주어진 영토를 관리하는 중앙집권적이고 법적인 정부 구조를 의미하는 것으로 법적, 제도적, 영토적 국가를 지칭한다. 따라서 이들 양자의 결합체로서의 nation-state는 특정한 nation(민족, 국민)에게 주권을 행사할 수 있는 영토를 제공하기 위해 존재하는 특정한 형태의 state(국가)를 의미하며, nation-state의 합법성은 그러한 기능(즉, 민족이나 국민에게 주권과 영토를 제공하는 것)을 수행하면서 얻어진다. 결국 nation-state는 민족국가 혹은 국민국가 등으로 번역되는데, 예를 들어 다인종 국가인 미국의 nationalism은 미국 민족주의가 아니라 미국 국민주의 혹은 미국 애국주의 등으로 해석되며, 다인종 국가인 중국은 인종 통합을 통한 nation-state의 건설과 공고화를 위하여 민족(주의)이라는 용어 대신이 중화(주의)라는 용어를 사용하고 있다. 중국에서 민족주의라는 용어의 사용은 다양한 인종의 중국으로부터의 분리와 독립국가(민족국가) 건설 시도를 야기할 수 있기 때문이다. Nation-state의 이상형은 단일민족이 하나의 국가를 건설하는 것이지만, 이러한 이상적인 민족국가는 오히려 예외적인 현상이었다. 즉, 유럽에서 nation-state의 건설은 다양하고 복잡한 경로를 거쳐 이루어졌는데, 예를 들어, 다양한 민족과 인종이 하나의 국가를 건설한 경우(국민국가)가 있으며, 이 경우 국민국가의 건설은 무력과 전쟁을 통한 강제적 통합을 통해서 혹은 이질적인 민족과 인종 혹은 지역 간의 경제적 이해관계의 공유(국민국가 건설을 통한 통합된 단일 시장의 확대, 역사적인 장기간의 경제적 교류와 무역의 결과물로서의 자발적 통합)를 통하여 진행되었다. 이렇게 건설된 nation-state 체계는 유럽의 지리적 발견과 제국주의 경쟁에 의하여 지구 전역으로 확산되었다. 정리해 보면, nation-state는 영토와 주권 그리고 공동의 정체성을 지닌 인구로 구성된다고 할 수 있다. 기든스(Giddens)는 전통적인 국가들도 특정 영토 내에서 정부와 법체계 및 군사력을 소유하고 있지만, 이러한 전통적 국가를 근대국가와 구분해 주는 것은 주권(명백한 영토 내에서 정부가 최고의 권위와 권력을 행사하는 것)의 소유 여부라고 주장하고 있다. 기든스는 nation-state는 "영토의 테두리 내에서 주권을 소유하고 있다고 인정되는 하나의 정치적 기제로서 주권을 군사력으로 관리를 통하여 지탱할 수 있고, 시민들은 국민적인 정체성에 대하여 긍정적인 감정"을 가지고 있는 국가 형태라고 설명하고 있다. Anthony Giddens, *Sociology* (Cambridge: Polity Press, 1992), p. 312.

127 정치학과 사회학에서 일반적으로 힘은 주체의 의지와 목적 및 이해관계를 타자가 거부하더라도 부과할 수 있는 일방향의 관계적 능력(relational ability)을 의미하는데, 여기서 능력은 현실화되지 않은 잠재력(potential)과 현실적인 역량(capacity)을 모두 의미한다. 결국, 힘은 주체의 정신적이거나 물질적인 이해관계가 타자의 그것을 희생시키며 관철되는 과정을 통해서 실현되며, 힘은 동의, 설득, 폭력, 강압, 물리력의 위협과 행사 등을 통하여 행사된다 따라서 국제정치에서 힘은 일국이 다른 국가들에게 영향을 미치거나 다른 국가들을 통제하고 관리할 수 있는 능력을 의미한다. 국제정치에서 일국의 힘은 그 나라의 군사력, 경제력, 문화력과 지식 능력, 국제여론 조성 능력 등을 통하여 규정되는데, 나이(Nye)는 일국의 힘을 연성힘(soft power)과 강성힘(hard power)으로 구분한다. 나이는 연성힘은 일국의 문화, 이념, 제도 등을 통한 설득과 타국의 이에 대한 자발적 참여를 통하여 이루어지는 간접적인 권력 행사 방식이라고 설명하고, 강성힘은 경제력과 군사력을 통한 직접적인 권력 행사 방식이라고 설명한다. 나이는 연성힘은 토론, 문화적 가치, 이념의 공유, 대화, 인간의 보편적 가치에의 호소 등을 통하여 행사되며, 강성힘은 경제력과 군사력을 통한 위협과 시위 및 실제적 행사를 통하여 구현된다고 주장한다. 나이는 경제력을 강성힘으로 규정하고 있으나 다른 학자들은 경제력을 연성힘으로 규정하기도 한다. Joseph S. Nye, Bound to Lead: The Changing Nature of World Power (New York: Basic Books, 1990). 카(Carr)는 힘을 군사력과 경제력 및 여론에의 지배 등으로 분류하고 있다. 힘을 정의하는데 있어서 카의 특징은 여론 지배력 또한 힘으로 규정하고 있다는 점이다. E. H. Carr, *The Twenty Years' Crisis, 1919-1939: An Introduction to the Study of International Relations* (London: Macmillan, 1939), p. 108.

내용의 불충분성은 이외에도 교과서의 국제정치 관련 핵심 용어와 개념에 대한 잘못된 설명과 정의에서도 찾아진다. 예를 들어 국제정치체계에 대한 설명을 시도하면서 체계(system)에 대한 정의를 "공동의 목표를 갖고 상호작용하는 요소들의 집합체"라고 쓰고 있으며[128], regionalism을 권역주의라고 명시하고 있는데[129] 이러한 정의와 용어는 부정확하며 옳은 설명이 아니다. Regionalism은 지역주의라고 학계에서 일반적으로 표기하고 있으며, 체계는 행위자(agent)와 구조(structure) 그리고 이들 간의 과정(process)을 총괄하는 개념으로 이해할 수 있다. 예를 들어, 국제정치체계는 국민국가와 다국적기업, 국제기구, 지역 기구, 국제투기자본, 국제 NGOs 등과 같은 다양한 행위자와 국제안보구조, 국제지식구조, 국제무역구조, 국제금융통화구조 등과 같은 다양한 구조로 구성되어 있으며, 행위자와 행위자 간의 상호주관적(inter-subjective) 과정과 구조와 행위자 간의 상호주관적 과정 등으로 구성된다고 볼 수 있다.[130] 체계를 공동의 목표를 가지고 상호작용하는 요소들의 집합체로 본다면, 국제정치체계는 행위자들 간의 이질적인 목표 때문에 발생하는 갈등과 긴장, 전쟁 가능성 등이 없는 평화로운 체계로만 이해할 수밖에 없는 문제가 발생한다. 국제정치체계는 평화 상태

---

128 김왕근 외 5인, 『고등학교 정치』(서울: 법문사, 2005), p. 182.

129 교육인적자원부, 『고등학교 교육과정 해설 -사회-』(서울: 교육인적자원부, 1997), p. 247.

130 국제정치에서 체계와 관련되어 연구를 진행한 대표적인 학자는 신현실주의의 창시자라고 할 수 있는 왈츠(Waltz)이다. 왈츠는 체계(system)를 "상호작용하는 단위들의 결합(A system is defined as a set of interacting units)"으로 정의하고, 체계는 두 개의 수준(level) 즉, 구조(structure)와 상호작용하는 단위들(units)로 구성되어 있다고 주장한다. 여기서 체계의 구성 요소로서의 구조는 체계가 단위들의 단순한 결합체가 아니라, 체계를 체계 자신만의 독특한 특징을 가진 단위들의 결합체로 만들어주는 역할을 수행한다. 즉, 구조는 체계가 단위들의 결합체로 구성되어 있음에도 불구하고 단위 차원의 단순 결합체로 환원되지 않게 해주는 역할을 수행한다. 달리 표현하면, 구조는 전체로서의 체계가 전체를 구성하는 부분들인 단위들의 단순 결합체가 아닌 자신만의 독특한 특징을 지닌 전체로서 기능하게 만들어주는 것이다. 월츠는 체계이론은 구조와 상호작용하는 단위들이 어떻게 독립적으로 작용하고 있으며, 또한 어떻게 서로 상호작용하고 있는지를 규명하고 보여주는 이론이라고 주장한다. 왈츠의 신현실주의는 국제정치에서 단위체(행위자)로서의 국가와 국가 간의 관계를 중시하기보다는 체계와 구조의 영향력을 강조한다는 점에서 구조적 현실주의로 불리기도 한다. Kenneth N. Waltz, *Theory of International Politics* (New York: McGraw-Hill Publishing Company, 1979), p. 40. 반면, 자유주의자인 나이는 체계는 구조와 과정의 결합체라고 주장하고, 국제정치에서 구조의 결정력보다 단위체들 간의 상호작용적 과정을 중시한다. 즉, 왈츠는 단위들(국가들) 간의 힘의 분배 상황(국가 간의 수직적 힘의 관계와 국내 정치와는 달리 최고 권력의 부재가 야기하는 국제체제의 무정부 상태 그리고 무정부 상태의 위협과 두려움을 극복하기 위하여 국가들이 건설하는 세력균형관계)으로서의 구조를 강조하고, 그 구조의 일차적인 영향력과 결정력을 강조하는 반면, 나이는 단위들(국가들) 간의 대화, 거래, 타협, 흥정, 동의, 평가 등을 포괄하는 상호작용적 과정을 통하여 국제정치의 구조적 영향력(국제체제의 무정부성)을 행위자들이 극복할 수 있다고 주장하는 것이다. 나이의 체계론에 대하여는 Joseph S. Nye, "Neorealism and Neoliberalism," *World Politics*, 40-2(January 1988), p. 249.

보다 전쟁과 갈등상태에 더 가깝다는 점은 상식에 가깝다. 위와 같은 정의는 치명적인 오류인 것이다.

핵심 용어와 개념에 대한 정의의 불충분성과 오류는 여기서 끝나지 않는다. 4종 정치 교과서는 거의 유사하게 외교를 일국이 자국의 국익을 '평화적인' 방법으로 달성하려는 활동이라고 정의하고 있다.[131] 문제는 외교가 반드시 평화적인 방법으로 이루어지지는 않는다는 점이다. 외교는 정치, 경제, 사회, 문화, 무역, 갈등, 전쟁 등의 이슈 영역에서 국가 간 이해관계의 갈등과 충돌을 조정하기 위해 국가를 대표하는 자들이 수행하는 협상의 기술과 실천을 의미한다. 따라서 외교는 국가 간 분쟁과 갈등 및 충돌을 조정하고 협상하는 과정에서 평화유지, 평화건설뿐 아니라 분쟁과 전쟁 가능성도 배제하기 어렵다. 결국 외교가 이해관계의 평화적 해결뿐 아니라 힘의 과시와 위협 및 분쟁과 전쟁 가능성을 열어놓는다는 점에서 반드시 평화적인 행위를 목적으로 한다고 보기는 어렵다. 더욱이 권력과 힘을 중심으로 정치를 이해하는 정치적 현실주의자들에게 전쟁은 다른 수단에 의한 정치의 연속에 불과하다.[132] 외교가 국내정치에 대비되는 대외정치를 의미하고, 현실주의자들에 국제정치의 본질은 힘(권력)으로 정의된 이해(interest defined as power)[133]임을 상정할 때, 외교가 힘의 논리를 무시하고 평화적 행위만을 통해 수행된다는 교과서의 정의는 문제가 있고 불충분한 정의다. 특히, 4종의 교과서가 모두 국제사회의 특징을 '무정부 상태' 혹은 '권력투쟁의 장'이라고 규정하고 있는 상황에서, 외교를 평화적 행위로만 정의하는 것은 논리적 모순이다. 국제정치체계가 무정부상태이고 힘의 논리가 지배하는 사회라면, 각국의 외교는 평

131 예를 들어, "외교란 한 국가가 국제사회에서 자국의 이익을 평화적인 방법으로 달성하려는 활동(지학사, p. 195)" "외교란 한 국가가 국가의 안전보장, 국민들의 경제적 복리 증진, 통상 증대 및 시장과 자원의 확보, 국가의 자주성 확보 등 자국의 이익을 위하여 대외적인 목표를 평화적 방법으로 달성하려는 행위(법문사, p. 201)" "외교란 한 국가가 자신의 정책 목표를 국제사회에서 평화적으로 실현하기 위해 수행하는 모든 행위(천재교육, p. 222)" "외교는 한 국가가 국제사회에서 정치적 목적이나 자국의 이익을 평화적인 방법으로 달성하려는 행위(대한교과서, p. 214)" 등으로 정의되고 있다.

132 이것은 클라우제비츠(Clausewitz)의 주장이다. 클라우제비츠의 전쟁론에 대한 연구는 이종학, 『클라우제비츠와 전쟁론』(서울: 주류성, 2004).

133 현실주의 국제정치이론의 대부 모겐소(Morgenthau)는 정치의 본질을 '권력으로 정의된 이해'로 규정한다. Hans J. Morgenthau, *Politics among Nations: The Struggle for Power and Peace* (New York: Alfred A. Knopf, 1985), p. 13.

화적 수단뿐 아니라 힘의 과시와 위협 및 무력과 전쟁이라는 수단도 병행하고 있다는 점을 교과서에서 명시하고 설명하는 것이 더욱 일관성과 정합성을 지닌 교과 내용의 구성이기 때문이다.

국제정치 관련 교과서 내용의 문제점은 여기서 그치지 않는데, 한국적 국제정치에 대한 접근이 부재한 점은 또 다른 개선 사항이다. 4종의 교과서는 국제정치를 설명하면서 한국이 위치하고 있는 동북아 지역의 국제정치적이고 지정학적인 특징과 구조에 대한 언급이 부재하며, 근본적으로 서구 중심적 국제관계학을 소개하는 차원에 머무르고 있다. 예를 들어, 현재 국제체제의 기원을 베스트팔렌 조약에서 기원하는 것으로 설명하고, 한국을 포함한 동아시아 국가들의 근대국가 체제는 서구의 제국주의 침탈에 대항하는 차원에서 발생한 수동적이고 방어적인 성격의 것으로 설명하고 있다. 그러나 이러한 주장은 서구 중심주의적 접근이며, 한국적 국제정치에 대한 고민과 소개가 부재하다는 점에서 개선되어야 필요성이 크다. 좀 더 구체적으로 설명하면, 개화기 이전 동북아 지역의 전통적 국제관계와 국가유형이 왜 어떻게 서구의 근대적 국제관계와 국가유형과 다른지에 대한 설명이 없이, 서구 학자들이 서구의 경험을 중심으로 정립해 온 설명과 주장들을 학생들에게 일방적으로 전달한다는 것은 학문의 대외 의존성과 학문의 주체성 확립 부재 의식을 여실히 보여주는 대목이다.[134]

---

134 개화기 이전 동아시아의 전통적인 국제관계는 중화사상과 화이질서를 기반으로 한 조공과 책봉체제라는 구조적 특징을 지니고 있었다. 세계의 중심으로서 중국과 주변국(조선, 일본, 베트남 등) 간의 조공과 책봉체제는 그 속성이 수직적 권력관계였는지 아니면 본질적으로 중국과 주변국 간의 형식적인 권력관계였는지에 대한 논쟁은 지속되고 있다. 그러나 조공과 책봉체제가 수직적이었나 형식적이었나를 규명하는 논쟁도 중요하지만, 이러한 동아시아 국제체제에 편입되지 못한 것은 당시 동아시아 중심 국가였던 중국과의 문화와 사상 및 경제(무역) 등과 같은 영역에서의 제반 교류 관계에 참여하지 못하는 크나큰 불이익을 의미했으며, 결과적으로 당시 동아시아 국제체제에 참여하지 못함으로써 동아시아 국제정치적 행위자로서의 영향력이 부재했거나 약화되었다는 점을 의미한다. 사실 국제관계사를 가르치면서 서구 국제관계사 이외에 동아시아의 전통적 국제관계사를 반드시 교과서 내용에 수록해야 하는지에 대한 논란이 있다. 비유를 들자면, 민주주의와 인권을 가르치는데 동아시아의 왕도정치를 교과서에 포함시키는 것 보다 서구 중심의 민주주의와 인권 발전사를 중심으로 가르치는 것이 보다 설득력이 있듯이, 서구 중심의 국제관계사 교육을 통해 서구에서 태동한 국민국가체제 중심의 현대 국제체제를 가르치는 것이 낫다는 주장도 있다. 김승일, "동아시아 공동체의 전통 이념과 계승발전," 미래인력연구센터(편), 『21세기 동아시아 협력: 그 필요성과 미래 예측』(서울: 넥서스, 1999); 하정식, "19세기 동아시아 국제질서의 갈등과 모색," 하정식·유장근(편), 『근대 동아시아 국제관계의 변모』(서울: 혜안, 2002). 19세기 중반과 후반의 개화기 당시 동아시아(조선과 청)의 국가유형과 유럽의 국가유형의 차이는 크게 동아시아의 왕조국가(dynastic states)와 유럽의 nation-state로 구별되는 데 이들의 특징 비교는 다음과 같다.

또한 고등학교를 졸업하고 국제정치에 대한 교육을 받을 기회가 없는 학생들이 적지 않은 수임을 상기할 때, 한국의 국제정치적 상황(즉, 지정학적이고 지경학적인 동북아의 한반도 위치)에 대한 고등학교 정치 교과 내용의 부재는 반드시 개선되어야 할 부분이다. 물론 현재의 교과서 내용 구성에서도 한국의 외교적 과제를 다루고 있

차이점	동아시아 왕조국가	• 세습으로 권력 승계 • 왕이 주권과 국민 소유 • 국민들의 요구와 열망은 왕의 의지와 이해관계에 부차적 요인 • 중국과 조선이 서구 제국주의 국가와 일본에 의하여 개항되기 이전 시기 • 유럽의 경우 왕조국가 시기는 대략 프랑스혁명 이전 시기
	유럽의 Nation-state	• 피지배인의 동의에 의한 지배 • 국민들이 주권 소유자이자 시민 • 지배자는 국민을 대표 • 18세기 후반-19세기에 유럽에서 발전되고 20세기에 세계적으로 확산*
공통점		• 양자 모두 국가(state)와 정부의 일형태 • 양자 모두 주권 소유 • 양자 모두 영토와 국민을 지배 • 양자 모두 국민들이 공통의 문화와 공동의 정체성 소유

* 위의 표에서 유럽 nation-state의 기원을 18세기 후반 - 19세기라고 명시했는데 이는 부연 설명을 필요로 한다. Nation-state의 기원에 대한 설명은 논쟁적이고 합의된 상황이 아니지만 크게 두 가지로 나뉜다. 첫 번째, 고등학교 교과서에서 채용하고 있는 것으로 1648년 베스트팔렌조약 이후로 보는 주장이다. 이 입장은 베스트팔렌 체제 내에서 유럽의 국가들은 서로의 주권과 영토를 인정하기 시작했다고 주장한다. 그러나 이 입장은 당시 네덜란드 같은 국가는 nation-state로 볼 수 있으나 대다수의유럽국가들(특히 독일과 이탈리아)은 nation-state가 아니었다는 문제에 봉착한다. 따라서 nation-state라는 아이디어가 베스트팔렌 체제와 밀접하게 연계되어 있다는 주장은 타당해도, nation-state의 기원이 1648년이라는 주장은 논쟁의 여지가 있는 것이다. 두 번째 입장은 nation-state의 기원을 18세기 후반 - 19세기 유럽에서 찾는다. 이 주장은 프랑스혁명 이후 유럽에서 민족주의의 분출과 나폴레옹 전쟁을 통한 민주주의 가치의 유럽으로의 확산을 nation-state의 발전을 연계시킨다. 즉, 민족주의 운동은 거대한 다인종 제국으로부터의 분리주의 운동 혹은 독일과 이탈리아 같은 흩어진 영토와 민족을 묶어내는 통합운동을 동반했고, 민주주의 가치의 확산은 nation-state 이전의 유럽의 국가 형태인 왕조 국가의 해체를 동반했는데 이러한 상황은 nation-state의 분출을 촉발했다는 것이다. 제국의 분열 특히 1차 대전 이후 오스트리아-헝가리 제국과 오토만제국의 붕괴는 nation-state의 확산에 기여했다. 필자의 입장은 두 번째 입장에 동의하는 쪽이다. 1648년을 nation-state의 기원으로 보는 주장은 보편적이고 일반적인 상황을 반영한 주장이라기보다는 예외적인 상황을 확대해석한 주장이라고 보여지기 때문이다. 따라서 고등학교 국제정치교육에서 nation-state의 기원을 일방적으로 베스트팔렌 조약 시기로 설명하는 것은 개선의 여지가 있는 것이다. 여기서 한국적 국제정치와 관련하여 고민되어야 할 점은 조선이라는 국가의 형태를 어떻게 이해해야 하느냐는 문제이다. 위의 표와 같은 구분을 통해서 본다면, 조선은 유럽의 nation-state와는 명백하게 구분되는 왕조 국가이다. 그러나 각주7)에서 살펴본 바에 의하면 조선을 nation-state의 형태로 볼 수도 있게 된다. 즉, nation-state의 구성요소가 영토, 인구, 공동체의식과 공동의 정체성, 주권이라면, 조선의 경우 명백한 영토와 인구, 공동의 정체성을 지니고 있었으며, 중국과의 조공과 책봉 관계로 인하여 배타적이고 독점적인 주권을 행사했느냐는 논쟁은 있지만 조선이 주권이 없었다고 일방적으로 단정하기도 어렵기 때문이다. 결국 한국적 국제정치의 정립 노력은 이러한 근본적인 논의들을 고민하면서 시작되어야 한다고 보여진다.

다. 4종의 교과서 모두 '우리나라의 외교 과제' 혹은 '우리 외교가 이루어야 할 일들' 등과 같은 소절을 통하여 한국 외교의 해결 과제와 나아가야 할 방향을 제시하고 있다. 그러나 문제는 그 내용들이 한반도의 지정학적 구조와 특징에 대한 설명을 담고 있지 못하며 서술되어 있는 내용도 다분히 추상적이고 원론적이라는 데 있다.

예를 들어, 교과서 4종을 통틀어 한반도의 지정학적 구조와 특징에 대한 설명은 대한교과서에 실린 "우리나라는 주변 강대국들의 동태를 주시하며 이에 능동적으로 대처하고 동시에 외교정책의 세계화를 추구해야 한다."라는 구절과 "안보 외교 분야에 있어서는 주변의 4개 강대국과 원만한 외교를 유지하는 일이 중요하다."라는 단 두 개의 문장이 전부이다.[135] 한반도의 지정학적 구조와 특징이 한국의 근현대사와 정치에 구조적인 주도력을 행사해 왔고 한반도에 살고 있는 한국민들의 삶과 운명에도 지대한 영향을 미쳐왔다는 점을 인식할 때, 대한교과서를 제외한 나머지 3종의 교과서에서 한반도의 지정학적 구조와 특징에 대한 설명이 부재하고, 대한교과서의 기술마저도 불충분하고 추상적인 상황은 반드시 개선되어야 할 부분인 것이다.

국제정치교육과 관련해서 지적해야 할 또 다른 문제점은 교과서에서 학생들의 자발적인 탐구활동을 권장하면서 학생들 스스로 교과 내용과 관련된 신문과 인터넷 자료를 수집하게 하고, 다양한 국제정치행위자의 이메일과 인터넷 홈페이지에 접속하여 학생들이 능동적으로 자료를 요구하고 얻어내게 유도하고 있다는 것이다. 정보통신산업의 발전으로 인하여 인터넷은 누구나 근접하기 쉬운 정보의 바다가 되었다. 그러나 문제는 정보의 바다에 빠져 학생들이 표류할 가능성이 높다는 점이고, 따라서 신문과 인터넷 활용 방식을 교과교육 방법론에 도입하기 이전에 과도하게 많은 정보를 학생 스스로 걸러내고 자신에게 필요한 정보만을 체계적이고 효과적으로 단시간 내에 찾아내고 활용할 수 있는 능력을 학생들에게 배양해 줄 수 있는 인터넷 활용 교육이 무엇보다도 우선적으로 학생들에게 요구된다고 판단된다. 인터넷을 통한 교육 방법의 도입과 확산은 정보화시대를 맞아 반드시 필요한 것이고 긍정적인 시도이지만,

135 최병모 외 6인, 『고등학교 정치』(서울; 대한교과서, 2005), p. 218.

이보다 앞서 학생들에게 인터넷 활용 방안에 대한 교육이 반드시 선행되어야 하는 것이다. 인터넷 활용 교육의 내용과 목적은 학생들로 하여금 관련 자료를 효과적으로 검색하고 활용하게 해주는 것뿐 아니라, 본질상 파편화되고 비연관적인 인터넷 자료를 학생 스스로 통합적이고 체계적으로 묶어 활용할 수 있는 능력을 배양해 주는 데 초점이 맞추어져야 한다. 인터넷 활용 교육이 부재한 상태에서 실시되고 도입된 학생들의 인터넷 활용은 선후가 바뀐 상황이다. 개선되어야 할 필요가 있는 것이다.

다음으로 지적할 수 있는 국제정치교육의 문제점은 교과서 집필진의 구성에 관한 것이다. 현재 고등학교 정치 교과서 4종의 집필자들은 우려할 만한 편중을 보이고 있다. 특정 대학교와 특정 대학(사범대학) 및 특정 학과(사회교육과나 일반사회교육과) 출신만으로 구성된 집필진은 편중과 불균형의 문제가 있다고 하지 않을 수 없다. 구태여 교과교육과 교과 내용을 구분하여 교과교육 출신이 교과서 집필을 독점적으로 주도하고 있는 현 상황을 지적하지 않더라도 그리고 특정 대학교 출신이 교과서 집필을 독점하고 있는 상황을 문제 삼지 않더라도, 정치학 교과서 집필에서 정치학이나 국제정치학 전공자가 일체 부재한 점은 집필진 구성 문제의 심각성을 여실히 보여주는 대목인 것이다.

국제정치교육과 관련되어 지적할 수 있는 또 다른 문제점은 교과서 내용 중에 기초적인 정보와 지식이 부정확하게 기술되어 있다는 점이다. 예를 들어, 현 국제체제의 경제적 특징을 설명하면서 "1995년 세계무역기구가 창설되면서 상품의 자유 교역뿐만 아니라 서비스·자본·노동 등의 자유로운 이동이 가능해졌고, 전 세계가 하나의 시장으로 만들어졌다"[136]라든지, 냉전의 성립과 전개 과정을 설명하면서 "소련은 전쟁이 끝나자 동구 국가들을 위성국가로 만들고, 중국의 공산화를 지원하는 등의 팽창정책을 펼쳤다. 이에, 미국은 소련의 팽창정책을 억제하고 서방세계를 공산화의 위협에서 보호하기 위하여 트루만 독트린, 마셜 플랜 등의 봉쇄정책을 취하였다"[137] 등의 기술은 잘못된 설명이다. 세계무역기구의 등장으로 무역자유화와 서비스의 자유화가

---

136 김왕근 외 5인(2005), p. 192.
137 이승종 외 5인(2005), p. 178.

더욱 적극적으로 추진되고 있으나, 자본자유화와 노동이동의 자유화는 세계무역기구를 통해 추진되는 것은 아니다.

자본의 자유화는 경제협력개발기구(OECD)에서 다자간투자협정(Multilateral Agreement on Investment: MAI)을 통하여 추진했으나 프랑스의 반대 등으로 현재 무산되고 있으며, 노동의 자유 이동은 경제통합이 가장 진전된 유럽연합(EU)에서나 부분적으로 가능하다. 따라서 서비스, 자본, 노동의 자유로운 이동이 가능해졌다는 교과서 내용은 잘못된 정보이다. 또한 위에서 인용된 내용은 냉전의 기원과 발전 과정을 마치 소련이 일방적으로 주도하고 미국은 이를 대적하기 위해 수동적으로 대처했다는 느낌과 판단을 학생들에게 주기 쉽다. 그러나 냉전의 기원과 발전 과정에 대한 연구는 역사적 사실과 실상이 그렇게 간단치 않음을 알려주고 있다. 냉전의 기원과 발전 과정에 대한 교과서의 설명은 전통주의 접근에 기초한 것으로서 객관적인 설명이라고 평가하기 어렵다.[138] 냉전의 기원과 발전 과정을 전통주의적 시각을 중심으로 교과서에서 소개하는 것은 필자의 의도와는 무관하게 냉전반공주의 교육의 그림자가 아직도 고등학교 국제정치교육에 남아 있다는 비판으로 연결될 수 있다.

국제정치 관련 교과서는 위에서 살펴본 다양한 문제점들로 인하여 학생 스스로의 사고력과 판단력 향상을 도와주고 유도할 수 있는 일관성 있고 체계적인 교과 내용을 담고 있지 못하다. 학생들은 자신의 세계관과 학습된 국제정치이론에 기반하여 주체적으로 사고하고 판단할 기회가 없이 교과서에서 주어진 단편적인 정보와 지식을 수동적으로 받아들이고 암기해야 하는 상황에 노출되어 있는 것이다. 다만 교과서 집필자들이 7차 교육과정의 특징인 '학습자 중심의 교과과정'이라는 측면에서 개별 교과서에 마련한 탐구, 탐구활동, 열린 과제, 참여 활동, 더 알아보기, 읽기 자료, 읽을거리,

---

138 냉전의 기원과 발전 과정에 대한 연구는 전통주의 접근, 수정주의 접근, 탈수정주의(절충주의) 접근 등으로 구분된다. 전통주의는 냉전의 기원을 소련의 팽창주의 정책에서 찾고 있으며, 미국은 소련의 공격적인 팽창정책(중동부유럽-> 남유럽-> 중동-> 동아시아로의 공산주의 팽창)에 방어적 차원에서 대응했으며, 따라서 냉전 형성의 주도국은 소련이라는 주장이다. 반면, 1960년대 중반 전통주의에 대한 도전으로 이루어진 수정주의 접근은 미국의 대외정책이 오히려 팽창주의적이고 제국주의적이었다고 주장하며, 냉전 형성의 일차적인 책임은 미국에 있다는 주장이다. 이에 반하여 1970년대 초 등장한 탈수정주의(절충주의) 접근은 냉전 형성의 책임이 미국과 소련 양국에 공히 있다고 주장한다. 김학준, 『한국전쟁: 원인, 과정, 휴전, 영향』(서울: 박영사, 2002); 김정배, 『미국과 냉전의 기원』(서울: 혜안, 2001).

도움 자료실 등의 보조적 장치를 통하여 교과서 본문의 이해를 돕고 심화시키기 위해서 다양하게 심화된 관련 정보들을 제공하고 있으나, 보조적 장치를 통한 이러한 정보 심화 노력도 일관성 있게 체계적으로 정리되어 있는 것이 아니라 상당히 단편적이고 비연관적으로 툭툭 던져지듯이 전달되고 있다는 점에서 문제가 발생한다.

III. 개선 방안

위와 같은 다양한 국제정치 관련 교과서의 문제점들을 개선하고 학생들의 주체적이고 비판적인 사고와 분별력을 키우는 가장 효율적인 개선 방안은 우선적으로 국제정치에 대한 이론적 접근이 강화되어야 한다는 것이다. 국제정치 이론은 국제관계와 세계를 바라보는 일관성 있고 체계적인 시각과 분석틀을 제공해 준다. 이론으로 무장된 학생들은 국제관계를 본인의 세계관과 이론에 기초한 시각을 통해 일관되게 바라보고 해석하고 행동할 수 있다. 이론은 첫째, 연구자나 학생들이 넓은 정보의 바다에서 길을 잃지 않고 자신의 연구 목적지에 정확하게 도달하게 해주는 일종의 지도나 등대 역할을 수행하며 둘째, 쓸모없는 정보를 걸러주고 유익하지만 파편화된 정보를 일관성과 정합성 있고 체계적으로 조직해 주는 거름지 기능을 수행한다. 셋째, 이론은 또한 관찰과 실험 자료의 일반화를 가능하게 해준다. 결국 이론 중심의 국제정치교육은 복잡하고 다양한 국제관계 현상과 정보들을 학생들 스스로 걸러내고 그것의 핵심과 본질을 꿰뚫어 파악하게 해줌으로써, 학생들이 일관성 있고 체계적으로 세상을 바라보고 판단하고 행동하게 도와준다.[139]

---

139 이론은 연구 대상이나 실재를 의미 있게 만들어주는 개념틀과 분석틀을 통하여 대상과 실재를 이해하고 해석하고 설명하는 데 기여한다. 보다 구체적으로 설명하면 이론의 기능은 다음과 같다. 첫째, 이론은 연구 대상과 실재를 가장 잘 드러내 주고 무엇을 조사하고 탐구할지를 제공해 준다. 둘째, 이론을 통하여 인간은 대상과 실재에 대한 지식의 축적을 이룰 수 있다. 셋째, 이론은 파편화된 정보를 정합성을 가진 지식으로 체계화시킨다. 넷째, 이론경쟁을 통하여 논쟁과 교환 및 학습이 진척되고 인간의 지식은 축적된다. David March and Gerry Stoker (eds.), *Theory and Methods in Political Science* (London: Macmillan, 1995), pp. 16-17.

따라서 현행 고등학교 정치 교과서의 국제정치교육은 국제관계 이론을 전혀 소개하고 있지 못하다는 점에서 심각한 교과 내용 구성상의 문제점을 드러내고 있다. 학생들은 교과서에서 소개된 정보를 단순히 암기하거나 그냥 있는 그대로 수동적으로 받아들여야 하는 공급자 중심의 교과서 체계에 노출되어 있다. 국제정치 이론을 먼저 소개하고 학생들이 각 이론에 근거하여 국제관계의 여러 현상을 스스로 일관성 있게 해석하고 판단하고 실천할 수 있게 교과서 내용을 개편할 필요성이 있는 것이다. 결국 국제정치 관련 교과 내용의 편성은 현행 구성과 다르게 제일 먼저 국제정치 이론에 대한 설명과 소개로부터 시작되어야 하고, 이를 기반으로 후속적으로 다양한 국제관계 지식과 이슈들이 소개되어야 한다. 물론 국제관계 지식과 이슈들을 교과서에서 설명하고 소개하는 것도 현행 교과서의 단순한 짜깁기식 정보 제공 차원과는 다르게 이론을 중심으로 이루어져야 한다. 예를 들어, 현재 7차 교육과정의 정치 교과서는 국제기구의 역사적 발전과 국제기구의 분류 등과 같은 단순 서술과 정보전달 차원에 머물러 있으나, 개편될 교과서는 국제기구의 역사적 발전 과정과 분류 등과 같은 단순 서술과 정보전달뿐 아니라 각 이론이 국제기구를 어떻게 바라보고 평가하고 있는지도 함께 설명해야 하는 것이다.

국제정치교육의 서구 중심주의 또한 극복해야 할 주요 현안이다. 동북아에 위치한 한국 학생들이 서양의 국제관계사와 외교사를 중심적으로 배우고 그 내용을 시험보는 상황은 개선되어야 한다. 중등교육은 물론 대학 교육에서도 서양의 국제관계사와 외교사를 주되게 배우고 시험 보고 있지만, 동북아외교사와 동북아 지정학을 주되게 배우고 시험 보는 곳은 드물다. 개항기 이전 조선이라는 왕조 국가가 서구의 근대 국민국가와 어떻게 다른지에 대한 내용이 소개되어야 하며, 아시아의 전통적인 국제관계 질서(조공과 책봉체계)에 대한 내용도 학생들에게 설명되어야 한다. 또한 한반도가 위치하고 있는 동북아 국제정치와 지정학의 구조적 특징과 내용도 반드시 교과내용에 포함되어야 한다.

IV. 결론

현행 고등학교 국제정치교육은 이론 부재의 비일관적이고 비체계적인 단편적 정보전달 수준에 머물러 있다는 비판으로부터 자유롭지 못하다. 또 서구 중심주의 학문과 지식이 지배하고 있고 한국이 위치하고 있는 동북아국제관계를 전혀 소개하고 있지 못하다는 측면에서 학문의 비주체성을 여실히 드러내고 있다. 중등교육에서 국제정치 이론을 소개하고 동북아국제관계를 다룬다는 것은 교육과정상으로 시기상조이며 이러한 교과 내용은 고등교육인 대학에서 담당해야 한다는 주장이 있을 수도 있다. 그러나 국제정치 이론 도입이 교육과정상 시기상조라는 주장만으로, 이론이 부재해서 단편적인 짜집기식 지식과 정보전달만 이루어지고 있는 현행 고등학교 국제정치교육의 문제점이 정당화되기는 어렵다. 한국의 지정학적 위치는 국민들의 동북아국제관계 정세에 대한 정확한 지식과 그에 기초한 올바른 정책 판단을 요구하고 있다는 점에서 국제정치교육의 강화와 이론 중심 접근의 필요성은 더욱 설득력을 얻는다. 더욱이 고등학교 졸업 이후 국제정치에 대한 교육의 기회를 얻지 못하는 학생들이 적지 않은 점을 감안한다면 국제정치교육의 전반적인 개선 노력은 반드시 요구되는 과제임에 틀림없다. 이렇게 본다면 국제정치교육이 이루어지고 있는 정치 과목이 심화 선택 과목으로 설정되어 있는 현행 7차 교육과정은 대폭 개선의 여지가 있는 것이다.[140]

고등학교 국제정치교육에서 현장 교사와 교과서 집필자들 뿐 아니라 학생들이 함께 고민해야 할 문제는 두 가지다. 첫째는 민족주의 교육과 평화교육의 조화로운 결합 문제이며, 둘째는 민주시민교육과 세계시민교육의 균형감 있는 결합 문제이다. 즉, 동북아 지역에서 한·중·일 3국 간의 민족주의 경쟁과 갈등이 고조되고 있는 상황에서 한국의 고등학교 국제정치교육이 민족주의 교육과 평화주의 교육 사이에서 어떻게 적절한 황금 분할을 이룰 수 있는지에 대한 진지한 질문과 탐구 노력이 요구되고 있으

140 현행 제7차 교육과정에서는 한국지리, 세계지리, 경제지리, 한국 근·현대사, 세계사, 법과 사회, 정치, 경제, 사회·문화가 심화선택과목으로 편제되어 있는데, 자국의 근현대사와 세계사, 경제지리, 정치학, 경제학 등을 선택 과정에 편제한 것은 도저히 납득되기 어려워 보인다.

며, 이와 동시에 세계화와 지역화의 가속화로 인하여 국내적 차원의 민주시민뿐 아니라 세계적 차원의 세계시민을 양성해 내는 것이 고등학교 국제정치교육의 주요한 목적으로 등장하고 있는 것이다.

민족주의 교육과 평화교육의 이상적인 결합과 민주시민교육과 세계시민교육의 조화로운 결합 문제는 교과 내용에 국제정치 이론을 도입함으로써 일정 부분 해결할 수 있다. 교과서 집필자들과 교과과정 전문가 그리고 국제정치학자들이 일방적으로 결정하고 학생들에게 그 결정 사항을 그냥 따르게 하는 위로부터 아래로의 지시적 방법보다는, 교과서에서 국제정치 이론을 균형감 있게 설명하고 학생들이 현실주의 시각과 자유주의 시각 및 구조주의 시각을 스스로 배우고 이해해서 자율적이고 주체적으로 판단하고 결정하고 행동하게 만드는 교육 방법을 도입하는 것이 보다 현명하고 유익한 교수학습 방식이라고 판단된다.

글의 서두에서 본 연구는 실증주의와 행태주의 방법론이 아니라 비판이론적 접근에 기초해 있다고 밝혔다. 마지막으로 비판이론적 접근으로 살펴본 고등학교 국제정치교육의 문제점과 개선책을 정리하며 글을 마친다. 첫째, 교과 내용 구성에 있어서 현행 국제정치교육은 이론교육이 부재하며, 이론 설명 부재로 인해 교과 내용은 비일관적이고 비체계적으로 구성되어 있다. 즉, 이론 부재의 교과 내용 구성으로 인해 교과 내용에서 단순 지식과 정보가 비체계적으로 짜깁기되어 있어 결과적으로 학생들의 체계적인 국제정치 이해를 어렵게 하고 있다. 현행 국제정치교육의 최우선적 개선과제는 따라서 국제정치 이론의 도입과 이론 중심 교육을 수행하는 것이다. 둘째, 현행 정치학 교과서의 집필진이 특정 대학교와 대학 그리고 학과에 의해 독점되고 있는 상황은 한국 교육의 구조적인 문제점을 명백하게 보여준다. 현행 교과 체계에서 가장 큰 이해관계를 보고 있는 측은 이들 특정 인맥과 학맥의 교육 권력이며 가장 큰 피해를 보고 있는 측은 공급자 중심 교과 내용의 피해자인 학생들이다. 결국 현행 국제정치교육의 또 다른 개선책은 정치학 전공자의 교과서 집필 참여와 수요자(학생) 중심 교과 내용과 교수학습방법을 개발하는 데 있다. 셋째, 서구 중심적 교과 내용과 한국적 국제정치의 부재는 학생들로 하여금 서구 주도의 국제정치체계를 세계의 표준으로 당연시하고 영구적인 것으로 인식하게 할 가능성이 높고, 이렇게 본다면 한국적 국제정치교육의 부재는 결국 은연중에 서구의 중심부성을 영속화하는 반면 동아시아와 한국의 주변부성을 학생들에게 부지불식간에 각인시키는 부작용을 야기하고 있다고 볼 수 있다. 결과적으로 현행 고등학교 국제정치교육의 피해자는 한국이고, 상대적 이익을 챙기는 쪽은 서구 국가들인 것이다. 따라서 현행 국제정치교육의 개선 노력은 동북아 외교사와 동북아 지정학의 한국적 해석과 같은 한국적 국제정치교육의 도입과 함께 시작되어야 한다.

참고문헌

국제정치경제연구회(편), 『20세기로부터의 유산』 (서울: 사회평론, 2000).

교육인적자원부, 『고등학교 교육과정 해설 -사회-』 (서울: 교육인적자원부, 1997).

김명섭·조성대·진시원, 『세계의 정치와 경제』 (서울: 한국방송대학교출판부, 2003).

김승일, “동아시아 공동체의 전통이념과 계승발전,” 미래인력연구센터(편), 『21세기 동아시아 협력: 그 필요성과 미래 예측』 (서울: 넥서스, 1999).

김정배, 『미국과 냉전의 기원』 (서울: 혜안, 2001).

김왕근 외 5인, 『고등학교 정치』 (서울: 법문사, 2005).

김학준, 『한국전쟁: 원인, 과정, 휴전, 영향』 (서울: 박영사, 2002).

박경서, 『국제정치경제론: 이론과 실제』 (서울: 법문사, 2002).

박성혁 외 6인, 『고등학교 정치: 교사용 지도서』 (서울: 천재교육, 2005).

윤영관, 『전환기 국제정치경제와 한국』 (서울: 민음사, 1999).

이승종 외 5인, 『고등학교 정치』 (서울: 지학사, 2005).

이종학, 『클라우제비츠와 전쟁론』 (서울: 주류성, 2004).

최병모 외 6인, 『고등학교 정치』 (서울: 대한교과서, 2005).

하정식, “19세기 동아시아 국제질서의 갈등과 모색,” 하정식·유장근(편), 『근대 동아시아 국제관계의 변화』 (서울: 혜안, 2002).

Apple, Michael W. and Linda K. Christian-Smith (eds.), The Politics of the Textbook (London: Routledge, 1991).

Balaam, David N. and Michael Veseth, Introduction to International Political Economy (Upper Saddle River, New Jersey: Prentice Hall, 2001).

Baylis, John and Steve Smith, The Globalization of World Politics (Oxford: Oxford University Press, 2001).

Carr, E. H., The Twenty Years' Cirsis, 1919-1939: An Introduction to the Study of International Relations (London: Macmillan, 1939).

Cox, Robert W., “Social Forces, States, and World Order: Beyond International Relations Theory,” in Robert W. Cox and Timothy J. Sinclair, Approaches to World Politics (Cambridge: Cambridge University Press, 1996).

Frieden, Jeffrey A. and David A. Lake, International political Economy: Perspective on Global Power and Wealth (london: Routledge, 1995).

Giddens, Anthony, Sociology (Cambridge: Polity Press, 1992).

Gill, Stephen and David Law, The Global Political Economy: Perspectives, Problems, Policies (london: Harvester, 1988).

Gilpin, Robert, The Political Economy of International Relations (Princeton: Princeton University Press, 1987).

Gilpin, Robert, Global Political Economy: Understanding the International Economic Order (Princeton: Princeton University Press, 2001)

Gourevitch, Peter, "International Influence on Domestic Politics: The Second Image Reversed," International Organization, V32(Autumn 1978).

Keohane, Robert and Helen V. Milner(eds.), Internationalization and Domestic Politics(Cambridge: Cambridge University Press, 1996).

March, David and Gerry Stoker (eds.), Theory and Methods in Political Science (London: Macmillan, 1995).

May, Tim, Social Research: Issues, Methods and Process (Buckingham: Open University Press, 1993).

Morgenthau, Hans J., Politics among Nations: The Struggle for Power and Peace (New York: Alfred A. Knopf, 1985).

Nye, Joseph S., Bound to Lead: The Changing Nature of World Power (New York: Basic Books, 1990).

Nye, Joseph S., "Neorealism and Neoliberalism," World Politics, 40-2(January 1988). Palan, Ronen(ed.), Global Political Economy: Contemporary Theories (London: Routledge, 2000).

Putnam, Robert D., "Diplomacy and Domestic Politics: The Logic of Two-level Games," International Organization, 42-3(Summer 1988).

Ray, James L., Global Politics (Princeton: Houghton Mifflin Company, 1995).

Rosenau, James N., Linkage Politics: Essays on the Convergence of National and International Systems (New York: The Free Press, 1969).

Spero, Joan E. and Jeffrey A. Hart, The Politics of International Economic Relations (London: Routledge, 1997).

Waltz, Kenneth N., Theory of International Politics (New York: McGrew-Hill Publishing Company, 1979).

13장.

동북아 영토분쟁 교육[141]

진시원

Ⅰ. 서론

냉전 질서가 무너진 후 국제체제는 포스트 냉전(Post-Cold War) 시기로 이행하다가 다시 신냉전 시기로 접어들었다. 이렇듯 냉전 질서 붕괴 이후 국제관계는 실로 격변적이며 변화무쌍한 구조적 변화 과정을 거쳐 왔다. 이런 구조적 변화를 간결하게 비교·정리하는 작업은 쉬운 일은 아니지만, 그럼에도 불구하고 냉전 질서 붕괴 이후 시기를 포스트 냉전 시기와 신냉전 시기로 구분해서 그 특징들을 열거하면 다음과 같다. 우선 포스트 냉전 시기는 세계화와 지역주의의 심화, 민족국가의 약화, 수평적 거버넌스(協治)의 등장, 소련 붕괴 이후 미국의 일극 체제(uni-polar system) 추구, 군사적 안보의 중요성 감소와 인간안보 및 적극적 평화 개념의 확산, 자유주의적이고 다자주의적인 무역과 투자 질서의 강화 등으로 정리될 수 있다. 그러나 이런 포스트 냉전 시기의 특징은 신냉전 시기를 맞아 급격하고 본질적인 변화를 경험하고 있다. 세계화와 지역주의의 퇴화, 민족국가의 재강화, 수평적 거버넌스의 약화, 중국의 급부상과 미·중간 G2 패권 경쟁 가속, 테러리즘과 대량살상무기(Weapons of Mass Destruction)의 재확산, 인간안보와 적극적 평화 개념의 퇴행과 군사적 안보의 중요성 재강화, 국제 안보 체제의 불안 가중과 국지전 확산, 자유주의적이고 다자주의적인 무역과 투자 질서

141 이 글은 진시원. 2008. "동북아 영토분쟁, 중등교육에서 어떻게 가르칠 것인가?". 『한국정치학회보』 제42권 2호를 수정·인용한 것이다.

의 퇴행과 몰락, 국가 간 보호주의와 중상주의의 재강화 등이 관찰되고 있는 것이다.

동북아 지역도 냉전 붕괴 시기와 포스트 냉전 시기 그리고 신냉전 시기를 거치면서 다양한 변화를 경험해 왔다. 그러나 가장 근본적인 변화는 미·중 관계다. 미·중 관계는 냉전 시기에 소련을 견제하기 위한 밀착 관계부터 시작해서 탈냉전 시기의 중국 부상 시기를 거쳐, 이제 미·중 패권 경쟁이 야기한 신냉전 시기의 등장과 고착화 상태에 이르고 있다. 미·중 양국 관계는 공동의 이해관계에서 시작해서 경쟁적이고 적대적인 이해관계로 변화한 것이고, 이런 상황에서 미·중 간 갈등과 경쟁 및 충돌 가능성은 앞으로 상당 기간 유지될 가능성이 높아 보인다. 더욱이 동북아 지역은 북한의 대량살상무기 개발로 인해 그 어느 지역보다 불안전한 안보 상황에 노출되어 있다.

그러나 위에서 살펴본 사례들과 달리, 동북아 지역은 다양한 측면에서 여타 지역, 특히 유럽 지역과는 확연한 차이를 드러내고 있다. 예를 들어, 동북아 지역은 지역주의가 부재하거나 지역주의의 발전 정도가 저조하다는 점, 동북아 지역에선 민족국가가 약화되고 있는 것이 아니라 오히려 국가 간 민족주의 경쟁이 가속화되면서 민족국가의 영향력이 더욱 커지고 있다는 점, 지역 거버넌스의 등장 속도가 더디고 그 발전 정도가 심히 낮은 수준에 머물러 있다는 점, 인간안보와 적극적 평화 측면에서 동북아 지역의 국가 간 협력이 아직 맹아 단계에 놓여있다는 점, 지역 국가 간 군사적 경쟁과 충돌 가능성이 더욱 공고화되고 있다는 점 등은 다른 지역, 특히 유럽 지역과는 확연하게 비교되는 지역적 특징이라고 지적할 수 있다.

본 연구는 동북아의 이러한 지역적 특징들이 여러 복합적인 요인들 간의 상호 작용에 의해 발생한 현상이지만, 그럼에도 불구하고 동북아 지역의 특징을 설명하는 데 있어서 가장 핵심적인 요인은 동북아 지역이 아직 '민족국가의 건설 단계(nation-state building stage)'에 놓여있는 점이라고 주장한다.

본 연구는 II장에서 동북아 지역이 왜 아직도 민족국가 건설 과정에 놓여있는지 그리고 동북아 지역에선 왜 국가 간 영토분쟁과 민족주의 경쟁이 격화될 수밖에 없는지를 설명한다. III장에서는 국제법적으로 간도협약이 왜 무효인지를 알아보고, 평화적이고 외교적인 해결 방안을 모색하는 정부의 노력이 중요하다고 지적하며, 동북아 영토분쟁도 이러한 정책 기조 위에서 교육되어야 한다고 주장한다. IV장에서는 동북아 국가들이 영토분쟁과 민족주의 경쟁에 치중해서는 안 되는 이유를 지적하고, 동북아 국가 간의 배타적 민족주의 교육을 치유하고 개선하기 위한 대안적 교육 방안을 제시한다. 특히 IV장에서는 탈냉전 시기부터 새롭게 부각된 환경, 에너지, 인구이동, 인권, 동북아 지역주의 활성화와 공동체 건설 등의 이슈들을 해결하기 위해서는, 동북아 국가 간의 배타적이고 독점적인 주권을 추구하는 현재의 민족국가 체제가 수평적이고 다층적인 지역 거버넌스(regional governance)와 지역공동체(regional community)로 전환되어야 하며, 이를 추진하기 위한 동북아 공동체 교육과 동북아 시민권 교육을 강화해야 한다고 주장한다.

II. 민족국가 체제와 동북아 지역

민족국가(nation-state)가 무엇인지를 알아보기 위해서는, nation과 state가 무엇을 의미하는지를 살펴보고, 민족국가의 기원과 발전 과정을 추적하는 역사적 검토 작업이 필요하다. Nation은 민족, 국민, 국가를 의미하는 반면, state는 법적이고 제도적이고 영토적인 국가를 의미한다. 따라서 nation-state는 민족국가 혹은 국민국가로 번역할 수 있으며, nationalism은 민족주의, 국민주의, 국가주의로 번역할 수 있다. 하나의 민족이 법적이고 영토적으로 하나의 국가를 건설했다면 그것은 민족국가로 지칭할 수 있으나, 다수 민족이나 인종이 하나의 국가를 건설했다면 그것은 국민국가로 지칭할 수 있다.[142]

Nationalism도 단일민족 국가에서는 민족주의로 번역하여 쓸 수 있으나, 그렇지 않은 다인종, 다문화 국가에서는 국민주의라는 의미로 사용된다. 여기서 중요한 것은

142 이 글에서 nation-state는 민족국가로, nationalism은 민족주의로 통일하여 쓴다. 그러나 한국 사회가 다문화, 다인종사회로 진입하고 있는 상황에서, 필자는 이제 우리 사회에서도 민족국가나 민족주의라는 용어보다 국민국가나 국민주의라는 용어를 사용해 나가야 한다고 본다.

국가의 구성원이 단일민족이건 아니면 다인종이건 간에 nation-state를 건설하기 위해서는 공동체의식이 필요하고, 따라서 '단일민족' 이데올로기나 '같은 나라 국민'이라는 상징조작을 통해 국가 구성원의 정서적 연대감과 동질감 및 소속감을 강화해야 한다는 것이다.[143] 이상의 논의를 정리하면, 민족국가의 구성요소는 국민, 영토, 주권, 그리고 공동체의식이라고 할 수 있다. 민족국가의 구성원은 국민이고, 그들 간의 공동체의식을 통한 연대감과 동질감 및 소속감을 도모하고, 자국의 명확한 영토 안에서 배타적이고 독점적인 주권을 행사하는 것이 바로 민족국가인 것이다.

민족국가 체제는 근대(modern)의 산물이며, 현대(contemporary period)까지 국제체제의 주도적인 관리체제이다. 국제정치학에서 근대성(modernity)의 상징은 민족국가 체제이다. 즉, 근대 이전에는 민족국가 체제가 없었으며, 포스트 모던(post-modern) 시기에는 민족국가 체제가 변화되거나 해체되고 있는 것이다. 국제정치학에서 포스트 모던 시기의 특징은 민족국가 체제의 약화와 포스트 민족국가 체제(post nation-sate system)의 등장[144], 그리고 글로벌 거버넌스(global governance)의 등장 등으로 이해된다. 따라서 민족국가 체제의 기원과 변화과정을 살펴보기 위해서는 근대의 민족국가 체제를 중세 및 미래의 관리체제와 비교하는 작업이 선차적으로 요구된다. 이 글에서 말하는 관리체제는 통치 체제와 같은 용어로 인간사회의 질서와 안정 유지를 위해 필요한 권위와 그 권위가 행사되는 기구나 제도를 의미한다. <표 1>은 시대별로 구분되는 다양한 관리체제의 유형을 보여준다.

---

143 예를 들어, 미국 중등학교 시민교육(Civics) 교과서는 통상적으로 가장 중요한 도입 부분인 제1장에 '미국은 유럽, 아프리카, 남미, 아시아 등에서 이민 온 다양한 인종들로 구성된 다양성의 국가이고, 문화적으로 융합된 국가이며, 서로를 존중하고 자유와 평등과 정의라는 가치의 실현을 통해 하나로 뭉쳐진 나라'라고 쓰고 있다(Prentice Hall 2008). 즉, 미국은 다양한 인종으로 구성된 국가이지만, 문화 다양성과 서로에 대한 존중, 자유, 평등, 정의라는 가치를 통해 하나로 단합된 공동체라고 교육시키고 있는 것이다.

144 포스트 민족국가 체제는 두 가지 의미를 모두 내포한다. 첫째, 포스트 민족국가 체제는 '탈 민족국가 체제'를 의미하는 것으로, 민족국가 체제를 벗어나 새로운 관리체제가 등장하는 것을 의미한다. 둘째, 포스트 민족국가 체제는 '후기 민족국가 체제'는 민족국가 체제의 속성도 지니고 있으면서, 새로운 관리체제의 특징도 나타나는 현재와 미래가 공존하고 섞이는 시기이다.

<표 1> 관리체제의 유형

중세 시대	근대 민족국가 체제	유럽연합(EU)	미래의 대안적 관리체계
- 교황권, 왕권, 영주권, 자치도시권 간의 중층적이고 교차적이지만, 불분명한 관리체제 - 불분명한 영토 - 불분명한 관할권 - 미약한 공동체의식 - 주권 개념 부재	- 1648년 베스트팔렌 조약 기원설과 1789 프랑스 혁명 기원설 - 배타적이고 독점적인 주권 개념의 등장과 공고화 - 국경 획정과 명확한 영토의 등장 - 자국 영토 내에서 민족주의를 통한 공동체 의식의 강화 - 주권 재민 - 국민 정체성 강화	- 유럽 지역에서 다층 거버넌스 등장 - 유럽연합 지역에서 탈주권성, 탈영토성, 탈국민성의 확대와 강화 - EU 기구, 회원국 중앙정부, 지방정부, 비정부기구 간의 수평적인 협치(協治)가 바로 다층 거버넌스 - 신중세주의 - 유럽연합 시민권 등장 - 정체성의 공존(민족국가의 국민정체성과 유럽연합시민 정체성의 공존)	- 탈주권성 - 탈영토성 - 지역 거버넌스와 글로벌 거버넌스의 확산과 강화 - 유럽합중국 - 연방식 세계정부(강한 의미의 세계정부) - 연합식 세계정부(약한 의미의 세계정부) - 지역 시민권의 확산과 세계 시민권의 등장

<표 1>에서 볼 수 있듯이 근대 민족국가 체제의 특징은 배타적이고 독점적인 주권 행사, 명확한 영토와 국경, 자국 영토 내에서 민족주의를 통한 공동체의식의 강화 등이다. 유럽에서 기원한 민족국가 체제는 유럽 국가들 간의 전쟁의 산물이었다(틸리 1994). 유럽 국가 간의 전쟁은 명확한 국경선과 영토를 획정지어 나가는 과정이었으며, 국가 간의 전쟁 과정에서 발생한 국민전 개념과 국민 개병제의 도입은 국가의 구성원으로서의 공동체의식을 더욱 강화시켰다. 물론 이러한 공동체의식의 강화 과정은 민족주의의 공고화 과정과 동전의 양면 관계였다. 근대 시기에 민족국가 체제가 형성되고 공고화되면서, 국가 간 주권 개입 불가 원칙과 주권 평등 원칙이 일종의 국제규범으로 암묵적으로 자리 잡기 시작했다.

이와 같은 근대 민족국가 체제는 중세 시대와 포스트 민족국가 시대의 관리체제와는 다르다. 중세 시기에는 주권 국가가 없었으며, 명확한 영토와 공동체의식이 부재했다는 점에서 근대 민족국가 체제와 다르다. 또한 일국 내의 관리체제가 중앙정부에 의하여 독점적이고 배타적이고 수직적으로 행사되는 민족국가 체제와는 달리, 중세

시대에는 교황, 왕, 영주, 자치도시 등이 불분명하고 중첩적이고 교차적인 관리체제를 행사했다는 점에서 큰 차이가 있다. 중세 시대에는 명확한 영토 개념이 없었고, 그 결과 관리체제 측면에서 관할권이 불분명하고 중층적으로 작동했으며, 민족국가에서 관찰되는 구성원들 간의 강한 공동체의식도 찾아보기 어려웠다.

포스트 민족국가 시기를 맞아 근대 민족국가 체제는 다양한 도전에 직면해 있으며, 그 결과 변화의 움직임을 보이고 있는데, 대표적인 변화는 유럽 지역에서 관찰된다. 유럽 지역은 유럽연합(EU)을 통해 하나로 통합되어 가면서, 민족국가 체제를 변화시키고 있다. 민족국가 체제를 다른 지역보다 먼저 건설하고 민족국가 체제를 세계의 표준적 관리체제로 확산시킨 유럽 지역이, 포스트 민족국가 시대를 맞아 다른 지역보다 먼저 '포스트 민족국가 체제'로 들어선 것이다. 유럽은 근대 민족국가 체제를 다른 지역보다 먼저 건설하고 먼저 해체하기 시작했으며, 새로운 관리체제를 먼저 건설하고 있는 것이다.

유럽 지역이 이처럼 지역 통합에 나선 이유는 제1차 세계대전과 제2차 세계대전에 대한 반성의 결과물이었다. 유럽인들은 두 차례의 세계대전이 유럽 지역에서 발생한 근본적인 원인을 민족국가 체제가 전쟁 친화적인 체제라는 점에서 찾았다. 민족국가는 전쟁을 통해 영토를 획정하고 그 명확한 영토 안에서 독점적이고 배타적인 주권을 행사하며, 그 영토 안의 국민들에게 공동체의식을 강화하면서 만들어진 국가다. 민족국가 체제는 전쟁을 필요로 하는 체제인 것이다. 따라서 유럽인들은 일종의 지역 평화 방안으로 민족국가 체제의 변혁에 나선 것이고, 그것이 바로 민족국가 체제의 약화와 해체를 추구하는 유럽통합과 유럽 다층 거버넌스의 등장으로 귀결된 것이다.

이렇듯 현재 유럽연합이 추구하고 있는 관리체제는 다층 거버넌스(multi-level governance)다. 다층 거버넌스를 이해하기 위해서는 거버넌스가 무엇인지 먼저 규명하는 작업이 필요하다. 국제정치학에서 거버넌스(governance)는 글로벌 거버넌스를 의미하는 것으로, 국제사회에서 발생하는 다양한 이슈와 이해관계를 조정하고 결정하는 수평적이고 협력적인 메커니즘을 지칭한다. 포스트 민족국가 시대의 대표적인 특징 중 하나는 월경성(trans-border) 이슈와 초국적(transnational) 이슈가 증가하고 있다는 점이다. 독점적이고 배타적인 각국의 전통적인 주권 행사로는 해결하기 어려운 환경, 인권 등과 같은 글로벌 이슈가 등장한 것이다. 환경이나 인권 같은 글로벌 이슈를 해결하기 위해서는 민족국가의 중앙정부뿐 아니라 지방정부, 지역기구, 국제기구, 국제 언론, 글로벌 NGO, 다국적기업 등 다양한 이해관계자들이 참여하는 수평적인 협력관계가 필요하게 된 것인데, 이를 충족시키기 위해 등장한 것이 바로 글로벌 거버넌스다. 이렇듯 글로벌 거버넌스는 수직적이고 배타적인 중앙정부 중심의 전통적 관리체제가 수평적이고 다원적인 협치형 관리체제로 변화된 것을 의미한다. 글로벌 거버넌스는 포스트 민족국가 시대가 야기한 현상으로 민족국가의 독점적 권위가 수평적으로 재편되고 그 결과 민족국가와 다양한 새로운 국제행위자들 간의 협치가 확산되고 있는 과정인 것이다.[145]

다층 거버넌스는 글로벌 거버넌스의 다양한 유형 중 현재 가장 눈에 띄는 현상이다. 유럽 지역에서는 유럽연합 같은 초국가 기구와 정부 간 기구, 각국의 중앙정부, 지방정부, NGO 등이 보충성(subsidiarity) 원칙[146]에 따라 서로 수평적이고 협력적으로 관리체제를 행사하고 있는데, 이를 다층 거버넌스라고 부른다. 이러한 다층 거버넌스는 민족국가 체제 하에서 운영되던 중앙정부 중심의 관리체제가 약화되고, 중세 유럽 시기에 교황권, 왕권, 영주권, 자치 도시권 등이 관리체제를 다층적이고 중첩적으로 구성하고 있던 상황과 유사하다는 측면에서, '신중세주의(Neo-medievalism)'라고 지칭하는 학자들도 있다.[147]

---

145 민족국가 체제의 중앙정부 중심의 관리체제가 약화 되는 반면, 초국가적 신흥 국제행위자의 영향력이 강화되는 현상은 지구적 차원의 관리체제가 현재 상당한 위기에 노출되어 있음을 의미한다. 경제 세계화로 인해 국제금융과 국제경제의 다양한 행위자들의 영향력이 과도하게 커지고 있고, 테러집단의 영향력도 강화되고 있는 상황이지만, 합법적이고 정통성 있는 중앙정부나 국제기구 혹은 지역기구의 관리체제로서의 능력은 점점 더 약화되고 있기 때문이다. 관리되고 규제되지 못하는 국제행위자의 증가는 글로벌 거버넌스를 더욱 어렵게 만든다. 글로벌 거버넌스에 관한 논의는 Tehranian(2002a), Tehranian(2002b), 서청록·이연호·곽진영(2002).

146 보충성 원칙은 하위 단위의 결정을 상위 단체가 우선적으로 존중한다는 점을 의미한다. 상위 단위에서 하위 단위의 결정을 비민주적으로 번복하거나 무시하는 것이 아니라, 밑에서부터 민주적으로 결정된 상황을 상위 단체에서도 존중하고 따른다는 것이다. 예컨대, 유럽연합에서 보충성 원칙은 NGO 등 시민단체나 지방정부 차원의 의사결정을 각국의 중앙정부가 무시하거나 번복하기 어렵다. 마찬가지로 각국 중앙정부의 의사결정을 유럽연합 같은 초국적 기구와 정부 간 기구가 쉽게 무력화하기도 어렵다.

147 신중세주의에 대한 논의는 Bull(1977), Cerny(2000), Falk(2000).

일반적인 글로벌 거버넌스와 유럽연합의 다층 거버넌스는 크게 두 가지 점에서 차이가 있다. 첫째, 다층 거버넌스에서는 유럽연합 같은 초국가기구나 정부 간 기구가 중추적인 거버넌스 역할을 수행하고 있지만, 다른 지역에서는 유럽연합 같은 초국가기구가 없다. 둘째, 다층 거버넌스는 보충성의 원리를 통해 민주적 의사결정과정을 지향하고 있지만, 다른 지역에서는 글로벌 거버넌스가 형성된 사례도 찾기 쉽지 않으며, 글로벌 거버넌스를 민주적으로 운영하려는 보충성 원리와 같은 제도적 장치도 쉽게 찾아보기 어렵다.

유럽연합에서 관심을 끄는 현상은 국가 정체성과 함께 유럽연합 정체성이 공존하고 있는 것이다. 민족국가 단위의 공동체의식이, 유럽통합이 가속화되면서 유럽 단위의 공동체의식과 섞이며 공존하고 있는 것이다. 유럽연합 시민권(European Union Citizenship) 개념은 이러한 현상을 대변한다. 예를 들어, 프랑스인은 프랑스인이라는 국가중심적 정체성과 함께 유럽연합 시민이라는 새로운 지역 공동체적 정체성도 함께 지니고 있다. 유럽시민권은 지구적 차원에서 지역 정체성과 지역 시민권의 등장을 알리는 전주곡이다.

그러나 동북아 지역은 유럽연합 지역과는 대조적이다. 유럽 지역이 민족국가 체제의 약화와 해체 과정에 들어섰다면, 동북아 지역은 아직 민족국가 건설기에 놓여있다. 동북아 지역에서 민족국가 체제가 건설되기 시작한 지는 이제 70여 년이 넘었다. 한국과 북한, 중국, 대만, 몽골 등 동북아 국가들이 건국된 지 이제 70여 년이 넘었다는 점은, 동북아 국가들이 민족국가를 건설해야 하는 역사적 과제를 지금도 수행하고 있다는 점을 의미한다. 그리고 동북아 지역에서 민족국가 체제가 아직도 건설되고 있다는 말은, 지역 국가 간의 국경과 영토가 불분명하고 민족국가를 건설하기 위한 내재적 운동으로서 민족주의 경쟁이 가속화되고 과열되고 있다는 점을 의미한다.

민족국가들이 자국 국민들의 공동체의식을 고취하는 가장 효율적인 방안은 민족주의 이데올로기를 동원하는 것과 공동의 역사의식과 영토 의식을 형성하는 것이다. 이러한 측면에서 바라보면, 한·중·일 3국은 현재 한국 민족주의, 일본 민족주의, 중국 중화주의 간의 서로 배타적이고 자기중심적인 민족주의 경쟁을 벌이고 있는 중이라는 점을 쉽게 알 수 있다. 한·중·일 3국은 자국 국민들의 공동의 정체성을 강화하기 위해 민족주의 시각에서 국사(國史, national history)에 기초한 국가중심주의 역사교육을 강화하고 있으며, 이 과정에서 역사 왜곡[148]과 영토분쟁이 지속되고 있는 것이다.

결국, 동북아 지역은 국가 간의 배타적인 민족주의 경쟁과 불분명한 역사와 영토가 야기한 국가 간 갈등과 전쟁 가능성을 배제하기 어려운 지역으로 남아있는 것이다. 이런 동북아 지역에서 국가 간 평화를 건설하는 가장 효과적인 방안은 두 가지다. 하나는 동북아 지역에서 민족국가 체제 건설을 앞당겨 완성하는 것이고, 다른 하나는 유럽연합처럼 민족국가 체제와는 다른 유형의 대안적 관리체제를 동북아 지역에서 건설하는 것이다. 그러나 민족국가 체제 건설을 앞당기는 것은 쉬운 방안이 아니다. 민족국가 체제의 완성은 국가 간에 명확한 국경과 영토 획정을 전제조건으로 하는데, 동북아 국가 간의 명확한 영토 획정은 쉬운 일이 아니기 때문이다. 명확한 영토 획정은 국가 간 전쟁을 통해 이루어지거나 아니면 어느 국가의 일방적인 양보를 통해 이루어진다. 그러나 동북아 지역에서 명확한 영토 획정을 위해 전쟁을 일으키거나, 어느 국가가 분쟁 영토에 대한 영유권을 스스로 먼저 포기하는 일은 상상하기 어렵다. 그렇다면 남겨진 방안은 유럽연합처럼 평화 친화적인 관리체제를 동북아에 건설하는 것이다. 그러나 이 또한 실현이 쉬운 일은 아니다. 동북아 지역의 지역 통합 정도는 유럽연합에 비해 걸음마 단계에도 미치지 못하고 있다. 유럽연합은 다층 거버넌스를 건설하기 위해 제2차 세계대전 이후 현재까지 오랜 기간 동안 지역 통합을 단계적으로 지속해 왔다. 동북아 지역에서 하루아침에 유럽연합 같은 평화 친화적인 관리체제를 형성하는 것은 쉬운 일이 아닌 것이다.

지금까지 포스트 민족국가 체제에서 등장한 새로운 거버넌스 유형을 유럽연합의 다층 거버넌스를 중심으로 살펴보았다. 다층 거버넌스 이외에도 민족국가 체제를 보완하거나 대체할 새로운 대안적인 관리체제는 다양하게 개진되고 있는데, <표 1>은 그런 논의의 내용을 정리한 것이다. 포스트 민족국가 시대에 들어서면서 민족국가 체

148 한·중·일 3국의 역사 교과서를 비교 분석하여 역사분쟁의 원인을 살펴본 자료는 이찬휘·임상선·윤휘탁(2006).

제의 영토성과 주권성, 국민성에 작지 않은 변화가 야기되고 있는데, 그러한 현상은 탈주권성, 탈영토성, 탈국민성으로 설명될 수 있다. 탈주권성은 민족국가의 주권이 약화되는 현상을 의미하며, 탈영토성은 민족국가의 독점적이고 배타적인 영토와 국경 관리가 점차 어려워지는 현상을 의미한다. 그리고 탈국민성은 각국의 국민이 국가 정체성 뿐 아니라 지방 정체성, 지역 정체성, 세계시민 정체성 등을 중첩적으로 공유하는 현상을 지칭한다. 예컨대, 스코틀랜드인은 스코틀랜드인 정체성, 영국 국민 정체성, 유럽연합시민 정체성, 세계시민 정체성 등 중층적인 정체성을 지닌다. 이런 현상은 다층 정체성이라고 부를 수 있다.

이미 언급했지만, 글로벌 거버넌스는 민족국가뿐 아니라 국제기구, 지역기구, 다국적기업, 국제자본, 글로벌 언론 네트워크, 세계 비정부기구 연대 등과 같은 국제행위자들이 자발적으로 협력하여 당면한 지구적 쟁점들을 해결해 나가는 관리체제를 지칭하는데, 앞으로 더욱 강화되어야 할 필요성이 있다. 환경, 인권, 개발, 구호, 난민, 에너지 등과 같은 글로벌 이슈들은 민족국가 체제에 기초한 관리체제에서는 근본적인 해결이 어렵다. 글로벌 거버넌스를 통해 해결해야 정책의 효율성과 성공 가능성이 높아진다. 예컨대, 동북아 지역의 황사 문제, 미세먼지 문제, 해양오염 문제, 북한 탈북자 문제 등은 민족국가 체제로는 해결이 쉽지 않다. 동북아 지역의 지역 거버넌스가 강화되어야 이들 지역 이슈의 해결 가능성이 높아지는 것이다.

지금으로서는 요원한 이야기로 들리지만, 유럽연합이 완전한 하나의 통합을 완수하고 유럽합중국(United States of Europe)을 건설하여 하나의 연방국가를 건설한다면, 세계의 다른 지역도 유럽통합 과정을 하나의 모델로 설정하고 모방적으로 제도화할 가능성도 배제하기 어렵다. 미래에 있을 수 있는 대안적 관리체제의 유형은 다양하지만 가장 성취하기 어려운 형태는 연방식 세계정부와 연합식 세계정부이다. 연방식 세계정부는 모든 민족국가가 자국의 주권을 포기하고 하나의 세계정부를 건설하는 것이고, 연합식 세계정부는 개별 민족국가가 주권은 소유하되 조약을 통해 주권의 제약을 받아들이는 선에서 세계정부를 건설하는 것이다.149

장기적인 과제이지만, 유럽합중국 같은 지역공동체나 지구적 차원에서 하나의 세계정부가 건설되는 과정은 지역 시민권과 세계 시민권(global citizenship)이 확산되고 강화되는 과정에 다름 아니다. 지역 시민권과 세계 시민권은 다양한 기본권을 포함할 것으로 보인다. 예를 들어, 지역 시민이자 세계시민으로서 각 개인은 자신의 국적과는 무관하게 평등권, 자유권뿐 아니라 참정권과 사회권 같은 기본권을 누리게 될 것이다. 지역 시민권과 세계 시민권이 확산되고 강화되는 과정은 환경, 인권, 개발 등과 같은 초국적 이슈와 민족국가 체제가 해결하기 어려운 이슈들을 해결하는 데 상당한 도움을 줄 것으로 보인다.

앞에서도 이미 지적했지만, 유럽이 민족국가 체제의 약화와 해체 과정에 들어선 결정적인 계기는 양차 세계대전이었다. 유럽에서 17세기 이후 민족국가의 건설 과정은 국가 간 경쟁과 전쟁의 과정이었으며, 그것의 최고 정점은 두 차례의 세계대전이었다. 따라서 전후 유럽에서는 평화 방안이 심각하게 고려되었으며, 민족국가 체제가 전쟁 친화적 관리체제라는 관점에서 유럽인들은 적극적으로 대안적 관리체제를 찾기 시작했다. 결국 민족국가 체제를 해체하는 과정은 유럽인들에게는 가장 효율적인 전쟁 방지책이었으며, 가장 효율적인 평화 방안이었다. 따라서 동북아 지역 국가들이 민족국가 체제의 전쟁 친화성을 깨닫지 못하고, 민족국가 체제를 약화하고 대체하는 새로운 관리체제를 개발하는데 힘을 기울이지 않는다면, 동북아 국가 간의 긴장과 갈등 그리고 전쟁 가능성을 효과적으로 방지하는 일은 근본적인 한계에 봉착할 수밖에 없다. III장에서는 동북아의 긴장과 갈등 상황을 한중 간 간도 분쟁 사례를 통해 구체적으로 살펴본다.

---

149 루소(Rousseau)와 칸트(Kant)는 구성국이 자국의 주권을 포기한 연방제 세계정부보다, 구성국이 자국의 주권을 소유하면서 조약을 통해 구성한 연합제 세계정부를 선호했다. 그 이유는 연방제 세계정부를 건설하는 데는 몇 가지 문제가 노정되기 때문이었다. 첫째, 구성국들이 쉽게 자국의 주권을 포기하기 어렵다. 둘째, 연방제 세계정부를 누가 그리고 어떤 나라가 주도할 것인가의 문제가 발생한다. 권력의 편중과 독점은 안정과 평화와는 거리가 멀다. 셋째, 연방제 세계정부가 독점적 군사력을 소유할 경우, 비민주적인 독재와 전체주의 가능성을 배제하기 어렵다. 오영달(2003), 스나르(2006),

III. 동북아 영토분쟁과 국제법: 간도 분쟁을 중심으로

영토분쟁은 국경분쟁과 영유권 분쟁으로 구분된다. 국경분쟁은 국경의 정확한 위치를 둘러싼 분쟁을 의미하는 반면, 영유권(dominium: 일정 영토에 대한 국가의 관할권) 분쟁은 특정 영토에 대한 권원(權原)의 정당성을 둘러싼 분쟁을 지칭한다. 동북아에서 한국과 관련된 영토분쟁은 한·중 간 간도문제, 한·러 간 녹둔도 문제, 한·일 간 독도 문제가 있다. 한·중 관계는 동북아 국제체제의 중심축 중의 하나인데, 한·중 갈등 관계의 근원은 간도를 둘러싼 영유권과 국경 문제이다. 이 장에서는 역사적 접근[150]과 지리적 접근을 배제하고 국제법과 외교적 관점에서 간도문제에 접근한다.[151]

간도문제와 관련하여 국제법적으로 살펴봐야 할 조약은 간도협약(1909)과 조중변계조약(1962)이다. 러일전쟁(1904-1905) 이후 만주 지역 진출을 추진하던 일본은 1909년 북경에서 청과의 교섭을 통해, 일본이 남만주에서 만주 철도와 탄광 등의 이익을 보장받는 대신 간도의 청국 귀속을 인정한다는 내용을 골자로 한 간도협약(1909)을 체결하였다. 간도협약의 내용을 토대로 하면 한중 국경은 압록강 - 백두산정계비 - 두만강이 되고, 그 결과 백두산 천지는 중국 영토가 된다.

그러나 일본이 청국과 체결한 간도협약은 다음과 같은 측면에서 국제법적으로 무효이다. 첫째, 조약은[152] 당사국 간에만 효력이 미치므로 제3국에 대한 효력은 제3국의 동의를 필요로 하며, 제3국의 의무를 설정하는 경우 서면에 의한 명시적 동의가 있어야 한다.[153] 또한 보호국이 체결한 조약이 피보호국에 효력을 지니기 위해서는 보호국이 피보호국을 대리하거나 피보호국의 이름으로 조약을 체결하여야 한다. 그러나 간도협약의 경우, 한국이 동의해 준 적이 없고 일본이 한국의 이름으로 조약을 체결한

---

150 역사적 접근을 통한 기존의 관련 문헌 연구를 총괄하여 비교 분석한 자료는 한철호(2003).

151 영토분쟁을 다루는 외교적 방법은 직접교섭, 주선과 중개, 그리고 국제재판 등이 있다. 주선은 분쟁 당사국들이 교섭을 하도록 간접적으로 분위기를 조성하거나 장소를 제공하는 것이고, 중개(仲介)는 제3자가 교섭 과정에 직접 참여하여 교섭을 돕는 것이다.

152 조약(treaty)은 '조약법에 관한 비엔나 협약' 제2조 제1항(a)에 의하면 "국가 간에 서면 형식으로 체결되고 국제법에 의하여 규율되는 국제적 합의"이다. 협약(Convention)은 국제회의에서 성립된 다수 국가 간의 입법적 성격의 조약이다. 협정(Agreement)은 행정협정과 같이 절차상 행정부가 주도하여 체결하는 국제적 합의를 지칭한다.

153 조약법에 관한 비엔나 협약 제34조, 35조.

것도 아니기 때문에, 간도협약은 한국에 대하여 어떠한 효력도 가질 수 없다(최태현 2003, 49; 양태진 1996, 86).

둘째, 보호조약의 성립과 효력에 있어서 문제가 있다면, 이러한 문제가 있는 보호조약에 기초하여 이루어진 국경 획정이나 국경조약도 하자가 있지 않을 수 없다. 한국에 대한 일본의 보호 관계는 1905년 을사조약에 의해 설정된 것인데, 한국 측 비준자인 고종의 비중이 없고, 일본 국가대표자의 강박에 의해 조약이 체결되었다는 점에서 조약은 무효이다. '조약법에 관한 비엔나 협약'(The Vienna Convention on the Law of Treaties)은 다음의 경우에 조약은 무효[154]가 된다고 명시하고 있다. 강제에 의한 조약은 무효인 것이다.

* 상대적 무효사유: 국내법 규정의 위반(제46조), 국가대표자의 조약체결권능 결여(제47조), 착오(제48조), 기만, 사기(제49조), 국가대표자에 대한 매수(국가대표자의 부패)(제50조)
* 절대적 무효사유: 국가대표자에 대한 강제(강박)(제51조), 국가에 대한 강제(제52조), 강행규범의 위반(제53조)

또한 보호국은 피보호국의 동의 없이 피보호국의 영토를 임의로 할양[155]할 수 없다는 것이 국제법상 일반원칙이라는 점에서 일본이 간도협약을 통해 간도를 청에 할양한 것은 무효이다. 결론적으로 일본은 피보호국인 한국의 이름으로 혹은 한국을 대리하여 간도협약을 체결한 것이 아니므로, 간도협약은 한국과는 무관한 조약이다.

---

154 조약의 무효라 함은 조약의 체결에 있어서 조약에 대한 구속적 동의의 의사 표시의 흠결이나 조약 자체의 부적법으로 인해 절대적 또는 상대적으로 조약의 효력을 발생시키지 않는 법률효과를 야기하는 것을 말한다.

155 국제법상 영토 취득 방법은 선점, 시효, 할양, 정복, 첨부 등 다섯 가지 방법이 인정되고 있다. 선점은 주인 없는 무주지를 점유 의사를 가지고 실효적으로 지배하면서 성립된다. 시효는 타국의 영토를 오랫동안 점유하여 영유권을 발생시키는 것을 의미한다(예를 들어, 권원이 분명치 않으나 적법한 것으로 추정되는 상황에서 오랜 기간 점유에 의하여 영유권이 발생한 경우). 그러나 대부분의 영유권 분쟁은 분쟁 당사국의 주장이 상호 경쟁하는 상황에서 발생하기 때문에 선점과 시효를 구분하기 쉽지 않다. 첨부는 자연현상을 통해서나 인위적 노력을 통해서 영역을 증대시키는 것이고, 할양은 다른 나라에게 영토를 양도하는 것이다. 정복은 문자 그대로 무력으로 타국의 영토를 강제 취득하는 것이다.

한·중 국경분쟁은 한국이 당사자가 아닌 간도협약과는 무관하게, 1712년 백두산정계비에 기초하여 평화적이고 외교적으로 해결되어야 하는 것이다.[156]

조·중변계조약은 1962년 평양에서 체결된 북한과 중국 사이에 맺은 국경조약으로 그 내용에 따라 조·중 국경은 압록강 - 백두산 천지 - 두만강이 되며, 백두산 천지는 북한이 54.5%, 중국이 나머지인 45.5%를 서로 분할하고 있다. 그러나 조·중 양국은 이러한 조약의 유무자체를 비밀에 부쳐왔으며 2007년 현재까지 국제연합(UN)에 등록하지도 않았다.

여기서 관련된 문제는 두 가지다. 첫째, 북한이 이러한 국경조약을 체결할 합법성이나 정통성이 있느냐이다. 둘째, 미래에 남한이 북한을 승계할 경우, 북한이 체결한 국경조약을 승계(succession)해야 하느냐의 여부이다. 이러한 위와 같은 문제는 남북한이 분단국이라는 특수 관계를 형성하고 있기 때문에 발생한다. 즉, 분단국을 구성하는 각국은 일반적으로 국가의 성립 요건(영토, 국민, 정부, 국제관계의 수행 능력)을 모두 갖추고 있으나, 서로 상대국을 국가로 인정하지 아니하고 자국만이 법적인 국가라고 주장하고 있기 때문에 발생하는 것이다. 따라서 분단국의 경우 각국이 상대국을 법적으로 인정하지 아니하고 1국가 2정부 체제를 고수하고 있다는 점에서 국제법적으로 명확한 법 지위와 법 규범을 규정하기 어려운 문제가 발생한다.

이렇게 본다면, 남한과 북한의 국가로서의 최종적인 법적 지위 여부는 국가 성립 요건의 충족 여부나 다수 국가의 승인 사실과는 무관하게, 양국 중 누가 법적 통일을 주도하느냐에 의해 결정된다고 볼 수 있다. 결국 자국 주도의 통일에 대비하는 남한의 시각에서 본다면, 북한이 체결한 중국과의 국경조약은 통일 후 북한의 법적 지위를 인정할 것인지 말 것인지의 여부에 따라 남한의 승계 여부가 결정되는 것이다. 예를 들어, 북한이 맺은 국경조약이 남한이 주도한 통일 한국에 불리할 경우, 통일 한국 정부

156 백두산정계비는 "서쪽은 압록강으로, 동쪽은 토문강으로(西爲鴨綠 東爲土門)"라고 쓰고 있는데, 여기서 문제는 토문강이 송화강의 상류인지 아니면 두만강의 다른 이름인지에 대하여 한중 간의 이견이 있다는 점이다. 한국 학자들은 대체로 토문강이 실제로 존재하는 토문강(송화강 상류)이라며 이강설(二江說)을 주장하는 반면, 중국은 두만강과 토문강이 동일한 강이라는 일강설(一江說)을 주장하고 있다. 한중 국경 문제는 백두산정계비의 내용에 기초하여 해결해야 한다는 주장은 최태현(2003, 51). 백두산정계비에 대한 구체적인 논의는 한철호(2003, 24-29). 한국에서 이강설이 아닌 일강설을 주장하는 논의는 이강원(2007).

는 기존의 북한을 법적인 국가로 인정하지 않고 북한이 체결한 국경조약의 선택적 승계와 경정 승계의 권리를 요구할 수 있는 것이다.

> "국경과 같이 전체 한국에 관련되는 사안에 대하여는 사실상 지방적 정부에 불과한 북한이 체결한 국경조약은 전체 한국에 대한 대표권이 없는 하자 있는 조약으로 효력이 없으므로, 분단 이후의 여러 국경획정조약의 무효를 주장해야 하며, 향후 통일한국의 정부는 관련 국가와 새로운 국경 획정을 위한 방안을 모색해야 할 것이다."(최태현 2003, 53)

국가 주권에 변동 상황이 발생하여 국가승계(state succession)[157]가 이루어질 경우, 승계국은 선행국이 맺은 조약을 함께 승계해야 하는지를 규정하고 있는 국제법은 '조약의 국가승계에 관한 비엔나 협약(1978)[158]'이다. 이 협약의 제11조는 국경조약의 승계 여부에 관하여 규정하고 있는데 그 내용은 다음과 같다. "국가승계는 (a) 조약에 의하여 설정된 국경 또는 (b) 조약에 의하여 설정되고 국경 체제와 관련된 권리와 의무에 영향을 미치지 않는다." 즉, 국가승계는 그 자체로 기존의 국경에는 영향을 미치지 않는다고 쓰고 있어, 국경의 계속성 원칙을 강조하고 있다.

결과적으로, 동 조약은 국제사회의 평화와 안전을 위하여 영토분쟁 가능성을 최소화하고자 한 것인데, 여기서 주의할 점은 제11조 내용 중 '조약에 의해 설정된'이라는 문구이다. 이 문구는 '유효한 조약에 의하여 유효하게 확립된'을 의미하는 것으로 해석될 수 있는데, 이 경우 이 문구는 국경조약이 적법하고 유효하게 체결된 경우에만 국경의 계속성 원칙이 적용된다는 제한적인 의미로 해석될 수 있다(최태현 2003, 48). 예를 들어, 북한이 체결한 조·중변계조약은 그 조약이 적법하지 않고 유효하지 않은 경우에 무효가 될 수 있다는 것이다. 적법하지 않은 경우는 남한이 통일한국을 주도하여 북한의 법적 지위를 무효한 경우도 포함된다.

---

157 '조약의 국가승계에 관한 비엔나 협약'은 국가승계 개념을 사실상 승계로 명시하고 있다. 즉, 국제법적으로 국가승계는 법률상의 승계가 아니라 사실상의 승계인 것이다.

158 '조약의 국가승계에 관한 비엔나 협약'에 관한 구체적 논의는 최경수(1993).

간도문제가 한국 측에 유리하게 작용할 가능성은 위에서 언급한 것 이외에도 여러 측면에서 지적할 수 있다.[159] 우선, 간도는 19세기 후반까지 사실상 무주지였다는 점이다. 백두산정계비 건립(1712) 이후 한·청 양국은 공히 봉금령이나 간광(間曠)정책을 집행해 왔는데, 이러한 정책은 19세기 후반에서야 폐지되었다. 결국 간도문제는 양국 간의 권원과 관할권 행사를 평가하는 작업이 중요하다. 그런데, 간도 지역을 조선인이 개척했고, 간도의 주민 비율 중 조선인이 압도적 다수를 차지했으며, 행정기관의 설치와 운영에 있어서도 조선이 청국보다는 설치가 약간 늦었지만 운영 면에서는 더욱 지속적이었다는 측면에서 선점의 원칙에 따르더라도 한국이 유리하다고 볼 수 있는 것이다.

둘째, 간도 지역에 대한 접근 용이성을 따져보더라도 한국으로부터의 접근이 훨씬 용이하다. 간도의 북부는 산악지형이고 남부는 평탄한 구릉지대이기 때문이다. 셋째, 영토분쟁에 있어 국제 판례의 상당수가 의존하고 있는 승인과 묵인[160] 그리고 금반언(禁反言)[161]의 법리를 적용하는 것은 무리이다. 조선과 청의 관계가 수평적이지 못한 조공과 책봉 관계에 기초한 상황에서, 사실상 수직적 구조의 하위에 위치한 약소국 조선이 종주국인 강대국 청에게 동등하게 대하지 못한 점을 고려해야 한다는 것이다. 예를 들어, 청의 부당한 요구와 강박에 대하여 조선이 침묵하거나 항의를 하지 않았다고 하여 그것을 바로 묵인이나 금반언의 요소로 간주해서는 곤란하다는 것이다(최태현 2003, 54-56).

넷째, 연합군 측은 1943년 12월 1일 카이로 선언을 통해, '제1차 세계대전 후 일본이 취한 모든 지역에서 일본 세력을 구축한다'라는 조항을 발표했으며, 태평양 전쟁에서 패배한 일본은 1945년 8월 14일 위 선언을 수락하고 9월 2일 수락을 명기하여 위 선언의 법적 구속력을 재확인했다. 이에 따르면 일본은 간도 지역을 1909년 이전 상

159 간도가 한국 영토라는 일본 학자의 주장은 시노다 지사쿠 지음, 신영길 번역(2005).

160 묵인은 자국의 권리에 대한 위협이나 침해를 야기하는 상황에 대하여 국가가 부작위(不作爲)한 경우를 말한다. 국가의 대응(행동이나 언급)이 요구되는 상황에서 국가의 침묵은 암묵적 동의 또는 권리의 포기를 의미한다.

161 금반언 원칙은 분쟁(소송)의 일방 당사국이 이전의 명시적 또는 묵시적으로 인정한 것이나 유지하여 온 것에 반하는 입장을 위해서는 안 된다는 원칙이다. 달리 표현하면, 행위자가 일단 특정한 표시를 한 이상 나중에 그 표시를 부정하는 주장을 하여서는 안 된다는 원칙이다.

태로 원상 복귀시켜야만 하는 것이고, 이렇게 본다면, 간도협약은 그 성격상 제국주의가 사라진 뒤에도 청산되지 않은 유일한 국경조약이자 제국주의의 잔재인 것이다(동아일보 2004).

정리해 보면, 간도문제는 종결된 것이 아니라 미종결 된 현재 진행형이다. 간도문제에 대한 국제법적 검토와 문제 제기는 지속되어야 하며, 그 타당성은 위에서 살펴보았다. 독도문제에 대하여 일본 정부가 지속적으로 문제를 제기하고 외교문서를 한국 정부에 보내오는 이유는 다름 아닌 한국의 독도에 관한 시효중단을 주장하기 위한 것이다. 한국은 중국에 간도문제를 공식적이고 지속적으로 제기해야 한다. 일본에 의하여 잘못 체결된 간도협약과 통일한국을 대표할 수 없는 북한이 중국과 체결한 국경조약에 대하여 법적인 부당성과 문제점을 정당하게 제기해야 하는 것이다. 결국, 한국 정부는 간도문제에 대하여 한국의 영유권 주장을 정당하게 제기하고 외교적이고 평화적인 문제 해결에 적극 나서야 하며, 중등 교육과정에서 간도문제를 포함한 동북아 영토분쟁은 이러한 외교적인 기본 원칙과 정책에 기초하여 교육되어야 한다.

IV. 동북아 영토분쟁, 어떻게 가르칠 것인가?

간도문제에 대한 우리 정부의 입장은 한마디로 '문제 안 만들기 정책' 또는 '긁어 부스럼 안 만들기 정책'이다. 한중 간의 경제적 상호의존관계가 심화되고 북핵 문제 해결을 위한 한중 공조가 요구되고 있는 시점에서, 간도문제와 같은 영토분쟁을 통해 중국과의 관계를 악화시키기는 어렵다는 것이다. 정부는 간도협약 무효화를 주장하는 정치인과 시민들의 요구에 '고구려사 왜곡을 방지하기 위해 중국과 맺은 5개 항의 구두양해는 한국이 영토 문제를 제기하지 않는다는 것을 전제로 하고 있다'라고 언급했다(노컷뉴스 2004). 이는 중국 정부는 고구려사 왜곡을 중단하는 대신, 한국 정부는 간도협약 무효화 주장을 제기하지 않는다는 양국 간의 일종의 합의가 이루어졌음을 의미한다고 볼 수 있다. 결국 한국정 부의 입장은 수동적이고 현상유지적이라는 점을 여실히 보여준 것이다.

앞 장에서 살펴보았듯이, 간도문제를 제기하는 것은 국제법적으로 정당하고 타당한 것이다. 한·중 관계의 우호적 발전은 '있는 문제'를 감추고 없는 듯 넘어간다고 해결되는 것이 아니다. 양국 간의 우호 관계는 양국 간 첨예한 문제를 외교적 수단과 평화적 방법에 의해 해결해 나가면서, 신뢰와 대화 채널이 제도화되면서 이루어지는 것이다. 물론 이러한 외교적 해결 방식보다 더 중요한 점은 한·중 양국 간 영토분쟁을 어떻게 가르칠 것인가이다. 자국의 국민을 바르게 교육하는 것은 한·중 양국의 영토분쟁과 역사분쟁을 외교적이고 평화적으로 해결하는 데 있어 가장 중요한 선결과제이기 때문이다.

다음은 동북아 영토분쟁을 어떻게 가르쳐야 하는지에 대해 국제정치학 시각에서 제시할 수 있는 주장을 정리한 것이다. 첫째, 중등 교육과정에 국제정치학 이론을 도입할 필요가 있다. 국제정치 이론은 세계를 바라보는 시각이자 세계관이다. 현실주의, 자유주의, 구조주의, 구성주의 이론을 이해하기 쉽게 학생들의 눈높이에 맞춰 가르쳐야 한다. 각 이론들이 동북아 영토분쟁을 어떻게 바라보고 어떠한 해결 방안을 제시하는지를 가르쳐야 한다는 것이다. 국제정치 이론 교육을 통해 세계와 국제관계에 대한 학생들의 자발적인 이해와 사고를 높임으로써 학생들이 스스로 판단하여 결정하여 외교정책의 여론 과정에 적극 참여하는 민주시민으로서의 자질을 키워야 하는 것이다. 이러한 교육적 노력은 폐쇄적 민족주의나 정치권의 상징조작과 동원 정치에 좌우되지 않고, 스스로 일관성과 객관성을 체화해서 동북아 국제관계를 이해하고 결정하는 학생들을 만드는데 기여할 수 있다. 중등 교육과정에 국제관계 이론을 도입하는 것과 관련해서 강조할 점은, 동북아 지역 교육에서 국가중심주의와 현실주의에 지나치게 경도된 현재의 균형추를 자유주의와 구성주의 쪽으로 무게를 옮길 필요가 있다는 것이다. 권력과 힘의 논리를 중심으로 이루어지고 있는 현재의 동북아 지역 교육을, 이성과 협력, 국제법, 지역제도가 주도하는 자유주의 동북아 지역 교육으로 균형을 맞출 필요가 있다는 것이다.

또한, 동북아의 국제정치는 현실주의 이론이 강조하는 군사력이나 경제력 같은 물질적인 차원에서 이해하는 것도 중요하지만, 구성주의 이론이 강조하는 것처럼 동북아 3국 국민들이 서로 밀접한 상호작용을 통해 만들어내는 '사회적으로 구성되는 의미(socially constructed meanings)'로서의 동북아 질서도 학생들에게 가르칠 필요가 있다. 즉, 현재 있는 그대로의 동북아 질서를 가르치는 것도 중요하지만, 한·중·일 3국 시민들이 평화 지향적인 상호주관적(inter-subjective) 상호작용을 통해 미래지향적으로 함께 만들어가는 동북아 질서도 중요하다는 것이다. 예를 들어, 동북아 안보 질서는 군사력 격차와 같은 물질적 차원에 의해서도 규정받지만, 지역 구성원인 동북아인들이 교류와 협력을 통해 인식론적으로 만들어가는 관념적 차원에 의해서도 영향을 받는다. 구성주의 국제정치 이론은 학생들로 하여금 자신들이 평화로운 동북아 안보 질서를 만들어가는 역사의 주체임을 깨닫게 하는데 상당히 유용하다.

구성주의 이론은 행위 주체의 정체성이나 이해관계가 고정되어 있거나 외부로부터 주어지는 것이 아니라, 상호주관적 과정을 통해 새롭게 만들어진다고 주장한다. 한국인, 일본인, 중국인이라는 민족국가 중심의 정체성이 서로 강하게 경쟁하고 있는 동북아 지역에서, 동북아인 혹은 동아시아인이라는 지역 정체성의 등장은 갈등과 전쟁에 대한 새로운 이해관계를 형성한다. 동북아 지역에서 적대적이고 이분적인 너와 나(한국인, 일본인, 중국인)라는 정체성보다 우리(동북아인)라는 정체성이 강화되고 공고화될수록 분쟁과 전쟁 가능성은 줄어들고 대화와 협력과 공존 가능성은 높아진다. 이런 점을 학생들이 이해하는 것도 중요하다.

둘째, 자국의 자긍심과 공동체의식을 확보하기 위한 선의의 민족주의 교육은 필요하지만, 폐쇄적이고 배타적이며 자기중심적이고 자기 우월적인 민족주의 교육은 지양되어야 한다. 국가중심주의와 민족중심주의 교육을 완화하고, 평화교육과 지역공동체 교육 그리고 세계시민교육 등을 포괄하는 국제이해교육(Education for International Understanding)을 확충해 나가야 하는 것이다. 국제이해교육은 국제연합교육과학문화기구(UNESCO)가 제2차 세계대전 이후 주도해 온 국제평화교육으로, 더불어 살아가는 지구촌을 건설하기 위해 서로 다른 국가와 민족, 인종, 문화, 종교 등을 상대적이고 공존적인 시각에서 이해하고 존중하는 평화지향적인 교육이다. 구체적으로 국제이해교육은 민주주의와 인권, 환경과 지속가능한 개발, 평화와 반전 등의 주제에 집중한다. 한마디로, 국제이해교육은 공존, 협력, 평화를 달성하려는 의도 하에 '지구촌에서 더불어 사는 법(learning to live together in the global village)'을 가르치는 교육인 것이다. 민족주의 교육과 세계이해교육이 균형을 이루어야 한다는 필자의 주장은, 민족주의 교육을 폐기하거나 국제이해교육 만을 가르쳐야 한다는 주장이 아니다. 좋은 민족주의 교육과 국제이해교육 간의 균형을 유지하는 것이 동북아 영토분쟁을 가르치는 중등교육의 핵심 기조가 되어야 한다는 것이 필자의 주장이다.

셋째, 민족국가 체제에 기초해서 국가중심주의 시각에서 일방적이고 자의적으로 역사를 해석하고 교육하는 태도를 개선하고, 동북아 지역공동체 시각에서 동북아시아사와 동북아시아 지리 및 사회를 가르치는 교육을 확대해야 한다. 근대의 창조물인 민족국가와 민족주의를 통해 근대 이전의 역사를 해석하는 것은 문제가 없지 않다.[162] 지나친 배타적 민족주의와 국수주의 시각으로 과거를 해석하는 것은 과거를 왜곡 해석하는 결과를 초래할 수 있으며, 동북아 국가 간의 갈등과 긴장을 고조시킬 가능성이 높다. 민족국가 체제의 시각에서 역사를 가르치는 것도 불가피하게 중요하지만, 동북아 지역공동체[163] 시각에서 학생들에게 동북아 지역사[164]와 동북아 지리 및 사회를 가르치는 것도 중요하다. 국사와 지역사의 균형점을 찾아 그에 기초하여 학생들을 가르쳐야 하는 것이다.

동북아시아사와 동북아 지리 및 사회를 학습한 학생들은, 동북아 지역공동체에 대한 소속감을 기르고 동북아 시민으로서의 자기 정체성을 확립하는데 무시하기 어려운 영향을 받을 것이다. 동북아 공동체의 구성원이라는 자기 정체성을 지닌 한·중·일 3국 학생들은 민족국가 체제의 시각에서 일방적으로 교육받은 학생들보다 더욱 평화 지향적이며 협력 지향적일 가능성이 높다. 유럽연합 지역에서는 유럽연합시민권

162 민족국가 체제에 기반한 국가중심주의 역사해석(즉, 國史, national history)을 비판하고, 동아시아 지역사(regional history) 혹은 동북아 지역사 시각에서 역사를 해석할 필요가 있다는 주장에 대하여는 오시노 마코트 지음, 한철호 옮김(2005), 이성시 지음, 박경희 옮김(2002).

163 동북아 공동체 혹은 동아시아 공동체에 대한 논의는 강근형(2004), 문정인(2005), 김형국·김석근(2005), 양길현(2005), 대통령 자문 동북아시대위원회(2006).

164 2007년 개정 사회과 교육과정을 통해 고등학교 교육과정에 선택과목으로 '동아시아사'가 신설되었다.

(EU citizenship)[165]과 일국 시민권이 공존한다. 지역 시민권과 일국 시민권의 공존 즉, 정체성의 공존은 유럽연합 지역에서 협력과 평화 정착 및 공존의 환경을 조성하는데 기여한다는 점에서, 동북아 공동체 건설과 동북아 시민권 개념을 가르쳐야 필요성은 확인된다.

넷째, 민주평화론(Democratic Peace Theory) 시각을 동북아 지역 교육에 도입할 필요가 있다. 민주평화론은 민주주의 국가는 비민주적 국가와 전쟁을 할 수 있지만, 민주주의 이데올로기와 정부형태 및 실천을 공유하는 민주주의 국가와는 전쟁을 회피할 가능성이 높다는 이론이자 주장이다.[166] 민주평화론은 구조적/제도적 해석과 문화적/규범적 해석으로 양분된다(Maoz and Russett 1993).

구조적/제도적 해석은 민주주의 국가 간의 전쟁 부재 현상을 민주주의 국가의 제도를 통해 설명한다. 즉, 민주주의 국가의 정치제도는 권력의 견제와 균형, 정책 결정 과정에의 여론 반영, 정기적인 선거를 근간으로 하는데, 이러한 제도들이 전쟁 가능성을 낮춘다는 것이다. 대다수 국민들은 전쟁에 반대하는 입장을 견지하는데, 그 이유는 전쟁에의 참전과 피해는 사회의 엘리트가 아닌 일반 국민들에게 집중되기 때문이다. 결국 국민들의 동의 없는 참전은 불가능하며, 정치 지도자의 독단적인 참전 의지도 권력의 견제와 균형을 통해 통제될 가능성이 높다는 것이다. 문화적/규범적 해석은 민주주의의 지배적인 규범이 대화와 설득, 타협을 통한 비폭력에 있음을 강조한다. 비민주적인 국가는 국내정치 뿐 아니라 국제정치에 있어서도 대화와 설득이 아니라 폭력과 갈등 및 전쟁에 의존할 가능성이 높지만, 민주주의 국가는 그렇지 않다는 것이 민주평화론의 핵심 요지다.

민주평화론 시각에서 바라보면, 배타적이고 자기중심적인 민족주의 교육으로 무장된 한·중·일 3국이 존재하는 동북아 지역보다, 민주주의 가치와 실천을 공유하는 한·중·일 3국이 함께 건설하는 민주적인 동북아 공동체가 보다 미래지향적이고 평화 건설적이라는 점을 알 수 있다. 민주평화론을 중등교육에 도입함으로써 학생들은 민

165 유럽연합 시민권에 대한 연구는 한국유럽학회유럽시민권연구단(2004).

166 민주평화론에 대한 논의는 Russett(1993), 최상용(1998), 김재천(2004).

주주의 가치를 공유하고 평화를 지향하는 동북아 공동체 구성원이 될 가능성이 높아지는 것이다.

다섯째, 동북아 공동체 교육과 동북아 시민교육을 확충해야 한다. 정치적 시민권, 사회적 시민권, 경제적 시민권 등을 국내적으로 제대로 확보하는 것도 중요하지만, 동북아 시민권에 대한 교육을 강화해 나가는 것도 중요하다. 동북아 공동체에의 소속감과 일체감을 지니고 동북아 시민으로서의 권리와 의무를 행사하고 이행하는 동북아인이 등장할 때, 영토분쟁과 같은 지역 이슈들이 해결될 가능성이 높아지기 때문이다.

동북아 지역은 국가중심주의 시각을 완화함과 동시에 동북아 공동체 시각을 강화해야만 해결 가능성이 높아지는 이슈들이 산적해 있다. 황사, 미세먼지, 황해 오염, 이상기온, 에너지, 북한 난민, 다인종·다문화 사회 등과 같은 초국적(trans-national) 현상들은 민족국가 체제가 해결하기에는 근본적인 한계를 지닌 영역들이며, 북한 인권문제는 근대 민족국가 체제의 불문율과 같은 주권 침해 불가 원칙으로는 근본적인 해결이 어렵다. 더욱이 한국과 일본 등 동북아 지역에서 점차 확대되고 있는 다인종·다문화 현상이 야기하고 있는 여러문제들은 이들 국가의 뿌리 깊은 단일민족 이데올로기로는 해결하기 어려운 측면이 강하다.[167]

결국, 동북아 지역은 민족국가 체제에 기초한 관리체제를 완화해 나가면서 수평적 지역 거버넌스를 강화해 나가야 하는데, 장기적으로 지역 거버넌스가 잘 확보되느냐의 여부는 중등교육을 통해 미래의 주역인 학생들을 어떻게 교육시키느냐에 따라 크게 영향받을 것으로 보인다. 동북아 지역의 초국적 이슈들을 해결하기 위해서는 중앙정부, 지방정부, 지역기구, 국제기구, 비정부기구 등이 수평적으로 협치(協治)하는 지역 거버넌스를 확보하는 것이 시급한데,[168] 그것을 실현하기 위해서는 외교정책적으로 노력하는 것도 중요하지단 장기적인 관점에서 교육적으로 접근하는 것도 중요하다.

---

167 물론 영토분쟁과 환경, 에너지, 인구이동 등의 이슈는 사안의 중요성에 있어서 서로 경중이 다르기 때문에 이들을 동등하게 다루는 것은 문제라는 주장이 제기될 수도 있다. 그러나 영토분쟁이 국가 간의 가장 민감한 주권 영역의 문제라 하다라도, 포스트 모던 시대에 발생하는 환경, 다문화·다인종 사회, 에너지 등의 이슈들을 해결하기 위해서는 배타적인 민족주의를 벗어나 동북아 공동체의 시각에서 접근해야 할 필요성이 높아지고 있다는 것이 필자의 입장이다. 영토분쟁을 통한 상호배타적 갈등이 고조되어 동북아 지역의 공동 관심사를 해결할 가능성이 낮아진다는 것은 동북아 지역 국가들에게 큰 불행이기 때문이다.

정리하면, 동북아 지역의 군사적 충돌 가능성과 영토 및 역사 갈등 그리고 환경과 인권 같은 초국적 이슈들은 민족국가 체제 중심의 시각에서 벗어나 동북아 공동체 건설과 동북아 시민권 확대 등을 통해 해결해 나가야 하는데, 동북아 공동체 교육과 동북아 시민교육은 동북아 공동체를 건설하고 동북아 시민권을 강화해 나가는데 장기적이지만 효율적으로 기여할 수 있는 교육 프로젝트다. 동북아 지역에서 수평적 지역 거버넌스의 성공적 건설 여부는 동북아 공동체 교육과 동북아 시민교육을 구성 국가들이 얼마나 잘 수행하느냐 여부에 달려 있다. 수평적 지역 거버넌스의 필요성을 학생들에게 이해시키고 강조하는 교육이 시대적으로 요구되고 있는 것이다.

V. 결론

간도문제는 종결된 것이 아닌 현재 진행형 영토분쟁이다. 따라서 간도문제에 대한 국제법적 검토는 계속되어야 하며, 한국 정부는 간도에 대한 한국의 영유권 주장을 외교적이고 평화적으로 지속해야 한다. 즉, 간도문제에 대한 한국의 대응은 영유권 주장은 단호하게 지속하되 그 해결 방안은 외교적이고 자유주의적인 방식에 기초해야 한다는 것이다. 한국의 중등교육에서 간도문제를 포함한 동북아 영토분쟁은 이와 같은 원칙에 의해 이루어져야 한다. 중등 교육과정에서 간도와 독도 등을 포함한 지역들은 우리나라가 영유권을 지니고 있다는 점을 명확하게 교육시켜야 하며, 이와 함께 영토분쟁의 해결 방식은 현실주의적이거나 물리적이 아닌 외교적이고 자유주의적인 방식에 기초해야 한다는 점을 교육시켜야 한다. 즉, 중등 교육과정에서 분쟁지역에 대한 우리나라의 영유권은 명확하게 가르치되, 영토분쟁의 평화적이고 외교적인 해결을

168 동북아 지역 거버넌스 건설은 글로벌 거버넌스를 건설하기 위한 징검다리 역할을 수행할 것이다. 지구적 차원에서 글로벌 거버넌스를 건설하는 작업보다, 지역 차원에서 거버넌스를 건설하는 작업이 훨씬 수월하기 때문이다. 지역 차원에서는 지구적 차원에 비해 참가자 수가 작고, 이들 간의 이해관계의 충돌이나 갈등 가능성도 적은 반면, 참가자들 간의 지리적 혹은 역사·문화적 친근성이 높고, 정치적·경제적 협력 필요성이 강하기 때문에 협력 가능성이 높다.

위해서 동북아 공동체 교육과 동북아 시민교육도 병행해야 한다는 것이다. 동북아 공동체 교육과 동북아 시민교육을 제대로 배우지 못한 중고등학생들은 영토분쟁을 배타적인 민족주의에 기초해서 물리적이고 갈등적으로 해결하려는 성향이 높을 수밖에 없기 때문이다.

동북아는 민족국가 체제가 현재 건설 중에 있는 지역으로, 배타적 주권과 민족주의 경쟁이 가속화되고 있으며 그 결과 역사분쟁과 영토분쟁 및 전쟁 가능성이 상존하는 지역이다. 포스트 민족국가 시기에 대한 적응력에 있어서 동북아 지역은 유럽 지역에 비해 상당히 뒤처져 있다. 근대 민족국가 체제에 기초한 관리체제로는 포스트 민족국가 시대가 야기하는 환경, 인권, 난민, 구호, 개발, 반전, 다인종, 다문화 등과 같은 글로벌 이슈를 해결하기에 역부족이다. 포스트 민족국가 시대는 근대 민족국가 체제의 핵심적 특징인 중앙정부 중심의 관리체제에 변화를 강제하고 있다. 그러나 동북아 지역은 아직도 민족국가 체제를 건설 중이고, 지역 거버넌스나 지역공동체 건설이 그 맹아도 보이지 않고 있다. 많은 성찰과 대책 마련이 필요한 것이다. 동북아 지역이 갈등과 전쟁 가능성의 지역에서 평화와 번영의 지역으로 거듭나기 위해서는 지역 거버넌스와 지역공동체를 건설하는 것이 가장 근본적인 처방이며, 그 처방의 핵심에는 중등교육이 있다. 포스트 민족국가 시대는 동북아 공동체와 동북아 지역 거버넌스 건설을 요구하고 있는데, 중등교육은 동북아 공동체를 건설하고 동북아 지역 거버넌스를 확보하는 데 있어서 장기적이지만 필수적이고 효율적인 처방전인 것이다.[169]

중등교육에서 동북아 교육은 다음과 같은 두 가지 원칙에 기초해서 추진될 필요가 있다. 첫째, 국가 간 '교육의 균형'이 필요하다. 일국 차원에서는 자국 중심주의 교육(혹은 민족주의 교육)과 국제이해교육(혹은 평화교육)의 균형을 추구해야 하며, 자

169 본 논문이 중등교육에 초점을 맞춘 이유는 학생들이 중등교육 시기에 자신의 정체성을 거의 형성하기 때문이다. 정체성 형성에 있어서 중등교육이 초등교육이나 고등교육에 비하여 중요한 시기인 것이다. 현재 우리나라 중·고등학교 학생들은 민족주의 교육을 강하게 받고 있는데, 필자는 이러한 일방주의적인 민족주의 교육은 동북아 공동체 교육으로 균형을 잡아야 한다고 본다. 필자는 동북아 영토분쟁은 관련 국가 간의 합리적인 주장과 설득 그리고 외교적이고 평화적인 해결을 통해 이루어져야 한다고 보는데, 이를 위해서는 우리나라 중등 학생뿐 아니라 동북아 각국의 중등 학생들이 '합리적인 민족주의 교육'과 '동북아 공동체 교육' 간의 균형된 교육을 통해 이성적으로 각성될 필요가 있다고 보는 것이다.

국 중심사와 지역사(동북아사)가 서로 균형을 이루어야 한다. 현실주의 교육과 함께 자유주의 교육과 구성주의 교육이 서로 동등하게 교육되어야 하며, 동북아 국가 간의 교육의 균형 또한 요구된다. 어떤 국가는 자국 중심주의 교육만을 강조하고 어떤 국가는 국제이해교육과 동북아 공동체 교육만을 강조한다면, 이들 국가 간의 평화와 공존은 기대하기 어렵다는 점에서 동북아 국가 간의 '교육 내용의 균형'도 중요하다는 것이다. 둘째, 정체성의 균형, 정체성의 공존, 정체성의 공유가 필요하다. 동북아 지역의 평화와 공존을 위해서는 민족국가 정체성과 동북아 지역 정체성이 균형을 이루며 공존할 필요가 있다는 것이다. 예를 들어, 한국인이나 일본인 혹은 중국인으로서의 국민 정체성과 동북아인으로서의 지역 정체성이 서로 동등성과 공유성(共有性)을 지니고 공존한다면 동북아 공동체 건설은 더욱 앞당겨질 수 있다.

근대 민족국가 체제는 포스트 민족국가 시기에는 걸맞지 않은 낡은 관리체제다. 특히, 동북아 지역에서 영토분쟁과 역사분쟁뿐 아니라 환경, 인권, 개발 등과 같은 인간 안보적 쟁점들이 부각 되면서, 관리체제로서 민족국가 체제의 효율성은 상당한 한계에 직면해 있다. 중등교육에서 동북아 공동체 교육과 세계시민교육을 강화해야 할 필요성이 그 무엇보다 우선적으로 요구되고 있는 것이다.

참고문헌

강근형. 2004.『동아시아 공동체 구축과 정체성 연구』. 2003년도 한국학술진흥재단 협동연구 지정과제 제2차 지원사업 연구결과보고서.

김재천. 2004. "민주평화론과 비밀전쟁: 미국의 대 칠레 비밀전쟁 연구를 중심으로."『한국정치학회보』제38권 3호.

김형국·김석근. 2005. "동북아문화공동체 형성을 위한 여건과 전망: 문화적 동질성과 다양성 그리고 정체성."『세계지역연구논총』제23집 1호.

대통령자문 동북아시대위원회. 2006.『참여정부의 동북아시대 구상』. 서울: 동북아시대위원회.

문정인. 2005, 2. 23. "동북아시아 공동체 실현을 위한 전략." NIRA 30주년 기념 심포지움 기조강연.

서청록·이연호·곽진영. 2002. "거버넌스의 개념: 거버넌스의 개념과 쟁점에 관한 소고", 김석준 외,『거버넌스의 정치학』. 서울: 법문사.

스나르, 마이클(Snarr, Michael T.). 2006. "미래전망", 마이클 스나르, 닐 스나르(Neil Snarr) 지음. 김계동 외 옮김. 『세계화의 도전과 대응: 글로벌 이슈』. 서울: 명인출판사, p. 398.

시노다 지사쿠 지음. 신영길 번역. 2005.『간도는 조선땅이다: 백두산 정계비와 국경』. 서울: 지선당.

양길현. 2005. "동아시아 공동체의 가능성과 전략."『동아연구』 제48집.

양태진. 1996. "한국의 영토관리정책에 관한 연구." 한국행정연구원.『한국의 영토관리정책』.

오시노 마코트 지음. 한철호 옮김. 2005.『동아시아 속의 한일 2천년사』. 서울: 책과 함께.

오영달. 2003. "칸트의 영구평화론: 개인, 국가, 그리고 국제적 분석수준."『평화연구』 제11권 4호.

이강원. 2007. "조선후기 국경인식에 있어서 豆滿江.土門江.分界江 개념과 그에 대한 검토." 『정신문화연구』제30권 3호.

이성시 지음. 박경희 옮김. 2002.『만들어진 고대: 근대 국민 국가의 동아시아 이야기』. 서울: 삼인.

이찬휘·임상선·윤휘탁. 2006.『동아시아의 역사분쟁』. 서울: 동재.

최경수. 1993. "국가승계에 관한 국제법 이론과 독일의 경험."『한국사회개발연구 Volume 32: 국가승계에 의한 조약의 효력: 독일의 경험과 우리의 대책』.

최상용. 1998. "민주평화사상과 한국."『평화연구』제7호.

최태현. 2003. "국경문제에 대한 국제법적 고찰: 영토분쟁사례 정리 및 향후 전망." 국사편찬위원회·한국사학회(편),『한중관계사 연구의 성과와 과제』.

틸리, 찰스(Tilly, Charles) 지음. 이향순 번역. 1994.『국민국가의 형성과 계보 - 강압, 자본과 유럽국가의 발전』. 서울: 학문과 사상사.

한국유럽학회유럽시민권연구단 엮음. 2004.『통합유럽과 유럽시민권』. 서울; 높이깊이.

한철호. 2003. "근대 한중 국경조약과 국경문제의 연구현황과 과제." 국사편찬위원회·한국사학회(편)『한중관계사 연구의 성과와 과제』.

Bull, Hedley. 1977. *Anarchical Society*. London: Macmillan.

Cerny, Philip. 2000. "Globalization and the Distribution of Power: Towards a New Middle Age?" in Henri Goverde, Philip G. Cerny, Mark Haugaard and Howard Lenter (eds.). *Power in Contemporary Politics: Theories, Practices, Globalization*. London: Sage.

Falk, R. 2000. "A New Medievalism?" in G. Fry and J. O'Hagan (eds.). *Contending Images of World Politics*. Basingstoke: Macmillan.

Maoz, Zeev and Bruce Russett. 1993. "Normative and Structural Causes of Democratic Peace 1946-1986," *The American Political Science Review* 87.

Prentice Hall, "Civics: Participating in Government," www.phschool.com/atschool/Civics(검색일: 2008년 1월 15일)

Russett, Bruce. 1993. *Grasping the Democratic Peace: Principles for Post-Cold War*. Princeton, NJ: Princeton University Press.

Tehranian, Majid. 2002a. "Globalization and Governance: An Overview," in Esref Aksu and Joseph A. Camilleri (eds). *Democratizing Global Governance*. New York: Palgrave Macmillan.

Tehranian, Majid. 2002b. "Democratizing Governance," in Esref Aksu and Joseph A. Camilleri (eds). *Democratizing Global Governance*. New York: Palgrave Macmillan.

<신문>

노컷뉴스. "정부, 중국에 간도문제 제기 안 한다 구두약속." 2004년 9월 7일자.

동아일보. "우리땅 우리혼 영토분쟁현장, <12> 지도-연표로 본 간도 영유권." 2004년 6월 24일자.

찾아보기

1장. 정치교육

2장. 민주주의 교육

3장. 인권교육

4장. 헌법교육

5장. 권력, 권위, 정당성 교육

6장. 정치 이데올로기 교육

11장. 환경·지속가능발전교육

12장. 국제정치교육

13장. 동북아 영토분쟁 교육

정치교육의 이해

초판 발행 2024년 8월 30일

저 자 진시원·홍익표·오승호·변진언·이혜경·장혜미·김동규·최유진

디자인·편집 배영미
발행인 최재원
펴낸곳 부산대학교출판문화원

출판등록 제1983-000001호 1983.11.10.
부산광역시 금정구 부산대학로 63번길 2 (우편번호46241)
대표전화 051-510-1932 팩시밀리 051-512-7812
https://press.pusan.ac.kr

※ 이 도서는 부산대학교출판문화원의 강의교재 개발 지원사업(2024-2)지원으로 제작되었습니다.

ISBN 978 - 89 - 7316 - 810 - 1 (93340)